Das Erstaunlichste an Heidegger ist wohl, daß und wie er das Denken selbst umdenkt und verwandelt. Es verhält sich anders zu seinem Gedachten, als wir es unmittelbar an uns selbst finden und aus der Überlieferung der abendländischen Metaphysik gewohnt sind. Dies gelingt ihm nur, indem er das Verhältnis von Sein und Wissen grundsätzlich überdenkt und neu bestimmt. Der Ort dieser Bestimmung ist der Begriff der *Aletheia:* an ihm verwandelt sich das überlieferte metaphysische Denken zu einem neuen *êthos*, das, so Heidegger, allein vermag, dem geschichtlichen Entzug menschlichen In-der-Welt-Seins im Zeitalter wissenschaftlich-technologischer Rationalität gegenzuhalten. Eine Auseinandersetzung mit Heideggers Denken wird solange ins Leere gehen, als diese Verwandlung sowenig wie ihre geschichtliche Notwendigkeit nicht eigens auf den Begriff gebracht ist. Die vorstehende "Einführung" in Heideggers Denken ist dazu unterwegs: sie versucht, das im Begriff der *Aletheia* neu gedachte Verhältnis von Sein und Wissen auf seine konstitutiven Momente hin auseinanderzulegen.

Rudolf Brandner, geboren 1955, mehrere Gastdozenturen in Deutschland und Italien, unterrichtet zur Zeit Philosophie an der Universität Freiburg im Breisgau.

HEIDEGGER . SEIN UND WISSEN

PASSAGEN PHILOSOPHIE

Rudolf Brandner

Heidegger
Sein und Wissen

Eine Einführung in sein Denken

Passagen Verlag

Deutsche Erstausgabe

Die Deutsche Bibliothek - CIP-Einheitsaufnahme

Brandner, Rudolf:
Heidegger, Sein und Wissen : Eine Einführung in sein Denken / Rudolf Brandner. - Dt. Erstausg. - Wien : Passagen-Verl., 1993
(Passagen Philosophie)
ISBN 3-85165-085-9

ISBN 3-85165-085-9

Graphisches Konzept: Ecke Bonk, 1989
Druck: Manz, Wien

Inhalt

Ausblick

»Ein Gefängnis ist die Häuslichkeit, ein Schmutzwinkel; der freie Himmelsraum ist Pilgerschaft. ... Wie, wenn ich nun, mit geschorenem Haar und Barte, mit fahlem Gewande bekleidet, aus dem Haus in die Hauslosigkeit hinauszöge?« So gibt er denn später einen kleinen oder einen großen Besitz auf, hat einen kleinen oder einen großen Verwandtenkreis verlassen, und ist mit geschorenem Haar und Barte, im fahlen Gewande von Hause fort in die Hauslosigkeit gezogen.

- Buddha -

Vorbemerkung

Der folgende Text gibt die überarbeitete Fassung einer zweistündigen Vorlesung, die im WS 90/91 zu den Grundlagen von Heideggers Denken an der Universität Leipzig abgehalten wurde und der Aufbereitung der Frage nach der Geschichtlichkeit des Denkens dienen sollte. Diese wurde in der Fortsetzung der Vorlesungen im SS 91 zu Heideggers seinsgeschichtlicher Frage nach dem Sein ausgearbeitet, bleibt aber nunmehr einer separaten Veröffentlichung vorbehalten, die den hier entworfenen Begriff der Konstellation von Sein und Wissen geschichtsontologisch zuende zu denken versucht. Vgl. hierzu nun vom Vf. ‚Heideggers Begriff der Geschichte und das neuzeitliche Geschichtsdenken' (zit. Heidegger BG).

In der Überarbeitung wurden die Vorlesungen aus den Analysen des Begleitseminars (zu ‚Sein und Zeit') erweitert und je mit einer Anmerkung versehen, die auf die unmittelbaren Textgrundlagen verweist und diese aus dem thematischen Umfeld der wichtigsten Vorlesungen Heideggers ergänzt. Ihre zumindest kursorische Kenntnis wird zum Verständnis der Gedankenführung vorausgesetzt. Ausgewählte Literaturangaben sollen den Zugang zu einer bestimmten Thematik von ihren philosophiegeschichtlichen Hintergründen her erschließen und in die Auseinandersetzung mit Heidegger einführen.

Aus der besonderen geschichtlichen Veranlassung der Vorlesungen heraus ergab sich die Gelegenheit, Heideggers Denken in der Perspektive um Sache und Begriff gegenwärtigen Philosophierens auseinanderzusetzen. Von daher bestimmt sich der einführende Charakter der Vorlesungen in ihrer grundlegenden Absicht, einer begrifflich ‚ab ovo' startenden Rezeption des heideggerschen Denkens den Boden einer sachlichen Auseinandersetzung zu bereiten, die nicht schon im Ansatz durch ausgemachte Begriffe dessen, was ist oder sein soll, gilt oder nicht gilt, Kriterien vorgibt, um deren Auslotung es dem Denken allererst gehen muß: wenn es denn mit der Philosophie noch einmal ernst machen will. Es geht deshalb letztlich weniger um Heidegger als um das, was das Denken angesichts einer sich wandelnden hermeneutischen Situation noch als seine Thematik auszutragen vermag. Dies läßt sich aber nie in der bloßen Vergegenständlichung eines anderen Denkens auf seine propositionalen Gehalte hin festmachen, darin das vergegenständlichende Denken ein mit sich gleiches und schon wahres wäre, das sich in die Anonymität eines vermeintlich allgemein Geltenden entziehen könnte; sondern erfordert vielmehr, daß das

Denken seine wie immer hermeneutisch fixierte Transzendenz preisgibt und im Hineingehen in die Sache sich an sich selbst hinsichtlich seiner geschichtlichen Involviertheit auslotet. Stilistisch wurde deshalb auch in der Überarbeitung an der Form von Vorlesungen festgehalten, weil diese ganz anders als die fachwissenschaftliche Monographie der Prozessualität und Plastizität eines Denkens entspricht, das die geschichtliche Problematik des Denkens in eine veränderte Diskursivität übernimmt und mehr nomadenhaft unterwegs einen Acker umgräbt als ihn auf schon bestehende Besitzansprüche hin zu vermessen trachtet.

Einleitung

Heideggers Denken zentriert sich bekanntlich in der Frage nach dem Sein. Die Frage nach dem Sein stellt Heidegger zuerst - in ‚Sein und Zeit' - ‚existenzialontologisch' als die Frage nach dem Menschen. Denn der Mensch ist das Seiende, das in seinem Sein - der Existenz - dadurch ausgezeichnet ist, daß er versteht: weiß, daß etwas ist und nicht nichts. Heideggers Frage nach dem Sein zielt genauer gesagt auf das *Verständnis* von Sein, insofern es das Menschsein selbst ausmacht. Es geht um das Verständnis von Sein, das der Mensch als Mensch selbst *ist*. Dieses faßt Heidegger existenzialontologisch im Begriff des Menschseins überhaupt als ‚Dasein' und ‚In-der-Welt-sein'. Indem sich aber das In-der-Welt-sein als ein ‚Geschehen' erweist, ist der Weg offen, das *geschichtliche* Menschsein selbst zu thematisieren. Damit vollzieht Heidegger den Übergang von seiner ‚existenzialontologischen' zu seiner ‚seinsgeschichtlichen' Frage nach dem Sein. Diese fragt nun nach dem geschichtlichen Vollzug des *Verständnisses* von Sein, insofern dieses die Grundlage des je geschichtlichen In-der-Welt-seins ausmacht. Infrage steht das Geschehen der Unverborgenheit (Aletheia) von Sein in seinem je geschichtlichen Verstanden- und Gewußtwerden. Diese ‚seinsgeschichtliche' Frage nach dem Sein macht das eigentliche Zentrum von Heideggers Denken aus, von dem her es seinen Bezug zu dem, was heute ist, entfaltet.

Deshalb liegt erst einmal alles daran, Heideggers Fragestellung präziser zu fassen und als Grundthema seines Denkens herauszustellen. Heideggers Frage gilt nicht dem Sein; sie gilt auch nicht dem Zusammenhang von ‚Sein' und ‚Zeit', sowenig wie der ‚Existenz', der ‚Seinsgeschichte' oder der ‚Metaphysik'. Sie zielt einzig und allein auf die Bestimmung des Verhältnisses von Sein und Wissen, das der Mensch als Mensch ist. Das Grundthema von Heideggers Denken ist deshalb die ‚Aletheia': denn im Begriff der ‚Aletheia' denkt Heidegger die phänomenologische Bestimmung des Seins des Wissens. Heidegger selbst gibt diesen Fingerzeig auf sein Grundthema deutlich genug, wenn er im Rückblick auf seinen ganzen durchschrittenen Denkweg die Frage stellt: "Lautet dann der Titel der Aufgabe des Denkens statt "Sein und Zeit": Lichtung und Anwesenheit?" (SD, 80); was, in die gängige Sprache überlieferten Denkens zurückübersetzt, heißt: Sein und Wissen (Denken, Vernunft). Deshalb wird zugleich und vom Anbeginn der ersten Vorlesung an der Versuch unternommen, die ‚Aletheia' als phänomenologische Bestimmung des Seins des

Wissens zu gewinnen, um sie dann, in der Auseinandersetzung von Heideggers Denkweg, als dessen maßgeblichen Brennpunkt aufzuweisen und zur konkreten Durchführung zu bringen. An ihr muß sich bestätigen lassen, was hier nur eine These ist: daß sich Heideggers Grundgedanken der ‚Aletheia' aus der methodisch konsequent durchgeführten phänomenologischen Analyse des Seins des Wissens rekonstruieren läßt. Der Begriff der ‚Aletheia' nennt nichts anderes als diese selbst.

Das Verhältnis Sein - Wissen wird damit als der hermeneutische Katalysator eingeführt, der das gegenwärtige - vor-philosophische und philosophische - Bewußtsein zur Reaktion mit dem Denken Heideggers veranlassen - wenn nicht gar: verführen - soll. Ein Katalysator scheint aber allemal geboten, wo sich die Differenz der Elemente ihrer Zündung verweigert. Es geht deshalb im folgenden weder um eine interpretierende Inhaltsangabe seiner Schriften noch um eine möglichst breite historisch-systematische Aufarbeitung ihrer vielfältigen Themen; sondern einzig darum, in der Auseinandersetzung der *Grundlegung* seines Denkens das Potential der im Begriff der ‚Aletheia' gedachten Bestimmung des Verhältnisses von Sein und Wissen hervorzukehren, um von daher das Denken Heideggers in einer perspektivisch veränderten Zugänglichkeit für die Auseinandersetzung aufzubereiten. Deshalb kann nun auch nicht unmittelbar mit der existenzialontologischen Fragestellung Heideggers begonnen werden; sondern das, womit der Anfang gemacht werden muß, ist die metaphysikgeschichtlich überlieferte Grundlegung der Philosophie selbst als ontologische Prinzipienwissenschaft. Mit dem ‚Verhältnis von Sein und Wissen' ist denn auch zugleich die Sache genannt, um deren Auseinandersetzung es in der Grundlegung der Philosophie als Ontologie schon von jeher geht. Es ist deshalb an sich völlig gleichsinnig, ob wir nach der ‚Grundlegung der Philosophie' oder ob wir nach der ‚Bestimmung des Verhältnisses von Sein und Wissen' fragen. Was in der Rede vom ‚Verhältnis von Sein und Wissen' als gängige Vorstellung katalysatorisch eingeführt wird, muß sich im Verlauf der Vorlesungen selbst sukzessive präzisieren und an dem phänomenologisch-hermeneutisch Vermittelten mitverändern; sie übernimmt damit die Funktion der gegenständlichen Repräsentans des sich vermittelnden Verständnishorizontes, der im Vollzug des Denkens mit ins Spiel gebracht und seiner Veränderung ausgesetzt wird.

Der I. Teil, ‚Begriff und Bestimmung der Philosophie', übernimmt die begriffliche Aufbereitung der Frage nach der ‚Grundlegung der Philosophie' und entwickelt darin zugleich die hermeneutischen Kategorien, in deren Perspektive Heideggers Denken im Hinblick auf die geschichtliche Situation der Gegenwartsphilosophie thematisiert wird. Erst von daher kann sich die katalysatorische Wirkung des im Begriff der Aletheia gedachten Verhältnisses von Sein und Wissen entfalten. Der II. Teil, ‚Die existenzialontologische Frage nach dem Sein', behandelt die existenzialen Bestimmungen des Daseins mehr im Aufriß, um in der strikten Ausrichtung an der fundamentalontologischen Fragestellung Heideggers nach dem ‚Sinn von Sein' die Grundlegung der Existenzialontologie im Begriff der ‚Aletheia' sichtbar zu machen und diesen selbst *als* Grundgedanken Heideggers zu einer ersten konkreten Ausarbeitung zu bringen. Darin liegt zweifelsohne der Verzicht, die thematische Fülle existenzialontologischen Denkens auch nur annähernd auszuschöpfen; und die hermeneutisch-phänomenologische Konzentration auf den Vollzug *eines* Gedankens: der als Grundgedanke zwar notwendig seine innere Komplexität hat, hat deshalb auch unvermeidbar den Schein der Dürftigkeit an sich. Was darin aber an Verzicht liegt, mag durch die Konkretion dessen, worum es dem Denken im Kern geht, wieder eingeholt werden. Wenn es nun richtig ist, daß das Unverständnis, das Heideggers ‚seingeschichtlichem Denken' gemeinhin entgegengebracht wird, darauf beruht, daß man - wie Heidegger selbst mehrfach moniert - in der Fixierung auf die existenzialen Bestimmungen des Daseins an der ‚einzigen' - der ‚fundamentalontologischen' - Fragestellung von ‚Sein und Zeit' - vorbeigeht, d.h. sie neuzeitlich-transzendentalphilosophisch mißdeutet: dann dürfte von daher auch eine zureichende Grundlage für einen begrifflich nachvollziehbaren Einstieg in das spätere Denken Heideggers bereitet sein. Der III. Teil, ‚Sein und Wissen', wird versuchen, diesem - für die Rezeption heideggerschen Denkens typischen - ‚Rezeptionsblock' seinsgeschichtlichen Denkens vorbereitend entgegenzudenken, indem die Bestimmung des Verhältnisses von Sein und Wissen im Begriff der ‚Aletheia' als solche herausgestellt und auf die Grundlegung ‚aletheiologischen' Denkens hin durchsichtig gemacht wird. Damit soll lediglich der Boden für eine eingehende Auseinandersetzung von Heideggers seinsgeschichtlicher Frage nach dem Sein bereitet sein, die im Kontext dieser Vorlesungen nicht mehr angegangen werden kann.

Bliebe die Frage, warum sich das Denken überhaupt ‚phänomenologisch' bestimmt und daran die methodische Grundlage seiner begrifflichen Fassung des Seins des Wissens als ‚Aletheia' hat. Ohne ihre Beantwortung könnte die Frage nach der Grundlegung ebensogut ungestellt bleiben. Aber diese liegt im Begriff der ‚Aletheia' selbst, insofern Praxis und Begriff der heideggerschen Phänomenologie aus dem Begriff der ‚Aletheia' resultieren: sich Heideggers phänomenologisches Denken ‚aletheiologisch' grundlegt. Wie aber kann dieses zugänglich gemacht werden?- Nicht anders als dadurch, daß sich das Denken selbst in eine durch seine thematischen Sachverhalte vorgezeichnete Praxis losläßt, um in ihrem Hindurchgang zu dem zu werden, was das Prinzip seiner Verständlichkeit in sich selbst hat. Philosophie, die von jeher vor sich die Aufforderung an das natürliche Bewußtsein gestellt hat, daß es seine maßgeblichen Verständnishorizonte preisgeben müsse, um in sie einzutreten, bedarf vorerst nicht mehr als die Freigabe des Denkens in mögliche Spielräume der Sachgewahrung, an denen es sich je anders formieren mag. Wenn das Denken wesentlich ein Tun und Handeln ist, das erst durch seinen Vollzug zu dem wird, was es als das Verhältnis zu seiner Sache ist, dann liegt in der methodischen Praxis eines Denkens auch das Prinzip der Verständlichkeit seiner Sachverhalte. Sowenig sich Heidegger ohne die methodische Praxis phänomenologischen Denkens verstehen läßt, sowenig reicht eine nur gegenständliche Kenntnis und Vorstellung derselben dazu aus. Was allein zählt, ist ihr Vollzug. Mehr als anderswo gilt ‚in philosophicis', daß man nur über das reden sollte, was man selbst tun kann. Aber dieses Insistieren auf dem Vollzug scheint dogmatisch schon einzufordern, worum es allererst zu gehen hätte: die Wahrheit des Denkens selbst. Die Identität einer Denkpraxis scheint im Vollzug ihrer Evidenzen zu negieren, was ihr eigener Anspruch fordert: die gegenständliche und thematische Distanz zu dem, was sie *als* Prinzip gegenständlicher Wahrheit schon in Anspruch nimmt. Ist sie *prinzipiell* weiter, als sie verantworten kann, dann bliebe einerseits nur der kritiklose Nachvollzug eines nicht mehr in seiner Wahrheit einholbaren Gedachten. Die Kritik andererseits scheint zu negieren, was im Vollzug als der Bedingung ihrer Möglichkeit liegt, will sie nicht an ihrer Sache vorbei ins Leere treffen: das zulängliche Verständnis dessen, worauf sie sich auseinandersetzend bezieht. Worauf sie verzichtet, ist der Ausweis ihrer eigenen Maßstäbe. Die Alternative eines kritiklosen Nachvollzugs wäre eine verständnislose Kritik: beides als Preisgabe der Philosophie selbst. Was das Verhältnis zur Philosophie angeht, entspricht es aber mehr ihrem Begriff, sie als eine Übung eines konzentrativen Sich-zusammenfassens zu nehmen, das seine Vormeinungen und Einfälle beiseite läßt und sich im beständigen Hindurchgehen durch sich fortlaufend verwandelnde Bestimmungen in sein Zu-denkendes eindenkt. Ein philosophischer Grundgedanke, wenn er denn einer ist, läßt sich nur aus den verschiedenen Perspektiven seiner eigenen Komplexität zeigen und eindenken. Er mag dann sich selbst ausweisen und das Denken auf seine Art und Weise nötigen. Wenn die äußerliche Vorstellung von der Philosophie schon hinter sich gelassen hat, worum es im Philosophieren allererst geht, dann ahnt sie darin doch zugleich, was ihm dieses abverlangt: daß sie, wie Hegel sagte, sich nur, wenn überhaupt, dann ‚à tête perdue' ins Denken hineinbegeben könne: ganz oder überhaupt nicht. Was sich in der Entäußerung der Philosophie zu einem ganz Anderen vor ihr in Sicherheit bringt und als sein Eigenes rettet, wird zum frommen Wunsch, eine außerhalb jeglicher ‚diskutablen' Determination des Denkens transzendente Sphäre zu etablieren, die aus einem absoluten Außen heraus sich an die historische und systematische Objektivierung des je Gedachten macht, um es philologisch und formal-analytisch, argumentationslogisch und explikativ bezogen auf die jeweiligen ‚Voraussetzungen', den formalen Kriterien einer Rationalität zu unterwerfen, die als Konsens einer durch die Institution soziologisch definierten Gruppe eingeklagt wird: Das Ideal einer ‚philosophischen Forschung', die durch formale Kriterien die ‚conditio sine qua non' gegenständlicher Wahrheit formuliert, um den Rest an die weltanschaulichen Gegebenheiten und partikulären Präferenzen des hermeneutischen Subjekts abzugeben. Dieser ‚Rest‘ ist dann der jeweilige ‚Ansatz‘ des Denkens, der jeder begrifflichen Auseinandersetzung entzogen erscheint. An ihm vollbringt sich das Kunststück, das Denken aus der Philosophie heraus und an ihr schadlos zu halten.

Aber es ist wesentlich dieser ‚Ansatz‘, der durch die Grundlegungsfrage selbst ins Spiel gebracht wird. Sie versucht, das im ‚Ansatz‘ gleichsam verschluckte Potential ontologischer Entscheidungen thematisch zu reaktivieren und damit in die Möglichkeit einer eigenen begrifflichen Auseinandersetzung freizugeben. Was sich als die Neutralität eines gänzlichen ‚Außerhalb‘ gibt, ist nichts als das ‚In-einem-Anderen-sein‘, das, weil es das tragende Element des natürlichen Bewußtseins und seiner geschichtlichen Formation ist, sich in die Unauffälligkeit des Bestehenden entzieht. Die Auffälligkeit von Heideggers Denken indiziert die geschichtliche Distanz, die es sich selbst zu den geschichtlich bestehenden Verständnishorizonten gibt. Damit ist zugleich das genannt, von woher wir ‚in‘ Heideggers Denken hineingelangen und was darin notgedrungen selbst mitthematisch ins Spiel gebracht und seiner selbstverständlichen Geltung enthoben wird. Indem das Denken im begrifflichen Nachvollzug der ‚Aletheia‘ an sich selbst als die ‚aletheiologische‘ Bestimmung phänomenologischen Denkens resultiert, wird ihm, was es vordem als der geschichtlich geltende Verständnishorizont seines methodischen Verhältnisses zur Sache war, auffällig: zu einem solchen, den es nicht mehr unbesehen teilt, sondern thematisch auf seine eigene Wahrheit anvisiert. Worinnen - als der geschichtlich bestehenden und geltenden Bestimmung des Verhältnisses von Sein und Wissen - sind wir eigentlich?- Ist es Sache der ‚seinsgeschichtlichen‘ Wendung des ‚Aletheia‘-begriffs, dies anzugehen, dann wird es die Aufgabe der folgenden Auseinandersetzung sein, diese Grundlegung des ‚aletheiologischen Denkens‘ an der phänomenologischen Analyse des Seins des Wissens wiederholend durchzuführen und selbst ausdrücklich zu machen. Das phänomenologische Denken ist deshalb von Anfang an der je mitthematische Vollzugsmodus in der begrifflichen Fassung des Seins des Wissens, das erst im Abschluß des Durchganges durch die existenzialontologische Analytik in seiner Grundlegung *als* ‚aletheiologisches Denken‘ eigens hervorgekehrt werden kann.

I. Begriff und Bestimmung der Philosophie

1. Die maßgeblichen Differenzen der Philosophie

Fassen wir das Wort ‚philo-sophia‘ nach seiner geläufigen Übersetzung als ‚Liebe‘ und ‚Freundschaft‘ zum Wissen, dann läßt es uns darüber im Unklaren, um was für ein ‚Wissen‘ es sich denn dabei handelt und wozu es dienlich sein soll. Es spricht lediglich davon, daß man sich um das Wissen, die Wissenschaft und Erkenntnis kümmert, ohne dies genauer zu bestimmen. Offen bleibt, was denn wovon gewußt und erkannt werden soll. Aber dennoch gibt uns das Wort den Hinweis, daß mit ihm der Mensch *als* Wissender und Erkennender angesprochen ist: er steht als ein solcher im Blick, dem es wesentlich um's Wissen und Erkennen zu gehen hat. Das mit ‚sophia‘ angesprochene Wissen meint offenbar kein beliebiges, sondern ein für den Menschen als Menschen wesentliches Wissen; und als ein solches Wissen, das eigens besorgt werden muß, um das der Mensch sich eigens kümmern und ihm nachgehen muß, meint es das Wissen als ‚Wissenschaft‘. Also ein Wissen, das dem Menschen nicht unmittelbar von sich her schon zukommt, sondern das er aufgrund der eigenen Anstrengung ‚methodischer Vermittlung‘ erreicht. Diese aber ist nur notwendig, wo sich das Wissen aus der Unterscheidung von Wahrheit und Schein ortet: es auf die Wahrheit in der Ausgrenzung von Schein, Irrtum und Falschheit, Verkehrung und Verdeckung des Gewußten abzielt. Mit dem Wort ‚philo-sophia‘ ist dann, grob umrissen, ein für den Menschen wesentliches und maßgebliches Wissen der Wahrheit gemeint, das er von sich her und kraft seines Erkennens hervorbringt - und nur durch dieses. Der Mensch selbst ist durch das Wort ‚philo-sophia‘ gefordert als die ‚methodische Selbstvermittlung‘ des Wissens in die Wahrheit unter Ausschluß des Scheins. Wozu aber überhaupt ‚Wissenschaft‘?- Wie gehört sie zum Menschsein?-

Aristoteles unterscheidet im Hinblick auf das Wozu und Worumwillen von Wissenschaft drei Weisen, in denen es dem Menschen um ein methodisch wahres Wissen gehen muß: die ‚episteme poietike‘ als die Wissenschaft von der Hervorbringung, die ‚episteme praktike‘ als die Wissenschaft von den für das menschliche Handeln maßgeblichen Zielen, und die ‚episteme theoretike‘ - wozu dann eben auch die Philosophie gehört - als die rein betrachtende Wissenschaft. Was besagt diese Unterscheidung?-

1. In der hervorbringenden Wissenschaft geht es dem Wissen um die Herstellung von etwas, eines Hergestellten - z.B. eines Tisches, der als solches ein vom Wissen losgelöstes, selbstständiges Anderes ist. Das Wissen selbst ist

Mittel zum Zweck, es hat sein Ziel außerhalb seiner im Hergestellten (techne on). Dieses handwerkliche Sichauskennen in Herstellungsprozessen ist die eine Grundweise, in der der Mensch das Wissen und Erkennen besorgen muß, um überhaupt innerhalb der Natur existieren zu können.

2. Davon unterschieden ist die Wissenschaft vom Handeln (episteme praktike), dem Sichauskennen in dem für den Menschen maßgeblichen ethisch-politischen und sittlich-religiösen Verhalten. Das Wissen zielt zwar auch hier auf ein außerhalb seiner liegendes Ziel; aber dieses ist nun das Menschsein selbst, insofern es sich durch seine ethisch-politischen und sittlich-religiösen Grundbestimmungen seine individuelle wie kollektive Lebenswirklichkeit gibt. All dies ist nun nicht mehr etwas, was es als ein vom wissenden Menschen losgelöstes Produkt außerhalb seiner gäbe, wie den Tisch oder den Stuhl, sondern sein Anwesen selbst als Mensch: in der ‚episteme praktike‘ besorgt er sein Menschsein selbst, insofern es Sache seiner ethisch-politischen und sittlich-religiösen ‚praxis‘ ist.

3. Ganz anders steht es mit der ‚betrachtenden Wissenschaft‘ (episteme theoretike): Denn ihr geht es nicht mehr um ein außerhalb des Wissens und Erkennens selbst liegendes Ziel, sondern um dieses selbst: sie ist ‚Erkenntnis um ihrer selbst willen‘, also ein Wissen, dem es um nichts - als eben um das Wissen selbst geht. Dies heißt zuallererst: es geht dem theoretischen Wissen nicht darum, irgendetwas sein, anwesen zu lassen, sei dies nun ein handwerklich Hergestelltes oder sei dies das Menschsein selbst hinsichtlich seiner je zu erhandelnden Lebenswirklichkeit. Das theoretische Wissen zielt nicht darauf, daß durch es ein von ihm verschiedenes Anderes ist, anwest - irgendein ‚Seiendes’, sondern einzig auf das Gewußtwerden von solchem, das ist. Was sie ‚herstellt‘, ist nichts anderes als das Gewußtwerden dessen, was ist: und deshalb muß es ihr auch in radikalisierter Weise um die methodische Vermittlung von ‚Wahrheit‘ gehen, da sie nur an ihr das Maß hat für das Gewußtwerden von solchem, das ist - und nicht nicht ist; wahrhaft - und nicht bloß Schein ist.

Die Philosophie wäre demnach - soweit führt uns die aristotelische Unterscheidung - die methodische Selbstvermittlung wahren Wissens rein umwillen seiner selbst, d.h. rein umwillen des Wissens davon, was in Wahrheit ist. Dies ist aber noch nichtssagend genug, zumal dabei - anders als bei der poietisch-praktischen Wissenschaft - gänzlich offen bleibt, warum und wozu denn der Mensch ein solches ‚Wissen umwillen seiner selbst‘ überhaupt anstrebt, mehr noch: umwillen seines Menschseins erstreben und demgemäß besorgen *muß*. Unklar ist vor allem, was denn überhaupt unter ‚Wissen‘, ‚Erkennen‘ und ‚Wahrheit‘ überhaupt zu verstehen ist, genauer: was denn unter ‚Wissen‘ *im Unterschied und Gegensatz* zum Sein und Anwesen eines solchen, das durch Herstellung oder Handeln ist, verstanden werden muß. Denn ganz offensichtlich unterscheidet Aristoteles die poietisch-praktische von der theoretischen Wissenschaft am Leitfaden der Unterscheidung von Sein, Anwesen und Wissen,

Erkennen: der Unterschied von ‚praxis' und ‚theoria' meint nichts anderes als die Differenz von Sein und Wissen. Im Herstellen und Handeln, das ich hier beides im Begriff der ‚praxis' zusammenfasse, zielt das Wissen darauf, das Erkannte und Gewußte sein, anwesen zu lassen: einen Tisch oder ein bestimmtes menschliches Verhalten. In der ‚theoria' dagegen zielt das Wissen auf das Gewußte und Erkannte *als solches*: auf nichts als eben dieses Gewußt- und Erkanntwerden selbst. Wir müssen also fragen: Worin besteht der Unterschied zwischen dem, daß etwas ist, anwest, da und vorhanden ist, und dem, daß etwas gewußt, erkannt, wahrgenommen oder begriffen wird?- Der Tisch hier ist, er west an, ist vorhanden, ist da; ich sehe ihn, weiß, daß er da ist, nehme sein Anwesen und Vorhandsein wahr, und bringe es zur Sprache: ‚Da ist ein Tisch'. Dieses, das Wissen, daß da ein Tisch ist, ist doch etwas ganz anderes als der Tisch selbst, sein Sein und Anwesen: und eben dies weiß ich auch immer schon, indem ich den Tisch - sein Anwesen - wahrnehme. Wenn ich den Tisch sehe, dann weiß ich in diesem Sehen zugleich, daß mein Sehen, mein Wahrnehmen des Tisches etwas anderes ist als sein Sein und Anwesen: ich weiß um den Unterschied von Sein und Wissen ‚im' Wissen und indem ich überhaupt etwas ‚weiß'. Ansonsten müßte ich ja nachträglich fragen, ob da ein Tisch ist oder nicht: und wie sollte ich das anders erfahren als dadurch, daß ich ihn wahrnehme, also sehe oder ertaste. Im Wahrnehmen nehme ich zwar auch mein Wahrnehmen, dieses selbst mit wahr; aber nur, indem ich das Anwesen *von* etwas - des Wahrgenommenen - wahrnehme und wahrnehmend beides voneinander unterscheide, genauer: unterschieden habe, um den Unterschied von Sein und Wissen schon im voraus ‚weiß'. Deshalb müssen wir nur ans Licht heben, was wir da schon wissen, wenn wir wissend je schon den Unterschied von Sein und Wissen im vorhinein erblickt haben, um überhaupt etwas zu wissen: von etwas zu wissen, was es ist und was es nicht ist, und daß es ist oder daß es nicht ist. Was liegt in diesem Vorherwissen um den Unterschied von Sein und Wissen?- Wie zeigt sich dieser Unterschied von Sein und Wissen, den wir im Wissen je schon im voraus erblickt haben, an sich selbst und von sich selbst her?-

Konzentrieren wir uns auf diese Differenz: Der Tisch ist, west an - ich nehme wahr, daß da ein Tisch ist. Was geht den Tisch meine Wahrnehmung an?- Offenbar nichts; er west auch an, wenn ich ihn nicht wahrnehme, sein Anwesen ist unabhängig, oder besser: frei, gelöst von seinem Gewußtwerden durch die Wahrnehmung. Sie ist kein konstitutives Moment seiner, das Gewußtwerden keine Eigenschaft des Dinges ‚Tisch', nichts, was am Tisch selbst und seinem Dasein vorzufinden wäre. Mit dem Tisch geschieht nichts, indem er gewußt, wahrgenommen wird: er bleibt, was er zuvor und außerhalb seines Gewußtwerdens je schon war. Das Wissen ist nichts, was das Sein und Anwesen seines Bezugsworaufs verändern, modifizieren würde: denn sonst wäre das Gewußtwerden eine inhaltliche Bestimmung des Gewußten, und ich würde nicht das

Anwesen des Tisches, sondern das Wahrgenommensein des Anwesens des Tisches wahrnehmen; ebenso, wie ich etwa wahrnehme, daß er grün oder rechteckig ist. Wäre aber das Wahrgenommensein ein solche ‚gegenständliche' und ‚inhaltliche' Bestimmung dessen, was wahrgenommen wird, dann könnte ich sie überhaupt nicht wahrnehmen, weil mir eben diese Wahrnehmung auch wieder zu einer gegenständlichen Bestimmung der wahrgenommenen Sache würde: ich nähme wahr das Wahrgenommensein des Wahrgenommenseins des Wahrgenommenseins ... von nichts, alles Wissen und Bewußtsein, Wahrnehmen und Denken verlöre seinen intentionalen Bezug auf das Sein und Anwesen von etwas. Was ich wahrnehme, ist aber der Tisch, daß er ist, kein Stuhl ist, sondern dies, ein Tisch, der nicht nur vorgestellt oder erinnert, sondern leiblich gegenwärtig - mit mir, meinem eigenen leiblichen Anwesen, ‚ko-präsent' - ist: Die Wahrnehmung bezieht sich auf das Anwesen des Tisches, und sie selbst ist kein sachhaltiges Prädikat des Tischseins, das Wahrgenommensein keine inhaltliche Bestimmung des Wahrgenommenen. Das Wissen ist kein ‚reales Prädikat' des Seins, und zwar gerade, weil und insofern es relational verfaßt ist als Wissen *von* etwas, als die intentionale Beziehung des Wissens *auf* das Sein und Anwesen *von* Seiendem. Damit zeigt sich: Das Wissen ist das ganz Andere zum Sein und Anwesen, aber dieses Anderssein, dieser Unterschied des Wissens zum Sein ist kein Bruch, der beide in die vollständige Bezugslosigkeit zueinander versenkt, sondern gerade die Bezugshaftigkeit, Relationalität und Verhältnishaftigkeit des Wissens in und an sich selbst: Es ist als Wissen *von* ... das ganz Andere zum Sein und Anwesen. Das ‚ganz Andere' zum Sein aber als das freie, vom Sein gelöste, entäußerte Außen *von* Sein. Das relationale ‚Von' bestimmt das Wissen im Verhältnis zum Sein als reines Außerhalb, Freiheit, Nicht *von* - Sein, Anwesenheit des Seienden überhaupt.

Und dennoch ist das Wissen nicht nichts. Irgendetwas geschieht mit dem Tisch, indem er wahrgenommen oder begriffen, erinnert, vorgestellt oder auf sonst irgendeine Art und Weise zum intentionalen Bezugsworauf des Wissens, Bewußtseins wird. Selbst wenn dies nicht in seinem Sein liegt, es verändert und modifiziert, so muß es doch mit ihm geschehen, wenn auch gleichsam von außerhalb her, ohne ihn in seinem Sein zu tangieren. Das Sein und Anwesen, wenn es nur so und ohne jedwedes Gewußtwerden vor sich hin und in sich hineinwest, ist zwar wesentlich dasselbe wie das, was gewußt wird: denn sonst wäre es ja nicht gewußt; aber dennoch geschieht etwas mit ihm, insofern es in sein Gewußtwerden gehoben wird: der Tisch nicht *nur* ist, sondern *mehr noch* und *darüberhinaus* gewußt wird. Mit dem Sein und Anwesen geschieht etwas qualitativ neues, anderes, indem es in die Sphäre seines Gewußtwerdens gelangt, und zwar gerade, indem es das Sein und Anwesen von etwas bei dem bewenden läßt, was es von sich her ist. Der ‚gewußte' Tisch ist der ‚seiende' Tisch - aber sein Sein ist ‚noch nicht' sein Gewußtwerden, sein Gewußtwerden etwas anderes als sein Sein.

Um nun aber das Wissen in seiner Unterschiedenheit vom Sein auch begrifflich positiv zu fassen, müssen wir nur darauf achten, wie wir das Wissen und Erkennen, das Bewußtmachen und Verstehen je schon zur Sprache bringen, ohne daß wir eigens darauf achten; denn im Wissen und Erkennen haben wir dieses ja je schon vom Sein und Anwesen unterschieden. Dieses Bewußtsein des Unterschiedes muß ans Licht gebracht werden, d.h. ausdrücklich und als solches gewußt werden. Unversehens artikulieren wir das Bewußtsein und Wissen um diesen Unterschied aber auch schon sprachlich, wenn wir sagen, wir wollten ihn ‚ans Licht bringen': also offenbar machen, sichtbar werden lassen, ins Unverborgene herausstellen, offenlegen, eröffnen und aufzeigen. Demnach haben wir das Wissen in seinem Unterschiedensein vom Sein und Anwesen immer schon gesichtet als die Herausstellung in die Offenheit, darin es sich als solches ‚zeigt' und ‚erscheint'; als die Herausstellung in die Unverborgenheit, darin es in seinem Sein und Anwesen eröffnet und offengelegt ist. Das Wissen hat sich in seinem Unterschied zum Sein je schon als die Sichtbarkeit, Offenheit und Unverborgenheit *von* Sein eröffnet, erschlossen und entdeckt: und genau dies bringen wir sprachlich auch immer schon zum Ausdruck, wenn wir vom Prozess des Wissens und Erkennens als einem ‚Offenlegen' und ‚Offenbarmachen', ‚Aufzeigen' und ‚Klären', ‚Ans-Licht-heben' und ‚Verdeutlichen' sprechen. Ebenso ‚offensichtlich' ist dies im Griechischen, etwa wenn das Wissen und Erkennen, sein Tätigkeitsvollzug, als ein ‚Sehen-lassen' und ‚Sichtbar-machen' (deloun) zur Sprache gebracht wird. Aristoteles faßt das Wissen und Erkennen beständig als ein solches ‚deloun', und daß er eben dieses als ein solches ‚Sehen-lassen' und ‚Sichtbar-machen' im Umkreis der Offenheit und Unverborgenheit des Wissens versteht, belegt unter anderem auch die Etymologie, die er dem Namen der Insel ‚Delos' unterschiebt: Sie habe, so meint er, diesen Namen daher, weil sie durch ein Erdbeben aus dem Meer entstanden sei, zuerst also ‚adelon', unsichtbar, dann aber, durch die Eruption, ‚sichtbar' (delon), geworden sei (frg. 488). Das eigentümliche ‚ergon', d.h. das ‚Werk', das das Wissen und Erkennen in seinem Vollzug vollbringt, bestimmt Aristoteles entsprechend als die ‚Un-verborgenheit' (a-letheia) im Sinne der Wahrheit (Eth. Nic., VI, 2 ff.), und wo er zu einem neuen Gedankengang anhebt, setzt er oft genug mit einem kraftvollen ‚Me lanthaneto' - ‚Es darf aber nicht verborgenbleiben, daß ...' - an, um dann im folgenden das spezifisch philosophische ‚apophainesthai' - das ‚Ans-Licht-heben' - und ‚deloun' - ‚Sichtbar-machen' - von Sein zu vollziehen. Das vernünftige Erkennen vollzieht das ‚a-letheuein' - es entreißt das Sein und Anwesen seiner ‚Verborgenheit' (lethe) und stellt es in die ‚Unverborgenheit' (a-letheia) seines Gewußtwerdens heraus. Im Wissen ist es als Gewußtes ‚entborgen' (a-lethes), ‚offenbar' (phaneron) und ‚sichtbar' (delon) gemacht. Das Wissen selbst ist damit nichts als der Bereich, die Dimension der ‚Unverborgenheit' von Sein überhaupt. Die ‚A-letheia' bestimmt also in erster Linie das Sein des Wissens als ,Unverborgenheit' im Unterschied zum Sein und Anwesen des Seienden überhaupt als ,Verborgenheit', Unoffenbarkeit und Verschlossenheit; und dann erst, auf dieser Grundlage, heißt ,a-letheia' eben auch ,Wahrheit' im Unterschied zur ,Falschheit' als die eigentliche und emminente Weise der Unverborgenheit gegen ihre Verkehrung im Schein. Dies hat Heidegger zwar gesehen, aber zumeist nicht deutlich genug herausgestellt; wenn er die ,Wahrheit' als ,Unverborgenheit' denkt, also am Leitfaden des phänomenalen Begriffs des Wissens, wie es sich je schon in seinem Unterschiedensein vom Sein selbst weiß, denkt er sie auf der Grundlage der Bestimmung des Wissens als ,Unverborgenheit' gegen den ,Schein' als ,Verbergung', ohne hinlänglich zu explizieren, daß die Verborgenheit und Verschlossenheit in erster Instanz das Sein selbst im Unterschied zum Wissen meint. So schreibt er: "Das Wesen des Wissens beruht für das griechische Denken in der ,aletheia', d.h. der Entbergung des Seienden. Sie trägt und leitet jedes Verhalten zum Seienden" (HW, 48). Wir müssen dies also von vorneherein differenziert fassen, so daß

1. der Unterschied von Sein und Wissen überhaupt als der Unterschied von Verborgenheit, Verschlossenheit und Un-verborgenheit, Un-verschlossenheit (Aufgeschlossenheit, Erschlossenheit, Offenheit, Lichtung) gefaßt ist; und
2. dieser Unterschied sich im Wissen selbst als seine alternativen Grundbestimmungen von Wahrheit und Schein, Falschheit wiederholt, indem die ,Wahrheit' die Unverborgenheit des Seins *als solche* gegen ihre Verkehrung in Falschheit und Schein bezeichnet.

Beschränken wir uns hier vorerst auf die Unterscheidung von Sein und Wissen durch den phänomenologischen Begriff der Unverborgenheit und Offenheit, der sich am Sich-zeigen dieses Unterschiedes *im* Wissen selbst und *für* dieses ausweist, terminologisch bei Heidegger auch oft als ,Erschlossenheit' und ,Lichtung' gefaßt wird. Das Wissen ist demnach die Unverborgenheit und Offenheit des Seienden in seinem Sein, und was mit dem Sein und Anwesen von Seiendem ,geschieht', indem es gewußt und erkannt wird, ist dies: es wird ,sichtbar', unverborgen, offenbar - *im* Wissen und *für* es. Das Wissen läßt mit dem Sein und Anwesen seine Unverborgenheit, Sichtbarkeit und Offenheit geschehen; und damit wird es nicht zu einem ,eigenschaftlich' oder ,substanziell' anderem Sein und Anwesen, sondern es wird in die ganz andere Sphäre seiner Offenbarkeit und Sichtbarkeit gehoben: *es selbst*, das Sein eines Etwas als das, was es überhaupt ist und wie es ist. Das Sein und Anwesen west an sich selbst und unter vollständiger Abstraktion von allem Wissen und Gewußtwerden als ,Verborgenheit', ,Verschlossenheit', ,Unsichtbarkeit': dasjenige, was es erschließt, in die Offenheit und Unverborgenheit seines Gewußtwerdens aufschließt, ist eben das Wissen in seinen vielfältigen Modi: als Wahrnehmen und Begreifen, Erinnern und Vorstellen, Ahnen und Glauben, Spüren und Fühlen, Bestimmen und Beweisen, Vermuten und Meinen. Indem es das

Wissen, Bewußtsein überhaupt ,gibt', ,gibt' es innerhalb des Anwesens von Seiendem überhaupt eine Sphäre seiner möglichen Sichtbarkeit und Unverborgenheit, insofern das Wissen eben der Ort ist, an dem das, was ist, in die Unverborgenheit seines Gewußtwerdens aufbricht. Der phänomenologische Begriff des Wissens entspricht damit auch eben jenen formalen Kriterien, die sich schon aus der vorläufigen negativen Abgrenzung von Sein und Wissen ergaben. Denn einerseits muß der Begriff des Wissens im Hinblick auf den Unterschied zum Sein in einer *vollständigen Negation* von Sein gefaßt werden; er muß als ein ,de-ontologischer' Begriff die gänzliche Andersheit zum Sein und Anwesen begreifbar machen. Diese Andersheit aber muß er zugleich als *Verhältnis*, und zwar als das Verhältnis eines Zweiten zu einem vorgängig Ersten, fassen; und genau dies wird durch den Begriff der *Un*-verborgenheit, die als solche immer ,Unverborgenheit *von* ...' (Seiendem in seinem Sein) ist, geleistet.

Lassen wir ein näheres Eindringen in diese phänomenologische Unterscheidung von Sein und Wissen vorerst beiseite, dann hat sich doch für die aristotelische Bestimmung der ,theoria' und ihrer Unterscheidung von der ,praxis' etwas wesentliches gezeigt. Während es der ,praxis' - die ,poiesis' inbegriffen - immer um das Sein- und Anwesenlassen von etwas geht, geht es der ,theoria' um die Unverborgenheit des Seins und Anwesens von Seiendem überhaupt als solcher. Die Philosophie als theoretische Wissenschaft bestimmt sich umwillen der Unverborgenheit dessen, was überhaupt und im ganzen ist: und dies ist im Begriff der ,theoria' als autonomes und in sich vollendetes Worumwillen des Erkennens gesichtet, so daß es darin gewissermaßen auf sich selbst, seine wesensgemäße Vollendung *als Erkennen* abzielt. In der theoretischen Erkenntnis wird sich das Wissen selbst in seiner Unterschiedenheit von allem Sein und Anwesen zum thematischen Bezugshorizont seiner Erkenntnisvollzüge: es bestimmt sich umwillen des Anwesenlassens seiner selbst *als Wissen* in der Differenz zum Sein von Seiendem überhaupt. Die Frage, warum der Mensch durch die Philosophie in seinem Sein als ein solcher angesprochen wird, dem es wesentlich um die Herstellung der Unverborgenheit des Seins alles Seienden gehen muß, läßt sich also vorerst nur mit dem Hinweis beantworten, daß es ihm darin um sein Anwesen als vom Sein überhaupt unterschiedenes Wissen zu tun ist. Warum es ihm darum geht und was dies eigentlich heißt, bleibt darin noch offen.

Im Grunde wissen wir damit auch schon etwas über den Sachbereich der Philosophie: über das, *wovon* sie die Unverborgenheit herstellt: das, was ist - das Sein und Anwesen des Seienden. Aber dieses ist noch unbestimmt genug; denn daß sich die Erkenntnis nicht auf das Nicht-seiende bezieht, versteht sich gewissermaßen von selber. Was uns fehlt, ist eine genauere Angabe dessen, was denn in der Rede von dem, ,was ist', gemeint ist, und wie, im Hinblick worauf es zum Sachbereich des spezifisch philosophischen Erkennens wird. Das, was ist, nennt das ,Seiende'. Das Spezifische der Philosophie besteht nun

- wie Aristoteles ausführt - darin, daß sie das ‚Seiende *als* das Seiende', das ‚Seiende, *insofern* es seiend' ist (on *he* on), thematisch in den Blick bringt. Als die ‚Wissenschaft' (episteme) des ‚on he on' ist die Philosophie aber die grundlegende Prinzipienwissenschaft allen wissenschaftlich-methodischen Wissens, insofern es ihr um die Erkenntnis der ‚ersten Anfangsgründe und Prinzipien' (protai archai kai aitiai) geht. Damit ist dann offensichtlich das gemeint, wovonher das Seiende überhaupt ‚seiend' ist: Die ontologische Prinzipienerkenntnis zielt auf die Erkenntnis dessen, was das Seiende überhaupt ins Sein und Anwesen gründet; sie zielt auf die Erkenntnis von Sein als dem Grund des Seienden. Kurz: die Philosophie ist - und zwar seit ihrer Grundlegung im platonisch-aristotelischen Denken in einer für das gesamte abendländische Philosophieren maßgeblichen Art und Weise - ‚Ontologie', ‚Wissenschaft vom Sein', wenn auch das Wort ‚ontologia' erst in der Spätrenaissance, vermutlich von einem gewissen Goclenius (1547 - 1628), geprägt wurde. Nach Begriff und Sache drückt dieses Wort am Unbefangensten aus, was die unter dem Titel ‚philosophia' seit ihren griechischen Anfängen überlieferte Tätigkeit des Erkennens eigentlich ist. Wir können deshalb auch schlicht und einfach sagen: Die Philosophie ist Ontologie und die Ontologie Philosophie. Die Frage ist allein, was darunter zu verstehen ist. Nehmen wir dies von seiner aristotelischen Bestimmung her auf.

Die Philosophie ist eine Wissenschaft. Als solche hat sie eine Methode. Diese bestimmt das Wie, die Art und Weise des Erkennens. Das, worauf sich dieses Erkennen bezieht - sein Sachbereich als das, wovon es etwas weiß, ist das ‚Seiende als das Seiende'; und das, im Hinblick worauf dieser Sachbereich des Erkennens thematisiert wird - das Erkenntnisthema -, dies sind die ‚ersten Anfangsgründe und Prinzipien'. Durchlaufen wir nun diese drei Bestimmungsmomente: intentionales Wovon (Sachbereich), perspektivisches Was (Thema) und operatives Wie (Methode) im Begriff der Philosophie als Ontologie.

Gehen wir aus vom Sachbereich der Philosophie, dem ‚on he on'. Die Philosophie erkennt das Seiende. ‚Seiend' nennen wir all das, was irgendwie ‚ist': den Tisch oder das Blau, ein Gefühl oder ein Gedanke, Zahlen und Funktionen, Sitten und Gebräuche, Bäume und Berge, einen Ort oder eine Vermutung; all das, was wir in einem - je näher zu bestimmendem Sinn - mit dem ‚ist' ansprechen und bestimmen (S ist P). Von dem, was ist, zu sagen, daß es ein ‚Seiendes' ist, ist bekanntermaßen das Leerste und Allgemeinste, was sich von ihm vorbringen läßt; denn es läßt völlig unbestimmt, welches Seiende es nun ist. Der Ausdruck ‚Seiendes' erweist sich daran als eine reine Formalisierung des vielfältig Begegnenden zu einem formal-allgemeinen Begriff, der je durch die inhaltliche Ersetzung eines bestimmten Etwas erfüllt werden muß. Gerade diese formalisierende Abstraktion von allem jeweiligen Etwassein wird von uns in der Formel des ‚on he on' gefordert: Die Philosophie erkennt das Seiende - *insofern es seiend ist*; das Seiende - *als das Seiende*. Das ‚als' und

‚insofern' hebt das Seiende gerade noch einmal heraus als das, wovon es etwas zu wissen gilt: Es nennt die Hinblicknahme, Perspektive, die Hinsicht, in der das, was ist, erkannt werden soll. Das ‚Seiende', im ‚als' wiederholt, wird herausgestellt, damit eingeholt und festgehalten an sich selbst und als solches: Das Seiende selbst, als solches - all das, was ist, insofern es ‚ist'. Dieses, das ‚Ist' von solchem, das begegnet, wird zum Sachbereich philosophischen Erkennens erhoben: Das Sein. Andersherum gefragt: Wie sonst sollte denn das ‚Seiende' Bezugsworauf des Erkennens sein?- Wogegen wird dies abgegrenzt?- Kann ich denn das Seiende - wenn vielleicht auch nicht als Nichtseiendes - *als* etwas anderes thematisieren denn ‚als Seiendes'?- Dies aber muß der Fall sein, wenn die ausdrückliche Herausstellung des Seienden *als* des Seienden überhaupt einen Sinn haben soll. Denn einen solchen erhält sie nur durch die Entgegensetzung, die wohl schwerlich in der reinen Widersprüchlichkeit: das ‚Seiende als Nicht-seiendes' zu thematisieren, liegen kann. Das ‚als' und ‚insofern' in der Formel vom ‚on *he* on' enthält eine Aus- und Abgrenzung gegen Anderes, durch die sie sich in ihrem Sinn bestimmt; dieser aber ging uns sofort auf als die inhaltslose Leere und Allgemeinheit, die im Begriff des ‚Seienden' liegt. Im Gegensatz wozu geht uns diese ‚Leere', ‚Inhaltslosigkeit', ‚Unbestimmtheit' am Begriff des Seienden auf?- Doch im Hinblick darauf, daß alles, was ist, ein je bestimmtes, konkretes Etwas ist: Baum oder Mensch oder blau oder irgendetwas anderes derartiges. Die Perspektive, in der das ‚als' in der Formel vom ‚on he on' das Seiende ausgrenzt, bestimmt sich aus dem Gegensatz zur konkreten inhaltlichen Bestimmtheit des Seienden - also der Perspektive seines sachlichen Etwasseins, von der im formalen Begriff des ‚Seienden' gerade abstrahiert, abgesehen wird. Der Baum, insofern er Baum und Pflanze, ein naturhaftes Lebendiges ist, das grün ist oder gelb, zuzeiten blüht und zuzeiten welkt, Vögel beherbergt, von Borkenkäfern befallen oder vom sauren Regen geschädigt ist: ist nicht Sache philosophischen - sondern eben biologischen - Erkennens. Er wird darin nicht im Hinblick darauf, daß er ‚seiend' ist, sondern im Hinblick darauf, welches bestimmte Etwas er denn ist und in welchen Zusammenhängen er mit anderen Dingen steht, erkannt. Dieser auf die sachhafte Konkretion des Jeweiligen konzentrierte Blick wird in der Formel vom ‚on he on' *ab-*, der Blick auf das ‚Ist' *auf-*geblendet: Nicht *als* Baum, sondern *als* etwas, das *ist,* gilt ihm die philosophische Aufmerksamkeit. Die Abblendung der konkreten Inhaltlichkeit des Jeweiligen ist in einem und zugleich die Aufblendung seiner formalen Bestimmtheit *als* Seiendes, *als* etwas, das ist. Das, was ist, tritt als etwas, das ist - *gleichgültig, welches* Seiende es auch sei, in den Blick; es ist etwas - und nicht nichts, es ist, und ist nicht nicht. Das ‚Seiende *als* das Seiende' meint das Seiende im Hinblick auf sein Sein, sein ‚Seiendsein'. Mit der formalisierenden Abstraktion, die nicht irgendeine inhaltliche Bestimmtheit von etwas verallgemeinert, sondern diese überhaupt abblendet und durch eine inhaltslose, das sachliche Etwassein nicht tangierende, ihr gleichgültige Bestimmung ersetzt, tritt das Sein, Anwesen, Seiendsein von Seiendem als der Sachbereich philosophischen Erkennens in den Blick: daß überhaupt etwas ist und nicht nichts.

Die Philosophie, so können wir das Bisherige vorläufig zusammenfassen, zielt auf die Unverborgenheit des Seins und Anwesens von Seiendem: all dessen, was ‚ist': insofern es ist und nicht nicht ist. Aber indem das ‚Seiende als das Seiende' im Blick steht, zeigt sich schon, daß dieses ‚Seiendsein' des Seienden sich in einer Zwiefalt aufdrängt, die im platonisch-aristotelischen Denken zum ersten Mal als solche bestimmt und auf den Begriff gebracht worden ist:

1. Die formalisierende Abstraktion sieht ab von allem inhaltlich-konkreten Etwassein - und entdeckt gerade daran, daß alles, was ist, ein je bestimmtes Etwas ist. Seiend ist je nur, was ‚etwas' ist: und das Seiendsein selbst besteht mithin grundsätzlich im Etwassein, das als das Wassein und Wesen, griechisch ‚to ti esti', ‚idea', ‚eidos', ‚ousia', lateinisch ‚essentia', ‚quidditas', ‚realitas', ‚perfectio' die eine nähere formale Bestimmtheit von ‚Sein' abgibt.

2. In einem damit entdeckt die formalisierende Abstraktion durch die Gleichschaltung alles Seienden, daß nicht von allem, was ist, das ‚ist' in dem gleichen Sinne gesagt wird: Was ein Baum ist oder ein Tisch, ein Blaues oder eine Zahl, ‚ist' nicht auf dieselbe Art und Weise ‚seiend', zumal es auch ein *bloß* Vorgestelltes, Vermeintes, ein Mögliches oder Wirkliches sein kann. Entscheidend ist nicht nur, was etwas ist, sondern auch, ob es ist und in welcher Weise es ist: das Daßsein und die Seinsweise, griechisch ‚to hoti esti', ‚tropos tou einai', lateinisch die ‚existentia' und ‚quodditas' bzw. der ‚modus essendi'.

An den formalen Begriffen der ‚essentia' und ‚existentia', der ‚quidditas' und ‚quodditas', von ‚Wassein' und ‚Daßsein', holt die formalisierende Abstraktion in sich ein, was sie an ihrem Ab- und Wegsehen vom Jeweiligen als die allgemeinsten Grundzüge seines Seiendseins entdeckt hat. Während das Wassein das Seiende hinsichtlich seines Etwasseins von je anderem Seienden unterscheidet, unterscheidet die Seinsweise verschiedene Seinsbereiche: Tisch und Stuhl sind - als hergestellte Dinge (techne onta) - auf dieselbe Weise seiend, aber nicht ein und dasselbe Etwas; als Hergestelltes aber in ihrer Seinsweise verschieden vom Naturhaften, etwa Baum und Tier, oder dem Mathematischen, wie Zahl und Funktion. Seiendes, das sich im Wassein unterscheidet, läßt sich hinsichtlich seiner Seinsweise zu verschiedenen Seinsbereichen, Regionen des Seienden, z.B. Natur und Geschichte, zusammenfassen, die sich hinsichtlich ihrer Art und Weise des Seins voneinander unterscheiden und als voneinander Unterschiedene das Ganze des Seienden ausmachen. Fassen wir ‚essentia' und ‚existentia' unter dem Begriff der *Seinsverfassung* zusammen, dann können wir jetzt sagen: Die Philosophie bezieht sich erkennend auf die Seinsverfassung alles Seienden überhaupt und im Ganzen.

Konzentrieren wir uns noch einen Augenblick auf den Begriff des Wesens. Dem frühgriechischen Denken ist das Sein nicht das Wesen, das Wesen als Begriff des Seins unbekannt. Erst Sokrates denkt das Sein als das Wesen; die weitere Bestimmung des Seins als Wesen vollzieht sich dann im platonisch-aristotelischen Denken, und ihr entspricht die Grundlegung der Philosophie als ontologische Wesenserkenntnis, wie sie dann für das gesamte nachfolgende abendländische Denken maßgeblich wurde. Begrifflich gesehen meint das Wesen das Etwassein von Seiendem. Aber wie?- Dieses da ist z.B. ein Tisch; Tische gibt es unzählbar viele, und jeder ist wieder irgendwie anders, größer oder kleiner, aus anderem Material, anders geformt, andersfarbig, schwerer oder leichter; aber alle sind dies Eine - Tische, und nicht Stühle. Das Tischsein ist für alle nur eines und dasselbe, und das, was überhaupt ein Tisch, besteht in seinem Tischsein. Das Tischsein ist aber nicht wieder ein Tisch, den es außerhalb und neben der Vielzahl von Tischen gäbe; es ist überhaupt nichts dergleichen wie ein Tisch, Stuhl usf., sondern eben das Eine, was jeder Tisch, insofern er Tisch ist, ist: sein Sein, das ihn als Tisch anwesen läßt. Das Tischsein, als das Wesen des Tisches, ist das Eine, das die Vielheit von Tischen unter sich begreift: Es ist das Allgemeine (katholou) als die Einheit der Vielheit, die zugleich das vereinzelnd Einende eines Jeglichen des Vielen ist. Das, was diesen Tisch hier *als Tisch* sein und anwesen läßt, das Tischsein, ist ja nichts außerhalb seiner, sondern eben sein Anwesen als dieses bestimmte Etwas: Tisch und nicht Stuhl oder Straßenbahn. Das Wassein ist nicht nur die Einheit des Vielen außerhalb der Vielen - als das Allgemeine -, sondern zugleich das einende Sein eines Jeglichen der Vielen, das es zu dem eint, was es als diese bestimmte Sache z.B. Tisch - im Unterschied zu einer anderen Sache - z.B. Stuhl - ist. Wir können also festhalten: das Wesen nennt das Sein als die allgemeine Einheit der Vielheit des Seienden, die zugleich jedes einzelne Seiende zu dem eint, was es an sich selbst als das Andere zu Anderem ‚ist'.

Von entscheidender Bedeutung ist aber schon hier, die Differenz zwischen Tischsein und Tisch zu sehen. Das Tischsein als die allgemeine Einheit aller Tische ist selbst kein Tisch noch überhaupt etwas derartiges; es meint kein Seiendes, sondern das Sein von Seiendem, sein Wesen: und zwar gerade im Unterschied zum Seienden. Hält man diesen Unterschied nicht fest und macht das Wesen zu einem Seienden, einem Ding, einem substanzielles Etwas im Ding, dann - so zeigt schon Platon in dem bekannten Gedankengang vom ‚Dritten Menschen', dem ‚Tritos anthropos'-Argument -, hebt sich der Begriff des Seins auf, das Wesen wird zum Wesenlosen, zur bloßen Vorstellung (Parmenides, 126 a - 137 c). Wir dürfen also das Sein überhaupt und das Wesen prinzipiell nie zu einem Seienden machen, indem wir es verdinglichen, substanzialisieren und zu einem Etwas hypostasieren, sondern müssen eigens auf den Unterschied achten und ihn als solchen festhalten: Das ‚Sein' nennt kein Seiendes, kein anderes Einzelnes neben und außerhalb dem Vielen, kein

Ding im Ding, kein Etwas wie das Seiende, dessen Sein es ist. Diesen Unterschied von Sein und Seiendem nennt Heidegger die *ontologische Differenz*. Das Sein ist keine seiende Eigenschaft am Seienden, kein irgendwie Vorfindbares, Zeigbares am jeweilig Seienden, kein ontisches Substrat; das Sein ist sowenig wie das Gewußtsein ein ‚reales Prädikat' des Seienden als inhaltliche Bestimmung seiner, sondern muß aus der grundsätzlichen Differenz zum Seienden anvisiert werden. Sonst geht alles schief. Das Festhalten dieses Unterschiedes von Sein - Seiendem, in der Terminologie des Wesens als die Differenz von Einheit und Vielheit, ist für alles weitere Verständnis der Philosophie als Ontologie entscheidend. Hier kommt es allein darauf an, diesen Unterschied erst einmal in den Blick zu bekommen, ihn zu sehen; ein ganz anderes ist es dann, ihn zu denken und begreifend zu thematisieren.

Gehen wir nun über zum Zweiten, dem Thema der Philosophie: ‚erste Anfangsgründe und Prinzipien'. Diese bezeichnen das, was vom Seienden hinsichtlich seines Seins zu erkennen ist. Damit ist gesagt, daß das Sein und Seiendsein *als* Grund und Prinzip thematisch wird. Das Sein aber ist bestimmt als das Wesen. Aufgrund des Vorangegangenen können wir uns dies schon etwas deutlicher machen, z.B. am Tischsein: Dieses, als das Wesen von ‚Tisch', gründet etwas, das ist: Seiendes, in sein Anwesen als bestimmtes Etwas: Tisch. Das Tischsein ist Grund des Seins und Anwesens von solchem Seienden, das hinsichtlich seines bestimmten Etwasseins je als Tisch begegnet: und nicht als Hirsch oder Stuhl oder Straßenbahn. Um dieses ‚Grundsein' des Wesens aber nun genauer zu verstehen, müssen wir einen Blick auf die aristotelische Bestimmung von ‚Anfangsgrund' und ‚Prinzip' werfen. Aristoteles bestimmt Anfangsgrund und Prinzip als das, "wovonher als Erstem etwas ist oder wird oder erkannt wird" (Met. V, 1013 a 18). ‚Prinzip', ‚Anfangsgrund' nennt das *erste Wovonher* des Seins, Werdens, Erkennbarseins von Seiendem: dasjenige, wovonher als Erstem es, das Seiende, ist, wird, erkennbar ist. Verzichten wir hier auf die Unterscheidung von Sein und Werden, dann heißt dies: Prinzip ist je das erste Wovonher des Seiendseins und Erkennbarseins von Seiendem, es bestimmt sich als ‚ratio essendi', Grund des Seiendseins, und ‚ratio cognoscendi', Grund des Erkennbarseins, gemäß der Zwiefalt von Sein und Wissen. Entsprechend dem Begriff des Wissens als Verhältnis des Entbergens von ... (Seiendem in seinem Sein) läßt sich schon sagen, daß eben das, wovonher etwas ist, auch das sein muß, wovonher es erkannt wird, und dies heißt schon wesentlich tiefer gefaßt, daß das, wovonher es ist, auch das sein muß, was seine Erkennbarkeit überhaupt gründet und stiftet. Die ‚Wißbarkeit' und ‚Erkennbarkeit' des Seienden in seinem Sein ist selbst nichts, was äußerlich: z.B. dadurch, daß der Mensch plötzlich vom Himmel fiele, dem Seienden unversehens zukommt, sondern etwas, was ihm als solchem und dies heißt: in seinem Sein und Anwesen, schon von sich her eignen muß. Sonst würde jeder vom Himmel gefallene Mensch, der sich nun intentional an das Erkennen des

Seienden machte, an der Verschlossenheit abprallen: es wäre überhaupt nichts *für* ihn, noch nicht einmal er selbst für sich. ‚Alles dunkel' - nichts. Das Sein als Grund des Seienden muß so verfaßt sein, daß es zugleich und in einem das Seiende in sein Sein und Anwesen *und* in seine Aufgeschlossenheit für ein Wissen überhaupt gründet; beides, das Gründen des Seienden in sein Sein *und* in sein Erkennbarsein müssen zusammenfallen, soll das Wissen überhaupt als Verhältnis des Entbergens auf das Sein bezogen sein. Das Sein muß also von sich her den Zug zur Unverborgenheit haben, die Offenheit und Aufgeschlossenheit des Gewußtwerdens, und ohne ihn gibt es für das gegenwendige Wissen überhaupt nichts, kein Seiendes, kein Etwas - nichts. Das Sein hat den Zug zum Wissen, und dieses hat als gegenwendig Anderes den Zug zum Sein. Ohne diesen ‚Gegenzug' kein Wissen, kein Sein für das Wissen; alles ‚Ist-sagen' des Wissens und Bewußtsein bewegt sich je und immer schon in diesem ‚Gegenzug' als der vorgängigen Erschlossenheit von Sein überhaupt im Wissen. Aristoteles denkt deshalb als eine der Grundbestimmungen von Sein überhaupt das ‚Wahrsein' (alethes on), das hier eben das ‚Unverborgensein', ‚Offenbarsein' von Seiendem in seinem Sein als Grundzug des Seins selbst - und nicht die ‚Wahrheit' als Bestimmung prädikativen Denkens im Unterschied zur Falschheit - meint. Aristoteles bemerkt in dieser Hinsicht: "Alles Sein offenbart sich selbst von sich selbst her" (Topik, 135 a 10), und führt diese Bestimmung des ‚Unverborgenseins' (alethes on) von Sein dann im Schlußkapitel des IX. Buches seiner ‚Metaphysik' näher aus (Kp. 10), "wo" - wie Heidegger sagt -, "das aristotelische Denken über das Sein des Seienden die Gipfelhöhe erreicht" (WM, 138). Die nachfolgende mittelalterliche Tradition hat dies dann im Seinsbegriff des ‚verum esse' (Wahrsein) als eines der sogenannten ‚Transzendentalien' festgehalten, die das Sein und Anwesen von Seiendem überhaupt und vor jeder weitergehenden Unterscheidung: deshalb ‚Transzendentalien', weil ‚über' jede engere Bestimmung ‚hinausgehend' (transcendens), fassen. Im Begriff des Wesens als Grund, dies müssen wir als erstes festhalten, ist also die Einheit von Sein und Wissen - die ‚Unverborgenheit' selbst (aletheia) als Grundzug des Seins - gedacht. Erst von daher lassen sich dann ‚Grund des Seiendseins' (ratio essendi) und ‚Grund des Erkennbarsein' (ratio cognoscendi) voneinander unterscheiden und miteinander identifizieren. Diese Unterscheidung wird bei Aristoteles selbst schon thematisch im Begriff des ‚Ersteren' und ‚Früheren' (proteron), das er unterscheidet in das ‚Frühere für uns' (hemin) und das ‚Frühere von Natur aus' (physei), das ‚an sich Frühere' und ‚Erstlichere' (Physik I, 1; Kat. 12, Met. V, 11). Jenes meint das, was für uns im Ausgang des Erkennens das Erste ist wie das Sinnliche im Verhältnis zum Vernünftigen, das Seiende zum Sein. Von ihm her hebt der Weg menschlichen Erkennens an: es bestimmt das Anfangen im Unterwegs menschlichen Erkennens zu dem hin, was ‚an sich', der Sache und Natur, dem Sein und Wesen nach das ‚Erste' ist. Dieses ist das, wohinein der Weg des Erkennens resultiert: die Erfassung dessen, was je schon das Seiende in seinem Sein und Erkennbarsein gründet, damit aber auch den Weg hin zu ihm, die methodische Erfassung seiner durch das Erkennen, allererst ermöglicht: ihm ermöglichend vorausliegt: Das Sein als das Wesen des Seienden. Die Verfassung menschlichen Erkennens ist, daß es sich vom Gegründeten her in den Weg der Ergründung hin zu den anfänglichen Gründen begibt; und es darin ebensosehr dem Seiendsein wie dem Erkennbarsein des Seienden auf den Grund kommt, darin es sich je schon bewegt. Wenn Aristoteles von den *ersten* Anfangsgründen und Prinzipien, vom *ersten* Wovonher des Seins, Werdens und Erkennbarseins spricht, dann ist diese ‚Erstheit' gemeint, also nicht das, wovonher als Erstem der Weg menschlichen Erkennens anhebt, sondern das, was ihm ermöglichend je schon als das Erste zugrundeliegt: wovonher es Seiendes überhaupt als in seinem Sein für das Wissen Erschlossenes gibt. Entsprechend unterscheidet Aristoteles auch die Erstlichkeit in das Erste ‚der Zeit' (chrono) und dem ‚Werden nach' (genesei) von dem Ersten, das ‚dem Wesen' (ousia), ‚dem Begriff' (logo) und ‚der Natur nach' (physei) das Erste ist. Diese Unterscheidung ergibt sich im Hinblick darauf, daß das Sein und Anwesen von Seiendem, so wie es uns erschlossen ist, immer physisch west als die Übergängigkeit von Werden und Vergehen; und eben dies auch die Verfassung unseres spezifisch menschlichen - sinnlich-physischen Erkennens - tangiert, insofern es sich von sich her: der physisch-sinnlichen Offenbarkeit des Werdenden und Vergehenden - allererst zu dem und in das hinein begeben muß, was diesem als sein wesenhaftes Sein gründend zugrundeliegt. Deshalb kann nun auch das, von woher das menschliche Erkennen seinen Weg anhebt: das Gegründete - als ‚ratio cognoscendi' der Anfangsgründe und Prinzipien bezeichnet werden; ‚ratio essendi' und ‚ratio cognoscendi' können immer insofern auseinanderfallen, als in der ‚ontischen', auf das Seiende bezogenen Erkenntnis das, was einen bestimmten Sachverhalt gründet, etwas anderes sein kann als das, woraus er für das Erkennen zugänglich wird, wie z.B. in der Diagnostik einer bestimmten Krankheit aus bestimmten Symptomen; obgleich in letzter Instanz und bezogen auf die ontologische Einsicht in das Sein als Grund immer die Einheit von ‚ratio essendi' und ‚ratio cognoscendi' gedacht werden muß. Für den Begriff ontologisch ‚erster Anfangsgründe und Prinzipien' gilt dann, wie Aristoteles weiter ausführt, daß sie "weder auseinander noch aus einem Anderen sind, alles Andere aber aus ihnen" (Physik, 188 a 27). Die ontologische Erstlichkeit von Prinzipien besteht demnach in der Irreduzibilität ausschließlicher und in ihrem Zusammengründen zureichender Gründe: Prinzipien sind solches, was nicht auf ein anderes Früheres und Ersteres als Grund zurückgeführt werden kann (Irreduzibilität); verschiedene Prinzipien sind nur Prinzipien, wenn sie nicht aufeinander zurückgeführt werden können, sich also grundsätzlich wechselseitig ausschließen (Exklusivität), in ihrem wechselseitigen Zusammengründen aber den zureichenden Grund (ratio sufficiens) des Gegründeten ausmachen (Suffiziens).

Die Prinzipien müssen also in ihrem ausschließlichen Verhältnis zueinander weder mehr noch weniger gründen als das Gegründete, sondern eben genau dieses, ohne dabei auf etwas anderes oder aufeinander zurückgeführt werden zu können. ‚Erste‘ Prinzipien und Anfangsgründe sind solche, die diesen Bedingungen der Irreduzibilität, Exklusivität und Suffiziens genügen.

Verfolgen wir dies noch einen Schritt weiter. Das Sein ist Grund. Grund wovon?- Grund des Seienden - *als* des Seienden: es gründet das Seiende hinsichtlich seines Seins - seines Wasseins und Daßseins. Damit ist es zugleich und in einem hinsichtlich seiner Erkennbarkeit, Wißbarkeit gegründet: Es, das Seiende, west in seinem Sein als ein von sich her für das Wissen und Gewußtworden Aufgeschlossenes. ‚Das Sein ist Grund‘ heißt demnach: es gründet das Seiende hinsichtlich seines Seiendseins (‚essentia‘ und ‚existentia‘) und Erkennbarseins. Nun meint aber unsere geläufige Art und Weise, von ‚Grund‘ und ‚Gründen‘ zu sprechen, z.B. als ‚Ursache‘, ‚Motiv‘ usw., etwas ganz anderes als Grund: das Seiende - und nicht das Sein. Die Rede vom Sein als Grund des Seiendseins und Erkennbarseins von Seiendem scheint merkwürdig und befremdlich angesichts unserer geläufigen Rede- und Sichtweise, in der das Seiende als Grund im Blick steht. Offensichtlich wiederholt sich an diesem Unterschied: ‚Das Sein ist Grund‘ - ‚Das Seiende ist Grund‘ - die ontologische Differenz Sein - Seiendes. Terminologisch unterscheiden wir dies in der Rede von ‚ontologischen‘ und ‚ontischen‘ Gründen. ‚Ontologische Gründe‘ meinen das Sein, ‚ontische Gründe‘ (Ursachen, usw.) das Seiende als Grund. Gehen wir zum besseren Verständnis der ‚ontologischen Gründe‘ aus von dem, wovon sie sich unterscheiden: den ‚ontischen Gründen‘. Das Seiende ist Grund wovon?- Von Seiendem, im physikalischen Bereich etwa in der Weise der ‚Kausalität‘, im Bereich menschlichen Handelns etwa als ‚Motivation‘. Seiendes ‚verursacht‘ Seiendes - aber offensichtlich nicht in seinem Seiendsein und Erkennbarsein, wenn dies denn die Sache des Seins als Grund ist; das Seiende ist nicht Grund des Seienden *als* des Seienden, seines Seiendseins und Erkennbarseins *überhaupt*: denn dies kann es, insofern es ein je selbst ins Sein und Anwesen gegründetes Jeweiliges und mannigfaltig Bestimmtes ist, nicht leisten. Das Seiende ist Grund nur, insofern es selbst ein schon vorgängig ins Sein Gegründetes ist, das als jeweilig Anderes in der Vielfalt seiner verschiedenen Bestimmungen anwest; deshalb kann es anderes Seiendes nur hinsichtlich seines jeweiligen Vorkommens und seiner jeweiligen Bestimmungsvielfalt gründen. Der Stock, der durch seine Bewegtheit die Bewegung des Balles versursacht, ist kraft seiner spezifischen Art und Weise der Bewegtheit, seiner Bewegungskraft und seines Aufpralles auf den Ball die Ursache dafür, daß der Ball sich so - mit dieser Geschwindigkeit in dieser Richtung - bewegt; das, was die Bewegung des Stockes gründet, ist seinerseits ein bestimmtes Motiv des Schlagenden, z.B. daß er etwas - den Baum dort - treffen will. Daraus bestimmt sich die Art und Weise, in der er schlägt, seine bestimmte physische

Verfassung ins Schlagen des Stockes veranlaßt. Das Beweglichsein selbst der Körper, ihre Körperlichsein und alle dazugehörigen Bestimmungen (Räumlichkeit, Zeitlichkeit), die Leiblichkeit des Schlagenden, seine Lebendigkeit und zielgerichtete Intentionalität: all dies und anderes mehr sind keine ‚ontischen Gründe': sie gründen nicht als Seiendes, noch kann durch sie ein Seiendes überhaupt je ins Sein gegründet werden; sondern sie gründen als die Bestimmungen des Seins (des Schlagenden, des Stockes, des Balles) die Bewegtheit des Balles *überhaupt*. Das Sein bzw. die Bestimmungen des Seins, können kraft ihrer Allgemeinheit also ebensowenig die jeweilige Bestimmtheit des Seienden in seiner mannigfaltigen Gegebenheitsweise gründen wie das Seiende kraft seiner selbst je gegründeten Jeweiligkeit die allgemeinen Grundbestimmungen des Seins - seiner selbst sowie des von ihm gegründeten Seienden - gründen kann. Ontologische Gründe sind - in einem näher zu bestimmenden Sinne - ‚allgemein', als solche aber *schlechthin* vorgängig gegenüber ihrem Gegründeten, nicht nur temporal, in der Zeit, sondern sachlich als Bedingungen seiner Möglichkeit. Jede Bewegung ist einerseits - ontisch - durch eine andere Bewegung ‚verursacht', andererseits aber - ontologisch - durch die Bewegtheit selbst und ihre impliziten Grundbestimmungen (Raum, Zeit) in ihrem Sein gegründet; davon kann aber nicht irgendeine Bewegung der Grund sein, weil sie selbst *als* Bewegung nur ‚ist', was sie ist und wie sie ist, kraft der Bewegtheit selbst.

Diese Differenz ontischen und ontologischen Gründens zeigt sich auch an der Art und Weise, wie Grund und Gegründetes sich hier je zueinander verhalten. Ganz allgemein und formal gesprochen, läßt sich die Relation, das Verhältnis von Grund und Gegründetem, in den Begriffen der Identität und Differenz fassen: Zu allem Gründen gehört die Differenz von Grund und Gegründetem: beide müssen sich in irgendetwas voneinander unterscheiden. Das Gründen selbst aber spielt innerhalb dieser Differenz als die Herstellung einer Identität und Selbigkeit: insofern der Grund an dem anderen eben das und nur das ‚gründet', was er selbst als solcher ist: ‚Aus nichts wird nichts' (ex nihilo nihil fit), und was sich am Gegründeten als das Gegründete vorfinden läßt, ist eben dies, was sich am Grund vorfindet; so die Bewegung des Körpers an der Bewegung des Balles. Gleiches gründet Gleiches an einem Anderen und insofern es ein Anderes ist. Aber die Bewegtheit des Balles ist nicht das Anwesen seiner ontischen Gründe, wohl aber das Anwesen seine ontologischen Gründe, der Körperlichkeit, Beweglichkeit; es ist diese gewissermaßen selbst. Im ontisch Gegründeten sind seine Gründe verschwunden, sie *machen* nicht das Sein und Anwesen des Gegründeten selbst *aus*; eben dies aber gilt für die ontologischen Gründe, denn sie bezeichnen ja nichts anderes als das allgemeine Sein des Gegründeten als die Grundbestimmungen seines Anwesens. So sind z.B. die Eltern, die Zeugung, ontische Gründe des Menschen, seines Daseins; das Menschsein selbst aber (z.B. als die unter dem Begriff ‚vernünftiges

Lebewesen' zusammengefaßten allgemeinen Grundbestimmungen Leiblichkeit, Lebendigkeit, Vernünftigkeit samt ihren eigenen Grundbestimmungen z.B. Raum, Zeit, Körperlichkeit usw.) der ontologische Grund des Menschen. Dies alles, was in den ontologischen Grundbestimmungen des Menschsein enthalten ist, bin ich selbst: sie machen mein Sein und Anwesen *als* Mensch aus. Ich bin aber nicht meine Eltern, die Zeugung: dies macht eben nicht mein Anwesen als Mensch aus, sondern es ist höchstens ein Moment meines Gewordenseins als dieser bestimmte Mensch, das aber selbst an meinem Sein und Anwesen nicht so gegeben ist, wie die Leiblichkeit, Lebendigkeit, Vernünftigkeit. Die Eltern, dic Zeugung usf.: all dies bleibt ein von mir unterschiedenes Anderes; was ontischer Grund ist, geht nicht im Gegründeten auf, verschwindet nicht in ihm als sein Sein und Anwesen selbst, sowenig ich eben meine Eltern *bin*. Mein Sein west nicht als das ,Meine-Eltern-sein', sondern als Mensch-sein. Denn das Seiende kann sein Sein nicht stehen lassen wie etwas anderes, das außerhalb seiner selbst und das heißt: seines Anwesens bleibt, sondern dieses macht je sein Anwesen als solches aus, außerhalb dessen es nicht(s) *ist*. Das ontische Gründen spielt identifikatorisch zwischen verschiedenen Anderen zueinander: Etwas ist an einem *durch* etwas an einem Anderen - es ist ein Gründen im Sinne des ,Wodurchseins' (di'ho). Das ontologische Gründen dagegen macht Etwas - Seiendes - allererst zu dem, was es ist: als was es anwest; und dies nur insofern es dieses gewissermaßen selbst ,ausmacht' (,ist'). Das ontologische Gründen gründet als ,Ausmachen' im Sinne des ,Worausseins' (ex hou). Diese Differenz von ,Wodurch' (di'ho) und ,Woraus' (ex hou) begegnet und schon bei Aristoteles, wobei das ,Woraussein' allerdings ebensowenig einen ausschließlich ,ontologischen' Sinn haben muß wie das ,Wodurchsein' einen rein ontischen. Daß ein Körper *aus* bestimmten Elementen besteht, bezeichnet z.B. ein rein ontisches Gründen; dennoch ist es brauchbar, sich an das ,Woraus' als Weise ontologischen Gründens zu halten, insofern das Sein als Grund das Sein und Anwesen des Seienden selbst ausmacht: dieses selbst ,ist', so wie mein Körper die Körperlichkeit selbst ist, diese jenen als Körper in seinem Körpersein anwesen läßt; dabei aber ein ganz anderes ,Gründen' meines Körpers angesprochen ist als dasjenige, das ich z. B. durch die alltägliche Ernährung leiste. Schematisch gesehen können wir uns dies so gegenwärtig halten, daß wir das ontische Gründen als lineares Verhältnis zwischen Seienden vorstellen, das ontologische Gründen als vertikales Gründen zwischen jedem Seienden und seinem Sein. Das ontische Gründen ist deshalb auch immer indefinit ins Unbestimmte laufend; das ontologische Gründen immer definit und in sich abgeschlossen. Würde man diese Differenz von ontischen und ontologischen Gründen mehr beachten, hätte man in Sachen ,unendlicher Begründungsregress' weniger Schwierigkeiten; denn dieser betrifft immer nur das ontische, nie das ontologische Gründen; mit ihm aber allein haben wir es in der Philosophie zu tun, während es in den Einzelwissenschaften ausschließlich um ontische Gründe geht. Auf eine nähere Auseinandersetzung des Grundseins des Seins müssen wir hier allerdings noch verzichten; entscheidend ist allein dies, daß Sein überhaupt als Grund, Prinzip gedacht wird. Heidegger wird dies vor allem im Hinblick auf Leibniz und den ‚Satz vom Grund': ‚Nihil est sine ratione' (Nichts ist ohne Grund), auseinandersetzen.

Damit zurück zur zur thematischen Erschließung des Sachbereiches der Philosophie: Die philosophische Erkenntnis zielt auf die Entbergung des Seins und Anwesens von Seiendem, insofern es - das Sein - das Seiende hinsichtlich seines Seiendseins und Erkennbarseins gründet: das Erste ist, wovonher es ‚ist' und ‚erkennbar ist'. Das Sein als Grund ist aber platonisch-aristotelisch gedacht das Wesen. Danach ist nun das Wesen das Erste, wovonher das Seiende sowohl ist als erkennbar, d.h. von sich her für sein Gewußtwerden aufgeschlossen, ist. Etwas erkennen heißt demnach: erkennen, was es ist: Dies geschieht durch seinen allgemeinen Begriff. Deshalb sagt Aristoteles: "Alles erkennen wir im Hinblick auf seine Wesensbestimmtheit (eidos)" (Met. IV, 1010 a 25). Wie erkenne ich nun das, was ein Jegliches seinem allgemeinen Begriff nach ist?- Indem ich das Mannigfaltige, das sich sinnlich-physisch zeigt und erscheint (phainetai), auf die Einheit seines Was hin durchspähe; unterscheide, worin es voneinander unterschieden und vereinige, worin es miteinander selbig ist. Das Erkennen fungiert als ein Vereinigen und Unterscheiden im Hinblick auf eines, es verfährt ‚synthetisch' - in die Einheit zusammengreifend - und ‚dihairetisch' - in die Zweiheit auseinandernehmend: und diese synthetisch-dihairetische Tätigkeit ist es, kraft derer die Vernunft (nous) als Anfangsgrund und Prinzip allen Wissens etwas in seinem Sein sichtbar macht, offenbart, entbirgt und eröffnet. Die Vernunft läßt sich also ihrem Begriff nach bestimmen als die ‚synthetisch-dihairetische' Tätigkeit des Sichtbarmachens (deloun) und Entbergens (aletheuein); und das, was sie durch ihre synthetisch-dihairetische Tätigkeit eröffnet, ist nichts anderes als das ‚Eine von Vielem': die Einheit des Mannigfaltigen als den allgemeinen Begriff dessen, *was* ein Jegliches der Vielen *ist*. Der Begriff selbst ist nichts als die Offenheit, Unverborgenheit und Sichtbarkeit des Wesens: alle Wesenserkenntnis ist Begriffserkenntnis. Zur Bestimmung des Seins als Wesen gehört somit auch die Bestimmung des Denkens als Begreifen - d.h. als das Vereinigen des Mannigfaltigen zur Einheit des Allgemeinen. Die Begriffserkenntnis ist zugleich Prinzipienerkenntnis, insofern das im Begriff gewußte Wesen das erste Wovonher des Seiendseins und Erkennbarseins von Seiendem ist. Das Verfahren der theoretischen Wissenschaft des ‚on he on' - d.h. das methodische Wie ihres Entbergens als drittes Moment der aristotelischen Definition der Philosophie - läßt sich von daher schon fassen als die synthetisch-dihairetische Tätigkeit begrifflicher Erkenntnis. Wie diese genauer zu bestimmen ist, müssen wir hier noch offenlassen.

Die Befremdlichkeit, die uns in Begriff und Sache philosophischen Erkennens begegnet, liegt offenbar darin, daß die Formel des ‚on he on' einen Bruch mit unserer natürlichen Lebenspraxis fordert. Denn unsere natürliche Lebenspraxis ist dadurch gekennzeichnet, daß wir in der intentionalen Zuwendung zur ganzen Fülle und Reichhaltigkeit des Begegnenden aufgehen. Der Vollzug des ,on he on' und damit die theoretische Thematisierung des Seins als Grund erfordert aber, daß wir gerade von dieser konkreten Bestimmtheit absehen und demgegenüber allein auf dies achten: daß etwas ist und nicht nichts - und was das Seiende denn überhaupt und als solches ist (ti to on). Philosophieren heißt, diesen Bruch beständig vollziehen und aus ihm heraus leben. Die Schwierigkeit im Vollzug und Verständnis der Philosophie liegt deshalb weniger im Intellektuellen als im Existenziellen: der Praxis der Gebrochenheit, aus der sich die philosophische ,Intellektualität' allererst zeitigt. Auf sie muß man sich einlassen und sich ihr aussetzen, wenn man sich auf die Philosophie einläßt und sich ihr aussetzt. Mehr als diese Bereitschaft fordert sie nicht: aber woher sie nehmen?- Woher das ,Bedürfnis' nach der ,Unverborgenheit' des Seins von Seiendem überhaupt?- Denn ohne dieses dürfte es schwerlich die Bereitschaft geben, sich auf den durchgängigen und beständigen Bruch mit der konkreten Lebenspraxis einzulassen. Diese Frage müssen wir wachhalten, auch wenn ihre Beantwortung ein ,weites Feld' ist, das sich nicht unmittelbar und mit einem Schlage ausmessen läßt. Allein das Eindenken in die Philosophie und ihre Sache kann uns das ,Bedürfnis der Philosophie' ausloten und uns in den Stand versetzen, dieses auch begrifflich zu fassen. Deshalb müssen wir uns vorerst auf ihren überlieferten Vollzug einlassen, wenn anders die Philosophie wesentlich nicht ein zu konsumierendes Theorienarsenal bildet, sondern der Vollzug eines ,inneren Handelns', einer ,geistigen Tätigkeit', in der und für die sich allererst ihre Sache erschließt und ausweist. Ist das Prinzip der Verständlichkeit der Philosophie als sachbezogener Erkenntnis das Philosophieren selbst als Praxis einer bestimmten thematischen Sachzuwendung, dann müssen wir zuallererst diese Grundhaltung des philosophischen Erkenntnisvollzuges in uns hervorbringen: uns selbst als diese Grundhaltung der thematischen Zuwendung zum ,on he on' erzeugen. Wir haben nicht auf der einen Seite das Denken wie ein bestimmtes in sich geschlossenes Fertiges und auf der anderen Seite bestimmte, an sich determinierte Sachverhalte, an deren ,Evidierung' das Denken nun herangehen müßte; sondern das Denken selbst wird wesentlich durch das Denken seines Gedachten erst zu dem, was es als Sachbezug überhaupt ist; ebenso wie die Sache des Denkens erst in seinem Vollzug sich als das gibt, was sie ist und wie sie ist. Das Eindenken in den Sachbezug philosophischen Erkennens erfordert von uns wesentlich den - mit der natürlichen Einstellung brechenden - Vollzug einer ,Abstraktion': eines Absehens von der konkreten inhaltlich Bestimmtheit des Begegnenden, in der wir intentional aufgehen; diese müssen wir neutralisieren, ,übersehen', damit ,Heraustreten' aus einer bestimmten intentionalen Praxis; und allein auf das hinsehen und achten, daß es ist und nicht nicht, um es in seinem Sein und Anwesen in den Blick zu bekommen.

Das Einüben in das thematische Ablenden (des jeweilig bestimmten Etwas in seinem Begegnungscharakter) und Aufblenden (der Faktizität seines Seins und Anwesens) ist, als tätiger Vollzug eines konzentrativen Sichzusammenfassens des Denkens auf Eines hin, die Grundübung des ‚on he on', ohne die wir die in ihr thematisch werdende Sache - das Seiendsein von Seiendem - sowenig wie die sie artikulierende Begrifflichkeit nicht verstehen können. Wir können dabei immer ausgehen von beliebigen ‚Beispielen', um an ihnen die thematische Umwendung des Blicks vom Begegnenden auf sein Sein und Anwesen als Seiendes zu vollziehen; entscheidend ist, daß wir sie uns nicht nur gegenständlich vergegenwärtigen und darüber sprechen, sondern sie in uns auch wirklich tun, praktizieren, üben, vollziehen, um uns von daher in die Grundhaltung des Philosophierens hineinzuzeitigen. Konzentrieren Sie sich, üben Sie den Vollzug des ‚on he on', damit wir dann auch eine Grundlage haben, an der sich die Begrifflichkeit der Philosophie ausweisen läßt.

Anmerkung

1. Texte:

HEIDEGGER, Einführung in die Metaphysik (EiM/GA 40). Der Satz vom Grund (SvG). ARISTOTELES, Metaphysik Buch I, II, IV (Kp.1), VI (Kp. 1); Nikomachische Ethik Buch I und VI (Begriff der Philosophie); Physik Buch I; Kategorien Kp. 12; Metaphysik Buch V, Kp. 1 - 3, Kp. 11 (Begriff des Prinzips).

2. Literatur:

2.1. Zur platonisch-aristotelischen Grundlegung der Philosophie:

Werner MARX, Einführung in Aristoteles Theorie vom Seienden. Freiburg/München 1972.
K. H. VOLKMANN-SCHLUCK, Die Metaphysik des Aristoteles. Frankfurt a. M. 1979.
Ute GUZZONI, Grund und Allgemeinheit. Untersuchungen zum aristotelischen Verständnis der ontologischen Gründe. Meisenheim am Glan 1975.
Rudolf BRANDNER, Die Bestimmung des Seins als Wesen. Untersuchungen zur Grundlegung wesenslogischen Seinsverständnisses bei Aristoteles. Phil. Diss. Freiburg i. Brsg. 1988.
HWPH, Bd. VI, 1189 ff., Art. ‚Ontologie'.

2.2. Zu Heidegger:

Im Hintergrund der Thematisierung von HEIDEGGERS Begriff der ‚Aletheia' steht die Auseinandersetzung des Wahrheitsbegriffes bei HUSSERL und HEIDEGGER von Ernst TUGENDHAT (1970). Was TUGENDHAT in der Thematisierung von HEIDEGGERS Wahrheitsbegriff (v.a. in ‚Sein und Zeit', § 44) zeigt, ist, daß HEIDEGGER ‚Wahrheit' ebensosehr als das Andere zu ‚Falschheit' wie als deren übergreifendes Ganzes denkt: auch die ‚Falschheit', ‚Unwahrheit' ist eine Bestimmung der ‚Aletheia', der ‚Unverborgenheit' (Erschlossenheit, Entdecktheit). Darin sieht TUGENDHAT den entscheidenden Kritikpunkt an HEIDEGGERS ‚Wahrheitsbegriff'. Genau von dieser Einsicht her hätte TUGENDHAT aber darauf kommen müssen, daß die ‚Aletheia' als

Bestimmung des Seins des Wissens (Bewußtsein, Vernunft) fungiert; denn genau dies macht auch einsichtig, weshalb die ‚Wahrheit' in ihrer Differenz zu ‚Unwahrheit' und ‚Schein' mit dem Begriff der ‚Aletheia' gedacht werden muß: weil eben sie ‚sensu emminenter' überhaupt unter keinem anderen Begriff gefaßt werden kann als dem, der in der leitenden Bestimmung des Seins des Wissens gedacht wird. Jeder mögliche Begriff von ‚Wahrheit' gibt nichts anderes wieder als den maßgeblichen Begriff des Wissens (Vernunft), der in der Differenz zum Sein, Anwesen gedacht wird; die Wahrheitsproblematik von daher das beste Beispiel einer theoretisch nicht sui suffizienten Fragestellung ist, die sich im direkten methodischen Zugriff auf ihre thematischen Begriffe behandeln läßt. ‚Wahrheit' - dies ist hier die Gegenthese - läßt sich nur im Rückgriff auf die Bestimmung des Verhältnisses von Sein und Wissen begrifflich zulänglich thematisieren. Dies gilt für alle ‚Wahrheitstheorien'. So ist im überlieferten Begriff der Wahrheit als ‚adaequatio' das Wissen als intentionales Gerichtetsein (Wissen von ...) gedacht, das sich *analog* mit seinem Bezugsworauf eint und dieses damit in die Sphäre seines Gewußtwerdens ‚hinübersetzt': als ‚Unverborgenes anwesen läßt'. Das Moment der ‚Übereinstimmung' (consensus) mit allen anderen Denkenden kommt dem überlieferten Wahrheitsbegriff zu im Hinblick auf die eine, identische Vernunft als Tätigkeit gegenwendig-intentionalen Vereinigens und Unterscheidens. Das entscheidende Verdienst von TUGENDHATS Arbeit bleibt es, das Bewußtsein der methodischen Insuffiziens von ‚Wahrheitstheorien' zu vermitteln und darin gleichsam - an HEIDEGGER selbst - den Schlüssel zu ihrer Aufklärung zu halten, den TUGENDHAT selbst allerdings nicht mehr gesehen hat. TUGENDHAT bleibt die sachliche Legitimität der von ihm gleichwohl zurecht kritisierten Ineinssetzung von ‚Erschlossenheit' und ‚Wahrheit' aufgrund einer philosophisch unzureichenden (formalistischen) Problemstellung dunkel, die ihn dann dort, wo er über die Wahrheitsfrage in ‚Sein und Zeit' hinausgeht (a.a.O., § 17 f.), auch hemeneutisch scheitern läßt. Fridolin WIPLINGER, den TUGENDHAT leichthin als unkritischen Heideggerianer abkanzelt (a.a.O., 7), geht in seiner Arbeit Wahrheit und Geschichtlichkeit (1961) schon um einiges weiter, indem er den Wahrheitsbegriff auf das Wissen von Sein in seiner Geschichtlichkeit bezieht und von daher das für Heidegger entscheidende Problem des ‚Maßstabs' des Wahren trifft, das TUGENDHAT lediglich aus der Begründungsintention rationalen Erkennens postuliert; *sein* - an HEIDEGGER herangehaltener - Maßstab bleibt die Idee ‚kritischer Verantwortlichkeit', ohne daß deren Begründung für ihn zum philosophischen Problem würde. TUGENDHAT hält an einer ontologischen Grundkonstellation von Sein und Wissen fest, die HEIDEGGER in ‚Sein und Zeit' gerade zu unterlaufen unternimmt; so wichtig seine philologisch erarbeitete ‚Kritik' als formale Anzeige einer notwendigen Reformulierung von HEIDEGGER ‚Aletheia'-Begriff bleibt, so wenig kann sie in philosophischer Hinsicht begrifflich zufriedenstellen. Zur Kritik an TUGENDHAT vgl. auch Erich SCHÖNLEBEN, Wahrheit und Existenz (1987), § 15, der sicher besten und sachkundigsten Auseinandersetzung von HEIDEGGERS Wahrheitsproblematik. Eine gute Aufarbeitung der sachlich-geschichtlichen Problematik bietet Fridolin WIPLINGER, 1. Abschnitt.

2.3. Weitere Literatur zum ‚Wahrheitsproblem':

Gunnar SKIRBEKK, (Hg.), Wahrheitstheorien. Eine Auswahl aus den Diskussionen über Wahrheit im 20. Jahrhundert. Frankfurt a.M. 1977.

Michael THEUNISSEN, Begriff und Realität. Hegels Aufhebung des metaphysischen Wahrheitsbegriffes. In: Denken im Schatten des Nihilismus (164 - 195). Darmstadt 1975.

Jürgen HABERMAS, Wahrheitstheorien. In.: Festschrift für Walter Schulz (211 - 265), Pfullingen 1973.

L. B. PUNTEL, Wahrheit. In: HphG, Bd. VI (1649 ff.).

2. Philosophie und ontologische Differenz

Die Grundlegung der Philosophie als Ontologie im platonisch-aristotelischen Denken vollzieht sich am Leitfaden der Bestimmung des Seins als Wesen. Dies war, wie Aristoteles berichtet und an den platonischen Frühdialogen besonders deutlich hervortritt, der Kern der sokratischen Wende in der Philosophie. Sokrates, so Aristoteles, war der Erste, der die Frage nach dem Sein als die Frage nach dem, was ein Jegliches seinem allgemeinen Begriff nach sei, stellte. Dieses, das als das Wesen erfragte Sein eines jeglichen Seienden, wird dann im Denken Platons und Aristoteles zur Grundlage der philosophisch-ontologischen Erkenntnis. Dagegen weiß das frühgriechische Denken nichts vom Wesen: das Sein wird hier nicht als das Wesen des Seienden nach Wassein und Seinsweise erfragt und erkannt. Sokrates markiert diesen Bruch innerhalb des griechischen Denkens, und Nietzsche nannte ihn darum den "Wende und Wirbelpunkt der sogenannten Weltgeschichte" (KSA 1, 100), Hegel den "Hauptwendepunkt des Geistes in sich selbst" (W 18, 441). Erst von daher erfolgt die Grundlegung der Philosophie als der - aristotelisch formuliert - ,Wissenschaft von den ersten Anfangsgründen und Prinzipien des Seienden als des Seienden', die für die theoretische Bestimmung des abendländischen Menschseins, die sich in der geschichtlichen Überlieferung der Philosophie widerspiegelt, über die Jahrtausende hinweg bis in die tiefsten Fasern der Gegenwart hinein das Maß abgibt. Denn an diesem Begriff der Philosophie richtet sich nicht nur die Praxis philosophischer Erkenntnistätigkeit und der von ihr grundgelegten Wissenschaften aus, sondern ebensosehr und gerade dadurch auch das, was der Mensch als erkennendes Wesen und kraft seiner Vernunft als sein spezifisch abendländisches ,êthos' einnimmt. Das Wort ,êthos' meint seiner ursprünglichen griechischen Bedeutung nach, wie es auch Heidegger ausführt (WM, 186 ff.), den ,Ort', an dem der Mensch wohnt, seinen Aufenthalt inmitten dessen, was ist, von dem her er sich zum Seienden im ganzen verhält. Daß die Vernunft zur maßgeblichen Bestimmung des menschlichen ,êthos' wird, heißt dann, daß sich das Verhältnis des Menschen zu dem, was ist - sich selbst und allem anderen -, aus der Grundhaltung vernünftigen Erkennens bestimmt. Ohne dieses ,êthos' und seine geschichtliche Grundlegung im griechischen Denken ist keine moderne Wissenschaft, keine moderne Technologie und damit nichts, was zur Grundstruktur der modernen Lebenswirklichkeit gehört, denkbar. Was diese theoretische Bestimmung des Menschseins grob umrissen besagt, läßt sich an der aristotelischen Unterscheidung von ‚poietisch-praktischer' und ‚theoretischer' Wissenschaft einsichtig machen: Die Differenz von ‚praxis' und ‚theoria' weist in den Unterschied von Sein und Wissen, der seinem phänomenologischen Begriff nach in der Bestimmung des Wissens als ‚Unverborgenheit' gedacht werden. Das griechische ‚Aletheia', auf das Heidegger sich fortlaufend bezieht, muß also erstlich als die Bestimmung des Seins des Wissens im Gegensatz zum Sein des Seienden gefaßt werden, und erst dann als der Begriff der Wahrheit im Unterschied zum Schein, der Falschheit. Die ‚theoretische' Bestimmung des Menschseins besagt dann, daß es sich wesentlich aus der Differenz von Sein und Wissen ortet und aus dem Horizont der durch das vernünftige Erkennen zu leistenden Unverborgenheit alles Seienden sein Maß empfängt. Sie ist alles andere als eine nebensächliche Kuriosität; und obwohl wir auf eine nähere Auseinandersetzung der Frage, warum der Mensch überhaupt die Unverborgenheit alles Seienden (hinsichtlich seines Seins) als das Maß und letzte Worumwillen seines Seins bestimmt, hier noch verzichten mußten, ist es für die Einübung in das Gewahren geschichtlich unvermittelbarer Andersheit außerordentlich wichtig, die Tragweite dieser Bestimmung - wenn nicht zu begreifen, dann doch wenigstens - zu ahnen. Deshalb ein kurzer Hinweis auf das indische Denken, das nicht nur, was seine Intensität und Ausprägung an sich selber angeht, dem abendländischen Denken vergleichbar ist, sondern auch für die geschichtliche Eigenart des gesamten ostasiatischen Menschseins und seiner Lebenswirklichkeit eine ähnlich grundlegende Funktion übernimmt wie das griechischeDenken für das abendländisch-europäische. Denn was das indische Denken vom griechisch-abendländischen Denken trennt, ist genau und exakt dies: die ‚theoretische' Bestimmung des Wissen - und nichts anderes. Dies ist alles: und aufgrund diesen ‚Fehlens' des ‚theoria'-Begriffs im indischen Denken begibt es sich auf einen ganz anderen Weg als das abendländische Denken, so daß ihre Wege im Grunde nie sich kreuzen. Das indische Denken bestimmt sich nie aus dem maßgeblichen Horizont, die Unverborgenheit dessen, was überhaupt und im ganzen ist *im Unterschied und Gegensatz zum Sein und Anwesen selbst* herzustellen; sowenig sich dort der Mensch als Mensch aus dem Gegensatz zum Sein als der Ort der Un-verborgenheit des Seins erfährt, sowenig erfolgt das Erkennen umwillen der Offenlegung dessen, was ist, umwillen ihrer selbst: der Offenheit und Unverborgenheit des Seins als solcher. Das indische Denken zielt auf die ‚moksa' (sprich: ‚mokscha', von Sanskrit ‚muc', losbinden, loslösen, befreien), die ‚Befreiung', ‚Loslösung' von dem ‚samsâra', dem unaufhörlichen Kreislauf des Werdens und Vergehens, darin der Mensch in seine Vergänglichkeit und Verletzbarkeit ausgesetzt ist; es zielt auf die ‚Freiheit' als ‚Unverletzbarkeit' menschlichen Seins, die sich zwar vermittelt über sachbezogene Erkenntnisse generiert, in erster Linie aber ein zuständliches Sein und Anwesen des Erkennenden selbst bezeichnet und damit unter den aristotelisch gedachten Begriff der ‚episteme praktike' fällt. Der maßgebliche Horizont, aus dem es sich zum Erkennen bestimmt, ist das Sein und Anwesen des Erkennenden selbst als eines solchen, nicht aber das, was das Erkennen als Unverborgenheit im Gegensatz zum bloßen Sein zeitigt. Es bestimmt sich ‚soteriologisch' umwillen der ‚Befreiung', ‚Rettung' und ‚Erlösung' (soteria) des Menschseins. Am Begriff der ‚theoria' trennen sich geschichtliche Welten. Offen bleibt, ob sich nicht gerade auch das theoretische Wissen ‚soteriologisch' bestimmt.

Die Bestimmung der Philosophie als theoretischer Wissenschaft hat sich nun weitergehend an seinen Bestimmungsmomenten, dem Sachbereich ‚Sein' und dem Thema ‚Grund' gezeigt. Das Sein aber wird thematisch in der Formel des ‚on he on': die Rede ist vom Seienden als dem Seienden. Das Sein steht im Blick, insofern das Seiende im Blick steht; es wird vom Seienden her und auf dieses hin thematisert, und zwar in der Zwiefalt von Wassein und Daßsein, ‚essentia' und ‚existentia'. Das Wesen selbst ist als das ‚Eine über den Vielen' das Allgemeine. Als das ‚Eine in den Vielen' ist es das Einende eines Jeglichen der Vielen: das, was ein Jegliches der Vielen zu einem Einzelnen macht. Insofern das Sein und Wesen selbst nicht wieder ein Seiendes ist, sondern ein von diesem schlechthin geschiedenes Anderes, mußte diese Andersheit von Sein - Seiendem schon eigens als die - heideggerisch ausgedrückt - ‚ontologische Differenz' anvisiert werden. Dazu nun schon zwei vorgreifende und weiterführende Anmerkungen. Einerseits wird Heidegger in seiner Diagnose der überlieferten Philosophie feststellen, daß diese zwar immer - als Ontologie notgedrungen - das Sein denkt. Aber wie denkt die überlieferte Ontologie das Sein?- Wie die aristotelische Formel zeigt, als das Sein *von* Seiendem: sie thematisert das Sein in der Zentrierung am Seienden von diesem her und im Rückbezug auf dieses hin. Das Sein wird als das *Seiendsein* von Seiendem zum Sachbereich des ontologischen Erkennens: es geht diesem zentral um das Seiende, und nur in dieser Zentrierung an dem, was ist, faßt es das Sein und Anwesen. Die Philosophie denkt nicht das Sein *als solches*, sie denkt es immer nur als das Seiendsein von Seiendem. Dadurch bleibt das Sein selbst in seiner radikalen Andersheit zum Seienden ungedacht, verborgen. Heidegger nennt dies in psychologistisch durchaus mißverständlicher Redeweise die ‚Seinsvergessenheit'. Diese besagt, daß das Sein als solches innerhalb der abendländischen Ontologie, die doch das Sein denkt, aus wesentlichen Gründen, die das Sein selbst und das abendländische Denken im Kern betreffen, ungedacht, d.h. verborgen bleibt. Dies klingt vorerst noch abstrakt und unbestimmt genug; es kann hier nur ein erster Hinweis sein auf etwas, was uns noch ausführlicher beschäftigen wird. Insofern aber die Philosophie nicht das Sein als solches, sondern immer nur als das Seiendsein von Seiendem denkt, bedeutet dies andererseits nun, daß sie den Unterschied von Sein und Seiendem nicht als solchen und an sich selbst denkt. Sie bewegt sich zwar denkend ständig in diesem Unterschied: aber er wird als Unterschied nicht thematisch. Die ontologische Differenz bleibt ungedacht, verborgen; an ihre Stelle treten Identitätsbegriffe, wie etwa der platonische Begriff der ‚Teilhabe' (methexis) des Vielen an den ‚Ideen', der aristotelische Begriff des ‚In-seins' (en einai, enhyparchein) und der ‚Wesenswirklichkeit' (energeia), oder dieser Unterschied wird überhaupt verdeckt in den vielfältigen für das abendländische Denken charakteristischen Weisen, das Sein zu verdinglichen, zu hypostasieren, also ‚ontisch' als ein Seiendes zu mißdeuten. Eben diese Tendenz der Verdinglichung, Substanzialisierung und Hypostasierung von Sein im abendländischen Denken seit Platon beruht, so Heidegger, auf dem Ungedachtbleiben der ontologischen Differenz als solcher. Anders steht es mit dem frühgriechischen Denken, wie Heidegger in der Auseinandersetzung mit Anaximander, Parmenides und Heraklit zu zeigen versucht. Beides, die Verborgenheit von Sein *als Sein* und die Verborgenheit des Unterschiedes von Sein - Seiendem *als solchem* gehören in dem eher unglücklichen Begriff der ‚Seinsvergessenheit' zusammen, für den wir von nun an lieber ‚Seinsverborgenheit' sagen; denn eben dies meint die ‚Vergessenheit' als die ‚Lethe', Verborgenheit von Sein im Wissen.

Dies zeigt sich nun noch eingehender an dem zweiten Moment, der Thematisierung des Seins als des Seiendseins von Seiendem. Dieses ist das Wesen, indem es zugleich Anfangsgrund und Prinzip seines Erkennbarseins ist. Die aristotelische Frage: ‚Was ist das Seiende?' (ti to on) d.h.: worin besteht das Sein des Seienden, wird unmittelbar als die Frage ausgeführt: ‚Was ist die Seiendheit?' (tis he ousia), d.h.: worin besteht das Seiendsein des Seienden, seine ‚Substanzialität', die es als Seiendes ausmacht (Met. 1028 b 4)?- Die abendländische Ontologie, indem sie das Sein als das Seiendsein des Seienden denkt, konstituiert sich damit als ‚Substanzontologie': sie denkt das Sein als das substanzielle Wesen des Seienden (ousia). Dies hängt wesentlich damit zusammen, daß das Sein als das Wesen zugleich als der Grund des Seienden gedacht wird, der dieses als solches, d.h. in seinem Seiendsein, ausmacht. Denn ist das Sein gesichtet als Grund des Seienden, dann wird es aus der Gründungsrelation - dem Verhältnis von Grund und Gegründetem - heraus thematisch. Diese aber bezieht andere *zueinander* im Horizont von Identität *aufeinander*: im Gründen wird ihre Identität als das konstitutive Verhältnis ihrer Andersheit zueinander maßgeblich. Aber wohlgemerkt: Das Sein ist immer das Sein von Seiendem und außerhalb dessen nichts; denn es ‚ist' ja das Seiende, das ‚ist', und von etwas anderem als von diesem Sein und Anwesen des Seienden ist nicht die Rede. Schon wenn ich sage ‚Seiendes', habe ich etwas, z.B. den Baum, dieses Zimmer hier, mich oder einen Anderen im Hinblick darauf bezeichnet, daß er ‚ist', ‚anwest', ganz gleichgültig, was dieses Etwas nun ist. Sowenig sich vom Sein ohne Blick auf das Seiende sprechen läßt: da dieses das ist, was ist; sowenig läßt sich vom ‚Seienden' sprechen, ohne daß darin schon das Sein genannt wäre. Terminologisch ist die Rede vom ‚Sein des Seienden' jedenfalls unglücklich, wie Tugendhat (1970, 157) ganz treffend ausgeführt hat: "Zu sagen »Seiendes ist« statt »etwas ist« ist aus zwei Gründen wenig glücklich: a) Es ist verkehrt, das, was das »Prädikat« vom Subjekt aussagt, in diesem partizipial zu wiederholen. ... b) Es ist schwer, das Wort »Seiendes« in der Weite zu verstehen, die Heidegger meint. Man denkt unwillkürlich nur an raumzeitliche Dinge, während bei dem Satz »daß es überhaupt etwas gibt« durchaus ebensogut an Ereignisse, Sachverhalte, Angelegenheiten usw. denken kann". Heidegger weiß dies aber auch selbst. Er schreibt: "Das Seiende ist. Unmittelbar sagt dieser »Satz« nichts. Denn er wiederholt nur das schon mit »das Seiende« Gesagte" (GA 65, 269). Im Hinblick auf die sachliche Zusammengehörigkeit von Etwas überhaupt mit seinem Sein und Anwesen bemerkt Heidegger, daß es "zur Wahrheit des Seins gehört, daß das Sein nie west ohne das Seiende, daß niemals Seiendes ist ohne das Sein" (WM, 102). Und dennoch ist das Sein nicht Seiendes, das Seiende nicht das Sein. Um diesen radikalen Unterschied geht es Heidegger im Begriff der ontologischen Differenz: unangesehen der Tatsache, daß das Sein immer Sein *von* Seiendem, das Seiende immer Etwas, das ‚ist', bezeichnet. Der Baum ist: aber dieses Sein und Anwesen des Baumes ist kein Baum und etwas ganz anderes als das, was mit ‚Baum' gemeint ist. Heidegger schreibt: "Das Aussagen der Metaphysik bewegt sich von ihrem Beginn bis in ihre Vollendung auf eine seltsame Weise in einer durchgängigen Verwechslung von Seiendem und Sein" (WM, 200). Denn die Metaphysik, die mit Platon beginnt, denkt das Sein als das Wesen, das Wesen aber als Grund des Seienden. Das ‚Von' in der Rede ‚Sein *von* Seiendem' wird nun durch den Begriff des Seins als dem gründenden Wesen eines jeglichen Seienden *näher bestimmt* und bezeichnet damit dann die Gründungsrelation des Seins im Verhältnis zum Seienden als dem Gegründeten. Das Sein wird als Wesen und dieses als Grund des Etwasseins verstanden, das ein Jegliches, insofern es ist, ist. Das Sein wird als das gründende Wesen des Seienden gesichtet, indem es vom Seienden her und auf dieses hin verstanden wird: die Thematisierung von Sein also im Seienden als dem Gegründeten zentriert ist. Gerade dieses muß aber, insofern das gründende Sein das gegründete Seiende selbst je ausmacht und mit ihm in gewisser Weise eines und identisch ist, die ontologische Differenz verbergen. Die Verborgenheit des Seins als solchen in seiner radikalen Unterschiedenheit zum Seienden und damit des Unterschiedes selbst gehört wesentlich in die Bestimmung des Seins als Wesen, auf die sich das vernünftige Denken und Erkennen in seiner Begründungsintention bezieht. Im Begründen, dem Offenbarmachen von etwas als Grund, hebt sich die Differenz zum Gegründeten beständig auf, aus der das Begründen lebt, indem es den Grund mit seinem Gegründeten eint, und dies umso mehr dort, wo sich Grund und Gegründetes nicht als isolierte Seiende gegenüberstehen, sondern das eine das Sein und Anwesen des Anderen selbst ausmacht, also eben das ‚ist', was jenes seiend sein läßt. Das Entbergen des Seins als Grund (Begründen) von Seiendem verbirgt an sich selber die Gründungsdifferenz, aus der heraus es lebt, indem es als Grund eben nichts als das Sein und Anwesen des Seienden selbst - sein Seiendsein - entbirgt. Das Sein *als solches* - abgelöst und herausgenommen aus seinem gründenden Verhältnis zum Seienden, dem ,von', bleibt als Ungedachtes verborgen: es entzieht sich dem Denken an sich selbst.

Die Schwierigkeit, die uns der Begriff der ontologischen Differenz, die Rede vom ,Sein als solchem' und im Unterschied zum ,Seiendsein', den ontologischen im Unterschied zu den ontischen Gründen macht, ist demnach keine zufällige. Sie gehört zur Philosophie selbst, wie sie seit Platon den geschichtlichen Überlieferungszusammenhang des Denkens in Begriff und Praxis konstituiert. Wenn das philosophische Denken in seiner ontologischen Erkenntnispraxis diesen entscheidenden Unterschied, aus dem heraus es sich selbst zeitigt, in seiner zweieinhalbtausendjährigen geschichtlichen Ausprägung beständig zu verdecken tendiert, dann dürfen wir nicht erwarten, daß wir so ohne weiteres gegen diese Tendenz, die uns als geschichtlich eingefleischte Gewohnheit bestimmt, denken können. Dies macht zudem Heideggers Denken erst einmal befremdlich und schwer zugänglich; aber ohne das beständige Festhalten an der ontologischen Differenz ist weder in Heidegger noch in ein angemessenes Verständnis der überlieferten Philosophie hineinzukommen. Umso wichtiger sind die elementaren Grundübungen des Denkens, durch die es sich allererst in das Philosophieren und für es aufbereitet: neben der Grundübung des ,on he on' die der ontologischen Differenz. Nur dann, wenn wir kraft dieser Grundübungen durchgängig dazu imstande sind, die ontologische Besinnungsebene auch als solche festzuhalten, besteht die Aussicht auf eine angemessene Auseinandersetzung mit dem Denken der Philosophie und d.h. auch schon: dem geschichtlichen Menschsein, das wir sind. Deshalb kommt hier erst einmal alles darauf an, daß wir durch den Vollzug solcher Grundübungen selbst zu Philosophierenden werden, auch wenn wir die Bestimmtheit des Denkens, die wir darin annehmen, später wieder verlassen mögen. Ohne Eindenken - kein Ausdenken; ohne die Wiederholung der ,Metaphysik', zu der wir allererst wieder werden müssen, keine Überwindung der ,Metaphysik', und schon gar kein ,post-metaphysisches' Denken.

Die ontologische Differenz nennt eine dieser Grundübungen, durch die wir in die Wiederholung metaphysischen Denkens einsteigen. Sie bezeichnet kein originelles Theorem eines Herrn Heidegger, sondern einen bestimmten Sachverhalt, der das Wissen und Erkennen als solches betrifft: und deshalb auch die Grundlage des abendländischen Philosophierens, seiner ontologischen Erkenntnispraxis bildet. Der Hinweis auf die ontologische Differenz ist deshalb mehr als die bloße Anweisung, das Sein als solches und im Unterschied zum Seienden festzuhalten, es nicht zu verdinglichen, zu hypostasieren, zu einem Seienden zu machen; er ist die Anweisung, die abendländische Geschichte ontologischen Denkens beständig gegen ihre eigene Tendenz, ihr Element, den Unterschied Sein - Seiendes in der Verdinglichung des von ihr Gedachten zu verspielen; zu verhüllen und zu verdecken, was die ureigenste Bedingung ihrer Möglichkeit ist. Diese Tendenz aber sind wir selbst. Nach Heideggers metaphysikgeschichtlichem Verständnis handelt es sich dabei um zweierlei:

1. Die Verbergung der ontologischen Differenz im philosophischen Denken erfolgt spätestens seit Platon aus der vorrangigen Ausrichtung des Denkens am Seienden selbst. Dies verlängert in gewisser Weise die Struktur unseres alltäglichen, vorwissenschaftlichen und vorphilosophischen Erfahrens, darin wir es immer thematisch und in intentionaler Ausrichtung mit dem Seienden zu tun haben, obwohl die Bedingung der Möglichkeit eines solchen Verhaltens zum Seienden immer schon in einem Verständnis seines Seins liegt. Dieses aber bleibt darin unthematisch; es bleibt für dieses in gewisser Weise verborgen. Die Philosophie, indem sie nun gerade dieses im natürlichen Wissen und für es unthematisch Verborgene thematisiert und ans Licht zu heben bestrebt ist, übernimmt - gleichsam gegen den Bruch, den sie als Bedingung ihrer Möglichkeit mit der natürlichen Einstellung vollzieht und ihre eigene Tendenz, das natürliche Wissen prinzipiell zu überwinden - diese ontische Zentrierung im Seienden: sie denkt das Sein vom Seienden her und auf das Seiende hin - als das Seiendsein des Seienden.

2. Das philosophische Erkennen übernimmt diese ontische Zentrierung am Leitfaden der Begründungsintention des Wissens, seines Ausseins auf Gründe, Ursachen, Motive usw.; das Sein wird ebensosehr, wie das Seiende es schon im Umkreis natürlichen Wissens ist, als Grund thematisch. Was es an sich selbst und im Unterschied zum Seienden ist, verbirgt sich in der Gründungsrelation, die dem philosophischen Erkennen den Rahmen seiner Thematisierung von ‚Sein' stellt. Mit der Identität von Grund und Gegründetem im Anwesen des Seienden selbst gerät das Sein als das Andere zum Seienden aus dem Blick.

Die Verdeckung der ontologischen Differenz läßt sich aber vorgreifend schon an einer weiteren Bestimmung überlieferten Philosophierens verdeutlichen, dem Begriff ‚Gott'. Während er im frühgriechischen Denken mehr am Rande philosophischen Denkens auftaucht, wird er bei Platon und Aristoteles zunehmend zu einem festen Bestandteil des ontologischen Erkennens selbst, der dann, innerhalb der gewandelten geschichtlichen Konstellation des christlichen Seinsverständnisses zum Grundbegriff der Ontologie wird, der sich auch in der Neuzeit bis hin in die Atheismusproblematik der Moderne bewährt. Die Frage ist: Was hat der Gott im philosophisch-ontologischen Erkennen überhaupt zu suchen?- Oder mit Heideggers Worten: "Wie kommt der Gott in die Philosophie?-" (ID, 52). Diese Frage hat natürlich nur Sinn, wenn man im Blick hat, daß ‚Gott' ein außerphilosophischer Begriff ist, der seine Bedeutung ganz im Umkreis des religiösen Bewußtseins hat.

Indem er nun in die Bedeutungssphäre ontologisch-begrifflichen Denkens transponiert wird, bedeutet er etwas ganz anderes: der Terminus ‚Gott' wird homonym, äquivok - er bedeutet hier und dort gänzlich Verschiedenes. Darauf geht Heidegger nur beiläufig ein (ID, 70); er entwickelt seine These von der ‚onto-theo-logischen' Verfassung der Metaphysik in der leitenden Ausrichtung auf das Verständnis von Sein als Grund. Zum Sein als dem Grund des Seienden verhält sich das Denken als das ergründend-begründende Beistellen der Gründe, d.h. als ‚Logik'. In der Rede von der ‚onto-theo-logischen' Verfassung der Metaphysik liegt der Akzent für Heidegger deshalb auf dem Begriff der ‚Onto-theo-*logik*'; und dieser steht nun dafür, daß die Thematisierung des Seienden als des Seienden, insofern sie aus der Begründungsintention vernünftigen Wissens heraus erfolgt, notwendig den ‚Gott' in die Philosophie hineinbringt; denn der philosophische Gottesbegriff ist, wie Heidegger ausführt (ID, 70), der Begriff der ‚causa sui' (Ursache, Grund seiner selbst): Indem das Seiende *als* das Seiende gedacht wird, wird das Seiende *überhaupt* und *im Ganzen* gedacht; ‚Ganzheit' ist aber eine Bestimmung von ‚Einheit', und insofern nun die Einheit alles Seienden in einem letzten Grund gedacht wird, wird sie im Begriff Gottes als ‚causa sui' gedacht. Von daher kann Heidegger auch erklären, warum es schon unmittelbar in der platonisch-aristotelischen Grundlegung der Philosophie zur theologischen Bestimmung der Ontologie kommt. So schreibt er dann in Bezug auf Platons ‚Idee des Guten': "Diese höchste und erste Ursache wird von Platon und entsprechend von Aristoteles tò theion, das Göttliche genannt. Seit der Auslegung des Seins als idea ist das Denken auf das Sein des Seienden metaphysisch, und die Metaphysik theologisch. Theologie bedeutet hier die Auslegung der »Ursache« des Seienden als Gott und die Verlegung des Seins in diese Ursache, die das Sein in sich enthält und aus sich entläßt, weil sie das Seiendste des Seienden ist" (WM, 141). In der ‚Einleitung zu: »Was ist Metaphysik?«' nimmt Heidegger dies in Bezug auf die aristotelische Metaphysik auf, die sich einerseits als ‚Wissenschaft vom Seienden als dem Seienden' definiert, andererseits aber und in merkwürdiger Diskrepanz hierzu die ‚Theologie' als theoretische Wissenschaft neben Mathematik und Physik nennt, um sie allem Anschein nach, aber ohne dies konkret auszuführen, als die Bestimmung der ‚prote philosophia' zu nehmen. Daher hat es den Anschein, als bliebe es bei Aristoteles merkwürdig in der Schwebe, ob die ‚prote philosophia' nun ‚Ontologie' oder ‚Theologie' oder beides ist. Darüber gibt es eine breite Auseinandersetzung, in die Heidegger sich mit seiner These von der ‚onto-theologischen' Verfassung der ‚Metaphysik' einbringt. Diese Ausführungen sind dann im Hinblick auf Hegel zusammengefaßt in dem Vortrag: "Die onto-theologische Verfassung der Metaphysik" (ID, 35 ff.). Die zentrale Fragestellung gilt hier der ontologischen Differenz und ihrer Verborgenheit in dem durch die Bestimmung des Seins als Grund des Seienden gezeitigten Begründungsdenken, das Heidegger mit dem Begriff der ‚Logik' bezeichnet. Es ist aber von grundlegender Bedeutung für den Begriff der Philosophie selbst, zuerst einmal die religionsgeschichtliche Transposition des Gottesbegriffs in das Bedeutungsfeld ontologischen Denkens zu beachten; weil sich an ihr zeigt, daß es im griechischen Denken noch vorrangig um die Abgrenzung von Vernunft (nous) und Natur (physis) geht. Im philosophischen Denken ist der Gottesbegriff erst einmal nichts als eine Metapher, ein aus einer anderen Bedeutungssphäre übertragener Begriff. Der Gott der Philosophie ist weder ein Zeus noch eine Aphrodite, er ist weder ein Du noch eine Begegnung: und das Einzige, was vom religiösen Bedeutungsumfang des Terminus als sein eigentlicher Bedeutungskern in das begriffliche Denken der Philosophie hinüberwechselt: gleichsam das Vehikel, an dem sich das ,Hinüber-tragen' (metapherein) aus der einen in die andere Bedeutungssphäre vollzieht, ist die Bedeutung des ,Todlosen' (athanaton). Die ,Todlosigkeit' (athanasia) ist der eigentliche Kern, um den sich die Transposition des Gottesbegriffes aus seiner religiösen in die philosophisch-begriffliche Bedeutungssphäre versammelt; und dem ontologisch-begrifflichen Erkennen bezeichnet sie, die ,Todlosigkeit', den Gegensatz zum Sein alles Naturhaften, das sich im unaufhörlichen Umschlagen aus dem Nichtsein ins Sein und aus dem Sein ins Nichtsein, dem Werden und Vergehen befindet: sie bezeichnet das Sein, insofern es dem Wechsel des Umschlagens von Geburt und Tod enthoben - ,todlos' ist. ,Athanaton' (todlos) ist die im Blick auf das Lebendige und vor allem den Menschen angereicherte Bedeutung dessen, was sonst im aristotelischen Denken als ,akineton', das ,Umschlagslose', bezeichnet wird. Dies gilt etwa von allem mathematisch Seienden, das als solches sein Sein eben nicht am Werden und Vergehen, wie das Naturhafte, hat. Die geometrische Figur oder die Zahl ist nicht, was sie ist und wie sie ist, indem sie dazu allererst wird und geworden sogleich auch wieder vergeht; das Mathematische west nicht physisch, sondern ,noetisch' als reine Gegenständlichkeit vernünftigen Denkens (nous). Deshalb bezeichnet das ,akineton' qua ,athanaton' dann insbesondere - und zwar im Hinblick auf das Sein des Menschen - das ,aphysische' Sein der Vernunft (nous) als dem Bereich der Unverborgenheit. Denn die Vernunft, als der Ort, an dem das Sein in die Gegenwendigkeit seines Entborgenseins aufbricht, west als Anderes zum physischen Sein und Anwesen des Seienden; dies gehört zu ihrem Begriff als Wissen im Unterschied und Gegensatz zum Sein, Anwesen als physischem Umschlagen. Der Mensch als Naturhaftes (physei on) wird und vergeht; und insofern er in diesem Werden die Vernunft ausbildet, wird auch sie; aber eben in dem Sinne, daß sie überhaupt als die ,Wesenswirklichkeit' (energeia) eines Naturhaften zur Anwesenheit gelangt. Das Vernunftsein selbst aber, in sich und von sich her gedacht, zeigt und gibt sich nicht in dieser Weise des beständigen Umschlagens aus etwas in etwas; sondern, was sie als Sphäre und Bereich der Unverborgenheit von Sein selbst *ist,* ist sie als von der ,physis' gesondertes ,a-physisches' Anwesen. Ohne diese Unterscheidung von physischem und aphysischem, ,noetischen' Sein hier weiter zu verfolgen, läßt sich von daher doch schon absehen, daß die Einführung des Terminus ,Gott' als Begriff ontologischen Denkens bei Platon und Aristoteles nichts anderes bezeichnet als das Verhältnis, das sich dieses Denken zum Sein qua Physis gibt. Der Gottesbegriff fungiert primär als ontologische Unterscheidungsinstanz im Verhältnis vernünftigen Wissens (nous) und physischem Sein (physis); an ihm bestimmt sich das Denken selbst aus seiner Differenz zur Physis und als diese. Dies wird von Heidegger nicht ausreichend berücksichtigt und führt dann zu einer vorschnellen Bestimmung der ,onto-theologischen Verfassung der Metaphysik', die erst innerhalb des christlichen Denkens und seiner primär religiösen Seinsweise ihre eigentliche Ausprägung erhält. Dem religiösen Bewußtsein selbst widerfährt durch diese Aneignung und Transposition des Gottesbegriffs ein ins Grundsätzliche gehender Bedeutungsschwund; es erkennt an dem philosophischen Gott seinen Gott nicht wieder. Blaise Pascal, dem Antipoden von Descartes, der mit Hölderlin und Kierkegaard in die neuzeitliche Geschichte der ,Verabschiedung der Philosophie' einzureihen wäre, ging dieser Bedeutungsschwund mit einer solchen blitzartigen Wucht auf, daß er ihn sich auf einen Zettel notierte und in seine Kleider einnähen ließ. In seinem sogenannten ,Mémorial' heißt es: "Gott Abrahams, Gott Issaks, Gott Jacobs, nicht der Philosophen und Gelehrten" (Pléiade, 554). Wenn die Philosophie von ,Gott' spricht, ist Vorsicht geboten.

Betrachten wir demgegenüber nun den philosophisch transponierten Gottesbegriff in der christlichen Ausprägung des Seinsverständnisses und seiner Ontologie. Grundsätzlich und von seiner religiösen Bedeutungssphäre her gesprochen meint ,Gott' ein Seiendes, ein bestimmtes Etwas, das ist oder nicht ist. Das Gottsein selbst, was er ist und wie er ist - seine ,essentia' und ,existentia' -, ist aber etwas ganz anderes als der Gott; Gottsein und Gott sind sowenig dasselbe wie Tischsein und Tisch, und für Gott ist der Unterschied zu seinem Sein, dem Gottsein, ebenso grundlegend wie für den Tisch oder Stuhl, irgendein beliebiges anderes Seiendes. So schreibt Heidegger: "denn auch der Gott ist, wenn er ist, ein Seiender, steht als Seiender im Sein und dessen Wesen ... " (TK, 45). Die ontologische Differenz Sein - Seiendes kennt als formale keine Beschränkung auf irgendeinen ,Gegenstands-' oder ,Geltungsbereich'; und auch wenn Gott ein Seiendes bezeichnet, das ganz anderer Art ist als Tisch oder Stuhl, so ist er damit doch hinsichtlich seines Seins an sich selbst different: er ist als Seiendes sein Unterschiedensein zu seinem Sein. Die philosophische Mystik hat dies immer gesehen, wenn sie - wie etwa Meister Eckhardt - von der ,Gottheit in Gott' oder dem ,dunklen Grund in Gott' spricht; eine Thematik, die Schelling in der ,Freiheitsschrift' aufnehmen wird. Nun ist aber nach dem christlichen Verständnis des Seins als ,creatio', Schöpfung, Gott das ,höchste *Seiende*' (summum *ens),* indem er alles Seiende in sein Sein und Anwesen veranlaßt: gründet und verursacht. Das ,*summum* ens' ist er als *Grund* (causa) alles Seienden; allem Anschein nach läßt dies das Problem der ontologischen Differenz noch untangiert, obwohl Gott kraft der ,creatio' nicht nur alles Seiende in sein geschöpfliches Sein hervorbringt, sondern zugleich an sich selbst auch Grund seines Seins ist - als ‚causa sui'. Denn im Begriff eines letzten ontischen Grundes alles Seienden - Gott - liegt, seiner inneren Begriffslogik zufolge, die Notwendigkeit, ihn als ‚causa sui' zu bestimmen: genau damit aber das Sein mit dem Seienden zusammenfallen zu lassen, beide miteinander zu identifizieren. In Gott als dem ‚ens infinitum increatum', dem ‚unendlichen ungeschaffenen Seienden', wird die Differenz von Gott und Gottsein aufgehoben und an das bloß ‚Geschaffene', das ‚ens creatum', verwiesen, sei dies nun ein ‚infinitum', wie der primäre Schöpfungsbereich der Engel, oder ein ‚finitum', wie alles physisch Endliche samt dem Menschen. Der Begriff Gottes als ‚summum ens' wird deshalb nur richtig gefaßt, wenn zugleich der Satz verstanden ist: ‚Deus est *Esse*' - ‚*Esse* ist Deus' - Gott ist Sein und Sein ist Gott. Im Hintergrund dieses Satzes steht die - im Horizont der griechischen Philosophie erfolgende - Auslegung und Aneignung der alttestamentarischen Überlieferung Exodus 3, 14, wo Gott Jahwe von sich sagt: ‚Ich bin der ich bin' - ‚Ego sum qui sum'. Diese Transformation der jüdisch-christlichen Religiösität durch ihre Auslegung mit den Mitteln der griechischen Philosophie in der Patristik gehört zu den ungeheuerlichsten Umwälzungen, die das abendländische Denken erfahren hat. Wie immer dies im einzelnen eigens nachzuzeichnen und zu rekonstruieren sein mag, so bleibt doch für die ganze weitere Funktion des Gottesbegriffes im philosophischen Denken der Folgezeit dies eine festzuhalten, daß sich an ihm die seit Platon schon vorherrschende Tendenz, das Sein in seinem Unterschied zum Seienden durch Einheits- und Identitätsbegriffe aufzufassen, konsolidiert, während die Differenz selbst an das Geschaffene und Endliche verwiesen wird; damit aber gerade für das ontologische Verständnis dessen, was ist, *nicht* maßgeblich ist. Die ontologische Differenz wird zum Index endlichen Seins und Erkennens überhaupt im Gegensatz zum unendlichen Sein und Erkennen, darin die Unterschiedenheit des Seienden von seinem Sein in Eins zusammenfällt, koinzidiert. So noch Hegel in der Antwort auf Kants ‚Kritik des ontologischen Gottesbeweises', die er mit dem Hinweis auf die Differenz endlichen und unendlichen Seins zu unterlaufen sucht. Der ontologische Gottesbeweis, wie er von Anselm von Canterbury erstmalig im ‚Proslogion' formuliert wurde, geht aus vom Begriff Gottes als dem, "worüberhinaus nichts Größeres gedacht werden kann" (aliquid quo maius nihil cogitari potest, Proslogion, 84). Wir müssen, um den tiefen spekulativen Gehalt dieses Gedankens nicht zu vereinfachen, strikt auf seine Formulierung hören: ‚das, worüberhinaus nichts Höheres gedacht werden kann'. Damit ist ‚Wirklichkeit' als das Andere zum Wissen intendiert, worin es sich selbst negiert, aufhebt. Ist sich das Wissen als das Andere und damit als das Nicht des Seins erschlossen, dann erfährt es ‚Sein' als letzte Wirklichkeit nur in der letzten Negation seiner selbst. Es vermittelt sich das Bewußtsein von letzter Wirklichkeit durch seine transzendierende Selbstaufhebung. ‚Wirklichkeit' wird durch die Negation der Negation offenbar. Geht es dem Denken um die Erfassung wahrer Wirklichkeit, dann geht es ihm um die Negation seiner selbst. Dies ist die Grundfigur des Denkens, die es dialektisch gestaltet; Dialektik deshalb die Grundbestimmung spekulativen, auf das Absolute bezogenen Denkens. Das, ‚worüberhinaus nichts Höheres gedacht werden kann', bezeichnet diese letzte Selbstnegation des Wissens, das als das Nicht von Sein sein ‚Zweites' ist, in und an seinem je schon vorgängigen Bezug auf das Erste - ‚Wirklichkeit'. Es ist deshalb auch schon verkehrt, diesen sogenannten ‚ontologischen Gottesbeweises' überhaupt als einen ‚Beweis' (apodeixis) anzusehen. Dialektisches Denken ‚beweist' nichts. Die Frage ist nicht zuletzt die, ob der anselmsche Gedanke seinen spekulativen Gehalt nicht dann verliert, wenn er in die ontologische Begriffssprache platonisch-aristotelischer Provinienz übersetzt und im Horizont der christlichen Theologie ausgedeutet wird. Damit wird das, ‚worüberhinaus nichts Höheres gedacht werden kann' 1. theologisch als Gott und 2. ontologisch als das ‚summum ens', das höchste Seiende, ausgedeutet, dessen Seinsverfassung in der Zwiefalt von ‚essentia' (Wassein) und ‚existentia' besteht. Nun wird der Gedanke folgendermaßen zurechtgelegt: Gott ist das ‚höchse Seiende' (summum ens) als die ‚omnitudo realitatis' - die Allheit des Wesens alles Seienden. Gott ist das Seiende, das als solches alle ‚realitas', alle sachhaltige Wesenheit von Seiendem überhaupt (essentia) in sich begreift. Dies muß er auch, wenn anders das Ganze des Seienden durch ihn aus dem Nichts ins Sein verursacht ist (creatio ex nihilo). Damit haben wir die ‚essentia' als den Begriff des Gottseins gedacht. Und nun heißt es: diese kann nicht gedacht werden, ohne daß ich sie zugleich als seiend (wirklich) denke. Denn wenn ich sie nicht als seiend denke, denke ich nicht die ‚omnitudo realitatis' - ich denke sie als bloßen Begriff, nicht als etwas, das ‚ist': es fehlt etwas, das Sein (Wirklichsein) im Sinne der ‚existenia'. Ich kann dann also noch etwas denken, was darüber hinaus ist: nämlich daß sie ist - und nicht nur gedacht ist. Das ‚summum ens' als die ‚omnitudo realitatis' läßt sich also nur als ‚seiend' denken: indem ich sie denke, habe ich auch schon gedacht, daß sie nicht bloß gedacht, sondern an sich selbst ‚seiend' ist. Das sogenannte ‚ontologische Argument' wird von daher dann verhandelt als das Verhältnis einer notwendigen Implikation von ‚essentia' und ‚existentia': Es gibt ein und nur ein Seiendes, dessen Wesen auch sein Dasein notwendig impliziert. Aus dem, *was* es ist, *folgt* notwendig, *daß* es ist. Das ‚Folgen' als notwendige Implikation setzt ihre prinzipielle Differenz voraus, die als die besondere Seinsverfassung eines Seienden, das dadurch das ‚Höchste' ist, je und immer schon negiert ist: Zu seinem ‚Wesen' gehört die ‚Existenz'. Nun ist zu beachten, daß ein solcher Gedanke auf der Grundlage des platonisch-aristotelischen Verständnisses von Sein qua Wesen sowenig wie überhaupt im Horizont griechischen Denkens vollziehbar ist. Denn

1. gehört die Erfassung des Wasseins von etwas (ti esti) immer mit der Erfassung seines Daßseins zusammen: "weil es " - wie Aristoteles schreibt -

"Sache des einen und selben Denkens ist, das, was etwas ist, offenbar zu machen und dies, ob es ist" (Met. VI, 1025 b 17). Wassein und Daßsein gehören als solche zusammen und werden generell ineins und zusammen erfaßt: und zwar bei allem, was ist, dem Seienden überhaupt. Was nicht ist, hat auch kein durch die vernünftige Tätigkeit des Vereinens und Unterscheidens erfassbares Wassein, sondern ist, wie z.B. der Kentaur, ein bloßes ‚me on', ein Nichtseiendes als bloß imaginativ Vorgestelltes. Das ‚Daßsein' bezeichnet also das Sein des Wesens selbst und als solches: und ist keineswegs bestimmt als die physische Existenz von Seiendem. Wirklichkeit ist Wesenswirklichkeit - nicht physisches Vorkommen. Deshalb ist

2. auch das Sein qua ‚Wirklichsein', ‚Daßsein' nie das ‚Wesen von etwas' (ousia tinos), sondern dies, was Wesen und Wassein von etwas ist, ist ein davon verschiedenes Anderes, irgendeine sachhaltige Bestimmtheit: "Das Sein ist nicht die Wesenheit von etwas. Denn das Seiendsein (on) ist nicht Gattung" (An. Post., 92 b 13). Die aristotelische Grundeinsicht, daß das Sein nicht Gattung (genos) qua ‚höchste Gattung' ist, macht es gänzlich unmöglich, das Daßsein als eine Implikation des Wasseins anzuvisieren, die aus ihm ‚folgen' könnte: so, als wäre sein Seiendsein sein Wesen und Wassein.

Die Übersetzung des anselmschen Gedankens in die ontologische Begrifflichkeit von ‚essentia' und ‚existentia' erfolgt im Horizont ihrer christlichen Umdeutung, die nun die ‚essentia' als das begriffliche Wassein dem Denken und der Vernunft, die ‚existentia' als das Daßsein der Natur und der physischen Seinsweise von Seiendem zuschlägt. Genau diese Unterscheidung aber macht im Begriff ‚Gottes' als dem *meta*physischen Seienden, das alles physisch Seiende in sein Anwesen hervorbringt, keinen Sinn: Es widerspricht ja gerade dem Begriffsinhalt ‚Gott', als physisch Vorkommendes eine ‚existentia' zu haben. Die ‚existentia', die als Implikat der ‚essentia' Gottes anvisiert wird, meint die metaphysische Wirklichkeit eines solchen, das an ihm selbst hervorbringender Grund alles physischen Seienden hinsichtlich seines Wasseins und Daßseins ist. Ob das aber in dem anselmschen Gedankengang liegt, ist mehr als fraglich. Seine Formel: ‚worüberhinaus nichts Höheres gedacht werden kann', bleibt von seinen Ausdeutungen in der ontologisch-theologischen Begriffssprache zu unterscheiden. Wie immer näher besehen es mit diesem ‚ontologischen Gottesbeweis' und seinen verschiedenen Ausprägungen gerade in der frühen Neuzeit aussieht, so scheint er sich darin doch auf dem einfachen Satz aufzubauen: ‚Das Sein ist das Wesen Gottes'. Eben dies sieht Kant und sagt nun, ganz aristotelisch: Das ‚Sein' ist kein reales Prädikat, es ist keine sachhaltige Bestimmung des Was eines Seienden. Das Wesen als das, was etwas ist, ist immer eine Bestimmtheit, ein Etwassein: Das Sein bezeichnet aber nicht das Etwassein, die sachliche Bestimmtheit, von der her etwas als von anderem Unterschiedenes anwest. Allem Anschein nach wird im ‚ontologischen Beweis' das Gegenteil davon gesagt: Das Sein ist das Wesen eines Seienden; es gibt ein

- und nur ein Seiendes - das ‚ens creans infinitum', das unendliche erschaffende Seiende -, für das gilt dies nicht: zu seinem Wesen gehört das Sein, auch wenn es bei allem Endlichseienden auseinanderfällt, und zwar kraft seines Seins selbst, d.h. der ‚creatio'. Die ontologische Differenz wird von nun an als die Differenz von ‚essentia' und ‚existentia' am Endlichseienden verhandelt, während ihre Koinzidenz ein Seiendes eigener Art indiziert: Gott, insofern seine ‚essentia' seine ‚existentia' impliziert, mit ihr schlechthin Eines ist. Die ontologische Differenz wird im Implikationsverhältnis von ‚essentia' und ‚existentia' als negiert gedacht. Die Ontologie, die das abendländische Denken entfaltet, ist in dieser Hinsicht, wie Heidegger ausführt, ‚Onto-theo-logie'; und dieser ‚onto-theo-logische' Zug des abendländischen Denkens ist die geschichtliche Praxis der ‚Seinsverborgenheit' im Vollzug des ontologischen Erkennens selbst.

Die Verbergung der ontologischen Differenz im Gottesbegriff hängt ganz offensichtlich daran, daß Gott ontologisch als ‚Grund' bestimmt wird, obwohl er, als Terminus des religiösen Bewußtseins, ein Seiendes bezeichnet. Das abendländische Denken kann in dieser Hinsicht, daß alles Seiende auf einen letzten ‚ontischen' Grund, eine ‚oberste Ursache', ein Erstes und Letztes zurückgeführt werden soll, auch - obgleich unexakt - als ‚Ursprungsdenken' charakterisiert werden. ‚Unexakt', weil es nicht um den ‚Ursprung', den letzten Grund von allem geht, sondern darum, daß dieser in einem Seienden gedacht wird, an dem sich die originäre und unaufhebbare Differenz von Allem-überhaupt aufhebt. Das ‚Ursprungsdenken' als Identitätsdenken ist es, das nicht nur ontische Differenzen, sondern die ontologische Differenz selbst in die Identität eines Seienden zurücknimmt, und dies angesichts der Tatsache, daß, insofern überhaupt etwas ist, damit zugleich die unaufhebbare und ursprüngliche Differenz des Etwas zu seinem Sein gesetzt ist: die Differenz selbst der Ur-sprung ist. Die ontologische Differenz als Ur-sprung, als der erste Sprung, mit dem überhaupt etwas ‚ist' - und unvermittelbar als das Differential seiner selber auseinanderklafft: Seiendes - Sein, steht gegen das ontisch-identifizierende Ursprungsdenken, das aus seiner Begründungsintention heraus seinen ‚onto-theo-logischen' Grundzug als ‚Seinsverborgenheit' entfaltet.

Es würde hier zu weit führen, wollten wir auch noch die Frage auseinandersetzen, ob Heidegger mit dieser Interpretation der abendländischen Denkgeschichte recht hat oder nicht. Von dieser Frage sehen wir hier und im folgenden gänzlich ab, um dem Eindenken in seine ontologische Thematik, die immer zugleich auch geschichtlich-hermeneutisch gewendet ist, nicht noch weitere Komplikationen entgegenzustellen. Der sachliche Gehalt von Heideggers Denken wird erst einmal nicht davon tangiert, ob und inwiefern seine geschichtlich-hermeneutische Wendung berechtigt oder unberechtigt ist. Insofern es hier nicht um die sachbezogene Wahrheit seiner metaphysikgeschichtlichen Interpretationen, sondern um die seiner thematischen Parameter geht, tun wir im folgenden gewissermaßen so, als ob ihnen auch gegenständliche Wahrheit zukäme; aber nicht ohne hiermit ausdrücklich angemerkt zu haben, daß dies lediglich aus der methodischen Haltung des Eindenkens heraus erfolgt, die gänzlich offen läßt, wie es mit der ‚gegenstandsbezogenen Wahrheit‘ von Heideggers Interpretationen aussieht.

Damit zurück zur ontologischen Differenz: Ohne sie läßt sich die Philosophie als Thematisierung des ‚on he on‘ überhaupt nicht denken, so daß sich daran auch schon die Unterscheidung von Philosophie und Einzelwissenschaften aufzeigen läßt. Vorgreifend an einem einfachen formalen Gedankengang ausgeführt, läßt sich diese Unterscheidung folgendermaßen umreißen: Die Einzelwissenschaften beziehen sich erkennend je auf einen bestimmten Sachbereich, einen Bereich des Seienden; insgesamt thematisieren sie das Ganze des in verschiedene Bereiche unterschiedenen Seienden. Für eine von ihnen prinzipiell unterschiedene andere Wissenschaft wie die ‚Philosophie‘ ist darin kein Platz, es sei denn, es ließe sich ein Sachbereich des Erkennens aufweisen, der als solcher eben nicht einen Bereich des Seienden wiedergibt, aber auch nicht nichts ist, sondern den Sachbereichen des Seienden je schon gründend vorausliegt: das Sein. Die ontologische Differenz Seiendes - Sein ist dann die Grundlage der Unterscheidung von Philosophie und Einzelwissenschaften, und der Begriff von Wissenschaft überhaupt als methodisch begründender Erkenntnis unterscheidet sich entsprechend in die Zwiefalt ontologischer Prinzipienerkenntnis (Philosophie) und ontischer Ursachenwissenschaft (Einzelwissenschaften). Fassen wir dies nun genauer an der platonisch-aristotelischen Grundlegung der Philosophie als ontologischer Prinzipienwissenschaft in den Blick, um daran zu einer weiteren Klärung des Begriffs philosophischen Wissens zu kommen.

Nehmen wir den Ausgangspunkt vom Begriff der Einzelwissenschaften als dem Begriff ontischer Erkenntnis her. Die Einzelwissenschaft, so Aristoteles, bezieht sich immer auf einen bestimmten Bereich des Seienden, der seiner allgemeinen Grundbestimmung nach eine Vielfalt von verschiedenen Seienden in die Einheit ihres Seins eint. Aristoteles nennt diesen Bereich des Seienden deshalb das ‚genos hypokeimenon‘, die ‚zugrundeliegende Gattung‘ des Seienden; ‚Gattung‘ (genos) meint die allgemeine Grundbestimmung, die verschiedene Seiende in ihrem Etwassein eint. So ist z.B. die Natur ein ‚genos hypokeimenon‘ als die allgemeine Grundbestimmung (genos), die allem von Natur her Seienden (physei onta) als die Einheit ihres Seins zugrundeliegt (hypokeisthai), und dieses zugleich von einem anderen Bereich des Seienden, z.B. den ‚techne onta‘, dem Hergestellten, abgrenzt und unterscheidet. Das, was die Einzelwissenschaft - z.B. die Physik - an diesem zugrundeliegenden Sachbereich untersucht, ist die interne Verfassung seiner Sachverhalte, die sich aufgrund seines wesenhaften Seins ergeben. Aristoteles nennt dies die ‚hyparchonta kath'auta‘, das, was dem Seienden der betreffenden Grundbestimmung ‚an sich selbst‘ und ‚gemäß seiner selbst‘, also aufgrund seines ‚genos‘ zukommt. Besteht das Forschungsthema einer Einzelwissenschaft bezüglich des von ihr thematisierten Bereiches des Seienden darin, die *notwendigen* Sachverhalte aufzuweisen, nach denen sich die Verhältnisse des Seienden diese Sachbereiches strukturieren, dann kann die Wissenschaftlichkeit dieser ontischen, aufs Seiende bezogenen Einzelwissenschaften nur im durchgängigen Begründungszusammenhang - der ‚apodeixis‘ - bestehen. Die ‚apodeixis‘ bezeichnet diesen Begründungszusammenhang, der aus ersten Grundbegriffen, in denen die Seinsverfassung des ‚genos hypokeimenon‘ festgehalten ist, heraus die Wahrheit der notwendigen Sachverhalte innerhalb des Seienden aufweist. Die einzelwissenschaftliche Wahrheit ist damit in der Wahrheit ihrer Grundbegriffe fundiert, in denen das *Sein* des betreffenden Bereiches des Seienden erfaßt ist. Denn diese Grundbegriffe der Einzelwissenschaften - z.B. Zeit, Raum, Materie, Kausalität, Bewegung, Leben usf. für den Sachbereich ‚Natur‘ - sind nichts anderes als die ontologischen Grundbestimmungen des Seienden, insofern es als bestimmtes Etwas - z. B. als Naturhaftes - seiend ist; Zeit, Raum, Materie, Bewegung usf. sind ontologische Bestimmungen des Naturhaften als eines solchen, und nur kraft solcher Grundbegriffe läßt es sich der einzelwissenschaftlichen Forschung unterwerfen und auf seine Verhältnisse und Strukturen hin untersuchen. Die einzelwissenschaftlich-ontische Erkenntnis von Seiendem setzt mithin zu ihrer Wahrheit und als Bedingung ihrer Möglichkeit ein ontologisches Wissen um die Seinsverfassung (essentia/ existentia) des von ihr thematisierten Seienden voraus, das selbst innerhalb ihrer gerade nicht mehr auf seine Wahrheit hin erforscht und eingesehen werden kann. Es fällt aus der ‚Apodeiktik‘ heraus, insofern es ein der Art nach ganz anderes Wissen eines der Art nach ganz anderen Sachbereiches - als es der des Seienden überhaupt ist - bezeichnet. Sowenig die Physik die Zeit, den Raum, die Bewegung - sondern eben *als Physik* immer nur das Räumliche, Zeitliche, Bewegliche - thematisch untersuchen kann, sowenig kann die Biologie das Leben oder die Mathematik die Zahl erforschen; worauf sie sich thematisch bezieht, ist immer das gegebene Seiende - und nicht der Horizont seines Gegebenseins als das ‚ontologische Paradigma‘, aus dem heraus es allererst der einzelwissenschaftlichen Untersuchung zugänglich wird. Radikal zu unterscheiden sind in dieser Hinsicht die *thematischen* Begriffe ein Wissenschaft von ihren *operativen* Grundbegriffen, d.h. all dem begrifflichen Wissen, das sie zu ihrem thematischen Vollzug je schon im vorhinein voraussetzt. Thematische Begriffe beinhalten die Sachverhalte, *worüber* eine Wissenschaft handelt; operative Begriffe beinhalten dagegen die Sachverhalte, *mit* denen und *durch* die ein Wissenschaft die Thematisierung ihres Sachbereiches leistet, aristotelisch formuliert: das ‚peri ho‘ (Worüber) und das ‚di'ho‘ (Wodurch) der ‚apodeixis‘ sind grundsätzlich verschieden, weil sie der Art nach grundsätzlich Verschiedenes meinen und anzeigen (Seiendes - Sein). Diese ‚operativen Begriffe‘

können nur in einer eigenen ‚metawissenschaftlichen Reflexion' thematisch zugänglich gemacht werden, also einem Denken, das ‚über' (meta) die spezifisch gegenständliche Forschung der bestimmten Einzelwissenschaft hinausführt und damit ihren spezifischen und eigentümlichen ‚Objektbereich' verläßt. In der ‚metawissenschaftlichen Einstellung' ist die Einzelwissenschaft über sich hinausgegangen; das, wohinein sie dabei gelangt ist, ist nichts als die Frage nach der ontologischen Verfassung ihres Sachbereiches, die sie in ihren operativen Grundbegriffen niedergelegt hat. Diese bezeichnen aber nicht mehr Seiendes, sondern das Sein und Wesen von Seiendem, so daß sich die metawissenschaftliche Reflexion in grundsätzlich *methodischer* Differenz zu ihrer objektwissenschaftlichen Forschung befindet, also weder eine Verlängerung und Ausbreitung ihres einzelwissenschaftlichen Objektbereiches erfährt noch eine andere und neue Einzelwissenschaft begründet. Die Kehre vom ontischen zum ontologischen Erkennen vollzieht sich an der einzelwissenschaftlichen Erkenntnis selbst, und zwar am Leitfaden des Begriffs des Grundes und damit im Horizont der Begründungsintention vernünftigen Wissens. Die Einzelwissenschaften gründen in einem ontologischen Wissen um die Seinsverfassung des von ihnen thematisch untersuchten Bereiches des Seienden; sie sind, in Husserls Sprache - ‚regionalontologisch' fundiert. Die ontologische Wahrheit dieser auf eine ‚Region' des Seienden bezogenen ontologischen Grundbestimmungen ist Sache - nicht mehr der Einzelwissenschaften, sondern der Philosophie als ‚*Regionalontologie*'. Zu jeder Einzelwissenschaft gehört eine entsprechende, sie fundierende ‚Regionalontologie', deren Sachbereich das Sein (Seinsverfassung) des bestimmten Seienden ist, worüber die von ihr begründete Einzelwissenschaft handelt.

Damit vollzieht sich der Überschritt von der ontischen Erkenntnis der Einzelwissenschaften zur ontologischen Erkenntnis der Philosophie; von der ontischen Wahrheit zur ontologischen Wahrheit bzw. von der Erforschung ontischer Gründe zur Erforschung ontologischer Gründe. Die Zwiefalt von Wissenschaft überhaupt als ontologischer Prinzipienerkenntnis mit dem eigenständigen Sachbereich ‚Sein' und der ontischen Ursachenforschung, die sich auf die verschiedenen Bereiche des Seienden verteil, begründet sich aus der ontologischen Differenz. Es versteht sich von selbst, daß diese Unterscheidung von ontologischem und ontischem Erkennen, Philosophie und Einzelwissenschaft, eine rein wissensfunktionale Unterscheidung ist, die in der Struktur von Wissen überhaupt als ‚Wissen von Seiendem in seinem Sein' fundiert ist; also weder eine Unterscheidung verschiedener erkennender ‚Subjekte' und ‚Personen' (‚Wissenschaftler' - ‚Philosophen') noch entsprechender Institutionen und wissenschaftlich organisierter Arbeitsbereiche meint. Ob ein ‚erkennendes Subjekt' sich *als* ‚Physiker' oder *als* ‚Regionalontologe der Natur' verhält, bestimmt sich allein und ausschließlich aus dem Hinblick auf die thematische Gegenständlichkeit, mit der es sein intentionales Erkennen zu tun hat.

Nun müssen wir aber noch eine Stufe höher steigen. Die ontische Wahrheit der Einzelwissenschaften setzt die ontologische Wahrheit der regionalontologischen Forschung der Philosophie voraus; die Regionalontologien setzen ihrerseits aber die Wahrheit allgemeinster Grundbegriffe voraus, in denen das Sein jeweiliger Bereiche des Seienden begriffen wird. Die thematische Forschung der Regionalontologien ist fundiert in operativen Begriffen von Sein überhaupt, Begriffen also, die nicht das Sein *von* diesem oder jenem Bereich des Seienden, sondern von ,Sein überhaupt' erschließen; damit einer Wissenschaft angehören, die das Seiende *als das Seiende* und nicht, insofern es einer bestimmten Seinsverfassung angehört, thematisiert. Wassein und Daßsein (essentia - existentia), Substanz und Akzidenz, Möglichkeit und Wirklichkeit sind solche Bestimmungen, die in formaler Allgemeinheit von jeder inhaltlichen Bestimmtheit des Seins von bestimmtem Seiendem absehen und in der (regionalontologischen) Thematisierung ontischer Regionen als Bedingung ihrer Möglichkeit vorausgesetzt werden müssen. Da es sich aber bei dieser Differenz von operativen Begriffen (allgemeinsten Grundbestimmungen von Sein überhaupt) und thematischen Begriffen (spezifischen Grundbestimmungen des Seins bestimmter Bereiche des Seienden) *nicht* um einen grundsätzlichen der Art nach unterschiedenen Bereich handelt - wie bei ihrem Verhältnis innerhalb der Einzelwissenschaften - gehören die in den Regionalontologien vorausgesetzten allgemeinsten Grundbestimmungen von Sein auch nicht zur einer der Art nach verschiedenen Wissenschaft: ihre Thematisierung vollzieht sich nicht in der methodischen Differenz, sondern in der methodischen Einheit eines der Art nach selbigen - des ontologischen - Erkennens. Die Regionalontologien gründen mithin in einer ihnen insgesamt übergeordneten ,Allgemeinen Ontologie', die als die letzte Grundlagendisziplin allen methodisch-vernünftigen Wissens das Sein überhaupt in die ersten Grundbestimmungen seines Gewußtwerdens auseinanderlegt und deshalb ihre Grundlegung als die Grundlegung des Verhältnisses von Sein und Wissen überhaupt erfährt. Die ,allgemeine Ontologie' ist als die ,prote philosophia' - die ,erste Philosophie' - der Kern allen philosophischen Wissens überhaupt; von daher aber auch aller einzelwissenschaftlichen Erkenntnis; und die Grundlegung der ,prote philosophia' selbst muß die Grundlegung und Bestimmung des Verhältnisses von Sein und Wissen in der Weise einer letzten, selbstbegründenden Prinzipienerkenntnis leisten, die das methodische Abschlußmoment der Begründungsintention vernünftigen Wissens überhaupt leistet. Im Aufriß erhalten wir damit folgende Struktur wissenschaftlichen Erkennens überhaupt:

Allgemeine Ontologie
- Regionalontologien -
- E i n z e l w i s s e n s c h a f t e n -

Überblicken wir diese Struktur im ganzen, dann wird sofort sichtbar, wie sich die Bestimmung wissenschaftlichen Erkennens überhaupt am Leitfaden der ontologischen Differenz vollzieht: Die Philosophie thematisiert in der allgemeinen Ontologie und den Regionalontologien den Sachbereich ‚Sein', während die Einzelwissenschaften insgesamt den Sachbereich ‚Seiendes' im ganzen thematisieren. Die zwiefältige Bestimmung von Wissenschaft überhaupt in der Differenz von Philosophie und Einzelwissenschaften wiederholt in sich die Differenz Sein - Seiendes; sie spiegelt diese Differenz am Leitfaden der Begründungsintention vernünftigen Wissens als das Verhältnis von Grund und Gegründetem. Philosophie und Einzelwissenschaften sind komplementär aufeinander bezogen als die gegenwendigen Bestimmungen *einer* Intention: dem begründenden Erfassen dessen, was ist, die sich überhaupt nicht anders realisieren kann als in dieser Zwiefalt.

Diese Struktur wissenschaftlicher Erkenntnis in der gegenwendig-komplementären Zwiefalt von Philosophie und Einzelwissenschaften finden wir schon bei Platon; sie gehört zur platonisch-aristotelischen Grundlegung der Philosophie als ontologischer Prinzipienerkenntnis und reflektiert damit nur umso stärker die sich durchsetzende Begründungsintention vernünftiger Wissenschaft, in der sich die theoretische Bestimmung des Menschseins ausprägt. Damit wird aber auch schon das andere methodische Verfahren philosophisch-ontologischer und einzelwissenschaftlich-ontischer Erkenntnis als die Differenz im Wissenschaftsbegriff thematisch, nach dem sich die Philosophie einerseits und die Einzelwissenschaften andererseits auszurichten haben. Für die Einzelwissenschaften war dies, so der aristotelischen Fassung nach, die ‚Apodeiktik'; was man modern ‚Axiomatik' nennt, stimmt damit weitgehend zusammen. Platon faßt dies als das Begründen aus bestimmten ‚zugrundeliegenden Setzungen' (hypotheseis): von ihnen aus fortgehend werden andere Sachverhalte gefolgert und begründet. Genau an ihnen aber vollzieht sich die Umkehr des Denkens in die entgegengesetzte Richtung, indem nun nicht mehr von ihnen weg zu immer anderen Folgebestimmungen übergegangen, sondern in diese selbst - zur Ergründung ihrer eigenen Wahrheit - hineingegangen wird. Die ‚hypotheseis' dienen als ‚Trittstufen' zur Ergründung letzter Prinzipien in einem ‚Weg-hinauf' (anhodos), der gegenwendig zum Begründen als ‚Weg-hinab' (kathodos) steht. Nicht die *Be*-gründung von ... aus ... , sondern die *Er*-gründung gründender Wahrheit selbst ist Sache philosophischer Erkenntnis, und ihre Methode als der maßgebliche Begriff ihrer Wissenschaftlichkeit eben nicht die ‚Apodeiktik', sondern die ‚Dialektik'. Die Dialektik, so eben auch Aristoteles, begründet nicht die Wahrheit von Sachverhalten, sondern "beherrscht den Weg hin zu den Anfangsgründen und Prinzipien aller Untersuchungen" (Topik 101 b 3), indem die Begriffe selbst auf ihre Wahrheit hin auseinandergesetzt werden, platonisch gefaßt: sie die ‚inter-' und ‚intraeidetischen' Verhältnisse aufweist. Das ‚eidos' bezeichnet dabei die begriffliche Wahrheit des Seins von

Seiendem, die sowohl an ihr selbst wie im Verhältnis zu anderem gedacht werden muß; und die platonisch-aristotelische Dialektik ist deshalb ‚Wesenslogik' als ‚Begriffslogik'. Die Dialektik begründet nichts, weil sie alles ergründet. Der philosophischen Erkenntnis geht es also wesentlich nicht um die Wahrheit von ‚Urteilen', sondern um die Wahrheit von ‚Begriffen'; und diese wird nicht ‚apodeiktisch', sondern ‚dialektisch' aufgewiesen. Auch und gerade die aristotelische Prinzipienerkenntnis bleibt an den methodischen Begriff der Dialektik gebunden; Heidegger ist hier anderer Auffassung. Diese Auffassung, daß Aristoteles die Dialektik als Methode der ‚prote philosophia' gegenüber Platon preisgibt, ist weitverbreitet; ich teile sie nicht und denke, daß alles darauf ankommt, die aristotelische ‚Topik' als Grundbuch der antiken Dialektik zu nehmen und entsprechend operativ auf das Verfahren aristotelischen Denkens zu beziehen. Dabei ist nicht zuletzt dem ‚hermeneutischen Schein' Rechnung zu tragen, der sich in der Auseinandersetzung mit dem platonischen und aristotelischen Denken aufgrund ihrer gänzlich divergierenden schriftlichen Überlieferung einstellt; das platonische Denken ist uns in sogenannten ‚exoterischen' - für die Öffentlichkeit bestimmten - Schriften gegeben und durch eine extreme Stilisierung gekennzeichnet; wogegen wir das aristotelische Denken nur an sogenannten ‚esoterischen' - für den forschend-lehrenden Eigengebrauch bestimmten - Schriften gegeben haben. Ich denke, daß eine rhetorisch-dialektische Entstilisierung platonischer Dialoge uns eine ähnliche operative Verfassung des platonischen Denkens erschließen würde, wie wir sie bei Aristoteles antreffen; und daß umgekehrt, eine rhetorisch-dialektische Stilisierung aristotelischer Schriften uns in die Nähe platonischer Dialoge führen würde; was keinenfalls heißen soll, daß die Differenz platonischen und aristotelischen Denkens auf eine solche des ‚Stils' reduziert werden soll. Heideggers polemische Gegenstellung zur ‚Dialektik', die sich durch sein ganzes Werk hindurchzieht, basiert wesentlich auf einem an Hegel orientierten Verständnis von Dialektik als dem Verfahren einer universellen Vermittlung von Gegensätzen in die Einheit; Dialektik steht damit für Heidegger für die Praxis eines alle Unterschiede, Gegensätze, Widersprüche aufhebenden und negierenden ‚Identitätsdenkens', das gerade im Hinblick auf die ontologische Differenz - als unvermittelbarer Scheidung von Sein und Seiendem - die Verbergung des Seins als solchen vollzieht; was er gegen den Begriff der Dialektik stellt, ist der Begriff ontologischer Differenz; gegen jede Tendenz vereinheitlichenden Identifizierens und gleichmachenden Einebnens steht die sachliche Ursprünglichkeit des Unterschiedes: der Scheidung von Sein - Seiendem selbst, insofern sie etwas ganz anderes ist als ein bloß vermittelndes Moment von Einheit und Identität. Zweifelsohne verzieht Heidegger den Begriff der Dialektik zumeist ins Karikaturistische eines hohlen Vermittelns von allem mit jedem; seine Abwehr dialektischen Denkens erfolgt aber angesichts ursprünglicher Andersheit und Differenz selbst in gewisser Weise dialektisch, so daß dieses eigene Potential dialektischen Denkens bei Heidegger in keiner Weise durch die Vermittlungskarikatur von Dialektik abgedeckt ist. Gerade für den Begriff der Dialektik wird damit die Untangierbarkeit von Differenz leitend; und dies nicht nur in Adornos - im Begriff des ‚Nicht-identischen' fundiertem - Begriff ‚Negativer Dialektik', sondern demzuvor schon in Heideggers eigenem phänomenologisch-dialektischen Denken.

Der Philosophie entspricht also nicht nur ein von allen Einzelwissenschaften prinzipiell geschiedener Sachbereich, sondern ineins damit eine entsprechend grundsätzlich verschiedene Methodik und Wissenschaftlichkeit; erst kraft ihrer inneren Komplementarität erfüllen Apodeiktik und Dialektik in der gegenwendigen Ausrichtung auf Be- und Ergründung den Begriff wissenschaftlichen Erkennens als der aus der Begründungsintention vernünftigen Wissens heraus erfolgenden Herstellung der Unverborgenheit dessen, was überhaupt und im ganzen ist.

Verfolgen wir noch kurz diese Grundlegung der Philosophie im platonisch-aristotelischen Denken in ihre aus dem christlichen Verständnisses von Sein heraus erfolgende Transformation. Das christliche Verständnis von Sein als ‚creatio' fundiert sich im Begriff eines ‚über' (meta) alle ‚Natur' (physis) hinausgehenden Seienden - Gott als dem ‚summum ens', das eben mit diesem seinem Sein Eines ist. Von daher wird der Name ‚Metaphysik' zur maßgeblichen Bezeichnung ontologischen Wissens. Bekanntlich hatte die griechische Bezeichnung ‚meta ta physika' ursprunglich einen rein bibliothekarischen Sinn, den Andronikos von Rhodos, der Herausgeber der aristotelischen Schriften, einer Reihen von Schriften zuteilte, die er in die damals übliche Unterscheidung der philosophischen Disziplinen in Logik - Physik - Ethik nicht einzuordnen wußte. Da diese Aufteilung der Philosophie in Logik - Physik - Ethik auch der didaktischen Reihenfolge im Philosophieunterricht entsprach, ergab sich für Andronikos die Aufgabe, diesen Schriften einen im pädagogisch-didaktischen Zusammenhang des Philosophierens gemäßen Platz einzuräumen. Er fand ihn ‚nach' (meta) der ‚Physik' und gab den Schriften kurzerhand den Titel: ‚ta meta ta physika' - die Schriften, die nach der Physik kommen und studiert werden sollten. In diesem bibliothekarischen Sinne wäre dann die Ethik die ‚Meta-meta-physik'. Im christlichen Seinsverständnis wird aber nun das griechische ‚meta' nicht mehr als das lateinische ‚post', ‚danach' im bibliothekarischen Sinne, sondern als ‚trans',- ‚darüberhinaus' im sachlich-inhaltlichen Sinne gedeutet. Aus dem bibliothekarischen Ordnungstitel ‚Metaphysik' wird ein ontologischer Begriff: der Begriff eines von allem physischen Sein unterschiedenen ‚transphysischen' Seins, dem Sein Gottes. ‚Metaphysik' wird damit zur Bezeichnung einer Ontologie, die das Sein ‚metaphysisch' aus der Transzendenz zur Physis denkt. Ob solches schon in der platonisch-aristotelischen Scheidung von Vernunft (nous) und Natur (physis) liegt, müssen wir hier offen lassen. Sicher ist die bei Platon und Aristoteles sich durchsetzende Unterscheidung des Seins in physisches und *a*-physisches, ‚noetisches' Anwesen tendenziell ‚*meta*-physisch', ohne allerdings im Begriff einer ‚creatio ex nihilo' ihre spezifische christliche Wendung zu erhalten. Erst am Leitfaden des christlichen Seinsbegriffes der ‚creatio' wird das Ganze des Seienden unterschieden in die verschiedenen Bereiche des Seienden Gott - Seele - Welt; und die Gesamtstruktur der Philosophie in der Zwiefalt von allgemeiner Ontologie (prote philosophia) und Regionalontologien in der Unterscheidung von ‚metaphysica generalis', die das ‚ens qua ens', das Seiende als das Seiende betrachtet, und die ‚metaphysica specialis' als der rational-apriorischen Erkenntnis der Seinsverfassung der Bereiche Gott - Seele - Welt gehandhabt. ‚A-priorisch' wird nun zum Begriff der ontologischen Erkenntnis aus ‚reiner Vernunft' im Unterschied zur ‚aposteriorisch-empirischen' Erkenntnis des Seienden. Die Regionalontologien (metaphysica specialis) werden demnach bestimmt als ‚theologia rationalis' - ‚psychologia rationalis' - cosmologia rationalis'. An diesen Bestimmungen artikuliert sich noch die Grundstruktur von Kants ‚Kritik der reinen Vernunft', indem sie in ihrer transzendentalen Grundlegung die Neubegründung der ‚metaphysica generalis' vollzieht, angesichts derer die überlieferte ‚metaphysica specialis' als apriorische Erkenntnis des Seins Gottes, der Unsterblichkeit der Seele und des Seins der Welt als Gegenstand dialektischen Scheins nachgewiesen wird. Deshalb tritt folgerichtig an die Stelle der Dialektik als Methode philosophischer Erkenntnis die transzendentale Reflexion, aus der heraus sich bei Kant dann das regionalontologische Wissen der Philosophie in die Zwiefalt einer ‚Metaphysik der Natur' und einer ‚Metaphysik der Sitten' neu formiert. In der Übersicht läßt sich die Struktur von Wissenschaft überhaupt nun folgendermaßen zusammenfassen:

			Sachbereich	Methode
Philosophie	Allgemeine Ontologie	metaphysica generalis	Sein	Dialektik
	Regionalontologien	metaphysica specialis theologia - psychologia - cosmologia (rationalis)		
Einzelwissenschaften			Seiendes	Apodeiktik

Die Grundlegung philosophischen Wissens aus der ontologischen Differenz als dem Element, kraft dessen die Philosophie allein ein begrifflich begründetes und - im Rahmen der Wissenschaften - legitimiertes - methodisches Wissen ist, läßt sich nun auch noch einmal von ihrer formal-abstrakten Seite her aufnehmen. Der entscheidende Punkt läßt sich nun besser einsehen: Wenn die Philosophie keinen der Art nach von allen einzelwissenschaftlich thematisierten Sachbereichen eigenständigen Sachbereich vernünftigen Erkennens nachweisen kann, ist sie begrifflich hinfällig und im Gesamtzusammenhang der Wissenschaften überflüßig. Sie kann gestrichen werden. Hat die Philosophie das Seiende zum Gegenstand ihrer Forschung, dann läßt sie sich kurzerhand durch diesen ihren Sachbereich definieren und in den Gesamtzusammenhang der Einzelwissenschaften einordnen; sie wird dann zu einer Einzelwissenschaft neben anderen und verliert darin das, was ihr überlieferter Begriff als der eines maßgeblichen Wissens (sophia) war. ‚Philosophie' wäre dann nichts als ein einzelwissenschaftlich noch ungeklärtes Amalgam verschiedener Disziplinen, eine Vorform moderner Wissenschaftlichkeit, die sich angesichts der rationalen Aufklärung einzelwissenschaftlichen Strukturen erledigte. Wir könnten damit die Philosophie als eine überholte Bewußtseinsform der Menschheit hinter uns lassen. Andererseits ist damit allerdings noch offen, ob die Philosophie - wenn sie schon einen prinzipiell vom Sachbereich der Einzelwissenschaften unterschiedenen Sachbereich ihres Erkennens aufweisen muß - diesen Sachbereich am ‚Sein' vorfinden muß. Die Frage erhebt sich, ob die Einzelwissenschaften überhaupt zulänglich durch den Begriff ‚Seiendes' als ihrem Sachbereich bestimmt werden können; denn daraus folgt dann entsprechend, daß dieser schon einen anderen Sachbereich, genannt ‚Sein' impliziert, der nun der Philosophie zugewiesen wird. Nun ist es in der Tat erst einmal gleichgültig, welche terminologische Bezeichnung man für die Benennung des Sachbereiches der Wissenschaften und ihrer vorausgesetzten Grundbestimmungen wählt; ob man jenes ‚Seiendes' und dieses ‚Sein' benennt. Entscheidend ist dagegen die Frage, ob der je gemeinte Sachbereich jene grundlegende Differenz aufweist, die damit angesprochen ist: ob die thematischen Gegenstände der Einzelwissenschaften sich derart von ihren operativ vorausgesetzten Grundbestimmungen unterscheiden, daß sie nicht unter einen allgemeinen Begriff zusammengefaßt werden können, der nun natürlich kein formal-allgemeiner Begriff ihres Gewußtwerdens überhaupt sein darf. Sage ich, daß beide je Gewußtes, Erkanntes, Begriffenes, Denkgegenstände, semantische Inhalte usw. sind, habe ich im Hinblick auf diese Differenz schlicht und ergreifend nichts gesagt. Aber schon die Sachbereiche der verschiedenen Einzelwissenschaften sind weder unter einen sachhaltig-allgemeinen Begriff noch unter einen formal-allgemeinen Begriff zu bringen: sie sind keine Arten einer Gattung noch Differenzen oder Erfüllungen eines obersten - das Etwassein nicht tangierenden - Universals. Weder lassen sich Natur, Gesellschaft, Geschichte, Kunst usw. unter einen allgemeinen sachhaltigen Begriff subsumieren, noch lassen sich die wissenschaftlichen Sachbereiche überhaupt in einem einheitlichen Sinne als Regionen des Seienden voneinander unterscheiden; die Mathematik z.B. ist eine formale Wissenschaft, die alle sachhaltig bestimmten Sachbereiche verschiedener Wissenschaften übergreift. Die Unterscheidung verschiedener Sachbereiche der Einzelwissenschaften setzt selbst schon den Blick auf eine nicht ontische Differenz frei, d.h. sie unterscheiden sich nicht durch ein

Seiendes und wie ein Seiendes von einem anderen Seienden, sondern in ihrem Sein. Der Sachbereich der Wissenschaft läßt sich nicht ohne den intentionalen Bezug des Wissens auf etwas, das ist, bestimmen; und an der Differenz des ,Etwas' zu seinem Sein, seinem Etwassein und der spezifischen Art und Weise seines Anwesens, haben wir die formal allgemeinste Bestimmung intentionaler Gegenstände. Mit ihr ist die Differenz Sein - Seiendes gegeben, und zwar für *das intentional Gegenständlichkeit vermeinende Bewußtsein selbst und in diesem.* Im Hinblick auf dieses Seinsverhältnis des Wissens läßt sich dann sein Sachbereich auch begrifflich in der Differenz Sein - Seiendes fassen. Dies mag hier vorerst hinreichen, um die Fundierung des Begriffs der Philosophie in seiner komplementären Gegenwendigkeit zum Begriff der Einzelwissenschaft durch die ontologische Differenz auch von dieser Seite her in den Griff zu bekommen.

Abschließend für heute möchte ich noch auf die geschichtlichen Konsequenzen hindeuten, die dem Begriff philosophischen Wissens aus seiner Fundierung in der ontologischen Differenz erwachsen. Ist die geschichtliche Bewegung des abendländischen Denkens dadurch gekennzeichnet, daß sie die ontologische Differenz in ihrem Gedachtsein beständig überspielt und verdeckt: nicht *als solche* heraushebt und thematisiert, dann muß dort, wo es angesichts der Vollendung des onto-theo-logischen Denkens der Philosophie (Hegel) und der Heraufkunft moderner Einzelwissenschaften zur Krise der Philosophie kommt, der Begriff der Philosophie selbst verschwinden. Mit der Krise der Philosophie hebt sich die Verdeckung der ontologischen Differenz in den Entzug *des Begriffs* der Philosophie und damit den weitgehend begriffslosen Vollzug ihrer Erkenntnispraxis auf; dem philosophischen Erkennen selbst fehlt zunehmend der Begriff dessen, was es ist und was es tut; und angesichts dieses internen Begriffsschwundes steht es nicht nur seiner überlieferten Erkenntnispraxis weitgehend verständnislos gegenüber, kopfschüttelnd ,metaphysische' Verwirrung beklagend, sondern fällt an sich selbst, seinen eigenen Erkenntnisvollzügen nach, in die Bestimmungslosigkeit seines Bezugshorizontes. Das philosophische Wissen entzieht sich zunehmend an sich selbst und betreibt in seinem Vollzug die ,Krise' der Philosophie als ihre eigene Aufhebung. Dieser Begriffsschwund philosophischen Wissens mit all seinen Konsequenzen sowohl für das geschichtliche Verständnis der überlieferten Philosophie als auch für die sachliche Zulänglichkeit und interne Erschliessungskraft philosophischen Denkens ist eines der auffälligsten geschichtlichen Phänomene, die wir an der Philosophie nach Hegel beobachten können und für das ganze 19. und 20. Jahrhundert charakteristisch sind. Die Philosophie wird dem historischen Vorstellen des 19. Jahrhunderts zur ,Weltanschauung' und ,Welterklärung', ihr Wissen verdinglicht sich zu einer subjektivistischen Vision eines totalitären Ganzen, das nur als kulturhistorischer Überbau geschichtlich noch nicht erreichter rationaler Wahrheit fungiert. Der Begriff der Philosophie wird rein ontisch gefaßt - im Blick des geschichtlichen Bewußtseins steht allein das Seiende; und insofern dieses schon durch die Einzelwissenschaften umfassend besetzt ist, bleibt für die Philosophie selbst kein Ort. An Begriff und Praxis philosophischen Wissens nach Hegel reflektiert sich die ‚Seinsverborgenheit', als deren Vollzug Philosophie je schon sich anließ; der Entzug philosophischen Wissens an sich selbst ist Resultat ihrer eigenen geschichtlichen Erkenntnispraxis, indem sich in ihn zusammenfaßt, was diese je schon, auch dort, wo sie zu ihrer höchsten Vollendung gelangte, als Entzug des Seins als solchen war. Die Verbergung der ontologischen Differenz vollendet sich im Entzug philosophischen Wissens an sich selber. Heidegger stellt die Frage nach dem Sein nicht einfach noch einmal, so, als ginge es um ihre bloße Wiederholung, an der die Unzulänglichkeiten gewesenen Denkens einzuholen wären. Er stellt die Frage *gegen* ihre onto-theologische Verdeckung im überlieferten Denken: aber auch dies nicht in der Weise, als bliebe diese Denkgeschichte seinem Fragen ein äußerliches Anderes, sondern so, daß nach dieser geschichtlichen Verdeckung des Seins und der ontologischen Differenz selbst gefragt wird. Die Frage nach dem Sein ist unmittelbar geschichtlich als die Frage nach der ‚Seinsverborgenheit'; diese aber keine ‚subjektive' Nachlässigkeit des Denkens, etwas, was das Denken, wäre es konzentriert genug gewesen, auch hätte unterlassen können, sondern der Entzug des Seins an sich selbst und von sich selber her. Die ‚Seinsverborgenheit' bezeichnet das Sein selbst und als solches, das sich im Denken verbirgt, indem es dieses an das Seiende verweist. Heidegger denkt gegen den Entzug des Seins in der Praxis gegenwärtigen Philosophierens und damit dieser selbst: und dies mit der ganzen Energie eines Denkens, das sich in sich von der absoluten Überzeugung getragen weiß, daß mit der Philosophie noch einmal - wenn vielleicht auch das letzte Mal - *ernst* gemacht werden muß. Daraus bestimmt sich auch der auffällig erhobene Grundton des heideggerschen Denkens. Ortega y Gasset soll gesagt haben, zum Philosophieren bräuchte man ‚drei Sinne' - Scharfsinn, Tiefsinn und Leichtsinn; Heidegger hätte alles - nur der ‚Leichtsinn' fehlte ihm. Ortega meint natürlich den ‚Leichtsinn', der *nach* Scharfsinn und Tiefsinn kommt, indem er aus ihnen resultiert. Der bedingungslose Grundton einer in sich abgeschiedenen Revolte gegen das, was ist, die Ernst und Schwermut des heideggerschen Denkens trägt, löst in keine mediterrane Heiterkeit sich mehr auf. Auch dies eine Anmerkung zur ‚Sache des Denkens'.

Anmerkung

1. Weitere Texte:

HEIDEGGER, Einleitung zu: Metaphysische Anfangsgründe der Logik im Ausgang von Leibniz (GA 26, 1 - 32). Einleitung zu: Die Grundprobleme der Phänomenologie (GA 24, 1 - 33). Kant und das Problem der Metaphysik (Kant, § 1). Phänomenologische Interpretation von Kants Kritik der reinen Vernunft (GA 25, § 1, 2). Kants These über das Sein (WM, 273 - 307). Die onto-theologische Verfassung der Metaphysik (ID, 36 - 73). Einleitung und Nachwort in »Was ist Metaphysik?« (WM, 99 - 108/195 - 211). PLATON, Der Staat, Bücher VI und VII. ARISTOTELES, Zweite Analytiken, Buch II. Topik, Buch I. Anselm von CANTERBURY, Proslogion, Kp. 2 - 4.

2. Literatur

2.1. Zum Begriff der Philosophie als Prinzipienwissenschaft und ihrer onto-theologischen Verfassung:

K. H. VOLKMANN-SCHLUCK, Einführung in das philosophische Denken. Frankfurt a. M. 1975.
Ingeborg SCHÜßLER, Aristoteles. Philosophie und Wissenschaft. Das Problem der Verselbstständigung der Wissenschaften. Frankfurt a. M. 1982.
Werner BEIERWALTES, Platonismus und Idealismus. Frankfurt a. M. 1972.
Dieter HENRICH, Der ontologische Gottesbeweis. Sein Problem und seine Geschichte in der Neuzeit. Tübingen 1967.
Walter SCHULZ, Der Gott der neuzeitlichen Metaphysik. Pfullingen 1978.
F.-P. HAGER (Hg.), Metaphysik und Theologie des Aristoteles. Darmstadt 1969.
HWPH, Art. ‚Philosophie' (Bd. VII, 572 ff.) und Art. ‚Metaphysik' (Bd. V, 1186 ff.).

2.2. Zu Heidegger

Die hier mehr implizit gehaltene Auseinandersetzung des Verhältnisses HEIDEGGER - ADORNO ist breit und umfassend aufgearbeitet bei: Hermann MÖRCHEN, Adorno und Heidegger (1981). Zur Praxis eines Denkens, das sich in der Auseinandersetzung mit ADORNO und HEIDEGGER bewegt: Ute GUZZONI, Identität oder Nicht (1981). Zur (soteriologischen) Funktion des Gottesbegriffes in der Philosophie vgl. auch Rudolf BRANDNER, Warum Heidegger keine Ethik geschrieben hat (1992), 21 - 65.

3. Die Grundlegung der neuzeitlichen Philosophie als ‚Modellphilosophie'

Die bisherige Auseinandersetzung des Begriffs der Philosophie zeigte, inwiefern er in der Sache der ontologischen Differenz gegründet ist. Die sachliche Begründung des Begriffs der Philosophie verlangt seine prinzipielle Unterscheidung vom Begriff einzelwissenschaftlicher Erkenntnis, der nur durch den Aufweis eines grundsätzlich von ihr unterschiedenen Sachbereiches vernünftigen Erkennens möglich ist. Ist die Philosophie aber - kraft ihres eigentümlichen Sachbereiches: des Seins im Unterschied zum Seienden - eine Wissenschaft sui generis, also eine ihrer ‚Grundbestimmung nach' (genei) von aller ‚ontischen' Erkenntnis des Seienden generisch unterschiedene Wissenschaft vom Sein des Seienden, dann impliziert dies auch schon, daß ihr eine eigene Methodik und eine eigene Art von Wissenschaftlichkeit eignen muß, die sie gerade nicht von den Einzelwissenschaften oder in der Orientierung an diesen erborgen kann. Sowenig es überhaupt nur einen Typus von Sachbereich des Erkennens geben kann, sowenig gibt es nur einen Typus von Wissenschaftlichkeit: kraft der ur-sprünglichen Differenz, die sich im Bezugsworauf des Erkennens selbst zwischen Sein und Seiendem geltend macht. Ebenso wie die positivistische Vereinheitlichung allen Wissens unter einem universell maßgeblichem Wissenschaftsbegriff ist der Entwurf einer totalisierenden Gesamtwissenschaft als universellem Begründungszusammenhang, sei dies nun in der Weise einer ‚mathesis universalis' oder anderswie, der Reflex der ‚Seinsverborgenheit' in einem identifizierenden Ursprungsdenken, das sich selbst im Überspielen der ur-sprünglichen Scheidung von Sein und Seiendem in ihr differentiales Auseinanderhalten verspielt. Die komplementäre Zusammengehörigkeit von Philosophie und Einzelwissenschaften reflektiert dagegen die aus der einheitlichen Begründungsintention vernünftigen Wissens vollzogene Zentrierung des Seins im Seienden, also die in der Bestimmung des Seins als Grund liegende Verbergung des Seins als solchen: Es wird als das Seiendsein von Seiendem hinsichtlich seiner relationalen Einheit mit dem gegründeten Seienden thematisch. Geschichtlich gesehen vollendet sich also gewissermaßen in der Verabsolutierung des einzelwissenschaftlichen Wissenschaftsbegriff unter Ausschluß der Philosophie das, was in der Grundlegung theoretischer Wissenschaft als ihre Komplementarität bestimmt war. Es ist deshalb geschichtlich besinnungslos, die Komplementarität von Philosophie und Einzelwissenschaft gegen die Verabsolutierung der Einzelwissenschaften geltend zu machen, wenn nicht zuvor und zuallererst gesehen wird, daß diese ein geschichtliches Resultat von jener ist: und warum sie dies ist. Die Bestimmung der Wissenschaft überhaupt in der komplementären Zwiefalt von Philosophie (Ontologie) und Einzelwissenschaft (Ontik) trägt in sich schon das Moment ihrer Aufhebung in das ,Verenden der Philosophie' an der Universalisierung der thematischen Zentrierung von Wissenschaft im Seienden. Ohne die Verborgenheit des Seins als solchen im Gründungsverhältnis zum Seienden, läßt sich das Verenden der Philosophie an der Heraufkunft moderner Einzelwissenschaften überhaupt nicht verstehen.

Die Philosophie selbst bleibt deshalb auch in ihrer Geschichte immer wieder hinter ihrem Begriff zurück; die interne Tendenz, sich selbst in ihrer Erkenntnispraxis zu verdinglichen und an der unzulänglichen Erschließung ihres Sachhorizontes Begriffe ihrer selbst zu zeitigen, an denen sich ihr eigenes Erkennen desavouiert, setzt sich immer wieder in den geschichtlichen Phasen eines kollektiv beruhigten Seinsverständnisses durch, in denen das Denken kaum Veranlassung findet, sich angesichts dessen, was ist, zu beunruhigen und mit sich selbst *ernst* zu machen. Wo - wie in der Neuzeit - der Zug zum vergegenständlichten Seienden zum Maß wissenschaftlicher Erkenntnis überhaupt wird, muß sich das ohnehin schon labile Moment, das Sein als das Seiendsein vom Seienden zu unterscheiden, in die begriffslose Praxis des Philosophierens selbst aufheben, die nunmehr aus ihrer Entsachlichung ins Historisieren verfällt, das den überlieferten Bestand an Meinungen über das, was ist, durchforstet und als die reine Beliebigeit von Weltanschauungen gelten läßt. Die Philosophie als Sachwissenschaft degeneriert, ihrem Sachbezug enthoben, zum Betrieb geisteswissenschaftlicher Meinungsforschung und weltanschaulicher Kompensationen dessen, was durch das Verschwinden der Sache natürlich auch begrifflich nicht mehr einholbar ist. Der begriffliche Entzug philosophischen Wissens an sich selbst gibt im Verschwinden seines Sachbezuges das ontologische Denken frei in den Historismus, der ebensosehr den begrifflichen Schwund im hermeneutisch-geschichtlichen Verständnis überlieferter Philosophie wie die eigene Erschließungskraft der philosophischen Erkenntnispraxis selbst kennzeichnet. Husserls Schlachtruf: ,Zu den Sachen selbst!' reflektiert den inneren Aufstand, den das Denken in sich selbst gegen seine Entzugstendenzen aufbringen muß, um seinen Sachbezug überhaupt erst einmal wiederherzustellen; und die ganze phänomenologische Bewegung - Heideggers Denken inbegriffen - präsentiert den im Denken wiederhergestellten Sachbezug als Sieg über seinen geschichtlichen Entzug in der historisierenden Vermarktung weltanschaulicher Meinungen. Die Phänomenologie des 20. Jahrhunderts läßt sich an als diese Gegenwehr gegen die Entsachlichung philosophischen Denkens; und der Entfaltung dieser Kraft verdankt dieses Jahrhundert - weit über Husserl und Heidegger hinaus - seine Philosophie. Husserl selbst, der durch der Grundlegung der phänomenologischen Methode die Kraft des

Denkens entfesselte, sich aus der Gegenwehr gegen seine Entsachlichung zu erzeugen, ohne sich den Sachbezug ‚Hals-über-Kopf' an der Identifikation mit der einzelwissenschaftlichen Erkenntnispraxis zu erschwindeln, steht für die geschichtliche und sachliche Bedingung der Möglichkeit genuin philosophischen Erkennens in diesem Jahrhundert, das ihn, neben Heidegger seine überragende Gestalt, nun fast schon wieder vergessen zu haben scheint. Geschichtlich gesehen setzt das Philosophieren immer wieder mit dem Ernst und Pathos eines neuen Anfangens ein, der, wie sich uns an der geschichtlichen Überlieferung seit der Antike immer wieder zeigt, in einer neuen, veränderten Zuwendung der Sache des Denkens besteht und sich deshalb auch immer ‚methodologisch' artikuliert. Die Veränderung der Konstellation von Denken und Sache zwingt das Denken in eine ‚methodologische Reflexion', so daß der geschichtliche Neuanfang des Philosophierens sich je als Veränderung seiner Methode ins Werk setzt. Betrachten wir daraufhin nun noch genauer die neuzeitliche Bestimmung der Philosophie.

Kernbereich der Philosophie ist die ‚prote philosophia'. Die Grundlegung der ‚prote philosophia' selbst besteht in der Bestimmung des Verhältnisses von Sein und Wissen. Darauf gründet sich alles wahre, wissenschaftliche und methodische Wissen von dem, was überhaupt und im Ganzen ist. Um eine solche Grundlegung handelt es sich bei Descartes ‚Meditationes de prima philosophia'; in ihnen vollzieht sich die für die Neuzeit maßgebliche Bestimmung des Verhältnisses von Sein und Wissen in der Gegenwendigkeit von Subjekt und Objekt, indem das Selbstbewußtsein, das sich im ‚cogito - sum' als die unmittelbare Vergewisserung seines endlichen Seins erfaßt, zum Prinzip und Anfangsgrund allen Wissens von Sein und Seiendem erhoben wird. Dabei müssen wir nun folgendes im Blick haben: Ganz allgemein sprechen wir von ‚Bewußtsein' als dem ‚Bewußtsein *von* etwas'. Das Bewußtsein ist dabei in zwei Momente gegliedert: Einerseits die gegenständliche Richtung auf das, wovon es das Bewußtsein ist, die Intentionalität; andererseits weiß sich das Bewußtsein in allen seinen intentionalen Vermeinungen selbst, so daß es gegenläufig zu seiner Intentionalität immer auch rückbezüglich ein ‚Sichwissen', ‚Für-sich-sein' enthält, das in allen gegenständlichen Intentionen mit dabei ist. Das Ganze dieser Struktur als die eigenständige - vom Sein und Anwesen des Seienden unterschiedene - Sphäre und Dimension der Offenheit und Unverborgenheit von Seiendem in seinem Sein nenne ich nun terminologisch ‚Wissen'. Wenn vom ‚Sein' *des* Wissens die Rede ist, dann steht im Blick, daß 1. das Wissen *etwas* und 2. auf eine bestimmte Art und Weise *ist*; demnach: trotz und angesichts seiner gänzlichen Andersheit zum Sein überhaupt nach Etwassein und Seinsweise (essentia/existentia) *in seinem Sein* gedacht werden muß. In der Bewältigung der Zusammengehörigkeit von Sein und Wissen in ihrer absoluten Differenz besteht die Grundproblematik spekulativen Denkens. Es ist deshalb eine weitere Grundübung des Denkens, in der

Differenzierung von Sein und Wissen nie aus dem Blick zu verlieren, daß von Sein nur im Horizont des Wissens gesprochen werden kann, das Wissen aber als das Nicht von Sein selbst ,ist'.

Die cartesianische Grundlegung der ,prote philosophia' im Selbstbewußtsein als dem Prinzip allen ontologischen Wissens läßt sich nun so anvisieren, daß die in allem gegenständlich-intentionalen Vermeinen von etwas implizierte Selbstbeziehung des Bewußtseins auf sich: sein Sich-wissen und Für-sich-sein, *gegen* den intentionalen Bezug auf etwas: Seiendes in seinem Sein - hervorgekehrt und geltend gemacht wird. Dadurch wird die unthematische Beziehung des Wissens auf sich in sich reflektiert zum ausdrücklichen, thematisch-intentionalen Bewußtsein: dem *Selbst*bewußtsein des Denkenden, das sich in seinem Sein schlechthin selbst vergewissert. Die Selbstgewißheit des eigenen Seins des Bewußtseins wird zum Prinzip allen gegenständlichen Wissens von Sein überhaupt. Betrachten wir dies am Gedankengang der I. Meditation.

Descartes läßt das Denken anfangen mit dem ,Zweifeln' (dubitatio); das ,Zweifeln' bezieht sich aber auf die intentional-gegenständlichen Vermeinungen des Seienden in seinem Sein: was das Seiende ist und ob es so ist, wie es vermeint ist. Die gegenständlichen Vermeinungen werden in ihrem ,Wahrheitswert', ihrer ,gegenständlichen Bedeutung' thematisch. Sein und Vermeintsein treten auseinander. Descartes zweifelt aber nun nicht ins Blaue hinein; sondern das Zweifeln wird als methodische Grundhaltung des Denkens eingenommen, gleichsam um nachzuschauen, ob irgendetwas, was wir für wahr und seiend halten, auch wirklich unerschütterlich gewiß ist; oder ob all unser Wissen von dem, was ist, letztendlich nicht ein bloßes Meinen ist, dem keine letzte Gewißheit zukommt. Im methodischen Zweifel bezieht sich das Denken gegenläufig auf das, worumwillen es sich ins Denken veranlaßt: denn dieses ist ,absolute Gewißheit', das Zweifeln aber die methodische Grundhaltung, die nachzuweisen versucht, daß sich an allem, was wir für wahr halten, zweifeln läßt, es also kein absolut gewisses und vergewisserbares Wissen von etwas gibt. Von daher läßt sich schon absehen: Wo das Zweifeln, als prinzipielle methodische Grundhaltung des Denkens, kollabiert: auf etwas stößt, was in ihm und für es immer schon absolut gewiß ist, dort ist auch das Prinzip allen wahren Wissens überhaupt, das sich als methodisch wahres ausweisen können soll, gefunden. Dieses ist das ,cogito, ergo sum': die im Denken eigens reflektierte Gewißheit des eigenen Seins des Denkenden selbst; und das Zweifeln besteht wesentlich darin, diese Selbstgewißheit des Denkens in sich gegenüber all seinen intentionalen Vermeinungen herauszudestillieren. Der methodische Zweifel geht deshalb nun nicht die ganze Unendlichkeit von gegenständlichen Vermeinungen des Bewußtseins durch, um jeweils anzumerken: an der Wahrheit von diesem oder jenem läßt sich aber ,zweifeln'; sondern er ist als methodischer Zweifel ,prinzipiell', d.h. er bezieht sich auf die Prinzipien gegenständlich-intentionalen Wissens; wo sich diese infrage stellen und als nicht absolut vergewisserbar herausstellen lassen, wird das Ganze der aus ihnen resultierenden gegenständlichen Vermeinungen als ‚bloße Vermeinung' ohne Gegenstandsbezug gesetzt, damit aber in seinem Anspruch auf gegenständliche Wahrheit ‚aufgehoben', negiert. Durch die Negation intentional vermeinter gegenständlicher Wahrheit taucht sich das Denken sukzessive in ein gänzliches Nichtwissen um das, was überhaupt ist, um darin dann die ‚unerschütterliche Grundlage', das ‚fundamentum inconcussum' allen wahren Wissens überhaupt zu finden. Diese Negation vollzieht sich über eine Stufenfolge von drei ‚Zweifelsargumenten', von denen das folgende das je vorangegangene radikalisiert und in sich überhöht, um das Wissen aus seiner Intentionalität in die Reflexion seines Sich-wissens zurücktreiben:

1. Das Argument der Sinnestäuschung. Dieses bezieht sich auf das leitende Prinzip allen gegenständlich-intentionalen Wissens - die Sinnlichkeit (aisthesis). Denn durch die sinnliche Wahrnehmung erschließt sich mir das Sein des naturhaft Anwesenden insgesamt ebensosehr wie - über die Sozialisationsprozesse - die Verflochtenheit meines Seins in die geschichtlich und gesellschaftlich geltenden Glaubens- und Wissenshaltungen, die ich als Mensch einer bestimmten Zeit und einer bestimmten Kultur teile. An der Erfahrung der ‚Sinnestäuschung', so Descartes, geht aber auf, daß die Sinnlichkeit als vermittelndes Prinzip gegenstandsbezogener Wahrheit nicht in sich gewiß ist: sie ist intentional offen für den Schein, die Täuschung als der Differenz von Sein und Vermeintsein. Für die Durchführung der methodischen Grundhaltung des Zweifelns ist es dabei irrelevant, daß sich die sinnliche Täuschung als solche immer nur aufgrund einer selbst wahren sinnlichen Wahrnehmung feststellen läßt: die Möglichkeit der Sinnestäuschung die Wahrheit der Sinnlichkeit voraussetzt; worauf es Descartes allein ankommt, ist, daß die gegenständliche Wahrheit sinnlicher Intentionalität immer an sich selbst bezogen bleibt auf ihren Gegensatz, ihre mögliche Unwahrheit; sie ausgesetzt an die beständige Möglichkeit, sich als Schein zu erweisen, nie in sich und als solche das Prinzip ihrer gegenständlichen Wahrheit hat, deshalb aber kein gegenständliches Wissen vermitteln kann, das schlechthin und von sich her in seiner Wahrheit gewiß wäre. Damit ergibt sich: alle über die sinnliche Intentionalität vermittelten Vermeinungen des Seienden in seinem Sein müssen ausgeblendet und für nichtig erklärt werden; ich meine zwar, daß es eine Welt, Dinge und Menschen ‚in' ihr gibt: aber ob es dies: das Sein eines von mir unterschiedenen Anderen ‚wirklich' und ‚in Wahrheit' gibt, bleibt offen: vielleicht stellt sich eines Tages heraus, daß dies alles eine scheinhafte und trügerische Sinneswahrnehmung war und etwas ganz anderes ‚ist' als das, was ich in sinnlicher Intentionalität als ‚seiend' vermeint habe.

2. Das Argument der Traumtäuschung. Descartes verschärft diese Denkmöglichkeit einer universellen Sinnestäuschung noch durch die eines durchgängigen Träumens. Denn im Träumen fungiert das Bewußtsein als intentionales

Vermeinen von Sachverhalten, das sich selbst für vollkommen gewiß hält und in seinen gegenständlichen Vermeinungen distanzlos aufgeht: bis es aufwacht und merkt, daß alles nur ,in ihm', ohne sachlich-gegenständliche Entsprechung vermeint war. Der Traum offenbart das Bewußtsein in seinem Vermögen ontologisch gegenstandsloser Intentionalität als durchgängige ,phantasia' (imaginatio) eines Anderen, dem das Sein an sich selbst fehlt. Während die Sinnlichkeit an die Leiblichkeit des Wahrnehmenden gebunden bleibt, offenbart das Träumen das Bewußtsein als reines Fungieren der Einbildungskraft ohne jegliche leibliche Fundierung; das Traumargument hebt auf, was das Argument der Sinnestäuschung noch unangegriffen beließ: die intentional vermeinte Eigenleiblichkeit des vermeinenden Bewußtseins, die in der sinnlichen Intentionalität immer als der ,subjektive' Bezugshorizont mit da ist; vom durchgängigen Fungieren des Bewußtseins als ,phantasia' aber nicht mehr vorausgesetzt wird, sondern in der gegenständlichen Wahrheit ihres Seins ,ungewiß', ,zweifelhaft' wird. Damit eröffnet sich die Denkmöglichkeit, daß die Eigenleiblichkeit des Bewußtseins eine lediglich Imaginierte, Vorgestellte und Eingebildete ist: ich also überhaupt keinen Leib habe, sondern nur denke, ich hätte einen.

Was bleibt nun nach diesen zwei Schritten?- Nur das reine intentionale Fungieren des Bewußtseins in sich selbst ohne jede gegenständliche Beziehung auf physisch Anwesendes überhaupt, sei dies nun das von Naturhaftem oder Hergestelltem, Gesellschaftlichem oder Geschichtlichem, sei dies nun der andere Mensch oder meine eigene physische Leiblichkeit; all dies ,ist' vielleicht und möglicherweise überhaupt nicht: ich kann davon abstrahieren - und um diese Möglichkeit der Abstraktion von allem, was ist, geht es. Diese Abstraktion verhält sich selbst negierend; sie bezieht sich verneinend auf das Sein und Anwesen von Seiendem im Horizont intentionaler Wahrheit qua Gewißheit; und es bedarf nun nur noch eines letzten Schrittes, um alle Intentionalität in die Reflexion des Bewußtseins auf sich als der absoluten Selbstgewißheit des Denkens in seinem Sein aufzuheben. Diesen erreicht Descartes durch

3. Das Argument des ,genius malignus'. Was nach der Aufhebung der in Wahrnehmung (aisthesis) und Einbildungskraft (phantasia) vermeinten gegenständlichen Wahrheit des Seins von Seiendem noch übrig bleibt, ist die des Denkens (noesis). Bezugsworauf des Denkens als solchen sind aber die allgemeinen Begriffe und die in ihnen begriffenen Wesenssachverhalte ebensosehr wie alle formalen Gegenständlichkeiten, z.B. der Logik und Mathematik. Diese vergewißert das Denken im Denken seines Gedachten in sich selbst, da es sie nur ,in' ihm und nicht abgelöst von ihm, wie alles physisch Wesende, gibt. Wir haben es also an dieser Stelle mit dem Übergang von der physischen zur noetischen Seinsweise (existentia) von Seiendem zu tun. Das intentional vermeinte Sein, das in der Weise des reinen Gedachtseins ,ist', ist aufgrund dieser seiner Seinsweise im Denken selbst gegeben; es ist nicht ein Anderes zum Denken, wie alles physische Sein, sondern mit diesem ontologisch, seinem

Sein und Wesen nach, selbig; deshalb aber in gewissem Sinne ebenso ‚wahr' wie dieses selbst. Die Einsicht in die Wahrheit eines mathematischen Sachverhaltes, z.B. daß 2 + 2 = 4, vollzieht das Denken rein von sich her und unabhängig von der Wahrheit seiner physischen Seinsweise, seiner Leiblichkeit und Sinnlichkeit; sie bleibt sich gleich, auch wenn es nichts von dem gibt, was ich als physisches Sein und Anwesen vermeine. Die Wahrheit reiner ‚Vernunftgegenstände' ist insofern anderer Art als die alles physisch Seienden, weil das Denken sich hier nicht auf etwas bezieht, das an ihm selbst von einer anderen Seinsweise wäre als es selbst, sondern in sich bleibt und in dieser Identität mit sich die gegenständliche Wahrheit seines Gewußten einsieht: vergewissert. Descartes kann sich hier also nicht auf die ontologische Andersheit des Gewußten zum Wissen selbst berufen; kann deshalb nicht - wie im Feld der sinnlichen Wahrnehmung - einfach darauf verweisen, daß wir uns im Denken ja auch hin und wieder ‚täuschen'. Das dritte Argument ist *nicht* ein analog zum ersten, dem der ‚Sinnestäuschung', konzipiertes Argument der ‚Denktäuschung', des logischen Irrtums; sondern muß tiefer greifen in die Möglichkeit prinzipiellen Scheins des Denkens als eines solchen. Das Denken muß als das Vermögen der Unterscheidung des Wahren und des Falschen gerade in Bezug auf das, was kraft seiner mit ihm identischen geistig-vernünftigen Seinsweise in ihm selbst zur ausweisbaren Gegebenheit kommt und darin als solches auch gewiß ist, bezweifelt werden können; die Möglichkeit des Scheins muß in das Denken selbst und als solches einbrechen können, und zwar gegenläufig zu der inneren logischen Gewißheit seiner intentionalen Wahrheiten. Descartes konzipiert diese Denkmöglichkeit einer inneren ‚Sabotage' des Denkens in sich selbst durch den Begriff eines ‚bösartigen Geistes' (genius malignus), also einerseits eines *‚Geistes'*, mithin eines solchen, das mit dem Denken ontologisch gleichartig ist; andererseits eines *‚bösartigen'*, d.h. eines solchen, der sich unter der Hand gegenläufig zum Vollzug der Gewißheit intentionaler Wahrheit in das Denken einbringt und es darin in seiner gegenständlichen Wahrheit an ihm selbst auskugelt. Es ist, als würde das Denken in sich einen ‚Scheingenerator' bergen, der es im Vollzug seiner intentionalen Evidenzen und Gewißheiten fortlaufend um das betrügt, was in der Sachevidenz und Sachgewißheit als gegeben vermeint wird: ihre Wahrheit. Die logische Gewißheit und Evidenz, die das Denken im Denken seines Gedachten als die Wahrheit seiner Sache vollzieht, wäre dann nichts als der bloße Schein, den ein endliches Bewußtsein in sich als Beziehung auf Anderes erzeugt, indem es durch ein es übersteigendes Anderes in seinem Sein verkehrt wird. Der Gedanke des ‚genius malignus' ist der tiefste Gedanke des Descartes; man muß ihn denkend vollzogen haben, um das Ausmaß der Möglichkeit innerer Korruption des Denkens zu spüren, in das es sich als Endliches notgedrungen versetzt erfährt. Indem nun an der Denkmöglichkeit der innersten Verkehrung aller intentionalen Beziehung des Bewußtseins auf etwas auch alle Gegenständlichkeiten des reinen Denkens in ihrem Wahrheitswert unausgewiesen erscheinen; selbst die Gewißheit nicht mehr als ‚index veritatis' fungieren kann, die das Denken in sich bleibend an den begrifflichen und formalen Strukturen hat, die ihm als solchem und in der Einheit seiner Seinsweise angehören, wendet sich das Denken an ihm selbst in die intentionale Beziehung auf sich unter Ausschluß alles Anderen: ‚cogito, ergo sum' - ich denke, und denkend erfasse ich mich in meinem Sein als Denkendes. Dagegen kann selbst ein ‚genius malignus' nichts; die Selbstgewißheit des Denkenden ist im Vollzug des Denkens absolut und schlechthin gewiß und erweist sich damit als Anfangsgrund und Prinzip allen Wissen, das sich methodisch als Wahren ausweisen können soll.

Auf diese Momente im Gedankengang der I. Meditation muß ich mich hier beschränken. Die ‚Meditationen' des Descartes sind nach wie vor die unverzichtbare Grundübung für das Eindenken in die neuzeitliches Metaphysik der Subjektivität. Entscheidend ist, daß das Ich als Prinzip der allen intentional wahren Wissens aus der radikalen Abstraktion von aller gegenständlichen Gewißheit resultiert: einer Abstraktion, die ganz anderer Art ist als es die war, die wir in der Thematisierung des ‚on he on' kennenlernten. Diese war rein formal als Wegsehen von allem bestimmten, inhaltlichen Etwassein von Seiendem; jene nun ist in sich negierend bezogen auf den Gegenstandsbezug des Wissens selbst, seine Intentionalität; sie schließt negierend von sich aus, was nicht = Ich, und erfaßt damit das Ich *als Ich* in der Selbstgewißheit des Seins des Denkenden. Diese Abstraktion von Allem-überhaupt in der Hypothese universellen Scheins ist die ontologische Grundübung neuzeitlichen Denkens. Die Abstraktion vollzieht sich als Reflexion des Wissens in sich, indem sich die Beziehung auf sich gegen die Beziehung auf Anderes durchsetzt, sich diese entgegenstellt, sie von sich absondert und ausschließt, und aus diesem absondernden Ausschließen das Ich *als Ich* im Sinne der Selbstgewißheit entspringen läßt. Das Ich ist als die Selbstgewißheit eines endlichen Seienden in seinem ‚cogitativen' Sein (Bewußt-sein) Grund und Prinzip seiner in ihrer Wahrheit vergewisserbaren intentionalen Beziehungen zu dem, was ist: Es ist das Erste, wovonher alles, was intentional *als* ‚seiend' vermeint ist, hinsichtlich der Wahrheit seines Seins vergewissert wird. Damit wird die in der Reflexion des Wissens in sich als Selbstgewißheit gezeitigte Ichheit zur ‚Grundlage' allen wahren, d.h. nun: vergewisserbaren - Wissens des Seins von Seienden. Das Ichsein wird zum ‚subiectum', dem ‚Untergeworfenen', ‚Zugrundeliegenden' (hypokeimenon), dem, wie Descartes sagt, ‚fundamentum inconcussum', d.h. der unerschütterlichen Basis allen Wissens, das sich als methodisch wahres ausweisen können soll. Der Mensch wird zum ‚Subjekt', indem er an der reflexiven Vergewisserung seines Seins im ‚cogitare', dem intentionalen Vermeinen von etwas im Bewußtsein, das Ich als Grund, Prinzip und Maß seines Seins zeitigt. Der Mensch faßt sich als Subjekt aber nur, insofern er sich in sich unter der gegenwendigen Ausschließung alles Anderen vergewissert:

das Andere sich als Anderes entgegenstellt, objektiviert. Die Welt als das Ganze des Seienden wird ihm notwendig zum ,Objekt', zum Entgegengestellten eines reflexiv in sich vergewisserten Vorstellens - zum ,*Gegen*-stand'. Das Ichsein gibt es nicht außerhalb der in sich reflektierten Selbstgewißheit, sondern nur als diese; diese zeitigt sich aber nur kraft der entgegenstellenden und damit vergegenständlichenden Ausschließung seiner intentionalen Bezugsgegenstände als es selbst; und indem die Reflexion in sich als solche vergegenständlichend bezogen ist auf jedes nur mögliche intentionale ,cogitatum', das nicht = Ich, konstituiert die intern gegenwendige Negation des Anderen zum Ich *als Ich* das Sein des Seienden überhaupt als die Gegenständlichkeit der Gegenstände, die ,obiectitas', Entgegengeworfenheit. Dieses bezeichnet das, was sich *für* ein in sich reflektiertes Ich überhaupt als ,seiend' ausweist, das Seiendsein von Seiendem überhaupt. Damit aber wandelt sich auch der Begriff der Wahrheit: Die Wahrheit wird zur Gewißheit, indem das in sich reflektierte Denken an seiner Selbstgewißheit Grund und Maß all dessen hat, was für es wahr, d.h. vergewisserbar ist. Die ,gegenständliche' Gewißheit wird zu einer Funktion der Selbstgewißheit des endlichen Ich; was ihm aus der Vergegenständlichung in die Entgegengestelltheit heraus nicht bezüglich ist auf seine Selbstgewißheit, ,ist' nicht. Beides gehört also zusammen und keines ist ohne das Andere: Die Reflexion, die das Ich als ,Subjekt' konstituiert, ist in sich vergegenständlichend: das Seiende ist ihr das ,Objekt', Gegenständliche; und wo das Seiende zum Objekt wird, ist es dies für ein in sich reflektiertes Ich. ,Sein' - im Horizont der sich konstituierenden Subjektivität - meint die ,obiectitas', die Vergegenständlichung in die Gegenständlichkeit der Gegenstände, wofür Heidegger auch schlicht ,Objektität' (Entgegengestelltheit, Entgegengeworfenheit) sagt. Im Hinblick auf die geschichtlichen Transformationen gesagt: Sowenig dem frühgriechischen Denken das Sein das Wesen, oder dem platonischen Denken das Sein ,creatio' war, sowenig ist dem mittelalterlichen oder antiken Denken - überhaupt einer geschichtlich vor- und außerneuzeitlichen Menschheit - das Sein die Gegenständlichkeit (,Objektität') bezogen auf die Selbstgewißheit des Bewußtseins. Daß der Mensch sich zum Subjekt und ihm das, was überhaupt ist, zum Objekt wird, eröffnet eine gänzlich neue geschichtliche Welt: jene neue geschichtliche Zeit der ,Neuzeit'.

Das Spezifische in der Konstitution neuzeitlicher Subjektivität läßt sich aus dem ,Für-sich-sein' geschichtlich noch besser herausstellen. Daß alles Wissen sich in seinem intentionalen Verhalten selbst weiß, ist altbekannt. Aristoteles etwa weist darauf des öfteren hin: wenn ich etwas wahrnehme, dann weiß ich auch, daß ich wahrnehme; ich denke, denke etwas; und indem ich etwas denke, weiß ich auch, daß ich denke. Aristoteles faßt dies so, daß er sagt, daß alles Wissen (als intentionales Entbergen von ...) sich "im Bei- und Nebenwerk" (en parergo) auch selbst erschlossen ist (Met. XII, 1074 b 35); das Sich-wissen des Wissens ist eine ,begleitende Mitwisserschaft', die in allen intentionalen

Bezügen mit ‚da' ist. Diese begleitende Mitwisserschaft als die Selbstöffentlichkeit allen intentionalen Verhaltens wird terminologisch dann vor allem in der Stoa gefaßt als ‚syn-eidesis', lateinisch mit ‚con-scientia' wörtlich übersetzt als ‚Mit-wissen', das vorrangig die Funktion des ‚Gewissens' hat. Denn das ‚Gewissen' bezeichnet eben die Mitwisserschaft um das eigene intentionale Verhalten als die beständig mitthematische Selbsterschlossenheit des Wissens in sich selbst. Von ‚Selbstbewußtsein' keine Spur, auch wenn schon Augustinus gegen die Skeptiker hervorkehrt, daß das Mitwissen um die eigenen intentionalen Vermeinungen - z.B. des Zweifelns - selbst ‚unbezweifelbar' ist, also absolute Gewißheit (certitudo) erschließt. Das ‚Mitwissen' als phänomenales Moment allen Wissens konstituiert sich aber gerade *nicht* als die Selbstgewißheit eines endlichen Ich in seinem Sein, an der es nunmehr das ‚fundamentum inconcussum', die unerschütterliche Grundlage aller gegenständlich-intentionalen Wahrheit (Gewißheit) hat. Das neuzeitliche Prinzip des Selbstbewußtseins läßt sich von daher als die reflexive Hervorkehrung der begleitenden Mitwisserschaft in allen intentionalen Verhaltungen fassen, so daß sie nunmehr gegen den ‚Wahrheitswert' der gegenständlich-intentionalen Beziehung des Bewußtseins ausgespielt wird. Die Selbstöffentlichkeit des Wissens kontrahiert sich in der reflexiven Selbstvergewisserung des eigenen endlichen Seins zur reinen Identität seiner mit sich selbst (Ich als Ich) und stößt die intentionale Beziehung auf etwas in die vergegenständlichende Objektbeziehung von sich ab. Das endliche Wissen wird sich in seiner Reflexion auf sich selbst zum Sachbereich der Einsicht in das, was überhaupt und im Ganzen ist, weil es an sich selbst die intentionale Gegenstandsbeziehung ist, an der sich das Verhältnis des endlichen Wissens zum intentional vermeinten Sein für dieses selbst vergewissern - d.h. auf die endliche Selbstgewißheit rückbeziehen - läßt. Die Bestimmung der Philosophie besteht von daher gesehen darin, daß ein phänomenaler Sachverhalt (Sich-wissen) zum *Prinzip* erhoben wird: und zwar zum Prinzip der Erkenntnis dessen, was überhaupt in Wahrheit ist. Beides ist wohl zu unterscheiden: das Sich-wissen und Mitwissen als phänomenaler Sachverhalt, der dann auch in einer bestimmten Art und Weise thematisch und begrifflich auseinandergesetzt werden kann; und seine prinzipienlogische Funktion, die dieser Sachverhalt allererst in der Bestimmung der neuzeitlichen Philosophie als ‚Metaphysik der Subjektivität' erhält. Was Prinzip ist, ist Maß, von dem her alles, was ist, hinsichtlich der Wahrheit seines Seins ausgemessen wird. Heideggers Auseinandersetzung der ‚Metaphysik der Subjektivität' bezieht sich auf die Frage, ob das ‚Ich' in dieser Weise als Prinzip und Maß des Wissens von Sein überhaupt fungieren kann: und keineswegs darauf, wie man zuweilen unterstellt, ob es ein Sich-wissen ‚gibt'.

Die entscheidende Frage für uns ist nun, was dies für den Begriff der Philosophie, d.h. der ontologischen Erkenntnis selbst bedeutet. Ganz formal gesehen haben wir es in der geschichtlichen Unterscheidung von Mittelalter und Neuzeit mit einem Prinzipienwechsel zu tun: dem Wandel des Prinzips ontologischer Erkenntnis und damit des Erkenntnisverhältnisses des Menschen zu dem, was ist. Das Prinzip, aus dem sich das Verhältnis von Subjekt und Objekt bestimmt, ist das sich in seiner selbstvergewissernden Reflexion konstituierende *endliche* Selbstbewußtsein, die Ichheit; und sie konstituiert den geschichtlichen Menschen der Neuzeit als Subjekt, das sich zum Seienden als Objekt verhält. Die Grundlegung der ‚prote philosophia' - des Kerns allen Wissens von Sein und Seiendem überhaupt - muß dieses Prinzip als solches, d.h. als das erste Wovonher allen Wissens von Sein (ontologisch) und Seiendem (ontisch) ausweisen; genau damit aber wird der Mensch - und zwar im Hinblick auf die intentionalen Vermeinungen seines Bewußtseins (‚cogitationes') zum Sachbereich der ‚prote philosophia'. Eben dies, so unscheinbar es auch auf den ersten Blick aussehen mag, ist die eigentliche Revolution der Ontologie, die Umwendung allen bisherigen ontologischen Erkennens als die geschichtliche Eröffnung der ‚Neuzeit'.

Der springende Punkt in der Sache läßt sich nun relativ leicht aufzeigen. Zum Begriff einer Wissenschaft - als Wissenschaft von etwas - gehört der Begriff des Sachbereiches als der Begriff dessen, wovon die Wissenschaft Wissenschaft ist. Dies aber ist für alle Philosophie - auch für die neuzeitliche, denn sonst wäre sie ja nicht Philosophie bzw. dies nicht der allgemeine Begriff von Philosophie - das Sein. Der allgemeine Begriff der Philosophie als Ontologie bleibt untangiert; was sich ändert, ist die Art und Weise der Thematisierung von Sein überhaupt.

1. Die Thematisierung des Sachbereiches ‚Sein' im antiken und mittelalterlichen Denken vollzieht sich im grundsätzlichen Unterschied zur Neuzeit *ontisch,* bezogen auf das Seiende, indifferent, unterschiedslos, gleichgültig. Mit dieser ‚ontischen Indifferenz' ist gemeint, daß im ontologischen Begreifen des Seins von Seiendem überhaupt kein Seiendes irgendeinen Vorrang, eine Auszeichnung hat. Alles, was ist, ist dem ontologischen Erkennen gegenüber unterschiedslos gleichgeschaltet, sei es nun ein Naturhaftes oder ein Hergestelltes, der Mensch oder sein Wissen, die Sprache oder das Mathematische. Das Seiende wird direkt und in der Gerichtetheit auf sein Sein an ihm selbst begrifflich auseinandergesetzt und steht in der Differenz verschiedener Seinsbereiche dem Denken gleichsam wie an einer Schnur aufgereiht gegenüber, ohne daß der Begriff dessen, was überhaupt und im ganzen ist an einem ausgezeichneten Seienden in besonderer Weise faßbar wäre.

2. Im Gegensatz dazu vollzieht sich die neuzeitliche Thematisierung des Sachbereiches ‚Sein' in und kraft der ausschließlichen Auszeichnung eines einzigen Seienden, das in seiner Unterschiedenheit von allem anderen Seienden herausgehoben und als solches zum Sachbereich der Erkenntnis von Sein überhaupt wird: der Mensch, insofern er sich durch sein Wissen und Bewußtsein von allem anderen Seienden unterscheidet. Die ontologische Erkennt-

nis bezieht sich gerade nicht in *ontischer Indifferenz* auf das zu erkennende Sein von Seiendem überhaupt, sondern sie hebt die *ontische Differenz* des Menschen - sein Unterschiedensein von allem anderen Seienden überhaupt - als das Prinzip ihres Erkennens heraus: Die neuzeitliche Ontologie wird zur ‚*Ontologie des ontisch Differenten*'; das Sein überhaupt wird am Menschen, insofern er sich erkennend verhält, thematisiert, so daß der Sachbereich ‚Sein überhaupt' gleichsam vermittelt über ein Seiendes unter anderen erforscht wird. Der Mensch ist also nicht Gegenstand einer beliebigen Regionalontologie neben anderen, z.B. der Anthropologie, sondern der thematische Sachbereich der ‚prote philosophia', die die ersten und letzten Prinzipien von *Sein überhaupt* in ihre Grundbestimmungen entfaltet. Die Einsicht in das, was überhaupt ist, vollzieht sich an einem ausgezeichneten Seienden: sie koinzidiert mit der Einsicht in das Sein von *einem* Seienden. Diese Koinzidenz der allgemeinen und prinzipiellen Einsicht in das, was *überhaupt* ist, mit der Einsicht in das Sein *eines* Seienden, des Menschen, ist die Grundlage allen neuzeitlichen Philosophierens und seinen verschiedenen begrifflichen Bestimmungen.

Fragen wir nun bestimmter: 1. Im Hinblick worauf kann die Einsicht in das Sein *eines* Seienden neben und unter anderen koinzidieren mit der Erkenntnis von Sein *überhaupt*, dem Sein *alles* Seienden?- 2. Was besagt dies für Sache und Begriff der Philosophie?-

Zum ersten: Zum Sachbereich der ‚prote philosophia' wird der Mensch im Hinblick auf sein Sein als erkennendes Lebewesen, cartesianisch gesprochen: er wird thematisch als ‚res cogitans', als endliches Seiendes, dessen Sein wesentlich in den ‚cogitationes', den intentionalen Vermeinungen des Bewußtseins, besteht. Dies heißt: Der Mensch wird zum Sachbereich der ontologischen Erkenntnis von Sein überhaupt, insofern er in seinem Sein bestimmt ist als dasjenige Seiende, das sich in seinem Sein zum Sein von Seiendem überhaupt verhält; und eben dieses Verhältnis im Wissen, Bewußtsein, Erkennen als intentionalem Bezogensein auf Seiendes in seinem Sein besteht. Die maßgebliche Perspektive, unter der der Mensch als ‚ontisch different' - von allem anderen Seienden Unterschiedenes - in den Blick tritt, ist das vernünftige Wissen als der Grundbestimmung seines Seins, kraft derer er in das Verhältnis zum Seienden als solchem geöffnet ist. Die entscheidende Frage in der Grundlegung der ‚prote philosophia' ist dann, *wie* das Wissen, Bewußtsein, die Vernunft an sich selbst bestimmt werden muß; an dieser Bestimmung selbst unterscheiden sich dann die neuzeitlichen Bestimmungen im Begriff der Philosophie. Grundsätzlich gemeinsam aber ist ihnen allen - wie zu zeigen sein wird -, daß die Frage nach den ‚ersten Anfangsgründen des Seienden als des Seienden' nur in und durch die Thematisierung des Seins des Menschen - eines Seienden unter anderen - gestellt werden kann. Wir müssen also zweierlei unterscheiden: 1. Der Mensch west in seinem vernünftig-erkennenden Sein als das Verhältnis zum Sein überhaupt und wird deshalb zum Sachbereich der gesuchten prinzipiellen Einsicht in das Sein des Seienden im ganzen. Dies ist die gemeinschaftliche Grundlage der neuzeitlichen Ontologie. 2. Wie muß das Wissen, Bewußtsein usf. selbst in seinem Sein bestimmt werden?- Als Ichheit oder als Sprache, als rationale Wissenschaft oder als Produkt gesellschaftlich-ökonomischer Verhältnisse, als Leben oder als Existenz, als Funktion triebhaft-natürlichen Seins oder wie auch immer: all dies führt uns dann zu den neuzeitlichen Bestimmungen von Philosophie, ihrer begrifflichen Bestimmungsvielfalt, die wir im zweiten Punkt betrachten.

Nun müssen wir uns schärfer auf den ersten Punkt konzentrieren: Der Mensch wird im Hinblick auf sein vernünftig-erkennendes Sein (Bewußtsein) zum Sachbereich der Einsicht in das Sein überhaupt, der ‚prote philosophia'. Dies bedeutet aber, daß das Sein des Wissens grundsätzlich in den Blick genommen ist als solches, das sich auf Alles-überhaupt bezieht. Denn ansonsten bliebe es vollkommen unverständlich, wie die ontologische Erkenntnis von *einem* Seienden an sich selbst und als solche die allgemeine Erkenntnis in das Sein *überhaupt* und das Sein von Seiendem *im ganzen* vollziehen soll. Die Koinzidenz der Einsicht in *ein* Seiendes hinsichtlich seines Seins mit der Einsicht in *alles überhaupt*, was ‚ist', gründet in der ontologischen These: Das Sein dieses einen Seienden = das Wissen, *ist* als solches auch schon das Sein von Seiendem überhaupt und im ganzen; aber natürlich nicht an sich selbst und als solches, sondern nur ‚in gewisser Weise': denn sonst gäbe es ja das, was überhaupt ist, in beliebig vielfacher Verdoppelung. Die ontische Differenz des Menschen hinsichtlich seines Seins als Wissen erschließt sich ontologisch als die Bestimmung des Wissens als ‚Alles-überhaupt': Es ist als dieses Eine zugleich Alles-überhaupt, wenn auch nur ‚in gewisser Weise'. Ohne diese ontologische Bestimmung des Seins des Wissens selbst ist die neuzeitliche Bestimmung der Philosophie weder verständlich noch überhaupt vollziehbar; an ihr hat das neuzeitliche Philosophieren die Bedingung seiner Möglichkeit. Die Koinzidenz, an der sich die ontische Indifferenz bisherigen Philosophierens aufhebt, kehrt das Wissen als das ‚Hen kai Pan' hervor: als das Eine, das zugleich = Alles-überhaupt ist - in gewisser Weise. Die Frage ist nun: ‚in welcher Weise' und ‚wie' kann davon gesprochen werden, das Wissen sei ‚Alles-überhaupt'?- Was steht bei dieser auf den ersten Anschein hin doch recht absurd ‚metaphysisch' klingenden Aussage im Blick?- Trifft es vielleicht ein wesentliches und entscheidendes Phänomen selbst?-

In der Tat ist es so; anders ließe es sich auch überhaupt nicht denken, wie eine solche ontologische These zur Grundlage des doch ‚anti-metaphysischen' Impulses neuzeitlichen Philosophierens werden könnte. Die Neuzeit kehrt deshalb auch nur in die Ausdrücklichkeit einer philosophischen Grundlegung hervor, was als Phänomen schon früh in den Blick tritt und von Aristoteles ausdrücklich festgehalten wird: "Die Seele ist in gewisser Weise alle Seienden" (De An., 431 b 21). Heidegger selbst zitiert den aristotelischen Satz in ‚Sein und Zeit' (SZ, 14) - allerdings unvollständig, denn er läßt das ,panta', ,alle' (Seienden) weg -, und hebt im Hinweis auf das phänomenal Gemeinte die ,ontisch-ontologische' Auszeichnung des ,Daseins' hervor, d.h. des seinsverstehenden Menschen als dem thematischen Sachbereich der ,Fundamentalontologie'. Der Sache nach steht dasselbe schon bei Platon im Blick, und zwar als die entscheidende Drehmoment in der Grundlegung seines Denkens, durch das es sich von der Weise der ,vor-sokratischen' Thematisierung von Sein verabschiedet. Im ,Phaidon' gibt Platon zu verstehen, daß die Thematisierung von Sein als ,idea' (Wesen) sich einer gänzlichen Umwendung des Blickens vom physischen auf das noetische, geistig-vernünftige Anwesen in den ,logoi', im Sprechen und Denken über das Seiende, verdankt. Platon läßt hier den Sokrates ausführen, wie er, Sokrates, seine ,Vor-sokratik' hinter sich gelassen hat: "Danach, als ich aufgegeben hatte, das Seiende (selbst) zu betrachten, schien es mir nämlich, ich müsse mich davor hüten, daß mir nicht widerfahre, was denen, die die Sonnenfinsternis betrachten und anschauen, widerfährt. Denn viele verderben sich die Augen, wenn sie nicht in Wasser oder dergleichen das Abbild der Sonne anschauen. So etwas dachte ich auch und befürchtete, es würde mir die Seele wohl gänzlich geblendet werden, wenn ich mit den Augen nach den Sachen selbst hinsähe und mit jedem Sinne versuchte, sie zu erfassen. Dagegen schien es mir, daß ich zum Sprechen und Denken flüchten müsse, um darin die Unverborgenheit (aletheia) des Seienden zu betrachten. Aber irgendwie stimmt dieses Bild nicht: *Denn in keiner Weise gestehe ich zu, daß, wer das Seiende im ,logos' betrachtet, es mehr im Abbildhaften betrachtet, als wer es im Vorhandenen betrachtet*" (Phaid. 99 d). Das Sein von Seiendem überhaupt wird nicht mehr im Blick auf die ,physis' als der grundlegenden Weise seines Wesens (verbal), sondern im Hinblick auf sein Gewußtwerden, seine Unverborgenheit im ,logos', thematisch: insofern eben dieser die ,Unverborgenheit (aletheia) des Seienden' an ihr selbst und als solche gibt. Die Thematisierung von Sein im Horizont des ,Logos', seines vernünftigen Gewußtwerdens durch den Menschen, hat aber im Blick, daß der ,Logos' an sich selbst das, was überhaupt und im Ganzen ist, ,gibt'; in aristotelischer Redeweise ,alle Seienden in gewisser Weise *ist*'. In der neuzeitlichen Grundlegung der ,prote philosophia' bei Descartes zeigt sich dann, wie sich das endliche Bewußtsein als intentional-vermeinendes Verhältnis zum Sein des Seienden überhaupt thematisch reflektiert; in dieser Reflexion aber sich selbst als die maßgebliche Art und Weise, wie es ,Seiendes' überhaupt *für es* gibt, erfaßt; wenn vom Sein des Seienden die Rede ist, dann ist es immer ,ich', der davon redet, insofern dieses mir im intentionalen Verhältnis des Bewußtseins zugänglich und gegeben wird. Außerhalb diesen intentionalen Verhältnisses des Wissens ,ist' nichts *für mich*; was ist, muß deshalb am Leitfaden der Intentionalität als dem Prinzip der Gegebenheit von Sein für ein endliches Bewußtsein überhaupt aufgeklärt werden: Das Wissen selbst ist als intentionales Verhältnis in sich das, was überhaupt ist, ‚Alles-überhaupt', das Sein von Seiendem insgesamt: weil und insofern sich dieses nur thematisieren läßt im Hinblick auf seine Sichtbarkeit, Offenbarkeit, Unverborgenheit, die das Wissen als solches ist. Wie und in welcher Weise ‚ist' das Wissen alles, was überhaupt ist?- Als die Offenheit und Unverborgenheit, Sichtbarkeit und Erschlossenheit von Sein; als solches *ist* es der offene Freiraum für die Unverborgenheit dessen, was ist: das Worinnen seiner Offenbarkeit, der Ort seiner Sichtbarkeit. Es *ist* als Unverborgenheit (von Sein) eben das, *wovon* es die Unverborgenheit ist; ansonsten wäre es nicht die Unverborgenheit von etwas; und dies heißt, daß das Sein ‚im Wissen' als seine Offenheit und Sichtbarkeit *west*, das Wissen selbst wiederum das Sein ‚ist' - aber nicht als sein Anwesen, sondern als seine Eröffnung in die Sichtbarkeit des Gewußtwerdens. Platonisch-aristotelisch gesprochen ist die (vernünftige) Seele die Allheit des Seienden als "topos eidôn" (De An., 429 a 27): als der Ort der Unverborgenheit seines Seins, insofern alles vernünftige Wissen die Eröffnung des Seienden in seinem Sein vollzieht, indem es sich zum Begegnenden als ein ‚Istsagen' verhält: Von A sagt, daß es ‚ist' und was es ‚ist', was es nicht ‚ist' und was es sonst noch ‚ist'. Das ‚Alles-sein' der (vernünftigen) Seele zielt phänomenal auf denselben Sachverhalt, den wir schon zuvor im phänomenologischen Begriff des Wissens (Aletheia) kennengelernt haben.

Vor diesem Hintergrund läßt sich auch die überlieferte Bestimmung der Seele bzw. des Wissens als ‚Bild' und ‚Spiegel' verdeutlichen. Denn was ist ein ‚Bild' bzw. ‚Spiegel' anders als die Sichtbarkeit und Offenbarkeit des Abgebildeten bzw. Gespiegelten?- Das Bild- und Spiegel-sein besteht darin, das Sein und Anwesen seines Abgebildeten in sich zu wiederholen; aber diese ‚Wiederholung' ist keine seines Seins selbst, sondern die Einholung seines Seins in die Offenbarkeit und Sichtbarkeit; außerhalb und losgelöst vom Abgebildeten (Gespiegelten) ist das Bild nichts: nichts als die Offenheit für das Sein selbst von solchem, das mit und durch das Abgebildet- und Gespiegeltwerden in die Offenbarkeit des Bildseins eingeholt wird. Was bleibt, wenn wir vom Bild und Spiegel sein Abgebildetes, Gespiegeltes wegnehmen?- Nichts als die Offenheit für die Unverborgenheit von solchem, das ist und anwest und durch das Gespiegelt-werden hinsichtlich seines Seins sichtbar gemacht wird. Deshalb *ist* gerade auch das Bild, der Spiegel in gewisser Weise sein Abgebildetes und Gespiegeltes: nicht einfach noch einmal, so, als gäbe es dieses nebeneinander verdoppelt und damit zweimal, sondern als seine Unverborgenheit, Offenbarkeit. Wenn nun die neuzeitliche Wende der Philosophie darin liegt, daß sie das Wissen zum Sachbereich der ‚prote philosophia' und damit zum Bezugsworauf der Einsicht in das, was überhaupt ist, erhebt, dann ist dies natürlich nicht so mißzuverstehen, als würde sie im Spiegel das, was außerhalb seiner ist, betrachten. Das Wissen steht nicht als Stellvertreter für etwas anderes im Blick, sondern als das ontologische Verhältnis, dessen

Thematisierung an die Stelle der ‚unmittelbaren' und ‚direkten' Frage nach dem Sein tritt. Das Wissen (Bewußtsein, Vernunft) west in seinem Sein als das Verhältnis des Sichbarmachen, Offenbarmachens und Entbergens von Sein überhaupt: und als dieses Verhältnis ist es zwar die Grundbestimmung dieses *einen* Seienden ‚Mensch', aber zugleich doch - als der Ort der Unverborgenheit von Sein überhaupt - dasjenige, woran es sich selbst über das, was überhaupt ist, insofern es *für* das Wissen ist, Klarheit verschaffen kann. Die Reflexion des Wissens in sich konstituiert die Selbstgewißheit des Wissens als den Ort allen methodisch wahren und als solchen ausweisbaren Wissens, so daß nunmehr das, was phänomenal als das ‚Alles-sein' der Seele schon bei Aristoteles gesehen war, in die Ausdrücklichkeit der Bestimmung des Sachbereiches herausgekehrt wird, an dem sich - nun ganz anders als bei Platon und Aristoteles - die Einsicht in das, was überhaupt ist, vollzieht.

Es ist in diesem Rahmen natürlich unmöglich, eine auch nur ansatzweise zureichende begriffliche Auslotung des ‚Alles-seins' des Wissens im Kontext des platonischen, aristotelischen oder cartesianischen Denkens zu geben. Es kommt mir deshalb in erster Linie darauf an, durch unterschiedliche Strategien der Explikation an die Gewahrung des gemeinten Sachverhaltes selbst heranzuführen; hat man, was damit phänomenal gemeint ist, einmal in den Blick gefaßt, dann läßt es sich auch an den überlieferten Bestimmungen des Wissens und der philosophischen Grundlegungsproblematik begrifflich thematisieren und denkend nachvollziehen. Ich gebe deshalb noch einen weiteren Hinweis, der dazu dienlich sein kann, die gemeinte Sache in den Blick zu bekommen.

Das Erkennen zielt intentional auf die Erfassung dessen, was ist. ‚Das, was ist', nennt das Seiende, wie es von sich selbst her und an sich ist. Indem das Erkennen sich auf es bezieht, ist es für es; das Erkennen trifft immer nur auf das Seiende, insofern es für es, das Erkennen ist; und dieses ‚Für-es-sein' bezeichnet nun im Unterschied zum Sein als ‚Ansichsein' des Seienden das Wissen und Bewußtsein *als das Andere zum Sein.* In der Differenz von Ansichsein und Für-es-sein (Sein-für-Anderes) wiederholt sich die Differenz von Sein und Wissen, wie sie im Anschluß an die Transzendentalphilosophie Kants dann zum Leitmotiv modernen Denkens geworden ist. Gehört zum Begriff des Wissens, daß es auf die Erfassung des Seins von Seiendem zielt, wie dieses ‚an sich selbst' ist, dann stellt sich natürlich die Vexierfrage, wie dieses überhaupt möglich sein soll, da es die Sache doch immer nur im Umkreis und Horizont seiner selbst, des Wissens im Unterschied zum Sein, erfaßt: wie sie ‚in ihm' und ‚für es' ist; das Ansichsein der Sache deshalb aber immer das An-sich-sein *für es*, das Wissen, bleibt. Das Wissen, Bewußtsein, kommt nicht aus sich heraus; es ist gewissermaßen in sich eingeschlossen und kann nicht außerhalb seiner das Anwesen von Etwas erfassen; denn dieses Erfassen ist immer schon es selbst, die Beziehung des Bewußtsein auf die Sache: so daß, was überhaupt ist, immer nur und je schon innerhalb der intentionalen Bewußtseinsbeziehung begegnet. Das Wissen nimmt sich: was es als Anderes zum Sein ist, in allem intentionalem Erkennen mit; und sowenig es ein Gewußtwerden außerhalb des Wissens gibt, sowenig gibt es ein Ansichsein, das nicht innerhalb der Dimension des Wissens *für es* ‚an sich' wäre. Wie steht es mit der Beziehung des Bewußtseins auf das Sein, das doch als das ganz Andere zum Bewußtsein unabhängig von ihm und außerhalb seiner west?- Nehmen wir hinzu, daß alles was ist, immer sprachlich vermittelt ‚gegeben' ist, dann stoßen wir von daher auf die Frage nach der intentionalen Referenz sprachlicher Bedeutungen auf ‚Außersprachliches'. Und bedenken wir, daß der Begriff der Wahrheit in seiner von Aristoteles her überlieferten Formel als Übereinstimmung des Denkens mit seiner Sache gefaßt wird, dann läßt sich unmittelbar einsehen, daß sich die Frage nach dem Wesen der Wahrheit nicht beantworten läßt, wenn wir nicht angeben, wie eine solche Übereinstimmung denn überhaupt festgestellt werden können soll: Muß dazu nicht gerade das Denken aus sich heraus und die Sache an sich selbst fassen, um dann seinen Begriff von ihr, der eben enthält, was sie ‚für' das Denken ‚ist', mit dem zu vergleichen, was sie ‚an sich' ist?- Alle diese Fragen kennzeichnen den Problemstand gegenwärtiger Transzendental- und Sprachphilosophie; und ganz offensichtlich steht dabei im Blick die Nicht-transzendierbarkeit des Wissens als der universellen Erschließungsdimension von Sein überhaupt, die als das Andere zum Sein doch dieses selbst (‚an sich') einholen soll ‚in sich'; das Wissen als das Andere zum Sein, sein Gewußtsein, eben dieses, das Sein, aber als Gewußtes, damit als Anderes zu seinem Anwesen, ‚ist'. Das Wissen steht als solches im Blick, das ‚Alles überhaupt' - aber doch nur - ‚in gewisser Weise' ist; und alles neuzeitliche Denken entwickelt sich auf dieser Grundlage eigentlich immer mehr zu einem ‚methodischen Idealismus', der in der Thematisierung der epistemischen Dimension intentionaler Referenz die einzige und ausschließliche Möglichkeit sieht, die Frage nach dem, was ist, auch methodisch ausweisbar durchzuführen. Heidegger, soviel kann ich schon hier vorgreifend anmerken, wird diesem Problem nachgehen in der Frage nach der Faktizität der je schon geschehenen Offenheit von Sein, die der Mensch als Dasein selbst ist.

Kommen wir von daher nun zur zweiten Frage, den Konsequenzen, die sich daraus für die neuzeitliche Bestimmung des Begriffs der Philosophie ergeben. Die Philosophie der Neuzeit fällt schon auf den ersten Blick dadurch auf, daß sie sich in einer disparaten Vielfalt von Bestimmungen der Philosophie präsentiert, die sich - zumindest dem ersten Anschein nach - prinzipiell voneinander zu unterscheiden und inkompatible Begriffe von Philosophie selbst auszumachen scheinen. Dieses Phänomen ist spezifisch neuzeitlich und das heißt, zu unterscheiden von der Tatsache, daß natürlich auch das antike und mittelalterliche Denken inhaltliche - auf das Verständnis von Sein - bezogene Differenzen kennt. Inhaltliche Differenzen gibt es in jeder Wissenschaft, und wo es sich um eine Prinzipienwissenschaft handelt, ist es wenig verwunderlich, daß solche inhaltlichen Differenzen eben ‚prinzipiell' sind. Dies muß aber nicht den Begriff der Wissenschaft tangieren, so daß dieser nun selbst - kraft prinzipieller Differenzen in der Sache - zum Gegenstand einer Bestimmungsvielfalt wird. Dem antiken und mittelalterlichen Denken ist der Begriff der Philosophie nicht Gegenstand einer Bestimmung, die kraft prinzipieller Differenzen eine begriffliche Mannigfaltigkeit dessen, was Philosophie ist - d.h. als was Philosophie die Einsicht in das, was überhaupt ist, vollziehen kann - hervorbringt: Prinzipiendifferenzen implizieren hier gerade nicht Bestimmungsdifferenzen im Begriff ontologischer Erkenntnis; die ontologische Erkenntnispraxis des Philosophierens bleibt eine im Grunde einheitliche, was eine interne Variabilität nicht ausschließt. Das grundsätzlich eigenartige Phänomen des neuzeitlichen Philosophierens besteht vor diesem Hintergrund darin, daß der Begriff der Philosophie selbst mannigfaltigen Bestimmungen unterzogen wird; damit scheint die Einheit der philosophischen Erkenntnispraxis im Sinne der überlieferten platonisch-aristotelischen Ontologie ins Fragmentarische zu zerfallen: Philosophie *ist* Transzendentalphilosophie, Lebensphilosophie, Existenzphilosophie, Erkenntnis- und Wissenschaftstheorie, Ideologiekritik und Politische Ökonomie, Hermeneutik und Sprachphilosophie: all dies aber nicht hinsichtlich verschiedener Disziplinen und Teilgebiete der Philosophie, sondern als Bestimmungen ihres Begriffs, d.h. dessen, was sie als solche überhaupt ihrer Sache nach ist. Die verschiedenen Bestimmungen ihres Begriffs bezeichnen verschiedene Grundlegungen der ‚prote philosophia' und erheben damit einen *Anspruch* auf die maßgebliche Klärung allen menschlichen Wissens von Sein und Seiendem überhaupt. Die Frage ist, ob sich diese Bestimmungsvielfalt auf ein Prinzip zurückführen und dadurch begrifflich klären läßt; genauer: warum es gerade in der Neuzeit und zwar notwendig zu einer solchen Vielfalt in der Bestimmung des Begriffs kommt. Nun ist aber das ‚Neue' der Neuzeit, daß das Selbstbewußtsein zum Prinzip der Philosophie wird. Deshalb liegt der Verdacht nahe, daß die auffällige Bestimmungsvielfalt im Begriff der Philosophie mit diesem Prinzipienwandel zusammenhängt, stärker formuliert: Die Bestimmungsvielfalt im Begriff der Philosophie, wie er in den neuzeitlichen Grundlegungen der ‚prote philosophia' als der letzten Grundwissenschaft allen Seins und Erkennens ausgetragen wird, folgt notwemdig aus dem Sachverhalt, daß das Selbstbewußtsein zum Prinzip allen wahren Wissens von Sein und Seiendem wird. Indem das Selbstbewußtsein zum Prinzip der Philosophie wird, vergegenständlicht sich das Wissen, Bewußtsein zum Sachbereich der methodisch geführten Einsicht in das, was überhaupt und im ganzen ist. Die nähere Bestimmung des Seins des Wissens als Sachbereich der ‚prote philosophia' zeitigt dann die interne Bestimmungsvielfalt im Begriff der Philosophie.

Die Bestimmungsmannigfaltigkeit im Begriff der Philosophie muß dann, da sie aus der Grundlegung der ‚prote philosophia' resultiert, ihren Grund daran haben, wie und im Hinblick worauf das endliche Wissen (als Bestimmung des

Menschseins) zum *Modell* wird, an dem sich die Wahrheit ontologischen Erkennens überhaupt entscheidet. Unter ‚Modell' verstehe ich hier ganz allgemein das Eine, das als solches zugleich Alles-überhaupt ‚in gewisser Weise' ist; also das Wissen, das in der Grundlegung der ‚prote philosophia' der Neuzeit zu ihrem Sachbereich wird. Denn die Bestimmung des Modells = des Seins des Wissens hinsichtlich seines ‚ontologischen' Verhältnisses zum Sein von Seiendem überhaupt - ist das, worum es in der neuzeitlichen Grundlegung der ‚prote philosophia' geht. Die neuzeitliche ‚Reflexionsphilosophie' ist ‚Modellphilosophie', insofern sie kraft der Reflexion auf das Menschsein als Verhältnis zum Sein überhaupt dieses je als das Eine bestimmt, das zugleich Alles-überhaupt ist; deshalb aber als Sachbereich der ‚prote philosophia' auch methodisch den Weg freigeben muß zur Bestimmung der Wahrheit ontologischen und ontischen Wissens insgesamt. Die ontologische Erkenntnispraxis der Neuzeit begründet sich aus der Festlegung des Modells - sie resultiert aus ihr als je andere. Ist dies richtig, dann muß sich die Bestimmungsvielfalt neuzeitlichen Philosophierens begrifflich aufschlüsseln lassen aus der Bestimmung des Modells, das zum Sachbereich der ‚prote philosophia' erhoben wird. Diese vollzieht sich aber in der Bestimmung des Seins des Wissens, insofern dieses, das Wissen, 1. die Grundbestimmung des Seins eines Seienden, des Menschen, und 2. das Verhältnis zum Sein von Seiendem überhaupt ist.

Die Bestimmungsvielfalt des Modells kann ich hier nur grob umreissen und muß dazu eine zumindest oberflächliche Kenntnis der neuzeitlichen Philosophiegeschichte und gegenwärtiger Bestimmungen der Philosophie voraussetzen. Es kommt hier auch nicht darauf an, die in der Festlegung des Modells ausgetragene Bestimmung des Seins des Wissens in ihrer jeweiligen Differenziertheit aufzuweisen, sondern durch Aufweis und Angabe ihres Prinzips einer solchen Auseinandersetzung der Grundproblematik neuzeitlichen Philosophierens allererst den Weg zu bahnen, sie überhaupt zu ermöglichen und entsprechend vorzubereiten. Mit der Angabe des Prinzips soll Ihnen die Möglichkeit eines prinzipiellen Verständnissses neuzeitlichen Philosophierens in seiner Bestimmungsvielfalt an die Hand gegeben werden, das sich dann in der konkreten empirisch-hermeneutischen Untersuchung ausweisen und überprüfen, bestätigen oder verwerfen läßt. Auch um eine falsche und in die Irre führende ‚Systematik' zu vermeiden, verfahre ich deshalb so, daß ich nun von der modellanalytischen Seite her das Prinzip, die Bestimmung des Seins des Wissens, dem Verständnis näher zu bringen versuche.

1. Ausgangspunkt ist immer irgendeine Bestimmung des Begriffs der Philosophie, z.B. Lebensphilosophie, Existenzphilosophie, Historischer und dialektischer Materialismus, Transzendentalphilosophie, Wissenschaftstheorie, sprachanalytische Philosophie, Anthropologie, Geschichtsphilosophie, Hermeneutik. Als Bestimmung des Begriffs der Philosophie bezeichnet sie *nicht* irgendeine Disziplin der Philosophie, sondern die ‚prote philosophia' als

Festlegung des maßgeblichen Horizontes, von dem her jede regionalontologische Aufklärung des Seins von Seiendem zu erfolgen hat. Die neuzeitliche ‚prote philosophia' gibt sich aber einen bestimmten Sachbereich vor, der zumeist auch in ihrem Titel erscheint (z.B. Leben, Existenz, Bewußtsein, Wissenschaft) und das Modell selbst bezeichnet, auf das sich unsere Analyse beziehen muß. Die neuzeitliche Bestimmung der ‚prote philosophia' *ist* die Bestimmung ihres Sachbereiches: und dieser ihrer Bestimmung selbst vorgegebene und durch sie erst in seinem Sein bestimmte und auseinandergesetzte Sachbereich ist grundsätzlich ‚der Mensch'. Als Sachbereich der ‚prote philosophia' aber wird er thematisch nur und ausschließlich im Hinblick auf das ‚Bewußtsein' als das Ganze der intentionalen Vermeinungen von Sein, die ihn als Verhältnis zum Sein und damit als die universelle Aufklärungsinstanz der Frage nach dem, was ist, qualifizieren. Der erste modellanalytische Schritt besteht also darin, den Sachbereich der ‚prote philosophia' als Modell und hinsichtlich seiner Modellfunktion in den Blick zu bekommen; er muß dazu dem Begriff des ‚Modells' entspechen und d.h. näher besehen 1. den Menschen in seinem Sein thematisieren und 2. als Verhältnis zum Sein überhaupt in den Blick fassen.

2. Im zweiten modellanalytischen Schritt untersuchen wir nun, wie und aufgrund wovon es zur Festlegung dieses Modells als Sachbereich der ‚prote philosophia' kommt: wir dringen ein in die Grundlegung der jeweiligen Bestimmung der ‚prote philosophia'. Diese aber sichten wir daraufhin, wie in ihr und zu ihrer Grundlegungsfunktion das Sein des Wissens selbst als 1. Bestimmung des Seins des Seienden ‚Mensch' und 2. als Verhältnis zum Sein von Seiendem überhaupt bestimmt ist. Dieses ist der schwierigste Schritt, der erhebliche sachliche Vorklärungen erfordert, um sich nicht gänzlich zu vergreifen. Hier gilt es, das Verhältnis von Sein und Wissen *als* die Bestimmung des Seins eines Seienden - des Menschen - zu denken (onto-logos). Es reicht deshalb ganz grundsätzlich nicht hin, das Wissen als sich-wissende intentionale Beziehung auf Etwas zu thematisieren, wenn nicht zugleich auch die Seinsweise des Wissens als Bestimmung des Seienden ‚Mensch' mitgedacht wird. Damit aber wird die - in welchem Sinne auch immer näher zu bestimmende - ‚Endlichkeit' des Wissens thematisch, sei es nun im Hinblick auf eine christlich verstandene Geschöpflichkeit des Menschen oder sei es hinsichtlich seiner Naturhaftigkeit und Geschichtlichkeit, die sich ebensosehr in den physiologischen und ökonomischen wie in den gesellschaftlichen und psycho-sozialen Determinanten seiner intentionalen Erkenntnisbeziehungen geltend machen. Das Gewicht, das in der Bestimmung des Seins des Wissens ‚außertheoretischen' Formationsbedingungen von theoretischer Erkenntnis zuerkannt wird, entscheidet je darüber, ob und inwiefern das Wissens in sich selbst das ‚sui suffiziente' Medium wahrer theoretischer (ontologisch-ontischer) Erkenntnis ist. Dies ist für den Begriff theoretischen Erkennens, wie für die vor-neuzeit-

liche Philosophie maßgeblich ist, kein konstitutives Problem: Das theoretische Erkennen gilt als solches, das *prinzipiell* in sich und von sich her sämtliche, die Einsicht in das Wahre alterierenden, Formationsbedingungen seiner ‚reflektieren' und darin überwinden kann, gleichgültig, ob diese nun von der Art partikulärer oder gesellschaftlicher Interessen, oder ob sie in der physiopsychischen Natur des Denkenden und anderswie begründet sind. Diese prinzipielle Transzendierbarkeit der physio-psychischen und sozio-kulturellen Bestimmungen des Wissens, die ihm aufgrund seiner endlich-physischen Seinsweise eignen, durch die theoretisch erkennende Vernunft, kennzeichnet die Grundsituation ihrer logischen Objektbeziehung als ‚sui suffizientes' Vermögen (Organon) des Wahren. Erst in der neuzeitlichen Grundlegung der Philosophie kommt es zur These von der *prinzipiellen* Nicht-transzendierbarkeit solcher Formationsbedingungen, an denen, seien sie nun physiologischer oder psychologischer, ökonomischer oder gesellschaftlicher, geschichtlicher oder politischer Natur, das theoretische Denken als Vermögen des Wahren entmündigt wird. Das Denken bedarf sozusagen eines ‚seperatistischen Sonderaktes', durch den es aus seinem inneren Erkenntnisvollzug ausscheidet in die Gewahrung eines außerhalb seiner liegenden Sachbereiches: z.B. des geschichtlichen Standes der Produktivkräfte und Produktionsverhältnisse, der physiologischen Wahrnehmungsschwellen und zerebralen Funktionen, verdrängten traumatischen Situationen und kulturgeschichtlichen Tabuisierungen, sozio-ethnischen Eigenheiten der gesellschaftlichen und sprachgeschichtlichen Herkunft indo-europäischen Menschseins usw.; und erst von der in solchen ‚seperatistischen Sonderakten' etablierten Theorie, in der es die Konstitutionsbedingungen seiner endlichen Seinsweise fixiert, löst es den ‚objektiven Schein' auf, der es von woandersher: jedenfalls aber aus dem Hinterhalt des konstitutiven Seins des denkenden Subjektes selbst, zu überfallen droht, um das Denken um die gegenständliche Wahrheit seines Gedachten zu betrügen. In der Bestimmung des Seins des Wissens hinsichtlich seiner endlichen Seinsweise (als Bestimmung des Seienden ‚Mensch') vollzieht sich die für die neuzeitliche Philosophie charakteristische Ausprägung des Gegensatzes von ‚theoretisch-logischem' und ‚ideologiekritischem' Denken im weitesten Sinne; und was damit schon in der Grundlegung der Philosophie als der Gegensatz von Suffiziens und Insuffiziens des Denkens in der intentionalen Erfassung theoretischer Wahrheit ausgetragen wird, ist im Grunde nichts anderes als die Bestimmung der Endlichkeit des Wissens hinsichtlich seiner ‚inneren' und ‚äußeren' Ausgesetztheit an den Schein. In die Bestimmung der Endlichkeit des Wissens gehört aber auch das schon erwähnte Problem der intentionalen Referenz des Wissens auf das Sein von Seiendem überhaupt; ein unendliches ‚göttliches Erkennen', das sich als ‚intuitus originarius' verhält: als ein ursprüngliches Anschauen, das im Anschauen seines Bezugsworaufs dieses selbst ins Sein hervorbringt, hat kein Problem ‚intentionaler Referenz' auf das

Sein als dem Anderen zum Wissen. In der Bestimmung des Modells wird das Wissen sowohl hinsichtlich der Differenz von Sein und Wissen als auch hinsichtlich der Differenz von Wahrheit und Schein thematisch. Nach diesen perspektivischen Blickpunkten läßt sich jedes Modell auf seine leitenden Grundbestimmungen hin thematisieren.

3. Der dritte Schritt der modellanalytischen Reflexion auf die Grundlegung der Philosophie und die Bestimmung ihres Begriffs besteht in dieser Auseinandersetzung ihrer konstitutiven Momente im Hinblick auf die eigene Wahrheit der in ihnen intendierten Erkenntnis letzter Anfangsgründe und Prinzipien allen (endlichen) Wissens vom Sein des Seienden überhaupt. Dieser letzte Schritt, der in der Frage nach der Wahrheit der Grundlegung der ‚prote philosophia' und der Bestimmung ihres Begriffs als letzter Prinzipienwissenschaft zielt, braucht uns hier nicht weiter zu kümmern.

Werfen wir stattdessen nun vor diesem Hintergrund einen Blick auf die neuzeitlichen Bestimmungen der Philosophie. Mit Descartes rückt die Thematisierung des Bewußtseins und Erkennens an die Stelle der allgemeinen Einsicht in das ‚on he on', das Seiendsein von Seiendem: Die ‚prote philosophia' wird zur Erkenntnis- und Bewußtseinstheorie; was sich in der Auseinandersetzung von Empirismus und Rationalismus als die Frage nach dem empirischen oder rationalen Ursprung ontologischer Begriffe menschlichen Wissens anläßt, ist keine beliebige ‚erkenntnistheoretische' Frage, sondern, wie sich an der Auseinandersetzung von Locke und Leibniz, aber auch noch von Kant mit Hume zeigt, die grundsätzliche ontologische Frage nach der Wahrheit gegenständlicher Bestimmungen des Seins, über die menschliches Wissen verfügt. Die erkenntnistheoretische Thematisierung von Bewußtsein drängt aber tendenziell in dem Maße zur Anthropologie hin, als die physischen, sozialen und geschichtlichen Momente in der Bestimmung der Seinsweise des Bewußtsein geltend gemacht werden. Wir können diese Entwicklung in der nachcartesianischen Philosophiegeschichte beobachten, in der das grundlegende Modell des Bewußtseins sukzessive angereichert wird durch Bestimmungen seiner endlichen, physisch-gesellschaftlichen und psychologischen Seinsweise sowie seiner sprachlichen Grundverfassung; dafür stehen dann nicht nur die französischen Materialisten, wie d'Holbach, Lamettrie und Helvetius, sondern auch, allerdings in ganz anderer Weise, Vico, Herder und Rousseau. Erst die Grundlegung der allgemeinen Ontologie und damit die Bestimmung ihres Begriffs als Transzendentalphilosophie bei Kant vollendet sich diese Bestimmung des Bewußtseins als Sachbereich der ‚prote philosophia': Die Gegenstandsbeziehung wird als Funktion der Selbstbeziehung auf ihren Grund: die transzendentale Apperzeption als die ‚oberste Bedingung der Möglichkeit' allen Wissens von dem, was ist, zurückgeführt und ‚geltungslogisch' reflektiert. Die Bestimmung der Philosophie als Transzendentalphilosophie wird damit zum innersten Zentrum und der geheimen Mitte allen neuzeitlichen Philosophierens: nicht nur ihre

Durchführung bei Fichte, sondern auch ihre modifizierte Wiederaufnahme im Neukantianismus und der transzendentalen Phänomenologie Husserls bestätigt sie bis in die entferntesten wissenschaftstheoretischen und sprachanalytischen Variationen hinein als das ‚Grundparadigma' neuzeitlicher Ontologie, das sich nicht zufällig immer wieder von psychologistischen Mißverständnissen absetzen muß. In der unterschiedlichsten Spielarten des ‚Psychologismus' drängt sich die ‚Psyche' als das Gesamt an seelischen Akten, aber auch als ‚Leben', wie in der ‚Lebensphilosophie' Bergsons und Dilthey's, selbst immer wieder in eine Modellfunktion, die nicht nur einer mangelnden Abgrenzung zum Bewußtsein als rein logischem Verhältnis des Wissens entspringt, sondern vielmehr dieses in seiner seelischen Seinsweise und Fundierung thematisch geltend macht. Wie für Leibniz schon das Ich die Einsicht in die monadologische Grundstruktur allen Seins von Seiendem gewährt, so ist etwa für Bergson die intuitive Erfassung des Lebens als ‚élan vital' am Sein des Bewußtseins in sich selbst die maßgebliche Grundlage des Verständnisses des Seins von Seiendem überhaupt.

Von daher lassen sich denn auch die Bestimmungen des Begriffs der Philosophie als Sprachphilosophie und Wissenschaftstheorie aus Verschiebungen des transzendentalphilosophischen Modells des Bewußtseins verstehen, die sich aus dem Hinblick auf seine faktisch-geschichtliche Seinsweise als Praxis logischer Rationalität und seine vorgängige Intersubjektivität und Öffentlichkeit ergeben. Die Bestimmung der Sprache als Sachbereich der ‚prote philosophia' und damit als ‚Modell' sichtet diese als Ort und Medium ausschließlicher und universeller Referenz auf Sein, die das ‚Bewußtsein' in seiner faktischen, intersubjektiv vergemeinschafteten und damit kollektiven Beziehung auf das, was ist, je schon im vorhinein reguliert, bestimmt und ausmacht. In der sprachontologischen Wendung der Philosophie wiederholt sich darum auch der ganze Problembestand transzendentaler Bewußtseinsanalytik, sei es nun bezüglich ‚außersprachlicher' Referenz qua ‚intentionaler Transzendenz des Bewußtseins' oder sei es in Bezug auf die Fragen der Selbstbeziehung und Reflexion. In der Bestimmung der ‚Wissenschaft' als Sachbereich der ‚prote philosophia' wird diese zur metawissenschaftlichen Reflexion ihrer semantischen und logischen Strukturen, die als die geschichtlich bestehende Praxis rational-gültiger Erkenntnis in den Einzelwissenschaften die intersubjektive Konkretion von ‚Bewußtsein' in ihrer maßgeblichen intentionalen Beziehung auf mögliche Erkenntnisgegenstände an die Hand gibt. Zum Modell wird die einzelwissenschaftliche Erkenntnispraxis als geschichtlich-intersubjektiv geltende, d.h. in ihrer Wahrheit anerkannte Realisation gegenständlicher, auf Seiendes in seinem Sein bezogener Wahrheit, außerhalb derer von dem, was ist, in einer dem geschichtlichen Stand von Rationalität entsprechenden Weise nicht mehr gesprochen werden kann. Wie immer dieses Modell dann in den verschiedenen wissenschaftstheoretischen Richtungen der Gegenwartsphilosophie näher bestimmt sein mag, vom ‚Logischen Positivismus' und ‚Kritischen Rationalismus' zum ‚Konstruktivismus' und der ‚Analytischen Philosophie', so gilt doch in der Festlegung des Modells: Alles überhaupt, was ist, erschließt sich im Rahmen einer bestimmten, geschichtlich geltenden Rationalität, die als faktische Praxis intentionalen Bewußtseins von Seiendem in seinem Sein nur noch die Analyse ihres Vollzugs, nicht aber mehr die tranzendentalphilosophische Reflexion auf die Konstitution von Bewußtsein überhaupt erfordert.

Wir entdecken von daher, daß sich die Oszillationen des Modells ‚Bewußtsein' auffällig in der Richtung auf die endliche Seinsweise des Wissens bewegen, ganz gleichgültig, ob hier Bestimmungen der physio-psychischen oder der geschichtlich intersubjektiven und gesellschaftlichen Formation eingreifen und modifizierend geltend gemacht werden. Es ist deshalb wenig verwunderlich, wenn schon in der unmittelbaren Auseinandersetzung mit der kantischen Grundlegung der Transzendentalphilosophie ein Gedankengang auftaucht, der das Wissen hinsichtlich seiner Seinsweise als der *ungegenständlichen* Wahrheit seines endlichen Anwesens geltend macht. Diesem Gedankengang kommt, wie ich meine, eine ganz erhebliche Bedeutung in der Genese des deutschen Idealismus zu; denn aus ihm heraus bestimmt sich Schellings Grundlegung der Naturphilosophie mit all ihren Konsequenzen für die transzendentalphilosophische Bestimmung der Philosophie. Möglichst gerafft und in die nachvollziehbare Form einer verständlichen Überlegung gebracht, läßt sich dieser Gedankengang folgendermaßen umreissen: Das Selbstbewußtsein qua transzendentale Apperzeption ist das Prinzip allen gegenständlichen Wissens von Sein und Seiendem. Es selbst aber bezeichnet dasjenige, was jeder Mensch, insofern er sich kraft interner Reflexion als ein Ich konstituiert, vollziehen und sich zur Gegebenheit bringen kann. Aber wie und in welcher Weise ‚gibt' es überhaupt dieses Selbstbewußtsein (Ich) als das in sich endliche Bewußtsein des je eigenen Seins?- Offensichtlich *als* Mensch; der Mensch aber ist als endliches Seiendes ein ‚physei on', ein ‚von der Natur her Seiendes'. Der Mensch ist nicht ‚seiend' als ein durch die handwerkliche Herstellung Produziertes, nicht als ein durch das Handeln eines anderen Erwirktes, nicht ein Gedachtes eines vernünftigen Denkens: es ‚gibt' ihn, den Menschen, nicht wie Stuhl oder Tisch, Staat oder Gesetz, Zahl oder Funktion, sondern - wie Hund und Katze, Baum und Berg. Der Grund seines Seins ist die ‚physis', der ‚Seinssinn' seines endlichen Daseins die Natur. Die Natur bringt ihn als das hervor, was er ist; und insofern dieses sein Wesen im Wissen (Bewußtsein), das Wesen des Bewußtseins im Selbstbewußtsein (Ich) besteht, und eben die Seinsweise des Ich das physische Anwesen innerhalb der Physis ist: insofern muß das Ich selbst aus der Natur begriffen werden, und die Natur selbst muß so gedacht werden, daß sie als Grund und Seinsweise eines endlichen Ich fungieren kann: eines Seienden, das als ‚physei on' ein ‚Ich' ist, d.h. die Seinsverfassung der Ichheit hat. Das Sein der Natur selbst kann dann aber nicht mehr, wie es für Kant noch verbindlich war, nach dem Konzept Newtons als kausal-mechanischer Gesetzeszusammenhang gedacht werden, sondern nur noch als organische Produktivität antagonistischer Kräfte, die in die ichhafte Verfassung gegenstandsbezogenen Sich-wissens resultieren.

Damit stehen wir aber eigentlich schon mitten in Schellings Naturphilosophie. Der Gedankengang selbst, der die Seinsweise der transzendentalen Apperzeption aus der Natur bestimmt, geht vermutlich auf Hölderlin zurück und war für ihn zugleich die Verabschiedung der Philosophie überhaupt in der Kunst. Sein ‚Hyperion' dokumentiert diesen Abschied aus dem Hinweis auf die Natur wohl am unmittelbarsten und direktesten. Schelling führt diesen Gedanken philosophisch aus und gelangt um 1800 zur Auffassung von der Komplementarität von Transzendental- und Naturphilosophie. Dies führt zu seinem endgültigen Zerwürfnis mit Fichte. Nach Schelling zeigt die Transzendentalphilosophie in der transzendentalen Reflexion, wie und warum ein in sich endliches Ich das Sein und das Ganze alles Seienden in einer bestimmten Art und Weise ontologisch verstehen muß: das Ganze allen ontologischen Wissens wird als Implikation endlicher Selbstgewißheit aus dem Ich deduziert, d.h. als Moment seiner internen Konstitution aufgewiesen. Es wäre nicht, was es ist, wenn es das Sein des Seienden überhaupt und im ganzen anders ‚gesetzt' hätte. Die ontologische Wahrheit des Seins im ganzen ist eine notwendige Funktion in der Konstitution endlichen Bewußtseins als Selbstbewußtsein. Damit aber ist die Frage nach der Seinsweise des endlichen Ich noch nicht geklärt. Darum geht es in der Naturphilosophie. Sie geht den umgekehrten Weg: nicht vom Ich zum Ganzen des Seienden (Natur), sondern von der Natur zum Ich. Ausgangspunkt ist die Natur als Produktivität, die sich aus entgegengesetzten Kräften konstituiert; Resultat der Aufweis des endlichen Seins des Selbstbewußtseins als letzte Gestaltung, in die sich die Produktivität der Natur zusammenfaßt und vollendet. Das Ich in seiner endlichen Seinsweise als ‚physei on' (Naturhaftes) wird ebenso aus der Natur deduziert wie die Natur selbst in ihrem Sein-für-das-endliche-Ich aus diesem, seiner internen Konstitution. Daher die *Komplementarität* von Natur- und Transzendentalphilosophie, die erst und nur in ihrer wechselseitig gegenwendigen Bezogenheit aufeinander das, was überhaupt und im ganzen ist, aufzuklären vermögen. Damit aber ist die Bestimmung der Transzendentalphilosophie als ‚prote philosophia' aufgehoben. Die Einheit der ‚prote philosophia' läßt sich in der gegenwendigen Komplementarität von Transzendental- und Naturphilosophie nur so wiederherstellen, daß deren *gemeinsame* Grundbestimmungen nun zum Sachbereich der ‚prote philosophia' erhoben werden. Diese sind aber notwendig ‚formal', weil sie innerhalb von generisch Verschiedenem die Bestimmtheit des Seins ausmachen. Damit hebt sich die modellphilosophische Bestimmung der Philosophie auf; die ‚prote philosophia' wird (wieder) zur formalen Ontologie, erstmalig in Schellings ‚Identitätsphilosophie', dann in Hegels ‚Wissenschaft der Logik'.

Vor diesem Hintergrund der schellingschen Naturphilosophie wird denn auch verständlicher, wie die Thematisierung des Menschen bei Feuerbach und Marx wieder in den Vordergrund der Bestimmung der Philosophie tritt. Diese bezieht sich bei Marx ganz auf die Bestimmung der physisch-endlichen und gesellschaftlich-geschichtlichen Seinsweise des Wissens, die er im Begriff der Arbeit findet. Die Arbeit, als das intentionale Verhältnis der sinnlich-praktischen Tätigkeit, ist ebensosehr ‚poietisch' bezogen auf die Herstellung von Produkten, durch die sich der Mensch sein innerphysisches Sein vermittelt, als auch unmittelbar an sich selbst ‚praktisch', insofern sie den Menschen in die sozialen Strukturen seines Miteinanderseins vergesellschaftet: eine Vergesellschaftung, die in sich eine interne ‚geschichtsdialektische' Dynamik birgt, die sich in jeweiligen antagonistischen Gesellschaftsstrukturen ausprägt (Klassenkämpfen) und teleologisch auf ihren Ausgleich abzielt (‚klassenlose Gesellschaft'). Das ontologische Verständnis von Sein ist darin eine bloße Funktion des jeweiligen gesellschaftlich-ökonomischen Vermittlungszustandes, der durch die Arbeitsverhältnisse antagonistisch verfaßter sozialer Systeme erzeugt wird; als ‚Weltanschauung' bzw. ‚Klassenideologie' reflektiert es den jeweiligen antagonistischen Zustand des Kollektivs in den Tendenzen seiner geschichtlichen Dynamik d.h. es ist in seiner Seinsweise bestimmt aus der geschichtlichen Charakteristik menschlicher Naturhaftigkeit, die im Verhältnis der Arbeit die gesellschaftliche Struktur von Menschen in ihrem Miteinandersein bestimmt (Unterbau), aus der seine Verständnishorizonte von Sein entspringen (Überbau). Die ‚Politische Ökonomie' wird in ihrer geschichtsphilosophischen Diagnostik zur ‚prote philosophia'; und an die Stelle der ontologischen Erkenntnis dessen, was überhaupt und im ganzen ist, tritt die Erkenntnis der Geschichtlichkeit der Arbeit als des selbst physischen Verhältnisses des Menschen zur Natur: sie enthüllt die ideologische Funktion von ‚Seinsverständnissen' aus der Analyse des ‚objektiven Scheines', der aus den vergesellschafteten Strukturen des ökonomisch-praktischen Seins des Menschen entspringt. Damit aber hebt sich auch die theoretische Bestimmung der Philosophie auf zur Praxis revolutionärer Tätigkeit.

Ähnlich und doch ganz anders vollzieht sich die Aufhebung der theoretischen Bestimmung der Philosophie bei Kierkegaards im Begriff der ‚Existenz', der eigentlich überhaupt keine Modellfunktion mehr hat, weil es an ihm - anders als bei Heidegger - gerade nicht mehr um die Grundlegung der ‚prote philosophia', sondern um ihre Verabschiedung geht. Der Begriff der ‚Existenz' dient Kierkegaard zur ausschließlichen Bezeichnung des Seins des Menschen als des ‚ontisch Differenten', von allem anderen Seienden in seinem Sein geschiedenen und abgehobenen Seienden, nennt also das an sich selbst differente Sein des Wissens in seiner endlichen Seinsweise. Was ‚Existenz' als Bestimmung der Seinsweise des Menschen als des Wissenden besagt, verdeutlicht sich aus seinem Gegenbegriff, dem des ‚Systems'. ‚System' bezeichnet für Kierkegaard das Sein alles Seienden, insofern es der ontologischen Erkenntnis unterworfen auf seine letzte Einheit hin vermittelt wird. Im Blick steht die Dialektik Hegels als der universellen Vermittlung allen Seins aus der Gegensätzlichkeit in die Einheit; und was ihr entgegenzuhalten ist, ist die Existenz als das spezifische Seinsweise des Menschen, die gerade an sich selbst und kraft ihrer Andersheit zum Sein alles anderen Seienden weder dialektisch vermittelbar noch überhaupt durch die universale theoretische Erkenntnis von Einheit zu bewältigen ist: die Existenz muß nicht erkannt, sie muß vollzogen werden, und ihr Vollzug ist nicht ein dialektisches Vermitteln von Gegensätzen in die Einheit, sondern ein Entweder - Oder. Der nicht-systematische Charakter des Existierens besagt bei Kierkegaard, daß das Menschsein, das ich sein muß, gerade als wissend-erkennendes nicht durch dieses - im Sinne der theoretischen Bestimmung zur ontologischen Prinzipienwissenschaft - vollzogen, sondern nur an seiner existierenden Seinsweise ausgetragen werden kann. Das System der theoretischen Prinzipienerkenntnis allen Seins von Seiendem kann den Existenzvollzug nicht vertreten, sondern dieser bleibt unvertretbar kraft der existenziellen Eingebundenheit des Wissens in das Menschsein, die sich gegen jede Verselbstständigung zur ‚theoria' sperrt. Die primäre in den Seinsvollzug des Menschseins unvermittelbar eingelassene Seinsweise des Wissens kehrt sich selbst gegen jede mögliche Modellfunktion der ‚Existenz' als Sachbereich der ‚prote philosophia'; und was von ihr als Philosophie bleibt, ist nichts als die Klärung des existenziellen Vollzug des Menschseins in seinen Grundbestimmungen: als - wie Jaspers sagt - ‚Existenzerhellung'. Die Existenzphilosophie des 20. Jahrhunderts - insbesondere bei Jaspers, Marcel, Sartre und Camus - wird in dieser Hinsicht an Kierkegaard anschließen, während Heidegger in ‚Sein und Zeit' - in scharfer Abgrenzung zu aller Existenzphilosophie - am Begriff der Existenz die Bestimmung der ‚prote philosophia' (Fundamentalontologie) als ‚Existenzialontologie' vollzieht. Ich hoffe, damit wenigstens in einem skizzenhaften Umriß gezeigt zu haben, wie sich die Grundlegung der neuzeitlichen Philosophie in ihrer Bestimmungsvielfalt als Modellphilosophie aufschlüsseln und einem sachlichen Auseinandersetzung zugänglich machen läßt.

Anmerkung

1. Texte

HEIDEGGER, Phänomenologische Interpretationen zu Aristoteles/Einführung in die philosophische Forschung (GA 61). Die Zeit des Weltbildes (HW, 69 - 104). PLATON, Charmides. Phaidon. ARISTOTELES, Über die Seele, III. Buch. Metaphysik, Buch XII, Kp. 7/9. AUGUSTINUS, Über den Gottesstaat, XI. Buch. DESCARTES, Meditationen I/II. Abhandlung über die Methode. FICHTE, Erste und Zweite Einleitung in die Wissenschaftslehre (SW I, 417 - 518). HEGEL, Vorlesungen über die Geschichte der Philosophie. III. Teil. Neuere Philosophie (W 20, 61 ff.). Das älteste Systemprogramm des deutschen Idealismus (W 1, 234 ff). HUSSERL, E., Die Pariser Vorträge (HU I, 3ff.) ders., Philosophie als strenge Wissenschaft. SARTRE, Die Transzendenz des Ego.

2. Einführende Literatur zum Grundprinzip neuzeitlichen Denkens:

Karl JASPERS, Descartes und die Philosophie. Berlin 1966.
Gerhard KRÜGER, Die Herkunft des philosophischen Selbstbewußtseins. In: Freiheit und Weltverwaltung. Aufsätze zur Philosophie der Geschichte, 11 - 69. Freiburg/München 1958.
Jacques DERRIDA, Cogito et histoire de la folie. In: L'ériture et la différence, 51 - 97. Paris 1967.
Dieter HENRICH, Fichtes ursprüngliche Einsicht. Frankfurt a. M. 1967.
F.-W. VON HERRMANN, Husserl und die Meditationen des Descartes. Frankfurt a. M. 1971.

Zur eingehenderen Auseinandersetzung der Problematik der transzendentalphilosophischen Wende der Ontologie -> Vorlesung 5/6. Zu Natur und Geschichte als der Bestimmung der Seinsweise der transzendentalen Subjektivität im deutschen Idealismus vgl. BRANDNER, Heidegger BG, II. Teil, 3. Kapitel.

4. Die Frage nach der Grundlegung und Bestimmung der Philosophie

Die Frage nach der Grundlegung der Philosophie in der Neuzeit hat uns das letzte Mal auf die Bestimmungsvielfalt im Begriff der Philosophie geführt. Indem das Selbstbewußtsein (Ich) zum Prinzip der Philosophie wird, bezieht sich diese, als die allgemeine ontologische Einsicht in das, was überhaupt und im Ganzen ist, auf das Sein eines Seienden: des Menschen. Der Mensch wird zum Sachbereich der ‚prote philosophia', insofern er in seinem Sein als Verhältnis zum Sein west. Die ‚prote philosophia' vergegenständlicht den Menschen als den ‚logos tou ontos' selbst, d. h. hinsichtlich seines ‚ontologischen Seins' als ‚Bewußtsein' und ‚Wissen' von Seiendem in seinem Sein. Dieses habe ich als ‚Modell' bezeichnet, insofern an diesem Einen: dem Menschsein, das Sein von Seiendem überhaupt und insgesamt: Alles-überhaupt, thematisch wird. Nun ist die für die neuzeitliche Grundlegung der Philosophie entscheidende Frage, wie denn das Sein des Wissens selbst als Verhältnis zum Sein (‚logos tou ontos') gerade hinsichtlich seiner endlichen Seinsweise in seiner Wahrheit zu bestimmen ist: und eben daraus generiert die neuzeitliche Grundlegung der ‚prote philosophia' die für sie typische Vielfalt in der Bestimmung des Begriffs der Philosophie, die in der jeweiligen Festlegung des ‚Modells' als des Sachbereiches der ‚prote philosophia' eine je andere Antwort auf die Frage nach dem Begriff des Menschseins selbst als ‚onto-logos' gibt. Aus diesem Prinzip der modellphilosophischen Grundlegung neuzeitlicher Ontologie läßt sich ihre interne Bestimmungsmannigfaltigkeit aufzeigen und damit auch einer Auseinandersetzung zugänglich machen.

Dabei steht zugleich das allgemeinere und prinzipiellere Problem der Grundlegung der Philosophie im Blick. Es geht für uns und im Hinblick auf die gegenwärtige ‚modellphilosophische' Bestimmungsvielfalt von Philosophie ganz unabweisbar auch darum, die Frage nach der Philosophie selbst transparent zu machen, indem ihre Grundlegungsmomente als solche herausgestellt werden und das, worum es in ihrer Bestimmung je geht. Erst aufgrund einer solchen Analyse wird die Frage nach der Philosophie selbst einer philosophischen Auseinandersetzung zugänglich gemacht. Die Auseinandersetzung um Begriff und Bestimmung der Philosophie gehört aber zur Philosophie selbst, insofern sie als ‚Prinzipienwissenschaft' nicht umhin kann, sich selbst nach dem ‚Prinzip', dem ‚ersten Wovonher' dessen, was sie als Erkenntnispraxis ist, zu ergründen. Schon Aristoteles bemerkt: "Das Philosophieren bestimmt sich einerseits als die Frage, ob es nötig ist, zu philosophieren oder nicht; andererseits als die Hingabe an die philosophische Betrachtung (theoria)" (Protreptikos, B 1). Beides, die Frage nach der Philosophie und das Philosophieren ‚selbst', wird wohl kaum so voneinander getrennt sein, wie es hier das ‚einerseits - andererseits' nahelegt; sondern vermutlich, und zwar notgedrungen, in der ‚Erkenntnis erster Anfangsgründe und Prinzipien,' zusammenfallen. In der Grundlegung der ‚prote philosophia' als letzter Prinzipienwissenschaft bekommen wir es unabweisbar mit dem Problem der ‚Letztbegründung' und ‚Selbstbegründung' zu tun. Darin geht es um die Frage nach der Wahrheit der Bestimmung der ‚prote philosophia' als letzter Prinzipienwissenschaft. Diese Frage habe ich in der letzten Woche nur kurz gestreift und als den dritten Schritt in der modellanalytischen Auseinandersetzung der Grundlegung der Philosophie erwähnt. Auf sie müssen wir uns nun etwas genauer einlassen, um von daher den Begriff der ‚*Grund*-legung' der Philosophie zu präzisieren und dabei zugleich uns selbst in die Möglichkeit einer zulänglichen Auseinandersetzung der Frage nach der Philosophie zu versetzen.

Der Begriff der Philosophie als Wissenschaft ist von Anfang an ‚prinzipientheoretisch' gedacht; diese ‚prinzipientheoretische' Fassung des Begriffs der Philosophie bezieht sich aber auf das Sein im Unterschied zum Seienden, d. h. die Philosophie ist eine ontologische Prinzipienwissenschaft, die sich innerhalb der Begründungsintention vernünftigen Wissens ortet. Zu ihm gehört das Verständnis von Sein *als* ‚Anfangsgrund' und ‚Prinzip'. In der Philosophie werden wir deshalb beständig darin geschult und dazu angehalten, nach ‚Voraussetzungen' eines bestimmten begrifflichen Wissens über das Sein und Wesen des Seienden Ausschau zu halten und diese selbst auf ihre Wahrheit zu befragen. Dies entspricht ganz der platonischen Bestimmung philosophischen Denkens, im Ausgang von bestimmten ‚zugrundeliegenden Setzungen' nach deren eigene Wahrheit zu ergründen. Der Begriff der Philosophie qua ‚prote philosophia' untersteht deshalb ganz der ‚Logik des Grundes', wobei ‚Logik' eben selbst schon das sich aus der Begründungsintention vernünftigen Wissens veranlassende Denken bezeichnet. Für die Philosophie als Prinzipienwissenschaft muß deshalb gelten, daß sie mit sich selbst ins Reine kommt - also ihrem Begriff auch entspricht. Ihre Prinzipienerkenntnis leistet sie nur, wenn von ihnen her das Sein alles Seienden auch ursprünglich verständlich wird: also auch das Sein des Wissens selbst bis hin in seine philosophische Formation als ontologische Prinzipienwissenschaft. Anfangsgrund und Prinzip ist das ‚erste Wovonher' sowohl des Seiendseins als auch des Erkennbarseins. Das ‚erste Wovonher' kann aber nicht mehr von einem Anderen her in seiner Wahrheit, seinem Sein und Erkennbarsein erfaßt werden - sonst ist es nicht das ‚erste Wovonher', sondern ist, so Aristoteles, "in sich selbst Anfangsgrund und Prinzip seines wahren Gewußtwerdens" (Topik, 100 b 20). Das ‚Erste von Allem' ist aus sich heraus ‚evident', die Wahrheit seines Gewußtwerdens; verweist also nicht mehr auf Anderes, kraft dessen es in sein Seiendsein und Unverborgensein für das vernünftige Wissen gegründet wäre. Es ist an sich selbst und als solches der Ausweis seiner Wahrheit, schließt also sein Erkanntwerden so ein, daß dieses sich an ihm in seinem Gegründetsein begegnet. Das Denken bleibt gegenüber seinem Gedachten nichts anderes, das von Außen an es heranträte, sondern resultiert im Erfassen erster Anfangsgründe und Prinzipien zugleich und in einem in seine ontologische Selbsterfassung. Die ‚*Grundlegung*‘ der Philosophie besteht dann darin, das methodische Erkennen des Seins von Seiendem überhaupt und im Ganzen in einem solchen Anfangsgrund und Prinzip (oder mehreren) festzumachen, von dem her alles, was ist, in seinem Seiendsein und Erkennbarsein einsichtig wird. Sie selbst ‚faßt Grund‘, ‚verankert‘ sich in einer letzten, den Denkweg abschließenden Erfassung des ‚ersten Wovonher‘ allen Seins und Erkennbarseins von Seiendem: resultiert in diese letzte ‚*spekulative Einsicht*‘ und ist nur von ihr her, was sie als ontologische Erkenntnispraxis ist. Ohne diese entspricht sie nicht ihrem Begriff: ist nicht Philosophie als mit sich ‚ins Reine‘ gekommene Prinzipienerkenntnis, als in sich abgeschlossene Wirklichkeit und Vollendung der Begründungsintention vernünftigen Wissens. Von daher müssen wir verstehen, was im Begriff der ‚Letzt-‘ und ‚Selbstbegründung‘ der Philosophie gedacht ist. Wenn heute das Problem einer letzt- und selbstbegründenden Prinzipienwissenschaft vielfach diskutiert wird, so geschieht dies zumeist in der wissenschaftstheoretischen Ausrichtung, die sich in ontisch-verdinglichenden Vorstellungen an der Sache selbst vergreifen und in formalistischer Gedankenlosigkeit ‚unendliche Begründungsregresse‘ bzw. deren ‚dezisionistische Abbrüche‘ an die Stelle letztbegründender Prinzipienerkenntnis setzen; kennzeichnend dafür ist etwa Hans Alberts These vom ‚Münchhausen-Trilemma‘, das darin besteht, daß ein letztes Prinzip sich ‚am eigenen Schopf aus dem Sumpf‘ ziehen soll, dies aber weder dadurch möglich ist, daß die Reihe der Ursachen und Bedingungen ins Unendliche verfolgt (regress ad indefinitum), der Begründungsregress willkürlich abgebrochen oder ein Zirkel der Begründung konstruiert wird (Traktat, 13 ff.). Der Begriff des Prinzips wird nicht ontologisch verstanden, sondern vom ontischen (physikalischen und psychologischen) Begriff der Verursachung und dem logischen Begriff der Begründung prädikativer Urteilswahrheit (Axiomatik) her formalisiert. Wie wir aber schon gesehen haben, sind ontologische Gründe anders als ontische Gründe *nicht* in der Weise Gründe, daß sie ins Unbestimmte forlaufend sowohl anderes Gründen als auch je durch anderes gegründet sind; indem sie das Gegründete selbst ausmachen: sein Anwesen als solches in gewisser Weise selber sind, bezeichnen sie etwas ganz anderes als das Seiende, das als ins Sein Gegründetes wiederum Grund eines anderen Seienden ist. Ontologische Gründe erschliessen sich deshalb auch nicht in prädikativen Sachverhalten, die je anderes von anderem aussagen (S ist P), sondern in Begriffen, die das Wesen und Wassein einer Sache an ihr selbst fassen. Ohne diese Differenzierung von ontischen und ontologischen Gründen und entsprechend zwischen prädikativer Wahrheit von Urteilen und definitorischer Wahrheit von Begriffen, ist der Begriff einer letztbegründenden Prinzipienerkenntnis, wie sie in der Grundlegung der ‚prote philosophia' intendiert wird, weder vollziehbar noch überhaupt verständlich. Zum anderen ist zu beachten, daß diese als letzte ‚spekulative Einsicht' das Denken im Denken seines Gedachten miteinschließt: es sich aus seinem Gedachten her in seinem Sein begegnet und erschließt; deshalb aber grundsätzlich nicht objektivierbar ist zu einem Sachverhalt, dem gegenüber das Denken ein äußerliches Anderes bleiben könnte. ‚Spekulativ' kommt von ‚speculum', ‚der Spiegel', und eine ‚spekulative' Einsicht ist darum eine solche, in der sich das Denken am Gedachten spiegelnd widerfährt: sich aufhebt aus seiner Beziehung auf Anderes zu dem ‚Hineinschauen in das Herausschauen seiner selbst'; denn das Sich-spiegeln ist dieses: ‚Hineinschauen in das Herausschauen seiner selbst', und wo dieses im Denken statthat, dort erfaßt es sich selbst als das gegenwendig Andere zu seinem Gedachten und schließt sich darin - gegen jeden Fortlauf ins Unbestimmte - ab. ‚Erste Anfangsgründe und Prinzipien' sind als Bestimmungen des Seins und Erkennbarseins von Seiendem derart, daß sie die Reflexion, die Widerspiegelung des Denkens in sich, veranlassen; und aus dieser Abgeschlossenheit heraus ihre ‚Erstheit' bzw. ‚Letztheit' als Prinzipien allen Seins und Erkennbarseins von Seiendem dem Denken ausweisen und zur ausweisbaren Gegebenheit bringen. Dies liegt ebensosehr in der Bestimmung des ‚Selbstbewußtseins' (Ichheit) als Prinzip der neuzeitlichen Philosophie wie im antiken, platonisch-aristotelischen Wesensbegriff, obgleich dies im einzelnen zu zeigen hier zu weit führen würde. An der Struktur der ‚spekulativen Einsicht' zeigt sich aber, worin sich das Problem der ‚Letzt-' und ‚Selbstbegründung' letztlich auflöst: nämlich in der Bestimmung des Seins als ‚Vernunft'. Denn nur deshalb und insofern, als die Vernunft, die in der Philosophie als ontologische Prinzipienwissenschaft ihre Begründungsintention auf erste Anfangsgründe und Prinzipien allen Seins von Seiendem überhaupt realisiert, darin *das Sein als Vernunft*, vielleicht nicht nur, aber auch - erkennt, ist die ‚spekulative Einsicht' möglich. Die Vernunft wird sich selbst als ontologisches Prinzip offenbar, gleichgültig, in welcher Form und Weise dies auch immer geschehen mag; denn nur dadurch hebt sich die Andersheit des Denkens und Erkennens zu seinem Gedachten, dem Sein überhaupt, auf. Der Mensch faßt eine Bestimmtheit seines Seins, die Vernunft, als ein Gründungsmoment des Seins von Seiendem überhaupt: ohne dieses keine ‚Letzt-' und ‚Selbstbegründung'. So merkwürdig dies auf den ersten Blick auch scheinen mag: Zum Begriff der Philosophie als ‚Prinzipienwissenschaft' gehört der Begriff des Seins als Vernunft. Deshalb besteht für Heidegger das eigentliche philosophische Problem nicht in der ‚Letztbegründung', sondern in der Bestimmung von Sein als Anfangsgrund und Prinzip. Sie ist in ihrer platonisch-aristotelischen

Entfaltung zugleich die Bestimmung des Seins als ,Vernunft', ihrem phänomenalen Begriff nach als ,Unverborgenheit' (aletheia, alethes on). Der Begriff des ,logos', der ,ratio', nennt deshalb auch beides zugleich: den Grund, das Prinzip des Seins von Etwas *und* die Vernunft, die Erkenntnis, das Wissen. Das ,Grundlose' gilt entsprechend als das ,Unvernünftige' und ,Irrationale', ,Rationalität' immer als Grundhaftigkeit und Begründbarkeit. Die Bestimmungen von Sein als ,Grund' und als ,Vernunft' (Unverborgenheit) gehören zusammen in der Bestimmung des Seins als Wesen; denn im ,Wesen' (idea, eidos) denkt die antike Philosophie das Sein als Grund des Seiendseins und Erkennbarseins (Offenbarseins) von Seiendem. Wir sehen uns von daher erneut an die platonisch-aristotelische Grundlegung der Philosophie als ontologische Prinzipienwissenschaft verwiesen. Diese Grundlegung impliziert ganz offensichtlich schon ein ganz bestimmtes Verständnis von Sein, das wir an den Bestimmungen von Wesen, Grund und Vernunft kennengelernt haben; und nur, indem diese Bestimmungen von Sein als solche übernommen werden, kann die Philosophie als ontologische Prinzipienwissenschaft in den Überlieferungszusammenhang der abendländisch-europäischen Geschichte eingehen. Wir treffen aus dieser Stoßrichtung aber auf folgendes Problem: Wenn die Bestimmung des Seins als ,Wesen' und damit als Grund und Vernunft (logos, ratio) eben das entscheidende Anfangsmoment der Verbergung des Seins als solchen und der ontologischen Differenz bedeutet, das in der ,Geschichte der Metaphysik' gedacht werden muß; wie können wir dann selbst noch *mit* diesen Begriffen denken, das ,Wesen', den ,Grund' und das ,Prinzip' von etwas - z.B. der ,Metaphysik' - erfragen: also ,Philosophieren' im Sinne eines ,wesentlichen', ,prinzipiellen' Denkens?- Stellt aber nicht gerade Heidegger fortlaufend die Frage nach dem Grund und Prinzip; deckt nicht gerade er fortlaufend ,Voraussetzungen' des Denkens auf, z.B. die Bestimmung des Seins als Grund, um diese ,prinzipieller', ,ursprünglicher' zu denken?- Was wird dann aber noch gegen die ,Metaphysik' qua ontologische Prinzipienwissenschaft geltend gemacht?- Ist es nicht etwa dies, daß sie unvermögend ist, ihren eigenen ,Grund' zu denken?- Und wenn wir nach der ,*Grund*-legung' der Philosophie fragen: fragen wir dann nicht im metaphysischen Horizont der Bestimmung des Seins als Grund und Vernunft nach den ,ersten Anfangsgründen und Prinzipien'?- Und wie sollten wir auch anders ,philosophisch' denken, wenn dies doch darin besteht, den Sachen ,auf den Grund' zu gehen?- Wozu dann aber überhaupt die Infragestellung der ,Metaphysik', wenn wir überhaupt nicht anders können, als ,metaphysisch' zu denken?-

Was aber setzen wir in diesen Fragen selbst wiederum voraus?- Worin als Grund sind sie gegründet?- Doch darin, daß wir in ein kaum durchschaubares gegenwendig konträres Verhältnis zum überlieferten Denken der Philosophie geraten sind. Aus dieser Gegenwendigkeit heraus bestimmt sich das Verhältnis zur Philosophie qua Metaphysik und ihrer Verständnisse von Sein durch die

Negation. Das Denken, das sich aus der Negation bestimmt, bleibt aber, wie Heidegger immer wieder bemerkt, von dem ‚abhängig', also konstituiert und gegründet, von dem es sich in der Negation abstößt. Was sich in der Negation als Loslösung von dem Anderen, als Abstoß und Gegenwendung zu ihm anläßt, bleibt ihm gerade verbunden; bleibt, etwas hegelnd gefaßt, als *seine* bestimmte Negation das durch das Negierte bestimmte Andere seiner. Schon daraus dürfte sich ergeben, daß das Verhältnis, das sich das heideggersche Denken zur ontologischen Erkenntnispraxis überlieferten Denekns gibt, *nicht* aus der Negation bestimmt, wie für so manche ‚abstrakte Heideggerei' der Fall ist, die sich aus der jedesmaligen Diagnostik von Einsichten und Prinzipien überlieferten ‚metaphysischen' Denkens als deren abstrakte Negation generiert. Wir erhalten so immer nur den langweiligen Schematismus negativer Bestimmungen vermeintlich ‚anti-metaphysischen' Denkens, das sich im bloßen Hinweis erschöpft, dies oder jenes sei eine Bestimmung überlieferter Metaphysik: *also* müsse man es anders denken. Kaum einer weiß noch, warum. Was wird hier als ‚Maß' gesetzt?- Wie wird das Denken selbst verstanden, wenn es sich als die diagnostizierende Beliebigkeit negativer Bestimmungen seiner selbst artikuliert, mit denen es dann beim Zeitgeist ‚anti-metaphysisch' hausieren geht?- Ungedacht bleibt die geschichtliche Gegenwendigkeit, die darin das Verhältnis des Denkens zu seiner Herkunft bestimmt. Es kommt deshalb darauf an, daß wir hinlänglich differenzieren, wie und in welcher Hinsicht eine überlieferte Bestimmung von Sein, z.B. als Grund, fragwürdig wird. Dies aber war die ontologische Differenz, so daß der Begriff des Grundes hinsichtlich seines identifizierenden, vereinheitlichenden Zuges in der Begründungsintention vernünftigen Wissens fragwürdig wurde. Dieser, aus dem Einheits- und Identitätshorizont der Vernunft bestimmte, metaphysisch-logische Begriff des Grundes ist angesichts der ontologischen Differenz fragwürdig geworden; was nicht und keinenfalls ausschließt, daß das Sein als Grund zu denken ist; denn auf irgendetwas - eine phänomenale Gegebenheit - wird sich die Bestimmung von Sein als Grund doch beziehen müssen, wenn sie nicht völlig im leeren und luftlosen Raum schwebt. Im Hinblick auf diese muß das Grundsein dann selbst und in der Herauslösung aus dem metaphysisch-logischen Einheits- und Identitätshorizont von ‚Vernunfterkenntnis' umgedacht wird. Der Begriff des Grundes wird dann aber ‚ursprünglicher', ‚grundlegender', ‚prinzipieller' gedacht, wenn er *vor* seiner metaphysisch-logischen Bestimmung in dem gedacht wird, was dieser selbst als die phänomenale Erschlossenheit des Grundseins ‚zugrundeliegt' und von ihr ‚vorausgesetzt' wird. Die phänomenale Erschlossenheit von ‚Grund', auf die sich Heidegger in seinem Denken fortlaufend bezieht, ist eben auch die, auf die Aristoteles sich bezieht, wenn er ‚Grund' als ‚das Erste, wovonher ... , etwas ist und erkannt wird, faßt. Diese Bestimmung des ‚ersten Wovonher' ist noch rein phänomenal gedacht und liegt als solche noch *vor* der metaphysisch-logischen Bestimmung von Grund, die sich erst im Horizont der vereinend-unterscheidenden Vernunft und ihrer Bestimmung des Seins als Wesen ergibt. ‚Grund' bezeichnet darin nichts weiter als das Herkommen in der Gerichtetheit von her - auf zu; das, wodurch ein Zukommen auf etwas - ein Weg - sich eröffnet, der in der Gegenwendigkeit von Wovonher und Woraufhin eine Distanz, ein Differential als ‚Unterwegs' anzeigt. An der aristotelischen Unterscheidung des ‚Früheren für uns' und des ‚Früheren der Natur nach' zeigt sich diese weghafte Verfassung des Denkens als gegenläufiges Unterwegs-seins zwischen Grund und Gegründetem. In diesem Hin- und Herlaufen eröffnet das Denken das, was ist. In dieser Hinsicht faßt schon Platon das Denken in der Zwiefalt von ‚Weg-hinauf' (anhodos) und ‚Weg-hinab' (kathodos). Diese Wegstruktur des Denkens bestimmt sich aus nichts anderem als dem durch den Begriff des Grundes eröffneten Differential von Wovonher und Woraufhin. ‚Wege' des Denkens sind wesentlich begrenzt, haben ein wovonher und woraufhin, ein Erstes und ein Letztes: einen Horizont als Umgrenzendes, der sie allererst in ihreWeghaftigkeit freigibt. Denkwege fangen an und hören auf - wie auch immer. Allein deshalb ist das Denken auch ‚methodisch' verfaßt, insofern es sich vermittelt über (meta) einen ‚Weg' (hodos) von etwas her zu etwas hin be-*wegt*: aber nicht auf den schon ausgetretenen Pfaden ‚gängigen' Meinens, sondern als das ursprüngliche Eröffnen von Wegen, die einen Aus- und Einblick bieten in das, was ist. ‚Grund' erschließt sich in der Weghaftigkeit und Be*wegt*heit des Denkens als das perspektivische Woraufhin und Wovonher, das allererst einen Weg freigibt und eröffnet, auf den sich das Denken bringt, um innerhalb eines ausgegrenzten Horizontes zu gewahren, was ist. Das Denken eröffnet sich perspektivisch in sein weghaftes Unterwegssein als Hin- und Herlaufen von - zu (discurrere), d.h. als ‚Diskursivität', die sich abgrenzt von einem rein intuitiven Erfassen, das nie ‚läuft', sondern in der Anwesenheit seines Gewußten ‚steht'. Das ‚Laufen' als die *physische* Verfassung des Denkens weist es perspektivisch in seine Wege, auf denen es auslotet, wie es mit dem, was ist, bestellt ist. Wege eröffnen je andere Horizonte: umgrenzte Einblicke in das, was ist. Daß es im Denken ein ‚Erstes' und ein ‚Letztes' gibt, ist, wenn überhaupt, dann ein Abzeichen seiner ‚Endlichkeit'. Es ist alles andere als ein Zufall, daß sich die ein*gehendste* Behandlung des Begriffs des Grundes in der aristotelischen ‚Physik' findet. Denn das physische Anwesen als Werden und Vergehen ist selbst die weghafte Verfassung des Seins, gemäß der sich das, was überhaupt ist, ins Anwesen bringt. Ihr geht das Denken nach und ist deshalb beständig ‚unterwegs'. Der Begriff des Grundes ist in erster Linie ein ‚physischer' Begriff, d.h. ein solcher, der ohne den ‚physis'-Bezug des Denkens und losgelöst von seiner eigenen physischen Seinsweise keinerlei Sinn und Gehalt hätte.

Schon die Titelgebungen (‚Wegmarken', ‚Holzwege', ‚Feldweg', ‚Unterwegs zur Sprache') zeigen, wie Heidegger das Denken gerade als diese Weghaftigkeit faßt, deren innere Verfassung und Artikulation durch das Verhältnis von Grund

und Gegründetem getragen wird. ‚Grund' meint darin je das, im Hinblick worauf und wovonher sich das Denken einen Weg eröffnet und sich darin selbst in sein ‚Laufen' freigibt, um zu sichten, was ist. Diese phänomenalen Bestimmungen von ‚Grund', Woraufhin und Wovonher, denkt Heidegger zusammen im Begriff des ‚Horizontes'; der ‚Horizont' (von ‚horizein': ‚ausgrenzen', ‚umgrenzen') bezeichnet das Ausgrenzende und Umgrenzende von Offenheit (Unverborgenheit), das von sich her erst die Sicht freigibt auf das, was je innerhalb seines eröffneten Bereiches begegnet. Mit dem Begriff des Horizontes denkt Heidegger eine Bestimmung der ‚Unverborgenheit' (aletheia) des Seienden in seinem Sein und Anwesen, die aus der Differenz, der Andersheit, dem Unterschied von Grund und Gegründetem heraus gedacht ist. Anders als der metaphysisch-logische Begriff von Grund verweist seine phänomenologische Bestimmung als ‚Horizont' nicht auf die Unverborgenheit als Bestimmung der vereinigend-unterscheidenden Vernunft, sowenig wie das Denken, das sich aus dem Hinblick auf die horizontale Unverborgenheit von Sein überhaupt auf den Weg seines Eröffnens begibt, sich noch als ‚Prinzipienwissenschaft' im Sinne der überlieferten Ontologie bestimmt und artikuliert. Der Begriff des ‚Grundes' bleibt darin völlig frei von Funktionen vernünftiger Einigung und Identifizierung, in denen sich das vernünftige Wissen zum Begriff einer systematischen Prinzipienwissenschaft und eines darauf beruhenden universellen, apodeiktisch-axiomatischen Begründungszusammenhanges (mathesis universalis) macht. ‚Philosophisch' qua ‚prinzipiell denken' heißt dann nicht mehr als: ‚Laufen und Schauen', welche ‚Gegend', welcher ‚Sichtraum' des Sehens uns der Weg freigibt und eröffnet. Im Hinblick auf die Unterscheidung von Philosophie und Einzelwissenschaften gesagt heißt dies, daß sich die einzelwissenschaftliche Erkenntnis je auf das bezieht, was innerhalb eines bestimmten Horizontes, einer bestimmten eröffneten Gegend, eines Explorationsraumes, begegnet; die philosophische Erkenntnis dagegen immer auf den eröffnenden Horizont selbst, die Gegend selbst, den Raum selbst als die Offenheit zielt, darin die thematischen Bezugsgegenstände der Erkenntnis begegnen und in ihre wissenschaftliche Thematisierbarkeit gehoben werden.

Entsprechend unverfänglich müssen wir hier auch die Frage nach der Grundlegung der Philosophie nehmen. Sie hat für uns einen primär hermeneutisch-methodischen Sinn, indem wir uns an ihr die Perspektivik entwickeln, die Wege, die in der gegenwärtigen Bestimmungsvielfalt der Philosophie beschritten werden, auszuloten: gewissermaßen eine ‚Wanderkarte' gegenwärtigen Denkens zu entwerfen, indem wir herausstellen, im Hinblick worauf und wovonher als dem maßgeblichen Horizont sich die Gegenwartsphilosophie ihre Wege eröffnet, auf denen unterwegs sie sich ihre Sachverhalte in ihrer spezifischen Eigenart zuwendet, zeigen läßt und thematisch auseinandersetzt. Die Frage nach der Grundlegung der Philosophie beziehen wir methodisch auf die gegenwärtigen Bestimmungen der Philosophie als den eröffneten Wegen, auf den sich das Denken heute in gänzlich verschiedenen Ausrichtungen bewegt: es geht darin also weder um eine ‚eigene' Grundlegung der Philosophie noch um eine ‚metareflexive' Theorie der Philosophie im Sinne einer ‚Metaphilosophie', die jenseits und über den gegenwärtigen Bestimmungen der Philosophie ‚philosophiert', sondern um das Eindenken in die geschichtlich eröffneten Bahnen des Denkens: ein Eindenken, das insofern ‚prinzipiell' ist, als es ihm in erster Linie darum geht, die maßgeblichen Horizonte aufzuzeigen, aus denen das gegenwärtige Denken seine Wege generiert. Wir kommen als ‚Philosophierende' nicht um die Frage herum, was wir eigentlich tun, wenn wir ‚philosophisch' denken; und warum wir es dann so und in der Weise tun, wie wir es dann tun, z.B. wissenschaftstheoretisch oder hermeneutisch, phänomenologisch oder transzendental, marxistisch oder sprachanalytisch oder wie auch immer. Die Frage, wie und warum einer dazu kommt, überhaupt und dann so und nicht anders die philosophische Einsicht in das, was ist, zu suchen und zu unternehmen, muß sich ein Carnap ebenso wie ein Heidegger, ein Kant ebenso wie ein Adorno: und überhaupt jeder, der die Philosophie als die maßgebliche Bestimmung seiner Erkenntnispraxis und damit letztlich auch seines Menschseins betreibt, gefallen lassen und Rede stehen. Dies bleibt auch keinem erspart, der sich ‚sekundärphilosophisch' als Interpret irgendeines Philosophen betätigt; weil er dies nicht als ‚Historiker', sondern als ‚Philosoph' vollzieht, darin aber den prinzipiellen Rahmen, innerhalb dessen die philosophische Auseinandersetzung mit dem, was ist, zu erfolgen hat, als maßgeblichen Horizont seines Denkens übernommen hat. Ob ich Heidegger oder Adorno, Carnap oder Wittgenstein, Popper oder Husserl, Kant oder Hegel, Marx oder Nietzsche ‚folge', enthebt mich nicht der Verantwortung, für die jeweilig eingenommene Bestimmung von Begriff und Praxis der Philosophie ‚in toto' auch *philosophisch* geradezustehen. Gegen jedweden Versuch sekundärphilosophischer Stellvertretung in der Referenz auf einen bestimmten Namen, der als maßgebliche Autorität, oder eine bestimmte Richtung, die als geltender ‚Konsens' angeführt wird, ist daran festzuhalten, daß es in der Philosophie keinen ‚Rücken' gibt, hinter dem man sich verstecken kann; und das Denken, das sich philosophisch immer mit dem Anspruch auf eine maßgebliche Bestimmung der Art und Weise artikuliert, wie eine letztmögliche Klärung der Frage nach dem, was ist, zu erfolgen hat, muß sich ‚rückhaltslos' seinem ‚primärphilosophischen' Moment stellen, wenn anders es *als philosophisches* dadurch definiert ist, daß es - in welchem Sinne auch immer - ‚prinzipiell' ist. Die ‚sekundärphilosophische' Artikulation der Philosophie, wie sie im institutionalisierten Kontext unter dem Namen einer sogenannten ‚philosophischen Forschung' üblich geworden ist, generiert sich als Bestimmung der Philosophie ‚via interpretationis', die sich im hermeneutischen Akt ihrer Verständigungsprozesse historisierend und ästhetisierend aus ihrer geschichtlichen Haltung zu dem, was ist, absentiert; ihre primärphilosophische

Wunde - und Verwundbarkeit - verdeckt sie im Begriff des ‚Ansatzes', der das Denken als subjektiven und partikulären Akt des ‚Ansetzens' seiner Verantwortung enthebt, an die es durch die Frage nach der ‚Grundlegung der Philosophie' erinnert werden soll. Es ist schon längst zu einer fraglosen Selbstverständlichkeit der Gegenwartsphilosophie geworden, im Hinweis auf verschiedene ‚Ansätze' des Philosophierens jede Auseinandersetzung um das Philosophieren heute schon ‚im Ansatz' zu ersticken; und dies paradoxerweise gerade angesichts der geschichtlich erfahrenen Fragwürdigkeit der Philosophie selbst. Die Frage nach der ‚Grundlegung der Philosophie' steht gegen das ‚Ansatzdenken'; durch sie soll der Gegenwartsphilosophie eine Problematik erschlossen und d.h. als ihre eigenste wiedergegeben werden, die sie beständig zu überspringen tendiert, ohne deren Auseinandersetzung sie aber selbst hinter dem Begriff dessen zurückbleiben muß, was sie zu sein vorgibt: Philosophie. Gibt es Philosophie heute nur noch unter der Bedingung, daß man bereit ist, die Fraglichkeit der Philosophie selbst in der Grundlegungsfrage auch ausdrücklich auszutragen, dann bedeutet dies zugleich, daß man aus philosophischem Instinkt und quasi physiologisch absolut allergisch geworden ist gegen jedwede Rede von ‚Ansätzen', in denen die Bestimmung des philosophischen Denkens wie eine beliebige Option im Supermarkt der Theorien verhandelt wird. In der Grundlegungsfrage wird der Philosophie zuallererst eine Thematik wiedergegeben, die sie in Begriff und Praxis des ‚Ansetzens' überspringt; so daß sich dann das Denken in der Auseinandersetzung dieser Thematik selbst in die Möglichkeit versetzt, Begriff und Praxis seines Philosophierens zu verändern und zu modifizieren. Es ist deshalb schon ein wesentlicher Gewinn gegenüber dem Ansatzdenken, wenn das thematische Bezugsworauf, das in der Grundlegung der Philosophie auseinandergesetzt wird, als solches herausgestellt und damit in seine ausdrückliche Thematisierbarkeit freigegeben wird. Nun haben wir gesehen: Die Grundlegung der Philosophie vollzieht sich je in der Bestimmung eines ersten Prinzips, das einen - wie immer gesichteten - phänomenalen Zug des Seins, d.h. einen bestimmten thematischen Sachverhalt, zum Maß erhebt, von dem her das, was ist, hinsichtlich der Wahrheit seines Seins ausgemessen wird. Von ihm her vollzieht sich nun die Einsicht in das, was ist - und was nicht ist. Entscheidend für die Grundlegung der Philosophie ist diese ‚prinzipienlogische Wendung' phänomenaler Sachverhalte als der *maß-gebliche* Akt der Bestimmung des Denkens. Die Grundfrage des Denkens ist in dieser Hinsicht, woher es sein Maß nimmt. Diese Frage nach dem Maß des Denkens steht im Zentrum von Heideggers ganzem Denkweg; sie läßt sich, so Heideggers spätere Grundthese, überhaupt nicht anders als geschichtsontologisch aus dem ‚Ereignis des Seins' beantworten.

Nun besteht für uns die methodische Funktion der Grundlegungsfrage hier zuallererst darin, durch die Hervorkehrung der maßgeblichen Horizonte, aus denen sich die Wege gegenwärtigen Denkens in ihrer Bestimmungsvielfalt generieren, eine Ortung der geschichtlichen Situation des Denkens zu gewinnen, an der und aus der heraus es ‚grundsätzlicher' erfahren mag, was es mit seinen spezifischen Umgangsformen mit dem, was ist, auf sich hat. Denn nur dadurch wird es in die Möglichkeit versetzt, sich zu vertiefen oder zu verändern, umzukehren oder gänzlich neue Wege ins Verhältnis zu dem, was ist, zu eröffnen. Kraft dieser methodisch-hermeneutischen Funktion der Grundlegungsfrage, uns den Spielraum gegenwärtigen Denkens als solchen zu eröffnen, bleibt sie auch von Heideggers Frage nach der Philosophie qua Metaphysik unterschieden. Heidegger diagnostiziert die überlieferte Philosophie als ‚Seinsverborgenheit', die darin besteht, daß nicht das Sein als solches und in seiner radikalen Differenz zum Seienden, sondern nur als das ‚Seiendsein' von Seiendem, d.h. im Horizont der vereinheitlichenden, identifikatorischen Begründungsintention vernünftigen Wissens gedacht wird. Diese ‚Seinsverborgenheit', so Heidegger, ist aber keine Nachlässigkeit des Denkens, sondern die Sache des Seins selbst: sein Entzug in die Verborgenheit. Schon daran muß uns auffallen, daß Heidegger die Philosophie selbst nicht in einem ‚subjektiven' Sinne als theorienproduzierende Erkenntnistätigkeit nimmt, die für eine relativ kleine Gruppe von Individuen bedeutsam ist, sondern in einem ‚objektiven', gegenständlichen Sinne von dem in ihr gedachten und erkannten Sein her. Heideggers seinsgeschichtlichem Denken wird die Frage nach dem Sein zur Frage nach der geschichtlichen Unverborgenheit von Sein innerhalb der philosophisch-ontologischen Erkenntnispraxis. Darin liegt: ‚Philosophie' ist nicht aus dem ‚Subjekt' des Erkennens, dem Menschen, ‚erklärbar'. Wir müssen uns deshalb schon hier davor hüten, die Frage nach der Grundlegung der Philosophie in einem einseitig ‚subjektivistischen' oder naiv ‚objektivistischen' Sinne zu nehmen. Die Frage nach dem ‚Grund', dem ‚Wovonher' der Philosophie, bleibt wesentlich offen.

Vorerst geht es uns lediglich um die nähere Herausstellung des Bestimmungshorizontes des Denkens. Das Denken bestimmt sich, indem es phänomenale Grundzüge des Seins prinzipienlogisch wendet. Was liegt dieser ‚prinzipienlogischen Wendung' zugrunde?- Von woher erfolgt sie?- In welcher Perspektive?- Worum geht es ihr, und d.h. der Philosophie überhaupt?- Einerseits kehren wir damit in gewisser Weise an den Ausgangspunkt unserer Erörterungen zu Begriff und Bestimmung der Philosophie zurück: den unter ‚Bestimmungshorizont' denken wir das, im Hinblick worauf und wovonher sich das Denken seinen Weg freigibt und eröffnet, worumwillen es sich zu diesem bestimmt. In der begrifflichen Auflösung des ‚Worumwillen' der Philosophie als ‚theoria' kamen wir bislang aber nicht weiter als bis zu der ganz unbestimmten Anzeige, daß es dem Menschen in der theoretischen Erkenntnis um die Herstellung der Unverborgenheit dessen, was ist, als solcher ginge. Andererseits aber weist uns die Frage nach dem ‚Bestimmungshorizont' der gegenwärtigen Bestimmungsvielfalt der Philosophie auf eine bestimmte ‚Hermeneutik der geschichtlichen Situation', insofern sich das gegenwärtige Denken seinem eigenen Selbstverständnis nach *angesichts* einer bestimmten geschichtlichen Situation, die als die Fraglichkeit von Philosophie überhaupt erfahren ist, zu seiner bestimmten Art und Weise des Philosophierens veranlaßt. Die hermeneutische, im vor-philosophischen Verständnis gegebene, Erschlossenheit der geschichtlichen Situation fungiert als Maß, im Hinblick worauf die Bestimmung der Philosophie erfolgt. So schreibt etwa Walter Schulz: "Was Philosophie heute ist und sein kann, läßt sich nicht eindeutig und allgemein verbindlich festlegen" (1972, 842). Was immer dieser merkwürdige Satz eigentlich besagt, so stoßen wir darin doch auf eine für alle gegenwärtigen Überlegungen zur Bestimmung der Philosophie charakteristischen argumentativen Verwendung des Begriffs des ,Heute', das als Referenz auf die Faktizität einer bestimmten geschichtlichen Situation begründend und ausgrenzend die ,Logik der Beantwortung' der Frage nach der Philosophie leitet. Die ontologische Selbstthematisierung des Menschseins in der Gegenwart aus dem maßgeblichen Hinblick auf die geschichtliche Situation der Menschheit, wie sie sich in der hermeneutischen Selbsterschlossenheit des Denkens gibt. Die Philosophie selbst artikuliert sich in Begriff und Praxis ihrer Erkenntnistätigkeit notgedrungen als ein bestimmtes Verhältnis zu dem, was geschichtliche Gegenwart ist.

Klären wir nun zuallererst den Zusammenhang dieser beiden perspektivischen Vorgriffe auf den maßgeblichen ,Horizont' der Bestimmung der Philosophie. Im Begriff der ,theoria' ist gedacht, daß es dem Menschen ,umwillen seines Menschseins' um die Unverborgenheit dessen, was ist, gehen muß. Das Menschsein ist darin selbst hinsichtlich seiner Auszeichnung gesichtet, die ihm kraft seines vernünftigen Wissens inmitten des Seienden zukommt: die Auszeichnung, die Offenheit und Unverborgenheit dessen, was ist, zu vermögen. Das Menschsein ist im Begriff der ,theoria' gesichtet als die Differenz von Sein (Anwesenheit) und Wissen (Unverborgenheit): und nur unter dieser ,Voraussetzung' läßt es sich überhaupt ,theoretisch' bestimmen. Zur Grundlegung der Philosophie kann es geschichtlich nur dort kommen, wo sich das Menschsein selbst aus der Differenz von Sein und Wissen inmitten des Seienden ortet: Griechenland. Der Philosophie geht es nicht einfach um die *Erkenntnis* der Wahrheit, sondern in ihr geht es dem Menschen darum, sich als der Erkennende: der das Sein und Anwesen von Seiendem Entbergende und Eröffnende, *sein und anwesen zu lassen*; darum, daß sich das Menschsein als das wissend-entbergende Verhältnis zum Sein und Anwesen von Seiendem überhaupt hervorbringt und darin seinen Ort als sein ,êthos', sein Weltverhältnis inmitten des Ganzen des Seienden einnimmt. Geht es dem Menschen in der ,theoria' darum, sich von allem, was sonst noch ist, abzugrenzen und zu unterscheiden?- Aber warum sollte es ihm darum gehen?- Weil er als das Seiende, das durch ,Vernunft' und ,Bewußtsein' ausgezeichnet ist, sich eh schon von allem anderen bekannten Seienden unterscheidet: und diesen

Unterschied als Maßgabe seines Seins inmitten alles anderen Seienden erfährt?- *Ist* die Philosophie die Einrichtung der Differenz als die Exklusivität eines Seienden?- Aber was hätten wir mit einer solchen Antwort überhaupt gewonnen?- Die Einsicht in die Exklusivität des abendländischen Menschen als desjenigen, der durch die ‚theoria' als Grundbestimmung seines Weltverhältnisses einzig und allein die an sich bestehende Vernunftnatur des Menschen realisiert, während andere Menschheiten nur ‚an sich', dem Vermögen und der Anlage nach, ‚vernünftige Lebewesen' sind?- Oder die Einsicht in die Absonderlichkeit eines im Kontext der griechischen Lebenswelt aufbrechenden Bewußtseins menschlicher Singularität, das sich aus dem Gesamtzusammenhang alles Seienden verabschiedet?- Wozu aber?- Umwillen der ‚Wesensvollendung' des Menschen?- Was aber kümmert den Menschen sein ‚Wesen'?- Hat er dieses ‚an sich' - oder nimmt er es geschichtlich nur und allererst ein, indem er sich zur ‚theoria' bestimmt?- Was nimmt er damit ein?- Ein bestimmtes Weltverhältnis, das seine ‚wesensgemäße Wahrheit' ist: diese aber erst ist und sich als solche ausweist, indem es der Mensch faktisch schon eingenommen hat?- Ist der Begriff des ‚Wesens' des Menschen die Apologie eines Fehlschrittes, die retrospektiv legitimiert, was vorab nicht abzusehen war?- Woran stoßen wir uns?- An der Maßgeblichkeit der Faktizität eines Menschseins, durch das allererst die Bedingungen hervorgebracht werden, seine maßgebliche Wahrheit zu denken und auf den Begriff zu bringen. Wir drehen uns im Kreise, wenn wir das Worumwillen der ‚theoria' immer nur unter den Bedingungen eines maßgeblichen Begriffs des Menschseins denken können, der ihre eigene Voraussetzung darstellt und selbst nur kraft der geschichtlichen Faktizität ihres Auftretens maßgeblich wird. Lassen wir dieses Kreisen vorerst einmal stehen mit dem Hinweis, daß das Worumwillen der Philosophie sich offensichtlich nicht ohne einen maßgeblichen Begriff des Menschseins denken läßt.

Nun zur zweiten Perspektive, dem Hinblick auf die hermeneutische Erschlossenheit der geschichtlichen Situation. Worauf bezieht sie sich und wie haben wir ein solches Verständnis der geschichtlichen Situation überhaupt?- Etwa aufgrund theoretischer Überlegungen philosophischer oder wissenschaftlicher Art?- Sicher nicht; denn diese gibt es erst aufgrund der theoretischen Bestimmung des Wissens zu seiner Erkenntnispraxis und kann ihr deshalb nicht schon begründend zugrundeliegen. Die Frage verweist uns an unsere vor-theoretischen, vor-philosophischen und vor-wissenschaftlichen Verständnishorizonte, in die wir, insofern wir überhaupt sind, als Teilhaber einer bestimmten geschichtlichen Welt je schon aufgehen. Als Menschen sind wir vor aller Philosophie und theoretischen Erkenntnis überhaupt je schon in einem bestimmten, wie immer gearteten Verständnis und Bewußtsein dessen, was ist; aus diesem heraus verhalten wir uns zu uns selbst und allem anderen Seienden: und bestimmen uns dann mitunter auch zur philosophischen Erkennnis dessen, was ist. Dieses vor-philosophische Verständnis dessen, was ist, *sind* wir selbst als

Teilhaber und Subjekte einer bestimmten geschichtlichen Welt, d.h. es ist selbst kein ,objektiv' Vorhandenes, auch wenn es uns aus der Gegebenheit der realgeschichtlichen Verhältnisse an Anderen und von Anderen her begegnet, sondern wesentlich die geschichtliche Praxis einer ,geistigen Identität', eine bestimmte geistige Grundhaltung und Umgangsform mit den intentionalen Bezugsgegenständen des Wissens im Erkennen und Handeln. Diese ist uns aber in unserem erkennend-handelnden Verhalten zu intentionalen Gegenständen je schon mitwissend erschlossen als der spezifische hermeneutische Verständnishorizont, aus dem heraus wir uns zu dem, was ist, in der spezifisch geschichtlichen Bestimmtheit unseres Weltbezuges verhalten. Dieser liegt aller Grundlegung und Bestimmung der Philosophie im voraus zugrunde als der maßgebliche Horizont, aus dem sich das faktische Menschsein bestimmt; und wenn wir uns nicht mit diesem vor-philosophischen Verständnishorizont dessen, was ist, zufriedengeben, sondern ihn im ,Bedürfnis der Philosophie' überschreiten und verlassen, dann muß die Grundlegung der Philosophie doch eben das in sich auseinandersetzen, was uns vor-philosophisch irgendwie hermeneutisch erschlossen ist und uns als solches ins Philosophieren veranlaßt. Dies kann aber dann nur das vor-theoretisch geltende und maßgebliche Verhältnis von Sein und Wissen sein, aus dem sich das geschichtlich faktische Verhältnis des Menschen zu dem, was ist, insgesamt bestimmt. Dieses steht in der Grundlegung der Philosophie zu seiner Auseinandersetzung an. Im Hinblick auf die hermeneutische Erschlossenheit des geschichtlichen Menschseins in seinem Verhältnis zum Seienden überhaupt und im Ganzen - und damit das Verhältnis von Sein und Wissen - wird das vor-philosophische Verständnis dessen, was ist, zum thematischen Bezugsworauf der Grundlegung philosophischen Wissens. Diese vor-philosophische Identität unserer geschichtlichen Praxis im Umgang mit dem, was ist, können wir, insofern sie heute grundsätzlich durch die vergegenständlichende und verfügende Rationalität von Wissenschaft und Technik geprägt ist, als ,wissenschaftlich-technologische Rationalität' bezeichnen. Diese nennt das, was wir selbst hinsichtlich der zugrundeliegenden Bestimmung unseres geschichtlichen Weltverhältnisses *sind*; und als was wir uns in der Praxis unseres geschichtlichen Verhältnisses zu dem, was ist, mitwissend je schon erfahren haben und bewußt sind, auch wenn dies nicht ausdrücklich ,reflektiert' ist. Die hermeneutische Selbstöffentlichkeit der geschichtlichen Praxis eines bestimmten, kollektiven Verhältnisses zu dem, was ist, ist uns deshalb auch nicht in der Weise eines präzisen Begriffs gegeben, den wir ohne weiteres definitorisch entfalten können; sondern dieser entspringt erst der Reflexion auf diese hermeneutische Selbstöffentlichkeit und Selbsterschlossenheit eines geschichtlich kollektiven Weltbezuges, indem er eben das, was diese unthematisch und mitwissend weiß, in die Form eines ausdrücklich-thematischen und gegenständlichen Wissens bringt. Der Begriff der ,wissenschaftlich-technologischen Rationalität' verweist uns deshalb in erster Linie an uns selbst: die hermeneutische Erschlossenheit unserer, geschichtlich-geltenden und kollektiv-maßgeblichen Verständnishorizonte im Verhältnis zu dem, was ist. Seine begriffliche Fassung bleibt demgegenüber gerade durch den Versuch der präzisen inhaltlichen Bestimmung immer der Gefahr ausgesetzt, an dieser vorbeizugehen, so daß diese sich an jenem nicht mehr erkennt, ihn als den Begriff ihrer nicht anerkennt. Die methodische Transformation der hermeneutischen Selbstöffentlichkeit der geschichtlichen Praxis des Weltbezuges in die reflexive Bestimmung eines begrifflich-gegenständlichen und thematischen Bewußtseins muß sich deshalb selbst in einer gewissen Unbestimmtheit und Vagheit halten, weil diese, so paradox dies auf den ersten Blick auch klingen mag, letztlich ‚präziser' ist, wenn sie ‚unpräziser' ist, als wenn sie sich in den Versuch definitorischer Genauigkeit verrennt. Denn sie selbst hat in sich ihre eigene Bestimmtheit, die sie sich am hermeneutisch Anderen, das sie geschichtlich erfährt, erschließt. Wir *sind* Teilhaber und Subjekte der geschichtlichen Praxis neuzeitlichen - und nicht mittelalterlichen, antiken, ägyptischen, indischen - Weltverhältnisses und haben uns als solche auch schon in unserem Unterschied zu anderen möglichen Verhaltens- und Umgangsformen zu dem, was ist, verstanden. Was wir als die Menschen sind, deren Verhältnis zu dem, was ist, sich aus dem Horizont wissenschaftlich-technologischer Rationalität bestimmt, vollziehen wir in und aus der beständigen Mitwisserschaft und Selbstöffentlichkeit unserer intentionalen Bezüge heraus als die geschichtliche ‚Identität' unseres Seins. In der Bestimmung der Philosophie verhalten wir uns zur Faktizität des geschichtlichen Menschseins, das sich aus dem Horizont wissenschaftlich-technologischer Rationalität bestimmt: Sache der Grundlegung der Philosophie ist es, diesen als die maßgebliche Bestimmung des Menschseins auseinanderzusetzen.

Als Bestimmungshorizont der Philosophie zeigt sich damit wiederholt ein maßgeblicher Begriff des Menschseins. Betrachten wir nun die Bestimmung der Philosophie im Hinblick auf spezifisch geschichtliche Fraglichkeit im Horizont wissenschaftlich-technologischer Rationalität, dann dürfte uns dies auch in der Frage der theoretischen Bestimmung des Menschseins noch einen Schritt weiterbringen.

Der in die Grundlegung der Philosophie eingebrachte vor-philosophische Verständnishorizont wissenschaftlich-technologischer Rationalität ist an ihm selbst die geschichtliche Fraglichkeit der Philosophie, die Grundform ihrer Bestimmung von daher ‚anti-metaphysisch'. Gehen wir dieser ‚anti-metaphysischen' Grundform nach, dann verweist sie uns an die geschichtlichen Formationsbedingungen der wissenschaftlich-technologischen Rationalität als der Genese neuzeitlichen Weltverhältnisses. An der neuzeitlichen Grundlegung der Philosophie im Prinzip der Selbstgewißheit (Ichheit) zeigt sich die für die gesamte Neuzeit charakteristische Negation jedweder gegenständlichen Wahrheit, sei sie nun phänomenal gegeben oder Sache einer Offenbarung, *als Prinzip* ontologischen Erkennens, von dem her dieses sich methodisch begründen und ausweisen ließe. In der Negation jedweder gegenständlichen Wahrheit *als Prinzip* ontologischen Wissens liegt nicht zuletzt das anti-christliche, antitheologische und antireligiöse Moment, durch das sich die wissenschaftlich-technologische Rationalität als die spezifische Grundlage des neuzeitlichen Weltverhältnisses etabliert und gegen jegliche Form nicht im Prinzip der Subjektivität fundierten gegenständlichen Wissens abgrenzt. Die wissenschaftlich-technologische Rationalität konstituiert sich geschichtlich damit als die Negation der ‚Metaphysik', wobei ‚Metaphysik' aber nun jedwedes ontologische Wissen bezeichnet, das, sei es religiös, mythisch oder philosophisch, ihrem Prinzip, daß alles gegenständliche Wissen sich methodisch aus der Selbstgewißheit des Denkenden - oder seiner stellvertretenden Instanzen, z.B. der innere Konsens wissenschaftlicher Methodik - heraus vergewissern lassen muß, widerspricht. Die geschichtliche Identität der Neuzeit konstituiert sich aus ihrem Prinzip heraus ‚anti-metaphysisch'; und diese anti-metaphysische Identität geht konstitutiv ein in die Grundlegung der Philosophie, insofern sie sich in ihrer anti-metaphysischen Bestimmung eben der Fraglichkeit enthebt, die sie innerhalb der geschichtlichen Verständnishorizonte wissenschaftlich-technologischer Rationalität auszeichnet. Sie schließt als maßgeblicher Horizont möglicher Einsicht (Evidenz) in die Wahrheit dessen, was ist, ‚gegen-identisch' von sich aus, was ihr im Terminus der ‚Metaphysik' als unbestimmt Anderes begegnet. ‚Metaphysik' bezeichnet nichts weiter als das, was das Denken in der Bestimmung der Philosophie negierend von sich ausschließt; und es gibt deshalb ebensoviele begriffliche Bestimmungen der ‚Metaphysik' wie Bestimmungen der Gegenwartsphilosophie. Der begrifflich gedachte Inhalt des Terminus ‚Metaphysik' differiert um nichts weniger als um eben die Differenz in der maßgeblichen Bestimmung des Denkens: Er definiert den Andersdenkenden als Unwahrheit und Falschheit des Denkens. Indem die ‚anti-metaphysische' Bestimmung der Philosophie ‚ex negativo' den begrifflichen Inhalt dessen generiert, was ‚Metaphysik' sei, wird er als Begriff selbst inhaltlos und bezeichnet formaliter nicht mehr als die negative Instanz der ‚anti-metaphysischen' Selbstdefinition der Philosophie: das Verhältnis der geschichtlichen Gegenwendigkeit, aus der sich das Gegenwartsdenken konstituiert. Die ‚anti-metaphysische' Konstitution der Gegenwartsphilosophie in der ganzen Breite ihrer Bestimmungsvielfalt hat an dem, was sie je ‚Metaphysik' nennt, eigentlich überhaupt keinen ‚objektiven' Inhalt mehr, sondern produziert diesen je als den Gegenhalt ihres *geschichtlichen* Selbstbewußtseins. Diese gegenwendig bestimmte Geschichtlichkeit gehört der Philosophie als Spezifikum ihrer Bestimmung *innerhalb* der geschichtlichen Welt der wissenschaftlich-technologischen Rationalität an. Dies aber heißt, daß sich das Menschsein innerhalb der wissenschaftlich-technologischen Rationalität selbst ‚geschichtlich' verstanden hat. Das, was der Mensch faktisch ist, ist er als Geschichtlicher und aufgrund der Geschichtlichkeit: durch dieses bestimmt sich sein Sein als Mensch. Der Begriff der ‚Geschichtlichkeit' steht damit als die ontologische Bestimmung des Menschseins im Blick. Wenn das Verständnis der geschichtlichen Situation eine entscheidende und leitende Bestimmungsfunktion in der Grundlegung der Gegenwartsphilosophie einnimmt, dann ist dies alles andere als eine Selbstverständlichkeit; sondern dürfte sich dem vor-philosophischen Verständnishorizont wissenschaftlich-technologischer Rationalität verdanken, darin das Menschsein sich selbst ‚geschichtsontologisch' vorverstanden hat.

Werfen wir von hier aus einen Blick auf Auseinandersetzung der Fragwürdigkeit der Philosophie im Horizont wissenschaftlich-technologischer Rationalität. Eine erste und noch ganz schematische Möglichkeit, die gegenwärtigen Bestimmungen der Philosophie anzuordnen, bietet sich, indem wir das Verhältnis, die Position, die das Denken in der Bestimmung der Philosophie zur wissenschaftlich-technologischen Rationalität bezieht, auf einer +/- Achse als das Verhältnis von Affirmation und Negation verzeichnen und danach die verschiedenen Bestimmungen der Philosophie anordnen. Am extremen + Pol als der Affirmation der maßgeblichen Bestimmung des Verhältnisses von Sein und Wissen im Paradigma der wissenschaftlich-technologischen Rationalität können wir dann alle wissenschaftstheoretischen Bestimmungen der Philosophie eintragen (Logischer Positivismus, Analytische Philosophie, Kritischer Rationalismus etc.); am extremen - Pol, der Negation der wissenschaftlich-technologischen Rationalität als maßgeblicher Bestimmung des Menschseins, Bestimmungen des Philosophierens, wie sie uns an Kierkegaard, Nietzsche und nicht zuletzt Heidegger entgegentreten. Diese Extreme umreißen dann die Gegenwartsphilosophie als Spannungsfeld in der Auseinandersetzung um die Maßgeblichkeit der wissenschaftlich-technologischen Rationalität, ihren letztgültigen Prinzipiencharakter für das Verständnis dessen, was ist; von daher aber für das Menschsein selbst, insofern es sich aus seinen Verständnishorizonten zu seinen Verhältnisses zum Seienden insgesamt bestimmt. In der Affirmation der Maßgeblichkeit wissenschaftlich-technologischer Rationalität als Prinzip des Menschseins liegt immer auch die Affirmation einer geschichtlichen Welt und eines geschichtlichen Menschseins, das daran seine tragende Grundlage hat; entsprechend natürlich auch für ihre Negation. Dies heißt: In der Grundlegung der Philosophie bezieht das Denken Position zur Faktizität der geschichtlichen Welt, aus der heraus und auf die hin es die Maßgeblichkeit seines Prinzips denkt.

Die differenziertere Möglichkeit, die Bestimmungsvielfalt der Philosophie anzuordnen, ergibt sich aus dem Hinblick auf eine differenziertere Fassung des leitenden Ordnungsprinzips: der Auseinandersetzung der Fraglichkeit der Philosophie angesichts der wissenschaftlich-technologischen Rationalität. Die Bestimmung der Philosophie, die aus ihrer Grundlegung resultiert, muß diese in ihre bestimmte Praxis, die bestimmte Art und Weise ihres methodischen

Vollzuges, freigeben; sie muß die Fraglichkeit der Philosophie selbst thematisieren und in ihrer Bestimmung Auskunft darüber enthalten, wie Philosophie angesichts der wissenschaftlich-technologischen Rationalität als dem geschichtlich geltenden Weltverhältnis ihre Erkenntnispraxis noch vollziehen kann. Formal lassen sich drei Möglichkeiten, die Philosophie im Hindurchgang durch ihre geschichtliche Fraglichkeit zu bestimmen, aufzeigen:

1.1. Das, was ihrem allgemeinen Begriff nach Sache der Philosophie ist: die ontologische Prinzipienerkenntnis, wird unter den maßgeblichen Bedingungen der wissenschaftlich-technologischen Rationalität neu konzipiert: die Philosophie also gewissermaßen auf diese reduziert, indem sie ihrem Begriff nach als ‚Metawissenschaft' gefaßt wird. Die metawissenschaftliche Auflösung der Fraglichkeit der Philosophie führt uns wieder auf das Feld der wissenschaftstheoretischen Bestimmungen der Philosophie, die sich grundsätzlich affirmativ zur geschichtlich-geltenden und bestehenden Grundform des Weltverhältnisses verhalten (Affirmationsfeld).

1.2. Eine zweite Möglichkeit, die Fraglichkeit der Philosophie aufzulösen, besteht darin, die wissenschaftlich-technologische Rationalität selbst infrage zu stellen: und zwar hinsichtlich der sie in der Bestimmung des Verhältnisses von Sein und Wissen tragenden Gründungsmomente. Diese erschließen sich aber ntgedrungen an den neuzeitlichen Grundlegungen der Philosophie, vorrangig der Transzendentalphilosophie; und überhaupt in ‚philosophiegeschichtlicher Vorgängigkeit', so daß die Philosophie selbst in ihren überlieferten Grundlegungen im Hinblick auf ihre Gründungsfunktion wissenschaftlich-technologischer Rationalität hin thematisiert wird: diese also gewissermaßen der maßgebliche Rahmen des Philosophierens bleibt, zugleich aber auch auf die Philosophie hin überschritten und damit in gewisser Weise verlassen wird; das ‚Rationale' am philosophiegeschichtlich Überlieferten mit dem ‚Philosophischen' an der gegenwärtigen Rationalität zu Deckung gebracht wird. In der Grundform dieser Auseinandersetzung der Fraglichkeit der Philosophie konstituiert sich das weite Feld der - vor allem im institutionalisierten Kontext ‚philosophischer Forschung' praktizierten - hermeneutischen Bestimmung der Philosophie ‚via interpretationis', die sich mitunter zwar gerne unter der Bezeichnung ‚Sekundärliteratur' versteckt, selbst aber als Bestimmung des Philosophierens genommen nur ‚sekundär' ist durch die praktizierte geschichtliche These, daß die Prinzipien des bestehenden Weltverhältnisses wissenschaftlich-technologischer Rationalität im Bezug auf philosophiegeschichtlich überlieferte Grundlegungen aufzuklären sind. Dabei kann ebensosehr Kant und die Auseinandersetzung der Transzendentalphilosophie bei Fichte und im deutschen Idealismus bis hin zu seiner Umkehrung durch Marx im Blick stehen wie philosophische Theoreme mittelalterlichen und antiken Denkens; was für die hermeneutische Bestimmung der Philosophie ‚via interpretationis' allein entscheidend ist, ist die Tatsache, daß sie aus der Bezugsstiftung von überlieferter Philosophie und wissenschaftlich-technologischer Rationalität heraus das Eingeständnis lebt, daß die wissenschaftlich-technologische Rationalität *nicht* als solche und in sich die Maßgeblichkeit ihres Prinzipiencharakters zulänglich begreifen kann, sondern dies nur im Rahmen einer ihr gegenüber andersartigen genuin ‚philosophischen Verständigung' möglich ist, die aber nun ihrerseits den Bedingungen der faktisch praktizierten Rationalität entsprechen muß. Das geschichtliche Phänomen, daß wir es in der gegenwärtigen Bestimmung der Philosophie mit der Konstitution eines ganz eigenen ‚Interpretationsfeldes' zu tun bekommen, scheint darauf hinzuweisen, daß es im prinzipientheoretischen Horizont einer philosophischen Grundlegung gegenwärtiger Rationalität nichts zu denken gibt, was nicht schon durch eine überlieferte Grundlegung der Philosophie gedacht wäre; ein auffälliger Fehl und Entzug an Möglichkeiten der Grundlegung der Philosophie außerhalb ihrer überlieferten Bestimmungen verpflichtet sie zur Bestimmung des Denkens ‚via interpretationis', die ihre Gegenwart an der hermeneutischen Wiederholung des Gewesenen als geschichtlich abgeschlossen und Negation des Neuen: als ‚Ende der Philosophie' - artikuliert.

1.3. Die dritte Möglichkeit, die Fraglichkeit der Philosophie auseinanderzusetzen, besteht darin, die wissenschaftlich-technologische Rationalität als das geschichtlich-maßgebende Prinzip des Menschseins zu negieren, darin aber die überlieferte Philosophie als ihr konstitutives Gründungsmoment so einzubeziehen, daß die Philosophie selbst und mit ihr das Menschsein neu und anders gedacht werden muß. Die Fraglichkeit der Philosophie angesichts der wissenschaftlich-technologischen Rationalität wird zur Fraglichkeit dessen, was heute ist; und indem dieses geschichtlich verstanden wird, konstituiert sich das Denken ‚geschichtsontologisch' und generiert als solches das ‚Negationsfeld' gegenwärtiger Bestimmungen der Philosophie, das in ganz unterschiedlicher Weise durch das Denken von Marx, Kierkegaard, Nietzsche, Heidegger, Adorno und anderen besetzt wird.

Betrachten wir nun dieses Spannungsfeld gegenwärtigen Denkens nun hinsichtlich seines leitenden Bestimmungshorizontes genauer: Die wissenschaftlich-technologische Rationalität ist in der hermeneutischen Selbsterschlossenheit des Denkens schon vor-philosophisch erschlossen *als* die maßgebliche Praxis des geschichtlichen Menschseins, das sich in den realgeschichtlichen Verhältnissen zu dem, was ist, artikuliert: und wenn es um die Auseinandersetzung ihrer ‚Wahrheit' geht, dann ist damit nie die logische Evidenz ihrer Verständnisstrukturen gemeint: denn diese kommt ihr als dem maßgeblichen Verständnishorizont, der die vor-philosophische Identität des geschichtlichen Denkens ausmacht, schon von sich her zu. Gemeint ist die faktische Wahrheit des Menschseins in seinem Verhältnis zu dem, was ist: ob und inwiefern es in der Wahrheit ist oder im Schein. Gemeint ist die faktische Konstellation von Sein und Wissen, aus der sich die wissenschaftlich-technologische Rationalität als das maßgebliche Grundverhältnis des Menschen zum Seienden bestimmt und den Menschen als das ‚onto-logische' Verhältnis (zum Sein des Seienden) in die *ihm gemäße Praxis seines Seins entläßt.* Im Blick der Auseinandersetzung der faktisch als ‚wissenschaftlich-technologische Rationalität' vorgegebenen und maßgeblichen Konstellation von Sein und Wissen steht ein *maßgeblicher* Begriff des Menschseins, der sich auf der Ebene des vorphilosophischen Verständnisses dessen, was ist, als das ‚Bedürfnis der Philosophie' geltend macht: d.h. als das Bedürfnis, die Praxis des geschichtlichen Menschseins auf seinen maßgeblichen Verständnishorizont hin zu thematisieren. Dieses ‚Bedürfnis', das sich in der mitwissenden Selbstöffentlichkeit der geschichtlichen Praxis des Weltverhältnisses anmeldet und dadurch ins Philosophieren: die Grundlegung und Bestimmung der Philosophie - veranlaßt, entspringt selbst nur angesichts einer erfahrenen ‚Nichtigkeit' der geschichtlichen Praxis des Menschseins, irgendeines Fehls und Mangels, der sich selbst wiederum überhaupt nur im Lichte einer maßgeblichen Bestimmung des Menschseins erfahren und sichten läßt. Im Blick auf die gegenwärtigen Bestimmungen der Philosophie können wir durchgängig feststellen, daß diese sich immer im Hinblick auf einen maßgeblichen Begriff des Menschseins artikulieren, von dem her die geschichtliche Faktizität des Menschseins, die realgeschichtlichen Verhältnisse, in denen es aufgeht, als ausständig und defizient, d.h. als irgendwie ‚nichtig', ‚negativ' diagnostiziert werden. Das faktisch geschichtliche Menschsein erschließt sich als Fehl und Mangel an Rationalität, freier und autonomer Selbstbestimmung, orientierter Sinnhaftigkeit, Gemeinschaftsfähigkeit, Transzendenzbezug und anderem mehr, als deren Überwindung sich nun die korelative Bestimmung der Philosophie präsentiert. Die innere Bestimmtheit ihrer Erkenntnispraxis generiert sie aus der im Hinblick auf einen maßgeblichen Begriff des Menschseins diagnostizierten ‚Negativität' (Nichtigkeit) faktischen Menschseins. Diese ist eine je andere im ‚Affirmationsfeld', ‚Interpretationsfeld' oder ‚Negationsfeld' gegenwärtiger Bestimmungen der Philosophie. Die Bestimmung der Philosophie entspringt je aus der - im Horizont maßgeblich angesetzten Menschseins - Diagnostik faktisch-geschichtlicher Negativität als deren Therapie; sie läßt sich je an als die Therapie einer im Horizont wesenhafter Vollendung des Menschseins diagnostisch erschlossenen Negativität (Nichtigkeit) faktisch-geschichtlichen Menschseins. Auf den ersten Blick geraten wir deshalb in die Versuchung, zu sagen, in der Bestimmung der Philosophie werde je ein als ‚Ideal' entworfener Begriff dessen, was der Mensch sein ‚soll', ‚angesetzt'; und aufgrund der begrifflichen Variationen im Entwurf des Ideals des Menschseins variiere dann auch die Bestimmung der Philosophie, wie sie sich an den verschiedenen ‚Feldern' auskristallisiert. Als Maß fungiert ein ‚Ideal' des Menschseins, an dem sich der Begriff dessen, was der Mensch als solcher und seinem Wesen nach ist, gänzlich vollendet, erfüllt und konkretisiert; und diesem *soll* nun die geschichtliche Wirklichkeit des Menschen

‚möglichst‘ entsprechen, und umwillen dieser Entsprechung, also der realgeschichtlichen Verwirklichung vollendeten und von sich her erfüllten Menschseins, gehe es in der Bestimmung der Philosophie. Die Bestimmung der Philosophie selbst artikuliert sich demnach als die ‚Negation des Negativen‘: und genau diese ist das, was im maßgeblichen Begriff des Menschseins veranschlagt wird. Wir können es uns deshalb sparen, nach dem Grund und Wovonher des maßgeblichen Begriffs des Menschseins zu fragen, seine Beliebigkeit zu kritisieren oder seine Maßgeblichkeit, seine beanspruchte ‚Normativität‘, infrage zu stellen oder als thematischen Problemhorizont allen Philosophierens in seiner Grundlegung einzuklagen. Denn nicht dies, was *als* ‚Ideal‘ des Menschseins ‚angesetzt‘ wird, ist das Entscheidende, worauf wir achten müssen; sondern, daß, was immer als entworfenes ‚Ideal‘ des Menschseins das Maß in der Grundlegung und Bestimmung der Philosophie abgibt, der Begriff eines ‚ent-negativierten Menschseins‘ ist, den das Denken strukturell aus der Negation des Negativen generiert. Dieser Sachverhalt ist gegenüber dem des ‚Ansetzens‘ von ‚Idealen‘ der grundlegendere, prinzipiellere Sachverhalt; an ihn müssen wir uns halten, wenn wir in das Zentrum der Grundlegungsproblematik der Philosophie vordringen wollen. Am Begriff ‚ent-negativierten Menschseins‘ hat die Philosophie in ihrer Grundlegung den Menschen als einen solchen gesichtet, der in seinem Sein durch Nichtigkeit bedroht ist; und zwar in der Weise, daß dieser negative und verneinende Zug im Menschsein selbst nichts Beiläufiges und Nebensächliches ist, sondern den Kern des Menschseins selbst ausmacht: der Mensch wesentlich als das Verhältnis zu seinem Nicht ist, was er ist. Die Bestimmung der Philosophie wurzelt in der Auseinandersetzung der ‚Negativität‘ des Menschseins; und da sie nun selbst eine Sache des Menschen ist, erweist sich die Philosophie als eine bestimmte Art und Weise, in der der Mensch die Negativität seines Seins auseinandersetzt, mit ihr umgeht und darin ein Verhältnis zum Nicht seines Seins generiert. Ob dies eine bloße Sache des Menschen ist, bleibe dahingestellt. Wozu Philosophie?- Umwillen der ‚Bewahrung‘ und ‚Befreiung‘, der ‚Rettung‘ und ‚Erlösung‘ (soteria) des Menschseins im Hinblick auf die Negativität seines Seins. In der Bestimmung der Philosophie begibt sich der Mensch, insofern er sich unmittelbar von sich selbst her als die Negativität seines Seins erschlossen ist, in die Auseinandersetzung seines Verhältnisses zum Nicht seines Seins: das Wesen der Philosophie ist ‚soteriologisch‘ bezogen auf das Menschsein und entspringt in ihrem ‚soteriologischen Grundzug‘ der Sache des Menschseins selbst, die Negativität seines Seins auseinandersetzen zu müssen. Denn als Wissender und Erkennender ist der Mensch an sich selbst unvermittelt die Erschlossenheit des nichthaft-verneinenden Grundzuges seines Seins, zu dem er, als Wissender, ein Verhältnis gewinnen muß, ohne das er sein Menschsein nicht vermag. Kann der Mensch nur Mensch sein: sein Menschsein vermögen, insofern er als Wissender ein Verhältnis zum nichthaft-verneinenden Grundzug seines Seins stiftet, dann liegt in dieser Auseinandersetzung der Negativität seines Seins auch der diagnostisch-wendende Selbstbezug des Menschen auf sich, wie er uns in der Bestimmung der Philosophie als die Differenz von Begriff und Wirklichkeit des Menschen entgegentritt; und wir haben es nicht mit einem außerhalb des Menschseins stehenden ‚philosophischen Denken' zu tun, das sich - aus was für Gründen auch immer, zur ‚Therapie' diagnostizierter Negativität geschichtlichen Menschseins bestimmt und dabei mehr oder minder willkürlich entworfene Maßstäbe dessen, was der Mensch sein soll, ansetzt, sondern: Die Philosophie selbst ist eine Art und Weise, in der sich der Mensch ein Verhältnis zur Negativität seines Seins gibt, indem er diese an ihr selbst auseinandersetzt (‚diagnostiziert'). Diese Auseinandersetzung ist der Kern der soteriologischen Bestimmung der Philosophie, die als solche wesentlich auf ‚Wahrheit' bezogen ist. Schon dies verbietet es, das ‚soteriologische' Moment ideologiekritisch abzutun, zumal gerade die Ideologiekritik selbst aus der Soteriologie des Wahren lebt. Philosophie ist eine Weise unter und neben anderen, die Negativität menschlichen Seins auseinanderzusetzen: nämlich in der spezifischen Weise begrifflich-theoretischen Erkennens, die sie auch in ihrem soteriologischen Wesen näher bestimmt und von anderen Arten und Weisen, dem Menschsein ein Verhältnis zum Negativen seines Seins zu stiften, z.B. der Religion oder der Kunst, unterscheidet. Die Bestimmung der Philosophie ist die Bestimmung der in sich *begrifflichen* Art und Weise der Verhältnisstiftung zur Negativität menschlichen Seins; und eine geschichtliche Bestimmung der Philosophie wird deshalb daran ihr Maß haben, inwiefern sie dem geschichtlichen Menschsein selbst ein Verhältnis zur Negativität seines Seins durch das begriffliche Denken der ontologischen Erkenntnispraxis geben kann. Philosophie, so Hegel, "geht ... aus ihrem Zeitalter ... hervor, ..., um gegen die Zerrüttung des Zeitalters den Menschen aus sich wiederherzustellen und die Totalität, welche die Zeit zerissen hat, zu erhalten" (W II, 120). Die Weite und Tiefe eines Denkens bemißt sich immer danach, wie weit und tief die Negativität menschlichen Seins gedacht ist, aus deren Gedachtsein sich das Denken zu dem bestimmt, als was es durch sich selbst dem Menschen ein Verhältnis zur Negativität seines Seins zu stiften vermag; wenn, im Anklang an Hegel gesagt (PhdG, 28/29), der Geist nur so tief ist, als er dem Negativen ins Angesicht zu blicken vermag, dann gilt eben dies von der Bestimmung der Philosophie, die sich in sich immer aus der Tiefe und Zulänglichkeit generiert, die Verletzung geschichtlichen Menschseins auf den Begriff zu bringen und in ihrer Wahrheit zu denken: Sie ist, was sie als Praxis ontologischen Erkennens ist, immer nur angesichts der Negativität, die sie als Konstitutivum menschlichen Seins im Blick hat; und wer mit den wissenschaftstheoretischen Bestimmungen der Philosophie (Affirmationsfeld) ‚nichts anfangen kann' ist ebensosehr wie derjenige, der den geschichtsontologischen Bestimmungen der Philosophie (Negationsfeld) kopfschüttelnd gegenübersteht, ein solcher, der mit der jeweils leitenden und maßgeblichen

Diagnostik der Negativität menschlichen Seins nichts gemein hat: den Blick ins Nicht, den Entzug und die Verweigerung menschlichen Seins, nicht teilt. Wer angesichts der geschichtlichen erfahrenen Situation als ‚Nihilismus' denkt, wird anders denken und anderes denken als der, dem sie sich als Defizit an Rationalität und Selbstbestimmung erschließt. Am Blick ins Negative menschlichen Seins kristallisiert sich aus, als was sich das Denken in seine bestimmte methodische Denkpraxis veranlaßt und ihr den ihr gemäßen Sachbereich ‚modellphilosophisch' zuweist. Die gegenwärtige Bestimmungsvielfalt der Philosophie konstituiert sich als das Spannungsfeld in der Diagnostik der Negativität menschlichen Seins, die ihrem spezifisch neuzeitlichen Verständnis nach in der Geschichtlichkeit des Menschseins beruht und als solche der hermeneutischen Selbstöffentlichkeit des Denkens im Vollzug seiner geschichtlichen Identität angehört. Sie konstituiert sich als das ‚soteriologische Differential' geschichtlichen Menschseins: und dies, keineswegs aber Bestimmungen theoretischer Wahrheit und Unwahrheit, macht ihren Begriff aus.

Von daher kehren wir nun in der Tat an den Ausgangspunkt unserer Betrachtungen zurück, der Bestimmung der Philosophie als ‚theoretische Wissenschaft' und die ‚theoretische' Bestimmung des Menschseins. Die ‚theoria' muß nun begriffen werden als die maßgebliche Weise, in der sich der abendländische Mensch ein Verhältnis zum Negativen seines Seins gibt; und dieses, das Verhältnis zum Nichthaften menschlichen Seins, ist das Worumwillen der theoretischen Erkenntnis als der Herstellung der Unverborgenheit dessen, was ist. Dieses Nichthafte, Negative, Verneinende, Gegenstrebige und Widerwendige menschlichen Seins, auf das die theoretische Bestimmung des Menschseins antwortet, ist nichts anderes als die Grundstruktur physischen Seins und Anwesens: die Gegenwendigkeit von Werden und Vergehen als das ‚Umschlagen' (metabole) aus dem Nichtsein ins Sein und aus dem Sein ins Nichtsein. Die der ‚theoria' zugrundeliegende Diagnostik der Negativität menschlichen Seins ist die ‚physis' (Natur) als Prinzip des Nichthaften. Warum?- Weil der Begriff der ‚theoria' die ‚Unverborgenheit' (aletheia) gegen das Sein und Anwesen kehrt, das als die physische Umschlagsspannung von Sein und Nichtsein das Menschsein unmittelbar an sich selbst erschließt und offenbart; denn das vernünftige Wissen ist als Bereich und Ort der Unverborgenheit *von* Sein *als ‚physis'* das Andere zur ‚metabolischen' Struktur des Anwesens von Seiendem überhaupt, also gerade auch des Menschen; und es erschließt sich als solches im Gegenzug zur ‚Physis' als ‚aphysisches' Sein, darin der Mensch seiner naturhaft erfahrenen Verletzbarkeit und Sterblichkeit, seiner Vergänglichkeit und Unbeständigkeit entzogen ist. Jeder Blick auf die platonisch-aristotelische Grundlegung der Philosophie kann das bestätigen: Die ‚theoria' wird zum Maß des Menschseins angesichts der Erschlossenheit der ‚Physis' als ‚Negativität', gegenwendige Nichtigkeit metabolischen Seins. Angesichts dieses ‚aphysischen Seins' der theoretisch erkennenden Vernunft faßt Platon, am umfassendsten im ‚Phaidon', die Philosophie selbst als die menschliche Praxis, den Tod und mit ihm alles physisch Nichthafte unseres Seins zu vermögen; und Aristoteles bestimmt die ‚Vernunft' als "den Gott in uns", d.h. das ‚Unsterbliche', ‚Todlose' (athanaton) und die Praxis theoretischen Erkennens entsprechend als ‚Todlos-werden' (athanizein, Nik. Eth. 1177 b 33). Die ‚sophia' erweist sich als der Tätigkeitsvollzug (energeia) göttlich-todlosen Seins (‚athanasia') als dem Anderen zur physischen ‚metabole'. Wir wir am ‚onto-theo-logischen' Grundzug der Metaphysik gesehen haben, steht der Begriff der ‚theoria' damit für die Entdeckung des Andersseins des Menschen zur ‚Physis', für die Eröffnung seiner Differenz zum metabolischen Sein der Natur in und durch die vernünftige Erkenntnis als solcher. Aus diesem Verhältnis seines Andersseins heraus gewinnt er nunmehr ein Verhältnis zu seiner naturhaften Verletzbarkeit und Sterblichkeit: Die ontologische Prinzipienwissenschaft fungiert als ‚Entnegativierung' *physischen* Menschseins. Diese theoretische Bestimmung der Wissenschaft insgesamt verändert sich aber zunehmend im Vollzug neuzeitlichen Erkennens zu einer Technologisierung der Wissenschaften, ein Prozess, der auch heute noch nicht abgeschlossen ist. An die Stelle der theoretischen tritt die technologische Bestimmung der Wissenschaft: Sie bestimmt sich nicht mehr umwillen der Unverborgenheit dessen, was ist, sondern umwillen der geschichtlichen Herstellung eines Menschseins, das sich in seiner sozialen und physischen Lebenswirklichkeit dem Negativen seines Seins enthoben hat. Das Denken wird zunehmend auf die geschichtsteleologische Erfüllung menschlicher Lebenswirklichkeit ausgerichtet. Die wissenschaftlich-technologische Rationalität hat an der Entnegativierung des Menschseins durch den realgeschichtlichen Zustand einer gesellschaftlichen Praxis und sozialen Wirklichkeit ihren eigenen maßgeblichen Bestimmungshorizont, der sich nun ‚geschichtsontologisch' im Hinblick auf die Geschichtlichkeit des Menschseins artikuliert. Die Negativität des Menschseins ist nicht mehr oder zumindest weniger physisch als *geschichtlich* verstanden; die Geschichtlichkeit übernimmt in der Substitution des Naturbegriffes die Funktion eines ontologischen Grundbegriffes, durch den sich das Menschsein: und damit das Verhältnis von Sein und Wissen - definiert. Was ein solcher ‚ontologischer' Begriff von ‚Geschichte' eigentlich besagt, können wir hier noch nicht sehen; insofern aber ein solcher in der hermeneutischen Erschlossenheit der geschichtlichen Situation je schon, ob ausdrücklich oder nicht, zur Bestimmung der Philosophie ‚heute' veranschlagt wird, *begründet* sich allein von ihm her die Forderung, daß angesichts einer grundsätzlich veränderten Konstellation von Sein und Wissen, die im Begriff wissenschaftlich-technologischer Rationalität als das *geschichtlich-maßgebliche* Faktum der Gegenwart verstanden ist, die ontologische Erkenntnis von Sein überhaupt mitverändert werden müsse. Der wie immer näher zu bestimmende ontologische Begriff der Geschichte bezieht sich also genauer besehen auf die Konstellation von Sein und Wissen, hinsichtlich derer sich die geschichtliche Gegenwart in ihrem Geschichtlichsein - ihrem ‚Geschehenscharakter‘ - selbst erschlossen hat; und im Hinblick auf diesen ontologischen Begriff der Geschichtlichkeit des Verhältnisses von Sein und Wissen bestimmt sich nun näher die Diagnostik der Negativität des Menschseins in der gegenwärtigen Bestimmungsvielfalt der Philosophie. Ist diese geschichtlich, dann ist auch der spezifisch neuzeitliche und moderne Umgang mit der Negativität menschlichen Seins durch den Begriff der Geschichtlichkeit gekennzeichnet; die Philosophie, wo sie den Menschen in seinem Sein als Verhältnis zum Nicht denkt, ‚geschichtsphilosophisch‘ bestimmt.

Wir kommen damit zu folgendem Resultat unserer Überlegungen: Die neuzeitliche Grundlegung der Philosophie vollzieht sich in der modellontologischen Bestimmung des Verhältnisses von Sein und Wissen. Diese selbst vollzieht sich aus dem maßgeblichen Hinblick auf die Negativität menschlichen Seins, die geschichtsontologisch an der faktisch bestehenden und geltenden Konstellation von Sein und Wissen geortet und auseinandergesetzt wird. Von daher konstituiert sich die modellphilosophische Bestimmungsvielfalt der Gegenwartsphilosophie aus der geschichtlichen Diagnostik des im Horizont wissenschaftlich-technologischer Rationalität eröffneten Menschseins als das Spannungsfeld differenter Grundformen, die Negativität menschlichen Seins in der überlieferten Weise ontologischen Erkennens auseinanderzusetzen.

Dazu wäre noch vieles zu sagen und eigentlich beginnt erst hier eine eingehende Auseinandersetzung um die Philosophie. Beschränken wir uns hier auf den ‚prinzipientheoretischen‘ Aspekt, wie er uns aus dem Begriff der Philosophie vorgegeben ist, dann gibt dieser uns zumindest ein formales Kriterium an die Hand, die Denkwege im Spannungsfeld gegenwärtiger Philosophie auf ihre Wahrheit und Unwahrheit, ihre Zulänglichkeit und Unzulänglichkeit auszuloten. Denn zum Begriff der Philosophie als ‚Prinzipienwissenschaft‘ gehört, daß sie das Wissen, das sie in ihrer Grundlegung und zu dieser in Anspruch nimmt, auch innerhalb ihrer und von ihren eigenen Prinzipien her in ihrer Wahrheit einsichtig machen kann: so daß jede Bestimmung der Philosophie, die ihrem Begriff und Anspruch nach als Bestimmung der ‚prote philosophia‘ auftreten können soll, in sich selbst die Bestimmungsprinzipien ihrer Wahrheit nach aufweisen können muß. Von der Philosophie kann man zurecht verlangen: und man muß dieses von ihr in der Grundlegung der ‚prote philosophia‘ und damit ihres Begriffs auch einfordern, daß sie den ‚Horizont‘, von dem her und auf den hin sie sich zu der Bestimmung ihres Sachbereiches (‚Modells‘) und ihrer spezifischen Methodik veranlaßt, an ihm selbst denkend auseinandersetzt und philosophisch einholt. Philosophisches Denken, das dieses versäumt, bleibt hinter seinem Begriff zurück und eine Bestimmung der Philosophie, die ihre Bestimmungsgründe *nicht* unter ihren eigenen Prinzipien denken kann, ist hinsichtlich ihres Grundlegungsanspruches als ‚prote philosophia‘ hinfällig; sie mag irgendein Teilgebiet, irgendeine

Disziplin oder irgendeine theoretische Komponente der Philosophie ausmachen: aber eine Bestimmung ihres Begriffs ist sie sowenig wie überhaupt eine solche *der* Philosophie (‚prote philosophia'). Wenn wir, insofern wir überhaupt philosophieren, je schon in der Entschiedenheit einer bestimmten Denkpraxis innestehen, dann stehen wir damit auch schon ständig in der begrifflichen Auseinandersetzung der Bestimmungsvielfalt der Philosophie. In dieser beziehen wir Position; geben an, warum wir so und nicht anders denken: und aritikulieren damit das Denken hinsichtlich seiner Bestimmung aus einer maßgeblichen Perspektivik heraus als ‚wahres' im Unterschied zu ‚unwahrem', ‚falschem', ‚scheinhaftem', ‚ideologischem' Denken. Ebenso grundlegend wie die leitende theoretische Perspektivik von ‚Wahrheit' und ‚Falschheit' ist aber auch die prinzipientheoretische Perspektivik von ‚Zulänglichkeit' und ‚Unzulänglichkeit', die eine Bestimmung der Philosophie daraufhin sichtet, inwieweit sie *von sich her* in seiner Wahrheit auszuweisen fähig ist, was sie in ihrer Grundlegung als ‚wahres' Wissen schon in Anspruch nimmt. Die Frage, wie ‚tief' ein Denken ist, ist immer die Frage, wie ‚weit' es in seinen eigenen maßgeblichen Bestimmungshorizont vorzudringen vermag; und nicht, mit welcher intellektuellen Fertigkeit es die Sachverhalte auseinandersetzen kann, die sich innerhalb seines eröffneten Horizontes darbieten. Das Denken bezieht in seiner Grundlegung aber zugleich eine Position zur Faktizität der geschichtlichen Welt, die sich an der Bestimmung seiner Denkpraxis widerspiegelt; und diese - in der Diagnostik faktischen Menschseins fundierte - Bestimmungsdimension darf ebensowenig ‚theoretisch' übersprungen werden wie die Frage nach dem Verhältnis, das sich der Mensch ‚philosophierend' zum Nicht seines Seins gibt. Nur ein Denken, das sich auf die Gewahrung seiner je schon eröffneten Spielräume einläßt, wird an ihm selbst vermögend sein, das, was heute ist, auseinanderzusetzen.

Dazu bedarf es umso mehr der Wiederholung des überlieferten philosophischen Denkens, in die wir uns durch bestimmte Grundübungen hineinbegeben, als Heidegger es unternimmt, es an ihm selbst ‚aletheiologisch' umzudenken. Der Weg dieses Umdenkens ist die existenzialontologische Frage nach dem Sein. ‚Über' die Philosophie oder ihre tradierte Denkpraxis als ‚Metaphysik' zu reden, als wäre das Denken unmittelbar ein ihr gegenüber anderes, bleibt ebenso gedankenlos wie jede vermeintliche ‚Kritik' eines solchen, wozu man nicht selbst geworden ist. Deshalb mußte es in unserem ersten Schritt darum gehen, die metaphysische Bestimmtheit des Denkens selbst, wenn auch nur an bestimmten Grundübungen des Eindenkens, einzuholen, um sie ihrem Umgedachtwerden aussetzen zu können. Ob und inwiefern dieses gelingt, hängt nicht zuletzt davon ab, in welchem Ausmaße sie noch als solche in der Denkpraxis der Gegenwart eigens übernommen werden kann. Was gemeinhin als ‚Metaphysik' bezeichnet wird, bleibt darin der maßgebliche Horizont anderer Möglichkeiten des Denkens.

Wir werden uns nun im folgenden der existenzialontologischen Frage nach dem Sein zuwenden und Heideggers Weg dieses Umdenkens als eine der Grundmöglichkeiten, die geschichtliche Situation der Gegenwart philosophisch auszutragen, genauer ausloten. Die hermeneutische Anverwandlung ihrer thematischen Sachverhalte wird uns aber unvermeidlich in jene Verwandlung des Denkens hineintreiben, die ihr Gedachtwerden allererst ermöglicht und damit auch das Prinzip ihrer Verständlichkeit bleibt. Das Denken selbst diesem Prozess auszusetzen, darin es zu einem anderen werden mag, ist vorerst alles, worauf es ankommt.

Anmerkung

1. HEIDEGGER (zusätzlich zu den bisher angegebenen Texten): Was ist das - die Philosophie? (Ph). Das Ende der Philosophie und die Aufgabe des Denkens (SD, 61 - 80). Ergänzend: GA 56/ 57, GA 61.

2. Literatur zur Frage nach der Philosophie:

ADORNO, Th. W., Wozu noch Philosophie? In: Eingriffe, 11 - 28. Frankfurt a. M. 1971.
- , Philosophische Terminologie I, II. Frankfurt a. M. 1974.
ALBERT, H., Traktat über kritische Vernunft. Tübingen 1968.
BAUMGARTNER, H. M., KRINGS, H., WILD, Chr., Philosophie. In: HphG Bd. 4, 1071 - 1087. Hg. von H. M. Baumgartner et al., München 1973.
BAUMGARTNER, H. M., HÖFFE, O., Zur Funktion der Philosophie in Wissenschaft und Gesellschaft. In: Zeitschrift für philosophische Forschung 30, 1976, 413 - 424.
BOLZ, N., (Hg.), Wer hat Angst vor der Philosophie?- UTB 1982.
BOURDIEU, Pierre, Homo academicus. Frankfurt a. M. 1988.
BRANDNER, R., Was ist und wozu überhaupt - Philosophie?- Vorübungen sich verändernden Denkens. Wien 1992.
- , Warum Heidegger keine Ethik geschrieben hat. Wien 1992.
FAHRENBACH, H., Zur Problemlage der Philosophie. Eine systematische Orientierung. Frankfurt a. M. 1975.
GADAMER, H. G., Vernunft im Zeitalter der Wissenschaften. Frankfurt a. M. 1976.
GERHARDT, M., (Hg.), Die Zukunft der Philosophie. München !975.
GUZZONI, U., Identität oder Nicht. Zur kritischen Theorie der Ontologie. Freiburg/München 1981.
HABERMAS, H. J., Wozu noch Philosophie?- In: Philosophisch-politische Profile, 15 - 38, Frankfurt a. M. 1971.
HORKHEIMER, M., Die gesellschaftliche Funktion der Philosophie. Kritische Theorie II, 292 - 312. Frankfurt a. M. 1968.
JASPERS, K., Philosophie Bd. II. Basel 19563.
KAMBARTEL, F., Was ist und soll Philosophie?- Konstanz 1968.
LAUTH, R., Begriff, Begründung und Rechtfertigung der Philosophie. München 1967.
LÜBBE, H., (Hg.), Wozu Philosophie?- Stellungnahmen eines Arbeitskreises. Berlin/New York 1978.

MÜLLER, Max, Existenzphilosophie. Vierte, erw. Auflage. Hg. von Alois Halder. Freiburg/ München 1986.
REICHENBACH, H., Der Aufstieg der wissenschaftlichen Philosophie. Braunschweig 1968.
SALAMUN, K., (Hg.), Was ist Philosophie?- Tübingen 1980.
SCHULZ, W., Philosophie in der veränderten Welt. Pfullingen 1972.
SCHLETTE, R., (Hg.), Die Zukunft der Philosophie. Olten/Freiburg 1968.
STRUVE, W., Philosophie und Transzendenz. Eine propädeutische Vorlesung. Freiburg 1969.
TUGENDHAT, E., Vorlesungen zur Einführung in die sprachanalytische Philosophie. Frankfurt a. M. 1976.

Die Literaturauswahl ist so angelegt, daß sie möglichst umfassend das Spannungsfeld in der gegenwärtigen Bestimmungsvielfalt der Philosophie reflektiert. Zur ersten Bestandsaufnahme bieten sich vor allem die Sammelbände an (BOLZ, LÜBBE, SALAMUN etc.), an denen sich die in der Vorlesung umrissenen Bestimmungsmomente im Begriff der Philosophie überprüfen und nachvollziehen lassen. Weil sich die Konstitution der Gegenwartsphilosophie im Grunde ausschließlich universitär vollzieht, ist diese institutionelle Vermittlung ihrer begrifflichen Selbstverständigung eigens mitzudenken. Elemente einer solchen soziologischen Analyse gibt die Arbeit von Pierre BOURDIEU, die allerdings unter stärkerem philosophisch-ideologiekritischem Aspekt zu wiederholen wäre, um für die Einsicht in die Konstitution von Begriff und Praxis gegenwärtigen Denkens fruchtbar werden zu können.

II. Die existenzialontologische Frage nach dem Sein

5. Die Grundlegung der Existenzialontologie I

Die Frage nach dem Sein ist Sache der ‚prote philosophia‘. Dafür gebraucht Heidegger den Titel ‚Fundamentalontologie‘. Gemeint ist die Ontologie - d.h. die Erkenntnis des Seins -, die der Sache nach die erste Grundlage (fundamentum) ist für alles Wissen von Sein und Seiendem. Die Bestimmung der ‚Fundamentalontologie‘ findet Heidegger in der ‚existenzialen Analytik des Daseins‘. Die Neuzeit aber stellt die Frage nach dem Sinn von Sein als die Frage nach dem Sein der endlichen Subjektivität. Dies ist ihr Dreh- und Angelpunkt selbst dort, wo sie sich im Abstoß von der Transzendentalphilosophie bestimmt. Der Mensch wird im Hinblick auf die Bestimmung des Seins des Wissens selbst zum Sachbereich der fundamentalontologischen Frage nach dem ‚Sinn‘ von Sein. Das neuzeitliche Denken wird am Prinzip der Subjektivität zur ‚Modellphilosophie‘, indem sich das Wissen zum Bezugsworauf der Einsicht in das, was überhaupt ist, reflexiv vergegenständlicht. Heideggers Bestimmung der Fundamentalontologie als ‚existenziale Analytik des Daseins‘ bewegt sich - wenn auch in einem näher zu bestimmenden Sinn - in diesem Rahmen. Denn der Mensch, von Heidegger mit ‚Dasein‘ bezeichnet, konstituiert den Sachbereich der Fundamentalontologie. ‚Dasein‘ ist dabei der Ausdruck für das Seiende, ‚Existenz‘ der Ausdruck für das Sein dieses Seienden, das wir je selbst sind. Die Fundamentalontologie - als Frage nach dem Sinn von Sein überhaupt und im ganzen - bestimmt sich zur Frage nach dem Sein (Existenz) dieses Seienden (Dasein), so daß wir als sprachlich-formalen Vorbegriff der ‚existenzialen Analytik des Daseins‘ festhalten können: sie ist eine ‚Analyse‘ des Seins des Menschen, eine ‚Ontologie des Menschseins‘. Dies aber nicht als regionalontologische, sondern als fundamentalontologische Untersuchung: d.h. in Absicht einer Klärung der letzten Prinzipien allen Seins und Wissens von Seiendem; als Prinzipienwissenschaft also, die dem thematischen Anspruch nach auf einer Ebene etwa mit Kants ‚Kritik der reinen Vernunft‘, Fichtes ‚Wissenschaftslehre‘, Hegels ‚Wissenschaft der Logik‘ oder weiter zurück der aristotelischen ‚Metaphysik‘ anzusiedeln ist. Nun gilt aber andererseits dies, daß Heidegger in ‚Sein und Zeit‘ seinen Angriff auf die ‚Metaphysik der Subjektivität‘ fährt: Die Grundlegung der Fundamentalontologie als ‚Existenzialontologie‘ arbeitet und denkt ausdrücklich und ganz bewußt gegen die gesamte Grundlegung der neuzeitlichen Philosophie im Prinzip der Subjektivität an. Im Blick steht immer wieder Descartes, gemeint aber ist immer auch und zugleich Kant und nicht zuletzt: Husserl. ‚Sein und Zeit' versteht sich als geschichtliche Neubegründung der Philosophie ‚anti-neuzeitlich'. Heidegger zielt darin nicht auf eine ‚neue' Grundlegung der ‚prote philosophia' innerhalb des ontologischen Paradigmas der Neuzeit, sondern auf die Eröffnung eines gegenüber allem neuzeitlichen Denken prinzipiell gewandelten geschichtlichen Raumes, in dem sich das Verhältnis des Menschen zum Seienden nicht mehr als das Verhältnis von Subjekt und Objekt bestimmt: der Mensch sein Sein nicht mehr an der Selbstvergewisserung seines endlichen Seins in den ‚cogitationes' und das Sein von Seiendem überhaupt an der ‚Gegenständigkeit' (Objektität) des reflexiv Vergewisserbaren hat. Die Subversion des neuzeitlichen Prinzips der Subjektivität findet - und dies scheint der konstitutive Widerspruch von ‚Sein und Zeit' - in einem Rahmen statt, der eben dieses Prinzip gerade voraussetzt. Die Bestimmung der Fundamentalontologie als ‚existenziale Analytik des Daseins' ist selbst nur möglich aufgrund eines ontologischen Rahmens, den dieses zu zerstören unternimmt; wogegen sie andenkt, ist die Bedingung ihrer eigenen Möglichkeit. Sie erscheint deshalb als die Subversion ihrer selbst. Daß es sich hier aber nicht um einen ‚Widerspruch' im logischen Sinne handelt, ergibt sich allein daraus, daß das Prinzip der Subjektivität im ‚Begründungszusammenhang' der fundamentalontologischen Bestimmung der ‚existenzialen Analytik des Daseins' weder auftaucht noch sonstwie in Anspruch genommen wird. Umso wichtiger, ja entscheidend für das Verständnis von ‚Sein und Zeit', erscheint angesichts dieser Tatsache die Frage, wie denn - wenn nicht durch das Prinzip der Subjektivität, was zu einer transzendentalphilosophischen Bestimmung der Fundamentalontologie führen würde -, Heidegger deren Bestimmung als ‚existenziale Analytik des Daseins' begründet. Denn genau durch diese ‚Begründung' biegt er ihre Bestimmung als Transzendentalphilosophie ab. Die Bestimmung der Fundamentalontologie als ‚existenziale Analytik des Daseins' muß also an sich selbst aus dem beständigen Gegenzug zu ihrer Bestimmung als Transzendentalphilosophie verstanden werden: der Subversion des Prinzips der Subjektivität als Prinzip allen ontologischen Wissens, und nur aus diesem Spannungsverhältnis heraus läßt sich die geschichtliche Ambivalenz von ‚Sein und Zeit' verstehen, in und aus einem ontologischen Rahmen heraus zu denken, der denkend beständig verlassen wird. Das ontologische Paradigma der Neuzeit wird aus seiner Verabschiedung heraus nur noch im negativ-abgrenzenden Gegenzug gebraucht, während das Denken sich selbst schon zu einem anderen gewandelt hat. Die Existenzialontologie denkt aus diesem geschichtlichen ‚Übergegangen-sein' heraus, ohne daß der geschehene Übergang an sich selbst thematisch würde. Sie ist und ist nicht ein gegenüber der Metaphysik der Subjektivität verwandeltes Denken. Deshalb muß es uns im folgenden darauf ankommen, die transzendentalphilosophische Verweigerung in der Bestimmung der ‚existenzialen Analytik des Daseins' ausdrücklich zu machen und eigens herauszustellen. Ich halte mich dabei möglichst eng an den Text der ,Einleitung' (§ 1 - 4), um die entscheidenden Gelenkstellen des Denkens je als transzendentalphilosophische Verweigerungen herauszukehren.

Die fundamentalontologische Frage nach dem Sein stellt Heidegger als die Frage nach dem ,Sinn' von Sein. Die Frage nach dem ,Sinn' von Sein aber stellt er als die Frage der ,existenzialen Analytik des Daseins'. Dies stellt uns vor drei Fragen:

1. Was besagt die fundamentalontologische Frage nach dem Sinn von Sein?-
2. Wie bestimmt sie sich zur existenzialen Analytik des Daseins?-
3. Worin besteht diese nach Begriff und Methode?-

1.1. Die fundamentalontologische Frage nach dem ,Sinn' von Sein

Die Frage nach dem ,Sinn' von Sein bezeichnet Heidegger als die ,Fundamentalfrage' (SZ, 5). Wie und warum ist die leitende Grundfrage nach dem Sein die Frage nach dem ,Sinn' von Sein?- Was heißt hier ,Sinn'?-

Unmittelbar ausschließen läßt sich der ,teleologische' Begriff von ,Sinn', obwohl gerade daran sich wiederholt Mißdeutungen des heideggerschen Denkens festgemacht haben. Teleologisch meint ,Sinn' die Einheit eines umfassenden Wozu und Worumwillen allen Seins, von dem her es seine Bedeutsamkeit empfängt; in dieser Weise sprechen wir etwa vom ,Sinn' des Lebens: das Leben erhält durch einen ,Sinn' als letztem Worumwillen eine Gerichtetheit, in die es sich aus der zertreuten Mannigfaltigkeit seiner Vollzüge eint. Diese ,teleologische' Bedeutung von ,Sinn' muß hier strikt ausgeblendet werden; Heideggers Frage nach dem ,Sinn' von Sein fragt nicht nach der ,sinnhaften' Ausrichtung alles Seienden nach einem letzten Wozu und Worumwillen.

Der Begriff des ,Sinnes' präsentiert sich demgegenüber in ,Sein und Zeit' erst einmal als logischer Begriff, den Heidegger Husserls ,Logischen Untersuchungen' entnimmt. Dieser logische Begriff des ,Sinnes' wird dann innerhalb von ,Sein und Zeit' selbst existenzialontologisch umgedacht und neu gefaßt (SZ, 151); und später, innerhalb seines ,seinsgeschichtlichen' Denkens, mit dem Begriff der ,Wahrheit des Seins' (WM, 168) gleichgesetzt. Der Begriff ,Sinn' ist nicht beliebig gewählt, sondern mit ihm bezeichnet Heidegger die maßgebliche Art und Weise, in der für sein Denken das Sein überhaupt nur thematisch wird. Ob und inwiefern das, was Heidegger existenzialontologisch den ,Sinn von Sein' nennt, mit dem kongruiert, was er seinsgeschichtlich als die ,Wahrheit des Seins' denkt, läßt sich hier natürlich noch nicht ausmachen; ebensowenig, wie wir hermeneutisch in unserem Zugang zum existenzialontologischen Denken schon den auf seiner Grundlage geklärten Begriff des ,Sinnes' voraussetzen können. Wir müssen uns deshalb auf das beschränken, was den vorausgesetzten ,logischen' Begriff des Sinnes ausmacht, von dem her Heidegger seine Frage nach dem Sein vorstellig macht; denn er ist dann dasjenige, was existenzialontologisch umgedacht wird. Wir fragen deshalb nun präziser: Was besagt der logische Begriff des ,Sinnes', wie er vor und außerhalb seiner existenzialontologischen Fassung und seiner späteren seinsgeschichtlichen Umdeutung zur ,Wahrheit' das Thema der Frage nach dem Sein bestimmt?- Die Antwort erhalten wir, wie schon angedeutet, aus dem Rekurs auf Husserls ,Logische Untersuchungen', die für die Ausbildung von Heideggers Denken ein ganz erhebliches Gewicht haben.

Der Begriff des ,Sinnes' hat seinen systematischen Ort in der I. Logischen Untersuchung über ,Ausdruck und Bedeutung'. Im ersten Kapitel, ,Die wesentlichen Unterscheidungen', analysiert Husserl die für die ,Logik' als ,Lehre vom Denken' grundlegenden Begriffe, die dann im ganzen weiteren Verlauf der ,Logischen Untersuchungen' vorausgesetzt sind und weiter ausgeführt werden. Zur Eigenart der ,phänomenologischen Methodik' von Husserls ,Logischen Untersuchungen gehört es, daß sie immer vom logischen Akt intentionalen Vermeinens ausgehen, um an diesem und von ihm her den ,Logos' zu untersuchen. Ausgangspunkt ist nun, da das Denken sprachlich verfaßt ist, die Differenzierung von ,Ausdruck' und ,Zeichen'. Husserl unterscheidet die Zeichen in ,anzeigende' und ,bedeutsame' Zeichen. ,Anzeigende' Zeichen sind solche, deren Funktion im Verweisen auf etwas besteht (Merkzeichen, Kennzeichen usw.). ,Bedeutsame' Zeichen dagegen sind solche, die eine Bedeutung haben, wie z.B. der sprachliche Ausdruck. Der spachliche Ausdruck ist hinsichtlich seiner physischen Seite, dem Lautkomplex oder dem Schriftzeichen, ein Zeichen, das auf sein Bezeichnetes durch eine Bedeutung verweist, d.h. er ist ,bedeutsam'. Der sprachliche Ausdruck ,Gesichtsröte' verweist durch seine Bedeutung auf sein Bezeichnetes: die Gesichtsröte als Vermeintes, durch ihn Angezeigtes; während dagegen die Gesichtsröte selbst als Zeichen für Scham, Überhitzung, Wut usw. fungieren mag. Als solche zeigt sie dem vermeinenden Bewußtsein etwas an, ist aber nicht selbst - wie z.B. der Ausdruck ,Gesichtsröte' - das Bezeichnete als ,Bedeutung'. Auf dieser Bestimmung der spachlichen Ausdrücke als ,bedeutsamen Zeichen' bauen sich nun die weiteren logischen Unterscheidungen auf, die Husserl einbringt. Husserl unterscheidet die ,Bedeutung' vom ,physischen Phänomen' - der Lautgestalt oder dem Schriftzeichen - als den vermeinenden Akt von etwas, so daß hiermit zugleich die Beziehung auf Gegenständliches thematisch wird. Die ,Bedeutung' meint etwas; und das, was gemeint ist, z.B. ,rot', kann in der Wahrnehmung gegeben oder in der Phantasie vorgestellt werden. In diesen gegenstandsbezogenen Akten wird dann, was als Bedeutung ,rot' vermeint ist, auch ,gegeben': die Vermeinung ,erfüllt sich' an der ,Gegebenheit' ihrer gegenständlichen Sache. Die ,Erfüllung' der ,leeren Bedeutungsintention' realisiert, so Husserl, die gegenständliche Beziehung. Diese ,gegenständliche Beziehung' in ,leeren' oder ,erfüllten' Bedeutungsintentionen betrifft die ,ausgedrückte Gegenständlichkeit'. An ihr differenziert Husserl nun die Begriffe ‚Sinn' und ‚Bedeutung', auf die ich mich hier beschränken muß. Haben wir z.B. die beiden Ausdrücke: ‚Schüler Platons' - ‚Lehrer Alexanders', dann haben diese offenbar verschiedene Bedeutungen; beide Bedeutungen aber beziehen sich auf einen Gegenstand: das in und mit beiden Gemeinte ist ‚Aristoteles'. Dieses ist ihr identischer, gegenständlicher Inhalt, oder, wie Husserl nun auch sagt, der ‚erfüllende Sinn' der verschiedenen Bedeutungen als die gegenständlich in ihnen vermeinte Einheit einer bestimmten Sache. Die ‚Bedeutung' als die Art und Weise, wie ein bestimmter Ausdruck (z.B. ‚Platons Schüler') seinen Gegenstand meint, ist zu unterscheiden von dem ‚Sinn' als der ‚Erfüllung' der Bedeutung durch einen Gegenstand (‚Aristoteles'). Husserl faßt den Begriff des ‚Sinnes' von der gegenständlichen Beziehung der ‚Bedeutungserfüllung' her, d.h. er bezeichnet das, woran sich die gegenständliche Vermeinung einer Bedeutung ‚realisiert' als ‚Sinn': ‚Aristoteles' ist der ‚erfüllende Sinn' (Inhalt) des Ausdruckes ‚Platons Schülers', aber auch ‚Speusipp' und andere, die Schüler Platons waren. Die Bedeutungen, in denen etwas bestimmtes (z.B. Aristoteles) anvisiert wird, können durchaus unterschiedlich sein, während der ‚Sinn' das gegenständliche Was als die Einheit bezeichnet, woran verschiedene Bedeutungen hinsichtlich des in und von ihnen Vermeinten zur Gegebenheit gelangen; was nicht ausschließt, daß der Inhalt als der vermeinte und erfüllende gegenständliche Sinn eines Ausdruckes nur ein einziger ist. ‚Sinn' als die Einheit der gegenständlichen Erfüllung von Bedeutungen ist das, woran sie zur ‚Gegebenheit' gelangen, das bedeutete Was in ihrer Einheit: aber nicht als die ontische Einzigkeit eines Gegenstandes, einer Sache, sondern als das intentionale Bezugsworauf der ‚Bedeutung'.

Dieser kurze Rückgriff auf Husserl mag in diesem Rahmen hinreichen, um Heideggers Frage nach dem ‚Sinn' von Sein verständlich zu machen. Meint ‚Sinn' die gegenständlich vermeinte Einheit von ‚Bedeutungen', dann muß die Frage nach dem ‚Sinn' von Sein verstanden werden als die Frage nach der Einheit der vielfältigen Bedeutungen von ‚Sein' als dem gegenständlichen Was, woran sie in ihrer Einheit sich ‚erfüllen'. Heidegger fragt nicht nach den sprachlich vielfältigen Bedeutungen von ‚sein', sondern nach der darin intentional vermeinten Einheit des Was. Diese Fragestellung aber verweist uns geschichtlich zurück an Aristoteles, insofern die ‚Bedeutungsvielfalt' von Sein das Thema der aristotelischen Ontologie ist. Heidegger selbst hat immer wieder auf den aristotelischen Ausgangspunkt seiner Fragestellung verwiesen, der ihm durch die Abhandlung von Franz Brentano ‚Von der mannigfachen Bedeutung des Seienden bei Aristoteles' vermittelt wurde. Insofern die aristotelische Frage nach dem Sein die Frage nach der Einheit dieser Bedeutungsvielfalt stellt, meint sie eben das, was Heidegger die Frage nach dem ‚Sinn' von Sein nennt. Vor diesem aristotelischen Hintergrund wird denn auch verständlich, weshalb Heidegger die Frage nach dem ‚Sinn' von Sein die ‚Fundamentalfrage' der

Philosophie nennen kann. In diesen aristotelischen Hintergrund müssen wir deshalb - wenn auch nur grob - einzudringen versuchen.

Gehen wir aus von dem aristotelischen Begriff der ‚Bedeutungsvielfalt' (pollachos legomenon). Aristoteles unterscheidet ‚homonyme' (äquivoke) von ‚synonymen' (univoken) Bedeutungen; erstere bedeuten gänzlich Verschiedenes, es gibt keine Einheit ihres ‚Sinnes', insofern die je gemeinte Sache eine ganz andere ist, z.B. ‚Bär' als Tier und als Sternbild. ‚Synonyme' dagegen bezeichnen ihre Sache in einem ‚Sinn', z.B. Lebewesen bei Mensch und Tier. Homonymien sind nun zumeist der zufälligen Laune der Sprache zu verdanken und als solche philosophisch uninteressant. Es gibt aber auch Homonymien, bei denen die verschiedenen Bedeutungen nicht rein zufällig, sondern in der gemeinten und bedeuteten Sache selbst begründet sind: Die Sache selbst ist als diese Eine vielfach bedeutet, insofern sie an sich selbst mannigfach bestimmt ist. Es handelt sich dann nicht um eine ‚Synonymie', wenn diese verschiedenen Bedeutungen nicht auf eine umfassendere allgemeinere Bedeutung zurückgeführt werden können. Aristoteles spricht dann von einem ‚pollachos legomenon', einer ‚Bedeutungsmannigfaltigkeit', die, weil in der Sache gegründet, zugleich eine ‚Bestimmungsmannigfaltigkeit' ist, deren Einheit gerade nicht als ‚gattungsmäßige' Allgemeinheit gedacht werden kann: Die Mannigfaltigkeit von Einem ist nicht seine Besonderung. Eben dies macht das ‚pollachos legomenon' für Aristoteles so interessant. Wir haben es mit der Vielfalt von Bedeutungen zu tun, die die Bestimmungsvielfalt einer Sache anzeigt: aber gerade diese Einheit läßt sich nicht durch einen höheren, allgemeineren Begriff denken. Es fehlt der Mannigfaltigkeit an der Einheit ihres ‚Sinnes': die ‚Sinneinheit' der Sache selbst scheint gestört, und dies, obwohl das in den verschiedenen Bedeutungen Bedeutete ganz unabweislich immer irgendwie doch ein und dasselbe ist. Und doch läßt es sich nicht an einem Was zur Erfüllung und bedeutungsmäßiger Gegebenheit bringen, sondern immer nur in wesentlich verschiedenen Bedeutungen. Eben dies ist der Fall - so Aristoteles gegen Platon - beim ‚on', dem ‚Seiendsein'. Das ‚Seiendsein' ist nicht nur eine neben anderen, sondern die Bedeutungsmannigfaltigkeit schlechthin. Aristoteles entfaltet diese in einer vierfachen Unterscheidung (Met. V, 7):

1. das ‚Seiendsein' wird bedeutet in der Vielfalt der Kategorien, von denen Aristoteles in verschiedenen Zusammenhängen eine unterschiedliche Anzahl aufzählt; kanonisch geworden sind zehn Kategorien: Ding (Substanz), Eigenschaft (Qualität), Anzahl (Quantität), Verhältnis (Relation), Wirken und Leiden, Wosein (Ort), Wannsein (Zeit), Liegen und Halten. Grundlegend ist dabei für Aristoteles aber die Unterscheidung der ersten Kategorie von allen anderen, d.h. des Dinges als einer bestimmten zugrundeliegenden Substanz und ihren zukommenden Bestimmungen, die sich nie für sich, sondern immer nur an ihr finden: also die Unterscheidung von ‚Substanz' (ousia) und ‚Akzidenz' (symbebekos). Etwas ist ein Seiendes als zugrundeliegendes, für sich bestehendes

Etwas, z.B. der Mensch; das Weiße aber ist ein Seiendes als Eigenschaft, die einem anderen - eben einer zugrundeliegenden Substanz - zukommt. Dieses Zukommende aber ist nur im bezug auf das Zugrundeliegende, so daß es gewissermaßen an ihm selbst die Bedeutung des Nicht-seienden (me on) annimmt. Die erste maßgebliche Bedeutung von ‚Seiendsein' ist das zugrundeliegende Etwassein als ‚Substanz', von ‚Nicht-seiendsein' das beiläufige und unselbstständige zukommende Etwassein als ‚Akzidenz'.

2. Die zweite maßgebliche Bedeutung von ‚Seiendes-sein' ergibt sich in der Unterscheidung von ‚Ansichsein' (on kath'auto) und ‚Sein-gemäß-einer-zufälligen-Bestimmtheit' (on kata symbebekos) im Hinblick auf die Prädikation (S ist P). Sage ich z.B. ‚Der Mensch ist ein Lebewesen', dann meint das ‚ist' hier, daß der Mensch als solcher, wesensgemäß, ‚an sich' und ‚gemäß seiner selbst' (kath'auto) ein Lebewesen ist; während, wenn ich von ihm sage, daß er weiß ist, das ‚ist' eine zufällige und äußerliche Bestimmung (symbebekos) meint, die ihm zukommen kann oder auch nicht. Die zweite maßgebliche Bestimmung von ‚seiend' bezeichnet dieses wesensgemäße Ansichsein einer Sache: die Einheit ihrer wesentlichen Sachverhalte im Unterschied zur korrelativen Bestimmung des ‚Nicht-seiendseins' als den außerwesentlichen und zufälligen Bestimmungen, als welche eine Sache (z.B. Mensch) seiend ist (z.B. weiß).

3. Die dritte maßgebliche Bedeutung von ‚Seiendsein' ist das Im-Werk-sein, die Wirklichkeit (energeia) der Sache im Gegensatz zu ihrer bloßen Möglichkeit oder ihrer Kraft und ihrem Vermögen, zu sein (dynamis); der wirkliche Mensch ist der seiende Mensch; der mögliche aber der, der eigentlich nicht ist: das ‚Mögliche' ist eine Bezeichnung des ‚Nicht-seiend-seins'.

4. Das ‚Seiendsein' bezeichnet nach seiner vierten und letzten maßgeblichen Bedeutung das, was ‚wahr', in seiner Unverborgenheit als solcher ist; das ist, was es ist und als was es gewußt und vermeint wird (alethes on); wogegen das ‚Falsche' solches bezeichnet, was nicht ist, was es ist oder als was es vermeint und gewußt wird (pseudes on).

Nun ist das jeweils erste Glied jeder Unterscheidung eine maßgebliche und irreduzible Bedeutung von ‚seiend', das jeweils zweite dagegen nimmt - als ihre bestimmte Negation - die Bedeutung des in gewisser Weise ‚Nicht-seienden' an; zu den vier Bestimmungen des Seiendseins (Zugrundeliegendes Etwassein, wesentliches Ansichsein, Wirklichsein, Wahrsein) gehören vier korrelative Bestimmungen des Nicht-seiendseins (Zukommen, Zufälligsein, Möglichsein, Scheinhaftsein). Die aristotelische Bedeutungsvielfalt von ‚seiend' ist zugleich auch die Bedeutungsvielfalt von ‚nicht-seiend': Denn wenn ‚seiend' mehrere Bedeutungen hat, dann auch ‚nicht-seiend': und man darf auf keinen Fall die Bedeutungsvielfalt von ‚Seiendsein' mit der des ‚Nicht-seiendsein' vermischen und durcheinanderbringen, so, als wäre der sprachliche Ausdruck ‚Seiendes' deshalb und in der Hinsicht ‚vieldeutig', weil er ebensosehr z.B. die ,Substanz' wie das ,Akzidenz' bezeichnet. Die Bedeutungs- und Bestimmungsvielfalt des ,on' besteht aristotelisch gefaßt allein unter ihren vier maßgeblichen Bestimmungen, dem Substanz-sein, Ansich-sein, Wirklich-sein und Wahr-sein: und diese sind es, die sich nun nicht mehr auf eine allgemeine Bestimmung des Seiendseins zurückführen lassen, dessen Besonderungen sie wären. Wenn ich von etwas sage, daß es seiend ist, dann treffe ich dieses sein Sein ebensosehr, wenn ich sage, daß es wirklich ist, wie wenn ich sage, daß es wahr ist, daß es eine zugrundeliegende Substanz ist oder ihm seine wesentlichen Bestimmungen prädiziere. Und doch ist jedesmal eine andere Bestimmtheit von ,Seiendsein' in den Blick gefaßt, ohne daß diese sich untereinander oder auf ein anderes Drittes reduzieren ließen: Das Seiendsein ist schlechthin an ihm selbst vielfältig vermeint: obgleich doch immer nur es, dieses eine: das Seiendsein von Seiendem gedacht ist. Es gibt kein einheitliches Was als allgemeine Gattung, an dem sich die sachlichen Bedeutungen von ,seiend' erfüllen, nichts, an dem sie zusammen und in einem intentional vermeint könnten. Es fehlt die Einheit ihres Sinnes als begrifflich übergreifende Allgemeinheit, in der ihre Verschiedenheit aufgehoben und verschwunden wäre; was bleibt, ist, daß sie als verschiedene Bestimmungen von ,Sein' doch eines und dasselbe bedeuten, aber eben diese Einheit nicht mehr als die Allgemeinheit des Begriffs verstanden werden kann. Eben dieses Problem: die Frage nach der nicht-allgemeinen Einheit verschiedener Bestimmungen von Einem, löst Aristoteles mit dem Begriff der Analogie. Die Einheit des ,Sinnes' von Sein ist ,analog' intendiert: Jede Bestimmung von Sein meint als verschiedene Andere und damit irreduzibel das Sein als das Eine und das Selbe - als das Wesen. Der Begriff des Seins als Wesen ist der analog je anders vermeinte gegenständliche ,Sinn' von Sein, auf den wir uns in den verschiedenen Bedeutungen von ,Seiendsein' beziehen. Bei diesem Hinweis auf die analoge Einheit des Wesensbegriffes muß ich es hier bewenden lassen.

Von diesen Überlegungen her können wir nun noch ein weiteres Mißverständnis ausschalten, das sich bezüglich der heideggerschen Seinsfrage allzuoft eingestellt hat, v.a. in positivistisch-wissenschaftstheoretischen Kreisen. Die Frage nach dem ,Sinn' von Sein wird darin als formal-semantische Frage nach den Bedeutungen des Wortes ,sein' aufgefaßt; die ,Bedeutung' selbst aber als subjektiv Gemeintes in jeweils faktischen Sprechakten. Die Frage nach dem Sinn von Sein wäre dann ein Sache der formalen semantischen Analyse sprachlich-logischer Bedeutungsvollzüge. Heideggers ,Einleitung' in ,Sein und Zeit' trägt das ihrige zu diesem Mißverständnis bei, wenn dort beständig auf das verwiesen wird, "was wir mit dem Ausdruck ,seiend' eigentlich meinen" (SZ, 1). Das formal-semantische Mißverständnis bleibt aber noch weit hinter dem Stand der aristotelischen Analyse des ,pollachos legomenon' zurück, insofern damit ja kein subjektiver Bedeutungsvollzug, sondern eine sachliche Bestimmungsvielfalt im Bedeuteten selbst angezeigt wird. Die Frage gilt dem

Sein selbst, insofern es verstanden wird. Deshalb läßt sich aus dieser Perspektive dann noch nicht einmal die Frage nach dem ‚Sinn' von Sein verstehen, weil diese ja voraussetzt, daß die sachliche Bestimmungsvielfalt des ‚seiend' im Blick steht: diese das ist, im Hinblick worauf die Frage allererst ihren Sinn erhält. Das logisch-semantische Mißverständnis setzt sich gemeinhin dann so fort, daß - weil man nun partout nichts mit der Frage nach dem ‚Sinn' von Sein anzufangen weiß -, den ‚teleologischen' Sinnbegriff unterstellt, und ‚Sein und Zeit' dann für ein ethisch-existenzielles Programm ausgibt, z.B. als Aufforderung zur ‚Eigentlichkeit'. Damit ist alles verkehrt und nichts mehr verstanden.

Vor dem aristotelischen Hintergrund wird deutlich, mit welchem Recht Heidegger die Frage nach dem ‚Sinn' von Sein als die ‚Fundamentalfrage' der ‚prote philosophia' bezeichnen kann. Im Blick steht der maßgebliche Begriff des Seins von Seiendem überhaupt. Aber was besagt dies?- Und wie und warum stellt Heidegger die Frage nach dem ‚Sinn' von Sein?- Denn gerade der Hinweis auf den aristotelischen Hintergrund der Frage nach dem ‚Sinn' von Sein weckt nun allzuleicht den Anschein, als würde Heidegger einfach an diese aristotelische Fragestellung anknüpfen. In der Tat tut Heidegger in der ‚Einleitung' zu ‚Sein und Zeit' so, als gäbe es eine Ausführung dieser Fragestellung nur bei Platon und Aristoteles; das Mittelalter hätte dann den Aristoteles übernommen, aber viel zu sagen davon gäbe es nicht. Das gesamte neuzeitliche Denken wird übersprungen und in Schweigen getaucht. Wenn sich aber die Ausarbeitung von ‚Sein und Zeit' ständig in der Auseinandersetzung mit den neuzeitlichen ‚Metaphysik der Subjektivität' bewegt und diese für ‚Sein und Zeit' das maßgebliche Absprungsbrett aller phänomenologischen Analysen bleibt, dann müssen wir uns schon hier der Frage zuwenden: Wie stellt die Neuzeit die Frage nach dem ‚Sinn' von Sein?- Was wird aus dem aristotelischen ‚pollachos legomenon', indem das Selbstbewußtsein zum Prinzip allen Wissens wird?- Es wird zur Funktion des Ich, d.h. die Bestimmungsvielfalt von Sein, wie Kant sie etwa in seiner Kategorientafel verzeichnet, wird zur konstitutiven Verfassung des Seins als ‚Gegenständigkeit' (Objektität) bezogen auf die Einheit des fungierenden Ich, das sich in und durch die Leistungen der Vergegenständlichung des Seienden in seinem Sein als solches konstituiert. Die Bestimmungsvielfalt von Sein wird als die kategoriale Verfassung der Gegenständigkeit zur Funktion von Einem (= dem Ich). Dieses ist die ‚sinngebende' Einheit der verschiedenen Bestimmungen des Seins von Seiendem überhaupt. Die Frage nach dem ‚Sinn' von Sein, rückverlagert auf die Einheit des kategorial vergegenständlichenden Ichs, wird zur Frage nach dem Sein der endlichen Subjektivität: der Selbstgewißheit des sich in der Vergegenständlichung konstituierenden Ichs als dem ‚subiectum' allen Wissens von Sein und Seiendem. Im ‚Vorwort' zu Richardson (1963) läßt Heidegger denn auch die von Brentano aufgenommene Frage nach der *Einheit* der Bestimmungsvielfalt von Sein unmittelbar übergehen in die - doch ganz andere - Frage nach dem *Verstehen* von Sein. Das ist die neuzeitliche Wendung auf das Menschsein als ‚logos tou ontos', die wir im folgenden eigens beachten müssen. In der ‚Einleitung' (samt Vorspann) erläutert Heidegger die Frage nach dem ‚Sinn' von Sein dagegen rein formal und äußerlich; und auch in ihrer geschichtlichen Aufnahme wird die Frage nach dem Sinn von Sein unter ihrem Niveau gehandelt, ihre Begründung als Fundamentalfrage weder sachlich überzeugend noch geschichtlich zulänglich auseinandergesetzt. Es bleibt bei relativ belanglosen historischen Verweisen ohne entsprechende Klärungen und Differenzierungen, ohne begriffliche Auseinandersetzungen oder phänomenologische Aufweisungen. Mit all dem läßt sich wenig anfangen; daß der Begriff des ‚Seins' allgemein, undefinierbar, selbstverständlich ist, aber irgendwie doch unbestimmt ist, obwohl jeder, der ihn gebraucht, immer auch schon versteht, "was er damit meint" (SZ, 4), ist nichtssagend genug. Schon im Vorspann heißt es, daß die Frage nach dem Sinn von Sein unverständlich, die Notwendigkeit ihrer Wiederholung uneinsichtig sei: wir verstehen überhaupt nicht, wonach gefragt wird und vor allem, warum überhaupt danach gefragt wird. Dann könnten wir es aber auch gleich lassen, und gerade die ersten Paragraphen von ‚Sein und Zeit' gäben uns darin recht. Alles wird nur verworrener und gibt Grund genug, dem Autor Diffusität und mangelndes Fragebewußtsein zu unterstellen, mag er sich noch so methodisch gebärden. Und dies nicht zuletzt dadurch, daß Heidegger meint, der Verständnisvollzug der Frage in ihrer sachlichen Notwendigkeit läge erst in ihrer Ausarbeitung: also ‚Sein und Zeit' selbst. So hat es den Anschein, daß ‚Sein und Zeit' die Frage nach dem Sinn von Sein überhaupt noch nicht stellt, sondern erst einmal die sachliche Bedeutung dieser Frage erarbeitet, sozusagen als ‚Propädeutik' oder ‚Prolegomenon' zu einer künftigen Frage nach dem Sinn von Sein. Wie sollen wir aber eine Frage ausarbeiten und wozu, wenn wir sie eigentlich weder verstehen noch überhaupt irgendeine Notwendigkeit dazu verspüren, sie zu stellen?- Wenn die Verständlichkeit und Notwendigkeit diesen Fragens erst aus ihrer Ausarbeitung resultiert, diese aber doch irgendwie schon ihre Beantwortung darstellt?- Was soll eigentlich dieser Eiertanz um die - immerhin als ‚Fundamentalfrage' bezeichnete - Frage nach dem Sinn von Sein?- Kann Heidegger nicht kurz und bündig erklären, was er will und wozu er das will, was er will?- Oder hat dieses Herumtanzen um die Seinsfrage ‚System', so daß Heidegger hier eine bestimmte Absicht verfolgt?- Warum verhüllt und versteckt er die Seinsfrage hier mehr als daß er sie deutlich expliziert und klar stellt?- Weil sie damit gerade und ganz betont in ihrer Unverständlichkeit spürbar wird; und man tut gut daran, dies für eine Strategie und Taktik des Gedankengangs zu nehmen, an dem sich die eigentliche Bestimmung der Fundamentalontologie als ‚existenziale Analytik des Daseins' auskristallisieren soll.

Wir müssen deshalb von vorneherein darauf achten, wie Heidegger die fundamentalontologische Frage nach dem ‚Sinn' von Sein auf die Frage nach dem Sein des ‚Subjekts' zurückbiegt. Dies geschieht in der Bestimmung der Fundamentalontologie als ‚existenziale Analytik des Daseins', und zwar so, daß damit zugleich und in einem das für die neuzeitliche Seinsfrage maßgebliche Prinzip der Subjektivität des Subjektes unterlaufen wird. Die Frage nach dem Sein des ‚Subjektes' wird nicht mehr transzendentalphilosophisch gestellt, und dieses Unterlaufen der transzendentalphilosophischen Bestimmung der ‚prote philosophia' und ihrer fundamentalontologischen Frage nach dem ‚Sinn' von Sein' erklärt uns auch, weshalb Heidegger in der ‚Einleitung' zu ‚Sein und Zeit' die neuzeitliche Wendung der Seinsfrage in die Frage nach dem Sein der Subjektivität des Subjektes überspringt: Denn sie bildet das thematische Absprungbrett von ‚Sein und Zeit' selbst und wird nur im ganzen der existenzialontologischen Ausarbeitung der Seinsfrage ausgetragen. Deshalb können wir die Frage nach dem ‚Sinn' von Sein, wie Heidegger sie stellt, hier überhaupt noch nicht verstehen, sondern müssen uns mit begrifflichen Vorklärungen der Fragestellung begnügen. Ihre Beantwortung wird sich erst im Hindurchgang durch die zweite Frage ergeben: Wie bestimmt sich die fundamentalontologische Frage nach dem Sinn von Sein als ‚existenziale Analytik des Daseins'?-

1.2. Die Bestimmung der Fundamentalontologie als ‚existenziale Analytik des Daseins'

Fragen wir angesichts dieser merkwürdigen sachlichen und geschichtlichen Bestimmungslosigkeit der Frage nach dem Sinn von Sein: Worauf will Heidegger hinaus?- Kurz darauf, daß die Einsicht in das Sein überhaupt als Einsicht in das Sein des Menschen vollzogen werden muß. Dafür muß er eine Begründung liefern, die nur im Hinweis auf das Wissen, Bewußtsein als ‚ontologisches Verhältnis' bestehen kann. Dies aber ist die systematische Funktion des Begriffs des ‚Seinsverständnisses', den Heidegger in der ‚Einleitung' so einführen und bestimmen muß, daß der Gang in eine transzendentale Reflexion abgebogen wird. Zerlegen wir die einzelnen Schritte, die Heidegger auf diesem Weg zurücklegt, dann zeigt sich dieser Weg an zwei Markierungspunkten:

1. Die Frage nach dem ‚Sinn' von Sein wird zur Frage nach dem ‚Seinsverständnis', d.h. zur Frage nach dem Wissen, dem Bewußtsein von Sein. Die Reflexion auf dieses Bewußtsein könnte nun zu einer transzendentalphilosophischen Bestimmung führen derart, daß nach der Konstitution von Sein in und für ein endlich fungierendes Ich gefragt wird.

2. Das Seinsverständnis wird in der Abgrenzung zum theoretischen Erkenntnisverhältnis der Wissenschaften als ‚Seinsbestimmtheit' - also ontologisch, nicht epistemologisch - gefaßt. Erst damit ist die transzendentale Bestimmung der Seinfrage unterlaufen - die Bestimmung der Fundamentalontologie als ‚Existenzialontologie' erreicht.

—

Nun zuerst zur Einführung des Begriffs des ‚Seinsverständnisses': Die Verhüllung der Seinsfrage erlaubt Heidegger zunächst den Hinweis, daß wir je schon "in einem Seinsverständnis" leben (SZ, 4); dieses, das "Faktum des durchschnittlichen und vagen Seinsverständnisses" (ebd., 5), ist das eigentliche Positive, das durch die Verhüllung - und zwar an uns selbst - zum Aufweis gelangt. Der Bezug zu dem, was wir - nicht nur als Leser, sondern - als Menschen je schon sind, dominiert den Gedankengang und schiebt sich damit vor eine sachgemäße philosophiegeschichtliche Auseinandersetzung der Seinsfrage. Dies ist von grundlegender Bedeutung für die Problemgenese philosophischen Denkens: woher und in Bezug worauf es sich seine philosophische Grundfrage vorgibt. In dieser Hinsicht läßt sich - zwar abstrakt extrapolierend, dennoch aber diagnostisch brauchbar - eine rein historisch-theoretische von einer rein situativ-ontologischen Problemgenese unterscheiden:

1. Eine rein historisch-theoretische Problemgenese des Denkens bezieht sich ausschließlich auf die überlieferte und dokumentierte Weise des Denkens in seiner theoretisch-begrifflichen Auseinandersetzung und generiert an ihr seine leitende Grundfrage. Diese selbst schöpft ihre Notwendigkeit aus einer unbewältigten theoretischen Problematik, unzulänglichen Bestimmungen und Lösungen, bestimmt sich also rein intern als der an seinen überlieferten Fragestellungen sich fortzeugende theoretische Zusammenhang des Denkens in und an sich selbst. In dieser abstrakten Ausschließlichkeit genommen generiert sich das Denken damit als Scholastik und Akademismus, indem es seinen Kontakt zur Wirklichkeit, dem situativ-ontologischen Problembestand seiner Zeit verliert und sich in sich verselbstständigt.

2. Die situativ-ontologische Problemgenese des Denkens bezieht sich dagegen auf das, was es als das Problem des Menschseins und seines Verständnisses dessen, was ist, gesichtet und diagnostiziert hat; seine leitende Grundfrage erhält es aus dem, was als ‚Bedürfnis' der Philosophie ‚an der Zeit ist', der situativen Erschlossenheit des Menschseins innerhalb eines bestimmten Verständnisses dessen, was ist. In seiner reinen Ausschließlichkeit genommen generiert sich das Denken darin als pure Ideologie, d.h. als die reine intellektuelle Bedürfnisbefriedigung an beliebig suggestiven Inhaltlichkeiten, an denen es, was es als seine geschichtliche Verletztheit erfahren hat, blindlings auslebt.

Philosophie bewegt sich gleichsam zwischen diesen Polen, einem scholastisch-akademischen Lehrbetrieb und einer situativ betriebenen Ideologie. Dies läßt sich auch an der gegenwärtigen Spaltung der ‚Philosophie' in einen innerinstitutionellen (universitären) Betrieb und ein außerinstitutionelle Problembewußtsein dessen, was ‚an der Zeit' ist, sehen. Wenn die Philosophie anfängt, sich etwas auszudenken und nur aus diesem Ausgedachten heraus zu denken, dann ist es mit ihr ebenso schlecht bestellt wie dann, wenn sie lediglich Erfahrungen einklagt und als maßgebliche Bestimmungen geltend macht. Denken, das ohne einen elementaren Erfahrungsbezug zu dem, was ist, lebt, ist ebensowenig wie das Verharren in bloßen Erfahrungsbezügen ‚Philosophie‘. Was könnte Heidegger auch aus einer sachadäquaten historischen Auseinandersetzung der Seinsfrage gewinnen?- Aus ihr könnte sich nur ergeben, daß z.B. die Analogie als Begriff der Einheit des Seins unzulänglich gedacht wäre, die Subjektivität in ihrem Sein neu oder anders gedacht werden müßte, wobei, welche Fragestellung er immer aus einer diagnostizierten Unzulänglichkeit überlieferter philosophischer Theorie auch gewinnen mag, diese darin doch gerade historisch abhängig bliebe. Dies aber widerspricht dem phänomenologischen Grundforderung, aus der Sache selbst zu denken - gegen ihre Verstellungen durch tradierte Begrifflichkeiten und Ausdeutungen. Heidegger käme weder sachlich noch methodisch adäquat zu seiner leitenden Grundfrage, die er im Titel der ‚existenzialen Analytik des Daseins‘ stellt. Worauf er hinaus will, ist ja auch nicht, daß das (ontologische) Seinsverständnis der philosophischen Überlieferung irgendwie verbessert werden muß, sondern zuerst einmal dies: daß wir nach dem ‚durchschnittlichen und vagen‘ Verständnis von Sein, das wir je schon ‚vor-ontologisch‘ haben, fragen müssen. Eine philosophiegeschichtliche Auseinandersetzung ontologischer Bestimmungen würde hier überhaupt nicht weiter helfen, weil Heidegger ja gerade nicht auf das ontologische, sondern auf das *vor*-ontologische Seinsverständnis hinaus will. Es würde gerade von diesem entscheidenden Punkt weg und in die falsche Fragerichtung führen: zu einer ‚metaphilosophischen Theorie der Ontologien‘. Der Verzicht auf die historisch-theoretische Auseinandersetzung der Seinsfrage erbringt damit den entscheidenden Bezugspunkt: die Faktizität vor-ontologischen Verständnisses von Sein.

Damit zielt Heidegger auf das Menschsein selbst. Nun geht es im zweiten Schritt darum, aus dieser Perspektive die Frage nach dem Sinn von Sein auf die ‚existenziale Analytik des Daseins‘ abzurichten: und zwar unter Umgehung einer transzendentalen Wendung dieser Fragestellung. Denn ansonsten wäre der Angriff auf die ‚Metaphysik der Subjektivität‘ schon aus der Hand gegeben, bevor er überhaupt angefangen hat. Die Art und Weise, wie Heidegger auf die Thematisierung des Menschen qua Dasein kommt, ist also nichts äußerliches und unwesentliches, sondern gehört von vorneherein zu der gegenüber der neuzeitlichen Bestimmung des Prinzips der Subjektivität grundsätzlich gewandelten Art und Weise, den Menschen in seinem Sein zu denken.

Als Ausgangspunkt nimmt Heidegger die Entfaltung der formalen Struktur des Fragens. Durch eben diese Strukturanalyse gelingt es Heidegger, den Menschen als Sachbereich der Seinsfrage einzuführen - und zwar im Hinblick auf sein ‚vor-ontologisches‘ Seinsverständnis. Für die Begründung der Seinsfrage als ‚existenziale Analytik des Daseins‘ spielt letzten Endes das formale Moment des Fragens eine weit größere Rolle als das, wonach gefragt wird: der ‚Sinn‘ von Sein. An drei entscheidenden Fragemomenten wird diese Begründungsfunktion des ‚Fragens‘ festgemacht:

1. Das Fragemoment des Wonach. Das Fragen, so Heidegger, bedarf einer vorgängigen Leitung vom Gesuchten her: denn sonst weiß ich überhaupt nicht, wonach ich frage; dieses muß also vorgängig schon irgendwie erschlossen sein, und diese vorgängige Erschlossenheit von Sein, die als Bedingung der Möglichkeit die Frage nach dem Sinn von Sein trägt, haben wir an unserem ‚durchschnittlichen Seinsverständnis'. Insofern aber die Philosophie radikale Prinzipienerkenntnis ist, ist damit eigentlich schon klar: an diesem ‚durchschnittlichen und vagen Seinsverständnis', das als Faktum die ‚Wesensverfassung des Daseins', wie Heidegger sagt, ausmacht, läßt sich nicht vorbeigehen: Denn es bestimmt und gründet, was immer als der Sinn von Sein ontologisch erfragt wird: alle ‚Ontologie' ist vor-ontologisch fundiert in einem Verständnis von Sein, das der Mensch, insofern er überhaupt ‚ist', je schon hat. Das ‚vor-ontologische Seinsverständnis' fungiert mithin als Prinzip: die Leitfunktion, die ihm Heidegger für jede Frage nach dem Sein zuschreibt, meint seine prinzipielle Bestimmungs- und Fundierungsfunktion, die es hinsichtlich der Ausführung jeder Ontologie übernimmt: Es nicht als solches zu thematisieren, wäre damit aber schon die Demission der Philosophie als Prinzipienerkenntnis: sie überspränge ihre eigene Fundierung.

2. Das Fragen selbst. Dieses ist nach seinen konstitutiven Momenten (Hinsehen auf ..., Verstehen von ... usw.) als ein Erkenntnisverhalten charakterisiert. Nun ließe sich weiter denken: es ist als Erkenntnisverhalten die intentionale Beziehung auf etwas. Wie aber ist überhaupt etwas für das fragende Bewußtsein gegeben?- Von daher könnten wir in eine transzendentale Reflexion einsteigen. Genau diese reflexive Wendung auf das fragende Bewußtsein als intentionalem Verhältnis des Erkennens vollzieht Heidegger *nicht*. Dieses Moment der ‚transzendentalen Verweigerung' wird überspielt durch den simplen Hinweis: all dies, die konstitutiven Momente des Fragens, sind *Seinsmodi* des Fragenden, d.h. des Erkennenden; dieser ist ein Seiendes, das sich in seinem Sein zu dieser Art und Weise seines Seins: dem Erkennen - bestimmt. Die entscheidende Wendung besteht darin, daß das Erkenntnisverhalten von vorneherein nicht als ‚sui suffizienter' Sachverhalt angesehen, sondern als Bestimmung des Mensch*seins* rückverlagert wird: es wird nicht von sich her anvisiert, sondern vom ‚Sein' her, dem Sein jenes Seienden, das sich zum (theoretischen) Erkennen bestimmen kann, weil es je schon zu seiner Wesensverfassung gehört, in einem vorontologischen Seinsverständnis zu stehen. Deshalb kommt nun ganz unvermutet und entgegen allen neuzeitlichen Erwartungshaltungen philosophischen Denkens die Wendung: Die Ausarbeitung der Frage nach dem Sinn von Sein ist die thematische Analyse des Seins des Seienden, das sich fragend = erkennend verhält. Das Fragen selbst als ‚Seinsmodus' läßt sich nur aus der Seinsverfassung des Fragenden aufklären. Fast ist schon aus dem Gesichtskreis entschwunden, daß es ja um die Frage nach dem Sinn von Sein geht: es könnte hier wohl jede beliebige Frage sein, und daß es gerade die nach dem Sein ist,

an der dies deutlich wird, erscheint nahezu als purer Zufall. Aber dem ist nicht so: Denn die Frage nach dem Sein ist als Fundamentalfrage eine Prinzipienfrage: und wieder ist es diese ‚Prinzipienintention' des Denkens, an der sich die Hervorkehrung des Menschen als Sachbereich der ‚Fundamentalontologie' artikuliert. Die Frage nach dem Sinn von Sein wird nicht als theoretisch-beliebiger und nicht weiter zu denkender Sachverhalt genommen, sondern als ‚Seinsbestimmtheit' eines Seienden - des Menschen. Das Fragen, bzw. weiter gefaßt: das Erkennen, muß sich in sein Bezugsworauf selbst mithinein nehmen: nach dem Sein läßt sich nicht fragen, wenn das Sein des Wissens und Erkennens selbst, das dieses Fragen vollzieht, ungedacht bleibt. Aber auch dies führt nun nicht wieder zu einer transzendentalen Reflexion auf die konstitutiven Bedingungen des Wissens und Erkennens als eines solchen; sondern Heidegger, mit der gleichen Insistenz wie bei der ersten transzendentalen Verweigerung, verweist auf das Erkennen selbst als vom Sein (des Menschen) her zu denkende Bestimmtheit; diese aber hat sich schon in seiner Wesensverfassung als ‚vor-ontologisches Seinsverständnis' gezeigt, so daß wir hier wiederholen können, was schon zuvor als ‚Prinzipieneinwand' zur Geltung kam: Das Fragen ist im vor-ontologischen Seinsverständnis als der Wesensverfassung des Menschen fundiert. Mithin muß - im Sinne einer Prinzipienwissenschaft - zuallererst dieses aufgeklärt werden.

3. Das Moment des Befragten. Die Frage nach dem Sein verlangt den Ausgang vom Gegebenen, in Bezug worauf das Denken seinen Sachbezug ausweisen kann. Das Gegebene aber ist das Seiende. Also muß das Seiende in den Blick gefaßt werden, um es auf seine Seinsverfassung hin zu thematisieren. Damit ist aber für die Bestimmung der Fundamentalontologie als ‚existenziale Analytik des Daseins' nichts gewonnen; erst in dem entscheidenden Zusatz: welches denn das exemplarische Seiende sein soll, an dem der Sinn von Sein ‚abgelesen' werden kann, kommt die ganze neuzeitliche Wendung der Ontologie zum Tragen. Denn dieses ist die ‚Modellfrage': gesucht ist ein Seiendes, das in seinem Sein den Blick auf das Sein überhaupt eröffnet. Dieses aber ist das Wissen als Verhältnis zum Sein. Die Modellfrage nach dem exemplarischen Seienden ist in der Fragestruktur selbst in keiner Weise begründet, sondern: hier und an dieser Stelle schießt das ganze geschichtliche Potential der neuzeitlichen Ontologie als der ‚Metaphysik der Subjektivität' hinein. Kein Platon oder Aristoteles hätte eine solche Frage nach dem ‚exemplarischen Seienden' als Bezugsworauf der ‚prote philosophia' stellen können, geschweige denn, daß darin ein formales Moment des Fragens gesehen werden kann. Der Zusatz ‚exemplarisch' ist die geschichtliche Einbruchsstelle der neuzeitlichen ‚Metaphysik der Subjektivität' in die Bestimmung der Fundamentalontologie als ‚existenziale Analytik des Daseins'; und sie wird zur Gelenkstelle, um nun den vorherigen Aufweis der Fundierungsfunktion des vor-ontologischen Seinsverständnisses hinsichtlich aller Ontologie in die Bestimmung des Sachbereiches

der Fundamentalontologie zu drängen. Die Funktion der Modellfrage bleibt hier also rein formal: Erst im folgenden dient sie dazu, den prinzipiellen Charakter des ‚Seinsverständnisses‘ als den maßgeblichen Sachbereich der Frage nach dem Sinn von Sein zuende zu denken.

Schon mit dem § 2 meldet sich, so Heidegger, eine Auszeichnung des Daseins als des exemplarischen Seienden. Dennoch bleibt auch diese Bestimmung hier noch offen, weil vor allem eines nicht geklärt ist: wie und in welcher Hinsicht das Dasein, d.h. der Mensch, zum Sachbereich der Fundamentalontologie erhoben werden soll. Die transzendentale Möglichkeit ist immer noch offen, solange nicht deutlicher geworden ist, wie und welcher Hinsicht nun das Wissen als vor-ontologisches Seinsverständnis thematisiert werden soll. Es ließe sich immer noch denken, daß dieses vor-ontologische Seinsverständnis nun in einer transzendentalen Reflexion auf seine Konstitution hin untersucht wird. Vom Standpunkt einer solchen transzendentalen Phänomenologie ginge es dann um den Aufweis, wie sich das unmittelbare, lebensweltliche Bewußtsein konstituiert: ‚Sein und Zeit‘ würde zu einer transzendentalen Phänomenologie des ‚Doxischen‘, d.h. des in seiner unmittelbaren Lebendigkeit fungierenden ‚lebensweltlichen‘ Wissens; zu einer transzendentalen Analyse dessen, was die Tradition auch das ‚natürliche Wissen‘ nennt und schon bei Fichte und Schelling transzendental thematisch wurde. Husserl selbst hat Heideggers ‚Sein und Zeit‘ nie anders verstanden; und umso wichtiger ist für uns hier, die transzendentale Verweigerung Heideggers so ernst zu nehmen, daß sie sachlich einsichtig wird *als* die Bestimmung der ‚existenzialen Analytik des Daseins‘.

Bis zum § 4 bewegt sich der Gedankengang auf dieser Gratwanderung, die erst dort zuende kommt, wo die Möglichkeit einer transzendentalen Bestimmung der Fundamentalontologie ausgeschlossen ist. Der § 3 behandelt den ontologischen Vorrang der Seinsfrage, indem im Grunde nichts weiter als der Begriff der Fundamentalontologie als ‚Prinzipienwissenschaft‘ geltend gemacht wird, auf der alles wissenschaftliche Erkennen basiert. Gerade dabei zeigt sich, daß die sachliche Inadäquanz, in der Heidegger die Frage nach dem Sinn von Sein in den § 1 und 2 läßt, eine absichtlich Gewollte ist. Denn hier weiß er nun plötzlich sehr genau, wonach in der Frage nach dem Sinn von Sein gefragt ist. Der ontologische Vorrang der Seinsfrage besteht nämlich darin, daß alle regionalontologisch fundierten Einzelwissenschaften auf eine letztbegründende Erkenntnis der Einheit des Seins verweisen. Die fundamentalontologische Frage nach dem Sinn von Sein erweist sich damit als die erste Frage, die aller regionalontologischen und einzelwissenschaftlichen Erkenntnis vorausliegt. Der ontologische Vorrang der Seinsfrage meint damit aber den Vorrang hinsichtlich allen wissenschaftlich-methodischen Erkennens als ‚Begründungsvorrang‘, den die ‚prote philosophia‘ prinzipiell gegenüber allen Wissenschaften überhaupt hat. Der Vorrang bleibt ein solcher, der innerhalb der Begründungsstruktur des Erkenntnisverhältnisses anzusiedeln ist. Das Erkennen aber, so hieß es schon, ist ein ‚Seinsmodus'. Demzufolge muß es auf das Menschsein zurückgeführt werden: aus ihm heraus als eine Bestimmtheit seines Seins sichtbar werden. Dies unternimmt nun der § 4 als Rückschritt in die zugrundeliegende Dimension des Menschseins selbst, in der das Erkenntnisverhältnis fundiert ist. Der gesamte ontologische Vorrang der Seinsfrage verschwindet gleichsam im Sein des Menschen selbst als seinem Grund: dem ‚ontischen Vorrang der Seinsfrage', der nun im § 4 in einem mit der Bestimmung des Menschen als des ‚ exemplarischen Seienden' - des Modells - einhergeht.

Der Rückschritt in das Menschsein selbst - seine Wesensverfassung - hebt an mit dem Hinweis, daß die Wissenschaft nur eine ‚Seinsart' des Menschen ist: neben anderen möglichen ‚Seinsarten'. Damit ist der vorangegangene ‚onto*logische* Vorrang' der Seinsfrage zurückgenommen auf eine prinzipiellere Besinnungsbene - seine Fundierung im Menschsein. Was es heißt, daß die Wissenschaft eine ‚Seinsart', das Fragen ein ‚Seinsmodus' ist, führt Heidegger nun an der Bestimmung des Menschseins selbst aus: Dem Menschen geht es in seinem Sein um sein Sein selbst. Der Mensch ist - nicht zufällig und nebenher, sondern wesentlich - als Verhältnis gekennzeichnet: aber gerade nicht als ‚Selbstverhältnis' des Sich-wissens und Sich-denkens, sondern als ‚Seinsverhältnis'. Er ‚west' als Seinsverhältnis, dieses ist keine Eigenschaft eines zugrundeliegenden Etwas, sondern anders: dort, wo das Sein und Anwesen von Seiendem als Verhältnis west, dort west das Seiende ‚Mensch'. Der Mensch ist in seinem Sein nur deshalb ein Verhältnis zu seinem Sein, weil er als das Sichverhalten des Seins selbst west. Das Verhältnis aber als der offene Spielraum des Sich-verhaltens zu ... ist eröffnet kraft des Verständnisses von Sein: seiner Unverborgenheit als der Offenheit, innerhalb derer es allein ein Verhältnis *von* etwas *zu* etwas *als* etwas gibt. Das Sein von Seiendem überhaupt können wir auch denken, ohne daß wir dabei denken müssen, daß es auch etwas gibt, das weiß: sich eröffnend auf das Sein und Anwesen bezieht. Der Begriff des Seins impliziert nicht und verweist nicht auf den Begriff des Wissens, als wäre das Sein per se immer nur Sein-für-das-Wissen. Das Umgekehrte gilt nicht: Wir können das Wissen nicht denken, ohne das Sein zu denken: und zwar insofern das Wissen an sich selbst als das Verhältnis zum Sein (Unverborgenheit, Offenheit von) *ist*. Das Wissen erweist sich als das Zweite gegenüber dem Sein als dem Ersten: Es kann selbst nur vom Sein her - nicht aus sich - gedacht werden. Ich nenne dies den absoluten Vorrang von Sein gegenüber dem Wissen.

Damit zurück zu dem, was Heidegger hier (§ 4) im ‚Seinsverhältnis' als das Menschsein denkt. Denken wir uns das Sein und Anwesen von Seiendem überhaupt: ohne den Menschen. Dann gibt es nichts - kein Seiendes -, das sich in seinem Sein zu sich verhielte. Das Sein und Anwesen von Seiendem insgesamt west verhältnislos. Nun gibt es aber den Menschen: und hier, an diesem Seienden, eröffnet, lichtet sich das Sein in ein Sich-verhalten von ... zu ...: dieses ist der Mensch - der Aufbruch von Sein ins Verhältnis. Worin gründet er?- Darin, daß das Sein sich ‚lichtet', ‚eröffnet', ‚frei wird': Sich als das Wissen von Sein (Seinsverständnis) zeitigt. Wir haben nicht den Menschen, der sich irgendwie zum Seienden ‚verhält', wie Hund oder Katze auch; sondern, was er als Verhältnis ist, ist er als das Verhältnis des Seins: und dies wiederum besagt nichts anderes, als daß sein Sein, seine ‚Wesensverfassung', wie es bislang hieß, in einem ‚Seinsverständnis' besteht, darin ihm das Sein von Seiendem überhaupt entborgen ist.

Holen wir dies noch aus dem Vorgriff auf § 13 ein, vor allem, weil sich daran die Abgrenzung zur Transzendentalphilosophie deutlich machen läßt. Das Erkenntnisverhältnis des Menschen zur Welt setzt als Bedingung seiner Möglichkeit das In-der-Welt-sein als existenziale Verfassung des Menschseins schon voraus. Der Mensch kann sich zu dieser ‚Seinsart' des ‚theoretischen Welterkennens' veranlassen und bestimmen: er gewinnt damit, wie Heidegger sich ausdrückt, einen neuen Stand seines Seins in der Welt und zur Welt. Aber dies selbst ist nur möglich, weil er je schon ‚in' der Welt ist: er schon in der Offenbarkeit und Unverborgenheit des Seins alles Seienden steht, das sich ihm aus der Aufgeschlossenheit seines Seins als ‚In-der-Welt-sein' als Innerweltliches erschließt. Das ausdrücklich ergriffene und betriebene intentionale Erkennen von ... bewegt sich schon in einer Offenheit und Unverborgenheit von Seiendem, die ihm ermöglichend vorausliegt. Es ist in der vorgängigen Offenheit von Sein, die mit dem Menschsein selbst geschieht, fundiert; muß also von dieser her gedacht werden, nicht etwa umgekehrt: so daß das intentionale Erkenntnisverhalten, das auf dem Grunde der Offenbarkeit des Seienden in seinem Sein erst möglich ist, zum Paradigma eben dieser primären Offenbarkeit gemacht wird. Das Erkenntnisverhältnis ist als intentionales Verhältnis fundiert in der Offenbarkeit von Seiendem; diese Offenbarkeit aber, in der das intentionale Verhältnis des Erkennens fundiert ist, kann nicht am Leitfaden der Bewußtseinsintentionalität gedacht und rekonstruiert werden. Dies ist der entscheidende Punkt gegen die Bestimmung der Fundamentalontologie als Transzendentalphilosophie: an ihr kristallisiert sich die transzendentale Verweigerung zur ‚existenzialen Analytik des Daseins' aus - gegen die neuzeitliche ‚Metaphysik der Subjektivität'. Betrachten wir diesen Punkt deshalb genauer, um daran die Eröffnung von Sein im Verständnis von Sein - und damit als Seinsverhältnis - noch bestimmter in den Blick zu bekommen.

Wenn wir von ‚Wissen', ‚Bewußtsein' oder auch ‚Verstehen' sprechen, meinen wir gewöhnlich unmittelbar die intentional gerichtete Beziehung eines Wissenden auf ein Gewußtes, wie wir sie in der ausdrücklichen Haltung theoretischen Erkennens einnehmen, dann aber auch unmittelbar an jedem Wahrnehmen, Empfinden, jedem praktischen Sich-auskennen, sei es auch in der Art des von Heidegger so genannten ‚umsichtigen Besorgens', gegeben haben. Unser je eingenommenes Verhältnis des Wissens, Erkennens oder Verstehens von etwas vollzieht sich immer in dieser Art und Weise des intentional gerichteten Bezogenseins auf etwas: und anders als in dieser Weise nehmen wir weder im praktischen Umgang noch im Herstellen oder dann im theoretischen Erkennen, weder im Wahrnehmen oder Denken oder sonstwie das Verhältnis des Wissens ein. Eben deshalb ist dies im Grunde auch immer die leitende Struktur von Wissen, die in der Erkenntnis- und Wissenschaftstheorie, aber auch in der Transzendentalphilosophie im Blick steht. Husserl faßt diese Struktur der Intentionalität als das ‚Ego - cogito - cogitatum', die leitend ist für die bewußtseinsmäßige Konstitution von Seiendem in seinem Sein. Ihre Aufklärung unternimmt die transzendentale Phänomenologie. Jede transzendental konstituierende Leistung gegenständlichen Sinnes (von Sein) fungiert in und nach dieser Struktur der Intentionalität, also auch das natürliche, lebensweltliche Fungieren des ‚unmittelbaren' Bewußtseins. Die Frage ist, ob sich das am Modell der Intentionalität gefaßte Bewußtsein (‚Ego - cogito - cogitatum') als ein methodisch zulängliches Prinzip der ‚Fundamentalontologie' ausweisen läßt. Heideggers Antwort ist: Nein. Warum?-

1. Das Wissen ist seiner grundlegenden Struktur nach immer als die gegenwendige Einheit von intentionaler Gegenstandsbeziehung (Wissen von ...) und begleitendem Sichwissen verfaßt. Zum Wesen der intentionalen Beziehung gehört diese rückbezügliche Selbsterschlossenheit des Wissens notwendig hinzu: In allen ‚cogitationes' (Bewußtseinsintentionen) ist sich das Bewußtsein seiner Beziehung auf das ‚cogitatum' unthematisch mitbewußt. Nun ist aber eine Vexierfrage der Transzendentalphilosophie, daß, was sie als die gegenstandskonstitutive Tätigkeit des Bewußtseins, des Ichs bzw. der transzendentalen Apperzeption aufweist, zwar am Leitfaden der intentionalen Struktur aufweist, dabei aber das intentional gegenwendige Sichwissen gerade nicht auftaucht: denn dann müßte jedes Bewußtsein ja in sich selbst der transzendentalen Konstitution unmittelbar mitwissend beiwohnen: wüßte also unmittelbar mitwissend in sich selbst um die kategoriale Konstitution seiner Gegenständlichkeiten durch die spontanen Funktionen des ‚Ich denke' (cogito); es wäre mitwissend selbst die Transzendentalphilosophie, und ein eigenes philosophisches Unternehmen dieser Art wäre völlig überflüßig. Die transzendentale Analyse, die alles gegenständliche Wissen von Sein und Seiendem als durch das Bewußtsein konstituiert aufweist, gebraucht also die Intentionalitätsstruktur unter Ausschluß ihres Implikates, des Sichwissens, als demjenigen, wodurch die Intentionalität allererst zur maßgeblichen *Wissens*struktur wird. Denn das intentionale Vermeinen von etwas kann das Etwas ja überhaupt nicht ‚wissen', wenn es dieses nicht rückbezüglich auf sich bezieht und es als Bezugsworauf seines intentionalen Vermeinens weiß. Ohne Sich-wissen ist die Intentionalität überhaupt keine Struktur des Wissens, sondern allerhöchstens die Verhaltensstruktur des Gerichtetseins auf etwas; und gerade das, wodurch sie zu einer Wissensstruktur wird, muß - entgegen jeder begrifflichen und phänomenalen Gegebenheit von Intentionalität - in der transzendentalen Analyse der Konstitu-

tion von Gegenständlichkeiten ausgeblendet werden: und zwar aufgrund des einfachen phänomenalen Sachverhaltes, daß das Bewußtsein von seiner Konstitution der Gegenständlichkeiten nichts weiß, dies aber wissen müßte, wenn sie sich in der Gegenwendigkeit intentional-rückläufigen Sich-wissens vollziehen würde. Nun wäre es aber zu einfach, dies schon als treffende Kritik der Transzendentalphilosophie anzusehen; denn es läßt sich sehr einfach begründen, warum dies eben so sein muß und überhaupt nicht anders sein kann. Insofern das Bewußtsein ist, hat es je schon das, was für es überhaupt ist, konstituiert: die kategoriale Verfassung von Sein als Gegenständigkeit (Objektität). Die Konstitution selbst liegt in einer ‚transzendentalen Vergangenheit', d.h. das Wissen ist mit sich selbst wesentlich ungleichzeitig: Es kann seine Genese - und damit auch die Genese seiner Gegenständlichkeiten - nicht als solche wissen, da es dann schon sein müßte, bevor es ist; es ist aber erst kraft der ‚transzendentalen Handlungen' das, was es als Wissen in der Gegenwendigkeit von Gegenstandsbezug und Sichwissen ist. Diese - als Resultat der Genesis von Wissen - konstituiert sich eben in dieser Genesis, und deshalb kann diese nicht in der Weise eines begleitenden Sichwissens in der transzendentalen Genesis des Wissens selbst schon gegeben und erschlossen sein. Die ‚transzendentale Genesis', die man sich natürlich nicht als ein ‚ontisches' Werden oder Geschehen vorstellen darf, sondern einen logischen Zusammenhang meint, beinhaltet den Begriff eines spontanen Fungierens eines Ich, das ‚eshaft' sich in der Gegenwendigkeit von Intentionalität und Für-sich-sein als das endliche Wissen zeitigt; es kann auf seine Genesis immer nur retrospektiv in der transzendentalen Reflexion aufdecken. Insofern das Wissen ist, ist es schon gewesen: aus dieser Ungleichzeitigkeit seiner mit sich selbst läßt sich nicht herauskommen.

Diese Problematik läßt sich hier natürlich nicht weiter verfolgen und abschliessend behandeln. Wenn aber schon das notwendige und konstitutive Moment allen intentionalen Wissens - das begleitende Sich-mit-dabei-wissen des Bewußtseins in der transzendentalen Genese ‚noch nicht' ist, weil es sich in ihr erst konstituiert, dann ist immerhin erlaubt zu fragen, ob unter dieser Voraussetzung überhaupt noch von Intentionalität gesprochen werden kann: denn diese konstituiert sich ja auch erst in dieser Genese, und zwar in einem und zugleich mit jenem Moment des ichhaften Sichwissens sämtlicher ‚cogitationes'. Wenn etwa bei Kant von der Spontaneität der Verstandeshandlungen bezogen auf das Mannigfaltige der Anschauungen die Rede ist: was ist dann unter diesem ‚Bezug' zu verstehen, wenn nicht das intentionale Gerichtetsein?- Von wem aber?- Eines ‚Ich-pols'?- Warum weiß der dann aber nichts von seiner Beziehung auf das ‚transzendentale X' als dem Substrat aller transzendentalkonstitutiven Leistungen des Bewußtseins?- Wie soll der transzendentale Nachweis gelingen, daß alle (gegenständliche) Beziehung des Bewußtseins auf Anderes (Sein) eine Implikation der Selbstbeziehung des Wissens auf sich (Ich) ist, wenn ich dabei immer schon die Intentionalitätsstruktur voraussetzen muß, um deren Aufweis es allererst geht?- Lassen wir es bei diesen Fragen vorerst bewenden. Es reicht hin, wenn deutlich geworden ist, daß die für alle Transzendentalphilosophie maßgebliche Intentionalitätsstruktur ihr selbst Sprengstoff genug ist, wenn an ihr die methodisch zulängliche Aufklärung allen wahren Wissens versucht wird.

2. Die strukturelle Verfassung des Wissens, in der wir uns vorfinden, hat als ein wesentliches Charakteristikum, das wir sie beliebig einnehmen und damit über die Art und Weise und das Was unserer intentionalen Beziehung bewußt verfügen können. Ich kann mich diesem oder jenem zuwenden, mich dem Wahrnehmen oder dem Träumen, dem begrifflichen Bestimmen oder dem Vermuten, dem Herstellen oder Handeln, dem theoretischen Erkennen usw. widmen. Dieser ‚selbsteigene' Gebrauch des Wissens in seinen konstitutiven Strukturen - nicht aber das Sein des Wissens selbst - ist mir als erkennendem Wesen überantwortet: er hat die Bedingung seiner Möglichkeit daran, daß das Wissen selbst schon - und zwar ohne daß ich darüber verfügt hätte - ist, und ich mich in ihm - nicht es in mir - wiederfinde. Worinnen finde ich mich, insofern ich mich als intentional verhaltendes, bewußtes Lebewesen vorfinde?- In der schon geschehenen Offenbarkeit, Sichtbarkeit dessen, was ist: meiner selbst und alles anderen Seienden, das mit mir anwest. Das intentionale Verhalten - sei es des poietisch-praktischen Besorgens und Fürsorgens oder sei es das des ausdrücklichen, theoretischen Erkennens - ist immer nur möglich aufgrund dieser Offenheit von Sein, in der ich mich beständig schon bewege, um mich überhaupt zu etwas intentional verhalten zu können. Das Wozu des Sichverhaltens muß mir vorgängig schon offenbar sein, damit ich mich überhaupt zu ihm verhalten kann, oder, wie Heidegger bezüglich der Fragestruktur sagt: alles Fragen als Fragen wonach muß dieses schon vorgängig entdeckt haben: das intentionale Fragen nach etwas bestimmt sich aus der vorgängigen Erschlossenheit des Etwas, die im Faktum ‚vor-ontologischen Seinsverständnisses' beschlossen liegt. Die intentionale Beziehung auf Etwas-überhaupt ist ohne diese vorgängige Offenheit von Sein überhaupt, die mit dem Menschsein zugleich und in einem geschieht, überhaupt nicht möglich. Wenn das Wissen als Wissen von etwas überhaupt einen Sachbezug hat, dann nicht kraft seiner selbst, sozusagen als Folge einer intentionalen Stiftung, sondern als es selbst, insofern es vor-intentional schon als die Offenheit von Sein überhaupt nur ist. Anders gewendet: Wir wissen immer schon zuviel, d.h. wenn wir mit den intentionalen Akten des Erkennens anheben, dann nicht vom Nullpunkt eines absoluten Nichtwissens aus, sondern aus der Überfülle des schon gewußten und erschlossenen Seins von Seiendem überhaupt. Eben dies reflektiert die Problematik des ‚Anfangs der Philosophie': daß ich eben, insofern ich überhaupt ‚bin', immer schon das weiß, worum es in der Philosophie erst zu gehen hat: die Erkenntnis dessen, was ist. Am unmittelbaren ‚natürlichen Wissen' ist die Philosophie sich selbst voraus, und das Anfangen des philosophischen

Erkennens bewegt sich deshalb ja nicht voraussetzungslos auf seine Erkenntnisse zu: so, als müßte ich von meiner ‚black box‘ nur die ‚Intentionalitätsklappe‘ hochschieben, um mich dann ans Erkennen zu machen; sondern sein Anfangen besteht darin, daß es mit sich anfängt: die Überfülle des Gewußten vernichten, negieren muß, sei es in der dialektischen Aporetik, wie bei Platon, oder sei es im hyperbolischen Zweifel, wie bei Descartes oder als ‚epoche‘, dem ‚Einklammern‘, ‚Außer-Geltung-setzen‘ alles vermeintlich Gewußten, wie bei Husserl. Die Philosophie fängt damit an, das Nicht-wissen ausdrücklich zu produzieren: und erst aus diesem heraus zeitigt sich ihr intentionales Erkenntnisverhältnis als Wissenschaft, der es nun um den methodisch gesicherten Aufweis dessen geht, was in Wahrheit ist. Das Sein des Wissens läßt sich deshalb nicht am Leitfaden der Intentionalität, sondern nur als das Geschehen der Offenheit und Unverborgenheit von Sein denken; so daß der Mensch unmittelbar, insofern er überhaupt ist, sich in diese Offenheit versetzt vorfindet - und darin nun über seine intentionalen Verhaltensweisen verfügt. Anfangsgrund und Prinzip der Intentionalität als Bedingung ihrer Möglichkeit ist die mit ihr je schon geschehene Offenheit von Sein als der Freiraum jeglichen Sich-verhaltens-zu-etwas, das sich innerhalb - und eben nicht außerhalb - ihrer bewegt. Das Sein der Wissens muß also grundlegender gedacht werden, als dies vom Prinzip her in der Transzendentalphilosophie überhaupt möglich ist: als die Eröffnung von Sein in die Unverborgenheit, darin sich der Mensch je schon vorfindet. Indem diese Offenheit geschieht, geschieht der Mensch; indem es den Menschen gibt, ist diese Offenheit schon geschehen: beides ist eins und nur dasselbe.

3. Aus dem intentional-verfaßten Ich wird zwar das Sein von Seiendem überhaupt transzendental aufgeklärt: aber gerade das Sein des Ich selbst - des ‚Ego‘ (cogito cogitatum) - läßt sich transzendental nicht mehr denken. Es ist als Prinzip aller ontologischen Erkenntnis selbst ‚de-ontologisiert‘, fungiert als gleichsam ‚seinsloses‘, dessen Sein transzendental wesentlich ungedacht und unthematisch bleiben muß, da ‚Sein‘ = das in den Funktionen der Vergegenständlichung bestimmte Sein für das intentional verfaßte Ich als transzendentale Apperzeption. Damit entzieht sich die Möglichkeit, das ungegenständliche (anintentionale) Sein der transzendentalen Subjektivität selbst aus ihr selbst als dem transzendentalem Prinzip aller Ontologie zu denken; die Transzendentalphilosophie kommt nicht zum Abschluß ihrer selbst, sie verfehlt das Sein überhaupt und kann deshalb die Einheit des Seins selbst nicht mehr denken, obwohl sie diese ja voraussetzt, insofern das Ich selbst ‚ist‘ und sich intentional zum Sein des Seienden verhält. Wie Heidegger im Blick auf Descartes sagt: das ‚sum‘ des ‚cogito‘ bleibt ungedacht. Damit aber kann auch das Sein des ‚cogito‘ und der intentionalen ‚cogitationes‘ überhaupt nicht mehr zulänglich gedacht werden. Das Sein des ‚Ego‘ als das maßgebliche Sein des Menschen wird dann ontologisch bestimmt aus dem her, was es als ‚objektives Sein‘

konstituiert: es wird als ‚Subjekt‘ und ‚Substanz‘ aus dem her bestimmt, was es wesentlich nicht ist - dem Sein des Seienden, das es nicht ist und das vergegenständlichend durch das Ich konstituiert wird. Heidegger spricht hier von der "ontologischen Rückstrahlung des Weltverständnisses auf die Daseinsauslegung" (SZ, 16), d.h. das ontologische Selbstverständnis des Menschen ist eine Art ‚umgekehrter Projektion‘, kraft derer der Mensch nicht sich in die Dinge hinausprojiziert, sondern umgekehrt, das Sein der Dinge in sich hineinprojiziert: also sein Sein von dem her versteht, was er gerade nicht ist, damit aber ontologisch seine ontische Differenz überspringt. Dazu später mehr. Der Abstoßpunkt von der kantischen Transzendentalphilosophie war für den deutschen Idealismus nicht zuletzt diese Frage nach der Seinsweise der ‚transzendentalen Apperzeption‘; und eben diese Frage nach der Seinsweise der transzendentalen Subjektivität ist auch der Punkt, an dem Heidegger die transzendentale Phänomenologie Husserls verabschiedet und den Weg in die ‚existenziale Analytik des Daseins‘ geht: das Wissen muß als ‚Seinsbestimmtheit‘ gedacht werden, d.h. als die Eröffnung des Seins und Anwesens von Seiendem überhaupt in die Verhältnishaftigkeit, die an sich selbst (als Seinsverständnis) gelichtet ist. Damit wieder zurück zur Bestimmung der Fundamentalontologie als ‚existenziale Analytik des Daseins‘.

Die Frage, an der sich die neuzeitliche Bestimmung der Philosophie (Fundamentalontologie) entscheidet, ist die Frage nach dem Sein des Wissens. Wie sichtet Heidegger das Sein des Wissens so, daß damit der Weg frei gegeben ist in die Bestimmung der Fundamentalontologie als ‚existenziale Analytik des Daseins‘?- Als die Offenheit von Sein: aber so, daß dieses ‚von‘ sowohl ‚subjektiv‘ als auch ‚objektiv‘ verstanden werden muß. Das Sein eröffnet sich von sich her in die Offenheit (‚subjektiv‘), so daß das, wovon diese die Offenheit ist (‚objektiv‘), eben nichts als das Sein ist. Indem diese Offenheit geschieht, gibt es den Menschen als dasjenige Seiende, das sich in seinem Sein zu seinem Sein selbst verhält. Dieses sein Sein *ist* er als ‚vor-ontologisches Seinsverständnis‘ - als die Unverborgenheit, Offenheit, Erschlossenheit, Gelichtetheit von Sein an sich selbst . Der Mensch ist ‚hineingeworfen‘ in die Offenbarkeit dessen, was ist: in die Offenheit von Sein als der Bedingung der Möglichkeit seines intentionalen Erkenntnisverhaltens. Sie ist die Seinsverfassung des Menschen als ‚In-der-Welt-sein‘. Die Frage der ‚existenzialen Analytik des Daseins‘ ist, wie mit dem Menschsein selbst je schon und aller intentionalen Erkenntnishaltung zuvor das Sein von Seiendem überhaupt eröffnet und entborgen ist: Als was eröffnet sich das Sein von Seiendem überhaupt im Geschehen der Offenheit, die der Mensch je schon ist, insofern er ist?- Als *diese* Frage nach dem *Da*-sein übernimmt sie nun die Frage nach dem ‚Sinn‘ von Sein, d.h. diese selbst meint nichts anderes als die Frage nach dem Geschehen der Offenheit von Sein überhaupt.

Anmerkung

1.Texte

HEIDEGGER, Sein und Zeit, Einleitung, § 1 - 4; § 13. Ergänzend: ‚Mein Weg in die Phänomenologie‘ (SD, 81 - 90). Vorwort zu Richardson (1963), I - XXIII. Anmerkungen zum Encyclopaedia Britannica Artikel von Husserl (HU IX, 600 ff.). Anmerkungen zu Jaspers ‚Psychologie der Weltanschauungen‘ (GA 9, 1 - 44). ARISTOTELES, Kategorien. Lehre vom Satz (Kp. 1 - 4). Metaphysik Buch V, Kp. 7. HUSSERL, Logische Untersuchungen Bd. II, 1: I. Ausdruck und Bedeutung, 1. Kp. (§ 1 - 14). Der Enzyclopaedia Britannica Artikel (HU IX, 237 - 301). Franz BRENTANO, Von der mannigfachen Bedeutung des Seienden nach Aristoteles.

2. Literatur

Die HEIDEGGER-Literatur ist einzigartig disparat. Sie reicht von der einfachen, paraphrasierenden Nacherzählung über begrifflich aufwendig durchgeführte Auslegungen, Konfrontationen und Umbildungen bis hin zur reinen Karikatur und Polemik. Der Gegensatz von 'kritiklosem Nachvollzug' und 'verständnisloser Kritik' ist in Sachen HEIDEGGER besonders stark ausgeprägt und reflektiert in seiner Vehemenz mehr die geschichtliche Zerissenheit des Denkens als eine theoretische Kontroverse. Das Verhältnis zu HEIDEGGERS Denken ist nach wie vor ein schwieriges, zumal es sich selbst in einer gewissen Ausschließlichkeit des Entweder-oder ortet und damit das Denken in eine geschichtliche Entschiedenheit zu drängen sucht, gegen die es sich ebenso entschieden wehrt. Für eine erste Gesamtorientierung eignen sich nach wie vor die Standardwerke von Otto PÖGGELER (1990³), Werner MARX (1980²) und W. J. RICHARDSON (1963). Eine philosophisch außergewöhnlich vielseitige und gedankenreiche Exploration von Heideggers Denken in der Auseinandersetzung mit KANT, HEGEL und NIETZSCHE, gibt Henri BIRAULT (1978). Die beste Einführung in die Auseinandersetzung mit HEIDEGGER bieten die verschiedenen Sammelwerke, die durchgehend ein breites Spektrum kontroverser Positionen zu einzelnen Themen seines Denkens präsentieren (-> Bibliographie). Hermeneutisch scheint es mir jedoch auf jeden Fall fruchtbarer zu sein, ein Denken von seiner Sache her so zu entfalten, daß es darin schon durch und über seine 'Kritik' vermittelt ist, also angesichts des Anscheins seiner Unwahrheit in seiner Stimmigkeit zur Geltung gebracht wird, als es in der Sinnfixierung seiner sprachlich-propositionalen Aussagen auf das, was darin als seine Unwahrheit aufweisbar sein mag, festzunageln, um sich nun, mit der Sache fertig, einem anderen zuzuwenden. Deshalb ist auch die kritisch auf HEIDEGGER bezogene Literatur unabdingbar für ein vertieftes - d.h. immer 'ex negativo' (dialektisch) vermitteltes - Verständnis, weil sie HEIDEGGER gegen diese Kritik zu denken nötigt, dies aber einen hermeneutischen Explorationsraum seines Denkens eröffnet, der im bloß verständnismäßigen Nachvollzug verschlossen bleibt.
Als Einstieg in ‚Sein und Zeit‘ eignet sich bestens F.-W. VON HERRMANN, Subjekt und Dasein (1985²). DERS., Hermeneutische Phänomenologie des Daseins (1987) beinhaltet sehr ausführliche Erläuterungen zur gesamten ‚Einleitung‘ und ist für die Textinterpretation im einzelnen immer mit hinzuzuziehen. Die Auseinandersetzung von Existenzialontologie und Transzendentalphilosophie (HUSSERL) erschließt sich am besten aus den Aufsätzen und Vorträgen von Eugen FINK, Nähe und Distanz (1976), die zugleich die kosmologische, am Weltbegriff orientierte Fortführung von HEIDEGGERS Seinsfrage und die phänomenologische Denkungsart vorstellig machen. Eine sehr anregende transzendentalphilosophische Einführung in Fragestellung und Methode der Existenzialontologie gibt das 2. Kp. von C. F. GETHMANN, Verstehen und Auslegung (1974). Vgl. dort auch 2.1.3. Zur Grammatik und Semantik des Seinsbegriffs (52 ff.). Zu HEIDEGGERS modellontologischer Festlegung des Sachbereiches der Existenzialontologie vgl. auch R. WIEHL (1991); WIEHL bezeichnet die Zuweisung der Seinsfrage (des Gefragten) an das Sein des Daseins (als des Befragten) zwar angesichts der Fragestruktur sicher völlig zurecht als "Kurzschluß" (105), müßte dann aber in der Konsequenz - und vielleicht meint er das ja auch - die gesamte neuzeitliche

Philosophie als ‚Kurzschluß‘ bezeichnen: SPINOZA und HEGEL - und WHITEHEAD - einmal ausgenommen. Eine ausgezeichnete Auseinandersetzung von HEIDEGGERS Wissenschaftsbegriff gibt Rainer BAST, Der Wissenschaftsbegriff Martin Heideggers (1986) im Ausgang von den frühen Schriften HEIDEGGERS bis hin zu ‚Sein und Zeit‘; HEIDEGGERS späteres Verständnis von Wissenschaft wird dagegen mehr kursorisch und wenig befriedigend abgehandelt. Im ganzen setzt BAST allerdings seine Analyse sachlich-systematisch zu kurz an, indem er 1. den Begriff der Wissenschaft nicht im Hinblick auf die Differenz von ‚prote philosophia‘, Regionalontologie und Einzelwissenschaft differenziert und damit das Problem der Begründung (innerhalb der ontologisch/ ontischen Differenz) nicht in den Blick bekommt; 2. trotz der Einsicht, daß der Wissenschaftsbegriff im Erkenntnisbegriff fundiert ist (57), diesen in seiner anti-transzendentalen Wendung nicht durchschaut und deshalb auch in der Behandlung von existenzialontologischen Grundbegriffen (Dasein, Existenz, In-der-Welt-sein, 96) an der Sache vorbeigeht. So greifen denn auch die Bestimmungen zum Phänomenbegriff (4.4) viel zu kurz, der Wahrheitsbegriff wird überhaupt nicht behandelt und in das Methodenproblem eingebracht. BAST macht sich offensichtlich eine ganz verkehrte Vorstellung der Existenzialontologie, wenn er darin die "kompromißlose Ansetzung des Subjekts, des Ichs als absolutes Primat" und eine noch über KANT hinausgehende "radikalisierende ‚kopernikanische Wende'" - also eine radikale Subjektivitätstheorie - entdeckt (118). Deshalb bleibt ihm letztlich auch der Zusammenhang von Fundamentalontologie und existenzialer Analytik (58, 92/3) unverständlich. 3. BAST scheint sich die begriffstheoretische Differenz formalanzeigender und generischer Begriffe, in HUSSERLS Sprache die Differenz von ‚Formalisierung‘ und ‚Generalisierung‘ nicht klar gemacht zu haben. Wo er auf das Problem der Konkretisierung existenzialontologischer Begriffe, ihre Geltung und Allgemeinheit, die Differenz von formalontologisch und regionalontologisch stößt, verfängt sich seine Auseinandersetzung immer wieder in unzulänglichen Behauptungen, so z.B. wenn er dann meint, die formalontologischen Strukturen der Existenz, die Heidegger aufzeigt, wären mittlerweile durch die empirische Forschung der Ethnologie widerlegt (98). 4. Auch in der Auseinandersetzung der existenzialontologischen ‚theoria‘-Problematik (vgl. 183/4) geht BAST am wesentlichen vorbei, indem er von vorneherein Vorhandenheit und Zuhandenheit als "Seinsbestimmungen" versteht, "zu denen *dann* (Herv. von mir) das Dasein sich verhält" (196), als wären sie also etwas der Erschlossenheit im Sich-verhalten zu ... an und für sich Vorausgesetztes - was ja nun gerade ‚subjektivitätstheoretisch‘, also nach BASTS eigener Lesart, keinerlei Sinn ergibt. Nicht selten stellt man sich die Frage, ob BAST auch die phänomenologischen Analysen verständnismäßig mitvollzieht, die er referiert (z.B. in der für die methodische Praxis seiner Verständnisvollzüge aufschlußreichen Stelle: "Denn nach Heideggers beiden zentralen Thesen: (1) Seiendes gibt es ohne Dasein und (2) Sein gibt es nur, solange es Dasein gibt, müßte es Seiendes ohne Sein geben" (202), wo er einer Äquivokation im Begriff ‚Seiendes‘ zum Opfer fällt, die anzeigt, daß er sich den Ausdruck in seiner formalanzeigenden Funktion nicht deutlich gemacht hat). Seine kritischen Ausführungen zu HEIDEGGER bleiben deshalb insgesamt fragwürdig, während ihr hermeneutischer Ertrag, so z.B. auch seiner Interpretation von ‚Phänomenologie und Theologie‘ (3.3., 61 ff.), eine unbestritten aufschlußreiche und fruchtbare Aufarbeitung der existenzialontologischen Wissenschaftsthematik gibt.

6. Die Grundlegung der Existenzialontologie II

Die Bestimmung der Philosophie in der Neuzeit vollzieht sich in der Frage nach dem, was und wie der Mensch als bewußtes Lebewesen erkennt und weiß, was ist: sie generiert sich aus der Frage nach dem Sein menschlich-endlichen Wissens. Dieses wird zum Sachbereich der ‚prote philosophia' als der Einsicht in das, was überhaupt und im ganzen ist. Im Zentrum der Philosophie steht die ontologische Selbsterkenntnis endlichen Wissens.Vor diesem Hintergrund müssen wir Heideggers Bestimmung der Fundamentalontologie als ‚existenziale Analytik der Daseins' begreifen: Grund dieser Bestimmung ist ein gegenüber der Transzendentalphilosophie, an der die neuzeitliche ‚Metaphysik der Subjektivität' ihre maßgebliche Grundlegung erfährt, gänzlich gewandeltes Verständnis des Seins des Wissens. Die entscheidende Frage ist deshalb: Wie bestimmt Heidegger das Sein des Wissens im Gegenzug zur Transzendentalphilosophie und damit der neuzeitlichen ‚Metaphysik der Subjektivität'?-

Deshalb zuerst ganz allgemein die Frage: Wie wird das Sein des Wissens von der Transzendentalphilosophie in den Blick genommen?- Wohlverstanden: es geht nicht um die Verfassung menschlich-endlichen Wissens, die sie als ihr Resultat erarbeitet, sondern um den Grundbegriff von Wissen, den sie zu ihrer Grundlegung als ‚prote philosophia' schon in Anspruch nimmt. Welche Verfassung des menschlich-endlichen Wissens wird in der Bestimmung der Philosophie als ‚Transzendentalphilosophie' veranschlagt?- Wie ist das Sein des Wissens gesichtet, insofern es zum Sachbereich der ontologischen Erkenntnis in das, was überhaupt und im ganzen ist, erhoben wird?-

Dies läßt sich am einfachsten an der allgemeinen Struktur des Wissens, wie wir sie an jedem Bewußtseins- und Erkenntnisakt unmittelbar vorfinden, deutlich machen: Ich nehme etwas wahr - z.B. den Tisch: und weiß zugleich, daß ich den Tisch wahrnehme. Strukturell zeigt sich daran das Wissen als die Einheit aus zwei gegenwendigen Momenten: Zum einen dem Gegenstandbezug, der intentionalen Gerichtetheit des Wissens auf etwas (‚Tisch'). Dieses ist das Moment der ‚Intentionalität'. Zum anderen ist sich das Wissen rückbezüglich auf sich erschlossen: es weiß sich in seinem Bezogensein auf etwas als das Sich-beziehende, kantisch formuliert: "Das: ‚Ich denke' muß alle meine Vorstellungen begleiten können" (KrV, B 132). Dieses zweite Moment ist das gegenläufig zur intentionalen Gerichtetheit auf etwas rückbezügliche Moment des ‚Sich-wissens', das in allen intentionalen Akten als die ‚begleitende

Mitwisserschaft‘ dabei ist. Beide Momente, Sich-wissen und intentionales Wissen von etwas, gehören notwendig in sich zusammen: Ohne ihre gegenwendige Verfugung - kein Wissen. Ohne intentionale Gerichtetheit auf etwas weiß ich von nichts; ich weiß dann auch nicht, daß ich mich auf ‚nicht etwas‘ beziehe, denn ich beziehe mich ja auch nicht auf ‚nicht etwas‘, sondern überhaupt nicht. Eine ‚begleitende Mitwisserschaft‘ (Sich-wissen) kann es überhaupt nicht geben, wenn nicht in und gegenwendig zur intentionalen Beziehung; sie ist für sich genommen nichts und nur als gegenläufigen Moment des Wovon des Wissens erschließt sie dessen Bezüglichkeit in sich selbst: daß ich von etwas weiß. Das Sichwissen ist als ‚begleitende Mitwisserschaft‘ immer das unthematische (de-intentionale) Moment des Wissens, also gerade nicht das, was das thematische Bezugsworauf des Wissens ist, sondern dieses ist *immer* ein anderes, von ihm unterschiedenes, intentional Vergegenständlichtes. Das Sich-wissen ist also *prinzipiell* und *als solches* unthematisch: ein an und für sich ungegenständliches und nicht vergegenständlichbares Wissensmoment in allem intentional gegenständlichen Wissen. Dies muß man sich ganz klar machen. Reflektiert sich das Sich-wissen zur inneren Selbstgewißheit des ‚Ich denke‘ (cogito, Selbstbewußtsein), dann hat sich das ‚Sich‘ des Wissens, sein Für-sich-sein, zwar in die intentionale Vergegenständlichung gebracht: Im Selbstbewußtsein (Ich = Ich) sind Subjekt und Objekt dasselbe, das intentionale Bezugsworauf ist eben nichts anderes als das Sich-beziehende selber. Aber ist damit die Gegenwendigkeit von intentionaler Beziehung auf etwas und rückbezüglicher Selbsterschlossenheit des Wissens im Sich-wissen verschwunden?- Mitnichten: Indem ich mich auf mich beziehe, weiß ich zugleich, daß ich mich auf mich beziehe, daß eben ich es bin, was mein intentionales Bezugsworauf ist. Das ungegenständliche, de-intentionale Moment des Sichwissens bleibt also auch in der internen Struktur des Selbstbewußtseins erhalten, selbst wenn dort das Ich sich selber intentional vergegenständlicht. Es ist aus dem Wissen nie und nimmer herauszukriegen, ohne daß das Wissen selbst vernichtet wird. Jede Wissens- und Bewußtseinsbeziehung ist nur möglich kraft einer prinzipiellen Ungegenständlichkeit, die es als Wissen an sich selbst hat und in jeder intentionalen Reflexion-auf-sich mitnimmt. Umgekehrt ist es deshalb auch nicht möglich, daß es die intentionale Beziehung ohne das Sich-wissen gibt: denn der intentionale Wissensbezug besagt immer, daß sich für einen Wissenden etwas erschließt, er also um seine thematisch gegenständliche Beziehung weiß und nur kraft dieser begleitenden Mitwisserschaft von etwas weiß. Die beiden irreduziblen Momente - intentionale Gegenstandsbeziehung und begleitendes Sich-wissen - sind also in ihrer wechselseitigen Verschränkung in jedem Wissensvollzug gegeben: ohne ihre gegenwendige Einheit kein Wissen. Das menschlich-endliche Wissen liegt uns immer nur in dieser Differenz eines thematisch-intentionalen Bezogenseins auf etwas und eines unthematisch-ungegenständlichen Sich-wissens vor. Die Frage ist nun, wie diese grundlegende Struktur allen Wissens der transzendentalphilosophischen Bestimmung der Philosophie zugrundegelegt wird.

Die Intentionalität bezeichnet die Beziehung auf etwas: auf etwas, das ‚ist', - das Sein und Anwesen von Seiendem. Frage ich nun nicht in direkter Intentionalität (intentio recta) nach dem, was ist, sondern neuzeitlich, in der ‚reflexiven' Rückwendung auf das Wissen und Bewußtsein von dem, was ist (intentio obliqua), dann vergegenständliche ich in gewisser Weise die intentionale Beziehung des Bewußtseins auf das Sein und Anwesen von Seiendem als solchem. Denn am Moment der Intentionalität haben wir die ‚ontologische' Beziehung des Bewußtseins, während wir am Sich-wissen die bloße Selbsterschlossenheit dieser ‚ontologischen Beziehung' haben. Die reflexiv auf das endliche Wissen von Sein bezogene Fragestellung muß deshalb zur Frage nach der ‚ontologischen Wahrheit' der Intentionalität werden, der ‚gegenständlichen Beziehung' des Wissens und Bewußtseins: Sie wird zur Frage nach der intentionalen Referenz des Wissens und Bewußtseins hinsichtlich seiner ‚cogitationes', Bewußtseinsvermeinungen, die auf das Sein und Anwesen von Seiendem eröffnend und entbergend abzuzielen vorgeben. Die neuzeitlich-reflexive Frage nach dem Sein als Frage nach der ‚ontologischen Wahrheit' der intentionalen Gegenstandsbeziehung vergegenständlicht also das Wissen insgesamt in folgender Gewichtung:

1. Fraglich ist die gegenständlich-intentionale Beziehung des Wissens auf das Sein von Seiendem: Infrage steht die ‚Wahrheit' der Intentionalität als ‚ontologischer Beziehung' menschlich-endlichen Wissens, das sich als unverfügbar durch Anderes ins Sein Gegründetes erfährt und in der reflexiven Selbstvergewisserung nun nach dem Prinzip der Wahrheit gegenständlicher Intentionalität fragt.

2. Unfraglich, weil schlechthin gewiß und wahr dagegen ist das begleitende Mit- und Sichwissen in allen intentionalen Akten. Selbst dann, wenn der intentionalen Beziehung überhaupt keine gegenständliche, ontologisch-ontische Wahrheit zukommt, die ‚cogitationes' also gleichsam ins Leere gehen, bleibt es absolut wahr und gewiß, daß und wie ich mich in solchen intentionalen Verhaltungen selbst als der Sich-beziehende, als das vermeinende Bewußtsein (res cogitans) weiß. Die Frage nach der gegenständlichen Wahrheit der intentionalen Beziehung auf Sein läßt sich gänzlich abkoppeln von der internen Selbstgewißheit des Sichwissens in und an sich selbst, die in allen diesen Bewußtseinsvollzügen schlechthin da ist. Die Aufhebung aller gegenständlichen Wahrheit intentionaler Bezüge läßt die ungegenständliche Wahrheit des Sichwissens des Zweifelnden in seinen intentionalen Bezügen untangiert. Und diese absolute interne Gewißheit des Sichwissens in allen gegenstandsbezogenen Akten kann deshalb zum Prinzip der Frage nach der gegenständlichen Wahrheit der intentionalen Beziehung erhoben werden, insofern eine solche Frage für das menschlich endliche Wissen selbst durchführbar sein soll.

Damit ist nun schon deutlich, wie das menschlich-endliche Wissen zu einer wissenschaftlich und methodisch gesicherten Frage nach der intentionalen Wahrheit von Sein kommen kann: Die unterschiedliche Gewichtung der beiden Momente alles endlich-menschlichen Wissens hinsichtlich ihres ‚Wahrheitswertes' gibt den Hinweis darauf. Absolut gewiß ist das erste Moment: das Sichwissen. Absolut zweifelhaft ist das zweite Moment: die intentionale Referenz auf Sein. Das nach der gegenständlichen Wahrheit Fragende aber ist das menschlich-endliche Bewußtsein selbst: es zielt in sich selbst auf die Vergewisserung seiner ontologischen Beziehung. Wie soll dies möglich sein?- Indem es das zweite Moment als eine Funktion des ersten Momentes nachweist, also eine Implikation desselben. Dann würde der ‚Wahrheitswert' des Sichwissens (absolute Selbstgewißheit) übergehen auf die ‚Intentionalität', diese von jenem aus in ihrer ontologischen Wahrheit bestimmt, ausgegrenzt und abgesichert werden. Die ‚Extension' der ungegenständlichen Selbstgewißheit auf die gegenständliche-intentionale Beziehung erhebt die Selbstgewißheit endlichen Wissens zum methodischen Prinzip allen ontologischen Wissens und damit zum Maß von Wahrheit überhaupt. Dazu muß aber das unthematische Sichwissen an und für sich zur reflexiven Selbstgewißheit des ‚Ich denke' intentional aktiviert werden. In dieser Reflexion des Wissens in sich stößt die Selbstgewißheit des endlichen Ich aber von sich ab, was es nicht ist: es stellt sich die intentionale Gegenstandsbeziehung als Beziehung auf Anderes entgegen. Damit konstituiert es sich in sich selbst als die gegenwendige Einheit des ‚Subjektiven' und des ‚Objektiven', d.h.: die beiden Momente ‚Sichwissen' - ‚intentionales Wissen' stehen sich nunmehr als Selbstbewußtsein und Gegenstandsbewußtsein, Beziehung auf sich und Beziehung auf anderes gegenüber.

Der transzendentale Grundgedanke läßt sich dann folgendermaßen fassen: Alles Gegenstandsbewußtsein, jede intentional-vergegenständlichte Vermeinung von Seiendem in seinem Sein, was immer es auch sei, muß aus dem Prinzip der Ichheit, des Selbstbewußtseins ‚deduziert', d.h. in seinem ‚Rechtsanspruch' auf gegenständliche Wahrheit aufgewiesen werden. Die transzendentale Grundfrage ist die Rechtsfrage: "Quid iuris?-": mit welchem ‚Recht' vermeine ich die gegenständliche Wahrheit von ‚reinen Verstandesbegriffen' (Kategorien)?- Die Wahrheit der Grundbestimmungen intentional-vermeinter Gegenständlichkeit wird als die Wahrheit des Selbstbewußtsein vergewissert, indem gezeigt wird, daß das Selbstbewußtsein als die intentional-reflexive Gestalt des begleitenden Sichwissens selbst nur möglich ist, indem es das, von dem es sich vergegenständlichend unterscheidet, in einer Anzahl verschiedener Grundbestimmungen so auf sich rückbezieht, daß es, indem es ist, zugleich auch schon ein ontologisches Wissen von dem, was es nicht ist - dem Sein als der Gegenständlichkeit der Gegenstände - enthält. Das intentional-gegenständliche Wissen von Sein muß als eine Funktion in der Konstitution des Ich, des Selbstbewußtseins nachgewiesen werden: und daran hat das menschlich-endliche

Wissen dann das methodisch-vergewisserbare Maß seiner ‚ontologischen Wahrheit', d.h. der Wahrheit seiner intentionalen Referenz auf ‚Sein'. Die ‚Wahrheit des Seins' ruht in der Selbstvergewisserung menschlich-endlichen Bewußtseins: was nicht also solches und kraft dieses Prinzips aufgewiesen werden kann, verfällt dem Verdikt des Scheins bzw. des nicht aus der Vergegenständlichung vergewisserbaren Wissens von Sein (‚Glaube'). Wie dies dann bei Kant, Fichte, Schelling oder Husserl genauer aussieht, müssen wir hier übergehen; festzuhalten ist allerdings der Grundbegriff von Wissen, der der Transzendentalphilosophie als Prinzip ihrer Bestimmung als ‚Fundamentalontologie' (prote philosophia) zugrundegelegt wird: die ‚Intentionalität' in der Gegenwendigkeit reflektierten Selbstbewußtseins und vergegenständlichten Bewußtseins von Anderem (Gegenstandsbewußtsein). Der für die Frage nach der Philosophie und damit der letzten Einsicht in die Grundprinzipien von Sein entscheidende Punkt ist nun: ob diese am Wissen unmittelbar gegebene Struktureinheit von Sichwissen und Intentionalität in dieser Art und Weise zum Anfangsgrund und Prinzip der ontologischen Selbsterkenntnis menschlich endlichen Wissens gemacht werden kann. An dieser Frage entscheidet sich, ob die ‚prote philosophia' als Transzendentalphilosophie oder anders: etwa als ‚existenziale Analytik des Daseins' - bestimmt werden muß. Sie ist der Punkt, an dem sich Heideggers Verabschiedung der ‚Metaphysik der Subjektivität' vollzieht , die ich noch einmal nach drei Gesichtspunkten aufrollen möchte: der Frage nach der Seinsweise der transzendentalen Subjektivität, der Frage nach dem Sein der Intentionalität, und der Frage nach der wissensimmenten Aufklärung von ‚Sein' aus dem Prinzip der Selbstgewißheit.

1. Zuerst nun zu der für Heidegger elementaren Frage nach der Seinsweise der transzendentalen Subjektivität. Diese Frage richtet sich implizit direkt gegen Husserl, wird aber von Heidegger in ‚Sein und Zeit' lediglich in bezug auf Descartes ausgeführt. Transzendental wird nun das Sein alles Seienden aus dem Ich aufgeklärt. Woraus aber wird das Sein des Ich selbst aufgeklärt?- Ist dieses überhaupt noch transzendental möglich?- Eben nicht, sondern, was an gegenstandsbezogenen kategorialen Grundbestimmungen von Sein aus dem Ich aufgewiesen wird, wird nun im Rückschlag auf dieses angewandt, z.B. die Kategorie der Substanz. Diese bestimmt aber nun nicht mehr das Sein des transzendental-fungierenden Ich, sondern das Sein des empirischen Ich, das sich selbst aus den Grundbestimmungen seiner intentionalen Beziehung ontologisch bestimmt. Damit ist nun aber gerade das übersprungen, was es als transzendental fungierendes endliches Ich ist. Dieses aber fällt nicht aus dem Sein heraus, es ist nicht eine Bestimmung eines außerhalb alles Seienden stehenden ‚seins-losen' Bewußt*seins*, sondern des Menschen als eines Seienden unter und neben anderen Seienden. Aber wie ist das Ich eine Bestimmung des Menschseins?- Doch nicht in und gemäß der unmittelbaren Art und Weise, in der der Mensch inmitten des Seienden selbst seiend ist, sondern kraft seiner

geschichtlichen und philosophierenden Seinsweise. Denn zu einem Ichsubjekt wird der Mensch erst durch den ausdrücklichen Akt der Reflexion, durch den er sich als ‚Selbstbewußtsein' konstituiert und alles andere von sich in die Gegenständlichkeit der Gegenstände abscheidet. Die vorgängige Seinsweise des Menschen ermöglicht zwar solches, ist aber nicht selbst schon an sich das Menschsein als Subjektivität. Damit wird die Differenz von ‚Sichwissen' (als unthematisch begleitende Mitwisserschaft) und ‚Selbstbewußtsein' (Ichheit als intentional-reflexive Konstitution der Ichheit des Ich) übersprungen, dieses in jenes hineinprojiziert und zur Grundbestimmung des Menschseins überhaupt erhoben. Die unmittelbare Seinsweise, in der der Mensch sich vorfindet, sein noch nicht ‚subjekt'-gewordenes Sein inmitten des Seienden, enthält aber schon die Offenbarkeit und Unverborgenheit des Seienden in seinem Sein: also ein ontologisches Wissen um das, was ist, auf dessen Grundlage es allererst zur Konstitution der Subjektivität und ihres ontologischen Begriffs kommen kann. Wie soll diese vorgängige Offenheit von Sein, die durch das Menschsein und als es je schon geschehen ist, insofern der Mensch überhaupt ist, noch transzendental - also vom Prinzip des Ich aus - gedacht werden?- Daß also das, worinnen sich das Ich kontituiert, im demnach gründend vorausliegt, vom Ich her gedacht wird?- Nur so, daß der Begriff eines ‚bewußtlosen' Fungierens des Ich als Grund allen Wissens vorausgesetzt wird, während seine Ausdrücklichkeit als Prinzip der Philosophie zur Sache einer ‚Geschichte' erklärt und ein gegenüber der Systematik des Wissens fast äußerliches Ereignis wird. Das Ich - als spontanes Fungieren im Grunde des menschlichen Gemütes - konstituiert nun das, was für es ist, in der intentionalen Relation zu einem völlig Unoffenbaren, Verborgenen, das es als Angehendes, als das Mannigfaltige von Empfindungen erfährt, d.h.: aus der intentionalen Beziehung auf ein (transzendentales) X, das als ‚Nicht-Ich' die Negation allen Gewußtwerdens ist und als solches das Substrat sämtlicher kategorial-ontologischer Bestimmungsleistungen des Ich darstellt. Das, was das Ich in der transzendentalen Konstitution gegenständlichen Seins leistet, wird also am Modell der intentionalen Beziehung auf Gegenstände gedacht, wie wir sie an der Struktur des Wissens vorfinden. An dieser aber setzt sie ganz offensichtlich immer schon die vorgängige Offenbarkeit und Erschlossenheit ihres Bezugsworaufs voraus: als Bedingung der Möglichkeit intentional-erkennenden Verhaltens ist das Wozu des Verhaltens immer schon in irgendeiner Weise offenbar, erschlossen, bekannt; aber gerade dies muß nun in der transzendentalen Konstitution zurückgenommen werden, weil ja das Ich als Prinzip allen Wissens noch nichts von dem wissen kann, worauf es sich bezieht. Ansonsten hätten wir vorausgesetzt, was allererst zu zeigen wäre. Die Rückverlagerung der intentionalen Beziehung des Wissens auf die transzendentale Konstitution von Wissen überhaupt muß also ein wesentliches Moment unterschlagen, das für alle intentionale Beziehung konstitutiv ist: daß sie sich schon in dem für das Wissen offenbar gewordenen Sein und

Anwesen des Seienden bewegt: Die Intentionalität bezieht sich auf das pure X als der gänzlich Negation gegenständlichen Wissens überhaupt.

2. Damit sind wir auch schon beim zweiten Punkt, dem Sein der ‚Intentionalität'. Die intentionale Beziehung des Bewußtseins setzt immer schon die Offenheit des Bezugsworaufs voraus, die zugleich der offene Freiraum ist, innerhalb dessen sich ein Ich zu etwas verhalten kann: als ein Seiendes in seinem Sein zu anderem Seienden in seinem Sein ein ‚Verhältnis' ist. Das intentionale Wissensverhältnis, ganz gleichgültig, ob es ‚praktisch' oder ‚theoretisch' verfaßt ist, bewegt sich immer schon auf dem Grunde des bestehenden Bewußtseins, dem als solches das, was ist, schon irgendwie sichtbar, erschlossen, offenbar geworden ist: denn sonst wäre es je kein Bewußtsein, das sich als Bewußtsein von etwas immer schon, insofern es überhaupt ist, in der Offenbarkeit von Sein hält. Dieses, das Bewußtsein von ... als das Gegründete, kann nun nicht aus einem selbst intentional-fungierenden Ich als seinem Grund gedacht werden: Der Grund der intentionalen Verfassung des Bewußtseins, d.h. die Bedingung ihrer Möglichkeit, ist selbst nicht wieder am Leitfaden der Intentionalität als dem Gegründeten - also in ihrer Rückprojektion auf ein transzendental fungierendes Ich - zu fassen, sondern: Das Sein des Wissens, das sich strukturell in den gegenwendigen Momenten des Sich-wissens und der Intentionalität entfaltet, muß selbst vor-intentional gedacht werden; es muß als vor-intentionale Offenheit von Sein in den Blick gebracht werden, weil nur auf dieser Grundlage die strukturelle Verfassung des Wissens selbst möglich ist. Weder das intentional reflexive Selbstbewußtsein als Prinzip noch die Intentionalität als Leitfaden in der Konstitution der kategorialen Verfassung von Sein als der ontologischen Wahrheit der Intentionalität taugen zur Aufklärung der je schon mit dem menschlich-endlichen Wissen geschehenen Offenheit von Sein.

3. Beides zusammen, der Blick auf das Sein des Ich und auf die vorintentionale Erschlossenheit von Sein durch das Ich bzw. das Wissen überhaupt, läßt sich nun in einem weiteren dritten Punkt zusammenfassen und zugleich weiterdenken: Zum einen zeigte sich: Der Mensch ist. Als Seiendes ist er in seinem Sein durch ‚Wissen' bestimmt. Das Sein des Wissens selbst als Bestimmung des Seienden ‚Mensch' bleibt aber transzendental ungedacht. Zum anderen zeigte sich: Das Sein der Intentionalität selbst bleibt ungedacht, damit aber auch das Sein als intentionales Bezugsworauf eines transzendental fungierenden Ich, das sich intentional auf das X als Substrat seiner kategorial-spontanen Leistungen bezieht. Dies aber heißt: Das Sein erweist sich als zwiefach vorrangig gegenüber dem Wissen, nämlich einerseits, insofern das Wissen selbst ist: sich als Seinsbestimmung an einem Seienden inmitten des Seienden findet; und andererseits, das Wissen selbst ein Verhältnis zum Sein ist; als Wissen von etwas, das ist, in und an sich selbst das Sein als Wozu seines Sich-verhaltens voraussetzt, ohne daß das Umgekehrte der Fall wäre. Das Sein kann ich auch (logisch) denken, ohne das darin der Begriff des

Gewußtwerden vorkommen müßte: es wird nicht in einem Begriff gefaßt, der es als Verhältnis zum Wissen und Gewußtwerden offenbar machen würde. Den Begriff des Wissen kann ich dagegen nur als Verhältnis zum Sein, also inklusive der intentionalen Referenz auf etwas, das ist, fassen. Das Wissen ist sich darin selbst je das Zweite zu dem Sein als dem Ersten: und deshalb kann ich das Sein überhaupt nicht aus dem Wissen, dem Bewußtsein oder auch einem Ich denken, sondern nur umgekehrt: ich muß das Wissen, das Bewußtsein vom Sein her denken. Nur dann läßt sich das Sein des Ich, das Sein der Intentionalität und des intentional-konstituierten Seins überhaupt noch fassen. Die Selbstgewißheit als das methodische Prinzip der Philosophie, d.h. der methodisch gesicherten Vergewisserung der ontologischen Wahrheit intentionaler Referenz menschlich-endlichen Wissens durch dieses selbst, subvertiert sich selbst: Es verbirgt, was zu entbergen es angetreten war - seine ‚ontologische Wahrheit'.

Wie muß nun im Gegenzug zu diesem transzendentalen Grundbegriff das Sein des Wissens gefaßt werden?- Als die ‚vor-intentionale Offenheit von Sein'. Dann aber ist die Frage nach dem Sein, dem Wissen von Sein, nicht mehr transzendentalphilosophisch zu stellen. Betrachten wir noch einmal kurz die einzelnen Momente dieser Bestimmung des Wissens als der ‚vor-intentionalen Offenheit von Sein'.

1. Die ‚Offenheit' gibt, wie die anderen Termini (‚Sichtbarkeit', ‚Offenbarkeit', ‚Erschlossenheit', ‚Lichtung', ‚Unverborgenheit' usw.) nichts wieder als den phänomenologischen Begriff des Wissens, gefaßt aus dem Unterschied zum Sein und Anwesen von Seiendem überhaupt; und zwar so, wie sich das Wissen in sich selbst und für sich in seiner Differenz zum Sein erscheint, faßt und ausspricht. Formal gefaßt ist das Wissen je thematisch als das Nicht von Sein, das sich relational auf ‚Sein' bezieht und als dieser relationale Bezug selbst ‚ist'. Die phänomenologischen Termini zur Bezeichnung von ‚Wissen' überhaupt bringen es also von dem her zur Sprache, wie es sich in sich selbst als das Andere zum Sein unmittelbar gegeben ist. Dies entspricht der methodischen Erfordernis phänomenologischen Denkens, das, wovon die Rede ist, je in seinem ausweisbaren Gegegebensein und Sichzeigen anzusprechen und nie anders; ist also transzendental oder wie immer sonst noch unverfänglich.

2. Entscheidend gegen die transzendentalphilosophische Bestimmung ist erst, daß diese Offenheit als Begriff des Wissens nicht als intentionale Leistung eines intentional fungierenden Ichs bezüglich eines gegenständlich Unoffenbaren, sondern ‚vor-intentional' gedacht wird. Die Offenheit, in der sich das intentional-verfaßte Bewußtsein je vorfindet, geschieht ineins mit diesem: es gibt sie nur als vor-intentionales, ‚subjektloses' Geschehen des Menschseins als eines solchen: Indem der Mensch ist, steht er in der Offenheit von Sein; dies ist die Art und Weise, wie das Menschsein sich unmittelbar von sich her zeigt und muß in dieser schlichten faktischen Gegebenheit als solches hingenommen werden, d.h. es ist so, wie es sich zeigt, begrifflich-sprachlich zu

fassen, ohne daß das Denken dem Sichzeigenden irgendwelche Begriffe vom Ich, eines Subjektes, einer Substanz, eines Agens unterstellt, die an der Sache als solcher nicht phänomenal ausweisbar sind. Gerade die phänomenologische Methode verpflichtet das Denken dazu, die Faktizität des vor-intentionalen Seins des Wissens als solche im Wie ihres Gegebenseins anzuerkennen und hinzunehmen - gegen die unmittelbare Tendenz, sie begrifflich auf ein intentionales Subjekt hin umzudeuten.

3. Die vor-intentionale Offenheit von Sein muß aus dem Sein gedacht werden. Sie bezeichnet als solche ebensosehr die intentionale Eröffnung von Seiendem in seinem Sein vom Wissen her - im Sinne eines ‚genetivus subiectivus' - als auch, und zwar vorrangig, das Sich-eröffnen von Sein in die Offenheit und Unverborgenheit als Wissen im Sinne eines ‚genetivus obiectivus'. Das ‚Von' muß also ebensosehr vom Wissen wie vom Sein her gelesen werden, von letzterem aber vorrangig als Grund des ersteren. Vom Sein her gedacht erscheint das Wissen als die Negation von Sein, die das Sein an sich selbst vollzieht: als seine Rücknahme, die an sich den Raum frei gibt, in dem es als solches offen, gelichtet, sichtbar, unverborgen werden kann. Das Wissen ist seiend als das Wissen von Sein: und eben dies wird durch die Umkehrung nun vom Sein her als seine Eröffnung in die Lichtung seines Gewußtwerdens (Offenbarseins) begriffen, die als das vor-intentionale Sein des Wissens die Offenheit von Sein je schon hat geschehen lassen: als das Menschsein. Die vor-intentionale Offenheit, in der sich der Mensch als Seiendes inmitten des Seiens von Seiendem überhaupt vorfindet, geschieht als das Sein dieses einen Seienden - des Menschen. Der Mensch selbst ist die Art und Weise, in der die Offenheit von Sein im Sein und von diesem selbst her geschieht: und nun hat der Mensch, insofern er ist, auch ein intentionales Verhältnis zum Sein des Seienden, über das er verfügen kann. Die vor-intentionale Offenheit von Sein als das Geschehen des Menschseins selbst inmitten des Seienden ist der Aufbruch von Sein überhaupt in seine Offenheit und Unverborgenheit. Allein in dieser Hinsicht wird der Mensch zum Sachbereich der fundamentalontologischen Frage nach dem Sinn von Sein, die sich numehr in der Bestimmung der ‚existenzialen Analytik des Daseins' vollzieht.

Die Bestimmung der Fundamentalontologie als ‚Existenzialontologie' aus ihrem Gegenzug zur Transzendentalphilosophie können wir vorerst auf sich beruhen lassen. Wichtig ist, sich immer wieder deutlich zu machen, daß der Mensch das Wissen nicht wie eine Eigenschaft hat, sondern das Wissen als die Offenheit von Sein das Menschsein selbst ist, darin es dann so etwas wie intentional erkennende Menschen gibt. Indem die Offenheit von Sein aus dem Sein heraus geschieht, gibt es das Seiende Mensch, das hinsichtlich seines Menschseins in die Offenheit von Sein hineingeworfen ist. Damit dies nun nicht nur von seiner transzendentalphilosophischen Seite her, sondern zugleich auch aus der konstitutiven Problematik philosophisch-ontologischen Erkennens selbst heraus deutlich wird, noch kurz zum platonisch-aristotelischen Hintergrund von Heideggers Bestimmung des Wissens als ‚vor-intentionale Offenheit von Sein'. Wenn Heidegger am Leitfaden der Fragestruktur - also gerade nicht in der direkten Auseinandersetzung mit der Transzendentalphilosophie - das Problem ‚vor-ontologischen Seinsverständnisses' entwickelt, dann liegt darin unmittelbar und unübersehbar der Hinweis auf Platons ‚Menon'. Denn im Dialog ‚Menon' entwickelt Platon zum ersten Male das Problem, daß ich, um etwas (intentional) erkennen, überhaupt nach ihm fragen zu können, dieses schon ‚erkannt' haben muß: also genau das Problem, das Heidegger am Strukturmoment des ‚Wonach' des Fragens als das Problem der vorgängigen Erschlossenheit von Sein deutlich macht und als die Faktizität vor-ontologischen Seinsverständnisses hervorkehrt. Dort fragt Menon den Sokrates (80 d), "wie und auf welche Weise er denn etwas erforschen will, von dem er überhaupt nicht weiß, was es ist". Sokrates versteht sofort, was gemeint ist, nämlich "daß der Mensch unmöglich erforschen kann, weder was er weiß, noch was er nicht weiß" (80 e). Denn was ich weiß, weiß ich; kann mich also überhaupt nicht auf den methodischen Weg theoretischen Erkennens begeben, der sich aus einem konstitutiven Nichtwissen bestimmt; und was ich nicht weiß, was mir also grundsätzlich verborgen ist, danach kann ich auch nicht fragen, es zu erkennen suchen, weil es ‚für mich' überhaupt nicht ist. Thematisch wird damit ein Vorherwissen um das Sein des Seienden, das je schon alles intentionale Erkenntnisverhalten leitet, ohne daß es dadurch auch schon in seiner Wahrheit erkannt wäre: die phänomenale Unverborgenheit von Sein. Daß Platon dieser Problematik eine grundsätzliche Bedeutung zumißt, wird daran deutlich, daß er den Begriff intentionalen Erkennens angesichts des ontologischen Vorherwissens bestimmt: als "Wiedererinnerung" (anamnesis), d.h. als die ausdrückliche Wiederholung vorgängig gewußten und erschlossenen Seins. Der Begriff intentionalen Erkennens ist nicht ‚sui suffizient' von sich her, sondern nur aus einem vor-intentionalen Schon-wissen heraus zu denken, auf den alles intentionale Erkennen zurückverweist: Es wiederholt in sich ein Anderes, das ihm vorgängig offenbar geworden ist, und lebt aus dieser Wiederholung und als sie. Das theoretisch-ontologische Erkennen ist die Wiederholung präteritaler Unverborgenheit, die mit dem Menschen schon da ist; wie und woher, weiß auch Platon nicht anders zu bestimmen als durch den Hinweis auf die prinzipielle Involviertheit des Menschen im Ganzen des Seins, seine ontologische Verwicklung, die Platon mehr mythisch als begrifflich an der physischen Wiederholung des Menschseins in der Folge seiner ‚Wiedergeburten' anzeigt, die durch ‚metaphysische' Zwischenräume originären Erkennens von Sein, d.h. der ‚Ideen', auseinandergehalten werden. Eine solche mythische Ausdeutung der ‚Wiedererinnerung' finden Sie etwa im Phaidros, 245 b - 256 e; zu einer begrifflichen Auseinandersetzung des Seins des Menschen als sich wiederholendes Vorherwissen von Sein ist Platon allerdings nicht gekommen, sowenig wie dann Aristoteles nach ihm. Aristoteles nimmt das Problem z.B. zu Beginn des ersten Buches der ‚Zweiten Analytiken‘ auf (71 a ff.), aber auch hier wie im ganzen des aristotelischen Denkens kommt es zu keiner Bestimmung des Seins des Menschen aus diesem Sachverhalt, sondern die Antwort wird letzten Endes an das Sein selbst verwiesen. So heißt es bei Aristoteles (Topik, 135 a 10): "Alles Sein (einai, nicht: Seiendes!) entbirgt sich selbst von ihm selbst her". Das ‚Vorherwissen‘ ist also bei Platon und Aristoteles wesentlich aus dem vorgängigen Zug des Seins selbst zur Unverborgenheit, Offenheit, Erschlossenheit seines Gewußtwerdens zu denken, und deshalb, weil das Sein des Menschen im Zug des Seins selbst zur Unverborgenheit aufgeht, wird es nicht als ‚vor-ontologisches Seinsverständnis‘ thematisch. Erst die neuzeitliche Wende zum Subjekt ernötigt diesen Ausgangspunkt, um von daher den platonischen ‚Menon‘ gegen die Transzendentalphilosophie zu kehren. Heideggers Fragestellung Heideggers läßt sich als der Versuch verstehen, aus der Neuzeit heraus und gegen sie das Problem des ‚Menon‘ begrifflich-ontologisch zu durchdenken und darin des Begriff des ‚sich-entbergenden Seins‘ zu wiederholen. Von daher nun zum nächsten Punkt in der Aufbereitung der existenzial-ontologischen Frage nach dem Sein, zu

1.3. Begriff und Methode der existenzialen Analytik des Daseins

Die fundamentalontologische Frage nach dem Sinn von Sein ist in ihrer neuzeitlichen Fassung die Frage nach dem Wissen von Sein, über die der Mensch als endliches Seiendes von sich her verfügt. Nun muß aber das Sein des Wissens, so wie es sich an ihm selber und von sich her zeigt, als die vor-intentionale Offenheit von Sein in den Blick gebracht werden, die nicht der Mensch - wie eine zugrundeliegende Substanz eine Eigenschaft - hat, sondern als das Menschsein selbst geschieht: Der Mensch ist, insofern er ist, je schon in die Offenheit und Erschlossenheit von Sein hineingeworfen. Wie hat er darin - in der vor-intentionalen Offenheit von Sein - das Sein überhaupt schon verstanden?- In welcher Erschlossenheit von Sein überhaupt bewegt er sich (vor-intentional) existierend je schon?- Oder umgekehrt, nicht vom Menschen sondern vom Sein her gefragt: Wie und als was eröffnet sich das Sein, insofern es als das Menschsein geschieht?- Die Frage nach dem Sinn von Sein wird am Sachbereich ‚Mensch‘ also nicht so durchgeführt, daß er als Subjekt (Ich) von sich her einen ‚Sinn‘ von Sein stiftet, etwa im intentionalen Fungieren einer transzendentalen Subjektivität, sondern: das Menschsein wird als die vor-intentionale Offenheit von Sein überhaupt zum thematischen Sachbereich jeder nur möglichen Frage nach dem ‚Sinn‘, d.h. der Erschlossenheit‘, ‚Offenheit‘ von Sein. Weil es diese überhaupt nur als das Menschsein gibt, muß die auf die

Erkenntnis von Sein überhaupt zielende Frage nach der Eröffnung von Sein überhaupt im Menschsein fragen. An ihr hat sie ihre Grundlage, die Bedingung ihrer Möglichkeit und das Maß ihrer möglichen Beantwortung; jede ontologische Erkenntnis bewegt sich je schon in der Offenheit von Sein, als die das Menschsein geschieht; die also unverfügbar für den Menschen selbst nicht eine ‚subjektive' Sinnstiftung eines intentional Erkennenden darstellt, sondern das beinhaltet, als was sich das Sein von sich selber her in die Offenheit des seinsverstehenden Menschseins zeitigt. Die ‚existenziale Analytik des Daseins' (bzw. ‚Existenzialontologie') zielt nun darauf, diese Eröffnung von Sein als das Menschsein auf den Begriff zu bringen.

Ausgangspunkt ist dieses Seiende - der Mensch. Heidegger nennt es terminologisch das ‚Da-sein'. Dieses wird ontologisch, d.h. auf sein Sein hin, betrachtet. Das Sein dieses Seienden (‚Dasein') nennt Heidegger ‚Existenz'. Die Existenz wird thematisch in ihren Grundbestimmungen, die das Ganze ihrer ausmachen und fundieren: Dieses sind die ‚Existenzialien'. Damit haben wir Sachbereich und Thema der ‚Existenzialontologie' vorgegeben: Die ‚Existenz' des ‚Daseins' soll auf ihre Gründungsmomente (‚Existenzialien') hin untersucht werden, und zwar in der Absicht, darin die vor-intentionale Offenheit von Sein, als welche das Sein des Daseins (Existenz) je schon geschehen ist, begrifflich herauszustellen. Aber gerade dies ist nicht mehr Sache einer ‚epistemologischen' Reflexion, die sich auf das Wissen, das Bewußtsein bzw. das ‚vorontologische Seinsverständnis' konzentriert, sondern Sache einer ontologischen Analyse, die das Sein eines Seienden - des ‚seinsverstehenden' Seienden - in den Blick nimmt. Das Sein des Menschen muß so thematisiert werden, daß es in seinem Vollzug, der Existenz, als dem Seinsvollzug der vor-intentionalen Offenheit von Sein begriffen wird: und nicht in einer rein epistemischen Analyse des ‚vor-ontologischen' (natürlichen, lebensweltlichen) Seinsverständnisses. Nehmen wir uns daraufhin die Begriffe ‚Dasein' und ‚Existenz' vor.

Heidegger faßt die ganze Bestimmung des Seins des Wissens als die vorintentionale Offenheit und Erschlossenheit von Sein überhaupt in der kleinen Vorsilbe ‚Da' zusammen. Das ‚Da' des ‚Daseins' meint die Offenheit von Sein, die der Mensch je schon ist, insofern er überhaupt ist. Der Mensch ist ‚Dasein' heißt zugleich: Der Mensch ist nicht Subjekt, nicht Substanz, nicht Ding - er ist überhaupt nichts von der Art des Seienden, das ist und anwest. Der Begriff des 'Daseins' ist deshalb zugleich der Begriff der schlechthinnigen ‚ontischen Differenz' des Menschen zu allem anderen Seienden. Diese wird ontologisch gefaßt im Begriff der ‚Existenz'. Die ‚Existenz' als ‚Herausstehen' (ek-sistere) in die Offenheit und Erschlossenheit von Sein überhaupt nennt dasselbe, was das ‚Da' als die Bestimmung eines Seienden zur Sprache bringt. Die ‚Existenz' ist dennoch kein ‚Wissens-', sondern ein ‚Seinsbegriff'; aber eben nicht im abstrakten Gegensatz zum Wissen, sowenig das Wissen als die Offenheit und Erschlossenheit etwas wäre, was ‚seins-los' dem Existieren nur anhaftete. Der

Begriff der Existenz unterläuft jegliche Unterscheidung des Menschen in ein naturhaft-triebhaftes und geistiges Sein, in Leiblichkeit, Seele und Vernunft; worum es geht, ist, das einheitliche Phänomen des Menschseins als solches in den Blick zu bekommen - und nicht von dem her, was es nicht ist. Baue ich den Menschen von dem anderen Seienden her zusammen, dann ist er ein Tier, dem es zusätzlich noch zukommt, etwas - Vernunft - zu haben, was das andere nicht hat. Dann ist er ein ‚vernünftige Lebewesen‘. Was er aber als Lebewesen ist, das ist er nicht mit dem Zusatz der Vernunft, sondern als durch ‚Vernunft‘ gelichtetes in ganz anderer Weise, als es Tiere sind. Das Seiendsein des Menschen als ‚Lebewesen‘ oder ‚Tier‘ ist - als die Herausgestelltheit in die Offenheit von Sein - etwas ganz anderes als das Lebendigsein, das sich nicht in dieser Offenheit vollzieht. Beides ist durch einen ontologischen Abgrund getrennt: Das Sein des Seienden ist hier und dort ein gänzlich verschiedenes Anderes, das sich nicht mehr auf einen allgemeinen Begriff hin (‚Lebewesen‘) zusammenfassen läßt. Damit ist auch schon gesagt: Es kann keine allgemeine Ontologie geben, die die allgemeinsten Bestimmungen von Sein überhaupt als synonyme Bestimmungen des Seins von Seiendem überhaupt faßt. Sie sind angesichts der ontischen Differenz des Menschen notwendig äquivok. Was allein bleibt, ist das Zugleich gegenwendig modifizierter Bestimmungen, die einerseits das Menschsein, andererseits das Sein alles anderen Seienden betreffen, so daß beide ‚gleichursprünglich‘ im Menschsein selbst liegen. Das Menschsein kann nicht mehr von einem anderen her, sondern nur noch aus sich selbst, d.h. in seiner ‚ontischen Differenz‘, thematisiert werden. Die - am Modell der Intentionalität abgelesene - Differenz von Sein und Wissen muß aus dem Phänomen des Menschseins geklärt werden; jedes Unter- und Überbaumodell, jede ‚Schichtungs-‘ und ‚Fundierungsstruktur‘ von Sein und Wissen, Natur und Geist, Sinnlichkeit und Vernunft geht an dem einfachen Sachverhalt vorbei, daß der Mensch sein Sein als Herausstand in die Offenheit eines Verstandenhabens von Sein überhaupt ist, kraft dessen er sich existierend sowohl zum Seienden, das er selbst ist, als auch zum Seienden, das er nicht selbst ist, verhält. Die ‚Existenz‘ bezeichnet also das Sein des Menschen als das spezifische in sich gelichtete, zum Sein von Seiendem hin eröffnete Sein, dessen Grundstrukturen - die ‚Existenzialien‘ - die je verschiedenen Weisen sind, in denen sich der Mensch existierend in der Erschlossenheit von Sein überhaupt hält: diese Erschlossenheit selbst existierend aufschließt und offen hält. Jedes ‚Existenzial‘ nennt im Gegensatz zur ‚Kategorie‘ als der Seinsbestimmtheit bloßen Anwesens eine Seinsweise des verstehenden Offenhaltens von Sein als die Seinsbestimmtheit des Menschen: nicht als ‚intentionalem Akt‘; es meint eine Bestimmung des Erschlossenseins, die das Menschsein als solches je schon in seiner eigentümlichen und spezifischen Weise, inmitten des Seienden zu sein, gründet und fundiert. ‚Existenzialien‘ sind Weisen, in denen sich das Dasein sein Sein existierend offenhält: es sich sein Sein und das Sein alles anderen Seienden erschließt und zu verstehen gibt, ohne daß dies sich in intentionaler Ausdrücklichkeit vollziehen müßte. Diese Grundbestimmungen, in denen das Dasein existierend in die Offenheit von Sein überhaupt heraussteht, bilden untereinander einen Strukturzusammenhang, der in seiner Ganzheit die ‚Existenz' als das Sein des Seienden gründend ausmacht. Heidegger denkt das Sein des Menschen, die Existenz, als Struktur; der Strukturbegriff wird zum ontologischen Grundbegriff von Sein. Das Sein wird nicht als die Einheit eines Einfachen, als welche es Grund und Ursprung wäre, gedacht; aber auch nicht als die vermittelbare oder unvermittelte Entgegensetzung einer Zweiheit, die als letzte Prinzipien das Sein des durch sie Gegründeten ausmachen würden. ‚Struktur' meint die Gleichursprünglichkeit verschiedener Bestimmungen, die in ihrer Einheit allererst unterschiedene Momente eines Ganzen sind, das sie als solches gründen. Das Sein ist Grund: aber als Struktur, d.h. in der Gleichursprünglichkeit einer Mannigfalt von Momenten, die erst als Momente eines Ganzen überhaupt unterschiedene Momente sind; ihre Verschiedenheit also erst als Resultat ihrer Ganzheit sind, und nicht erst nachträglich, als vorgängig isolierte Andere zueinander, von außen in die Einheit zusammengestückt werden müssen. Heidegger geht deshalb auch vom Strukturganzen der Existenz als solcher - dem ‚In-der-Welt-sein' - aus, um es in seine strukturellen Momente zu zerlegen, und nicht umgekehrt, von einzelnen Momenten, die dann zu einer Einheit ‚synthetisiert' werden sollen. Aus diesem Bezug auf den ontologischen Begriff der Struktur faßt Heidegger den Begriff der ‚Existenzialontologie' als ‚Analytik', d.h. als Auseinanderlegung eines Strukturganzen auf seine einzelnen Momente hin, die es in seiner Einheit ausmachen. Die ‚existenziale *Analytik* des Daseins' zielt auf die Auseinanderlegung der Existenz in ihre strukturellen Momente - die ‚Existenzialien'.

Wie steht das Dasein im Blick der Analyse?- Als das Geschehen der Offenheit von Sein, als welche der Mensch ist. Dies aber heißt, daß der Mensch in seiner ‚unmittelbaren' Seinsweise, der, die er als solcher einnimmt, insofern er nur ist, zum Bezugspunkt der Analyse werden muß. Das Dasein, so Heidegger, wird in seiner ‚Durchschnittlichkeit' und ‚Alltäglichkeit' zum Sachbereich der ‚existenzialen Analytik des Daseins'. Es kann, wenn das Geschehen des Menschseins als die Offenheit von Sein in den Blickpunkt rücken soll, gerade nicht darum gehen, vermittelte und fundierte Modi des Existierens, die der Mensch aufgrund der Seinsweise, in die er als solcher ins Menschsein gezeitigt ist, einnimmt, begrifflich aufzuklären, weil diese eben je schon das voraussetzen, was zuallererst und primordial die menschliche Art und Weise des Existierens ist: die durchschnittliche Alltäglichkeit. Sie bezeichnet die Art und Weise des Existierens, die der Mensch von sich her je schon einnimmt, insofern er ist; und die somit auch die Grundlage aller weiteren intentional vermittelten Arten und Weisen des Existenzvollzuges bleibt. Die Seinsweise der ‚durchschnittlichen Alltäglichkeit', in der sich das Existieren von sich her je schon vollzieht, ohne es je zu verlassen, muß thematisch angegangen werden, wenn es um den begrifflichen Aufweis der (vor-ontologischen) Erschlossenheit von Sein geht, die der Mensch je schon existierend ist. Deshalb verschwindet diese Seinsweise auch nie in sekundären Vollzügen ‚unalltäglicher Herausgehobenheit', sondern bleibt der beständige Hintergrund allen Existierens. Die Seinsweise der ‚durchschnittlichen Alltäglichkeit' ist der maßgebliche Bezugspunkt der existenzialontologischen Analyse, die das Menschsein als die vor-intentionale Offenheit von Sein in den Blick nimmt.

Nun noch ein Wort zum Wie?-, zur phänomenologischen Methode der ‚existenzialen Analytik des Daseins'. Den Begriff der Methode abzuhandeln heißt, ihn zum intentionalen Bezugsworauf des Denkens zu erheben und ihn in und aus dieser Vergegenständlichung heraus zu thematisieren. Dies ist Sache der ‚Methodologie'. Die Methode selbst ist aber wesentlich das Verfahren und die Tätigkeit des Denkens im erkennenden Umgang mit seinen Sachverhalten, so daß er in der ‚methodologischen Reflexion' notwendig ‚abstrakt', ab- und losgelöst von seiner Konkretion in der Praxis des Denkens und Erkennens selbst erscheint. Diese aber, insofern sie sich in der ‚begleitenden Mitwissenschaft', dem Sichwissen des Denkens und Erkennens in seinen intentionalen Bezügen, selbst erschließt, weiß immer zugleich auch schon von dem Wie, der Art und Weise ihrer Erkenntnishaltung, so daß sie ein vor-methodologisches Methodenbewußtsein darstellt, auf das sich alle methodologische Reflexion beziehen muß: Denn sie muß ja angeben, wie und wo ihr die ‚Methode', über die sie handelt, gegeben ist. Eine methodologische Reflexion bleibt deshalb ohne die Selbsterschlossenheit der ihr zugrundeliegenden Denk- und Erkenntnispraxis schlechthin unverständlich, weil sie ohne diese kein Bezugsworauf hat; diese Denkpraxis muß also vorgängig bekannt sein, damit eine methodologische Reflexion überhaupt Sinn macht und nicht vollkommen ins Leere stößt. Ich werde mich deshalb hier darauf beschränken, einige Grundmomente der phänomenologischen Methode zu umreißen, die zum Verständnis ihrer Denkungsart dienlich sind und Ihnen den Zugang zu Heideggers Denken erleichtern.

Methodische Erkenntnis zielt auf ‚Wahrheit', insofern sie uns nicht unmittelbar gegeben und verfügbar ist. Ein absolutes Erkennen hat keine ‚Methode', es bedarf ihrer nicht, weil es, indem es weiß, immer auch schon die Wahrheit weiß, diese also nicht aus der Überwindung von Schein, Unwahrheit erzeugt; der Begriff der Methode macht überhaupt nur Sinn für ein Wissen, das als solches und von sich her in der Möglichkeit von Unwahrheit und Schein ist: und sich deshalb in das Wissen der Wahrheit des Gewußten durch die Negation von möglicher Unwahrheit, Schein vermitteln muß. Deshalb läßt sich jeder Begriff von Methode durch den Begriff der Unwahrheit und des Scheins definieren, als dessen Negation sie sich anläßt; oder anders gesagt: jeder Begriff von Methode ist gegründet in einem Begriff von ‚Wahrheit', der als Negation eines korrelativen Begriffs von Unwahrheit und Schein gedacht ist. Ein

Methodenbegriff ist immer nur so tief, als sein zugrundeliegendes und konstitutives Bewußtsein der Möglichkeit von Schein und Unwahrheit reicht. Die Möglichkeit von Schein und Unwahrheit wird aber selbst wiederum für verschiedene Sachbereiche der Erkenntnis eine je andere sein. Der Philosophie geht es aber im Unterschied zu allen Einzelwissenschaften um die Erkenntnis von Sein, nicht von Seiendem; und insofern das Sein in der Zwiefalt von ‚essentia' (Wassein) und ‚existentia' (Seinsweise) als das Wesen verstanden ist, um die Erkenntnis der Wahrheit von Begriffen: im Unterschied zur einzelwissenschaftlichen Erkenntnis von Sachverhalten, die in Urteilen gefaßt wird. Entsprechend müssen wir hier dann fragen: Welches ist der konstitutive Begriff der Unwahrheit philosophisch-ontologischen Wissens, gegen den die phänomenologische Methode sich als Methode konstituiert?- Die Antwort erhalten wir im Blick auf den bekannten Schlachtruf, mit dem Husserl die Phänomenologie ins Feld führte: "Zu den Sachen selbst". Die Phänomenologie steht auf gegen die Entsachlichung des Denkens: sie artikuliert sich als die Methode des Sachbezuges, insofern dieser sich grundlegend in Begriffen konstituiert. Zuerst nun einmal: Was besagt diese grundlegende Konstitution der Beziehung des Wissens auf seine Sache in und durch den Begriff?- Was ist überhaupt ein ‚Begriff' im Unterschied zum ‚Urteil'?-

Der Begriff eröffnet das, was etwas ist, insofern es überhaupt ist: sein Wesen als die Einheit seines Wasseins und Daßseins, seiner ‚essentia' und ‚existentia'. Im Begriff wird gewußt, was etwas im Unterschied zu einem anderen etwas ist: er grenzt das Etwassein von Seiendem aus und läßt sich in einer entsprechenden ‚Wesensausgrenzung' (horismos), der ‚Definition', explizieren. Nun ist formal-logisch gesehen auch die Definition ein Urteil, das die allgemeine Form ‚S ist P' hat; das definitorische Urteil sagt aber im Prädikat nichts anderes vom Subjekt aus, sondern eben das, was dieses als solches ist; so daß, wie Aristoteles bemerkt, die Definition eigentlich die Sache von sich selbst aussagt: Sie sagt dasselbe (tauton) von demselben, vom Menschen z.B., daß er ein vernünftiges Lebewesen ist, und dies, das ‚vernünftiges Lebewesensein', ist nichts anderes als das Menschsein. Der Begriff faßt die Sache an sich selbst und als solche; seine Explikation im definitorischen Urteil ist deshalb ‚tautologisch', - sie prädiziert einer Sache sich selbst. Anders das Urteil, das beliebige Sachverhalte aussagt, z.B. ‚Der Stein ist rund'. Hier wird nicht ‚Selbes von Selbem', sondern ‚Anderes von Anderem', ‚Verschiedenes von Verschiedenem' (heteron) prädiziert; das ‚Stein-sein' ist etwas anderes als das ‚Rund-sein', sonst wären auch Kreise Steine; das eine ist nicht das andere, sondern jedes ist etwas an sich selbst, ihr Wesen und Wassein ist voneinander unterschieden. Das Urteil ist also, wenn es nicht definitorisch ist, ‚heterologisch' verfaßt; wir unterscheiden deshalb das begriffliche Wissen des Wesens als ‚tautologisches' von dem prädikativen Wissen der Sachverhalte als ‚heterologisches' und fragen weiter, worin das Wahrsein des einen und worin das des anderen besteht. Das Urteil sagt nun aber in seiner bejahenden Form (‚S ist P‘) die Einheit von Subjekt und Prädikat aus; wird nun, wie im prädikativen Urteil, Verschiedenes von Verschiedenem ausgesagt, dann muß ich nach dem Grund dieser prädikativen Einheit von an sich verschiedenen Bestimmungen fragen: Warum ist S P, oder, in der aristotelischen Form: Warum kommt P dem S zu?- Dies heißt, es muß ein anderes drittes, von beiden Unterschiedenes = X geben, das S und P in ihre Einheit vermittelt, z.B.: S ist X; X ist P, und deshalb gilt und ist wahr: S ist P. Dies ist die bekannte Form des Syllogismus; er ist die Grundform des Begründens als der Vermittlung von Verschiedenen in ihre prädikativ-heterologische Einheit. Dieses, in verschiedenen Bestimmungen ‚herumlaufende‘, wörtlich: ‚dis-kursive‘ Denken, das immer von anderem zu anderem übergeht, nennt Aristoteles ‚*dia*noia‘, d.h. das Denken ist hier ein Sich-*hindurch*denken durch Verschiedenes, das es je in seine gründende Einheit vermittelt. Die methodisch in ihrer Wahrheit ausgewiesene Erkenntnis prädikativer Sachverhalte als der Methode der Einzelwissenschaften ist dementsprechend, wie ich schon umrissen habe, die ‚Apodeiktik‘ als der durchgängige Begründungszusammenhang aller einen bestimmten zugrundeliegenden Sachbereich betreffenden Sachverhalte. Dieser geht aber zurück auf ‚erste Sätze‘, aus denen alles andere begründet wird; und dies sind nichts anderes als die ‚Definitionen‘, die tautologischen Explikationen des begrifflichen Wissens vom Sein qua Wesen des betreffenden Sachbereiches des Seienden. Wie ist nun solches definitorische und begriffliche Wissen wahr und in seiner Wahrheit ausgewiesen?- Aristoteles verwendet unsägliche Mühe auf den Nachweis, daß sich Definitionen jeder Begründung entziehen; denn dafür, daß etwas ihm selbst zukommt, läßt sich gerade kein davon unterschiedenes Anderes als Grund anführen. Etwas läßt sich nicht mit dem, was es ist, durch ein Anderes in die Einheit vermitteln: denn es ist diese ja gerade als das, was es ist. Der Begriff eröffnet etwas an ihm selbst und von ihm selbst her: in dem, was es als solches ist, und ohne das es nicht wäre, was es ist. Dazu muß ich nur auf das achten, wie es an ihm selbst und von sich selbst her sich zeigt, erscheint: und es in und aus diesem seinen mannigfaltigen Erscheinen heraus auf die Einheit und Selbigkeit seines Seins hin durchspähen. Dies ist nun nicht mehr Sache der ‚dianoia‘, des Vermittelns von Verschiedenem mit Verschiedenem bezüglich eines zugrundeliegenden Einen, sondern Sache des vernünftigen Erfassens von etwas an ihm selbst - der ‚noesis‘. Das Begreifen als Akt der ‚noesis‘ bezieht sich demnach vereinigend-unterscheidend auf die Einheit und Selbigkeit des Erscheinenden (phainomenon), und indem es diese erfaßt, wie Aristoteles sagt: "berührt" (Met. IX, 10), eröffnet es das Sein und Wesen des sich ihm darbietenden, begegnenden Etwas. Indem das Vereinigen und Unterscheiden des vernünftigen Denken von Etwas an ihm selbst auf dieses sein Einssein mit sich trifft, ‚berührt‘ es dieses, erfaßt und begreift es: es kommt im ‚Berühren‘ an sich selbst zur vernünftigen Gegebenheit. Darin besteht die begriffliche Wahrheit allen Wissens. Die eigene Methode dieses begrifflichen Erfassens ist im Unterschied zur Apodeiktik, wie ich schon angedeutet habe, die Dialektik. Worin konstituiert sich nun im Begreifen der ‚Sachbezug' des Denkens?- Im Bezug auf das Erscheinen und Sich-zeigen von solchem, das begegnet, d.h. das vernünftige Wissen sinnlich-leiblich angeht und von diesem in seiner Einheit und Selbigkeit mit sich eröffnet wird und darin zur Gegebenheit kommt. Diese Gegebenheit des Seins der Sache an ihr selbst besagt, daß sie im Denken ‚leibhaftig', d.h. als sie selbst und in ihrem Wassein, gegenwärtig ist. Platon faßt dieses Moment als ein ‚Schauen', während es bei Aristoteles durch das ‚Berühren' bezeichnet wird. Die philosophische Tradition hat dann im Anschluß an das platonisch-aristotelische Denken dieses Moment der ‚Selbstgegebenheit' des Seins und Wesens einer Sache, d.h. ihres ‚eidos', durch den Begriff der ‚Anschauung' (intuitus) bestimmt. In der ‚Anschauung', gleichgültig, ob diese in der Weise der sinnlichen Wahrnehmung oder der Weise der intellektiven Einsichtnahme besteht, ist das Angeschaute, das Bezugsworauf der Anschauung, selbst (leibhaftig) da; es wird gerade nicht stellvertreten durch ein Zeichen, etwa ein Wort, das auf es als an ihm selbst Abwesendes verweist. Der Begriff der Anschauung ist also nicht zu verwechseln mit dem Begriff der Wahrnehmung; die sinnliche Wahrnehmung ist Anschauung als die Gegebenheitsweise des sinnlich-physischen Seienden; das Denken dagegen ist Anschauung, insofern es sich das Wesen (eidos) einer Sache zur Gegebenheit bringt: und darin, in dieser unsinnlichen Gegebenheit des geeinten Wasseins, seinen Sachbezug stiftet. Erst damit, daß etwas, das sinnlich-physisch sich zeigt und erscheint, in seiner Einheit an ihm selbst gegeben wird, hat das vernünftige Wissen ein Bezugsworauf: es weiß, was das Sich-zeigende und Erscheinende ist und wie es ist; und die Wahrheit seines Sachbezuges ist diese aus dem Erscheinen heraus gezeitigte Einheit seines Seins als die Sichtbarkeit und Offenbarkeit dessen, was es ist.

Wenn ich damit nun in groben Zügen die platonisch-aristotelische Auffassung von der begrifflichen Wesenserkenntnis (noesis) im Unterschied zur begründenden Erkenntnis prädikativer Sachverhalte (dianoia) umrissen habe, dann hat dies natürlich einen ganz bestimmten Grund: Husserls erste Begründung der Phänomenologie in den ‚Logischen Untersuchungen' ist nämlich im Grunde nichts anderes als die ingeniöse Wiederholung dieser platonisch-aristotelischen Begriffslehre; eine Wiederholung, die sie betont nicht in die Methodik der Dialektik, sondern der Phänomenologie überführt, die Husserl denn auch, ihrer platonisch-aristotelischen Herkunft nach, als *eidetische* Phänomenologie bestimmt. Später, im Jahre 1912, hat Husserl diese erste Begründung der Phänomenologie unter dem starken Einfluß des Neukantianismus (Natorp) auf die ganz neue Grundlage der reinen Bewußtseinsintentionalität gestellt und zur transzendentalen Phänomenologie umgestaltet. Diesen Schritt von der ‚eidetischen' zur ‚transzendentalen' Phänomenologie hat Heidegger, wie sich hier schon von selbst versteht, nie mitgemacht. Der methodisch verbindliche

Ausgangspunkt seines Denkens bleibt die ‚eidetische Phänomenologie' des frühen Husserl. Auf dieser Grundlage entwickelt Heidegger seine methodische Praxis phänomenologischen Denkens, ohne daß diese an einen platonisch-aristotelischen Wesensbegriff gebunden bliebe. Dieser ist bekanntlich selbst nicht einheitlich, sondern gerade das Platon und Aristoteles Unterscheidende, so daß wir strikt unterscheiden müssen zwischen 1. dem Wesen als dem grundlegenden Bezugsworauf begrifflichen Wissens überhaupt und 2. der philosophischen Frage nach dem Sein und Wesen des Wesens selbst. Oft genug verwirrt man beide Aspekte und sagt, es gäbe gar kein ‚Wesen', weil man über eine ganz bestimmte ‚Metatheorie' des ‚Wesens' verfügt, wie z.B. im Schlagwort des ‚Essentialismus'. Dies hat aber nichts mit dem ‚Wesen', sondern mit der ontologischen Konzeption des ‚Wesens des Wesens' zu tun. Davon abstrahieren wir hier und halten nur das ‚Wesen' in seiner begriffsintentionalen Vermeintheit fest - gegen jede voreilige ‚Metatheorie des Wesens'. Von da aus können wir nun die ‚eidetische Phänomenologie' auf ihre Konzeption der Unwahrheit und des Scheins hin betrachten und diese auch schon genauer, nämlich im Hinblick die platonisch-aristotelische Dialektik, ausgrenzen. Denn die methodische Alternative zwischen Phänomenologie und Dialektik muß in der beiden Methoden gleichermaßen zugrundeliegenden Auffassung vom Sachbezug begrifflichen Wissens fundiert sein, so daß sich diese ebensosehr in die dialektische Methode platonisch-aristotelischer Prägung wie in die phänomenologische Methode der ‚Eidetik' (Wesenserfassung) wenden läßt.

Wenn der begriffliche Sachbezug des Wissens das zentrale Grundlegungsmoment der Methode ist, dann muß der Grund des Scheins, den die Methode zu negieren sich anläßt, im fehlenden Sachbezug des Wissens gesucht werden. Das Wissen bezieht sich auf etwas, ist Wissen von etwas: aber dieses Etwas, auf das es sich bezieht, muß nicht auch schon das Anwesen der Sache selbst sein, so daß sie gleichsam immer, sofern ich mich auf sie beziehe, auch ‚leibhaftig' da wäre, sondern: das Wissen ist als Wissen wesentlich eine Beziehung auf an ihm selbst Abwesendes. Denn das Wissen ist als das Nicht des Seins die Abwesenheit, Nichtung von Sein; das, worauf es sich bezieht, ist ‚in' ihm, d.h. es hat, als intentionaler Gegenstand, die Seinsweise des Wissens selbst. Denn sonst könnte ich mich nur auf das jeweilig Anwesende beziehen; das Wissen wäre angepflockt an das hier und jetzt. Das Problem des Sachbezuges des Wissens gibt es nur, weil das Wissen selbst als die Abwesenheit von Sein sich in sich als Verhältnis zum Sein konstituiert, es als Wissen von ... sich in sich auf sein Vermeintes (intentum) bezieht, ohne darauf angewiesen zu sein, daß dieses zugleich auch so, wie es vermeint ist, in der Vermeinung gegenwärtigt wird. Die Möglichkeit des Scheins liegt im Wissen selbst als der Negation (Nichtung), Abwesenheit von Sein. Aristoteles sagt in dieser Hinsicht: "Da es nun unmöglich ist, die Sachen selbst in die begriffliche Auseinandersetzung hineinzutragen, und wir statt der Sachen Namen gebrauchen als Zeichen, vermeinen wir, daß, was in bezug auf diese Namen als zutreffend vermeint wird, auch für die durch sie bezeichneten Sachen gelten müßte" (Soph. Elench., 165 a 6); kurz: wir schauen nicht mehr nach, ob dem so ist, wie wir vermeinen, sondern bewegen uns in verselbstständigten Zeichen- und Verweisungszusammenhängen, ohne das Worauf der Verweisung, die gemeinte Sache, noch an ihr selbst zu Gesicht zu bekommen. Das Wissen wird zum Schein der Sachbezüge, indem es sich in seinen Verweisungszusammenhängen verselbstständigt, damit aber den Kontakt zur ‚Wirklichkeit' der Sache selbst aufkündigt; es ist gerade der sprachliche und begriffliche Verweisungszusammenhang des Wissens, der es aus seinem Sachbezug auskoppelt, indem er sich aus seinem Kontakt mit der begriffenen und sprachlich bezeichneten Sache herauslöst: diese im sprachlich-begrifflichen Umgang mit ihr nicht an ihr selbst anwesen muß, sondern sich durch ihren versprachlichten Begriff stellvertreten läßt. Methodisch muß es deshalb darum gehen, das Wissen aus dieser Verselbstständigung herauszuführen und den Sachkontakt seiner Begriffe wieder eigens herzustellen. Das Programm der Phänomenologie, das sich im Schlachtruf: "Zu den Sachen selbst" ausdrückt, besteht in nichts geringerem als der durchgängigen Rekonstruktion aller (ontologischen) Begriffe aus der durch sie begriffenen Sache, d.h. in der universellen Wiederholung des Sachbezuges von Begriffen überhaupt. Diese erfolgt in wesentlich drei Schritten:

1. Der Aufhebung allen begrifflichen (Vorher-)wissens überhaupt: dieses wird, wie Husserls sich ausdrückt, ‚in Klammern gesetzt', d.h. in seiner Geltung eingeklammert, seiner gegenständlichen Bedeutung nach zurückgenommen. Husserl nennt diesen Schritt die ‚epoche', von ‚ep-echein', den Atem anhalten. Das ‚epechein' als philosophischer Begriff stammt von dem antiken Skeptiker Pyrrhon und meint dort, daß - modern ausgedrückt - das Bewußtsein sein gegenständlich-intentionales Vermeinen ‚an sich halten' soll: das ontologische Erkennen und ontische Vermeinen, das sich in einem beständig gegenständlich-intentionalen Ist-sagen zu dem Begegnenden verhält, soll ‚den Atem anhalten', also die ‚Außer-geltung-setzung' allen gegenständlichen Vermeinens von Sein vollziehen, um damit die ‚Unverwirrbarkeit' (ataraxia) als die Glückseligkeit des Menschseins zu erreichen. Während Pyrrhon die ‚epoche' als das grundlegende ethische Moment in der Vermittlung der Glückseligkeit, der Unverwirrbarkeit (ataraxia) der Seele denkt, bestimmt sie Husserl als das methodische Grundmoment der Negation allen begrifflich (unausgewiesen) Wissens umwillen seiner Wiederholung aus der Sache selbst.

2. Die ‚epoche' nimmt die begriffliche Gedeutetheit von Sein und Welt zurück; und damit wird das freigelegt, was der Begriff ausgedeutet, begriffen hat: das ‚Phänomen'. Das ‚Phänomen', die ‚Erscheinung', meint das Sich-von-sich-her-zeigen als solches, also weder den Schein noch das Andere zum An-sich-sein im kantischen Sinne noch ein bloßes Anzeigen von einem an sich selbst nicht Erscheinenden. Das Phänomen meint aber nicht eine vermeintlich

bewußtseinsunabhängige Unmittelbarkeit, sondern, insofern das Erscheinende, wie Aristoteles schon bemerkt, immer "das Erscheinende für jemanden" ist (Met. IV, 1011 a 19, das Sich-von-sich-her-zeigen in bezug auf das es vermeinende Wissen und Bewußtsein. Das ,phainesthai', Erscheinen, meint den Zug, den das Sein von sich her je schon zu seiner Unverborgenheit im vernünftigen Wissen hat: daß es für es ist und nur als solches überhaupt zum begrifflich Gewußten und Erkannten werden kann, das durch seinen Begriff in seinem Sein erkannt, offenbar gemacht ist. Die Freilegung des Seins als Erscheinen in der ,epoche' vollzieht also die entscheidende Wende zum ,Gegenstand'; während das begriffliche Wissen sich von sich her auf das begriffene Sein bezieht, kehrt sich das unbegriffliche Wissen ganz dem Erscheinen und Sichzeigen dessen, was ist, an und von ihm selbst her zu: es achtet nur auf das Von-sich-her-zeigen als solches, läßt und gibt es frei in sein Von-sich-her-sein, von woher es nun in seine begriffliche Offenbarkeit und Sichtbarkeit hinein umgewendet wird.

3. Die Beschreibung (Deskription) des Sich-zeigens und Erscheinens von etwas an ihm selbst und so, wie es sich von sich her zeigt, also der strengen Wendung von ihm her (auf das Wissen zu), muß es nun in seinem allgemeinem Wesen, dem ,eidos' erfassen und als solches zur anschaulichen (intuitiven) Gegebenheit bringen, darin sich die Sache als das ausweist, als was sie begrifflich vermeint ist. Das ,Wesen' (eidos), das aus dem Erscheinen heraus als das Sein der betreffenden Sache gefaßt wird, enthält sozusagen das Erscheinen als solches, das Sich-von-sich-her-zeigen der Sache in ihrer allgemeinen Wesenhaftigkeit, als welche sie ist, was sie ist, und sich von dem unterscheidet, was sie nicht ist. Dieses wird nun im anschaulichen Gegebensein versprachlicht, und diese sprachliche Fassung hält sich strikt an die eidetische Gegebenheit der Sache, an der sie sich ausweisen muß. Die sprachliche Fassung untersteht dem Prinzip der anschaulichen Gegebenheit: sie benennt das erfaßte ,eidos' so, wie es sich zeigt, so daß es gerade auch als sprachliches Zeichen, das im Umgang des Wissens mit ihm sich von der sachlichen Gegebenheit selbst ablöst, loslöst und trennt, seine Sache möglichst als das vergegenwärtigt und anwesen läßt, als was sie aus ihrem Erscheinen heraus begrifflich gefaßt wurde. Die begriffliche Wiederholung ist immer zugleich auch die Wiederholung der Sprache. Daher die Eigenartigkeit der phänomenologischen Sprache, nicht nur bei Heidegger, sondern auch schon bei Husserl; sie untersteht dem Grundsatz der aristotelischen ,Rhetorik', daß die Sprache dann vollendet ist, wenn sie das von ihr Gemeinte als solches "vor die Augen bringt" (Rhet., 1411 b 23 ff.), also seiner Wesenswirklichkeit nach im sprachlichen Zeichen anwesen läßt, um dadurch den Zeichencharakter gewissermaßen zu sabotieren; dem Sachentzug im Zeichen entgegenzuwirken. Die sprachliche Anschaulichkeit, die wir bei Heidegger auf Schritt und Tritt vorfinden, hat diese Funktion, die Sache im bezeichnenden ,Logos' selbst einzuholen, so daß sie im Reden über sie immer

in ihrer phänomenalen Gegebenheit erinnert und wachgehalten wird; was allerdings nicht ersetzen kann, daß man sie sich immer wieder von ihr selbst her vorführt und klarmacht. Die suggestive Kraft der heideggerschen Sprache, die sie aus dieser phänomenalen Anschaulichkeit schöpft, kann so auf ihre Weise zum gedankenlosen ‚heideggern', dem Verlust des Sachbezuges, führen; wo sich die Sprache kraft ihrer Anschaulichkeit für die Sache selbst gibt, verdeckt sie ihren eigenen Zeichencharakter und damit das Bedürfnis nach Gewärtigung des Bezeichneten an ihm selbst.

Das Verständnis der phänomenologischen Begrifflichkeit und Sprachlichkeit beruht immer darauf, daß man sich auf das Von-sich-her-zeigen der Sache an ihr selbst einläßt: in der Rücknahme der begrifflichen Vermeinungen ihres Seins, dessen, was sie ist und wie sie ist, sie noch einmal von sich selber her zu Wort kommen läßt. Das phänomenologische Prinzip der Sachzuwendung formuliert Husserl im § 24 der ‚Ideen' als das "Prinzip aller Prinzipien": Dieses besagt, daß "jede originär gebende Anschauung eine Rechtsquelle der Erkenntnis (ist), alles, was sich uns in der ‚Intuition' originär (sozusagen in seiner leibhaften Wirklichkeit) darbietet, (ist) einfach hinzunehmen, als was es sich gibt, aber auch nur in den Schranken, in denen es sich da gibt ..." (HU III, 1, 51). Das ‚Prinzip aller Prinzipien' formuliert das Prinzip des begrifflichen Sachbezuges allen Wissens als den eigentlichen ‚anti-metaphysischen' Impuls phänomenologischen Denkens, wenn unter ‚Metaphysik' eben das System des Wissens verstanden wird, das seine intentional vermeinten Sachverhalte nicht methodisch von der Sache selbst her ausweisen und zur Gegebenheit bringen kann. Husserl spricht aus diesem ‚anti-metaphysischen' Impuls heraus auch von den Phänomenologen als den "wahren Positivisten"; ‚wahr' deshalb, weil die vermeintlichen Positivisten das ‚Gegebene', auf das sie sich als dem ‚Positivum' zur Ausweisung wahren Wissens beziehen, willkürlich und falsch aus einem Für-wahr-halten heraus - letztlich intellektuellen Gewohnheiten der Wissenschaften - bestimmen, also gerade nicht die phänomenologische Wendung zur Sache in ihrem Von-sich-her-erscheinen vollziehen. Diesem antimetaphysischen ‚Positivismus' des Phänomens als der Grundlage allen methodisch ausweisbaren Erkennens ist Heidegger nicht weniger als Husserl verpflichtet; an ihm hat die Phänomenologie dieses Jahrhunderts ihren Begriff. Wenn ich Heidegger damit für einen ‚Positivisten' erkläre, dann durchaus in der Absicht, ihn entgegen allen landläufigen Vorstellungen von ‚seinsmetaphysischer Schrulligkeit' und ‚poetologischer Mystik' als strengen Methodiker geltend zu machen, der aus der Bindung und Verpflichtung auf das phänomenologische Prinzip des Erkennens heraus seine Begrifflichkeit (und Sprachlichkeit) ebenso stringent entwickelt, wie etwa Hegel im Rahmen der dialektischen oder Kant, Fichte und Husserl im Rahmen ihrer jeweiligen transzendentalen Methodik. Heideggers antimetaphysisch-positivistische Haltung ist die phänomenologischen Methode, die allein an der phänomenalen Sachzuwendung das Maß vorfindet, aus dem sie ihre Begrifflichkeit zeitigt und versprachlicht. Gerade dieser strenge methodische Zug von Heideggers Denken wird zunehmend und in dem Maße, als das Verständnis für die phänomenologische Methode schwindet, übersehen; ich betone deshalb ganz ausdrücklich, daß ohne eine eingehende Auseinandersetzung mit den methodischen Grundlagen der Phänomenologie und einer durchgängige Beherrschung dieser Methode selbst die Heidegger-Rezeption im suggestiv Beliebigen stecken bleiben muß, so daß sich die eigene methodische Unzulänglichkeit der Suggestion im Vorwurf ‚seinmetaphysischer Poetologie' rächt. Deshalb ging es mir hier darum, wenigstens im Umriß ein wenn auch nur vages Verständnis der phänomenologischen Methode, ihrer Begrifflichkeit, zu wecken, um dadurch suggestiven Evidenzmechanismen vorzubeugen, die sich letzten Ende nicht auszahlen.

Wir können nun zum Abschluß noch kurz die Abgrenzung zur Dialektik umreißen. Die Dialektik hat bekanntlich ihr entscheidendes Grundmoment am Widerspruch, an der Negation; die Negation, bezogen auf das bestehende begriffliche Wissen von Sein, produziert die ‚Aporie', die Auswegslosigkeit des Sachvermeinens; was Sie an fast allen platonischen Dialogen nachvollziehen können, ist dieses ‚aporetische' Moment der Dialektik als Negation des begrifflich-vermeinten Sachbezugs des Wissens: vermeintliches Wissen hebt sich auf ins Nichtwissen. Diesem Moment entspricht in der Phänomenologie die ‚epoche'. Die Aporie ist das ‚epochale' Moment der Dialektik. Das Wesen aber ist das Allgemeine als das Eine von Vielem; worauf die Dialektik in der Negation aus ist, ist gerade nicht der Widerspruch, sondern die widerspruchslose Einheit der Sache mit sich selbst. Dialektisches Denken ist gegenintentional verfaßt: es zielt aus der Produktion von Widersprüchlichkeit, Zweiheit ab auf die widerspruchslose Einheit, in der das Wesen der Sache an sich selbst zur Gegebenheit kommt. Die Negation provoziert die Sache, fordert sie im Entgegenhalten des Widerspruches solange aus sich heraus, bis sie zurückschlägt, sich in ihrer unnegierbaren Einheit an das Denken abgibt: die Negativität des Denkens sich selbst negiert im Anwesen der Einheit der Sache selbst, ihrem anschaulichen Gegebensein. Das Wesen gibt sich dort, wo die Negation als Haltung des vereinigend-unterscheidenden Denkens an ihrem Unvermögen kollabiert; und dieser Kollaps gibt dem Denken das Wesen (eidos) als das ‚Unteilbare' (adihaireton), ‚Ununterscheidbare' (adiaphoron): das Einssein der Sache mit sich selbst. Damit ist der vernünftige Sachbezug des Denkens in seiner Wahrheit hergestellt, die ‚Auswegslosigkeit' (aporia) des Vermeinens in seine ‚Durchgängigkeit' (euporia) gebracht. Dem ‚euporetischen' Moment der Dialektik entspricht die phänomenologische Analyse des ‚phainomenon' und seine begrifflich-eidetische Erfassung (Ideation). Während in der Dialektik das phänomenale Moment des Sachbezuges nahezu zu verschwinden scheint, scheint der Phänomenologie fast gänzlich das Moment der negativen Einung zu fehlen. Dem ist nicht so: denn das aporetische Moment der Dialektik führt das Wissen ebenso in den Bezug zum Von-sich-her-sich-zeigen und -erscheinen wie umgekehrt die phänomenologische Deskription und ‚Wesensschau' vereinigend-unterscheidend auf die Einheit der Sache mit sich selbst bezogen ist. Aber die Akzentuierung ist eine andere, so daß im dialektischen Denken das Moment des Erscheinens, im phänomenologischen Denken das Moment des Widerspruches, der Negation und der Einheit der Sache ganz zurücktreten kann. Der phänomenologischen Wende zur Sache, ihrem gegenwendigen Bezug auf das Denken hin, korrespondiert das gegenintentionale Verfahren dialektischen Denkens, das sich gegenwendig zur Einheit der Sache als Negation verhält. Dialektisch insistiert das Denken auf sich selbst, phänomenologisch gibt es sich von vorneherein in den gegenwendigen Bezug der Sache auf sich ab; die dialektische Autonomie des Denkens produziert ihren Kollaps an der Provokation ihres Anderen, während die phänomenologische Preisgabe des Denkens an die Sache diese zur Abgabe ihres wesenlichen Seins (eidos) an das Denken verführt. Das Verhältnis zum Sein als dem Anderen zum Wissen ist im dialektischen Denken selbst ein anderes als im phänomenologischen Denken; der Umgang mit der Andersheit von Sein umwillen ihrer Überführung in die Selbigkeit des Denkens als ihrer Unverborgenheit ist ein anderer. Dialektik ist die ‚harte', Phänomenologie die ‚softe Tour'.

Werfen wir zum Abschluß einen Blick auf die Eigenartigkeit des existenzialontologischen Denkens, wie es sich uns nach Begriff und Methode zeigt. Worauf bezieht es sich?- Auf die Faktizität des Menschseins. Als was thematisiert es dieses?- Als die Faktizität der Offenheit von Sein (Dasein). Auf welche Art und Weise wird diese methodisch zugänglich gemacht und begrifflich gefaßt?- In der Rückbindung an die strukturelle Verfassung von in sich zusammengehörigen Momenten, die in ihrem Sich-von-sich-her-zeigen gefaßt und als solche begrifflich versprachlicht werden. Das Denken denkt aus dem Bezug auf die faktische Gegebenheit heraus, die phänomenologisch *gegen* ihre Verdeckung und Verhüllung 1. durch das faktische existierende Menschsein, seinen spontanen Verständnishorizonten und 2. durch den geschichtlichen Überlieferungszusammenhang ontologischer Verstandnishorizonte allererst zu gewinnen ist. Heidegger denkt den Schein nicht mehr aus der cartesianischen Hypothese eines ‚genius malignus', gegen den sich das Denken in sich abzusichern und zu vergewissern hätte, sondern aus der epistemischen Verselbstständigung von Seinsverständnissen im intersubjektiven Zusammenhang des Geschichtsprozesses. Es zielt nicht auf Gewißheit, sondern auf die verständnismäßige Anverwandlung des Phänomenalen: selbst wenn dieses ontologisch ‚Schein' sein sollte. Worum geht es diesem Denken?- Um nichts als darum, die Faktizität des Menschseins als solche gegen ihre Verstellungen, Verdeckungen und Verhüllungen durch das existierende und geschichtliche Menschsein sichtbar zu machen: in ihrer phänomenalen Faktizität als der Selbsterschlossenheit des Menschen in der Faktizität seines Seins. Die faktische Existenz, so Heidegger, wird im überlieferten philosophischen Denken auf ein anderes hin übersprungen: sie erscheint lediglich als ‚Gegründetes', das von dem, was als sein Anfangsgrund und Prinzip geltend gemacht wird, schlechthin unterschieden bleibt. Die Faktizität des Menschseins als vor-intentionale Offenheit von Sein: *daß* überhaupt etwas ist und nicht nichts, ist aber das Erste, von dem her alles intentionale Verhalten zu Seiendem, damit auch das theoretische Erkennen allererst möglich wird. Sache der ‚prote philosophia' kann es deshalb nicht sein, diese Faktizität erklärend auf Prinzipien hin zu überschreiten. Es geht darum, die Faktizität als solche sichtbar zu machen, von der her alles Denken von ‚Prinzipien' und ‚Anfangsgründen' seinen Ausgang nimmt. Diese aber ist die vor-intentional je schon geschehene Offenheit von Sein, als welche der Mensch sein Menschsein ist. Sie bleibt in der überlieferten Philosophie ungedacht: die Faktizität wird übersprungen, indem sie nicht als solche, sondern nur als Gegründete von ihren ‚Anfangsgründen' und ‚Prinzipien' her anvisiert wird. Heidegger ‚erklärt' existenzialontologisch nicht anders als etwa die Transzendentalphilosophie, sondern macht die Faktizität vor-ontologischen Verstandenhabens von Sein als solche sichtbar, die aller Begründungsintention vernünftigen Wissens als Bedingung ihrer Möglichkeit schon voraus liegt. Sie ist immer nur über die methodische Vermittlung einer gegenwendig zu ihrer je schon geschehenen Verdeckung und Verhüllung, bestimmten Denkpraxis ausdrücklichen Aufzeigens zugänglich. Phänomenologisches Denken generiert sich aus der grundsätzlichen Abkehr von jeglicher Prinzipienintention vernünftigen Wissens, die die Faktizität der vor-intentionalen Offenheit von Sein zu überschreiten trachtet.

Anmerkung

1. Texte

HEIDEGGER, Sein und Zeit § 5 - 8; § 9 - 11. Ergänzend: Metaphysische Anfangsgründe der Logik (GA 26), § 9 - 10. Die Grundprobleme der Phänomenologie (GA 24) § 7 - 9. Logik. Die Frage nach der Wahrheit (GA 21), § 11 - 14. Den Einstieg in HEIDEGGERS Kantdeutung nimmt man am besten von der Vorlesung her (GA 25). PLATON, Menon. Phaidon. Phaidros. ARISTOTELES, Metaphysik IX, Kp. 10. HUSSERL, Logische Untersuchungen VI. Elemente einer phänomenologischen Aufklärung der Erkenntnis (Bd. II, 2); DERS., Ideen I, § 1 - 62.

2. Literatur

HEIDEGGERS Auseinandersetzung mit KANT faßt im Überblick zusammen: Hansgeorg HOPPE, Wandlungen in der Kant-Auffassung Heideggers in: Durchblicke, 284 - 317 (1970); zum Kantbuch selbst vgl. Dieter HENRICH, Über die Einheit der Subjektivität (1955). Zu HEIDEGGERS Auseinandersetzung mit DESCARTES und FICHTE vgl. F.-W. VON HERRMANN, Sein und Cogitationes (1970); ders, Fichte und Heidegger (1976). Einführend in GA 24: DERS., Heideggers »Grundprobleme« (1991). Erhellend auch die methodische Differenzierung von HUSSERL und HEIDEGGER: DERS., Der Begriff der Phänomenologie (1981) und schon zuvor: DERS., Bewußtsein, Zeit und Weltverständnis (1972), § 1 - 3. Die hervorragendste und konsequenteste transzendentalphilosophische Aufarbeitung von HEIDEGGERS existenzialontologischem Denken gibt C. F. GETHMANN, Verstehen und Auslegung (1974); eine Arbeit, die sich, weil sie auch sachlich sehr ergiebig ist, besonders gut zur Auseinandersetzung der Grundlegungsproblematik des heideggerschen Denkens eignet. Zur methodischen Differenzierung HUSSERL - HEIDEGGER vgl. hier 2.3. (85 - 127). GETHMANN entwickelt den Begriff der Transzendentalphilosophie aus dem Begriff der ‚Synthesis apriori' als der Einheit des ‚Subjektiven' und ‚Objektiven', in der die Bedingungen der Möglichkeit des intentionalen Verstandenwerdens von etwas gleich den Bedingungen der Möglichkeit des Verstehens selbst sind (20). Von daher kommt er dann zu dem für transzendentalphilosophische Interpretationen der Existenzialontologie obligaten Zusammenwerfen von ‚Konstitution' und ‚Entwurf' (123), z.B auch bei TUGENDHAT, (1970) 271, die es ihm erlaubt, HEIDEGGERS Frage nach dem Seinsverständnis als Frage nach dem ‚ontologischen Konstitutionsgeschehen' des Sinns von Sein abzuhandeln, den er als "die im Dasein alles Sein konstituierende, dem seinsvollziehenden Dasein aber unverfügbare Synthesis a priori" (126) versteht. Damit wird ihm die phänomenale Offenheit von Sein zur Sache einer "ontologischen Grundintentionalität" (89) - "das Sichzeigen der Gegenstände ... ein *kraft apriorischer Synthesis* zum Zeigen gebracht werden" (98), die als unverfügbare eine - im Gegensatz zur klassischen Transzendentalphilosophie - ‚nicht-autonomistische Subjekttheorie' impliziere. Diese Differenz soll darin bestehen, daß, abgesehen davon, daß sich das ‚Subjekt', d.h. das Prinzip der Synthesis ins Bestimmungslose entzieht, der ‚Sinn von Sein' zwar *im* Dasein, aber nicht *durch* es gesetzt ist (vgl. 114 - 126). Sowenig sich GETHMANN von dem Begriff der Intentionalität lösen kann, sowenig läßt sich mit dem gewaltsam - über einen sehr ausgiebigen, mehodisch aber fragwürdigen Gebrauch von HEIDEGGERS Kantinterpretationen - durchgesetzten Begriff apriorischer Synthesis noch irgendein transzendentalphilosophischer Konstitutionssinn verbinden. Angsichts unüberwindbarer hermeneutischer Schwierigkeiten läßt GETHMANN denn auch seinen eigenen (transzendentalphilosophischen) Interpretationsansatz in der These kollabieren, "daß die Heideggersche Subjekttheorie gewissermaßen eine Sprengung des transzendentalen Denkens darstellt, die ihre Explosivkraft aus der transzendentalen Methode selbst gewinnt" (156). Abgesehen davon, daß niemand besser als GETHMANN selbst die Unhaltbarkeit einer konsequent durchgeführten transzendentalphilosophischen Lektüre der Existenzialontologie vordemonstriert hat, weist auch sein Begriff der Transzendentalphilosophie gewisse begriffliche Defizite auf, so, wenn er wiederholt vom ‚Verhältnis' von Ding an sich und Erscheinung' (97) oder der ‚Annahme' eines ‚Dinges an sich' spricht und ihr eine ‚autonomistische Subjekttheorie' unterstellt (126). Ganz verkehrt ist dann auch die Behauptung, daß die "Sorge" den "methodischen Platz des Bewußtseins" übernimmt (140). Daraus ergeben sich dann auch geradezu zwangsläufig alle weiteren Mißverständnisse, obwohl die imposante gedankliche Kraft seiner Ausführungen nicht weniger als seine thematisch konsequente Ausrichtung auf die methodische Grundlegungsproblematik heideggerschen Denkens eine Fülle von perspektivischen Einsichten zutage fördert, die für die Auseinandersetzung mit HEIDEGGERS ganzem Denken besonders fruchtbar sind. Hilfreich ist auch der kürzere Aufsatz von K. HELD in: Heidegger und die praktische Philosophie (1988). HELD zeigt zurecht, daß das anti-neuzeitliche Moment der Phänomenologie die "Vorgegebenheit einer transsubjektiven Offenbarkeitsdimension" (116) ist - die Welt als Universalhorizont, in der alle Intentionalität gründet. Während HUSSERL durch den Begriff der transzendental konstituierenden Subjektivität "diesen Begründungszusammenhang auf den Kopf" gestellt habe (120), läge HEIDEGGERS Fehlgriff darin, den Weltbegriff durch den Seinsbegriff zu ersetzen. Aber die ‚Vorgegebenheit einer transsubjektiven Offenbarkeitsdimension', die mit dem Begriff einer transzendentalen Prinzipienreflexion schlechthin inkompatibel ist, meint ja nichts anderes als die Faktizität der Offenheit von Sein als Welt.

7. Die Frage nach dem Sein des Daseins I

Die existenziale Analytik des Daseins übernimmt die Frage nach dem Sinn von Sein als die Frage nach der vor-intentionalen Offenheit von Sein. Diese aber west als das Menschsein. Die Analyse des Seins des Menschen - der Existenz als dem Herausstehen in die Offenheit von Sein - muß deshalb auf die Antwort auf die Frage nach dem Sinn von Sein führen. Dieser Spannungsbogen der heideggerschen Fragestellung untergliedert sich nun in zwei Schritte:

1. Der erste Schritt dient dem Aufweis des Seins des Daseins: den Grundbestimmungen der Struktur der Existenz in den Existenzialien. Darin zeigt sich die Einheit des Seins des Daseins (Existenz) als die ‚Sorge'.

2. Der zweite Schritt fragt nach dem ‚Sinn' des Seins des Daseins, der Sorge: Wie und als was ist das Sein des Daseins, die Sorge, in seiner Einheit eröffnet?- Als Zeitlichkeit. Von daher versucht Heidegger zu zeigen: Die vor-intentionale Offenheit von Sein, die als das Menschsein - die Existenz - geschieht, eröffnet das Sein als Zeit.

Die Antwort auf die fundamentalontologische Frage lautet mithin: Die Zeit ist der maßgebliche ‚Sinn' von Sein. Die Zeit ist die Offenheit, als welche Sein sich eröffnet: geschieht als das Sein dieses Seienden, des Menschen, d.h. als das Sein des ‚Da', der Existenz. In dieser Blickrichtung müssen wir die beiden Schritte der existenzialen Analytik des Daseins nachvollziehen.

2. *Das Sein des Daseins als Sorge*

Versichern wir uns noch einmal des Ausgangspunktes der existenzialen Analyse des Daseins. Im Blick steht der Mensch als die vor-intentionale Offenheit von Sein, d.h. als ‚Da-sein'. Der Mensch ist sein ‚Da' als ‚Existenz', wörtlich zu verstehen als ‚Heraustand' (ek-sistentia) in die Offenheit und Erschlossenheit (Verstandenhaben) von Sein. Die Thematisierung der Existenz als des eigentümlichen ‚Wesens' des Menschen zielt auf das ‚Sein-in-der-Offenheit–von-Sein-überhaupt'. Dieses, als die Grundverfassung des Daseins, wird in ‚Sein und Zeit' thematisch als das ‚In-der-Welt-sein'. Das ‚In-der-Welt-sein' nennt die komplexe Grundverfassung des Daseins, das in seine konstitutiven Momente zerlegt den Strukturzusammenhang der ‚Existenzialien', d.h. der ontologischen Grundbestimmungen des Seins des ‚Da', sichtbar macht. Die ‚Existenzialien' sind die je für die Existenz (das Sein des Da) konstitutiven Momente der Erschlossenheit von Sein. Dedes Existenzial ist als eine Art und Weise des Menschen, die Offenheit von Sein je und immer schon zu ‚sein', anzusehen. ‚Je schon' heißt dabei aber: insofern der Mensch überhaupt ist, gemäß seiner unmittelbaren Seinsweise als Mensch, und nicht aufgrund all jener geschichtlichen, gesellschaftlichen oder individuellen Weisen des Seins, in die er sich kraft seines spezifischen Menschseins vermittelt. Das Sein des Menschen wird in den Existenzialien in der strukturellen und formalen Vorgängigkeit gegenüber ihren möglichen ‚realgeschichtlichen Erfüllungen' gedacht; es handelt sich um formal-allgemeine Bestimmungen, die das Menschsein als solches, d.h. allgemein, aber hinsichtlich ihres konkreten Inhaltes unbestimmt, also formal, fassen. Heidegger denkt das Sein in Bestimmungen formaler (nicht-generischer, sachhaltig-inhaltlicher) Allgemeinheit und versucht dementsprechend, die grundlegenden Strukturen der Existenz aufzuweisen, die es als solche immer nur in der Konkretion eines jeweiligen ‚vor-ontologischen' Verständnisses von Sein gibt. Die Existenzialien sind in dieser Hinsicht mögliche Formalisierungen der Grundbestimmungen, in denen das ‚vor-ontologische' Verständnis von Sein das Sein überhaupt offenhält und existierend austrägt.

Im Blick steht deshalb das Dasein, wie es ‚zunächst' und ‚zumeist' ist. ‚Zunächst' meint: von sich her, wie es sich am ‚nächsten' ist, ohne Entfernung von sich, die es herausgehoben als eine besondere Weise des Existierens annimmt. Das ‚zunächst' und ‚zumeist' zielt auf die Indifferenz des Daseins hinsichtlich der existenziellen Bestimmungen, die es sich intentional selbst gibt. Heidegger nennt sie die ‚durchschnittliche Alltäglichkeit'. Sie meint das Sein des Menschen, insofern es durch sich selbst weitgehend unvermittelt ist, sich also noch nicht als Bezugsworauf intentionaler Entscheidungen zu einer besonderen Weise des Existierens bestimmt hat. Sie operationalisiert in dieser Hinsicht den Begriff des vor-intentionalen Seins des Menschen als der in sich gelichteten Offenheit von Sein. Dieses bleibt auch die Grundlage aller intentional vermittelten und besonderten Existenzbestimmungen, die er sich aus dem Umkreis seiner faktischen Möglichkeiten selbst gibt. Die Seinsweise ‚durchschnittlicher Alltäglichkeit' ist so nichts, was der Mensch einmal hätte und dann wieder nicht, sondern die ontologisch ausgezeichnete Art und Weise, in der es den Menschen überhaupt nur ‚gibt'.

2.1. Jemeinigkeit, Eigentlichkeit und Uneigentlichkeit

Heidegger unterscheidet nun die Art und Weise, wie der Mensch sein Sein existierend je ist, in die grundsätzliche und ausschließliche Alternative von

‚Eigentlichkeit' und ‚Uneigentlichkeit'. Blickpunkt dieser Disjunktion als dasjenige, im Hinblick worauf sich die Existenz in die Grundweisen der Eigentlichkeit und Uneigentlichkeit disjunktiv auseinandernehmen läßt, ist das Existenzial der ‚Jemeinigkeit'. Am Begriff der Jemeinigkeit läßt sich gut die Eigentümlichkeit phänomenologischen Denkens, wie es von Heidegger praktiziert wird, verdeutlichen. Die ‚Jemeinigkeit' nennt als die angemessene Versprachlichung ihres Gemeinten nichts als die Sache, wie sie sich von sich selber her zeigt: das Sein des Daseins ist diesem selbst je übereignet als dasjenige, was es zu sein hat. Das phänomenologische Denken erschöpft sich darin, dieses Phänomen aufzeigend zu versprachlichen. Die ‚Jemeinigkeit' wird nicht als ein Begriff behandelt, dessen ‚objektive', gegenständliche Gültigkeit zu beweisen wäre; es wird nicht argumentiert und durch ‚Beweise' einsichtig zu machen versucht, das Menschsein sei durch ‚Jemeinigkeit' ontologisch bestimmt. Ebensowenig wird der Begriff der ‚Jemeinigkeit' an sich selbst auf die interne Konsistenz seines semantischen Gehaltes hin untersucht. Er wird aber auch nicht von irgendwoher übernommen, so daß er erst in seiner Herkunft und seinem Anwendungsbereich ausgewiesen werden müßte, sondern ist als die Versprachlichung seiner Sache die Sichtbarkeit seines Gemeinten. Diese ‚Sachorientierung' phänomenologischen Denkens steht gegen den Umgang mit fertigen Begriffen, ‚über' die und ‚mit' denen instrumentell zu ‚argumentieren' wäre, so, als könnte solches ‚Argumentieren' sich der Aufgabe entledigen, den Sachgehalt seiner Begriffe an der Sache selbst auszuweisen. Entscheidend ist für Heidegger immer, in und mit welchem Begriff was wovon aufgezeigt wird: und ob eben dieses Aufzeigen an der ‚Sache selbst' orientiert ist, sich also dem ‚phänomenologischen Sehen' hingibt, oder ob es bloß in seinen Begriffen bleibt, den einen durch andere ersetzend. Der Begriff der Jemeinigkeit erscheint in dieser Hinsicht dürftig; er sagt nichts weiter als das, was er unmittelbar versprachlicht als das Sichzeigen seiner Sache meint. Was auf den ersten Blick so dürftig erscheint, nämlich der Verzicht auf die philosophisch sonst so gewohnte Weise begrifflich-argumentativer Auseinandersetzung sprachlich artikulierter Sachverhalte, entspricht dem philosophischen Anspruch, die ontologisch relevanten Begriffe aus ihrem phänomenalen Sachgehalt heraus zu denken und nur als solche überhaupt im Philosophieren zuzulassen. Nicht zuletzt deshalb hat Husserl die Phänomenologie als ‚Kritisches Denken' verstanden und die Phänomenologen als die "wahren Positivisten" bezeichnet. In jedem phänomenologischen Begriff, gerade auch dann, wenn er nicht weiter argumentativ-theoretisch thematisiert und vergegenständlicht wird, steckt der Anspruch, das phänomenal fundierende Sein der Sache als Bedingung der Möglichkeit eines jeden nur möglichen Denkens und Redens über diese Sache zu versprachlichen und damit sichtbar zu machen, d.h. dem Erkennen zur intentionalen Gegebenheit und Erfüllung zu bringen. Die ‚Jemeinigkeit' nennt in dieser Hinsicht die ursprüngliche Gegebenheitsweise des Seins des Menschen für ihn selbst, kraft derer er sich dann als ‚Einzelner‘ oder als ‚Person‘, als ‚Individuum‘ oder ‚Subjekt‘ verstehen kann. Der phänomenologische Anspruch, der im Begriff der Jemeinigkeit steckt, besagt, daß er als die sinngebende Dimension zu verstehen ist, aus der heraus der Mensch sein Sein durch die Begriffe der Einzelheit, Individualität, Personalität, Subjektivität bestimmt; diese sind abgeleitet aus jenem: er bezeichnet die ursprüngliche Gegebenheitsweise, an der sich der Sinngehalt jener abgeleiteten Begriffe allein ausweisen läßt. Will ich verstehen, wie der Mensch überhaupt dazu kommt, sich als einen Einzelnen zu verstehen, und will ich diesen Begriff an ihm, seinem Sein, überhaupt ausweisen, dann, so die These, werde ich auf das stoßen, was sich an sich selbst und von sich selbst her nur als ‚Jemeinigkeit‘ adäquat zur Sprache bringen kann. ‚Einzelheit‘ ist ein kategorialer Begriff, der für alles Seiende, das nicht daseinsmäßigen Charakter hat, gilt; er ist eine Kategorie, deren ontologische Funktion in der Bestimmung des Seins des Seienden beruht, das der Mensch gerade nicht ist. Der Tisch ist etwas einzelnes, der Hund, der Baum; und indem sich der Mensch aus den Dingen heraus ontologisch interpretiert, begreift er sich als einen Einzelnen. Was er damit aber bei sich selber meint, ist etwas phänomenal ganz anderes als das, was es bei allem anderen Seienden ist: die Jemeinigkeit, die Erschlossenheit des *eigenen* Seins als einem je übereigneten. Diese ontische Differenz wird durch den kategorialen Begriff der Einzelheit übersprungen; aber gerade dies ist nur möglich, weil der Begriff der Einzelheit, auf das Sein des Menschen bezogen, doch etwas meint - nämlich die Jemeinigkeit als die ganz spezifische Art und Weise, in der nur der Mensch sein Sein ist. Die ‚Erklärungsfunktion‘ eines phänomenologischen Begriffs besteht demnach darin, daß er als die unmittelbare Versprachlichung der Sache in ihrem Sichzeigen angibt, worauf sich entsprechende Begriffe als auf ihre Sinndimension und Bedeutungserfüllung beziehen. Nur kraft dieses Bezugs auf einen phänomenalen Sachverhalt, der als solcher irgendwie gegeben sein muß, haben sie ihre sachliche Berechtigung im Denken, so daß sie an etwas, ihrer Sache, selbst ausgewiesen d.h. zur Erfüllung ihrer Bedeutung gebracht werden können. Der Fundierungsanspruch phänomenologischer Begriffe weist auf das Sich-von-sich-her-zeigen der Sache - d.h. des Seienden in seinem Sein - als dem Grund; und dieses phänomenologische Verständnis von Grund, nicht etwa ein metaphysischer oder ideologischer Begriff von ‚Ursprünglichkeit‘, leitet das heideggersche Denken. Daß das Seiende sich in seinem Sein aber an sich selbst und von sich her zeigt, meint nichts anderes als dies, daß es vor-intentional je schon offen, gelichtet, entborgen ist: der Mensch sich, insofern er überhaupt ist, je schon in dieser vor-intentionalen, phänomenalen Erschlossenheit des Seienden in seinem Sein vorfindet. Heideggers phänomenologischer Begriff des ‚Grundes‘ und damit von ‚Fundierung‘ hängt unmittelbar zusammen mit dem Begriff der vor-intentionalen Offenheit von Sein als dem Begriff des Menschen qua Da-sein.

Die Jemeinigkeit meint als das ontologisch ursprüngliche und fundierende Phänomen der ‚Selbstheit', ‚Eigenheit', die Zu- und Übereignung des Seins an das Seiende selbst, dessen Sein es ist: im ‚ich bin' ist mir mein Sein (‚bin') erschlossen als meines, ich erfahre mich seiend als ein solches, dem sein Sein übereignet ist, so daß ich zu mir ‚ich' sagen kann. Der Begriff der Jemeinigkeit artikuliert das Verhältnis, das der Mensch in seinem Sein zu seinem Sein je schon ist (Existenz): er ist sich in seinem Sein erschlossen, er verhält sich zu seinem Sein verstehend. In diesem Verhältnis liegt, so Heidegger, die Zu- und Übereignung des Seins an das Dasein selbst - *als* sein Sein. Das Sein, das mir ‚selbsthaft' erschlossen ist, ist je meines - und nicht das eines anderen Seienden, ganz gleich, welcher Seinsart dies auch sein mag. ‚Ich' kann ich nur sagen, weil ich schon ‚Mein' gesagt habe: Das ‚Mein' ist ursprünglicher als das ‚Ich', das Personalpronomen ist ontologisch fundiert im Possessivpronomen. Denn das Sein, das ich im ‚Ich' aussage, sage ich als meines aus, insofern es mir als Anderes zu mir - dem Seienden - begegnet; es ist aus der ontologischen Differenz heraus, seiner unverfügbaren Andersheit zu dem Seienden, das sich von ihm her als ‚es selbst' erschließt, erschlossen. Das ‚Mein' bedeutet formal, das mir etwas, was ist, begegnet und in dieser Begegnung zu- und übereignet wird als das Eigene. Die Jemeinigkeit spricht vom je eigenen Sein schon als einem solchen, das mir in meiner faktischen Geworfenheit ins Sein als je schon übereignetes begegnet, für mich da und erschlossen ist. Daß die ‚Eigenheit', ‚Selbstheit' vom ‚Mein' - und nicht vom ‚Ich' - her zu fassen ist, weist darauf, daß die Erschlossenheit des eigenen Seins etwas faktisch gleichsam von woandersher Gegebenes, d.h. Begegnendes ist; ich also ‚mein' Sein nicht wie etwas habe, das ich selbst hergestellt, erfunden, ausgedacht oder wie einen Schirm irgendwo gekauft hätte. Es begegnet als solches, wohinein ich je schon verfügt bin. Aus diesem Begegnen heraus ist es unmittelbar an sich selbst und von sich selbst her als je meines erschlossen. Das ursprüngliche Phänomen der ‚Eigenheit', ‚Selbstheit' muß als ‚Je-meinigkeit' gefaßt werden, weil ich mir als faktisch ins Sein Geworfenes begegne: mir darin das Sein, das ich je schon bin, überantwortet, zu- und übereignet ist. Was Heidegger damit als ‚Selbstheit', ‚Eigenheit' faßt, ist ihr Begegnischarakter: die Erschlossenheit des eigenen Seins als etwas, das auf das Seiende, dessen Sein es ist, zukommt: sich ihm als seines erschließt, das er je schon ist und zu sein hat - ohne das Wissen um das Woher und Wozu seines Seins. Grundlegend für den Begriff der ‚Jemeinigkeit' ist die ontologische Differenz, die Andersheit von Sein und Seiendem, aus der heraus die selbsthafte Erschlossenheit des Daseins in seinem Sein ihren Begegnischarakter als Zu- und Übereignung erhält. Das Dasein ist sich in seinem Sein je selbst überantwortet: es ist intentional in seinem Sein vor sich gebracht, und in dieser Übereignung liegt, daß es sich je zu dem, was es faktisch-unverfügbar ist, auch eigens verhält. Wir werden bei Heidegger immer wieder diesem merkwürdigen Sachverhalt begegnen: daß ontologisch vor-

intentionale Bestimmungen des Daseins ‚auch' immer ontisch-intentionale Verhaltungen des Daseins sind. Die Vor-intentionalität - das existenziale ‚Apriori' ontologischer Bestimmungen - kontinuiert sich in der Intentionalität: existenziellen Bestimmungen des Daseins. Dort nennt eine Bestimmung das ‚vor-intentionale Geschehen des Daseins in seinem Sein'; hier die intentionale Verhaltung, zu der es sich eigens existenziell bestimmen und die es eigens einnehmen kann. Die Grundbestimmungen des Daseins bewegen sich von daher in einer ganz grundlegenden *ontologisch-ontischen Zweideutigkeit,* deren Nichtbeachtung leicht zu den gröbsten Mißverständnissen führen kann. Denn verstehe ich die existenzialen Grundbegriffe ontisch-existenziell, also am Leitfaden der Intentionalität, dann muß ich ganz notwendig die gesamte Existenzialontologie als (‚Quasi') Transzendentalphilosophie lesen. Diese Lesart ist nicht falsch, sondern berechtigt: denn in der Tat sind die Grundbegriffe auch als existenzielle Bestimmungen ontischen Verhaltens gemeint. Aber sie ist unzulänglich, weil sie diese um ihren ‚ontologischen Doppelsinn' verkürzt, damit aber von ihrer ontologischen Fundierung abstrahiert und am Kern des ontologischen Anspruchs der Existenzialontologie vorbeigeht. Der ‚ontologisch-ontische Doppelsinn', der uns im Verlauf der weiteren Behandlung existenzialontologischer Bestimmungen immer wieder begegnen wird, ist keine ‚methodische' Unzulänglichkeit, die dem heideggerschen Denken anzulasten wäre: sondern das eigenartige Phänomen des Daseins selbst, das in seiner ‚Jemeinigkeit' liegt: Bezeichnet diese die Übereignung des Seins des Daseins an dieses selbst, dann liegt das Sein des Daseins immer zugleich ‚hinter' ihm und wird doch durch dieses selbst auch je schon ‚vor' es gebracht. Vor-intentionales ist immer auch intentional gewendet oder umgekehrt, alle Wesensbestimmungen intentionaler Existenz sind auch vor-intentionale Bestimmungen des Menschseins.

Damit nun zur Unterscheidung der Existenz in die alternativen Seinsweisen der ‚Eigentlichkeit' und ‚Uneigentlichkeit'. Sie erfolgt aus dem Hinblick auf die ‚Jemeinigkeit'. Warum aber ist hier überhaupt etwas zu unterscheiden?- Wenn das Sein des Menschen durch die ‚Jemeinigkeit' ausgezeichnet und bestimmt ist, dann heißt dies doch, daß mir mein Sein je unvertretbar überantwortet ist - und damit hat es sich dann auch. Wie kommt die ‚Jemeinigkeit' überhaupt dazu, verschiedene ‚Modi' der Existenz zuzulassen ?- Oder müssen wir umgekehrt fragen, wie die ‚Existenz' dazu kommt, die ‚Jemeinigkeit' auf unterschiedliche Weise zu sein?- Aber gerade dies setzt doch voraus, daß das Dasein sein Sein - die Existenz, damit die ‚Jemeinigkeit' - auf unterschiedliche Weise sein kann; die Existenz als das Sein des Daseins in herausragender Weise durch das Seinkönnen, das Sein zu Möglichkeiten ausgezeichnet ist. Nur insofern das Sein des Menschen grundlegend durch das Seinkönnen charakterisiert ist, begibt er sich je schon von sich her in die Unterscheidung der Weisen, in denen er sein Sein ist. Die Bestimmung des Seins des Menschen darf nie ‚kategorial', als einfache Bestimmung des So-und-nicht-anders-seins gefaßt werden, sondern muß immer ‚existenzial', bezogen auf das Sein des Menschen als Möglichsein und Seinkönnen, im Blick stehen. Das Möglichsein ist aber seinem allgemeinen, schon von Aristoteles gedachten Begriff nach, immer das Möglichsein von A *und* nicht-A; etwas ist nur dann möglich, wenn zugleich und in einem seine kontradiktorische Verneinung möglich ist. Im Begriff der Möglichkeit wird die Einheit einander widersprechender Möglichkeiten gedacht: gerade diese Spannung zeichnet das Möglichsein als solches - im Unterschied zur kategorialen Bestimmung von Wirklichkeit aus, für die immer, so Aristoteles, gilt: A oder nicht-A. Diese formale Fassung des Begriffs der Möglichkeit als das ‚Zugleich' einer kontradiktorischen Alternative bleibt auch für Heideggers existenzialontologischen Begriff der Möglichkeit qua Seinkönnen leitend. Von daher aber erhellt sich nun, warum Heidegger die Seinsweise des Menschen in einer vollständigen Disjunktion denkt. Das Dasein, das nun einmal nicht dinghaft einfach ist, was es ist, ist sein Sein in der Weise des Seinkönnens: es kann sein Sein als je eigenes in seiner Unvertretbarkeit übernehmen - oder auch nicht. Die Jemeinigkeit muß vom Seinkönnen her gedacht werden, der Möglichkeit zu kontradiktorisch entgegengesetzten Weisen seines Seins: Eigentlichkeit und Uneigentlichkeit. Wäre der Mensch nicht als solcher in seinem Sein durch das Möglichsein ausgezeichnet, dann würde diese Unterscheidung keinen Sinn machen. Umgekehrt gilt dann: Wenn der Mensch sich in seinem Sein wesenhaft zu Möglichkeiten seines Seinkönnens verhält, dann ist um die Unterscheidung entgegengesetzter Seinsweisen nicht herumzukommen; was noch ganz offen läßt, ob diese Unterscheidung von ‚Eigentlichkeit' und ‚Uneigentlichkeit' dann inhaltlich so gedacht werden muß, wie Heidegger dies in ‚Sein und Zeit' tut. Wir haben bisher also lediglich die Notwendigkeit der formalen Unterscheidung der Existenz in kontradiktorisch entgegengesetzte Seinsweisen eingesehen, um das sachliche Problem, das Heidegger an der Unterscheidung von Eigentlichkeit und Uneigentlichkeit thematisiert, in den Blick zu bekommen; davon unterschieden bleibt jedoch die inhaltliche Ausführung der Begriffe ‚Eigentlichkeit' und ‚Uneigentlichkeit' der Existenz, die Heidegger im Verlauf der existenzial-ontologischen Analyse leistet. Dies werden wir dann im einzelnen noch verfolgen.

Formal bezeichnet die ‚Eigentlichkeit' demnach, daß das Dasein sich das ihm übereignete Sein *als solches* zueignet: das Existieren in seiner unvertretbaren Jemeinigkeit übernimmt. Entsprechend meint die ‚Uneigentlichkeit' die Art und Weise des Existierens, in der das Dasein das ihm übereignete Sein nicht als solches übernimmt: sein Seinkönnen aus einem Anderen her bestimmt, dem es sein jemeiniges Sein überantwortet hat. ‚Eigentlichkeit' und ‚Uneigentlichkeit' sind terminologisch nicht mit Begriffen der ‚Wirklichkeit', ‚Wesentlichkeit' zu assoziieren, sondern aus dem Anklang an ‚eigen' (‚Eigentum') heraus, also in bezug auf das ‚selbsthafte' Existieren, zu verstehen. ‚Uneigentlich' existieren heißt: das eigene Sein veräußern, das Existieren abgeben, sich seiner selbst enteignen. Die Jemeinigkeit des Existierens wird verhüllt in und an einem Anderen, dem das je eigene Sein überantwortet ist. Die Frage ist dann aber: Wem?- Wie ist es überhaupt möglich, daß ich mein Sein einem anderen überantworte, wenn es doch ‚je meines' ist ?- Und weiter gefragt: Wer ist überhaupt das ‚ich selbst', das sich *zu*eignet in der Weise der ‚Eigentlichkeit', und sich *ent*eignet in der Weise der ‚Un-eigentlichkeit' existiert?- Die Bestimmung des Daseins in die alternativen Möglichkeiten seines Seins als ‚Eigentlichkeit' und ‚Uneigentlichkeit' bleibt solange offen, als wir nicht wissen, wer denn das Dasein ist, das als je sich übereignetes existiert. Was heißt es, daß das Dasein je ‚es selbst' ist, und dieses, sein ‚Selbstsein', in der Weise der Zueignung (Eigentlichkeit) oder des Verlustes (Uneigentlichkeit) ist?-

Die Frage nach der Unterscheidung von Eigentlichkeit und Uneigentlichkeit stößt uns damit zurück auf die im Existenzial der Jemeinigkeit intendierte ‚Selbstheit' der Existenz. Diese bezeichnet formal das ‚Wer' der Existenz, ihr ‚Subjekt'. Das ‚Wer' der Existenz darf nun aber gerade nicht im Sinne der überlieferten Ontologie als ‚subiectum' (‚hypokeimenon'), d.h. Zugrundeliegendes, und sei es auch als sich reflexiv erfassendes Ich und Selbstbewußtsein, ausgelegt werden. Die phänomenologische Methode verbietet von vorneherein, irgendeinen nicht an seiner gemeinten Sache ausgewiesenen und zur Gegebenheit gebrachten Begriff in der philosophischen Thematisierung zu gebrauchen; und wir können uns deshalb auch nicht auf eine vermeintliche Evidenz und Selbstverständlichkeit eines Ich- oder Subjektbegriffes zurückziehen, sondern müssen uns fragen, wie uns denn das Wer des Daseins überhaupt gegeben ist. Der Begriff der ‚Selbstheit' verweist auf ‚Selbigkeit', ‚Identität'; daher das unmittelbare Begriffsverständnis des ‚Selbst' als eines beharrenden, sich im Wechsel und Wandel äußerer Eigenschaften durchhaltenden Substrates, das beständig mit sich selbig bleibt: also eine ‚Substanz' ist. Der Begriff der Selbstheit wird dann von der Selbigkeit und Identität her unter dem Begriff der ‚Substanz' gedacht. Dieser bestimmt aber das Sein des Seienden, das wir wesentlich nicht sind: bezeichnet also eine Kategorie, und nicht ein Existenzial. Schon von daher ist klar, daß wir den Begriff der Selbstheit in ‚Sein und Zeit' nicht im Hinblick auf die Kategorie der ‚Substanz', der Identität und Selbigkeit eines Zugrundeliegenden, verstehen dürfen. Das im Begriff der ‚Selbstheit' Gemeinte muß demgegenüber in seiner spezifisch daseinsmäßigen Seinsart - d.h. als Existenzial - phänomenologisch aufgewiesen werden: und dafür fehlt uns hier an dieser Stelle noch jede Handhabe. Heidegger wird dies in ‚Sein und Zeit' erst im Kontext seiner Konzeption ‚ursprünglicher Zeit' einzuholen versuchen; wir müssen deshalb an dieser Stelle uns sehr zurückhalten, in den Wortgebrauch von ‚Selbstheit' einen begrifflichen Inhalt hineinzuprojizieren, der im Kontext der existenzialen Analytik des Dasein nicht ausweisbar ist. Hermeneutische Mißverständnisse dringen gerade auf diesem Weg allzuoft in die philosophischen Auseinandersetzungen ein, daß natürliche oder philosophiegeschichtlich tradierte Begriffsschemata des hermeneutischen ‚Subjektes' in die terminologische Artikulation des hermeneutischen ‚Objektes' assoziativ einfließen; damit entziehen sie sich jedweder methodischen Kontrolle und führen dann letztendlich zu jenen Widersprüchen und Absurditäten, die man dem Denken des Anderen nur allzugern zu unterstellen bereit ist, ohne sich der hermeneutischen Kontrolle des eigenen Verständnisprozesses in der gehörigen Weise zu unterwerfen. Wie läßt sich demnach die Frage nach dem ‚Wer' des Daseins phänomenologisch und hermeneutisch zulänglich angehen?-

Das Dasein existiert als Jemeiniges: es ist sich in seinem Sein je schon übereignet. Die Grundverfassung seines Seins hat es aber an dem In-der-Welt-sein. Was ist, begegnet ihm je schon aus dem Horizont der Weltlichkeit allen Seins als Innerweltliches. Aber ist es als solches ‚isoliert' ein Einziges, das sich da inmitten des Seienden vorfindet?- Sicher nicht: Das Dasein ist sich selbst immer schon als Mitdasein mit anderen erschlossen - es ist wesentlich Miteinandersein in einer Welt. Die Welt selbst ist je schon Mitwelt. Das Dasein trifft nicht sekundär und zufällig auch noch auf die Tatsache des Vorhandenseins anderer, die auch mit da sind. Der sprachliche Singular: ‚Dasein' darf also nicht dazu verführen, dieses als ein einzelnes Etwas ‚in' der Welt anzusehen, das nebenbei auch noch ‚Plural' vorkommt, sondern: das Sein des Daseins selbst west intersubjektiv vergemeinschaftet als Mitsein mit Anderen, so daß der Begriff eines ‚einzigen Menschen' in strengem Sinne selbstwidersprüchlich wäre. Nur weil der Mensch je schon von sich her offen ist für das Mitdasein anderer, kann ihm Seiendes begegnen, das ‚wie er selbst' da ist. Selbst wenn faktisch ein Mensch unvermittelt als der ‚einzige Mensch' inmitten des Seienden existieren würde, wäre er an ihm selbst Mitdasein mit Anderen, d.h. von sich her in seinem Sein aufgeschlossen für das Dasein anderer, auch wenn diese per Zufall faktisch nicht ‚da' sind: fehlen. Das Dasein ist von sich selber her eröffnet in das Verhältnis zu anderem Dasein, das Mitsein ontologisch und nicht in der ontischen Bestimmung pluralen ‚Vorkommens' zu sehen. Erst auf dieser Grundlage läßt sich fragen, wie das Dasein als je eigenes immer schon als Mitdasein mit Anderen existiert.

Die Seinsweise durchschnittlicher Alltäglichkeit, in der das Dasein ‚zunächst' und ‚zumeist' existiert, zeichnet sich nun gerade dadurch aus, daß ihm sein je eigenes Sein im Mitdasein mit Anderen auf- und verloren geht; was ihm als je eigenes Sein überantwortet ist, übernimmt es gerade nicht ausdrücklich in den Entwurf der Möglichkeiten seines Seins, sondern läßt sie sich aus dem Mitdasein mit Anderen, der gemeinsamen Mitwelt, vorgeben: An sie ist die Jemeinigkeit des Daseins abgegeben - es existiert, im wörtlichen Sinne, - ‚uneigentlich', d.h. als Privation (‚Raub') der Zu- und Übereignung des je eigenen Seins an das Existieren selbst. Das Wer des Daseins im Modus der ‚durchschnittlichen Alltäglichkeit' bestimmt Heidegger deshalb als das ‚Man'. Das ‚Man' meint das Jedermann und Niemand als das ‚Subjekt' des Handelns und Fühlens, Wissens und Verhaltens, das selbst namenslose (anonyme) Wer der Existenz. ,Zunächst' und ,zumeist' hat das Dasein sein je eigenes Sein abgeben, überantwortet und übereignet an die anonyme Öffentlichkeit, die sich als das Mitdasein konstituiert, d.h. es ist an sich selbst anonym, manhaft, das Man also nichts ihm gegenüber Fremdes, das es äußerlich bestimmen würde, sondern eben das, was *es* ,zunächst' und ,zumeist' selbst *als ,Selbst'* ist. Es ist deshalb unzureichend und führt im Endresultat dann zu groben Mißdeutungen von ,Sein und Zeit', wenn das ,Man' mit den sozialen Normen einer Gemeinschaft identifiziert wird. Das, was ,man' tut und läßt, denkt und empfindet, macht und nicht macht, enthält einen präskriptiv-normativen Anspruch, der von der Gemeinschaft her an den Einzelnen als Inhaber einer sozialen Rolle und Position herangetragen wird: was ,man' als Angestellter oder Chef, als Arzt oder als gläubiger Katholik, als Bäcker oder als Physiker, tut und nicht tut, weiß oder auch nicht weiß, umschreibt je ein bestimmtes Ganzes (,set') von sozialen Erwartungen, durch deren Erfüllung sich der Einzelne als derjenige zu erkennen gibt, der er im sozialen Kontext seiner Mitwelt ist. Der Einzelne in seinem individuellen Selbstsein erscheint in dieser Perspektive unter der Herrschaft eines ,generalisierten Anderen' als seinem Verhaltensregulativ. Wäre das heideggersche ,Man' damit deckungsgleich, dann müßte jedes Einnehmen einer sozialen Rolle, jedes Verhalten als Rechtsperson und jedes moralische Handeln unter dem Gesichtspunkt eines Allgemeinen als ein Verfallen der ,eigentlichen' Existenz an die ,Uneigentlichkeit' gelten, kurz: alles, was der Mensch überhaupt als soziales Wesen wäre, verfiele dem Verdikt der privativ entfremdeten Existenz. Nur dort, wo sich der Einzelne als heroisches Individuum gegen die Bestimmung seines Seins durch den sozialen Kontext auflehnt, wäre er ,eigentlich'. Der Begriff des ,Man' stünde dann gegen das gesellschaftliche Sein des Menschen überhaupt; der Mensch als vergemeinschaftetes Wesen (zoon politikon), wäre damit auch schon um sein ,eigentliches' Menschsein gebracht, gesellschaftliche Existenz synonym mit Verfallensein an das Man. Daß Dasein Mitdasein ist, wäre schon sein Bankrott, nach dem Motto: ,Nur Aussteiger existieren eigentlich'.

Was setzt eine solche Interpretation des existenzial-ontologischen Begriffes des Man voraus?- Der Begriff gesellschaftlicher Normierung ist aus dem Gegensatz zu einer an sich bestehenden und zu verwirklichenden, ,kernhaften' Persönlichkeit und Individualität gedacht. Der Einzelne ist als Privatperson, als Mensch überhaupt, etwas anderes als der vergesellschaftete Inhaber von Rollen. Entsprechend ist der Begriff des Über-ich aus dem Gegensatz zur naturhaft-libidinösen Triebhaftigkeit dem ,Es' - bestimmt. Das Über-ich repräsentiert das Allgemeine im Sinne der gesellschaftliche Norm, das Es die sinnliche Partikularität des Einzelnen. Von all dem ist aber in ,Sein und Zeit' überhaupt nicht die Rede: Der Mensch - das ,Dasein' - wird nicht aus dem Gegensatz von Individuum und Gemeinschaft, Einzelnem und Allgemeinem,

Natur und Vernunft, Trieb und Gesetz gedacht; diese gehören vielmehr einem ontologischen Verständnis des Menschseins an, das sich seit Platon entwickelt und um dessen geschichtliche Überwindung es Heidegger gerade geht. Die hermeneutische Projektion von Grundbegriffen der überlieferten Metaphysik auf die existenzialontologschen Analysen trifft zwar immer irgendwie etwas Richtiges, geht aber gerade an der wesentlich geschichtlichen und phänomenologischen Intention des heideggerschen Denkens vorbei, das Menschsein dadurch umzudenken, daß der ursprüngliche und fundierende phänomenale Gehalt jener Begriffe, in denen die abendländische Metaphysik den Menschen denkt, gegen sie gekehrt wird. Der existenzialontologische Begriff des Man konstituiert seinen wesentlichen Inhalt nicht kraft der metaphysischen Entgegensetzungen von Individuum und Gemeinschaft, Natur und Vernunft, sondern allein und ausschließlich im Hinblick auf das Verhältnis, das der Mensch zu seinem Sein als ihm ‚übereignetem' einnimmt. Dieses schließt gerade nicht aus, sondern ein, daß er, da wesentlich als Mitdasein gekennzeichnet, eben dieses Mitsein mit Anderen übernimmt. Das Sein, zu dem er sich als ‚seines' verhält, ist nicht durch den Begriff der Einzelheit im Unterschied zur Allgemeinheit gekennzeichnet: er ist nicht ausschließlich gedacht zu irgendeiner sekundären Funktion der Vergemeinschaftung, sondern beinhaltet diese schon an ihm selbst. Das je eigene Sein ist schon das Mitsein mit anderen: und dieses, nicht eine singularisierte Asozialität, ist dasjenige, wozu sich das Dasein als ihm übereignetes Sein verhält. Deshalb ist das ‚Man' auch keine inhaltliche Bestimmung des ‚Mitseins', sondern des ‚Selbstseins'. Das Miteinandersein steht nicht der ‚Eigentlichkeit' der Existenz als ihrem anderen - als Uneigentlichkeit - gegenüber, sondern wird selbst von Heidegger aus diesem Unterschied heraus zwiefältig gedacht: als ‚uneigentliches' und ‚eigentliches' Miteinandersein. Das Man-selbst denkt Heidegger rein aus der Privation der Erschlossenheit des je eigenen Seins, insofern sich aus ihr das Verhältnis sowohl zum innerweltlich Besorgten als auch zu dem Mitdasein anderer bestimmt. Das Verhältnis zu dem, was ist, ist ein anderes im Hinblick darauf, wie ich mir in meinem Sein erschlossen bin und aus dieser Erschlossenheit heraus mein Existieren übernehme; weder bin ich ‚mehr' seiend noch moralisch ‚besser', wenn ich ‚eigentlich' als wenn ich ‚uneigentlich' existiere; ich tue und verhalte mich dann auch nicht unbedingt anders, sondern mein Verhältnis zu dem, was ich tue und mache, ist ein anderes. Nicht weil ‚man' dies oder jenes so tut, verhalte ich mich ebenso, sondern weil es der Erschlossenheit meines Seins entspricht, eigne ich es mir als Entwurf meines Seinkönnens an. Der ‚Grund' des jeweiligen Verhaltens ist ein je anderer, damit aber auch das Verhältnis, das ich im intentional-gerichteten Verhalten zu etwas, auch mir selbst, einnehme. Das Man bezeichnet selbst eine bestimmte Art und Weise, wie ich mir mein Sein zueigne, d.h. die ‚Eigenheit' meines Seins bin. Heidegger bestimmt deshalb auch die ‚Eigentlichkeit' ausdrücklich nicht als einen "vom Man abgelösten Ausnahmezustand des Subjekts, sondern" als eine "existenzielle Modifikation des Man", d.h. als interne Veränderung des im ,Man' erschlossenen je eigenen Seins. Denken wir etwa an die kantische Unterscheidung von Legalität und Moralität: ,Legal' handle ich, wenn ich dem moralischen Gesetz entsprechend, nicht gegen es handle. Dies heißt aber nicht, daß das moralische Gesetz auch der Grund meines Handelns ist. Nur dann handle ich moralisch, wenn ich nicht nur ihm gemäß und in Übereinstimmung mit ihm handle, sondern wenn es den Bestimmungsgrund meines Handelns darstellt. Äußerlich besehen lassen sich also Legalität oder Moralität des Handelns überhaupt nicht unterscheiden, sondern sie drücken ein internes Verhältnis zum Maßstab des Handelns selbst aus. Nur im moralischen Handeln, so Kant, verstehe ich mein Sein aus der Freiheit: Die Erschlossenheit meines Seins ist im moralischen Handeln eben eine andere als dort, wo ich nur legal handle. Wir können also auch im Hinblick auf Kant sagen, daß die Erschlossenheit des je eigenen Seins Grund eines je anderen Verhältnisses zu den Sachen ist, ohne daß dieses selbst ein inhaltlich bestimmt anderes sein müßte. ,Eigentlichkeit' und ,Uneigentlichkeit' sind Differenzen der Selbsterschlossenheit des Daseins, aus der heraus es je schon sein Sein - die Existenz - übernommen und sich zugeeignet hat.

Die Seinsweise, in der das Dasein ,zunächst' und ,zumeist' in der Weise der ,durchschnittlichen Alltäglichkeit' existiert, ist damit näher bestimmt als die ,Uneigentlichkeit'. ,Uneigentlichkeit' heißt: das Dasein geht auf in dem, womit es zu tun hat und versteht sich von diesem her. Es ist darin ,Verfallen' an das Man. Das Menschsein ,gibt' es primär und grundlegend nur in der Weise des Verfallen, der Uneigentlichkeit: das Dasein ist je schon kraft seines Seins notwendig in der Seinsweise der Uneigentlichkeit. Diese bildet mithin den maßgeblichen Hintergrund allen Menschseins, der unhintergehbar und unaufhebbar umreißt, wie es das Seiende ,Mensch' überhaupt gibt. Zentral für ,Sein und Zeit' ist diese Anerkennung des Verfallenseins des Menschen in der Seinsweise der Uneigentlichkeit: und nicht ein vermeintliches ,Pathos der Eigentlichkeit'. Was die moralisierende Apperzeption der existenzialontologischen Analytik immer wieder unterstellt: den Aufruf zur Eigentlichkeit, fehlt in ,Sein und Zeit' schlechterdings und ist in Heideggers Konzeption überhaupt nicht so einzubringen. Die Seinsweise der Uneigentlichkeit ist und bleibt die unhintergehbare und unnegierbare Grundlage allen Menschseins, sie läßt sich überhaupt nicht aufheben in einen universellen Zustand eigentlichen Menschseins, da es dieses immer nur als existenzielle Modifikation ihrer gibt. Das Menschsein selbst ist diese Spannung seiner in Uneigentlichkeit und Eigentlichkeit: es ist, wie Heidegger zu zeigen versucht, an sich selbst der beständige Aufruf aus dem Verfallen in und zu dem eigensten Seinkönnen; dies also etwas, was dem Dasein selbst notwendig angehört, es intern konstituiert, nicht aber von Außen, etwa in einem moralisierenden Diskurs eines Philosophen, an es herangetragen werden könnte. Die ontologische Dignität, die Heidegger in ‚Sein und Zeit' der Seinsweise der durchschnittlichen Alltäglichkeit und damit dem Verfallen an das Man zuweist, entspringt gerade der Einsicht, daß sich das Menschsein notwendig als die Selbstverschlossenheit des je eigenen Seins konstituiert und nur vor diesem Hintergrund die Möglichkeit hat, sich von sich her in die Erschlossenheit seines Seins zu bringen und aus ihr heraus zu existieren. Für die richtige und angemessene Einschätzung der existenzialontologischen Differenz von Eigentlichkeit und Uneigentlichkeit ist es unabdingbar, dieses Sein des Menschen in der Unwahrheit qua Verborgenheit des eigenen Seins als die Grundlage allen Menschseins im Blick zu behalten.

Heidegger spricht nun aber auch von der ‚modalen Indifferenz' der Seinsweisen ‚Eigentlichkeit' und ‚Uneigentlichkeit': "Dasein existiert je in einem dieser Modi, bzw. in der modalen Indifferenz ihrer" (SZ, 53). Diese ‚Indifferenz' ist für die existenzialontologische Analytik des Daseins von grundlegender Bedeutung, weil sie ja das Sein des Daseins nicht in der jeweiligen Differenz des Existierens, sondern seiner Einheit aufweisen will. Das Sein des Daseins muß als solches, vor und unabhängig seiner differenten Seinsweisen Eigentlichkeit und Uneigentlichkeit, begriffen werden; denn nur auf dieser Grundlage läßt sich dann die Differenz seiner Arten und Weisen, sein (eines) Sein zu sein, d.h. Eigentlichkeit und Uneigentlichkeit als ‚Modifikationen' von Einem, einsehen. Der Bezugspunkt der existenzialontologischen Analyse ist also notwendig die Existenz als das eine Sein des Daseins, das das Dasein selbst je und immer schon in der Differenz seiner Seinsweisen ist; sie bezieht sich vorgängig auf die ‚Indifferenz' seiner Seinsweisen Eigentlichkeit und Uneigentlichkeit. Heidegger spricht aber nun von dieser ‚modalen Indifferenz' nicht als dem methodischen Bezugspunkt der existenzialen Analyse, sondern darüberhinausgehend als einer Seinsweise des Daseins selbst, so, als gäbe es ‚neben' oder ‚über' der Differenz eigentlichen und uneigentlichen Existierens auch noch eine dritte Weise, die diesbezüglich ‚indifferent', gleichgültig, also weder das eine noch das andere, wäre. Die Indifferenz bezogen auf die Seinsmodi des Existierens wäre selbst ein dritter Seinsmodus des Existierens. Aus dem Kontext der Ausführungen von § 9 (SZ, 43) wird deutlich, daß Heidegger darunter nichts anderes als die ‚alltägliche Indifferenz der Durchschnittlichkeit' versteht, das ‚indifferente Zunächst und Zumeist'. Ist dieses aber wirklich eine bezogen auf die Jemeinigkeit der Existenz indifferente Art und Weise des Existierens?- Oder läßt sie sich nur als eine solche methodisch in den Blick bringen, so daß sie aus dem Blickwinkel einer methodisch geleisteten Abstraktion von der Weise des Existierens anvisiert wird?- Kann die ‚durchschnittliche Alltäglichkeit' wirklich ‚modal indifferent' sein - oder kann sie nur als eine solche betrachtet werden?- Sicher letzteres, auch wenn Heidegger selbst das Mißverständnis nahe legt, die durchschnittliche Alltäglichkeit wäre als ‚modale Indifferenz' eine bezüglich der Jemeinigkeit unbestimmte Seinsweise des

Daseins. Dies ist nicht und kann nicht der Fall sein, wenn die Jemeinigkeit ein Existenzial - eine grundsätzliche Bestimmung des Seins des Daseins - ist. Die Seinsweise der ,durchschnittlichen Alltäglichkeit' ist selbst *entweder* durch die ausdrückliche Übernahme des je eigenen Seins *oder* durch das unausdrückliche Verfallen an das Man existenziell bestimmt, also hinsichtlich ihres Vollzuges selbst je zugehörig einem eigentlichen oder einem uneigentlichen Existieren. Gerade deshalb aber, weil sie weder etwas neben und außerhalb den Seinsmodi der Eigentlichkeit und Uneigentlichkeit noch einen von ihnen im ausschließlichen Gegensatz zu seinem anderen bezeichnet, sondern beide gleichermaßen umgreift, kann sie als die ,modale Indifferenz' ihrer zum methodischen Bezugspunkt der existenzialontologischen Analyse werden, die noch von der Differenz der Seinsmodi der Existenz vorerst noch absieht, um das besorgende In-der-Welt-sein des Daseins als solches in den Blick zu bringen. Damit nun zu diesem In-der-Welt-sein selbst, und zwar zuerst im Hinblick auf den Begriff der Welt.

2.2. *Der existenzialontologische Begriff der Welt*

Was meinen wir eigentlich, wenn wir von der ,Welt' sprechen?- Worauf beziehen wir uns dann und wie ist das, worauf wir uns dabei beziehen, überhaupt gegeben?- Diese methodische Problematik in der Konstitution des philosophisch-begrifflichen Verständnisses von ,Welt' läßt sich an dem verdeutlichen, worauf wir uns in der Rede von ,Welt' *nicht* beziehen: dieses oder jenes einzelne Etwas, sei dies nun ein Mensch, ein Tisch, ein Gesetz oder irgendein anderes derartiges Seiendes. Die ,Welt' ist uns nicht vorfindbar gegeben wie irgendein anderes beliebiges Etwas, von dem wir sagen, daß es ,in' der Welt sei. Auf ,Welt' beziehen wir uns nur im radikalen Gegenzug zu allem je bestimmten Seienden, das wir aus dem Hinblick auf ,Welt' als ,Innerweltliches' verstanden haben. Zugleich aber ist die Welt nicht nichts, sondern das, was am jeweiligen Seienden und mit ihm je schon erschlossen ist, insofern dieses je schon als ,Innnerweltliches' begegnet. Aber was heißt es, daß es als ,Innerweltliches' begegnet?- Worin besteht die ,Welthaftigkeit' z.B. dieses Tisches oder irgendeines anderen Seienden?- Unmittelbar sind wir versucht zu sagen: darin, daß es zugleich und in einem mit anderem ,ist'. Seiendes ist ,innerweltlich', insofern es nur aus der Einheit des Seins mit anderem Seienden her als etwas, das ist, zugänglich wird. ,Welt' wäre demnach zu denken als die Einheit des Seins, aus der heraus etwas je als das, was es ist und darin, daß es ist, zugänglich wird. Als die Einheit des Seins und Anwesens von Seiendem wäre ,Welt' zugleich die Bedingung der Möglichkeit dafür, daß es (für uns) überhaupt etwas - Seiendes - ,gibt'. Der Begriff der ,Welt' wird deshalb in der philosophischen Tradition durchgehend am Leitfaden des

Begriffs der ,Totalität' gedacht. ,Totalität' meint die Allheit und Ganzheit des Seienden als die Einheit seines Seins. Wie aber gibt es diese ,Totalität' des Seienden?- Wie beziehen wir uns auf sie und d.h.: wie ist sie uns überhaupt ,gegeben', ,zugänglich', ,erschlossen'?- Genauer: Wie ist uns das ,All' und das ,Ganze' des Seienden am jeweilig begegnenden Seienden - und zwar als die vorgängige Bedingung der Möglichkeit solchen ,Begegnens' - je schon offenbar geworden?- Machen wir uns dies noch bestimmter deutlich: Nehme ich die Welt nach der natürlichen Vorstellung als das Ganze des Seienden, dann ließe sich denken: Ich zähle all das Verschiedene, was ist, ungeachtet seiner Verschiedenheit zusammen in Eines - und bilde damit den Begriff von ,Welt'. ,Welt' meint dann das im Zählen objektivierte Ganze alles Vorhandenen, in das ich mich, als das zählende Seiende, auch noch mithineinrechnen kann, so daß nichts außerhalb dieser Ganzheit bleibt. Diese in sich und nach außen hin abgeschlossene Ganzheit ist als die ,absolute Totalität' das, was wir mit dem Ausdruck ,Welt' meinen. Aber was meinen wir da?- Ein großes ,Superding', darin alles einzelne und jeweilige Seiende enthalten ist wie in einem großen Gefäß?- Dann denken wir ,Welt' nach der Analogie mit dem, was in der Welt ist - dem Innerweltlichen; dieses ist aber im ,Zusammenzählen' schon auf seine ,Welthaftigkeit' hin gesichtet, denn sonst ließe es sich überhaupt nicht auf Welt als seine absolute Totalität hin zusammenfassen. Der Begriff der Welt kann also diesem ,Zusammenzählen' überhaupt nicht entspringen, weil dieses ihn schon voraussetzt. Aber wie?- Ist die Welt etwa irgendeine sachhaltige Bestimmung, ein reales Prädikat des Vorhandenen?- Schaue ich etwa den Tisch an und merke dann: ,aha, der ist welthaft, der Stuhl dort aber zufälligerweise nicht'?- Sicher nicht: Welt ist nichts, was das jeweilige Etwassein eines Seienden ausmachte, an ihm wie eine Eigenschaft oder eine Beschaffenheit feststellbar wäre. Ebensowenig ist Welt selbst irgendein Seiendes, etwas, das es so gäbe und vorfinden ließe wie all das, was als Seiendes je ein Innerweltliches ist. Die Welt ist kein Seiendes ,in' der Welt, neben oder über den Dingen; keine allgemeine Bestimmung des Wesens von Seiendem oder irgendeine vorfindbare Eigenschaft, die es inhaltlich charakterisieren würde. Denke ich Welt nach der Analogie mit irgendeinem Innerweltlichen, z.B. als ,großes Superding', dann habe ich gerade das, was im Begriff von Welt zu denken gibt, übersprungen - die Welthaftigkeit des Seienden selbst als das Andere zu seinem bestimmten Etwassein. Oder nehmen wir die Welt als den (leeren) Raum, darinnen alles räumlich Begrenzte (Dinghafte) ist. Die Welt als das Ganze des Raumes wäre der größte, umfassendste Raum. Wie Kant aber zeigt, gibt es keinen größten Raum, insofern ich mir zu jedem gegebenen, willkürlich begrenzten Raum einen größeren, umfassenderen und begrenzenden Raum denken muß. Denn einen bestimmten Raum denke ich nur, insofern ich ihn bestimme, d.h. ausgrenze gegenüber einem anderen, umfassenderen Raume; ausgegrenzte Räume sind immer begrenzte Räume, deren Raumhaftigkeit sich

aus der Begrenzung erschließt. In der Begrenzung aber bin ich schon über den begrenzten Raum hinaus, d.h. ich habe zugleich schon einen begrenzenden Raum mitgesetzt, weil ich nur durch diesen überhaupt einen bestimmten Raum anschaulich gegenwärtigen kann. Deshalb muß nun aber die Raumhaftigkeit selbst jenseits der Gestalthaftigkeit besonderer, ausgegrenzter Räume gedacht werden: sie läßt sich nicht aus der Begrenzung qua Bestimmung besonderer Räume als eines je begrenzten Worinnen denken, sondern muß, analog dem Verhältnis von Welt und Innerweltlichem, aus dem Gegenzug zur Bestimmtheit jeweiliger (seiender) Räume gedacht werden, z.B. als reines Außereinandersein. Denke ich nun die Raumhaftigkeit als reines Außereinander, und dieses als Welt, dann stehe ich aber wieder vor derselben Unterscheidung, insofern ich das, was außereinander ist (z.B. Punkte), von dem Außereinandersein selbst, das ich mir z.B. durch ein gerichtetes Linienziehen verdeutliche, unterscheiden muß. Die Raumhaftigkeit des Raumes ist also grundsätzlich von den bestimmten, ausgegrenzten und räumlich positionierten (Teil-)räumen zu unterscheiden, so daß uns auch und gerade die Vorstellung von der Welt als einem großen, umfassenden Raum auf dieselbe Differenz bringt, die schon im Verhältnis von Welt und Innerweltlichem gedacht werden mußte: Sowenig die Welt aus der Analogie mit dem Innerweltlichen, sowenig kann der Raum aus der Analogie mit begrenzten (Teil-)räumen gedacht werden. Aristotelisch gedacht läßt sich das Innerweltliche fassen als dasjenige, was ‚in' etwas ist, d.h. einen Ort als das umgrenzende Worinnen seines Seins, hat. Die ‚Welt' aber, als der Ort aller Örter, d.h. das Worinnen von Allem, ist selbst nicht wiederum ‚in' etwas: sie ist strikt gedacht ‚nirgendwo', außerhalb allen In-seins selbst das, was alles Worinsein ermöglicht und trägt. Die Welt ist nirgends, sie ist ortlos, und zwar gerade als das Gewähren von Örtern, darinnen etwas ist: Seiendes anwest. Auf dasselbe Problem der Differenz von Welt und Innerweltlichem weist uns auch Kant, wenn er die Welt als eine ‚regulative Idee' der reinen Vernunft denkt. Denn dies heißt in erster Linie: Welt ist nicht das Gegebene einer Anschauung, somit auch kein Gegenstand einer begrifflichen Bestimmung und Erkenntnis. Die Welt als die Totalität aller Erscheinungen kann in keiner Anschauung gegeben werden: sie transzendiert den gegenständlichen Bezug der begrifflich-kategorialen Bestimmung des anschaulich Gegebenen, der für alles endliche Erkennen konstitutiv ist. Im Gegensatz zum Innerweltlichen, den Gegenständen der Erfahrung, ist die Welt kein Gegenstand endlichen Erkennens; als ‚regulative Idee' der reinen Vernunft leitet sie die Bestimmung des Gegebenen, und diese Bestimmung selbst ist ohne den Begriff der absoluten Totalität alles gegenständlich Gegebenen selbst nicht möglich. Welt ist so eine notwendige Vorzeichnung der Einheit alles Seienden, aus der sich das endliche Erkennen seinen Zusammenhang stiftet, selbst aber nicht gegenständlich gegeben als Bezugsworauf einer möglichen endlichen Erkenntnis. Wir müssen als vernünftige Wesen Welt denken - und können als endliche Wesen Welt doch nicht erkennen. Die absolute Totalität der Erscheinungen gibt es nicht in der Weise, wie es eine der Erscheinungen gibt, d.h. die Welt ist nicht als Innerweltliches, sondern nur im strikten Gegenzug zu diesem zu denken. Anders und Rückgriff auf das Vorangegangene gesagt: Die Welt als die Einheit des Seins (alles Seienden) kann nicht selbst als ein Seiendes, sondern nur im radikalen Gegenzug zu Seiendem überhaupt gedacht werden. ,Welt' nennt das Sein des Seienden überhaupt. Sie muß aus der ontologischen Differenz heraus als das Andere zum Seienden gedacht werden. Was überhaupt ist, ist welthaft. Welt muß aus der Welthaftigkeit des Seienden und diese als die Bedingung der Möglichkeit dafür, daß überhaupt etwas - Seiendes - für uns zugänglich wird, gedacht werden.

Daraus erhalten wir aber nun den methodischen Ausgangspunkt von Heideggers phänomenologischem Aufweis des Weltbegriffes: Grundlage ist das Dasein in seiner Seinsweise der durchschnittlichen Alltäglichkeit. In der Seinsweise der durchschnittlichen Alltäglichkeit verhält es sich zu dem, was ist, indem es dieses besorgt. Das Seiende, insofern es besorgt wird, ist das Zeug. Im besorgenden Umgang mit dem Zeug hat das Dasein je schon, und zwar als die Bedingung seiner Möglichkeit, Welt erschlossen. Diese findet sich nirgends anders als an der ,Welthaftigkeit' des Zeugs. Worin besteht diese?- Die phänomenologische Frage nach der Welt setzt deshalb notwendig an bei der vor-intentionalen Erschlossenheit von Sein überhaupt, wie sie in der Weise der durchschnittlichen Alltäglichkeit je schon das Sein und Existieren des Menschen ausmacht. Dies aber besteht im besorgenden Umgang mit dem Zeug und dem fürsorgenden Mitsein mit Anderen. Letzteres blendet Heidegger nun - der methodischen Vereinfachung halber - aus und fragt: Wie ist im besorgenden Umgang mit dem Zeug je schon so etwas wie ,Welt' im Dasein und durch es erschlossen, und zwar so, daß die vorgängige Erschlossenheit von Welt, die sich an der Welthaftigkeit des Zeugs selbst zeigen und aufweisen lassen muß, zugleich die Bedingung der Möglichkeit des besorgenden Umganges mit dem Zeug selbst ist, ohne selbst irgendein Zeug (Seiendes) zu sein?- Wie zeigt sich am Zeug selbst, mit dem es der besorgende Umgang zu tun hat, die ,Welthaftigkeit' als das Sein des besorgten Zeugs überhaupt?- Und wie ist diese ,Welthaftigkeit' im Dasein und für es je schon vor-intentional erschlossen als die Bedingung der Möglichkeit des besorgenden Umgangs mit dem Seienden qua Zeug überhaupt?- Heideggers Frage zielt also nicht irgendwie auf einen Begriff von Welt überhaupt, sondern auf das Verständnis, die Erschlossenheit von Welt, die im alltäglichen Umgang mit den Dingen - dem Besorgen - schon liegt: wie ,Welt' für das Dasein, aber nicht in einer theoretischen Erkenntnishaltung, sondern dem durchschnittlich-alltäglichen Besorgen, je schon, d.h. als vor-intentionale Bedingung intentionalen Verhaltens, gegeben und damit offenbar geworden ist. Das durchschnittliche, allägliche Sein zur Welt ist das Besorgen; dieses ist die Art und Weise, in der das Dasein sein In-der-Welt-sein ist. Das ,Sein zur Welt' meint also nicht, daß das Dasein sich irgendwie von außen zu so etwas wie Welt verhält, und die ,Weltlichkeit' von Welt, wie es nach den bisherigen Ausführungen durchaus noch den Anschein haben kann, ein ,objektiv-dinglich' Gegebenes wäre, auf das sich das Besorgen aus einem ,subjektiv-intentionalen' Innenraum heraus bezöge. ,Welt' ist vielmehr als ein Existenzial zu fassen, d.h. als die Bestimmung des Seins des Daseins; aber nicht im Sinne einer subjektiven Beschaffenheit eines für sich weltlosen Subjektes, sondern als die Offenheit von Sein, in der sich das Dasein in seinem besorgenden Sein zur Welt je schon vorfindet. Heideggers Anspruch ist, daß durch den Aufweis dieses ,existenzialontologischen' Begriffs von Welt die fundierende Grundlage eines philosophischen Weltbegriffs überhaupt, nicht auch schon dieser selbst, gewonnen wird. Sehen wir uns dies nun genauer an.

Im Besorgen verhält sich das Dasein zu sich selbst, seinem eigenen Sein, und zum Sein alles anderen Seienden. Das Verhältnis zu Seiendem in seinem Sein ist aber nur möglich aufgrund eines bestimmten Verständnisses von Sein. Im besorgenden Sein zur Welt hat das Dasein je schon das, wozu es sich verhält, in seinem Sein verstanden. Das durchschnittliche, alltägliche In-der-Welt-sein verhält sich zur Welt als ,Umwelt'. An ihr muß sich die Welthaftigkeit aufweisen lassen. Das im Besorgen umweltlich begegnende Seiende ist das Zeug. Worin besteht nun das Sein des Zeugs, seine Zeughaftigkeit?- In der ,Zuhandenheit'. Das Zeug, was immer es auch sein mag, gibt es als Zeug nur in der Weise, daß es zuhanden ist, d.h. im Gebrauch aufgeht. Es ist im Besorgen und für es gerade nicht der intentionale Gegenstand eines (theoretischen) Betrachtens oder, wie Heidegger sagt, eines ,Begaffens', das in der Weise der ,Vorhandenheit' seiend ist: sondern ,zuhanden' geht es an ihm selbst auf im Gebrauch: es ist, was es ist, im ,Zur-Hand-sein'. Das Sein des Zeugs ist das ,Sein-zur-Hand', sein Aufgehen im Gebrauch, darin es erst als Zeug ist. Was belang- und bezugslos ,vor der Hand' liegt, sich also nicht mehr von sich selber her auf die Hand bezieht und aus diesem Bezug heraus ist, wie es ist, ist kein Zeug, damit nichts, worauf der besorgende Umgang mit Seiendem je träfe. Im Umkreis des Besorgens gibt es kein ,Vorhandenes', nur ,Zuhandenes'. Dies wiederum heißt: Wenn es das Seiende überhaupt in der Weise des ,Vorhandenen' gibt, die ,Vorhandenheit' selbst eine ontologische Bestimmung des Seins von Seiendem ist, dann muß sie in einem gegenüber dem Besorgen gewandelten Verhältnis des Daseins zum Seienden fundiert und gegründet sein: dem theoretischen Erkenntnisverhältnis. Erst dieses entdeckt das Seiende als ,Vorhandenes' und wird damit von einem gegenüber dem Besorgen grundsätzlich gewandelten Seinsverständnis getragen. Wir erhalten damit zwei grundsätzlich verschiedene ontologische Bestimmungen des Seins von (nicht-daseinsmäßigem) Seienden - Zuhandenheit und Vorhandenheit -, die strikt mit dem je anderen Verhältnis des Daseins zum Seienden - Besorgen und Betrachten - korrelieren. Zuhandenheit und Vorhandenheit fundieren als verschiedene Verständnisse des Seins von Seiendem verschiedene Arten des Verhältnisses zu Seiendem, denen sie eindeutig zugeordnet und ausschließlich zugehörig sind. Der besorgende Umgang ist immer besorgender Umgang mit Zuhandenem hinsichtlich seiner Zuhandenheit, das betrachtende Erkennen immer betrachtendes Erkennen von Vorhandenem in seiner Vorhandenheit. Diese Unterscheidung hat für Heideggers Kritik der überlieferten Ontologie grundlegende Bedeutung. Denn die überlieferte Ontologie denkt das Sein des Seienden, seine ‚existentia' qua Seinsart (tropos tou einai, modus essendi), maßgeblich im Begriff der ‚Vorhandenheit', der ausschließlich ihrem spezifischen Verhältnis zum Seienden, der theoretischen Erkenntnishaltung, zugrundeliegt: sie schon vorgängig trägt und bestimmt, ohne daß sie dieses ihr maßgebliches Verständnis von Sein in seiner Berechtigung und Herkunft ausweisen könnte. Heidegger versucht nun, und dies ist eine der wesentlichen Nebenintentionen von ‚Sein und Zeit', zu zeigen, daß das die theoretische Erkenntnishaltung als solche fundierende Verständnis von Sein als Vorhandenheit gegründet und fundiert ist in dem Verständnis von Sein als Zuhandenheit, das dem durchschnittlichen und alltäglichen Verhältnis zum Seienden - dem Besorgen - bestimmend zugrundeliegt. Wie wir schon gesehen haben, bestimmt Heidegger das theoretisch-intentionale Erkenntnisverhältnis zur Welt, das wir in den Wissenschaften und der Philosophie zu dem, was ist, einnehmen, als eine Modifikation des ursprünglichen In-der-Welt-seins: es bewegt sich immer schon auf der Grundlage des vorgängigen In-der-Welt-seins, das als solches, wie es ‚zunächst' und ‚zumeist' ist, nicht im theoretischen Erkennen, sondern im Besorgen besteht. Das Sein des Seienden ist primär nicht durch das theoretisch-intentionale Erkennen eröffnet, sondern in und durch den besorgenden Umgang; und nur auf dieser Grundlage, also der schon bestehenden Offenheit von Sein, die dem besorgenden Sein zur Welt angehört, kann das Dasein sein Verhältnis zur Welt zu dem des theoretischen Erkennens modifizieren. Dieses hat, wie wir sahen, die Bedingung seiner Möglichkeit daran, daß Dasein überhaupt ist, sich zu Seiendem verhält, darin aber ‚Sein' verstanden, erschlossen hat, und zwar aus seinem ursprünglichen Verhältnis zur Welt heraus, dem Besorgen. Dieses ist das Erste und damit Ursprüngliche, aus dem heraus jede Veränderung des Verhältnisses zur Welt zu klären ist, weil das Dasein von sich selber her im Besorgen aufgeht, ohne dieses nicht ist, wohl aber ohne das theoretische Erkennen. Die Offenheit von Sein, die im Seinsverständnis des Besorgens liegt (Zuhandenheit), ist mithin das Maß und Prinzip jeder seiner internen Modifikationen. Heidegger erklärt dann (§ 69 b) den Übergang von dem besorgenden zum theoretisch erkennenden Verhältnis zur Welt als einen Umschlag im Verständnis von Sein (SZ, 361), also gerade nicht durch eine Modifikation des ‚subjektiven' Verhaltens im Sinne einer Enthaltsamkeit von praktischen Handlungszusammenhängen (Muße); denn diese allein kann nie die zureichende, sondern immer nur die notwendige Bedingung für das Weltverhältnis theoretischen Erkennens abgeben. Das theoretische Erkenntnisverhältnis sieht nicht lediglich ab von dem Zeugcharakter des Begegnenden, sondern sieht es ganz anders an, ist also eine völlig neue und gewandelte Sicht auf das Seiende, das sich nicht aus der bloßen Privation des besorgenden Umgangs mit diesem aufklären läßt. Die Fundierung des ontologischen Begriffs der Vorhandenheit in dem der Zuhandenheit erweist Heidegger vielmehr als eine Privation am Sein des Seienden selbst; es verliert im Verständnis der theoretischen Erkenntnishaltung etwas von dem, was es im besorgenden Sein zur Welt hatte: und dies ist nichts geringeres als seine spezifische Weltlichkeit. Die Zuhandenheit gibt deshalb das in sich komplexere, reichhaltigere Verständnis von Sein wieder, die Vorhandenheit das abstraktere, leerere, dürftigere; sie muß wesentlich als die Privation der Zuhandenheit, die Privation selbst als ‚Ent-weltlichung' verstanden werden. Abstrakt vorgestellt würde man entgegnen: Was zuhanden ist, muß doch zuallererst vorhanden sein; nur Vorhandenes kann doch dann und zusätzlich in ein Verhältnis zum Menschen treten, ihm, seinem besorgenden Umgang und Gebrauchen ‚zuhanden' sein. ‚Abstrakt' ist diese Einwendung aber, weil sie aus dem Gesichtspunkt der theoretischen Einstellung erfolgt, ohne ihre eigene Genesis und die ihres maßgeblichen ontologischen Begriffs (Vorhandenheit) weiter zu thematisieren; er wird wie selbstverständlich vorausgesetzt, obgleich es der theoretischen Einstellung je schon von sich her deutlich ist, daß nicht sie, sondern die ‚praxis' das erste und grundlegende Sein des Menschen zur Welt ist. Deshalb versteht sie sich ja auch aus der ‚Muße', der Negation der praktischen Handlungszusammenhänge, in denen sich der Mensch je schon von sich her bewegt. ‚Konkret denken' heißt deshalb hier: den jeweiligen ontologischen Begriff aus seiner Relation auf das seinsverstehende Dasein heraus denken; aufweisen, wie für die ‚praxis' bzw. für die ‚theoria' und durch sie das Sein des Seienden, worauf sie sich spezifisch beziehen, erschlossen und verstanden ist. Für den besorgenden Umgang mit dem Seienden ist dieses aber selbst nicht ein ‚Vorhandenes', sondern ein ‚Zuhandenes'; und dieses, die Zuhandenheit von Zeug, ‚enthält' in sich immer schon das, was dann die ‚theoria' als bloße Vorhandenheit sichtet. Das primäre praktisch-besorgende Sein des Menschen zur Welt hat aus seinem Verhältnis zum Seienden heraus dieses immer schon als gegenwendiges Verhältnis zu sich entdeckt; dieses, als ‚Sein-zur-Hand', ist also nichts einem ‚an sich Vorhandenem' Aufgepfropftes, sondern die Art und Weise, wie es für es da ist. Für die ‚theoria' ist es dann anders da, entsprechend modifiziert durch die Modifikation des besorgenden zum betrachtenden Weltverhältnis.

Ineins damit sucht Heidegger die kategorial-ontologische Bestimmung des ‚An-sich-seins' phänomenologisch ihrer Herkunft nach aufzuklären. Das ‚An-sich-sein' meint das Seiende als das, was es selbst als es selbst ist, unabhängig und losgelöst von dem, was es für und in Beziehung auf ein Anderes ist; so z.B. auch in der kantischen Unterscheidung von ‚Ding an sich' und ‚Erscheinung'. Von Aristoteles bis Hegel und darüberhinaus gilt es als der für die theoretisch-wissenschaftliche Erkenntnis maßgebliche Grundbegriff des Seins von Seiendem, z.B. auch im Begriff der ‚Objektivität' oder der ‚Sachlichkeit', in dem immer die Relation, Beziehung auf Anderes (das ‚Subjekt', die ‚Person') negiert erscheint. Heidegger nimmt dafür nun die Bestimmung der Zuhandenheit in Anspruch: "Zuhandenheit ist die ontologisch kategoriale Bestimmung von Seiendem, wie es ‚an sich' ist" (SZ, 71). Dies scheint paradox, drückt doch die ‚Zuhandenheit' gerade die Relation aus, in der das Seiende zum Dasein hin ist, was es ist; also gerade das, was es an ihm selbst ist, negiert erscheint. Wie soll die ‚Zuhandenheit' die ursprüngliche und ontologisch fundierende Bestimmung des Ansichseins abgeben?- ‚Zuhanden' ist das Seiende gerade hinsichtlich seiner thematischen Unauffälligkeit, die es im besorgenden Umgang hat; diese ‚Unauffälligkeit' besagt aber phänomenologisch gesehen, daß es sich ins Zuhandensein für das Besorgen zurücknimmt, um in ihm als das aufzugehen, was es als Zuhandenes ist. Das Aufgehen der Dinge im Gebrauch, was ihre thematische Unausdrücklichkeit ausmacht, ist, wie Heidegger analysiert, das ursprüngliche Phänomen ihres "Ansichhaltens" (ebd., 75), so daß sich das Seiende gerade nicht als das, was es im Unterschied zu seinem Sein-für-Anderes ist, thematisch geltend macht und in der Vordergrund schiebt, sondern zurücknimmt: ‚an sich hält', und in diesem An-sich-halten erst ist, was es als Zuhandenes ist. Das so verstandene Ansichsein ist ein konstitutives Moment der Zuhandenheit, ohne das diese selbst nicht möglich wäre. Nur insofern Seiendes von sich her ‚an sich hält', kann es in seinem gegenwendigen Verhältnis zu Anderem auf- und untergehen, um in und aus diesem Verhältnis heraus eben das zu sein, was es für dieses ‚an sich' ist. Die ‚Zuhandenheit' drückt aber nicht nur das gegenwendige Verhältnis des Seienden (‚Zeug') zum Dasein überhaupt aus, sondern nennt dieses genauer als ein Verhältnis zu seiner Leiblichkeit (‚Sein-zur-Hand'), was sich auch im theoretischen Seinsbegriff der ‚Vorhandenheit' wiederfindet. Obgleich Heidegger dies nicht weiter ausführt, ist damit doch der Hinweis gegeben auf die prinzipielle Fundierung ontologischer Begriffe in der Leiblichkeit des seinsverstehenden Daseins, wie sie uns ja schon an den griechischen und lateinischen Termini (z.B. des Liegens und Stehens in ‚hypokeimenon', Zugrundeliegendes, ‚substantia', Unterstehendes usw.) begegnet. Die ‚Zu-' und ‚Vorhandenheit', als ‚Sein-zur-Hand' bzw. ‚Sein-vor-der-Hand', nennt die ‚Hand' - und damit zugleich auch die Leiblichkeit - nicht ‚lebendiges Ding' oder ‚organisches Naturprodukt', sondern als das in sich erschlossene und darum verhältnishafte Sein des Daseins zur Welt. Nietzsche nennt den Leib die "grosse Vernunft" (KSA IV, 39), und zielt damit auf dasselbe, nämlich daß der Leib als ‚Erschlossenheit' von Sein (‚Da'), bedacht werden muß. Die ‚Leiblichkeit' ist in ‚Sein und Zeit' immer mitthematisch, ohne je gesondert thematisch zu sein.

Wenden wir uns nun vor diesem Hintergrund der Frage zu, wie sich die ‚Weltlichkeit' von Welt im besorgenden Umgang mit dem umweltlich begegnenden Zeug zeigt. Das Zeug gibt es nie isoliert für sich, sondern immer nur pluralisch im Zusammenhang mit anderem Zeug; als solches ist es immer etwas, das im Funktionszusammenhang von Mittel und Zweck steht: es ist etwas, *um* etwas zu tun: es durch seine Dienlichkeit ausgezeichnet. Zeug verweist auf Zeug; und in diesem wechselseitigen Verweisen verweist es selbst wiederum auf eine bestimmte Dienlichkeit, damit aber zurück auf das besorgende Dasein selbst als Worumwillen seiner. Schreibzeug, Kochzeug, Malzeug usw. konstituieren damit je eine bestimmte Zeugganzheit, die durch die wechselseitigen Verweisungszusammenhänge ihrer einzelnen Bestandteile auf eine bestimmte Funktion verweisen (Schreiben, Kochen, Malen usw.), die angibt, wozu sie dienlich sind; und diese Dienlichkeit selbst verweist wiederum auf das Dasein selbst als ihrem Worumwillen. Erst kraft und aufgrund dieser Verweisungszusammenhänge der Zeugganzheit verhält sich das Besorgen zum jeweilig einzelnen Zeug, d.h. es hat als die Bedingung der Möglichkeit seines Sich-verhaltens die Ganzheit der Verweisungsstrukturen des Um - zu vorgängig erschlossen. Diese vorgängige Erschlossenheit des Seienden in den Verweisungsstrukturen des Um - zu konstituiert seinen Seinssinn der Zuhandenheit. Sie erschließt nicht nur das Hergestellte, sondern ebensosehr das Naturhafte, insofern der besorgende Umgang immer auf das Dasein als Worumwillen rückbezogen ist. Das, was ist, ist ihm im Horizont seiner - im Dasein selbst als Worumwillen mündenden - Verweisungszusammenhänge als zuhandenes Zeug erschlossen, und nur, insofern es sich in dieser Erschlossenheit von Sein hält, verhält es sich besorgend zum Seienden qua zuhandenem Zeug.

Wenn nun die Welt im radikalen Gegenzug zum Innerweltlichen, zugleich aber als die Bedingung seiner Möglichkeit gedacht werden muß, dann läßt sich absehen, daß sich die Weltlichkeit der Umwelt am Sein des zuhandenen Zeugs, der Zuhandenheit als der Verweisungsstruktur des Um - zu und Worumwillen aufweisen lassen muß. Denn diese ist als das Andere zum Zeug sein es ermöglichendes und damit vorgängig erschlossenes Sein, darin sich das besorgende Dasein als solches bewegt. Dies aber heißt wiederum: Die Weltlichkeit ist unthematisch erschlossen; thematisch-intentional bezieht sich das besorgende Dasein auf das Zuhandene, insofern es in den Verweisungsstrukturen der Zeugganzheit aufgeht. Dies ist methodisch wichtig: denn die Frage gilt ja der Weltlichkeit der Umwelt, insofern sie im Dasein und für es je schon erschlossen ist. Das unthematische Aufgehen in den Verweisungszusammenhängen des Besorgens ermöglicht seine thematische Beziehung auf das intentional Besorgte: die Weltlichkeit von Welt bleibt darin unausdrücklich. Das Dasein muß sich aber auf die Welt als Welt beziehen können, d.h. die unthematische Erschlossenheit von Welt muß selbst in die thematische Ausdrücklichkeit gehoben werden können, weil es ansonsten sich selbst nicht in seinem In-der-Welt-sein erschlossen sein könnte. Der Aufweis der Welt als Bestimmung des Seins des Da muß also zeigen, wie die Weltlichkeit im Besorgen selbst und für es aus ihrer unthematischen und unausdrücklichen Gegebenheitsweise heraustreten an ihr selbst gegeben, dem Dasein erschlossen sein kann. Wie wird die Verweisungsganzheit, als welche sich die Zuhandenheit zeigte, selbst thematisch ausdrücklich?- Dadurch, daß diese Verweisungszusammenhänge gestört werden. Die Störung der Verweisung macht die Verweisung *als* Verweisung ausdrücklich, rückt sie in den thematischen Blick des umsichtigen Besorgens. Gestört wird das Aufgehen des besorgenden Daseins in seinen Verweisungszusammenhängen etwa dadurch, daß irgendein Zuhandenes sich als ‚unhandbar' erweist, es ‚paßt' nicht, ‚eignet' sich nicht zu einer bestimmten Dienlichkeit. Oder es fehlt, ist gerade nicht ‚zuhanden', d.h. ‚zur Hand'. Oder aber es liegt im Weg und stört rein dadurch, daß es mit der besorgten Zeugwelt nichts zu tun hat. Jedesmal wird durch eine solche Störung der Verweisungszusammenhang, in dem sich das Besorgen verliert, als solcher ausdrücklich. Das Bezugsworauf des Besorgens verliert den Grundzug seiner Zuhandenheit - es tritt als bloß noch Vorhandenes in den Blick. Die Störung der Verweisungszusammenhänge, die das Sein des Besorgten als Zuhandenheit ausmachen, ist zugleich das Hervortreten des Seinssinnes der Vorhandenheit; dieser meldet sich, indem der Vollzug des Besorgens aufgehoben wird: sich seiner enthält. Damit sind wir zwar noch nicht bei der ‚theoria', aber das konstitutive Moment ihres Seinsverständnisses - die Vorhandenheit - hat hier - seinen Ursprung (Muße). In dieser ‚Störung' ‚leuchtet' aber zugleich auch ‚die Weltlichkeit auf': die Weltmäßigkeit des Zuhandenen erschließt sich dem Dasein an ihr selbst.

Ich möchte bei dieser Gelegenheit zugleich noch auf die grundsätzliche Bedeutung hinweisen, die im Denken Heideggers der Differenz von thematischer Ausdrücklichkeit und unthematischer Unausdrücklichkeit zukommt. ‚Thematisch ausdücklich' heißt, daß etwas an ihm selbst, als es selbst und als solches erschlossen ist. Die ‚thematische Ausdrücklichkeit' bestimmt das intentionale Bezugsworauf des Bewußtseins als eines solchen. ‚Unthematisch' und ‚unausdrücklich' dagegen ist das, was dieser intentionalen Beziehung als solcher ermöglichend zugrundeliegt, je schon vorgängig erschlossen, aber als solches gerade nicht das Bezugsworauf des Wissens ist. In dieser Hinsicht habe ich schon die Differenz von thematischen und operativen Begriffen ausgeführt. Nun gehört zum Phänomen von Welt, daß sie unthematisch erschlossen ist; sie ist, und dies gehört zu ihrem phänomenalem Sein, gerade nicht das intentionale Bezugsworauf des Besorgens, sondern dieses, was thematisch erschlossen, d.h. ausdrücklich als intentionales Bezugsworauf des Wissen, ist, ist das Innerweltliche, das Besorgte, das Zeug, das Zuhandene. Dies betrifft aber ganz grundsätzlich die ontologische Differenz von Seiendem und Sein, insofern das thematisch-intentionale Bezugsworauf des Bewußtseins von sich her je das Seiende ist; das, was dieser intentionalen Beziehung aber als unausdrückliche und unthematische Erschlossenheit vorgängig als Bedingung ihrer Möglichkeit zugrundeliegt, das Sein ist. Den Übergang von der unausdrücklich-unthematischen zur ausdrücklich-thematischen Erschlossenheit denkt Heidegger nun aber ganz offensichtlich am Leitfaden der Negation; es ist die Privation der Zuhandenheit, die diese als solche ausdrücklich werden läßt. Die im ‚Als' gedachte thematisch-ausdrückliche Erschlossenheit der vorgängig und von sich her unthematischen Erschlossenheit von Sein und Welt erzeugt sich aus der Negation, dem Nicht, das Heidegger hier phänomenal an den verschiedenen Weisen der Störungen des Besorgens aufzuweisen sucht.

Von daher erfolgt nun die eigentliche Herausarbeitung des existenzialontologischen Begriffs der Welt. Die Weltlichkeit der Umwelt wird dem Dasein selbst in den Störungen seines Besorgens gewissermaßen ausdrücklich. Sie ‚leuchtet' dort auf, wo die Zuhandenheit als solche in den Blick tritt. Diese zeigt sich aber in der strukturellen Einheit eines Verweisungszusammenhanges. An der Verweisungsganzheit als solcher begegnet die Weltlichkeit von Welt in und für das Dasein. Deshalb muß nun weiter analysiert werden, wie das Dasein sich selbst diese Verweisungen im Besorgen ausdrücklich macht. Ausdrückliche Verweisungen finden wir aber vor an bestimmten Dingen, Zeug, das als Zeichen fungiert. Solches, wie Heidegger sich ausdrückt, ‚Zeigzeug', z.B. der Blinker an einem Auto, hat die Funktion, daß es ein Zeugganzes ausdrücklich in die Umsicht des Besorgens herausstellt und an ihr die Verweisungszusammenhänge der zunächst besorgten Umwelt, z.B. des Straßenverkehrs, als solche begegnen läßt. Zeug, das als Zeichen für das umsichtige Besorgen fungiert, hält die Weltmäßigkeit des Zuhandenen in seiner Ausdrücklichkeit fest; an ihm hält sich das Dasein die Welthaftigkeit, der die besorgte Zeugganzheit als solche konstituiert, offen. Die Verweisung zeigt sich damit als das grundlegende ontologische Konstituens von Weltlichkeit überhaupt. Weltlichkeit besteht in der Verweisungsstruktur. Diese ermöglicht den besorgenden Umgang mit dem Zuhandenen. Deshalb gilt es nun, die Verweisungsganzheit selbst als den existenzialontologischen Begriff von Welt zu denken.

Heidegger erreicht dies mit dem Begriff der Bewandtnis. Die Verweisung besagt, daß das Zeug, je ist, was es ist und wie es ist, insofern es auf etwas verwiesen ist: Es hat mit ihm bei etwas sein Bewenden. Diese Verwiesenheit des Zuhandenen an ihm selbst konstituiert sein Zuhandensein. Sie nennt Heidegger nun die Bewandtnis. Die Bewandtnis ist strukturell immer zu fassen als Bewandtnis mit etwas bei etwas, also als innerer Verweisungszusammenhang von etwas auf etwas, der selbst wiederum rückverankert ist in einem letzten Worumwillen, dem Sein des Daseins selbst. Im Begriff der Bewandtnis denkt Heidegger die konkrete Struktur der Verweisung als die ontologische Bestimmung des Seins des umweltlich besorgten Zeugs. Die Bewandtnis aber konstituiert sich je aus einer Vielzahl wechselseitiger Verweisungen als Bewandtnisganzheit, so daß an der unthematischen Erschlossenheit dieser Bewandtnisganzheit die Bedingung der Möglichkeit für den besorgenden Umgang mit dem Zuhandenen liegt. Die (unthematische) Erschlossenheit dieser Verweisungsbezüge, die das Dasein in seinem umsichtigen Besorgen je verstehend offenhält und als solche vollzieht, besteht in einem wechselseitigen ‚be-deuten‘: das eine ‚be-deutet‘ das andere, insofern es im verstehenden Vollzug auf es verweist und in diesem Verweisen allerst erschlossen, verstanden ist. Deshalb kann Heidegger nun das Bezugsganze des Bedeutens, also der verweisenden Bezüge, in denen sich das Verständnis des umsichtigen Besorgens hält, die ‚Bedeutsamkeit‘ nennen.

Das von Heidegger intendierte begriffliche Verständnis des Wortes ‚Bedeutsamkeit‘ liegt weder in der Richtung eines semantischen Begriffes von ‚Bedeutung‘ noch in der umgangssprachlichen Verwendung im Sinne des ‚Wichtigen‘ und ‚Auffallenden‘, all dessen, worauf das Augenmerk zu richten ist. Das ‚Bedeutsame‘ bezeichnet vielmehr das, was auf etwas hinweist; Heidegger nimmt das ‚Be-deuten‘ als ‚Hin-deuten auf ...‘, als ‚Zeigen‘ und ‚Weisen‘ entsprechend dem griechischen ‚deiknymi‘ (deixis), ‚ich zeige‘ auf etwas hin, so daß in und durch dieses Zeigen und Weisen auf ... das Worauf des Zeigens und Weisens sichtbar gemacht wird. Das ‚Zeigen auf ...‘, insofern es erschließt, sein Bezugsworauf ins Gewußt- und Verstandenwerden aufschließt, eröffnet, ist ein ‚Aufzeigen‘ und ‚Aufweisen von etwas als etwas‘; das von ihm her verstandene ‚Be-deuten‘ bezeichnet dann das eröffnende und erschließende Verweisen von etwas her auf etwas hin. Mit der ‚Be-deutsamkeit‘ faßt Heidegger den eigenen Erschließungscharakter der Verweisungsstrukturen, den sie im Verstehen von etwas als etwas haben. Die Verweisungsstrukturen des Um - zu und Worumwillen machen das Bezugsgeflecht der Bewandtnis aus, darin sich das verstehende Dasein vor-intentional je schon bewegt. Dieses vorgängige Sein in ... dem Bezugsgeflecht einer Bewandtnisganzheit, das existierende Sich-aufhalten in ... und Vertrautsein mit ... den jeweilig faktischen Bewandtnisbezügen, konstituiert die Struktur von Welt im Sinne der ‚Bedeutsamkeit‘. Als die Erschlossenheit der Verweisungsbezüge der Bewandtnis ist sie selbst nichts, was es außerhalb und unabhängig vom Sein des Menschen gäbe, sondern dieses selbst. Dies heißt nun, daß das Sein (des Seienden) vor-intentional eröffnet ist als Bezugsgeflecht von Verweisungsstrukturen, aus denen heraus das Dasein sich sein eigenes Sein-zu erschlossen hält und zu verstehen gibt. ‚Welt‘ ist die im Verstehen aufgeschlossene und eröffnete Struktur der Verweisungen, in denen sich das Dasein als besorgendes Sein bei ... dem Innerweltlichen aufhält. Die vor-intentionale Offenheit von Sein ist die vor-intentionale Offenheit von ‚Welt‘ als Bezugsgeflecht von Verweisungsstrukturen, darin sich das Dasein als In-der-Welt-sein vorfindet. Dieses ‚In-der-Welt-sein‘ besagt nun, daß sich das Dasein in seinem Sein - also nicht als zufälliges Sich-verhalten - je schon auf eine begegnende Bewandtnisganzheit verwiesen hat und aus dieser vorgängigen ‚Angewiesenheit‘ auf Welt heraus existiert. Die ‚Angewiesenheit‘ auf Welt besagt nichts anderes als die innere Eröffnung des Daseins an ihm selbst auf das ganz Andere der bewandtnishaften Verweisungsstrukturen hin, aus denen her es sein besorgendes Sein-bei ... dem

Innerweltlichen ist: In sich ist das Dasein außer sich - eröffnet in die Offenheit von Welt, von woher es zurückkommend es allererst bei etwas, dem besorgten Innerweltlichen, ist. Dasein hat sich je schon an eine Welt verwiesen; es existiert nur aus der Rückkunft aus dem Außer-sich-sein, der Erschlossenheit bewandtnishafter Verweisungsstrukturen, als besorgendes Sein-bei ... dem je schon thematischen Innerweltlichen.

Die Welt ist die Bedingung der Möglichkeit des besorgenden Seins-bei ... Innerweltlichem. Dies muß eigens gezeigt und auf den Begriff gebracht werden, insofern es zur phänomenalen Seinsweise und Gegebenheit von Welt selbst gehört. Wie?- Die ‚Bedingung der Möglichkeit' nennt das ‚Ermöglichen von ...' in seiner Vorgängigkeit zu dem dadurch Ermöglichten. Das ‚vorgängige Ermöglichen von ...' gehört zum Begriff der Welt, insofern er im Gegenzug zum Innerweltlichen als dem Ermöglichten gedacht werden muß. Die Differenz von Welt und Innerweltlichem nennt aber selbst nichts anderes als die ontologische Differenz von Sein und Seiendem. Diese Differenz ist aber durch den Begriff der ‚Bedingung der Möglichkeit' als Gründungsdifferenz (Grund - Gegründetes) angesprochen: Das ‚vorgängige Ermöglichen von ...' bezeichnet das Sein als Grund des Seienden, die Welt als Grund des Innerweltlichen. Dies ist aber weder ontisch-dinglich noch metaphysisch, sondern existenzial-ontologisch zu verstehen. Dies heißt: Die Unterscheidung von Welt und Innerweltlichem, die ontologische Differenz und damit das Grundsein als ‚vorgängiges Ermöglichen von ...' muß als Bestimmung des Seins des Daseins verstanden werden: Das Dasein verhält sich zu dem innerweltlich begegnenden Zeug (Seiendes) aufgrund der vorgängigen Erschlossenheit der Verweisungsstrukturen seiner Bewandtnisganzheit, seiner Weltlichkeit (Sein). Die vorgängige Erschlossenheit von Welt ermöglicht den besorgenden Umgang mit dem innerweltlich entdeckten Zuhandenen. Die Differenz der Erschlossenheit von Welt (Sein) und Innerweltlichem (Seiendem) muß darin so gefaßt werden, wie sie sich von sich selber her im seinsverstehenden Dasein zeigt. In dieser Richtung ist zuallererst der Begriff der ‚Bedingung der Möglichkeit' als das ‚vorgängige Ermöglichen von ...' phänomenologisch zu klären. Wie ist das ‚vorgängige Ermöglichen' phänomenologisch zu fassen?- ‚Etwas ermöglicht ein anderes': veranlaßt es ins Sein, läßt es sein als das Andere zu sich, läßt und gibt es frei in sein Eigenes, das es als Anderes zu ihm ist. Das ‚Ermöglichen' erweist sich als (aktives) ‚Sein-lassen' im Sinne des ‚Freigebens'; das ‚Freigeben' entläßt das Andere in sein Eigenes, das es als Anderes zu dem Ermöglichenden ist, und stellt es als derart Freigegebenes zugleich in die Erschlossenheit und Unverborgenheit seines Seins und Anwesens heraus, sein Gewußtwerden. Vom ‚Wissen', phänomenologisch der Erschlossenheit und Unverborgenheit, ist die Rede, insofern das ‚Ermöglichen' im Sinne des Gründens existenzial, bezogen auf das Sein des Daseins, genommen werden muß, es also nicht einfach ein ontisches ‚Verursachen', sondern ein Gründungsverhältnis in der Erschlossenheit von etwas bezeichnet. Die ‚vorgängige Freigabe' meint das an ihm selber erschließende und eröffnende Sein-lassen von etwas in das Eigene seines Andersseins: Das Sein-lassen ist an ihm selbst ‚aufschließend', ‚eröffnend'. Heidegger nimmt den Begriff der ‚Bedingung der Möglichkeit' in dieser phänomenologischen Umdeutung als ‚vorgängige Freigabe' und denkt nun (SZ, § 18) den existenzialontologischen Begriff der Welt aus dieser Differenz zum Innerweltlichen: Die Welt als die Erschlossenheit der Verweisungsstrukturen einer Bewandtnisganzheit (Bedeutsamkeit) gibt das Innerweltliche (Zeug) in seinem Sein (Zuhandenheit) für das Besorgen vorgängig frei. Dasein ist die vor-intentionale Offenheit von Sein als ‚Welt'; aber in der Weise, daß es darin gerade nicht an die Welt als Welt, sondern das Innerweltliche (Seiende) verwiesen ist. Dieses, und nicht die Welt als Welt, ist das thematische Bezugsworauf seines besorgenden Umganges, so daß die Welt als der unthematische, freigebende und ermöglichende Hintergrundshorizont allen Verhältnisses zu Seiendem sich gleichsam in die Unausdrücklichkeit zurücknimmt und an das Innerweltliche als das Andere seiner selbst verweist.

Das entscheidende ontologische Grundproblem, mit dem Heidegger es hier beim Weltbegriff zu tun bekommt und das von da an immer stärker ins Zentrum seines Denkens rückt, läßt sich folgendermaßen umreißen: Das Dasein ist die Offenheit und Erschlossenheit von Seiendem in seinem Sein (Seinsverständnis). Sein und Seiendes sind in einem und zugleich offenbar - aber nicht auf dieselbe Art und Weise. Die Erschlossenheit von Sein ist die Bedingung der Möglichkeit der Entdecktheit von Seiendem und damit des theoretisch erkennenden oder praktisch besorgenden Verhältnisses zu ihm. Ersteres, die Erschlossenheit von Sein, nennt Heidegger dann auch die ‚ontologische Wahrheit'; letzteres, die Entdecktheit des Seienden im praktisch-besorgenden und theoretisch-erkennenden Verhältnis, die ‚ontische Wahrheit'. Entsprechend ist dann die ontologische Wahrheit des Seins Grund der ontischen Wahrheit des Seienden. Dazu später mehr. Vorerst geht es allein darum, wie sich für das Dasein und in ihm diese Erschlossenheit von Sein und Seiendem zeigt. Thematisch-intentional bezieht sich das Dasein auf das Seiende; die Erschlossenheit des Seins dagegen bleibt unthematisch das ermöglichende Wovonher dieses Bezuges zum Seienden. Die Erschlossenheit des Seins ist als solche unmittelbar in der Offenbarkeit des Seienden ‚weggeborgen'. Warum eigentlich?- Weshalb bezieht sich das Bewußtsein thematisch und intentional auf das Seiende - und nicht auf das Sein oder die Bedingungen der Möglichkeit von Gegenständlichkeit überhaupt?- Denke ich phänomenologisch von dem her, wie sich die Sache zeigt, dann muß ich doch auf diese eklatante Differenz stoßen, ganz gleich, ob ich nun im Rahmen der antiken Ontologie, der neuzeitlichen Transzendentalphilosophie oder irgendeiner anderen Bestimmung philosophischen Wissens denke: daß das, was immer ich philosophisch als den ontologischen Grund des Seienden und seines Gewußtwerdens denke, dem Wissen selbst ganz anders erschlossen ist als sein Gegründetes. Dieses ist ihm thematisch-intentional ,bewußt', während jenes sich in die unthematische Unausdrücklichkeit entzieht, also gerade nicht als solches das Bezugsworauf des Wissens ausmacht. Nehmen wir dies z.B. platonisch: Ich sehe diesen Tisch hier; der Grund für das Sein und Gewußtwerden des Tisches ist das Tischsein, die ,Idee des Tisches'. Nur weil ich mich je schon vorgängig auf das Tischsein beziehe, dieses mir als das Sein des Tisches erschlossen ist, kann ich überhaupt diesen Tisch wahrnehmen. Intentional beziehe ich mich aber nicht auf die Erschlossenheit des Tischseins, die Idee des Tisches, sondern auf diesen Tisch da. Warum, so ließe sich platonisch fragen, gibt es überhaupt Tische - und nicht nur das Tischsein selbst, die Idee des Tisches?- Warum beziehe ich mich auf die Idee des Tisches nur so, daß sie als der ermöglichende Grund meines thematisch-intentionalen Verhältnisses zu diesem oder jenem Tisch gleichsam in die unthematische Unausdrücklichkeit verschwunden ist?- Warum ist das thematisch-intentionale Bezugsworauf des Wissens, wie es unmittelbar von sich her ist, das Seiende und nicht das Sein?- Ließe sich nicht denken, daß sich das Wissen unmittelbar von sich her thematisch-intentional auf das Sein, z.B. die Ideen bezieht, und damit Schluß, aus und fertig?- Warum ist das, was selbst Grund der Unverborgenheit des Seienden in seinem Sein ist, ,in' und ,an' diesem unmittelbar verborgen: also nicht selbst und als solches das unmittelbar ,offenbare' Bezugsworauf des Bewußtseins?- Oder nehmen wir dies aus der transzendentalphilosophischen Fragestellung Kants auf, dann muß ich doch fragen, warum mir die kategorialen Bedingungen der Möglichkeit von Gegenständlichkeit überhaupt in meiner thematisch-intentionalen Beziehung auf empirische Gegenstände je schon ins Unthematische abgeglitten sind und allein durch die transzendentale Reflexion aufgewiesen werden. Denn diese Differenz in der Erschlossenheit des Seienden als des intentional-thematischen Bezugsworaufs und der Erschlossenheit des Seins als der Bedingung der Möglichkeit der intentional-thematischen Beziehung gehört offensichtlich zur Wesenskonstitution von Bewußtsein und Wissen überhaupt: es steht in der ontologischen Differenz Seiendes - Sein als der Differenz ihrer thematisch-intentionalen Erschlossenheit. In dieser Hinsicht unterscheidet Aristoteles das ,für uns Frühere' - das Seiende - von dem ,der Natur nach Früheren' - dem Sein und nennt letzteres das "Offenbarste von Allem" (Met. II, 993 b 11), weil es als der Grund jeglicher Offenbarkeit von Seiendem an sich selbst das am meisten Offenbare, Erschlossene und Unverborgene ist. Und Platon denkt als den Grund der Unverborgenheit von Seiendem überhaupt die ,Idee des Guten', die - im ,Höhlengleichnis' als die Sonne vorgestellt -, das an sich selbst und gemäß seiner selbst Unverborgendste ist, von dem her jede intentionale Beziehung des Wissens auf Seiendes ihr ,Licht' empfängt. Warum dieses an ihm selbst ,Unverborgendste' in der intentionalen Beziehung des Wissens nicht als solches, sondern stattdessen das Seiende als anderes zu ihm gegeben ist, so daß es sich gewissermaßen in dieser Beziehung, die das Wissen von sich her unmittelbar zum Seienden hat, verbirgt und an sich selber entzieht, beantwortet das platonisch-aristotelische Denken mit dem Unterscheidung von Natur (physis) und Vernunft (nous), d.h. der physischen Konstitution menschlichen Wissens. Sein und Seiendes sind unmittelbar ,aletheiologisch', d.h. im Hinblick auf ihre je eigene ,Unverborgenheit', different; eine Differenz, die wir bewußtseinstheoretisch in die Differenz thematisch-intentionaler und unthematisch-operationaler Gegenstände rückübersetzen können. Gerade in der phänomenologischen Aufarbeitung des Weltbegriffes muß es ganz grundsätzlich darum gehen, ,Welt' als vor-intentionale Freigabe intentionaler Gegenstände des Besorgens zu fassen und darin einsichtig zu machen, wie ihre Unverborgenheit für das besorgende Dasein eine je andere ist. In der Freigabe des Seienden verbirgt sich zugleich das Sein als das Andere zum Seienden. Das Dasein ist so kraft der Erschlossenheit des Seins vom Sein selbst her weggewiesen an das Seiende: es ist kraft der vorgängigen Erschlossenheit von Welt freigesetzt in sein besorgendes Verhältnis zum Innerweltlichen, in das sich die Erschlossenheit von Welt zurücknimmt. ,Welt' entzieht sich als der unthematische Bezugshorizont allen Sich-verhaltens zu Seiendem qua Innerweltlichen. Dieser Entzug gehört zum existenzialen Begriff der Welt als der Bestimmung des Seins des Daseins, d.h. seiner Grundverfassung des In-der-Welt-seins.

Die ,vorgängige Freigabe' bezeichnet darum auch nicht einen intentionalen Akt des Wissens, sondern das Geschehen des Seins des Daseins selbst: Insofern Dasein ist, hat es je und immer schon das begegnende Innerweltliche auf Welt hin und von Welt her freigegeben in und zu seinem besorgenden Umgang mit ihm. Diese ,Vorgängigkeit', die Heidegger im ,je' und ,immer schon' zur Sprache bringt, bezeichnet er auch als ,apriorisches Perfekt' (SZ, 85). Der Begriff des ,apriorischen Perfektes' bestimmt das Sein als den Grund, von dem her und auf den hin das Dasein je schon in sein Verhältnis zum Seienden freigesetzt ist. Die Offenheit von Sein (Welt), die das Dasein vor-intentional als die Bedingung der Möglichkeit seines Verhältnisses zu Seiendem ist, ist keine präsentisch-gegenwärtige, sondern eine perfektische, vollbrachte und geschehene; sie liegt als solche außerhalb jeder intentionalen Präsenz im ontologischen Geschehen des Daseins selbst, das, indem dieses ist, sich ins Gewesensein zurücknimmt und in dieser Zurücknahme den intentional-präsentischen Bezug auf Seiendes freigibt. Das ,apriorische Perfekt' ist eine Bestimmung der ,Vor-intentionalität'. Das Seiende ist dem Dasein immer intentional-präsentisch (aposteriori), das Sein immer vor-intentional perfektisch (apriori) erschlossen. In der Differenz der intentionalen Erschlossenheit von Sein und Seiendem macht sich die Zeit geltend. Umgekehrt und nun vom Seienden her gesprochen kann Heidegger deshalb sagen, die ,Welt' qua Bewandtnis sei das, woraufhin das Sein des innerweltlich Seienden je schon freigegeben ist; denn das, woraufhin es freigegeben ist (Welt), ist zugleich das, wovonher es freigegeben ist (Welt). Die ,Welt' als Woraufhin und Wovonher ist wesentlich ,Horizont', d.h., von griechisch ,horizesthai', um- und ausgrenzen, her verstanden, ,Grenze', im Hinblick worauf und wovonher sich das Seiende als Innerweltliches eröffnet. ,Horizont' ist der phänomenologische Begriff des Seins als Grund. ,Welt' ist ontologisch Grund, erstes Wovonher der intentionalen Beziehung auf Seiendes, als Horizont. Das Dasein verhält sich - praktisch-besorgend oder theoretisch-erkennend - zum Seienden, insofern es dieses auf sein Sein hin ,überstiegen' (transzendiert) hat und aus diesem Überstieg her auf es zurückkommt. Ich kann mich zu dem Tisch als Tisch nicht verhalten, wenn ich nicht schon weiß, was überhaupt ein Tisch ist, wie es Tische überhaupt gibt und aus welchem Bewandtnisganzen heraus der Tisch sein Tischsein ist. Dazu muß ich aber über Dieses-da hinausgehen, es überschreiten und übersteigen auf das Sein von Gebrauchsdingen (Zeug) überhaupt hin, um es mir dann, aus der Erschlossenheit seines Seins innerhalb eines Bewandtnisganzen zurückkommend, *als* Tisch begegnen lassen zu können. Intentional im Seienden, dem Tisch, zentriert ist mein Bewußtsein nur, insofern es zurückkommend aus dem Überstieg über das jeweilig Gegebene die Erschlossenheit seines Seins unthematisch und unausdrücklich offenhält. Es ist das Wozu eines Sich-verhaltens aufgrund der Erschlossenheit seines Seins. Horizont ist eine Bestimmung von Transzendenz, Transzendenz horizontal verfaßt als Grenze, wovonher und woraufhin etwas als etwas begegnet. Das Sein erschließt sich in dieser Perspektivität vom Seienden her als das, woraufhin und wovonher Seiendes als Seiendes sichtbar und damit zum möglichen thematisch-intentionalen Bezugsworauf des Sich-verhaltens des Daseins wird. Es ist als Woraufhin und Wovonher der Offenbarkeit von Seiendem Horizont, d.h. die umgrenzende Grenze, im Hinblick worauf und wovonher Seiendes eröffnet ist. Der Horizont umgrenzt die Sichtbarkeit und Offenbarkeit dessen, was innerhalb seiner begegnet, er erschließt und eröffnet den durch ihn ausgegrenzten Bereich des Anwesenden, ohne selbst von der Art eines dieser Anwesenden zu sein, die von ihm her in der Offenheit ihres Anwesens weilen. Der Begriff des ,Horizontes' faßt also phänomenal gerade das, was das Sein als Grund erschließt und offenhält: das aristotelische ,proton hothen'. In ihm ist das Sein als die horizontale Transzendenz (Welt) gesichtet. Das, von woher der Überstieg erfolgt, ist das Seiende als das Überstiegene; das, woraufhin er erfolgt, das Sein als das Übersteigende; und das Übersteigen selbst das Grundgeschehen des Daseins, kraft dessen es in sein Verhältnis zum Seienden freigesetzt ist. Insofern das Sein als Welt, das Seiende als Innerweltliches erschlossen ist, bestimmt Heidegger die Welt als den umgreifenden Horizont alles Innerweltlichen und damit als Transzendenz schlechthin.

Damit sind wir schon über den engeren Umkreis des Weltbegriffes von ,Sein und Zeit' hinausgegangen. In ,Sein und Zeit' entwickelt Heidegger den Weltbegriff aus der Analyse der ,Umweltlichkeit' des besorgenden Daseins.

Dieser umweltlich gedachte Weltbegriff ist pluralisch gedacht, d.h. er schließt eine Vielheit von ‚Welten‘ qua Bewandtniszusammenhängen, in denen das Dasein aufgeht, ein. Die Welt des Schreiners ist eine andere als die Physikers, die Welt des Märchens eine andere als die der Tatsachendokumentation; Welt ist hier je eine faktisch bestimmte Welt, Umwelt, die als der unthematisch erschlossene Horizont der jeweiligen Offenbarkeit des Seienden, mit dem es das Dasein zu tun hat, fungiert. Das Dasein bewegt sich in einer pluralisch verfaßten Vielheit von Bewandtniszusammenhängen, an denen zwar je die Weltlichkeit seiner Bezugsgegenstände und damit sein eigenes In-der-Welt-sein offenbar wird, die Welt als Welt aber nur unzureichend auf den Begriff gebracht ist. Deshalb sieht Heidegger in den Analysen von ‚Sein und Zeit‘ selbst nur eine "erste Kennzeichnung des Weltphänomens" (WM, 52), die er hier (in ‚Vom Wesen des Grundes‘) weiter in der angezeigten Richtung der ‚horizontalen Transzendenz‘ ausarbeitet. Die Welt wird nun nicht mehr nur als Umwelt, sondern in ihrer prinzipiellen Seinsart als dasjenige faßt, woraufhin der Überstieg über das Seiende überhaupt und im ganzen erfolgt. Dieser ‚Überstieg‘ geschieht aber als das Sein des Daseins selbst: Die Transzendenz ist die Grundverfassung des Daseins, seines In-der-Welt-seins. Indem Dasein faktisch ist, ist der Überstieg über alles Seiende überhaupt und im ganzen - Transzendenz - schon vorgängig vollzogen: und in diesem Überstiegenhaben des Seienden im ganzen läßt das Dasein ‚Welt‘ geschehen als das Wovonher der Offenbarkeit des Seiendem im ganzen (ontische Wahrheit). Solange das Dasein ist, ‚verweilt‘ es in diesem Überstieg und als dieser Überstieg zur ‚Welt‘ als der Erschlossenheit des Seins, aus der heraus sein intentionales Offenbarmachen des Innerweltlichen allererst möglich wird. Die Welt ist nichts dem vorgängigen Übersteigen des Seienden im ganzen vorgegebenes, sondern ‚bildet‘ sich erst in diesem Überstieg über das Seiende insgesamt als das Andere zu ihm, von dem her es als Seiendes zugänglich wird. Transzendierend ist das Dasein - nicht als intentionale Verhaltung, sondern in seinem Sein -, wie Heidegger sagt, "weltbildend" (WM, 55), d.h. es entwirft Welt als das, worumwillen es ihm in seinem Sein selbst geht, sein In-der-Welt-sein. ‚Welt‘ ist das Transzendenzgeschehen des Daseins selbst als die differentiale Eröffnung von Sein und Seiendem. Bezogen auf das Sein des Daseins selbst, sein Seinkönnen, fungiert der ‚weltbildende Entwurf‘ von Welt als dasjenige, von woher sich das Dasein an die Möglichkeiten seines Seinkönnens verweist, sie sich zu verstehen gibt und ‚be-deutet‘. Der Weltbegriff wird damit in subjektivistisch stark mißverständlicher Weise aus dem Entwurfscharakter des Daseins auf die Möglichkeiten seines In-der-Welt-seins hin gefaßt. Welt als Entwurf des Daseins auf sein Worumwillen, ist das, wovonher sich das Dasein sein Seinkönnen ‚be-deutet'. Dabei geht es Heidegger in erster Linie darum, die Eröffnung von Welt (Transzendenzgeschehen) auf die Bestimmung des Seins als Möglichsein hin zu denken.

Im Überstieg über alles Seiende überhaupt und im ganzen eröffnet sich das Dasein ‚selbst' als Worumwillen so, daß es darin zugleich das Ganze des Seienden auf sein Möglichsein hin eröffnet hat. Erst aufgrund dieses ‚Worumwillen' ist die Bewandtnisganzheit in sich selbst abgeschlossen, zurückverweisend auf das Sein des Daseins selbst, im Hinblick worauf und wovonher es sich in seinem entwerfenden Sich-vorweg-sein erschließt. Dieses ‚Worumwillen', das in der Analyse der Bewandtnisganzheit zwar auch, aber nicht in seiner ‚horizontalen Funktion' thematisch wurde, wird nun zum maßgeblichen Bezugspunkt des Weltbegriffs. Die vor-intentionale Offenheit von Sein (Welt) geschieht horizontal als letztes Wozu und Worumwillen des Menschseins. Diese Grundverfassung des Offenhaltens von Welt im Worumwillen bestimmt Heidegger dannals ‚Freiheit'; sie bezeichnet nun das, was in ‚Sein und Zeit' mit dem Begriff der ‚vorgängigen Freigabe' benannt wurde, die Ermöglichung der Offenbarkeit von Seiendem. Die ‚Freiheit' ist hier natürlich nicht als intentionale Willensfreiheit zu verstehen, sondern als ‚Geschehen'. Heidegger wird in ‚Vom Wesen der Wahrheit' näher ausführen wird. Auch die ‚horizontale Transzendenz' wird sich erst im Zusammenhang mit der Zeitlichkeit des Daseins aufklären lassen, so daß wir von dorther wieder auf diese Problematik des Weltbegriffes zurückkommen werden.

Kommen wir zum Abschluß noch einmal zurück auf die Entweltlichung des Zuhandenen im theoretischen Verständnis von Sein als Vorhandenheit. ‚Entweltlichung' besagt nach dem Vorangegangenen, daß das Begegnende der konkreten Bezugsstruktur seiner Bewandtnisganzheit - seiner ‚Bedeutsamkeit' - verlustig geht: Es steht weltlos vor dem Blick des betrachtenden Erkennens, insofern es aus den Verweisungsstrukturen herausgefallen ist, aus denen heraus es dem praktischen Besorgen begegnet. Die ‚Weltlosigkeit' des Vorhandenen meint den Verlust seiner im praktischen Verstehen offengehaltenen Bezüge innerhalb einer Bewandtnisganzheit, seines ‚Be-deutens'. Das erkennende Betrachten isoliert es, schneidet es ab aus dem konkreten Bezugsgeflecht, das es als Knotenpunkt von Verweisungsstrukturen allererst erschließt; es ist als ‚Vorhandenes' deshalb weniger, als es als Zuhandenes war. Die Erschlossenheit seines Seins wandelt sich, insofern dem theoretischen Erkennen die Welthaftigkeit seines Bezugsworaufs abhanden gekommen ist. Dieser Weltverlust im Sein des Gegenstandes theoretischen Erkennens ist für es als solches konstitutiv. Es bewegt sich von daher in isolierten Begriffen, die es allererst wieder in ihrer wechselseitigen Verflechtung (symploke) entfalten muß. In seiner prädikativ-dialektischen Diskursivität kompensiert es den Weltverlust, den es dem Phänomenalen widerfahren ließ, um es in die theoretische Erkenntnis seines Wesens zu wenden. Die ‚theoria' ist kein voraussetzungsloses, ‚unschuldiges' Erkennen, sondern in sich selbst schon durch ein bestimmtes Verständnis von Sein konstituiert, das die ‚Welthaftigkeit' des Seins von Seiendem aus dem Blick verloren hat. Nicht zuletzt deshalb, so Heidegger, hat das theoretische Erkennen der überlieferten Philosophie das Phänomen der Welt auch beständig übersprungen. Das Einholen der Weltproblematik in das Denken der Philosophie kann deshalb nur durch den Rückgriff auf die vor-theoretische Verständnis von Sein im Besorgen gelingen; und dies wiederum nur, wenn darin das unthematische und unausdrückliche Verständnis von Welt als ‚Bedeutsamkeit' existenzialontologisch begriffen wird. Das Überspringen von ‚Welt' innerhalb der überlieferten Ontologie ist das prinzipielle Verfehlen der Welthaftigkeit von Sein überhaupt kraft der theoretischen Erkenntnishaltung, die ihre eigene Genese nicht mehr als einen Umschlag im Verständnis von Sein einzuholen vermag. Im ontologischen Grundbegriff der Vorhandenheit lebt die theoretische Erkenntnis den Weltverlust aus, dem sie entsprang; und wo sie sich anschickt, ‚Welt' zu denken, denkt sie ‚Welt' als die Vorhandenheit eines Vorhandenen. Den existenzialontologischen Begriff von Welt denkt Heidegger gegen die Isolation des Seienden als das Bezugsgeflecht seiner bewandtnishaften Erschlossenheit, aufgrund derer es überhaupt ‚ist', d.h. als Seiendes begegnet. Sein west als Welt und damit im Unterschied zum Seienden als dem Innerweltlichen.

Anmerkung

1. Texte

HEIDEGGER, Sein und Zeit § 9 - 12, § 25 - 27 (zu 1.1.) und §14 - 24, 69 c; vgl. auch den Abriß des Weltbegriffes in: WM, 38 - 52. (zu 1.2.). Ergänzend: GA 26 § 11; GA 24 § 13 - 15. KANT, Kritik der reinen Vernunft, II. Abt. (Transzendentale Dialektik): Einleitung, I. Buch, II. Buch, 2. Hauptstück (Die Antinomien der reinen Vernunft). Prolegomena, III. Teil, § 50 - 60. Zum phänomenologischen Weltbegriff sind unverzichtbar die Arbeiten von Eugen FINK, Sein, Wahrheit, Welt (1958). Spiel als Weltsymbol (1960). Nähe und Distanz (1976).

2. Literatur

Die existenzialontologische Bestimmung der Jemeinigkeit und ihrer alternativen existenziellen Seinsweisen von Eigentlichkeit und Uneigentlichkeit - zusammen mit der latenten Äquivokation dieser Begriffe (Wirklichkeit, Wesentlichkeit <-> Scheinhaftigkeit, Unwesentlichkeit) - scheint geradezu das provokatorische Prinzip aller HEIDEGGER-Polemik zu sein, exemplarisch von Th. W. ADORNO, Jargon der Eigentlichkeit, vorgeführt. Dabei ist es weder diese Bestimmung selbst und ihre formalen Differenzen noch die Bestimmung der ‚Uneigentlichkeit', des ‚Man', sondern einzig und allein die inhaltliche Konkretion der ‚Eigentlichkeit' im ‚Zweiten Abschnitt' von ‚Sein und Zeit', die all jene allergischen Abwehrreaktionen hervorruft, die sich dann mitunter sehr schnell auf die ganze ‚Existenzialontologie' oder gar HEIDEGGERS Denken insgesamt generalisieren. Aber einerseits betont HEIDEGGER selbst die ‚ontisch-existenzielle Verwurzelung' der existenzialen Analytik (SZ, 13): ihre Fundierung in der Jemeinigkeit des entwerfenden Daseins (HEIDEGGERS selbst), die sich nun ganz notwendig im ‚Entwurf eigentlichen Seinkönnens' besonders stark hervordrängen und geltend machen muß. Trotzdem bleibt dieser formal und inhaltlich-unbestimmt, d.h. seine inhaltliche Konkretion gehört der Jemeinigkeit des faktisch eksistierenden Daseins an. Kurz: es gibt gerade keinen ‚allgemeinen' und ‚allgemeingültigen' Entwurf dessen, wie der Mensch ‚leben soll' - d.h. die Wahrheit seines Menschseins ist. Andererseits ist es nun gerade dieser Begriff der ‚Wahrheit des Menschseins', den HEIDEGGER in den ‚*aletheiologischen*' Bestimmungen der ‚Eigentlichkeit' und ‚Uneigentlichkeit' formal zu fassen versucht: Der Mensch existiert wesentlich als das Verhältnis zu dem, was ihm je schon als sein Sein unverborgen und offenbar geworden ist (> Vorlesung 9). Festhalten läßt sich schon hier, daß die eigentliche ‚Crux' in der Bestimmung des Menschseins aus seinem Bezug auf Wahrheit liegt. Die radikalisierte Fragestellung gegenüber HEIDEGGER - damit aber auch gegen die gesamte philosophische Tradition - wäre vielmehr, ob und inwiefern sich das Menschsein überhaupt durch Wahrheit und Unwahrheit *zulänglich* definieren und ontologisch bestimmen läßt. Für verfehlt halte ich auch die ‚asoziale' Deutung der ‚Eigentlichkeit' (vgl. hierzu auch HWPH V, Art. ‚Man' (706 f.)). Die Jemeinigkeit ist *je schon* Mitsein mit Anderen und dies gilt für beide ihrer alternativen Bestimmungen, Eigentlichkeit und Uneigentlichkeit, so daß in beiden das spezifische Verhältnis zum Anderen, d.h. das Mitsein selbst, ein je anderes ist. Zu der hier stark vernachläßigten Seite des Mitseins vgl. die umfassende Arbeit von M. THEUNISSEN, Der Andere (1977). Allerdings birgt HEIDEGGERS Konzeption des Mitdaseins begrifflich unentfaltete Möglichkeiten, die auch THEUNISSEN nicht angeht. Der Andere als Mit*dasein* ist existenzialontologisch in erster Linie als ontologisch-welthafte Begegnung der Offenheit von Sein zu begreifen, die seine ‚kategoriale Verfremdung' zum ontisch bloß Zuhandenen und Vorhandenen (in zweckrationaler oder theoretischer Intentionalität) in sich einbegreift. Einen wichtigen Schritt in dieser Richtung geht schon Ute GUZZONI, Anspruch und Entsprechung in: Nachdenken (1980), 117 - 135, wenn sie die als ‚Anspruch' und ‚Entsprechung' ontologisch gedachte Bezugshaftigkeit von Sein und Mensch im Hinblick auf die Intersubjektivität fruchtbar zu machen sucht (vgl. auch Identität oder Nicht (1981), 295 ff.). Zur weiteren Entfaltung des Problems ‚geschichtlicher Intersubjektivität' vgl. R. BRANDNER, Heidegger, BG, II. Teil, 1. Kapitel.

Für die Aufnahme und Weiterentwicklung des phänomenologischen Weltbegriffes im Ausgang von HEIDEGGER und FINK vgl. Werner MARX, Vernunft und Welt (1970); F. W. VON HERRMANN, Bewußtsein, Zeit, und Weltverständnis (1971) und insbesondere die Arbeiten von Giorgio GUZZONI, Pindar (1981), Vom Wesen der Welt (1983) und Rilke (1986), der HEIDEGGERS Bestimmung des In-der-Welt-seins phainomenal-logisch (nicht: phänomenologisch!) tiefer gefaßt hat als das ‚Im-Weltblick-sein' (-> Vorlesung 13).

8. Die Frage nach dem Sein des Daseins II

Die Grundverfassung des Daseins ist das In-der-Welt-sein. Die Weltlichkeit der Welt ist eine existenziale Bestimmung des Daseins und nicht etwa eine kategoriale Bestimmung von Seiendem überhaupt. *In* der Welt ist nicht der Hirsch oder die Straßenbahn, sondern allein der Mensch - und nur er. ‚Welt', existenzial als die Bestimmung des Seins (Existenz) des Daseins verstanden, bezeichnet die Erschlossenheit von Sein, die der Mensch als das Verhältnis zum Seienden je schon ist, insofern er überhaupt ist. Dies heißt aber keinenfalls, daß ‚Welt' ein ‚bloß subjektiver' Sachverhalt wäre. ‚Welt' wird Heidegger synonym mit der vor-intentionalen Offenheit von Sein, die der Mensch selbst ist; Sein ‚weltet', indem es den Menschen inmitten des Seienden gibt und dies, das Menschsein, das Seiende insgesamt in die Offenheit seines Seins aufgehen läßt. Was heißt dies?-

Das Dasein ist ‚in' der Welt. Was besagt dieses ‚In-sein'?- Das ‚In-sein' des Dasein ‚in' der Welt ist nicht so zu fassen, wie irgendein anderes, vom Menschen (Dasein) unterschiedenes Seiendes, ‚in' etwas ist, z.B. ein Ding in einem anderen Ding. Das ‚In-sein' existenzial fassen heißt, es im Hinblick auf die ontische Differenz, die der Mensch zu allem anderen Seienden ist, fassen: also im Hinblick darauf, daß der Mensch als Dasein an sich selbst und in seinem Sein aufgeschlossen ist zur Welt, dem Sein von Seiendem überhaupt. Das In-sein meint die existenziale Aufgeschlossenheit zur Welt. Der Mensch ist ‚in' der Welt, insofern er ‚in' ihr wohnt, sich ‚in' ihr aufhält und mit ‚Welt' vertraut ist (SZ, 54). Das ‚Wohnen' und ‚Sich-aufhalten' bringt die primäre Seinsweise des Menschen ‚in' der Welt zur Sprache, die Art und Weise, wie ihm Welt je schon vorgängig erschlossen ist. Die Frage nach dem ‚In-sein' ist die Frage nach der Konstitution von Welt als dem Worinnen des Daseins. Heidegger behandelt sie deshalb als die Frage nach der ‚existenzialen Konstitution des Da' (SZ, 134) bzw. der ‚primären Konstitution der Erschlossenheit' (SZ, 133), die das ‚Wohnen' des Menschen in seiner Weltvertrautheit ausmacht. Die Antwort auf diese Frage gibt Heidegger mit den beiden gleichursprünglichen Existenzialien ‚Befindlichkeit' und ‚Verstehen'. Es handelt sich dabei nicht um beliebige Eigenschaften, die dem Menschen irgendwie zukommen, sondern um die Grundbestimmungen seines Seins, in denen sich die vor-intentionale Offenheit von Sein herausbildet, die sein ‚weltvertrautes Wohnen' und ‚Sich-aufhalten' ausmacht.

Zuerst nun zur Befindlichkeit. Mit der Befindlichkeit bezeichnet Heidegger die je und je anders geartete gestimmte Zuständlichkeit, in der sich das Dasein vorfindet; die Gestimmtheit ist nichts, was irgendwie einmal fehlen könnte, sondern ist immer mit da. Ich bin immer, insofern ich bin, irgendwie ‚gestimmt'. Diese Gestimmtheit macht meine Befindlichkeit aus. Terminologisch liegt im Ausdruck ‚Befindlichkeit' schon, daß ich mich als so und so gestimmt ‚vorfinde'; die ‚Gestimmtheit' ist passivisch, sie widerfährt mir von woandersher, ist, griechisch gesprochen, ein ‚pathos', ein Erleiden und Widerfahren von ..., das mich in meinem Sein bestimmt. Gestimmtheiten sind Versetzungen, Vorfindlichkeiten, in denen ich mich ‚befinde' (aufhalte). Dasein gibt es nicht ohne solche Befindlichkeit; sie gehört zu seinem In-der-Welt-sein und muß deshalb hinsichtlich ihrer existenzialen Erschliessungsfunktion in den Blick gebracht werden. Die Stimmung ist gerade nicht die bloß subrationale Sphäre des Subjektes, sondern die grundlegende Art und Weise, wie sich dem Dasein das Ganze seines In-der-Welt-seins erschließt: nicht nur sein je eigenes Sein, sondern ebensosehr das Mitdasein anderer, das innerweltlich Begegnende und die Welt selbst. Ihre existenzialontologische Bedeutung besteht in erster Linie darin, daß sich in ihr das In-der-Welt-sein selbst erschließt. Die Stimmung bringt das Dasein vor sein Sein als Da. In der Befindlichkeit ist das Dasein sich selbst als Versetztsein in und Ausgesetztheit an die Welt offen; sie offenbart ihm sein Sein als Last faktischen Seinmüssens, und zwar ganz gleichgültig, ob es sich nun um eine ‚gedrückte' oder ‚gehobene' Stimmung handelt. ‚Befindlichkeit' ist Hineinversetztheit und Ausgesetztheit, hinter die das Dasein sowenig zurück wie es sie überhaupt negieren und verlassen kann. "Nichts ist schwerer zu ertragen, als eine Reihe von schönen Tagen" (Goethe). Auch das stimmungsmäßige ‚Gehobensein' und ‚Weggetragen-werden' ‚wiegt', ‚lastet' und muß demgemäß ‚ertragen' werden; wir können aus der Befindlichkeit nicht einfach ausscheren und sie weglegen wie einen belanglosen Zusatz, sondern müssen das Versetztsein in die jeweilige Befindlichkeit austragen: sein. Die Gestimmtheit ‚lastet' heißt, daß sie uns von woandersher kommend gefangen nimmt, fesselt; die Stimmung steigt als Weise des In-der-Welt-seins aus diesem selbst auf: überkommt und überwältigt es. Dadurch erschließt sie dem Dasein sein Sein als solches, das es zu sein hat und als solches übernehmen muß: sie erschließt dem Dasein sein faktisches Seinmüssen - seine ‚Geworfenheit'. Die ‚Geworfenheit' meint nicht nur die Erschlossenheit dessen, daß es ist, sondern mehr noch dessen, daß es zu sein hat. Zur Geworfenheit gehört zugleich, daß sich das Dasein in seinem Woher und Wozu verhüllt ist: sie ist an ihr selbst die Verschließung des Von-woher und Wohin, von ‚Ursprung' und ‚Ziel' der Existenz. Die Offenheit des Daß als zu übernehmendes Seinmüssen grenzt sich gegen die Verschlossenheit des Woher und Wohin aus. Mit der Geworfenheit erschließt die Befindlichkeit das In-der-Welt-sein zugleich in seiner ‚Nichtigkeit', sein faktisches Dasein aneignend zu dem je-eigenen übernehmen zu müssen, ohne sich doch selbst ins Sein gebracht zu haben. Das faktische In-der-Welt-sein findet sich gleichsam als ihm von woandersher überantwortetes vor, das sich als Grund seines Existierens zu übernehmen hat, ohne daß es um das Von-woher und Wozu dieses Übernehmens wüßte noch sich selbst von sich her ins Sein verfügt hätte. Geworfen ist es sich selbst übergeben in ein Seinmüssen, das sich ihm je schon in die Verbergung entzieht. Die Geworfenheit bezeichnet dieses innere Spannungsverhältnis des Daseins, daß es sich als Grund seiner selbst ins Seinmüssen und damit zur Aneignung seiner Jemeinigkeit übergeben ist. Die Faktizität erschließt sich als zu übernehmende Aufgabe, die durch nichts als diese selbst gestellt ist und damit schlechthin grundlos widerfährt. Geworfen muß sich das Dasein in seinem Seinkönnen entwerfen und als Grund übernehmen, wohinein es selbst ‚grundlos' versetzt ist: sein Existieren. Dieses ‚grundlose Grundsein' des Daseins faßt Heidegger (SZ, § 58) als das ursprüngliche existenziale Schuldigsein des Daseins. ‚Schuldsein' heißt, nicht moralisch oder theologisch, sondern existenzialontologisch verstanden: ‚Grundsein einer Nichtigkeit'. Im Griechischen ist es das Wort für ‚Schuld' und für ‚Grund', ‚Ursache' nur eines: ‚aitia'. Das Gründen und Verursachen ist immer ein Verschulden von etwas; wer ‚schuld' an etwas ist, ist Grund von etwas, das zumeist irgendwie abträglich, negierend für ein anderes ist. Von daher ist der existenzialontologische Begriff der ‚Schuld' zu verstehen: Das Dasein ist sich in seinem Sein immer schon als ‚Schuld' erschlossen; es ist, insofern es ist, immer schon ‚schuldig' geworden. Denn es ist nicht von sich selbst in sein Da gebracht - und muß dies dennoch als Grund übernehmen. Eben dies liegt schon in seiner Geworfenheit. ‚Schuldig' ist es als der eigene geworfene Grund seines Seinkönnens; es ist an sich selbst grundlos entlassen in sein Grundsein, muß also in sein Sein übernehmen, was es selbst nicht verfügt hat. Deshalb bleibt es in all seinem ‚Gründen', dem Verschulden seines Seins, in die Nichtigkeit seiner Grundlosigkeit gehalten und holt diese nie ein; es muß, anders gesagt, immer mehr verantworten, als es verantworten kann. Es weiß sich in dieser ‚Schuld', insofern es sich in seinem Sein je schon als der grundloser Grund erschlossen ist: darin, daß es ist und zu sein hat, sich zugleich und in einem sich selbst und nicht sich selbst verdankt. Der existenziale Begriff der Schuld expliziert den Negationscharakter der Geworfenheit (Verbergung) in ihrer Spannung zur Überantwortung des Seinmüssens (Jemeinigkeit), wie er an der Befindlichkeit das Sein des Daseins eröffnet. Gerade dadurch gelingt es Heidegger auch, zu zeigen, warum Schuld primär immer als ‚Schuldgefühl', d.h. als die Befindlichkeit der Schuld, nicht als ‚Schuldverständnis' aufgeht. An der Geworfenheit erfährt das Dasein die Endlichkeit seines Seins. ‚Schuld' ist der Affekt der Endlichkeit, ‚Unschuld' der ihrer Negation, der Auflösung des Bewußtseins der eigenen Endlichkeit.

Werfen wir zum besseren Verständnis der existenzialontologischen Frage nach der Befindlichkeit einen kurzen Blick auf Descartes. Das in der Selbstreflexion des ‚cogito' vergewisserte ‚sum', ich bin, meint eigentlich: ‚finitum sum', ich bin endlich; die Selbstgewißheit des Denkens erschließt das endliche Daßsein des Denkenden und bleibt deshalb an den zeitlichen Vollzug des Denkens selbst gebunden: sie gilt, so Descartes, eben nur, ‚solange' ich denke. Indem ich denke, weiß ich, daß ich bin, ohne zu wissen, von woher und wozu, d.h. warum ich bin. Das Nichtwissen um den Grund meines Seins ist konstitutiv für die Selbstgewißheit meines Daßseins; diese schließt ein Wissen um die ‚causa' meines Seins aus, so daß ich zugleich weiß, daß ich nicht selbst der Grund meines Seins (causa sui) bin. Die Daßheit des ‚ich bin' vergewissere ich als die Negation meiner ‚Selbstursächlichkeit' und stoße eben daran auf die freie (grundlose) Selbstüberantwortung meines Seins. Die Endlichkeit des ‚solange' (ich denkend mich meiner selbst vergewissere) enthält in sich aber zugleich die Negation intentionaler Vermeinungen in der Hypothese universellen Scheins: es ist selbstreflexiv bezogen auf die Möglichkeit einer inneren Perversion des Denkens in sich selbst, darin es sich einem Anderen ausgeliefert erfährt (genius malignus). Ist die methodische Haltung des Zweifelns dann aber nicht - aller theoretischen Bestimmung der Endlichkeit des Wissens als möglicher Unwahrheit zuvor - eine Grundbefindlichkeit des Denkenden, darin er sich der Negativität des Seins überhaupt ausgesetzt erfährt, um sich gegenwendig zu ihr in die Selbstgewißheit des Denkens, dem Bewußtsein seiner absoluten Freiheit und Untangierbarkeit zu bringen?- Aber sowenig Descartes diese ontologische Erschließungsfunktion der Befindlichkeit bedenkt, sowenig wird sie zum Anhaltspunkt für eine eigene ontologische Bestimmung der Endlichkeit des Menschen. Diese wird aus dem theologischen Begriff eines unendlichen Schöpfers ausgelegt und theoretisch in der Abgrenzung zu einem unendlichen Erkennen gedacht, ohne an ihr selbst zu Wort zu kommen. ‚Endlichkeit' gilt als ‚Gemachtsein' (ens creatum), das lediglich in der theoretischen Hinsicht möglicher Unwahrheit gegenstandsbezogenen Erkennens thematisch wird. ‚Befindlichkeit' wird verstanden als die bloß subrationale Sphäre naturhafter Affektivität, die das vernünftige Erkennen alteriert. Die Frage bleibt, ob sich das Denken nicht in Grundbefindlichkeiten des In-der-Welt-seins konstituiert. Die geschichtliche Grundbefindlichkeit der Moderne ist sicher eine andere als die anderer geschichtlicher Welten und läßt sich nicht von der Weise ihres Denkens trennen. Wenn die Philosophie selbst das Staunen als ihre anfängliche und die Glückseligkeit (eudaimonia) als ihre sie vollendende Grundbefindlichkeit angibt, wie noch im platonisch-aristotelischen Denken, dann könnte dies schon Hinweis genug auf die ontologische Erschliessungsfunktion der Befindlichkeit sein, die vor-intentional, vor-prädikativ und vor-reflexiv das In-der-Welt-sein trägt, als solche aber die Offenheit von Sein selbst mitkonstituiert. Die Befindlichkeit konstituiert die Aufgeschlossenheit des Daseins zur Welt: daß für es etwas ist, dem es sich in welcher Weise auch immer ausgesetzt erfährt. An der Realität der Außenwelt läßt sich nur unter der Bedingung zweifeln, daß die ontologische Erschließungsfunktion der Befindlichkeit negiert wird. Denn diese erschließt in der Geworfenheit zugleich die Angewiesenheit des Dasein auf Welt, sein Verwiesensein an Welt, der es in der Gestimmtheit ausgeliefert ist. Die Befindlichkeit konstituiert die Weltoffenheit des Daseins als die Bedingung der Möglichkeit dafür, daß es von Welt und Innerweltlichem überhaupt betroffen werden kann. Wären wir ,unbefindlich' empfindungslos, könnte uns nichts betreffen und angehen. Gestimmtheit konstituiert das Sich-offenhalten des Daseins für ein Betroffenwerden durch Begegnendes, so daß erst sie eigentlich das, was ist, dem Dasein begegnen läßt. Geworfen in die Welt ist das Dasein an die Welt ausgeliefert offen für den Begegnischarakter von Welt; im ,pathos', dem Leiden und Widerfahren, ist das Dasein von sich her aufgeschlossen in sein Sein-zur-Welt, aus dem heraus ihm Innerweltliches begegnen kann. Das Dasein ist als befindliches nie in sich verschlossen, so daß es erst nachträglich aus einer subjektiven Innensphäre heraustreten müßte, um von daher zu einem ,Objekt' zu gelangen. Es ist als Befindliches bei den Dingen und damit je so oder anders gestimmt; in dieser Gestimmtheit aber auch schon ein vor-intentional/prä-reflexives Offenbarhaben (Bewußtsein) von Wirklichkeit.

Nun zum zweiten Existenzial des In-seins, dem Verstehen. Befindlichkeit und Verstehen gehören gleichursprünglich zusammen: die Befindlichkeit ist immer schon verstehende Befindlichkeit, das Verstehen befindliches Verstehen. Was in der Befindlichkeit erschlossen ist, dazu verhält sich das Dasein eigens im Verstehen. Die Befindlichkeit nennt so die ,passivische' Seite: Die Befindlichkeit ,gibt' dem Dasein sein Sein zu verstehen als Geworfenes, das es zu sein hat; das Verstehen verhält sich zu der faktischen Erschlossenheit des Daseins in der Befindlichkeit, insofern es diese aktivisch ,offenhält' und ,aufschließt'. Befindlichkeit und Verstehen konstituieren in dieser Zweiseitigkeit das In-sein als das erschlossen-aufschließende Sein des Daseins zur Welt. Ist das Verstehen ein Existenzial, dann muß es als Bestimmung des Seins des Dasein anvisiert werden. Es wird existenzialontologisch gerade nicht als intentionales Verhältnis des Wissens oder in der hermeneutisch-wissenschaftstheoretischen Einschränkung auf die spezifische Erkenntnis von ,Fremdseelischem' thematisch. Im Begriff des Verstehens denkt Heidegger einerseits den Begriff von Wissen überhaupt. Dieses wird aber andererseits als ,Seinsbestimmtheit' des Daseins thematisch, also nicht abstraktiv verselbstständigt und formalisiert zur bewußtseinsintentionalen Relation cogitativer Akte. Was existenzialontologisch im Blick steht, ist vielmehr, daß das verstehende Dasein in allen seinen intentionalen Akten immer schon sein je eigenes In-der-Weltsein vor-verstanden hat: das Verstehen also selbst eine vor-intentionale Erschlossenheit von Sein mitgibt, die in allen intentionaen Verständnissen mit da ist. Diese ist die Erschlossenheit von Sein als Möglichsein, die, bezogen auf das Sein des Daseins, sein In-der-Welt-sein als ‚Entwurf' konstituiert. Der Entwurf ist der Entwurf des Daseins auf die Möglichkeiten seines eigenen Seinkönnens; und alles Verstehen deshalb, worauf es sich auch immer beziehen mag, ein - wenn auch de-intentional abgebogenes - ‚Entwerfen'. Das Verstehen konstituiert das Sein des Daseins existenzial als ‚Seinkönnen': es selbst "ist das Sein solchen Seinkönnens" (SZ, 144). Dies ist der eigentlich entscheidende und schwierige Punkt an Heideggers Ausführungen.

Heidegger bedient sich zur Einführung des Begriffs des Seinkönnens einer umgangssprachlichen Bedeutung von ‚Verstehen' im Sinne des ‚Sich-auf-etwas-verstehens', d.h. des Könnens, Vermögens. Das Verstehen als Können und Vermögen wird dann bezogen auf das Sein des Daseins selbst, das Existieren als das Gekonnte solchen Könnens. Durch diesen sprachlichen Kunstgriff kann Heidegger das Verstehen ‚existenzial' als das Sich-verstehen auf das Existieren nehmen: Es meint dann das verstehende Sein zu Möglichkeiten des In-der-Welt-seins und hat den ontologischen Charakter des Seinkönnens, das sich auf das Sein des Daseins selbst als das Gekonnte bezieht. Der innere Zusammenhang der zentralen Bestimmungen, Verstehen und Seinkönnen, bleibt letztlich dunkel. Deshalb muß vorrangig ihm unsere Aufmerksamkeit gelten.

Das Verstehen wird grundsätzlich als die Konstitution des In-der-Welt-seins: d.h. der vor-intentionalen Offenheit von Sein (Welt) thematisch. Diese ist keine ‚Leistung' seiner Intentionalität, so daß es existenzial weder hinsichtlich seiner intentionalen Beziehung auf Seiendes noch der auf das Sein (Welt) im Blick steht. Als befindliches steht es schon in der Offenheit von Sein, die es nun aber - anders als die Befindlichkeit - als Entwurf vor sich bringt. Der Zusammenhang von Verstehen und Seinkönnen muß also strikt aus der ontologischen Erschlossenheit des In-der-Welt-seins heraus angegangen werden, worauf Heidegger selbst im § 31 hinweist (SZ, 143), ohne dies zureichend auszuführen. Ich wiederhole noch einmal kurz zusammengerafft diese für den existenzial-ontologischen Begriff des Verstehens entscheidenden Punkte, damit wir uns von daher auch zugleich schon die konstitutiven Schwierigkeiten des Entwurfsbegriffes für die Existenzialontologie insgesamt deutlich machen können:

1. Das Dasein ist wesentlich durch Seinsverständnis gekennzeichnet, d.h. es ist - existiert - als die vor-intentionale Offenheit von Sein. Dies macht die Grundverfassung seiner In-der-Welt-seins aus. ‚Erschlossenheit' von Sein - des je eigenen Seins des Daseins und des Seins alles anderen Seienden - und ‚Verständnis' sind so zuerst einmal synonyme Bezeichnungen, wobei das ontische Verstehen als im ontologischen Verstehen fundiert ausgeblendet werden muß. Es geht, wie Heidegger sagt, um das "ursprüngliche Verstehen" (SZ, 143), d.h. das Verstehen von Sein *als* die vorgängige Offenheit und Erschlossenheit von Sein (Welt), die das Dasein je schon ist. Beide bleiben also in gewisser Weise undifferenziert.

2. Die Erschlossenheit wird nun in der Konstitution des Da an den Existenzialien Befindlichkeit und Verstehen thematisiert: Wie ist das Dasein in seinem Sein je schon von sich her in die Erschlossenheit seines In-der-Welt-seins aufgeschlossen?- In der Weise des befindlichen Verstehens und der verstehenden Befindlichkeit. Setzen wir für ‚Erschlossenheit' = ‚Verstehen', dann wird der Begriff des Verstehens äquivok, weil er zugleich noch etwas anderes bezeichnet, nämlich die aktive, intentionale Seite der Befindlichkeit. Die Erschlossenheit des In-der-Welt-seins, die sich in der Befindlichkeit konstituiert, ist je schon verstanden, aber das Verstehen selbst hat gegenüber der Befindlichkeit den eigenen Aspekt des aktiven Erschließens, Eröffnens und Aufhaltens, so daß sich an ihm - als anderem zur Befindlichkeit - das Dasein in seinem Sein nicht als Geworfenheit ins Seinmüssen, sondern als Entwurf des Seinkönnens vorgängig ‚erschlossen' ist, d.h. verstanden hat. In der Befindlichkeit versteht sich das Dasein in seinem Sein als Geworfenes, im Verstehen versteht sich das Dasein als Entwurf: Das Verstehen bezeichnet einmal die vorgängige Erschlossenheit überhaupt; sodann die aktive, ausdrücklich thematische Seite der Erschlossenheit als Aufschließen. Von ihr heißt es nun, daß sie das Sein des Daseins vorgäng erschlossen - ‚verstanden' hat als Seinkönnen. Im Verstehen gibt sich das Dasein je schon sich selbst zu verstehen als Möglichsein. Dadurch wendet es das, was ihm in der Befindlichkeit als faktisches Seinmüssen aufgeht, ins Seinkönnen. In diesem Sinne nun ist das Verstehen das "existenziale Sein des eigenen Seinkönnens des Daseins" (SZ, 144). Das Sein*können* ist im verstehenden, das Sein*müssen* im befindlichen Sein des Daseins erschlossen. Das Verstehen bringt entwerfend vor sich, was ihm in seiner Befindlichkeit (als Weltbefindlichkeit) aufgeht und transformiert darin die Faktizität in Möglichkeitshorizonte des Seinskönnens.

Daraus lassen sich nun auch schon die Schwierigkeiten, die sich aus dem Entwurfsbegriff für die Existenzialontologie insgesamt ergeben, stichpunktartig umreisen:

1. Heidegger führt den Begriff des Entwurfes zuerst im Sinne des ‚existenziellen Entwurfes' auf Möglichkeiten des Seinkönnens ein. Als solcher korreliert er mit dem Begriff der Geworfenheit als der in der Befindlichkeit erschlossenen Faktizität des Daseins. Schon darin bleibt im Grunde unklar, inwiefern der ‚Entwurf' als intentionales Verhalten des Daseins seiner ‚freien Verfügung' angehört oder unverfügbar - als Propulsion der Geworfenheit - das intentionale Verhalten je schon vor-bestimmt. Denn das Dasein ek-sistiert je schon als geworfener Entwurf und hat sich damit in seinem In-der-Welt-sein und den Möglichkeiten seines Seinkönnens je schon - also vor-intentional - entworfen: und nur auf dieser Grundlage kann es sich dann intentional entwerfend verhalten, indem es sein Sich-entworfen-haben ausdrücklich thematisiert. Operationalisieren wir dies in entwicklungs- und sozialpsychologischer Hinsicht, dann besagt dies, daß ich in meinem Lebensentwurf und meinem dazu-

gehörigen Selbstverständnis im Mitsein mit Anderen durch die spezifisch faktisch familiären und sozialen Begegnungen gestimmt bin, zu denen ich mich verstehend verhalte. Die Herausbildung meiner personalen Verständnishorizonte im Mitsein mit Anderen erfahren ihre entscheidende Formation innerhalb der kindlichen und jugendlichen Entwicklung, die das existierende Dasein allererst in die Möglichkeit der freien, intentionalen Selbstverfügung freisetzen. Es ist gerade in psychopathologischer und therpeutischer Hinsicht äußerst wichtig, inwiefern ‚unbewußte', also intentional-unverfügte und vorzeitige Entwürfe meines spezifischen In-der-Welt-seins über den Kontext der familiär und sozial erfahrenen Verletzungen erzeugt werden und letztlich jenseits der expliziten und bewußten Einstellungen und Verhaltensweisen für den Vollzug der Existenz bestimmend bleiben. ‚Selbstinterpretationen' sind immer auch Entwürfe des eigenen Seins, die - ob bewußt oder unbewußt - eine ihnen eigene Tendenz haben, sich im Vollzug der Existenz zu verifizieren. Das Dasein existiert dann psychologisch gesehen als ‚self fullfilling prophecy', es bestätigt in seinen existenziellen Begegnissen das, was es als sein Selbstverständnis in den Entwurf seines Seins übernommen hat. Jemand, der sich z.B. immer als ‚Verlierer' und ‚Versager' empfindet und wahrnimmt, hat sich als Verlierer und Versager entworfen; und er wird deshalb auf der Grundlage dieses Entwurfes seines In-der-Welt-seins auch immer ‚unbewußt' vor-intentional bestrebt sein, diesen seinen Entwurf existenziell zu bestätigen, weil dieser eben das umschreibt, als was er sein In-der-Welt-sein und sein Seinkönnen mit Anderen vor-entworfen hat: auch wenn er intentional dagegen beständig ankämpft und sich in diesem Kampf zerreißt. Die entwicklungspsychologisch aus dem familiären und sozialen Kontext erzeugten Selbstwahrnehmungen konstituieren als Auslegungen des eigenen Seins immer den vor-entworfenen Hintergrund intentionaler Entwürfe, in denen das entwerfende Dasein sich je schon faktisch vorfindet. Schon in dieser existenziellen Bedeutung der verständnismäßigen Anverwandlung von Möglichkeiten des Seinskönnens dürfen wir den ‚Entwurf' nicht einfach mit einer expliziten und ausdrücklichen Intentionalität gleichsetzen, darin der Mensch über seinen ‚Lebensentwurf' rein von sich her verfügen würde. Er enthält, obgleich er die intentionale Seite der de-intentionalen Befindlichkeit ist, diese als ihre ‚intentionale Propulsion' in sich und entzieht sich deshalb in seiner primären Konstitution ins Unverfügbare des ‚je' und ‚immer schon' Entworfenhabens - seiner ‚Präteritalität'.

2. Im weiteren Verlauf der existenzialontologischen Analysen tritt aber nun zunehmend der ontologische Begriff des Entwurfes zutage, der durch den Entwurfscharakter allen Verstehens vorgezeichnet ist. Ist alles Verstehen ein ‚Entwerfen', dann gilt dies auch und gerade von dem vor-ontologischen Verständnis von Sein und allen ontologischen Seinsverständnissen der Philosophie. Das die Wissenschaft leitende (regionalontologische) Verständnis des Seins des Seienden, das ihren Sachbereich konstituiert, wird ebensosehr zur Sache

eines Entwurfes erklärt wie dann der fundamentalontologisch erfragte ‚Sinn‘ von Sein. So spricht Heidegger etwa § 63 ganz explizit von den “ontologischen Entwürfe(n)” (SZ, 312) und schreibt: “Die ontologische Interpretation entwirft vorgegebenes Seiendes auf das ihm eigene Sein, um es hinsichtlich seiner Struktur auf den Begriff zu bringen” (ebd.); und dies gilt nun ebensosehr für die Grundlegung der Naturwissenschaften (vgl. z.B. § 69 b, 362) wie für die der historischen Geisteswissenschaften (§ 76, 393). Der Begriff des Entwurfes koinzidiert von daher mit dem Begriff des ‚Sinnes‘ als ‚Horizont‘ und bestimmt von daher dann den Begriff des vor-ontologischen *und* ontologischen Seinsverständnisses überhaupt. Die Existenzialontologie hat als ‚Hermeneutik der Faktizität‘ selbst den “Charakter des verstehenden Entwerfens” (SZ, 314); sie entwirft ebensosehr die ‚Idee‘ der Existenz wie die ‚Idee des Seins‘ im Hinblick auf die ekstatisch-horizontale Zeitigung der Zeit. In platonisch-kantischer Reminiszenz bezeichnet Heidegger mit ‚Idee‘ das Entworfene des Entwurfes, den ‚Sinn‘. Diese Verquickung beider Entwurfsbegriffe gibt sich etwa unmittelbar an der folgenden Bemerkung über das Dasein: “Seiend hat es (= das Dasein) sich je schon auf bestimmte Möglichkeiten der Existenz entworfen und in solchen existenziellen Entwürfen vorontologisch so etwas wie Existenz und Sein mitentworfen” (SZ, 315). Hier werden also unmittelbar ‚existenzieller‘ Entwurf des Seinkönnens und ‚ontologischer‘ Entwurf innerhalb des vorontologischen Verständnisses von Sein in ihrer Zusammengehörigkeit genannt. Der ontologische Begriff des Entwurfes wird aber noch über das vor-ontologische Verstehen von Sein hinaus ausgedehnt auf das ontologische Verständnis von Sein bezogen; Heidegger fährt fort mit der Frage: “Kann aber dann dieses dem Dasein wesenhafte Entwerfen *der* Forschung versagt werden, die, *wie alle Forschung selbst eine Seinsart des erschließenden Daseins*, das zur Existenz gehörige Seinsverständnis ausbilden und zu Begriff bringen will?” (ebd.); natürlich, so müssen wir antworten, nicht; alles vor-ontologische wie ontologische Verstehen von Sein gründet im Entwerfen als Seinsart des Daseins, und ohne dieses ist keine Wissenschaft, keine Forschung, sei sie ontisch oder sei sie ontologisch, möglich. In ‚Vom Wesen des Grundes‘ wird dann der Begriff des Entwurfes durchgängig auf den Geschehenscharakter des Daseins bezogen und als ‚Weltentwurf‘ thematisch, ohne daß dadurch irgendeine Intentionalität bezeichnet werden könnte.

Halten wir deshalb schon vorgreifend fest, daß der Begriff des Entwurfes semantisch äußerst überladen ist und je nach seiner Verwendung differenziert werden muß. Dabei ist in letzter Hinsicht das fundamentalontologische Problem entscheidend, ob das vor-ontologische Seinsverständnis noch im Begriff des ‚Entwurfes‘, und sei er als ‚präteritale Intentionalität‘ gedacht, gefaßt werden kann: sicher, so können wir hier schon sagen, *nicht*, wenn anders die vorintentionale Offenheit etwas grundsätzlich anderes als eine ‚präteritale Intentionalität‘ bezeichnet.

Zugleich müssen wir aber nun auch schon festhalten, daß der spezifisch existenzielle Entwurf des Seinkönnens *nicht* auf das uns unmittelbar verständliche, thematisch ausdrückliche und intentional eigens übernommene Entwerfen restringiert werden darf. Der Begriff ‚präteritalen Intentionalität', die als ‚Propulsion' befindlicher Geworfenheit immer schon am Werke ist, insofern Dasein überhaupt ist, ist keineswegs widersinnig, sondern entspricht durchaus dem phänomenalen Befund, daß Entwürfe des In-der-Welt-seins je und immer schon stattgefunden haben, bevor es zu ihrer ausdrücklich-thematischen und intentional durchsichtigen (‚bewußten') Übernahme und Aneignung kommt. Dasein ‚steht' je schon von sich her im Entwurf: ist nie ‚entwurfslos', sondern bewegt sich schon von sich her in der Erschlossenheit von Möglichkeiten des Seinkönnens. ‚Möglichkeit' ist deshalb zugleich ein kategorialer Begriff des Seins von Seiendem überhaupt: das Innerweltliche erschließt sich aus dem Horizont der Welt in seinem Sein als Möglichsein. Entsprechend erschließt sich aus der Geworfenheit, der Faktizität des In-der-Welt-seins, das Sein alles anderen Seienden als Tatsächlichkeit; die kategorial-ontologischen Begriffe von Möglichkeit und Tatsächlichkeit sind fundiert in den existenzialontologischen Begriffen von entwerfendem Seinkönnen und geworfenem Seinmüssen. ‚Fundiert' heißt nicht: ‚konstituiert' im Sinne einer ‚intentionalen Leistung', und sei sie auch ‚präterital'. Die *Gleichursprünglichkeit* existenzialer und kategorialer Bestimmungen von Sein darf nicht zugunsten einer einseitigen - letztlich subjektivitätstheoretischen Konstitutionstheorie - aus der Hand gegeben werden. Bezogen auf die ontologische Problemstellung der Transzendentalphilosophie heißt dies: Heidegger versucht nicht, die ‚objektive Gültigkeit' von kategorialen Bestimmungen des Seins aus den existenzialen Bestimmungen des Daseins abzuleiten, sondern sie als in ihnen fundierte Modifikationen aufzuweisen, die im Sein des Daseins und für es in einem und zugleich als die vorintentionale Offenheit und Erschlossenheit von Sein überhaupt entspringen. Die Erschlossenheit des je eigenen Seins des Daseins und des Seins alles anderen Seienden ist kraft der Grundverfassung des Daseins als In-der-Welt-sein immer ineins und zugleich gegeben: der ‚Sinn' der Seinsbestimmungen aber ist, bezogen auf das eigene Sein des Daseins (existential) und das Sein alles anderen Seienden (kategorial), ein grundsätzlich veränderter und modifizierter, den es in der ‚existenzialen Analytik des Daseins' je aufzuweisen gilt. Deshalb nun zur existenzialen Fassung von Möglichkeit im Unterschied zur kategorialen.

Gehen wir aus vom kategorialen Begriff der Möglichkeit. ‚Möglichkeit' ist demnach eine ontologische Bestimmung des Seins von Seiendem überhaupt; im Unterschied zum logischen Begriff der Möglichkeit meint er das Sein des Seienden an ihm selbst. Logisch möglich ist etwas, wenn es sich widerspruchsfrei denken läßt; damit ist aber noch nichts darüber gesagt, ob das Sein des Seienden selbst durch das Möglichsein bestimmt ist. Denn das, was uns unmittelbar gegeben ist, ist immer ein Tatsächliches: etwas, das so ist, wie es ist.

Der Begriff der Möglichkeit besagt nun aber, daß etwas auch anders sein könnte, als es ist. Möglich ist etwas immer nur, wenn zugleich seine kontradiktorische Verneinung möglich ist: wäre nur es selbst möglich, dann wäre es notwendig. Die Möglichkeit bezeichnet das Zugleichsein von einander Ausschließenden, Sich-widersprechenden: A *und* nicht-A; ‚wirklich' dagegen ist nur eines von beiden: A *oder* nicht-A. Die Wirklichkeit scheidet in das Entweder - Oder, was der Möglichkeit nach zugleich und in einem ist. Dies hat Aristoteles erkannt: "Die Verwirklichung sondert und scheidet" (Met. VII, 1039 a 7). Deshalb ist das Mögliche das ‚Nicht-wirkliche', Nicht-seiende, genauer: das ‚Noch-nicht-wirkliche', Unentschiedene, weil Zukünftige. Wie gibt es dies?- Zum Beispiel in der Vorwegnahme (Antizipation) von Wirklichkeit durch das vorstellende Bewußtsein. Ist es als solches aber auch eine Bestimmung des Seins von Seiendem an ihm selbst - oder ist es nur ein vom Menschen gebildeter Begriff, dem keine ‚objektive Gültigkeit' zukommt: weil etwa alles, was wirklich ist, notwendig ist?- Dann aber reduziert er sich einen nur logischen Begriff, dem keine gegenständliche Bedeutung zukommt. Die Frage zeigt, daß der ontologische Begriff der Möglichkeit nicht problemlos ist; denn gilt er nicht, dann besagt dies, daß alles notwendig ist. Dies wiederum hat aber tiefgreifende Konsequenzen für den Begriff menschlichen Handelns und damit den Freiheitsbegriff: Der Begriff der Freiheit als Freiheit der Entscheidung zu A oder nicht-A setzt voraus, daß A ebensosehr als auch nicht-A wirklich werden kann; ist aber alles, was ist, notwendig, dann kann die Freiheit nicht mehr als Wahl- und Entscheidungsfreiheit gedacht werden. So ist etwa nach Spinoza der ontologische Begriff der Möglichkeit lediglich eine Sache der menschlichen ‚Einbildungskraft' (imaginatio) als der Unkenntnis der durchgängigen kausalen Verknüpfung alles Wirklichen. Daraus folgt für ihn: Die Freiheit kann nur gedacht werden als das Handeln aus der Wesensnotwendigkeit des je eigenen Seins. Der Begriff menschlicher Freiheit korreliert mit dem kategorial ontologischen Begriff der Möglichkeit. Er ist ein je anderer danach, ob dieser als eine Bestimmung des Seins oder als ein bloß logischer Begriff des Wissens gedacht wird. Das Mögliche bezeichnet so schon dem antiken Denken das in gewisser Weise Nicht-seiende (me on). Das Nicht-seiende ist es als das Nicht-wirkliche; nicht wirklich ist das bloß Gedachte: es hat seinen ihm eigenen Ort im Wissen (logos). Das Mögliche zeigt sich als eine Bestimmung des Seins, wie es für das Wissen ist: und läßt darin offen, ob es auch eine solche an ihm selbst ist. Der ‚me ontische' Zug der Möglichkeit ist der ‚me ontische Zug' des Wissens: Möglichkeit selbst eine horizontale Bestimmung des Wissens von Sein, darin aber nicht auch schon eine solche des Seins selbst. Der kategoriale Begriff der Möglichkeit weist damit ins Menschsein: er zeigt sich als eine konstitutive Bestimmung des Wissens, die aus dem Dasein selbst aufgeklärt werden muß.

Von daher wird deutlich, daß Heidegger nicht von ungefähr auf den Zusammenhang von Verstehen (Wissen, Bewußtsein) und Möglichkeit trifft. Er stellt selbst die Frage: "Warum dringt das Verstehen in allen wesenhaften Dimensionen des in ihm Erschließbaren immer in die Möglichkeiten?" (SZ, 145). Anders gesagt: Intentionale Gegenstände haben mit dem Seinssinn der Idealität zugleich den der Möglichkeit. Das Gedachte, Gewußte ist als solches unterschieden vom Sein und Anwesen und damit ‚me ontisch' entwirklicht in den Seinsstatus eines Möglichen. Das Wissen bewegt sich in sich im Spiel mit Möglichkeiten als ‚me ontisch' entwirklichten Sachgehalten, die es auf mögliche Verwirklichungen bezieht; und dies gerade auch dann, wenn es sich auf ‚Wirkliches' und ‚Tatsächliches' bezieht. Denn dieses erschließt sich das Wissen immer als ein solches, das ist, was es ist - aber auch anders sein könnte: nicht notwendig ist, was es ist und wie es ist. Die ‚Tatsache' ist nur Tatsache im Horizont ihres Andersseinkönnens, ganz gleichgültig, ob sich dies dann näher besehen als eine Unkenntnis der Ursachen herausstellt, deren Überwindung mir erschließt, daß es sich mit dem Tatsächlichen notwendig so verhält, wie es sich verhält: nicht anders sein kann. Denn nach ‚Ursachen' und ‚Gründen', damit der Notwendigkeit des So-und-nicht-anders-seins, kann ich nur fragen, insofern ich das Verursachte und Gegründete aus dem Horizont des Möglichseins von Entgegengesetztem erschlossen habe; hätte ich dies nicht, dann könnte ich überhaupt nicht fragen, warum etwas *eher so als anders* ist. Das Erschließen von etwas erfolgt je und immer schon aus dem Vorhalten von Möglichkeiten heraus: es erfolgt aus dem Hinblick auf das Sein als Möglichsein. Tatsächliches begegnet von sich her als solches, mit dem es sich auch anders verhalten kann (endechomenon allos echein). Es erschließt sich im Horizont des Wissens als Anders-sein-könnendes: und löst nur als solches die Frage danach aus, *warum* es sich denn mit ihm *so* und *nicht anders* verhält. Notwendigkeit ist negierte Möglichkeit: also horizontal durch das Möglichsein vermittelt und konstituiert. Die horizontale Bestimmung des Seins als Möglichsein liegt in der *Erschlossenheit* von Sein (Welt): und um ihre existenzialontologische Aufklärung geht es Heidegger. Der existenziale Begriff der Möglichkeit sichtet diese als Grundbestimmung des Daseins selbst, mehr noch: als die "letzte positive ontologische Bestimmtheit des Daseins" (SZ, 144). Wohlgemerkt: des Daseins als der vor-intentionalen Offenheit von Sein. Die Möglichkeit ist die ‚letzte positive ontzologische Bestimmtheit des Daseins' in eben dem Ausmaße, als das Dasein *Da*sein: Offenheit von Sein (Wissen) ist. Heideggers These vom ‚Primat' der Möglichkeit vor der Wirklichkeit ist deshalb um einiges weniger befremdlich, als es auf den ersten Blick den Anschein haben mag. Sie ist im Grunde traditionell, insofern sie nichts anderes als die Auseinandersetzung um den ontologischen Status des logischen Begriffs der Möglichkeit auf ihren Begriff bringt, und wird nur dort widersinnig, wo sie gegen die Gleichursprünglichkeit von Möglichkeit und Wirklichkeit ausgespielt wird.

Fassen wir dies nun vom Verstehen selbst her. Verstehend ist das Dasein sich entwerfend auf die Möglichkeiten seines In-der-Welt-seins - es hat verstehend wesentlich die Struktur des Entwurfes. Jedes Verstehen bezieht, mitwissend um seine intentionalen Bezüge, sein Verstandenes mehr oder minder ausdrücklich auf das eigene Seinkönnen und hält es damit (de-intentional) in den Horizont der Möglichkeiten eigenen In-der-Welt-sein-könnens. Das ergibt sich schon aus einfachen psychologischen Beobachtungen. Selbst wer einen Nagel ins Holz schlägt, mag unversehens von dem Einfall überrascht werden: ‚Und wenn ich nun der Nagel wäre ...?' Die Möglichkeiten eigenen Seinkönnens werden nun aber nicht einfach vorgefunden wie irgendein Vorhandenes, sondern das Verstehen als Entwerfen hat selbst den Charakter des Auf- und Erschließens von Möglichkeiten, auf die hin sich das Dasein hinsichtlich seines Seinkönnens versteht. Das Sichentwerfen auf Möglichkeiten des Seinkönnens konstituiert die Erschlossenheit des Da, die in allem Verstehen miterzeugt wird als das Offenhalten von Welt. Der Entwurf ist das Offenhalten von Welt in ihren Verweisungsbezügen, die das Dasein je faktisch vor sich selbst bringt und darin zugleich das In-der-Welt-seins als Worumwillen seines Seins erschlossen hält. Das verstehende Sichentwerfen auf Möglichkeiten, die im Entwerfen allererst *als Möglichkeiten* erschlossen werden, ist das Aufschließen und Offenhalten des Welthorizontes aus dem Worumwillen des eigenen Seinkönnens. Alles Entwerfen aber erfolgt aus der faktischen Geworfenheit heraus: es ist als solches immer geworfenes Entwerfen, so wie alles Verstehen je befindliches Verstehen ist. Das Entwerfen ist sich päterital je schon vorweg: es hat seine Geworfenheit je schon im Entwurf vor sich gebracht und auf sein In-der-Welt-sein-können erschlossen. Das Verstehen ist existenzial gefaßt die modale Transformation von Faktizität in Möglichkeit: und dieses Möglichsein *ist* das Dasein selbst. Entwerfend ist er je schon über alles ‚Tatsächliche' hinaus und sich vorweg. Dieses Sich-vorweg-sein ist der entscheidende Grundzug des Menschseins. Nicht das, wozu ich faktisch geworden bin, sondern was ich mir als Möglichkeiten meines Seinkönnens aufzuschließen *vermag*, macht den Grundzug meines In-der-Welt-seins aus. Im Gegenszug zu jedem kategorial-ontologischen Verständnis von Wirklichkeit und Möglixchkeit besagt dies: Der Mensch ist nie dinghaft ein Vorhandenes, Tatsächliches, sondern west als die Offenheit von Möglichkeiten, die sein Wirklichsein selbst ausmacht. Der Mensch ist geworfen als Entwurf; seine Wirklichkeit ist das Aufschließen von Möglichkeiten, und wo er ‚tatsächlich' geworden ist - im Tod, ist er nicht mehr.

2.4. Auslegung und Sprache

Das Verstehen wird in seiner grundlegenden ontologischen Funktion erst über die weiteren existenzialen Bestimmungen von Auslegung und Sprache thematisch (SZ, § 32 - 34). Mit der Auslegung wird zugleich die epistemische Struktur des Verstehens und damit das Wissen von Sein (onto-logos) überhaupt erstmals eingehender gefaßt. Die ‚Auslegung‘ bezeichnet Heidegger die ‚verstehende Aneignung des Verstandenen‘ als thematische Ausdrücklicheit des Verstehens. Die ‚Auslegung‘ erzeugt nicht das Verständnis, sondern eignet sich dieses in der Weise der Ausdrücklichkeit an: Was das Verstehen als Aufgehen im operativen Vollzug der Erschlossenheit seines Verstandenen ist, wird in der Auslegung zum thematischen Bezugsworauf, durch das das Verstehen allererst ‚zu sich kommt‘. Diese ‚Aneignung‘ des Verstandenen durch seine Ausdrücklichkeit sieht man gemeinhin als einen ‚Reflexionsakt‘, durch den das Verstandene aus seinem operativen Vollzug heraus zum thematischen Gegenstand vergegenständlicht wird. Gerade dies trifft aber nicht den von Heidegger gemeinten Sachverhalt: Die Auslegung steht nicht als ‚Reflexion‘ des Verstehens im Blick, sondern als das Verhalten des Verstehens selbst. Das Verstehen verhält sich je schon von sich her ‚auslegend‘. Der Begriff der Auslegung muß ‚prä-reflexiv‘ genommen werden als eine thematische Ausdrücklichmachung, die das Verstehen innerhalb der (vor-theoretischen) Umsicht des Besorgens (von Innerweltlichem) je schon an seinem Verstandenen als die ‚Herauslegung‘ und ‚Auseinanderlegung‘ des Besorgten innerhalb seiner Verweisungszusammenhänge vollzieht. Die ‚Ausdrücklichkeit‘ hat primär keinen reflexiven, sondern einen strukturellen Sinn in sich gegliederter und voneinander gesonderter ‚Auseinandergelegtheit‘, in der das Verstandene in seiner Erschlossenheit eigens herausgestellt wird. Dieses, "das *ausdrücklich* Verstandene, hat die Struktur des *Etwas als Etwas*" (SZ, 149). Durch das ‚als‘ wird das Verstandene an ihm selbst herausgehoben und damit thematisch ausdrücklich. "Das »Als« macht die Struktur der Ausdrücklichkeit des Verstandenen aus; es konstituiert die Auslegung" (ebd.). Das ‚Als‘ gehört aber zum Verstehen selbst: dieses hat als solches die Struktur des ‚Verstehens von etwas als etwas‘: "Das im Verstehen Erschlossene, das Verstandene ist immer schon so zugänglich, daß an ihm sein »als was« ausdrücklich abgehoben werden kann" (ebd.). Verstehen und Auslegung werden damit in gewisser Weise ununterscheidbar, indem, was das begrifflich Bestimmende der Auslegung sein sollte, sich nun als die Struktur des Verstehens selbst erweist. Deshalb muß es von vorneherein darum gehen, den prä-reflexiven Charakter der Auslegung als ein Moment des Verstehens in den Blick zu bekommen, um beide nicht als abstrakte Begriffe voneinander zu sondern, die dann in ein ununterscheidbares und nicht näher bestimmbares Einerlei zusammenfließen. Das Verstehen ist als solches und gerade in seiner vor-theoretischen Seinsweise innerhalb des umsichtigen Besorgens‘ je schon ‚explikativ‘ eine je wechselnde Auseinanderlegung und Herausstellung seines Verstandenen in seinen Verweisungsbezügen. An diesem verstehend-auslegenden Grundzug des umsichtigen Besorgens wird das ‚Als‘ in seiner grundsätzlichen epistemischen Eröffnungsfunktion sichtbar, so daß sich an ihm der eigentliche Wesenskern des ‚Verstehens‘ (Wissens) auskristallisiert. Ist das ‚als-lose' Erfassen von Etwas im strengen Sinne die Negation von Verstehen überhaupt, dann folgt daraus ‚ex negativo', daß allein das ‚Als' das Etwas in seine Verstanden- und Gewußtwerden aufschließt: die Offenheit und Unverborgenheit von ... generiert und erzeugt. Im ‚Bewußtsein von etwas' ist das ‚Etwas' gerade noch nicht ‚gewußt', ‚verstanden', ‚offenbar', ‚eröffnet'; erst im ‚als etwas' bricht es auf in seine Unverborgenheit und Offenheit, indem dieses enthält, *als was* das Etwas gewußt wird. Streiche ich dieses durch, dann weiß ich nichts von etwas: dieses west als Verschlossenes und an ihm selbst Verborgenes, sofern es nicht im ‚als' in das herausgestellt wird, *als was* es begegnet - seine Offenheit und Unverborgenheit. Nehme ich etwa das Bewußtsein als Bewußtsein *von* diesem da, dem Tisch: Was ‚weiß' das ‚Bewußtsein vom Tisch' von dem Tisch?- Nichts, wenn es nicht den Tisch *als Tisch* weiß: ihn im ‚als' in seine Offenheit und Unverborgenheit herausgestellt hat, in der er *als* das begegnet, was er ist: Tisch und grün und glatt und anderes mehr. Das ‚Als' muß dabei, wie Heidegger betont, nicht explizit ausgesprochen sein; dennoch ist alles Wissen (Verstehen) das Verstehen von etwas als etwas, insofern ich nie etwas weiß, sondern eben immer ‚etwas von etwas', ‚etwas *als* etwas' weiß. Das ‚Als' hebt aufschließend und erschließend etwas heraus in seine Offenheit, als welche es ein Gewußtes, Verstandenes ist: ohne dieses kein Wissen, Bewußtsein Verstehen - keine Offenheit und Unverborgenheit, Erschlossenheit von Seiendem überhaupt. Aus dieser Perspektive heraus kann Heidegger denn auch hinsichtlich der ‚Seinsverborgenheit' im abendländischen Denken schreiben: "Darum denkt die Metaphysik zwar das Seiende als solches, aber das *»als solches« selbst* bedenkt sie nicht. Im »als solches« wird gesagt: das Seiende ist unverborgen. Das he im on he on, das qua im ens qua ens, das »als« im »Seiendes als Seiendes« *nennen wir die in ihrem Wesen ungedachte Unverborgenheit*" (N II, 351). Die ‚alshafte' Erschlossenheit von Seiendem in seinem Sein gehört immer schon zu seiner ‚daßhaften' Erschlossenheit und ist sowenig ohne diese als diese ohne jene zu denken. Deshalb schreibt schon Aristoteles, daß es "demselben Denken angehört, das Wassein und das Daßsein sichtbar zu machen" (Met. VI, 1025 b 17). Das Daßsein meint nie das ‚als-lose' Etwas außerhalb jeglicher prädikativen Bestimmtheit, sowenig das Wassein und prädikative Bestimmtsein ohne das Daßsein aussagbar ist. Die Unterscheidung des ‚ist' in seine prädikative Funktion als Copula (S ist P) und seine nicht-prädikative Funktion im Existenzsatz (S ist) bleibt schlechthin sekundär gegenüber dem grundlegenden Sachverhalt, daß in allem Verstehen - ob thematisch explizit oder nicht - alshafte und daßhafte Erschlossenheit zusammengehören. Deshalb bleibt auch der Vorwurf, Heideggers Seinsbegriff bliebe am Existenzsatz orientiert und ließe das prädikative ‚ist' unbedacht, halt- und bodenlos. Es ist vielmehr ihre Unterscheidung, die Heidegger als eine solche der Explikation ortet und von daher aus der Einsicht in die ‚Alshaftigkeit' des Verstehens, also letztlich seiner

‚prädikativen‘ Grundstruktur, begreifbar zu machen sucht. Das ‚Als‘ läßt sich dann aber auch nicht mehr, sowenig wie die Prädikation überhaupt, aus dem Begriff der ‚Synthesis‘ fassen, der ja immer voneinander Unterschiedene als in Einem zu Vereinende voraussetzt, weil es selbst die Einheit der ursprünglichen Differenz von Sein und Wissen faßt. Das ursprüngliche ‚Als‘ ist *asynthetisch.* Im ‚Als‘ west das Sein als Eröffnetes: aber genau dies ist das Geschehen der Offenheit von Sein im Da und als solches nicht mehr im Begriff der ‚Synthesis‘ zu denken, die solche immer die Gleichartigkeit der Differenten voraussetzt, also nie der Begriff der Einheit letzter, generischer Differenzen sein kann. Heideggers Erkenntnisbegriff ist nicht mehr (wie der transzendentalphilosophische) am Begriff der ‚Synthesis‘ orientiert, insofern dieser überhaupt dazu untauglich ist, den Sachverhalt des Wissens (als Wissen von Sein) ursprünglich zu begreifen. Er setzt immer schon die Unverborgenheit, Offenheit von Sein voraus. Diese ist als solche nie ‚synthetisch‘. Deshalb ist aber das Auslegen auch nie ‚analytisch-explikativ‘. Das Auslegende am Verstehen selbst ist, daß dieses von sich her das Offenhalten von Etwas im ‚Als‘ je schon ‚mit-gewahrt‘ als den Horizont, im Hinblick worauf und wovonher es das Begegnenlassen des jeweilig Besorgten vollzieht. Diese ‚Mitgewahrung‘ ist aber keine Reflexion, die durch die Rückwendung des Wissens auf sich selbst einen operativen Vollzug zu dem thematischen Bezugsworauf des Wissens vergegenständlichen würde, sondern die horizontale Eröffnung des Wissens in sich selbst, insofern es je schon aus der vor-intentionalen Offenheit von Sein (Welt) heraus und im Hinblick auf diese das Seiende begegnen läßt. Das ‚Als‘ ist *horizontal* bezogen auf die vor-intentionale Offenheit von Sein/Welt und damit selbst ‚horizonthaft‘ das Offenhalten des maßgeblichen Horizontes, von dem her und im Hinblick worauf Seiendes qua Innerweltliches begegnet. Im ‚Als‘ bezieht sich das Verstehen (Wissen) horizontal über das Begegnende hinaus auf dieses zurück: es ist horizonthaft eröffnet in das Woraufhin und Wovonher allen Verstehens und Wissens von Seiendem qua Innerweltlichem und nur als solches das Begegnenlassen von etwas - als etwas. Die Als-struktur der Auslegung ist die Vor-struktur des Verstehens, insofern diese die vorgängige Offenheit von Welt als Horizont bezeichnet, im Hinblick worauf und wovonher das Verstandene je schon ‚vor-verstanden‘ ist: im Verstehen selbst und von ihm her *freigegeben ist* in sein Begegnen *als etwas*. Diese Vor-struktur des Verstehens als seine vorgängige horizontale Eröffnung in die (vor-intentionale) Offenheit von Sein faßt Heidegger an drei Momenten, die er - wenig glücklich - mit den Termini der Vorhabe, der Vorsicht und des Vorgriffs bezeichnet:

1. Alles Verstehen bewegt sich innerhalb einer horizonthaften Eröffnung einer bestimmten Bewandtnisganzheit: Welt, aus der heraus es sich sein Bezugsworauf: das Verstandene als solches - erschließt (begegnen läßt). Das Verstehen erschließt etwas *als* etwas je im Hinblick auf bestimmte Verweisungszusammenhänge, die operativ-unthematisch mitgewahrt sind und als

solche das Begegnende in sein Verstandenwerden freigeben. Diesen vorverstandenen bewandtnishaften Horizont allen Verstehens bezeichnet Heidegger als ,Vor-habe'.

2. Alles Verstehen thematisiert sein Bezugsworauf in einer bestimmten Perspektivik, die es in der Hinsicht und im Hinblick auf ein bestimmtes Was erschließt: das Verstandene erschließt sich *als etwas* nur im Horizont einer bestimmten thematischen Fixierung, die auf das maßgebliche Worumwillen, auf das sich das Verstehen je entworfen hat, verweist. Diese im Verstehen von etwas *als* etwas je schon vor-verstandene leitende thematische Perspektivik bezeichnet Heidegger als ,Vor-sicht'. Sie bezeichnet das im vorhinein erblickte Worumwillen des Verstehens, aus dem sich bestimmt, in welcher thematischen Hinsicht das Verstehen es begegnen läßt.

3. Alles Verstehen vollzieht sich auf der Grundlage eines Schon-verstanden-habens des Begegnenden innerhalb einer bestimmten, begrifflich erschlossenen Bedeutsamkeit: einer faktischen Gedeutetheit von Welt und Innerweltlichem, in die das Zu-verstehende ,integriert' wird. Diese Faktizität schon verstandener und ausdrücklich zugeeigneter Offenheit von Sein/Welt überhaupt bezeichnet Heidegger als ,Vor-griff'.

An diesen drei Momenten zeigt sich der Wesenskern allen Wissens und Verstehens an seiner horizonthaften Verfassung: es ist, insofern es ist, je schon vorgängig-präterital eröffnet in eine bestimmte vor-intentionale Offenheit von Sein und Welt, die sowohl hinsichtlich ihrer Bewandtnisganzheit (Verweisungszusammenhang) als auch hinsichtlich ihres maßgeblichen Worumwillen - das Sein des Daseins selbst als In-der-Welt-sein - faktisch gedeutet ist. Das Verstehen hebt nie vom Nicht her an: es ist nie gleichzeitig mit sich, sondern je schon präterital-vorgängig ein Schon-verstanden-haben von Sein und Welt in einer bestimmten faktischen Gedeutetheit: und nur, insofern es schon vorgängig aufgeschlossen ist in die Offenheit von Sein überhaupt, kann es aus dieser heraus das jeweilig Zu-verstehende und Verstandene *als* etwas begegnen lassen und verstehend erschließen.

Wenn Heidegger den Wesenskern allen Wissens und Verstehens in der ,horizonthaften Verfassung' faßt, dann weist er damit auf die phänomenale Grundlage dessen, was innerhalb der philosophischen Überlieferung als die ,Begründungsintention' vernünftigen Wissens zum Zuge kommt und als das wesensgemäße Aussein allen Wissens auf Anfangsgründe und Prinzipien begriffen wird. Denn wie wir schon gesehen haben, bezeichnet ,Horizont' in dieser Hinsicht nichts als den phänomenologischen Begriff von Anfangsgrund und Prinzip. Die Vor-struktur allen Verstehens verweist den Begriff konstitutiver Prinzipien allen Wissens und Erkennens an die vor-intentionale Offenheit von Sein, die das Dasein als faktisches In-der-Welt-sein je schon ist.

Auf dieser Grundlage läßt sich nun auch der Begriff des ,Sinnes' existenzial-ontologisch fassen als das "durch Vorhabe, Vorsicht und Vorgriff strukturierte

Woraufhin des Entwurfs, aus dem her etwas als etwas verständlich wird" (SZ, 151). Heidegger faßt den Begriff des Sinnes mithin als die horizontale Freigabe von Verständlichkeit, die im Entwurfscharakter des Verstehens selbst liegt. Der Sinn ist als ‚Woraufhin' des Entwurfes das ‚Wovonher' der ‚als-haft' eröffneten und offengehaltenen Verständlichkeit qua Erschlossenheit von etwas; er bezeichnet damit im Grunde nichts anderes als die horizonthafte Eröffnung von Sein und Welt selbst. Der Sinn als das, "worin sich die Verständlichkeit von etwas hält" (ebd.), ist das, was "im verstehenden Erschließen artikulierbar ist" (ebd.). ‚Artikulierbar' ist es allein kraft seiner ‚alshaften' Struktur. Die horizontale Eröffnung von Sein wäre nicht ‚artikulierbar', wenn sie nicht ‚alshaft' verfaßt wäre, weil allein diese ‚alshafte' Verfassung die ‚Artikulation', das in sich gegliederte und strukturierte Auseinanderlegen des Verstandenen in seiner (alshaften) Erschlossenheit, ermöglicht (freigibt). Der ‚Sinn' meint darum spezifischer als die Offenheit überhaupt die alshafte Erschlossenheit von etwas, d.h. von etwas Bestimmten, als Prinzip - Woraufhin und Wovonher - seiner Verständlichkeit. Der Begriff des Sinnes wird in den Rang eines (phänomenologisch umgedachten) Prinzipienbegriffes erhoben, der existenzialontologisch aus der Konstitution des Da, der vor-intentionalen Offenheit von Sein, gedacht ist. Die Frage nach dem ‚Sinn' von Sein ist ohne den existenzialontologischen Begriff des Daseins als vor-intentionale Offenheit von Sein unverständlich: denn sie ist selbst die Frage nach dieser Offenheit von Sein, d.h. sie fragt, wie Heidegger ausführt, nach dem Sein selbst, "sofern es in die Verständlichkeit des Daseins hereinsteht" (SZ, 152). Damit zeigt sich auch rückblickend, daß Heideggers Frage nach dem ‚*Sinn*' von Sein ohne den aus der ‚Aletheia' umgedachten Begriff des Verhältnisses von Sein und Wissen überhaupt nicht verständlich ist. Daher das Vorbereitende, Propädeutische der Existenzialontologie für die fundamentalontologische Frage nach dem Sein.

Mit der Als-struktur auslegenden Verstehens hat Heidegger auch schon die sprachliche Verfassung allen Wissens im Blick: Das Verstehen bringt auslegend sich zur Sprache und artikuliert darin alshaft-horizontal einen ‚Sinn'. Die Sprache wird deshalb für Heidegger von vorneherein nicht aus ihrem Zeichencharakter, sondern ihrer sinnhaften Artikulation von Verständlichkeit thematisch. Ihr phänomenologisches Fundament hat sie nicht an vorausgesetzten metaphysikgeschichtlichen Begrifflichkeiten, die letztlich immer auf ihre Grundlegung im platonisch-aristotelischen Denken zurückverweisen, sondern an der ‚Rede': "*Das existenzial-ontologische Fundament der Sprache ist die Rede*" (SZ, 160). Sprache ist gegeben als Rede. Sie begegnet immer nur im Sprechen. Im Sprechen artikuliert sich das Verstehen, das als solches immer schon ein befindliches und gestimmtes ist. Die Rede "ist die Artikulation der Verständlichkeit", und wie dann hinzugesetzt wird: "des Da", "der Erschlossenheit" (SZ, 161). Was sich in der Rede ausspricht, ist die "befindliche Verständlichkeit des In-der-Welt-seins" (ebd.). Im Sprechen selbst, der Sprachpraxis, ist mir die Sprache nie ‚gegenständlich' gegeben, z.B. als Bezeichnung von Dingen durch Bedeutungen, sondern als reines Hindurchgehen und Michhalten in der Erschlossenheit des ‚Worüber' der Rede, das als solches auch schon irgendwie verstanden ist. Heidegger schreibt: "Wenn wir zum Brunnen, wenn wir durch den Wald gehen, gehen wir immer schon durch das Wort »Brunnen«, durch das Wort »Wald« hindurch, auch wenn wir diese Worte nicht aussprechen und nicht an Sprachliches denken" (HW, 286). Was ist, ist als hermeneutisch Anverwandeltes sprachlich erschlossen und in allem intentionalen Verhalten zu den Dingen vor-intentional mit da. Der Gang zu den Dingen ist Hindurchgehen durch die Sprache. Sprechend bin ich herausgesetzt an die Sache, die in ihrer verständnismäßig angeeigneten Erschlossenheit artikuliert wird. Die Rede artikuliert die Erschlossenheit des In-der-Welt-seins. Als solche ist sie das maßgebliche Fundament eines phänomenologisch angemessenen Verständnisses der Sprache. Sprache ist die verständnismäßig anverwandelte Erschlossenheit und Offenheit von Sein überhaupt. Sie ist in der ‚Als'-Struktur des Verstehens - seiner auslegend-gliedernden Artikulierbarkeit - fundiert und deshalb wie dieses horizontal bezogen auf die Verweisungsstrukturen von Welt. Was sie artikuliert, ist die ‚Bedeutsamkeit' als die verständnismäßig aufgeschlossenen Verweisungsstrukturen des In-der-Welt-seins. Dieses ist das ‚Bedeutungsganze': "Das in der redenden Artikulation Gegliederte als solches nennen wir das Bedeutungsganze" (SZ, 161). Das ‚Bedeutungsganze' bezeichnet die vorgängig im befindlichen Verstehen erschlossene ‚Bewandtnisganzheit' (Welt), aus der heraus das ‚Worüber' der Rede, ihr Wovon, allererst artikulierbar wird. Alles Sprechen ist immer vorgängig horizontal bezogen auf die Bewandtnisganzheit, die sie in der Artikulation als das Ganze ihrer Bedeutungen gliedert: darin aber den ‚Sinn' artikuliert als den Horizont, "*von dem her etwas als etwas verständlich wir* (SZ, 151). Deshalb sind Bedeutungen "als das Artikulierte des Artikulierbaren immer sinnhaft" (SZ, 161), d.h. horizontal bezogen auf eine Bewandtnisganzheit. Erst auf dieser Grundlage läßt sich ihre Verlautbarung anvisieren. Achten wir auf die Sprache, wie wir sie sprechen und sie selbst im Sprechen phänomenal gegeben ist, dann haben es nicht mit einem Laut, der als Zeichen für eine Bedeutung verwendet zu einem ‚bezeichnenden Laut' (phone semantike) wird, zu tun, sondern mit der Verlautbarung eines als-haft strukturierten Verständnishorizontes, der etwas (das Worüber der Rede) als etwas (sein verständnismäßig erschlossene Sein) begegnen läßt: "Das Bedeutungsganze der Verständlichkeit *kommt zu Wort.* Den Bedeutungen wachsen Worte zu. Nicht aber werden Wörterdinge mit Bedeutungen versehen" (ebd.). Sprache ist Wortwerdung von Welt. In der Thematisierung ihres primären Worüber läßt die Rede immer unthematisch einen Verständnishorizont mitanwesen, an dem sich das In-der-Welt-sein des Daseins als Mitsein mit Anderen kundgibt und bezeugt. "Mitdasein ist wesenhaft schon offenbar in der Mitbefindlichkeit und im Mitverstehen" (SZ, 162): die im befindlichen Verstehen konstituierte Erschlossenheit ist je schon eine intersubjektiv vergemeinschaftete. In der Rede wird deshalb das "Mitsein ... »ausdrücklich« *geteilt*, das heißt es *ist* schon, nur ungeteilt als nicht ergriffenes und zugeeignetes" (ebd.). Die Sprache ist keine Konvention, die auf einen vergangenen Vertragsabschluß von Mitgliedern einer Gemeinschaft in Gebrauch und Anwendung von Zeichen verwiese, sondern verlautbarende Artikulation eines schon vorgängig intersubjektiv vergemeinschafteten Verständnishorizontes (Welt), der das gemeinschaftliche In-der-Welt-sein im Mitsein mit Anderen stiftet. Ihm gehört die Wortwerdung je schon an als die faktisch vorgegebene Sprache, in der das Dasein - sein faktisch geworfenes In-der-Welt-sein artikulierend - aufgeht. Faktisches In-der-Welt-sein ist faktisches Sein-in-der-Sprache; Sprache die je schon verständnismäßig angeeignete Erschlossenheit von Sein, in die das Dasein als seine faktische Welt im Mitsein mit Anderen aufgeht. Von daher kommt Heidegger zu seiner späteren Bestimmung der Sprache als dem ‚Haus des Seins', genauer: dem "Haus der Wahrheit des Seins" (WM, 150): "In ihrer Behausung wohnt der Mensch" (WM, 145). Die Sprache konstituiert das In-der-Welt-sein als die verständnismäßige Artikulation der vor-intentionalen Offenheit von Sein, die in allem Sprechen horizontal mitartikuliert wird.

Werfen wir nun zum Abschluß noch einen Blick auf die existenziale Bestimmung des Todes, damit wir von daher den Umriß der ganzen Analytik des Daseins vor uns haben.

2.5. *Das Sein-zum-Tode*

Existenzialontologisch wird der ‚Tod' nicht thematisch als äußerliches Ereignis, als bloße physikalische Tatsache oder biologisches Produkt des Lebens. Der Tod als Existenzial bezeichnet die Erschlossenheit des Todes im existierenden Dasein: sein Sein-zum-Tode. Sichentwerfend ist das Dasein je schon sich vorweg und beständig ‚unganz'; aber nicht der Tod als äußerer Abschluß, sondern das ‚Sein-zum–Tode' als Seinsverhältnis des Daseins in sich selbst, konstituiert seine Ganzheit. Die Ganzheit des Dasein muß von ihm her als das Sein des Daseins gedacht werden: wie es als Ganzes sich in seiner Ganzheit erschlossen ist und aus dieser heraus existiert; denn dort, wo der Mensch ‚ganz' ist, weil er tot ist, ist er nicht mehr, d.h. er ist seine Ganzheit nicht als Toter, sondern als Sein-zum-Tode. Mit dem Tod nimmt das Dasein seine ontische Differenz, den Unterschied, den es als da zu allem anderen Seienden ist, zurück; der Tote ist kein Dasein mehr, er existiert nicht mehr, steht nicht mehr hinaus in die Offenheit von Welt, sondern west dinglich wie ein pures Vorhandenes, ein beliebiges Ding. Der physische Tod west als die Verdinglichung des Daseins. Schon Aristoteles sagt, die abgeschlagene, tote Hand, sei nur noch dem

Namen, nicht aber mehr Begriff nach, Hand. Das Wort ,Hand' wird durch den Tod homonym, äquivok: es bezeichnet wesensmäßig Verschiedenes. Der Tod ,homonymisiert', erzeugt die Äquivikation sprachlicher Zeichen, wo er das Lebendige seines Seins beraubt. Es gibt kein ,totes Dasein', weil, wenn es tot ist, es nicht mehr *da* ist, obgleich es noch ,vorhanden' ist. Im Tod holt sich das Dasein aus der Erschlossenheit seines In-der-Welt-seins heraus, indem das, was diese konstituiert: Befindlichkeit und Verstehen - in sich zusammenfällt. Der Tod ist dem Dasein erschlossen als das Nicht des Da, der Verlust des In-der-Welt-seins, seines Innestehens in der Offenheit von Welt: als Verbergung und Verborgenheit des Seins (Lethe). Diese ,Nichtung' des In-der-Welt-seins erschließt sich dem Dasein als ständiger Bevorstand, der als äußerste Möglichkeit der Unmöglichkeit des In-der-Welt-seins selbst unbestimmt bleibt. Sobald das Dasein ist, ist es auch schon als Sein-zum-Tode von sich her offen für die äußerste und unüberholbare Möglichkeit des Verlustes seines In-der-Welt-seins. Diese ,Möglichkeit' ist aber ganz eigener Art: sie bezeichnet die temporale Bestimmung des Wie? und Wann?, nicht den Tod selbst als etwas, das sein kann oder auch nicht. Das Dasein ist sich seines Seins-zum-Tode schlechthin ,gewiß', dieser für es nichts, was es selbst eventuell nicht betreffen könnte. Im Tod bricht das, was das Dasein als das Aufgehen in die Unverborgenheit und Offenheit von Sein ist - sein In-der-Welt-sein, in sich zusammen; es nimmt sich zurück in die Verborgenheit allen Seins; und aus diesem Horizont der unüberholbaren Möglichkeit des Nicht-mehr-dasein-könnens heraus ist das Dasein allererst die Erschlossenheit seines Seins (geworfenes Sichentwerfen auf sein In-der-Welt-sein) in seiner Ganzheit. Der ,Nichtungscharakter' des Todes, seine Negativität als Negativität des Daseins selbst, läßt das Dasein allererst *als Dasein*, Offenheit und Unverborgenheit von Sein, entspringen; worauf es am Tode stößt, ist die Negation des Da, der Verlust des In-der-Welt-seins als das ganz andere zu aller Un-verborgenheit von Sein: seine Verbergung (Lethe). Am Tod erschließt sich das Dasein als Da - und damit zugleich als das Andere zum Sein als Verborgenheit und Verbergung. Erst am Tode unterscheidet das Dasein Sein und Wissen und sich selbst von allem anderen Seienden, das nicht in die Offenheit des In-der-Welt-seins aufgeht. Deshalb erschließt der Tod auch allererst Sein und Wirklichkeit als das andere zum ,me ontischen' Zug des Wissens selbst: Er erschließt ebensosehr die Wirklichkeit als das andere zum Dasein wie die eigene Wirklichkeit des Daseins selbst als Da. Der Tod konstituiert die horizontale Verfassung des Daseins selbst - sein Sein als ,Wissen', Unverborgenheit von Sein (A-letheia). Dieses ist als solches endlich, seine Endlichkeit die horizontale Verfassung der Offenheit von Sein (Welt) selbst, die sich in Geworfenheit und Sein-zum-Tode von der Verborgenheit (Lethe) ausgrenzt. Dasein ek-sistiert aus dem wesenhaften Bezug zur Verborgenheit; seine Endlichkeit ist weder eine physische Eigenschaft, die ihm als Lebendiges zukäme, noch seine ontische Abhängigkeit von Anderem, dem es sein Sein verdankt, sondern das konstitutive Verhältnis zur Verborgenheit, das es als die Un-verborgenheit von Sein (A-letheia) selbst *ist.* Ein im strengen Sinne ‚todloses' Dasein ist keines, ebensowenig wie das ‚tote' Dasein noch Dasein ist. Daher die nicht nur existenzialontologische, sondern darüberhinaus fundamentalontologische Bedeutung der Todesproblematik bei Heidegger.

Erst in dieser Perspektive läßt sich das Dasein hinsichtlich der Differenz seiner Seinsweisen, Eigentlichkeit und Uneigentlichkeit, thematisieren. Es ist sein Sein je anders aus dem Verhältnis zu seinem Nicht - dem Tod. An ihm generiert es die Wahrheit und Unwahrheit seines Seins. Sind dies aber Weisen, in denen das Dasein die ursprüngliche Erschlossenheit seines Seins ist: sich ihr zu- oder von ihr abkehrt, dann muß die Art und Weise, in der sich das Dasein ‚eigentlich' oder ‚uneigentlich' aus dem Sein-zum-Tode erschließt, auch Einblick geben in die ursprüngliche Konstitution der Offenheit und Unverborgenheit von Sein, die es als solches je schon ist. Dazu nehmen wir das nächste Mal die nähere Bestimmung von Eigentlichkeit und Uneigentlichkeit auf.

Anmerkung

1. Texte

HEIDEGGER, Sein und Zeit § 28 - 34; § 54 - 60 (zu 1.3./1.4.). Sein und Zeit § 46 - 53 (zu 1.5.). ARISTOTELES, Metaphysik IX (Kp. 1 - 9); hierzu auch HEIDEGGER, GA 33.

2. Literatur

Zur Rezeption von Heideggers existenzialer Analyse der Befindlichkeit vgl. O. F. BOLLNOW, Vom Wesen der Stimmungen (1941). Einführend in die hermeneutische Problematik: O. PÖGGELER, Hermeneutische Philosophie (1983). H. G. GADAMER, Art. Hermeneutik in: HWPH III, 1061 - 1073. DERS., Wahrheit und Methode, 240 - 256 (Der hermeneutische Zirkel); 284 - 290 (Das Prinzip der Wirkungsgeschichte); Anhang: Hermeneutik und Historismus (477 - 512). R. BULTMANN, Geschichte und Eschatologie VIII, Das Problem der Hermeneutik (123 ff.). Zu Geschichte und Problem der Hermeneutik: H. G. GADAMER/G. BOEHM (Hg.), Seminar: Philosophische Hermeneutik. Frankfurt a. M. 1976. DIES., Seminar: Die Hermeneutik und die Wissenschaften. Frankfurt a. M. 1978. Zur Auseinandersetzung vgl. Emilio BETTI, Die Hermeneutik als allgemeine Methodik der Geisteswissenschaften. 2., durchgesehene Aufl. Tübingen 1972. R. BRANDNER, Heidegger, BG, II. Teil, Kapitel. Eine sachlich ganz hervorragende und tiefgehende Auseinandersetzung der existenzialontologischen Problematik der Modalbegriffe im Horizont der Todesproblematik gibt W. MÜLLER-LAUTER, Möglichkeit und Wirklichkeit (1960). MÜLLER-LAUTER zeigt in einer sehr konzentrierten Analyse der existenzialontologischen Frage nach dem Tod, daß dieser gerade nicht als ‚reine Möglichkeit', sondern zugleich als die "allen Möglichseins bare Un-Möglichkeit" (43) begriffen wird, die sich damit als die "vorgängige Bedingung des Möglichseins zum Tod" erweist (ebd.). Erst der Tod: also das Nicht des Da als Nichtung seiner Möglichkeiten erschließt in der Weise reiner Wirklichkeit das Dasein als Möglichsein, das HEIDEGGER als die ‚letzte *positive* ontologische Bestimmtheit *des Daseins*' (SZ, 144, Herv. von mir) geltend macht. Gerade dieser Satz HEIDEGGERS zeigt aber, wie fern es ihm liegt, die *Gleichursprünglichkeit* existenzialer Bestimmungen, so auch der modalontologischen Begriffe und ihrer je fundierenden Zeitlichkeitsekstasen, zugunsten eines Prioritätsverhältnisses preiszugeben. Die ‚letzte *positive* Bestimmtheit' - nicht des Seins, sondern des *Da*-seins, bezeichnet eben das, was es als Da angesichts der Nichtung seines Seins im Vorlaufen in den Tod *ist*; dies aber schließt nicht aus, sondern ein, daß sich die Wirklichkeit (Faktizität) seines Seins vorgängig erschließt: und zwar als die Negativität, das Nicht und die Nichtung seines Seins, die in der Befindlichkeit der Angst ebensosehr wie in der Schuld aufgeht. ‚Wirklichkeit' erschließt sich dem Dasein als ‚reine Negativität': sie west als das Nichts, das dem Dasein am Tod als der Nichtung des Da aufgeht. In diesem Sinne schreibt MÜLLER-LAUTER: "'Höher' als die Ur-Möglichkeit steht die Un-Möglichkeit, d.i. die Wirklichkeit" (45). Der Tod ist die Ur- und Unmöglichkeit in einem als die Grenze, diese das Urgeschehen des Daseins (47); und darin konstituiert die Wirklichkeit die Möglichkeit des Daseins, indem ihr ‚Wirken', wie MÜLLER-LAUTER treffend ausführt, die ‚Freigabe von Möglichkeiten' ist (48). MÜLLER-LAUTER kommt damit aufgrund der existenzialontologischen Analysen zu dem Resultat, daß das "ontologisch ursprüngliche Konstituens des Daseins ... die totale Wirklichkeit (ist), der Tod" (65), und entsprechend "die Zukunft ... aus der ursprünglichen Gegenwart des Todes" entspringt (53). Erst vor diesem Hintergrund gibt es die *faktische* Erfahrung des Seienden als *Wirklichem*, indem das Dasein aus der Abkehr von der totalen Wirklichkeit des Todes sich vor das Seiende bringt und es in dieser Zukehr als ‚Wirkliches' erfährt (77). Wirklichkeit ist dem Dasein ‚via negationis' erschlossen: die Erschlossenheit der Faktizität des Seins im Nicht zentriert. Deshalb schließt sie die der eigenen faktischen Endlichkeit des Daseins in sich mit ein. In diesem Punkt trifft MÜLLER-LAUTER die existenzialontologische Konzeption der ‚Wirklichkeit' selbst; und es ist lediglich, daß er sich allzuleicht von HEIDEGGERS polemischer ‚Umgewichtung' der Wirklichkeit zugunsten der Möglichkeit dazu verführen läßt, dies als ‚Kritik' gegen sie geltend zu machen und damit Gleichursprünglichkeit und Prioritätsverhältnis kontradiktorisch gegeneinander auszuspielen. Anders verhält es sich mit seiner Auseinandersetzung der Bestimmungen der Zuhandenheit und Vorhandenheit (§ 33), die in der Tat über den Horizont des existenzialontologischen Denkens hinausgeht und die sachliche Unzulänglichkeit seiner Konzeption der ‚theoria' aufzeigt, die erst im Übergang zum seinsgeschichtlichen Denken eingeholt wird. MÜLLER-LAUTER macht überzeugend deutlich, daß die ‚Entweltlichung' des Zuhandenen zur Vorhandenheit gerade auch seine Vorgängigkeit, sein faktisches Schon-anwesen offenbart, das in seiner Zuhandenheit verborgen bleiben muß: "das Daß des Realen" (81). Das ‚Daß' gibt sich als das Nicht des Nichtseins, wie es in der späteren Formel HEIDEGGERS (‚Seiendes und nicht nichts') dann ganz geläufig ist. Obgleich die von MÜLLER-LAUTER vollzogene Gleichsetzung von ‚Realem' und ‚Wirklichem' fragwürdig ist, liegt darin doch die entscheidende Einsicht, daß das ‚Besorgen' existenzialontologisch zu Unrecht als das Maß de Offenbarkeit von Sein fungiert und von daher einen sachlich unangemessenen Begriff theoretischer Erkenntnis zur Folge hat. Die grundlegend fundamentalontologische Bedeutung, die der Tod als das Nicht des Da für die Erschlossenheit von Sein (Aletheia) hat, erhellt sich auch as der sehr gründlichen Auseinandersetzung der Todesproblematik bei HEIDEGGER von J. DEMSKE, Sein, Mensch und Tod (1963), obwohl er in der Frage nach HEIDEGGERS ‚Menschenbild' manches überzieht. Im engeren Bezug auf die Spätphilosophie HEIDEGGERS vgl. zusätzlich W. MARX, Die Sterblichen, in: Nachdenken (1980), 160 - 175.

9. Die Frage nach dem Sein des Daseins III

2.6. Verfallenheit und Entschlosssenheit

In der existenzialontologischen Analytik sind wir bis an den Punkt der Erschlossenheit des Daseins in der strukturellen Ganzheit seines Seins vorgedrungen. Das In-der-Welt-sein des Daseins als Geworfenheit und Entwurf umgrenzt sich in seiner Ganzheit als das Sein-zum-Tode. Von diesem her existiert es primär als Verfallen an das Man: der Unwahrheit als der Abkehr von der ursprünglichen Selbsterschlossenheit seines Seins, um sich erst rückkünftig auf das, was es als die Wahrheit seines Seins im Grunde immer schon weiß, in die Faktizität seines je eigenen Seins zu übernehmen. Am Sein-zum-Tode verfällt das Dasein seiner primären Enteignung als Preisgabe seiner selbst - es existiert unzugeeignet als ‚Verfallenheit'. Deshalb kann es auch nur das Sein-zum-Tode selbst sein, an dem das Dasein sich in die Wahrheit seines Seins einholt und sich selbst zugeeignet existiert als, wie Heidegger terminologisch bestimmt, ‚Entschlossenheit'. Am Sein-zum-Tode konstituiert sich das ‚Subjekt' der Existenz: es erschließt sich am Tod als je anderes, indem sich an ihm das Dasein selbst als solches in die Offenheit seiner bringt. Es ist diese Erschließungsfunktion des Seins-zum-Tode, die für Heidegger die Differenzierung der Seinsweisen der Existenz: Eigentlichkeit (Verfallenheit) und Uneigentlichkeit (Entschlossenheit) - so wichtig werden läßt. An ihr wird das Menschsein selbst als das Geschehen der Un-verborgenheit von Sein (Aletheia) faßbar.

Formal gesehen handelt es sich also darum, daß das Dasein gleichursprünglich in der Wahrheit und Unwahrheit ist (SZ, 222). Die ursprüngliche Erschlossenheit seines Seins, die es als solches ist, ist aber unmittelbar verdeckt und verschlossen: Das Dasein existiert faktisch primär als ‚Unwahres', das sich von der ursprünglichen Erschlossenheit seines Seins abgekehrt hat. Weil es darin aber gleichwohl auf diese bezogen bleibt, existiert es von sich her als die beständige Spannung, sich in seiner Wahrheit selbst wiederzugewinnen; es geht in der ‚Verfallenheit' seiner prinzipiellen Wahrheitsfähigkeit nicht verlustig, sondern diese selbst ist sein primärer Wahrheitsbezug als Negation und Privation von Verdeckung und Verhüllung (a-letheia). Vom Schein, der Unwahrheit läßt sich nur sprechen, wenn darin schon vorgängig ‚Wahrheit' im Blick steht, auch wenn diese erst nachträglich durch die Negation des Scheins als solche gewußt wird. ‚Wahrheit' gibt es nur als die Negation von Schein, den Schein aber gibt es nur aufgrund einer vorgängigen Verbergung dessen, was nachträglich *als Wahrheit* auf den Begriff gebracht wird. Es ist diese Struktur von Wahrheit, die existenziell in den Seinsweisen der Uneigentlichkeit und Eigentlichkeit ausgetragen wird und den Begriff der Aletheia selbst bestimmt 1. als Erschlossenheit, Unverborgenheit, Offenheit überhaupt und 2. in der Alternative von Wahrheit und Schein (Unwahrheit). Das Dasein existiert selbst wesentlich als diese Struktur: Es ist, indem es ist, auch schon verfallen und existiert damit als das interne Spannungsverhältnis zu dem, was es im Grunde seines Seins je schon als dieses selbst weiß.

Gehen wir aus von der Kennzeichnung der Verfallenheit. Heidegger versteht darunter eine "existenzial eigene Weise der Bewegtheit" (SZ, 134), die im Geschehen des Daseins als solchem liegt. Verfallen ist das Dasein ein Abfallen von sich selbst. Dieses konstituiert das Man als das ‚Subjekt' (Wer) des Existierens. Das Man gibt es nicht außerhalb dieses Abfallens als ein von irgendwoher an sich vorausgesetztes, sondern: indem das Dasein in der Bewegtheit des ‚Weg-von-ihm-selbst' von sich selbst abfällt, verdinglicht es sich am Bestehenden und ist als Verfallenheit selbst das ‚Man-selbst', das Heidegger nun vornehmlich durch Begriffe fehlender Distinktion kennzeichnet: Einebnung, Durchschnittlichkeit, Unauffälligkeit und anderes mehr drücken durchgängig die ununterschiedene Einerleiheit und Indifferenz als die mitweltlich hergestellte Identität jenes Jedermann und Niemand aus, darin das Dasein ‚aufgeht'. Das ‚Aufgehen' selbst bezeichnet nichts anderes als diese ‚Indifferenzierung' des je eigenen Seins; das Dasein ist, wie Heidegger sagt, ‚benommen', indem es sein unterschiedenes Anderssein von Anderem und zu Anderem verliert. Es existiert als die Stellvertretung seiner durch die Ununterschiedenheit und Einerleiheit, die es als sein ‚Man-selbst' selbst konstituiert: seine Gleichschaltung (‚Einebnung') ins Indifferente des Jedermann und Niemand. Wie sich dann an den Bestimmungen der ‚durchschnittlichen Alltäglichkeit' (SZ, § 35 - 37) zeigt, ist diese verhüllende und scheinhafte Erschlossenheit im wesentlichen durch ihren fehlenden Sachbezug gekennzeichnet. Dem Gerede fehlt, wie Heidegger sagt, das ursprünglich verstehende Sein zum Worüber der Rede; worum es geht, ist das "Geredete als solches" (SZ, 168): "man meint dasselbe, weil man das Gesagte in derselben Durchschnittlichkeit versteht" (ebd.). Das Dasein verfällt dem Schein und der Unwahrheit, indem seine indistinkte und ununterschiedene Einerleiheit jeden differentialen Bezug zu dem, was ist, abkoppelt; es ist "von den primären und ursprünglich-echten Seinsbezügen zur Welt, zum Mitdasein, zum Insein selbst abgeschnitten" (SZ, 170). Diese Abkoppelung der Erschlossenheit von ihrem Bezugsworauf faßt Heidegger als die "Entwurzelung" und "Bodenlosigkeit" des Daseins: die ‚Öffentlichkeit' ist die in sich verselbstständigte Erschlossenheit, die sich von ihrem Bezugsworauf ablöst und sich nur noch in sich reproduziert. Mit dem Verlust der Sache, ihrem Wovon, hat sie ‚Wurzel' und ‚Boden' verloren: Das Dasein existiert nicht mehr als die Erschlossenheit von Sein und Seiendem, sondern als die bezugslos in sich verselbstständigte Gleichheit und Selbigkeit des Meinens; die Öffentlichkeit als die intersubjektive Negation der Sachbezüge hebt das Sein des Dasein als Sein-zur-Welt in die Verhältnislosigkeit auf. In ihr konstituiert sich die Erschlossenheit von Sein als Schein, als welche das Dasein in der Unwahrheit existiert und sich sein geworfen-entwerfendes Sein-zum-Tode verhüllt hat.

Wir können die Verfallenheit demnach auch kurz als die Aufhebung von Differenz überhaupt fassen: In der bestimmungslosen Identität eines intersubjektiv Allgemeinen entlastet sich das Dasein und konstituiert damit sein In-der-Welt-sein als die in sich und zu anderem indifferente Sphäre der Öffentlichkeit. Umgekehrt muß dann die Wahrheit der Existenz als die ,Last der Distinktion' verstanden sein. Das Prinzip dieser Distinktion aber ist die ,Jemeinigkeit'. Die ,Entlastung' des Daseins von seiner Jemeinigkeit ist seine "Versuchung" und "Beruhigung" (SZ, 177), im Hinblick auf seine Privation im Man "Entfremdung" und "Verfängnis" (SZ, 178). Das Dasein verführt - sich selbst: und diese Verführung bringt allererst jene Öffentlichkeit hervor, die dann als intersubjektiv geltende Wahrheit dem Dasein seine maßgeblichen Inhalte vorgibt. Dasein verführt sich spontan von sich her zur Unfreiheit; und diese Bewegtheit, in die es als Geworfenes je schon von sich her verfällt, bezeichnet Heidegger nun auch als "Sturz" und "Wirbel" (SZ, 178), um damit in einer Art ,existenzialer Kinetik' die Verfallenheit als Resultat der Geworfenheit deutlich zu machen: Geworfen bleibt das Dasein, solange es ist, im Wurf, und - fällt: es verfällt kraft seiner Geworfenheit und geht in die unterschiedlose Einerleiheit in sich verselbstständigter Öffentlichkeit auf. Die ,Öffentlichkeit' ist die Aletheia als der existenzia generierte ,Schein' des In-der-Welt-seins.

Nun darf uns diese suggestive Anschaulichkeit der existenzialontologischen Kinetik: ,Werfen -in ...', ,Verfallen an ...', ,Aufgehen', ,Sturz' und ,Wirbel' nicht darüber hinwegtäuschen, daß, was sich hier als bloße Deskription imaginärer Sachverhalte ,poetologisch' anläßt, begrifflich durchaus ernst zu nehmen ist: Der Mensch ist *in* dem, *wovon* er die Offenheit und Erschlossenheit ist: aber genau diese Relation verschwindet im In-sein, das Von-sein läßt sich nicht festhalten: der Sachbezug des Wissens geht verlustig, und zwar an dem *Wovon, worinnen* das Dasein zugleich aufgeht. Die Gegensätzlichkeit von In-sein und Wovon-sein hebt sich in der Faktizität des Dasein - seiner Geworfenheit - als sein Verfallen an ... das Worin und Wovon (Offenheit, Erschlossenheit, Welt), auf. Die Paradoxie des Menschseins ist formal betrachtet, daß er sich zu seinem Worinnen-sein verhält. Etwas verhält sich aber nur zu einem Anderen, wenn es *außerhalb* seiner ist. Der Mensch aber ist *in* dem, *wovon* er die Offenheit ist: er ist diese ,selbst' als In-der-Welt-sein. In der Welt ist der Mensch aber ekstatisch aus sich herausversetzt bei Anderem, zu dem *er sich* verhält. Aber ,wer' ist er darin?- Unmittelbar nichts - er west als die Privation seiner selbst. Warum ist das Menschsein primär verfallend in der Unwahrheit, dem Schein?- Weil sich im Geschehen des Menschseins die differentiale Struktur der Offenheit ‚unmittelbar' nicht halten läßt: sie verfällt, kollabiert in ihre differenzlose Verselbstständigung. Die Bewegtheit des Verfallens ist gewissermaßen der Strukturkollaps der ‚Aletheia', der sie als ‚Schein' konstituiert. Als dieser Schein existiert das Dasein in der Unwahrheit.

Wir können nun andersherum fragen, wie sich die differentiale Struktur des Dasein (Aletheia) für dieses selbst aus ihrem Verfallen wiedergewinnen läßt. Formal besehen nur dadurch, daß die Differenzierungskraft des Negativen zum Zuge kommt. Diese Differenzierungskraft aber ist existenzial gefaßt das Sein-zum-Tode. ‚Verfallenheit' besagt, daß diese Differenzierungskraft im Geschehen des Daseins erst einmal nicht zum Zuge kommen kann. Warum?- Weil sie die Bedingung ihrer Möglichkeit daran hat, daß das Dasein ist. Erst auf dieser Grundlage kann sich das Dasein an der horizontalen Erschlossenheit seines Nicht ausdifferenzieren und als ‚es selbst' übernehmen. Darin ist und bleibt es selbst das Kriterium seiner existenziellen Wahrheit und Unwahrheit. Da sich nun die existenziale Erschlossenheit des Da in Befindlichkeit und Verstehen konstituiert, müssen wir nach einer solchen Grundbefindlichkeit und einem solchen Verstehen Ausschau halten, darin sich das Sein-zum-Tode eigens konstituiert. Diese Grundbefindlichkeit denkt Heidegger an der Angst, die korrelative Weise des Verstehens aber am Gewissen. Angst und Gewissen sind dann die in sich zusammengehörigen ‚Katalysatoren' der Wahrheit *und* Unwahrheit der Existenz, je nachdem, ob in ihnen die Differenzierungskraft des Negativen niedergehalten oder zu ihrer Entfaltung zugelassen wird.

Beginnen wir mit der Grundbefindlichkeit der Angst. Grundlegend ist für Heidegger ihre Unterscheidung von der Furcht. Furcht ist Furcht vor etwas, das in einer Bedrohlichkeit für das eigene Sein begegnet, irgendeiner möglichen Abträglichkeit für die konkreten Bestimmungen des eigenen In-der-Welt-seins. Wovor und worum des Fürchtens sind unterschiedene Andere zueinander und je ontisch bestimmt ‚irgend etwas'. In der Furcht bleibt das Dasein in seiner intentionalen Verhaltung zu Seiendem bestehen: sie ist eine Befindlichkeit, die es selbst angesichts eines möglichen Negationscharakter im Begegnen von Seiendem stimmt. Anders die Grundbefindlichkeit der Angst: Sie versetzt das Dasein aus sich und jeder möglichen intentionalen Haltung zu bestimmtem Seienden heraus. Das ‚es selbst' des Daseins versinkt in der Angst ebensosehr wie jeder mögliche Bezug auf ein bestimmtes Etwas, wovor ‚sich' das Dasein ängstigen könnte. Das, worum es sich ängstigt, ist deshalb auch nicht irgendetwas Bestimmtes, von dem es sich selbst noch unterscheiden könnte, sondern das In-der-Welt-sein selbst und als solches. Die Angst läßt das Seiende qua Innerweltliche insgesamt ‚nichten', die ontische Bestimmtheit des Daseins inbegriffen: es verschwindet - und im Verschwinden erschließt sich das Andere zu allem Seienden: Welt. Was in der Angst eigens hervorgekehrt wird, ist das In-der-Welt-sein selbst als das Wovor und Worum der Angst. Angst ist ‚Weltangst'begriffen aus der Andersheit zu allem innerweltlich Begegnendem.Im Unterschied zur Furcht, die immer ontisch-intentional bezogen bleibt, ist die Angst ontologisch erschließend die Grundbefindlichkeit des In-der-Welt-seins selbst. Beide sind ontologisch differente Befindlichkeiten, die je Seiendes oder das Sein selbst (Welt) erschließen.

Fragen wir nun genauer, was mit dem Dasein in der Angst geschieht: Sie "vereinzelt das Dasein auf sein eigenstes In-der-Welt-sein" (SZ, 187), wirft es auf das zurück, worum es sich ängstigt: sein In-der-Welt-sein. Was bedeutet diese ‚Vereinzelung' in der Angst?- Keinenfalls eine wie immer geartete ontische ‚Egoität' oder Eigenheit, sondern *sein* bloßes In-der-Welt-sein. Das In-der-Welt-sein gibt es nur so, daß es das eines Jeweiligen ist - es ist grundsätzlich ‚selbsthaft' verfaßt, ontisch zentriert und in einem Seienden verankert, das sich darin ‚selbst' übereignet ist. Dieses *bloße* In-der-Welt-sein, das sich als selbsthaftes in seine Übereignung gibt, ist, was sich in der Angst als das ‚Vereinzelnde' erschließt. In der Vereinzelung erschließt das Dasein sich in seinem Sein als "solus ipse" (ebd.), Alleinsein. ‚Allein' ist das Dasein als ‚es selbst', das sein faktisches In-der-Welt-sein als solches übernehmen muß. Die ‚Vereinzelung' bringt das Dasein "vor sein Freisein für ...(...) die Eigentlichkeit seines Seins als Möglichkeit, die es immer schon ist" (SZ, 188). In der Angst tritt die Jemeinigkeit des Existierens allererst als solche hervor, die eigens zu übernehmen ist. Darin liegt die - auf den ersten Blick sicher paradox scheinende - Befreiungsfunktion der Angst: Sie setzt das Dasein aus der Verfallenheit an das Man-selbst frei in die Erschlossenheit seines ‚eigensten' Seinkönnens als die "Freiheit zum Tode" (SZ, 266), die ja nun gerade nicht mich von einem anderen unterscheidet, sondern für alles Dasein eines und dasselbe ist. Die Distinktheit, die das Dasein in der Übernahme seines faktischen Seins-zum-Tode erhält, ist keine ontische Bestimmtheit, sondern die selbsthafte Horizontalität des In-der-Welt-seins als seine ontologische Grundverfassung. Eben darin liegt die "existenzielle Modifikation des Man als eines wesenshaften Existenzials" (SZ, 130). Die Befreiungsfunktion der Angst - *von* dem Verfallen an das Man-selbst *zu* dem eigensten Seinkönnen - besteht in der Erschließung des Alleinseins als der selbsthaften Horizontalität allen In-der-Welt-seins. Die Angst befreit, indem sie das, was je schon das faktische ‚Subjekt' des Existierens ist, als solches in die Offenheit bringt. In diesem Sinne ‚bringt sie das Dasein vor sich selbst' - und zwar als Möglichkeit eigensten Seinskönnens: "Mit dem Worum des Sich-ängstigens erschließt daher die Angst das Dasein als Möglichsein, und zwar als das, das es einzig von ihm selbst her als vereinzeltes in der Vereinzelung sein kann" (SZ, 187/88). Die Angst erschließt aber das In-der-Welt-sein nur aus dem Gegenzug zu seiner Nichtung - dem Tod als "die Möglichkeit der Unmöglichkeit ... jedes Existierens" (SZ, 262). In der Angst sind Welt und Tod gleichursprünglich erschlossen; und es wesentlich diese Erschlossenheit des Todes als dem Nicht des Da, die das Dasein als einzelnes "beansprucht" und "auf es selbst ... vereinzelt" (SZ, 263). Die Angst trifft das Man-selbst - es fällt ab und bringt in der Angst das Dasein zu sich selbst. Es ist deshalb nie als Man-selbst, sondern immer nur als Alleinsein das *Sich*-ängstigende. Deshalb fährt Heidegger fort: "Diese Vereinzelung ist eine Weise des Erschließens des ‚Da' für die Existenz" (ebd.). Im Vorhalten des Äußersten, des Todes als der unüberholbaren Möglichkeit der Unmöglichkeit der Existenz, erschließt sich mir mein Sein ‚ursprünglich', d.h. aus seinem Ursprung, dem Sprung der faktischen Übereignung meines Seins, heraus. Die Angst erschließt am Tod die Jemeinigkeit der Existenz und befreit sie damit zu sich selbst. Der ‚soteriologische' Grundzug der Angst, das Menschsein aus seinem Verfallen herauszulösen und zu sich als schlechthin unvertretbares Alleinsein zurückzubringen, verdankt sich einzig und allein dieser Erschließung des Da an seinem Nicht. Aus dieser Erschlossenheit des gegenwendigen Nicht des Da in Geworfenheit und Sein-zum-Tode heraus vollzieht sich das Aufschliessen des eigensten Seinkönnens auf seine Möglichkeiten hin anders als dort, wo das Dasein sich sein Sein aus der Verhüllung seines geworfenen Seins-zum-Tode - dem ‚Man-selbst' - entwirft. Die Angst vermag es, die Wahrheit der Existenz zu stiften; und insofern sie diese Grundlegungsfunktion für das Existieren übernimmt, zeitigt sich dieses als ‚Entschlossenheit'. Diese bezeichnet nichts als die Haltung des Daseins als der "von den Illusionen des Man gelösten ... sich ängstigenden Freiheit zum Tode" (SZ, 266).

Wie aber gibt es die Angst?- Wenn sie als Grundbefindlichkeit des In-der-Welt-seins dieses ursprünglich an ihm selbst erschließt, dann muß sie ihm auch als solche angehören. Dies heißt, sie ist keine ‚Stimmung', die das Dasein ab und zu betrifft, überfällt und gefangen nimmt, sondern seine Weltbefindlichkeit, die, solange es ist, immer auch mit da ist. Im Grunde seines Seins ängstigt sich das Dasein immer; sie, die Angst, bestimmt das In-der-Welt-sein immer schon "latent" (SZ, 189) - es ist als solches ein ‚In-der-Angst-sein', und zwar auch und gerade dann, wenn es sich von ihr abkehrt, sie abdrängt und nicht eigens aufbrechen läßt.

Entscheidend wird damit das Verhältnis zur Angst. Dieses Verhältnis aber ist die Angst selbst als ‚negative' Stimmung. Die Angst ist als ‚negative Stimmung' unmittelbar in sich repulsiv die Angst vor der Angst. Woher dieser Repulsionscharakter der Angst und überhaupt sogenannter ‚negativer Stimmungen'?- Daher, daß sie das Dasein an seinem Nicht vor sich selbst bringt und von ihm selber her zurückstößt. Das Dasein kehrt sich ab von der Angst, indem es sich von dem abkehrt, was ihm in der Angst erschlossen ist: das Nicht. Die Abkehr aus Angst ist die Abkehr der Angst von dem, was sie erschließt. Daher auch die ‚reflexive' Struktur ‚negativer Stimmungen', nicht nur der Angst: in ihnen ist das Dasein repulsiv, rückschlagend und von sich wegstoßend auf sich selbst bezogen. In der Angst vor der Angst wird die Angst aus Angst je niedergehalten. Das Dasein existiert aus der Abkehrung von der in der Angst erschlossenen Wahrheit seines Seins (SZ, 186). Deshalb, so Heidegger, fürchtet es sich. Damit faßt Heidegger nun Angst und Furcht in einem Gründungsverhältnis: Die Angst ist die Bedingung der Möglichkeit der Furcht. Erst ihre Niederhaltung gibt das Dasein frei in die Furcht. Würde sich das Dasein in seinem Grunde nicht ängstigen, könnte es nie Furcht haben. Die Furcht gründet in der aus Angst niedergehaltenen Angst: sie ist ihre ontische Modifikation zur Intentionalität des Man-selbst, das sich im Besorgen als die Negation möglicher Abträglichkeiten und Bedrohlichkeiten verzehrt. In diesem Sinne faßt Heidegger die Furcht als "die an die ‚Welt' verfallene, uneigentliche und ihr selbst als solche verborgene Angst" (SZ, 189). Umgekehrt ist dann das Hineingehen in die Angst zugleich die Überwindung der Furcht.

Damit hat sich nun genauer gezeigt, wie die Grundbefindlichkeit der Angst die ursprüngliche Erschlossenheit des Daseins offenhält. Ihre ontologische Erschließungsfunktion ist wesentlich bezogen auf das Nicht von Sein: am Tod als dem Nicht des Daseins erschließt sich das Sein überhaupt als gegenwendige Eröffnung in die Un-verborgenheit, die das Sein selbst als ihr Anderes: als ‚Verborgenheit' (Lethe) hinter sich läßt. Das Nicht erschließt sich nicht in der intentionalen Verfassung des ‚Logos', der Negation, sondern der Grundbefindlichkeit des In-der-Welt-seins als die konstitutive Negativität des Seins selbst. Weil alle Erschlossenheit, alles Wissen und Verstehen von etwas *als* etwas durch die Negation dessen, was es nicht ist, vermittelt ist, kann sich das Sein des Da *als Da*, wenn der Befindlichkeit denn überhaupt eine ontologische Erschließungsfunktion zugemessen wird, wesentlich nur in einer ‚negativen Stimmung' ursprünglich an sich selbst erschließen, d.h. einer solchen, die es vor seinen Tod stellt. Daß die existenziale Analyse sich vornehmlich auf sogenannte ‚negative Phänomene' der Existenz bezieht (Angst, Tod, Schuld usw.), hängt wesentlich mit der Erschließungsfunktion des Nicht, des Negativen überhaupt zusammen. Heidegger daraus einen Vorwurf zu machen, daß er nicht auch die existenziellen Phänomene der Lust, Freude, Heiterkeit usw. abhandelt, beweist nur, daß man die ganze Fragestellung nach der ‚existenzialen Konstitutuion des Da' nicht verstanden hat. Dem sogenannten ‚Positiven' fehlt die gegenwendig zur Verbergung eröffnende Erschließungskraft. Damit ist aber auch schon gesagt, daß die vor-intentionale Offenheit von Sein, die das Dasein selbst ist, nur als wesenhaft endliche möglich ist. Eine unendliche Offenheit von Sein wäre Offenheit von Nichts, mithin keine Offenheit, die noch als ontologisches Wissen gefaßt werden könnte. Deshalb muß ein Seiendes, das es inmitten des Seienden übernimmt, das Sein von Seiendem überhaupt in die Offenheit und Unverborgenheit seines Wesens (verbal) zu bringen, seiner Verfassung nach ‚sterblich' sein. Anders ist ‚Ek-sistenz' überhaupt unmöglich.

Betrachten wir dies nun noch von der Seite des Verstehens aus, dem Gewissen. Unter dem ‚Gewissen' verstehen wir gewöhnlich das moralische Bewußtsein als ein wie immer näher verfaßtes normatives Wissen von Maßstäben des Guten und Schlechten, Richtigen und Falschen, das sich beurteilend auf das faktisch Bestehende bezieht. Aber gerade als das internalisierte Ganze von sozialen Normen würde das Gewissen, heideggerisch gedacht, unter den Begriff des Man-selbst fallen. Das Gewissen als Phänomen, das existenzial-ontologisch zu analysieren und auf den Begriff zu bringen ist, enthält aber noch keine solche Bestimmung des ‚Selbst-seins' und muß deshalb unabhängig von seiner ontisch-inhaltlichen Ausprägung rein formal in den Blick gebracht werden. Als solches ist es eine Bestimmung der ontologischen Selbsterschlossenheit des Daseins. Sein Gewußtes bezieht sich auf das Sein des Daseins selbst - sein Existieren in der Weise der Wahrheit (Entschlossenheit) oder Unwahrheit (Verfallenheit). Die ontologische Selbsterschlossenheit des Daseins bezeichnet also nichts anderes als das Für-sich-sein des Wissen, die ‚begleitende Mitwisserschaft', die in allem Wissen von etwas immer als Sich-wissen mit dabei ist (‚syneidesis', ‚conscientia'). Das Dasein ist sich in der Weise seines Seins je schon miterschlossen: es weiß um die Wahrheit und Unwahrheit seines Existierens, seine Abkehr von der Angst, ihre Verdrängung und Verhüllung. Diese Selbsterschlossenheit seines Existierens teilt es sich im Gewissen je schon mit: Es gibt sich zu verstehen, woran es mit ihm selbst ist. Wie?- Indem es sich - sich selbst - mitteilt; die Weise der Mitteilung aber ist die Rede. Im Gewissen redet sich das Dasein im Hinblick auf die Wahrheit seines Seins, sein eigentliches Seinkönnen, an - es ruft sich. Zum Phänomen des Gewissens gehört dieser ‚Ruf'- und ‚Anrufcharakter'. Das ‚Auf-' und ‚Anrufen' des Gewissens erfolgt aber vom Dasein her auf dieses hin; Heidegger hält deshalb fest: "Das Dasein ruft im Gewissen sich selbst" (SZ, 275). Im Anrufen erschließt sich das Dasein an ihm selbst als etwas, was es nicht ist, aber sein sollte - und könnte. Das Gewissen ist unbestimmt bezogen auf die Schuld des Daseins an ihm selbst - ein Nicht an Sein, das ihm zu wenden aufgegeben ist. In der Einheit dieser Momente ist das Gewissen die intentionale Seite der de-intentionalen Erschliessungsfunktion der Angst. Im Gewissen erinnert sich das Dasein an das, was es je schon weiß: es ist Aufruf zur Erinnerung der Angst als der Erschlossenheit des geworfenen In-der-Welt-seins. ‚Das Dasein ruft im Gewissen sich selbst' heißt nun: es ruft sich aus dem Grunde seines Seins, der Grundbefindlichkeit der Angst um das eigene Seinkönnen. Es ruft sich aus dem Verfallensein heraus auf zum eigensten Seinkönnen. Deshalb geht es wesentlich darum, ob das Dasein sein Sich-rufen versteht: überhaupt verstehen will. Nicht das Wissen, sondern das Vernehmen des Wissens, das sich das Dasein anrufend mitteilt, ist das eigentliche Problem des Gewissens. Dieses bezeichnet Heidegger als ‚Wählen' und schreibt: "Das Rufverstehen ist das Wählen - nicht des Gewissens, das als solches nicht gewählt werden kann. Gewählt wird das Gewissen-*haben* als Freisein für das eigenste Schuldigsein. *Anrufverstehen* besagt: *Gewissen-haben-wollen*" (SZ, 288). Die Angst vor der Angst blockiert - nicht das Gewissen als Mitwissen um das, woran das Dasein mit sich ist, sondern das Anrufverstehen, wodurch das derart Gewußte erst ausdrücklich in das Existieren selbst übernommen wird. Gewußt ist aber ursprünglich das Schuldigsein des Daseins: es verschuldet sich an sich selbst, insofern es der Grund seiner eigenen Unwahrheit ist und sich als solchen übernimmt. Das Gewissen*haben* löst von dieser Schuld und macht damit das Dasein ‚frei für das eigenste Schuldigsein': die Übernahme seiner Faktizität in den Entwurf seines Seinkönnens. Dies heißt: aber nun: Das Gewissen ist die Sorge des Daseins um sich selbst - sein In-der-Welt-sein-können. Es fungiert als die Anreizung zur Wahrheit der Existenz und ist als solches das katalysatorische Moment, das die Angst vor sich selbst in die Angst hineinruft und durch das Übersteigen ihres Abwehrcharakters - des Nicht - überwindet. Im Gewissen, nicht aber dem Anrufverstehen, ist das Dasein je schon über sich hinaus: es transzendiert seine konstitutiven Befindlichkeiten und intentionalen Selbstverständnisse, die es als Manselbst an sich hat. Nur durch diese transzendierende Funktion, die alle begleitende Mitwisserschaft bezogen auf das intentionale Verhalten auszeichnet, wird die ‚repulsive' Struktur der Angst durchbrochen und aufgelöst. Dieser Transzendenzbezug des Gewissens ist nichts anderes als sein Bezug auf die ursprüngliche ontologische Selbsterschlossenheit, die das Dasein als Sorge um sich, sein In-der-Welt-sein, je schon erinnert, um daraus an ihm selbst als das Spannungsverhältnis seiner Wahrheit und Unwahrheit zu existieren. Der Ort dieser Wahrheit ist das Gewissen als befindliches Mitwissen um das eigene Sein, das in allem intentionalen Verhalten mit dabei ist.

2.7. Der Wahrheitsbegriff

Aus dieser existenzialontologischen Stoßrichtung der Gedankenführung heraus wird die Frage nach der Wahrheit allein akut bezogen auf die befindlichverstehende Selbsterschlossenheit des Daseins in Angst und Gewissen. Sie hat ihren Ort nicht in einem intentionalen Vermeinen worüber, sondern allein in der befindlichen Mitwisserschaft des Daseins um sein eigenes Sein. Davon abgesetzt und unterschieden bleibt die Wahrheit und Unwahrheit als Bestimmung der intentionalen Erschlossenheit des Seins von Seiendem. Die Grundlage dieser Differenz haben wir an der Struktur des Wissens als der differentialen Einheit von Intentionalität und Sichwissen. Sie ist konstitutiv für das Dasein, insofern es in einem und zugleich ebensosehr die Erschlosssenheit seines eigenen Seins wie die des Seins alles anderen Seienden ist. Diese unterscheidet Heidegger mitunter auch terminologisch von der ‚Erschlossenheit' und bezeichnet sie als ‚Entdecktheit'. Aber sowenig er diese terminologische Unterscheidung von ‚Erschlossenheit' und ‚Entdecktheit' konsequent durchhält, sowenig ist für seine weitergehende Thematisierung der ‚Aletheia' die Differenz von *Selbst*erschlossenheit und Erschlossenheit des *Anderen* von Relevanz. Das Ineins der Erschlossenheit des Seins von Seiendem überhaupt (Welt) als reine Faktizität des Daseins übergreift ebensosehr die Selbsterschlossenheit des Daseins wie die Erschlossenheit von Welt und alles innerweltlich Begegnenden. Darin wird eine ganz andere Unterscheidung wesentlich, die nun in Heideggers Auseinandersetzung des Wahrheitsbegriffes die Führung übernimmt: die Unterscheidung der Erschlossenheit, Offenbarkeit des *Seienden* als Begriff der *ontischen Wahrheit* von der Erschlossenheit und Unverborgenheit des *Seins* als Begriff der *ontologischen Wahrheit.* Leitend für den Wahrheitsbegriff ist nicht mehr die Differenz von ‚Selbst' (Dasein) und ‚Anderem' (Innerweltlichem), sondern die ontologische Differenz von Sein und Seiendem. Die Wahrheitsproblematik wird damit von ihrer fundamentalontologischen Seite her - der Frage nach dem ‚Sinn' von Sein, thematisch. Ihre existenzialontologische Thematisierung verschwindet in der Frage nach der Offenheit und Unverborgenheit von Sein überhaupt: dem Da des Daseins selbst als der ‚ursprünglichen Wahrheit'. Diese nennt nichts anderes als das Geschehen der Unverborgenheit von Sein überhaupt als Grund der Offenbarkeit von Seiendem: im Sein des Daseins und als dieses. Schon von daher wird deutlich, daß Heidegger in der beständigen Rückfrage nach dem gründenden und fundierenden Wovonher der Wahrheit Äquivokationen im Wahrheitsbegriff generieren muß, indem er, was sich als Grund erschließt, vom Gegründeten her angeht und nach diesem bezeichnet und benennt. Der Wahrheitsbegriff erhält dadurch eine innere Komplexität, die ihn als distinkten Begriff einer Sache überfordert; er bezeichnet, bezogen auf Verschiedenes (Dasein - Innerweltliches, Sein - Seiendes) zwar je eines und dasselbe: die Offenheit und Unverborgenheit von ... ; aber insofern diese 1. in der Relation zur Verborgenheit das Verhältnis zum Sein und 2. ihren internen Modifikationen das Verhältnis von Wahrheit und Unwahrheit bezeichnet, dennoch Verschiedenes: das Wissen als solches und das ‚wahre' Wissen im Unterschied zum ‚falschen', wobei es nun gleichgültig ist, ob dieses sich auf sich selbst oder auf anderes, auf das Sein oder das Seiende bezieht. Das ‚Wahrheitsproblem' betrifft in erster Linie den fundamentalontologischen Begriff des Daseins selbst als ‚Offenheit' und ‚Unverborgenheit' von Sein; und es ist deshalb kein Zufall, daß Heidegger gerade nicht - wie wir - aus der existenzialontologischen Stoßrichtung der Gedankenführung her auf die Frage nach der Wahrheit stößt, sondern sie aus dem fundamentalontologischen Gesichtspunkt des Zusammenhanges von ‚Sein' und ‚Wahrheit' her aufnimmt, um erst von diesem her auf die existenzialontologische Gleichursprünglichkeit von Wahrheit und Unwahrheit zu kommen. Der § 44 gibt gleichsam eine fundamentalontologische Unterbrechung der ‚existenzialen Analytik der Daseins', die erst im ‚Zweiten Abschnitt' von ‚Sein und Zeit' zuende geführt wird. Da wir diese aber umwillen einer klaren Scheidung von existenzialontologischer und fundamentalontologischer Fragestellung schon in einem Zuge zusammengefaßt haben, ergibt sich für uns hier eine etwas andere begriffliche Situation: Mit der Aufnahme der ,Wahrheitsfrage' stehen wir in der Verabschiedung der existenzialontologischen und der Annäherung an die fundamentalontologische Frage nach dem Sein. Diese werde ich das nächste Mal am Zeitproblem angehen, um von daher dann die fundamentalontologische Seite der Wahrheitsproblematik näher auszuführen. Deshalb bleibt uns für heute und zum Abschluß der ,existenzialen Analytik des Daseins' im engeren Sinne nur dies, den Übergang zur fundamentalontologischen Seite der Frage nach der Wahrheit existenzialontologisch aufzubereiten. Diese existenzialontologische Aufbereitung liegt aber in der ,existenzialen Konstitution des Da' als der ,vor-intentionalen Offenheit von Sein'.

Deshalb nun zuerst zum Zusammenhang der ,existenzialen Konstitution des Da' mit der Wahrheitsfrage. In der existenzialen Konstitution des Da geht es um die Konstitution der vor-intentionalen Offenheit von Sein, als welche der Mensch als ,in sich gelichtetes Sein' sein Sein *ist:* existiert. Diese vor-intentionale Offenheit von Sein konstituiert sich gleichursprünglich in Befindlichkeit und Verstehen. Daß überhaupt etwas ist und nicht nichts: dies geht dem Dasein ineins mit seinem Sein auf, insofern es je schon durch die verstehende Befindlichkeit (Gestimmtheit) und das befindliche Verstehen in die Offenheit und Unverborgenheit des Seins von Seiendem versetzt, ihr ausgesetzt ist. Daß die Faktizität des Seienden in seinem Sein eröffnet ist, heißt aber: es ist ,zugänglich' für das Dasein, für sein intentionales Verhalten. Die Bedingung der Möglichkeit intentionalen Verhaltens zu Seiendem in seinem Sein ist die vor-intentionale Offenheit von Sein, die sich in Befindlichkeit und Verstehen konstituiert. Insofern ,Wahrheit' das Bezugsworauf eines intentionalen Verhaltens zum Seienden als solchen ist, haben wir an der existenzialen Konstitution des Da die Bedingungen ihrer Möglichkeit, oder, insofern wir diese von dem her benennen wollen, was sie ermöglicht, die ,ursprüngliche Wahrheit'. Der Begriff der ,Vor-intentionalität' beinhaltet demnach zweierlei: einerseits die Negation von Intentionalität als Prinzip der Zugänglichkeit, d.h. der Offenbarkeit und Unverborgenheit von Seiendem. Die ,vor-intentionale' Offenheit ist wesentlich eine ,*nicht*-intentionale', Intentionalität nicht das Prinzip des Wissens von Sein. Andererseits nennt die ,Vor-intentionalität' das Gründen von Intentionalität; sie ist als solche die Bedingung ihrer Möglichkeit. Die ,vor-intentionale' Offenheit von Sein ist wesentlich die Freigabe der Intentionalität als in sich ,gelichtetes' Verhältnis zum Sein des Seienden - sein intentionales Weltverhältnis. In Befindlichkeit und Verstehen ist das Dasein je schon von sich her in sein intentionales Weltverhältnis freigegeben.

Nun gilt aber für die gesamte philosophische Tradition ontologischen Erkennens, daß sie die Zugänglichkeit des Seienden am Leitfaden des ,Logos', dem Denken und Ansprechen des Seienden in seinem Sein, festmacht: Der ,Logos' ist als ,Ansprechen *von* Seiendem in seinem Sein' (logos tinos) die maßgebliche Art und Weise, wie das Seiende in seinem Sein zugänglich und offenbar wird. Auf dieser Grundlage entwickelt die philosophische Tradition ihre Auffassung vom Wesen der Wahrheit als ‚Urteilswahrheit', die sich in der Prädikation als ‚Anmessung' und ‚Angleichung' des Geurteilten an die Sache: als ‚adaequatio intellectus et rei' - verwirklicht. Der ‚Logos', so Heidegger, ist als das intentionale Ansprechen des Seienden in seinem Sein aber *nicht* die maßgeblich erste Art und Weise, in der Seiendes zugänglich und offenbar wird, sondern angewiesen und bezogen auf die vor-intentionale und vor-prädikative Offenheit des Seins von Seiendem, in der er sich als prädikatives Vereinigen und Unterscheiden von ... je schon bewegt. Die vor-intentionale Offenheit ist zugleich ‚vor-prädikativ' und als solche ‚vor-logisch': sie wurzelt in der Befindlichkeit und der horizontal ‚als-haften' Verfassung des Verstehens. Diese gibt zugleich den Begriff der ‚a-logischen' Offenheit von Sein als Freigabe des ‚Logos' in sein Verhältnis des Entbergens, Eröffnens und Offenbarmachens von etwas als etwas. Dieses vollzieht sich in Aussage und Urteil als die bestimmende Prädikation eines zugrundeliegenden Subjektes durch ein zukommendes Prädikat (S ist P). Fundierende Grundlage der Prädikation ist und bleibt aber die verstehend-auslegende Eröffnung des Seienden in seinem Sein, wie wir sie an der ‚Als-struktur' der Auslegung und ‚Vor-struktur' des Verstehens kennengelernt haben. Heidegger bezeichnet diese Eröffnungsweise des auslegenden Verstehens innerhalb des umsichtigen Besorgens durch den Begriff des ‚hermeneutischen Als', das er von der prädikativ-bestimmenden Eröffnung im Urteil als dem ‚apophantisch-prädikativen Als' unterscheidet. Dieses ist in jenem fundiert und aus ihm abgeleitet eine ‚Modifikation' des ursprünglichen, verstehend-auslegenden ‚Als'. Worin besteht diese Modifikation?-

Das auslegende Verstehen ist ‚als-haft' verfaßt ein horizontales Offenhalten der faktischen Erschlossenheit und Offenheit von Welt, aus dem heraus es das jeweilig umsichtig Besorgte begegnen läßt. Als solches ist es artikulierbar bezogen auf ‚Sinn' als dem, worin sich die Verständlichkeit hält. Die Artikulation der Verständlichkeit ist die Aussage. Das Wesen der Aussage besteht einerseits in der ‚Aufzeigung' (apophansis): Sie läßt das Seiende von ihm selbst her sehen (deloun). Andererseits ist die Aussage ‚Heraussage' als Mitteilung: Sie ‚teilt' das Sehen-lassen mit Anderen innerhalb einer gemeinsamen Welt als ‚Mit-sehen-lassen'. Auf dieser Grundlage muß nun die Pradikation anvisiert werden: das Bestimmen von etwas als etwas - eines Subjektes, z.B. ‚Tisch' - durch ein Prädikat, z.B. ‚grün': ‚Der Tisch ist grün' ist eine mitgeteilte Aufzeigung (apophansis) des Tisches in seinem Grünsein: des Tisches *als* Grünem. Die Prädikation bezieht sich auf das zugrundeliegende Subjekt (‚Tisch'), das sie von dem Prädikat her (‚grün') in seiner Bestimmtheit *ausdrücklich* macht. Darin sieht Heidegger die entscheidende Leistung der Prädikation: "Das Bestimmen entdeckt nicht erst, sondern *schränkt* als Modus der Aufzeigung das Sehen zunächst gerade *ein* auf das Sichzeigende ... als solches, um durch die ausdrückliche *Einschränkung* des Blickes das Offenbare in seiner Bestimmtheit *ausdrücklich* offenbar zu machen" (SZ, 155). Das genannte ,Entdeckend-sein' bezieht sich auf das im Von-sich-her-zeigen des Seienden offenbare Seiende, das als solches innerhalb des auslegenden Verstehens begegnet, also diesem, und gerade nicht der Prädikation angehört. Diese ,entdeckt' nicht, sondern bezieht sich auf das in seiner phänomenalen Offenbarkeit entdeckte Seiende, um dieses nun in einer bestimmten Hinsicht thematisch ausdrücklich offenbar zu machen. Dazu schränkt sie den Blick ein auf das Sich-zeigende als dem zugrundeliegenden Subjekt (Tisch), das in der Hinsicht seiner Bestimmtheit (grün) nun ausdrücklich herausgehoben und als solches aufgezeigt wird. Im auslegenden Verstehen liegt dergleichen noch nicht: Sie entdeckt ,grüne Tische' und bewegt sich ohne die ausdrückliche Einschränkung des Blickes auf ein Zugrundeliegendes, das in seinem Sich-zeigen bestimmt wird, innerhalb der als-haften Erschlossenheit des Begegnenden aus seiner Bewandtnisganzheit. Was geschieht im Übergang zur ,Prädikation'?- "Das *zuhandene Womit* des Zutunhabens, der Verrichtung, wird zum »*Worüber*« der aufzeigenden Aussage" (SZ, 158). Es vollzieht sich, wie Heidegger sagt, "ein Umschlag in der Vorhabe" (ebd.), indem das "Bestimmen ... angesichts des schon Offenbaren ... einen Schritt zurück" geht (SZ, 155). Wir würden sagen: Die Prädikation beruht wesentlich auf einer *Vergegenständlichung*. Diese bezieht sich nun auf ein Vorhandenes, das in der Hinsicht seines "So-und-so-vorhandenseins bestimmt" (SZ, 158) wird. Das, als was das Vorhandene bestimmt wird, wird aus dem vergegenständlichten Vorhandenen herausgenommen und als Bestimmendes auf es hin zu gesagt. Die Prädikation entdeckt das Begegnende als Vorhandenes. In dieser ,Entdeckung' des Begegnenden als Vorhandenheit wird die Zuhandenheit als solche *verdeckt*. Diese Modifikation des Seinssinnes der Zuhandenheit zu dem der Vorhandenheit ist für das prädikative ,Als' entscheidend: Die Prädikation isoliert darin das Begegnende aus seiner Bewandtnisganzheit, seiner Welt, und macht es in seinem gesonderten Für-sich-sein ausdrücklich thematisch. Das prädikativ-bestimmende ,Als' verdankt sich einem ,Weltverlust', indem es das Begegnende aus seinen konkreten Verweisungszusammenhängen herausnimmt und als für sich isoliertes Vorhandenes in seiner Bestimmtheit aufzeigt. Die faktische Erschlossenheit von Welt, die im auslegende Verstehen je schon offengehalten wird, verschwindet in der Bestimmung von herausgesonderten ,Gegenständen': Die Prädikation negiert ihre eigene Fundierung in der faktisch-hermeneutischen Erschlossenheit von Welt und kann deshalb nicht der ursprüngliche Ort der Wahrheit sein. Sie ist selbst nur möglich auf der Grundlage einer vor-prädikativen Erschlossenheit von Welt, die prädikativ abgeblendet wird. Ebensosehr wie in der maßgeblichen Bestimmung der Wahrheit als ,Urteilswahrheit' wird in der am prädikativ-bestimmenden Denken orientierten Bestimmung von Sein die Faktizität von Welt als vor-intentionale Offenheit von Sein übersprungen.

Heidegger gibt in ‚Vom Wesen des Grundes' (WM, 26 ff.) einen kurzen Aufriß der Wahrheitsproblematik, der uns, wenn wir auf die Auslassungen achten, in der angezeigten Richtung weiterführt. Grundlegend ist für Heidegger hier die Differenzierung von ‚ontischer' und ‚ontologischer Wahrheit'. Jene meint die Offenbarkeit des Seienden, diese die Unverborgenheit des Seins. Beides gehört zusammen; und damit wir von vorneherein nicht der Versuchung erliegen, sie abstrakt auseinander zu dividieren, müssen wir von ihrer Zusammengehörigkeit ausgehen. Diese besteht aber in ihrem Fundierungsverhältnis: Die Unverborgenheit von Sein gibt das Seiende in die Offenbarkeit (seines Anwesens, Seins) frei. Diese, und damit die intentionale Zugänglichkeit von Seiendem in seinem Sein, ist gegründet in der vorgängigen Unverborgenheit des Seins von Seiendem, die gleichsam ‚hinter' die Offenbarkeit des Seienden zurücktritt, sich unthematisch entzieht in die thematische Freigabe des Seienden als solchen. Heidegger schreibt: "Unverborgenheit des Seins aber ist immer Wahrheit des Seins *von* Seiendem, mag dieses wirklich sein oder nicht. Umgekehrt liegt in der Unverborgenheit von Seiendem je schon eine solche seines Seins. Ontische und ontologische Wahrheit betreffen je verschieden *Seiendes in* seinem Sein und *Sein von* Seiendem. Sie gehören wesenhaft zusammen auf Grund ihres Bezugs zum *Unterschied von Sein und Seiendem* (ontologische Differenz)" (WM, 30). Kurz: Das Dasein ist in einem und zugleich die Unverborgenheit des Seins von Seiendem und des Seienden in seinem Sein; und dies in der Differenz von ‚operativer' und ‚thematischer', ‚unausdrücklicher' und ‚ausdrücklicher' Erschlossenheit. Die ontologische Differenz konstituiert sich ‚inner-epistemisch' als die Differenz von ‚operationaler' und ‚thematischer' Erschlossenheit. Insofern nun der ‚Logos' als das verbindend-unterscheidende Ansprechen des Seienden in seinem Sein die maßgebliche Art und Weise im Erfassen dessen, was ist, darstellt, ist die Wahrheit eine Sache der ‚Prädikation': sie hat ihren ‚Ort' im ‚Urteil'. Die prädikative Wahrheit von Sachverhalten assoziert Heidegger nun mit der ‚ontischen Wahrheit', was auf jeden Fall unexakt ist; denn auch die ontologische Erkenntnis artikuliert sich mitunter, nicht ausschließlich, im prädikativen Bestimmen von etwas als etwas; prädikative Wahrheit darf nicht gleichgesetzt werden mit dem Begriff ‚ontischer Wahrheit' im Gegensatz zur ‚ontologischen'. Aber darauf kommt es hier nicht an. Worauf es ankommt, ist, daß, wie Heidegger schreibt, das Seiende "als das mögliche Worüber einer prädikativen Bestimmung *vor* dieser Prädikation und *für* sie offenbar sein. Prädikation muß, um möglich zu werden, sich in einem Offenbarmachen ansiedeln können, das nicht prädikativen Charakter hat" (WM, 27). Grundlage der prädikativen Wahrheit (Satz- und Urteilwahrheit) ist die "vor-prädikative Offenbarkeit von Seiendem" (ebd.) in seinem Sein: also zugleich und in einem die vor-prädikative Unverborgenheit und Offenheit von Sein als die ‚ontologische Wahrheit'. Soweit waren wir schon. Nun kommt Heideggers Auslassung. Sie bezieht sich auf die überlieferte Bestimmung der

‚ontologischen Wahrheit‘, insofern diese je schon als ‚vor-prädikative‘ Wahrheit des Seins gedacht wurde. Es wäre ja auch schlecht vorstellbar, daß die ganze philosophische Tradition ontologischen Erkennens diesen einfachen Sachverhalt übersehen hätte, daß die Prädikation die Offenbarkeit und Unverborgenheit ihres Worüber: des Seienden in seinem Sein - schon voraussetzt und allein von dieser her ermöglicht wird. Wie ich schon in Bezug auf Aristoteles und Husserls Grundlegung der ‚eidetischen Phänomenologie‘ auseinandergesetzt habe, wird diese ‚ontologische‘ und als solche ‚vor-prädikative‘ Wahrheit des Seins traditionell gedacht in der begrifflichen Wahrheit des Wesens: Das Sein als das einende Wesen des Seienden wird ursprünglich eröffnet im ‚Begriff‘, den das vernünftige Unterscheiden und Vereinigen im Bezug auf das Erscheinende und Sich-zeigende (phainomenon) in sich hervorbringt. Die begriffliche Wahrheit des Wesens ist ‚vor-prädikativ‘, insofern sie nicht ‚heterologisch‘ anderes mit anderem verbindet und von ihm unterscheidet, sondern ‚tautologisch‘ etwas als es selbst an sich selbst offenbar macht, entbirgt und eröffnet. Die begriffliche Wahrheit des Wesens ist nicht Sache des prädikativ bestimmenden Denkens (dianoia), sondern des vernünftigen Erfassens des Einsseins von etwas mit sich selbst (noesis).

Dieses Erfassen von Etwas an ihm selbst kann aber nicht ‚falsch‘ sein. Denn von ‚Falschheit‘ kann nur die Rede sein, wo etwas überhaupt - wenn auch eben ‚falsch‘ - getroffen ist. Die Unwahrheit als Falschheit setzt einen Bezug auf ihre Sache, wie sie an ihr selbst und in Wahrheit ist, voraus. Ein falsches Urteil ist immer ein solches, das sich gleichwohl in der wahren und nicht völlig verstellten Offenbarkeit seiner Sache hält. Sonst ist es nicht ‚falsch‘, sondern ‚widersinnig‘, ‚absurd‘: es hat mit dem, wovon es zu urteilen vorgibt, nichts zu tun. Die Alternative von Wahrheit und Falschheit gibt es nach Aristoteles deshalb nur innerhalb des prädikativ-bestimmenden Denkens, das die Wahrheit seiner Begriffe, bezogen auf die Sache selbst, je schon voraussetzt. Das begriffliche Erfassen des Wesens ist dagegen, wie Aristoteles ‚Metaphysik‘ IX, Kp. 10, ausführt, entweder ‚wahr‘ oder überhaupt nicht: wenn es nämlich an seiner Sache vorbei ins Leere geht. Die ‚Wahrheit‘ unterscheidet sich als die Unverborgenheit des Wesens nicht von der Falschheit, sondern vom ‚Nichtwissen‘ (agnoia). Auch und gerade diese Entgegensetzung zeigt wieder, daß das Wissen (sensu emminenter) als ‚Wahrheit‘ (aletheia) verstanden ist und diese damit schon bei Aristoteles äquivok ihren Gegensatz übergreift. Auch die ‚Falschheit‘ bewegt sich innerhalb der vernünftigen Wahrheit des Wesens Das begriffliche Erfassen des Wesens ist als das Andere zur gänzlichen ‚Unwissenheit‘ die ursprüngliche Gründung vernünftigen Wissens als eines solchen, das an der Unverborgenheit des Wesen die vor-prädikative Offenheit von Sein überhaupt - also die ‚ontologische Wahrheit‘ - generiert. In dieser begrifflichen Eröffnung des Wesens, die aller Prädikation ermöglichend vorausgeht, stiftet die Vernunft (nous) selbst die Offenbarkeit des Seienden in seinem Sein, in die der ‚Logos‘

als prädikatives Offenbarmachen der Wesenssachverhalte des Seienden freigesetzt ist. Das ‚Wesen der Wahrheit' wird also selbst zwiefältig gedacht als 1. die prädikative Wahrheit von Sachverhalten (dianoetische Wahrheit) und 2. die begriffliche Wahrheit des Wesens (noetische Wahrheit).

Wenn Heidegger diesen letzteren Begriff der ‚ontologischen Wahrheit' in seiner überlieferten Fassung übergeht, dann wesentlich deshalb, weil er diesen im Ausgang von der prädikativen Wahrheit umzudenken unternimmt. Das Entscheidende ist nicht der Hinweis auf die ‚vor-prädikative' Offenbarkeit des Seienden in seinem Sein, sondern der gegen die gesamte ontologische Tradition gewendete Angriff auf ihren Begriff der ontologischen Wahrheit als der begrifflichen Wahrheit des Wesens. Sie ist noch für Husserls Begriff der Wahrheit als ‚Selbstgegebenheit' verbindlich. In der Zurückweisung dieses ontologischen Begriffs der Wahrheit vollzieht sich zugleich die Zurückweisung des ‚Logos', des intentionalen Ansprechens des Seienden in seinem Sein, als der *maßgeblichen* Art und Weise der Offenheit von Sein: Das Sein ist ‚vor-intentional' zugleich ‚vor-logisch' und ‚a-logisch' eröffnet: der ‚Logos' als solcher weder Anfangsgrund noch Prinzip der Offenheit von Sein, deshalb aber auch nicht die maßgeblich erste und gründende Zugangsweise zum Seienden als solchen.Warum?- Weil auch und gerade die begriffliche Eröffnung des Wesens schon die Unverborgenheit des Seins von Seiendem voraussetzt. Als was?- Als die reine Phänomenalität des Sich-zeigens und Erscheinens. Denn diese ist es, in bezug worauf die vereinend-unterscheidende Vernunft die begriffliche Eröffnung des Wesens stiftet. Die phänomenale Offenheit von Sein überhaupt ist als vorbegriffliche die Bedingung der Möglichkeit der begrifflichen Offenheit von Sein als dem einenden Wesen des Seienden; alles vernünftige Erfassen des begrifflichen Was schon angewiesen auf den phänomenal eröffneten Spielraum des An- und Abwesens. Die vor-intentionale Offenheit von Sein muß deshalb als die vor-begriffliche Phänomenalität des Seins von Seiendem überhaupt gedacht werden, von der her die Vernunft allererst in die Möglichkeit ihres begrifflichen Eröffnens freigesetzt ist. Denn gerade dieses begriffliche Eröffnen, das die Tätigkeit vernünftigen Vereinigens und Unterscheidens (noesis) am Phänomenalen vollzieht, gibt sich als die je isolierende Eröffnung für sich genommener und voneinander abgesonderter ‚Wesensbestimmungen', die gleichsam ‚nebeneinander' (generisch) und ‚untereinander' (eidetisch) aufgereiht eine disjunkte Anzahl von ‚noetischen Akten' darstellt, von denen jeder für sich und unterschieden von einem anderen die Eröffnung des wesentlichen Seins eines jeglichen des Seienden betreibt. Erstvon daher ergibt sich das platonische Problem der ‚Verflechtung' (symploke) letzter Seinsbestimmungen. Die begriffliche Eröffnung des Wesens steht letztlich unter dem Primat des ‚prädikativen Als', d.h. die ontologische Wahrheit des Seins wird im Hinblick auf den für den prädikativ-bestimmenden Zugang zum Seienden im ‚Logos' charakteristischen ‚Weltverlust' gefaßt: Die isolierte Erzeugung der begrifflichen Offenheit von Sein als des Wesens von Seiendem bestimmt sich aus der Abblendung der faktischen Offenheit von Sein als des maßgeblichen Begegnishorizontes von Seiendem in seinem Sein. Diese wird aus der Perspektive der theoretischen, begrifflich-prädikativen Bestimmung des Seienden in seinem Sein (Logos) retrospektiv rekonstruiert: so, als wäre die vor-intentionale Offenheit von Sein je schon durch ein solches Agieren vernünftigen Begreifens und prädizierenden Bestimmens geleistet, wo diese doch allererst auf der Grundlage der faktischen Offenheit von Welt erwächst, die das Dasein als In-der-Welt-sein je schon ist. Im überlieferten Begründungsdenken ontologischen Erkennens wird die Faktizität der je schon geschehenen Erschlossenheit von Welt übersprungen, indem sie lediglich von etwas her thematisch wird, was erst auf ihrer Grundlage als modifiziertes Weltverhältnis möglich wird: das theoretische Erkennen. Die Struktur theoretisch-intentionalen Erkennens wird analogisch rückprojiziert auf das ‚natürliche Wissen', die thematische Ausdeutung der phänomenalen Offenheit von Sein, in der sich das faktische Menschsein vor-intentional und vor-theoretisch je schon aufhält. Was Heidegger dem entgegenstellt, ist die existenzialontologische ‚Hermeneutik der Faktizität' des Daseins als In-der-Welt-sein, die nun nicht die faktische Erschlossenheit von Sein von einem theoretischen Weltverhältnis her retrospektiv rekonstruiert, sondern diese *als solche* denkt, in der alles theoretische, alles begriffliche und prädizierende, begründende und ergründende Erkennen von Wahrheit je schon fundiert ist. Das ‚Fundierungsdenken' von ‚Sein und Zeit' erschließt die Faktizität des In-der-Welt-seins als das ‚Ursprüngliche', von dem her alles Erkennen qua Eröffnen und Entbergen von Seiendem in seinem Sein begriffen und aufgeklärt werden muß. Die ‚Ursprünglichkeit' bezeichnet also gerade nicht einen ‚metaphysisch-ontologischen' Grund, sondern die Faktizität des Menschseins, insofern in diesem und mit diesem je schon die Offenheit von Sein geschehen ist. Diese konstituiert sich ‚vor-' und ‚a-logisch' in Befindlichkeit und Verstehen, das ‚als-haft' horizontal Welt offenhält und aus ihr heraus je schon Seiendes in seinem Sein begegnen läßt. Nicht das prädikative, sondern allein das hermeneutische ‚Als' liefert das Verständnis der ursprünglichen Welteröffnung des Dasein an ihm selbst. ‚Befindlich-gestimmt' ist das Dasein vor-intentional und vor-begrifflich je schon in die Offenheit von Sein versetzt, die sich darin als reine Faktizität erschließt: daß überhaupt etwas ist und nicht nichts. Die Faktizität der phänomenalen und vor-begrifflichen Offenheit von Sein ist in der gestimmten Befindlichkeit des Daseins und der ‚alshaft' horizontalen Verfassung des Verstehens je schon vor-intentional aufgegangen und als solche die Freigabe in das intentionale Erkenntnisverhältnis.

Wenn nun aber das Seiende in seinem Sein ‚ursprünglich', d.h. faktisch, *nicht* durch die isolierende begriffliche und prädikative Eröffnung zugänglich, d.h. offenbar ist, weil es horizontal als Welt eröffnet ist, dann kann auch der Begriff der Wahrheit nicht mehr am Leitfaden von ‚Logos' und ‚Nous' gedacht werden. Denn dies setzt immer voraus, daß ein intentional verfaßtes Vereinigen und Unterscheiden *Anfangsgrund und Prinzip* der Offenheit des Seins von Seiendem überhaupt ist. Heideggers Gegenthese lautet: Die Faktizität von Welt, der Erschlossenheit des Seins von Seiendem überhaupt, kann nur ‚vor-vernünftig', ‚prä-' und ‚a-logisch' gedacht werden. Die Wahrheit als die Unverborgenheit von Sein ist ursprünglich *nicht* in der vernünftigen Erfassung des Wesens von Etwas gegeben. Deshalb ist auch schon von vorneherein festzuhalten, daß Heidegger weder die Vernunft, noch die Intentionalität, noch den überlieferten Wahrheitsbegriff der ‚adaequatio', sondern immer nur ihren in Anspruch genommenen Prinzipiencharakter negiert. Die intentionale Vernunft und ihr Wahrheitsbegriff müssen prinzipienlogisch überdacht werden auf die vor-intentionale Offenheit von Sein (Aletheia); von ihr her werden sie aber in ihrer Wahrheit gerade neu begründet und damit als Grundbestimmungen des Weltverhältnisses bestätigt.

Nun wird im überlieferten Begriff der ontologischen Wahrheit die Gegebenheit des Seins qua Wesens durch den Begriff der ‚Anschauung' (intuitus) bestimmt: die begriffliche Erfassung des Wesens ‚gibt' das Wesen an ihm selbst in seiner vernünftige Offenheit und Unverborgenheit. Diese ‚Gebung', darin das Wesen und Wassein als solches anwesend wird, ist die ‚Anschauung'. Die ‚Anschauung' bezeichnet die ‚Selbstgegebenheit' als Anwesenheit des Wesens im vernünftigen Eröffnen als solchem. Darin ist das Wesen von der gleichen Seinsart wie die Vernunft, das Wissen und Erkennen, d.h. ‚ideell'. Die ‚Idealität' des Seins als des Wesens bedeutet seine ‚Vernünftigkeit', d.h. seine Offenheit in der und für die vereinend-unterscheidende Vernunft. Die Offenheit von Sein, die es als Wesen *ist*, ist die Bestimmung von Sein als Vernunft. Diese Bestimmung des Seins als Vernunft macht seine ‚Idealität' aus, abgesetzt und unterschieden von seinem physischen Walten. Das Sein von Seiendem überhaupt west in seinem Grunde als letztlich wesensidentisch mit dem, was wir als Wissende sind. Das Wissen bestimmt sich zur Tätigkeit vernünftigen Unterscheidens und Vereinens des mannigfaltig phänomenal Wesenden auf Eines hin und vollzieht darin seine Einswerdung mit der Idealität von Sein überhaupt: abgesondert und gegenwendig zu seiner physischen Bestimmtheit. Es konstituiert sich meta-physisch. Dazu später. Im Hinblick auf die anschauend begreifende Selbstgebung des Wesens muß das Wesen der Wahrheit als ‚adaequatio intellectus et rei' bestimmt werden. Diese hat ihr Maß an der begrifflichen Selbstgegebenheit des Wesens als der Identität von Sein und Denken; die ‚adaequatio' ist selbst nichts anderes als die Bestimmung der Identität von Denken und Gedachten in der Selbstgegebenheit des Wesens, wie sie die Grundlage aller begrifflichen Eröffnung des Seins von Seiendem ist. Ganz in diesem Sinne denkt auch Husserl noch die Wahrheit als die sich in der ‚orignär gebenden Anschauung' ausweisende Gegebenheit der Sache selbst, die als solche die Grundlage allen wahren Wissens in seiner intentionalen Beziehung auf etwas - Seiendes und Sein - bildet. Die ‚Idealität' bezeichnet aber nur die ‚noetische' Seinsweise des Wesens; insofern das Wesen das physische Sein des Seienden ausmacht, ist es zugleich in der Weise physischen Anwesens; oder in der Sprache, auf die Heidegger sich bezieht: es ist zugleich das ‚Ideale' und das ‚Reale'. In dieser Differenz von ‚Nous' und ‚Physis', ‚Idealität' und ‚Realität' als Bestimmungen der Differenz von Sein und Wissen hält sich auch die überlieferte Bestimmung der ‚Wahrheit' als ‚Übereinstimmung' (adaequatio) von Denken und Sein, Begriff und Wirklichkeit. Indem Heidegger nun die gestimmte Befindlichkeit als die vor-intentionale Offenheit von Sein, die vorbegrifflich-phänomenal allem begrifflichen Erfassen ermöglichend voraufgeht, aufweist, unterläuft er ebensosehr die überlieferte Unterscheidung von ‚noetischem' und ‚physischem' Anwesen (‚Idealität' und ‚Realität') wie die Bestimmung des Seins im Horizont der Vernunft, genauer: die Bestimmung der Offenheit und Unverborgenheit von Sein *als* Vernunft. Die Befindlichkeit als originär in die Offenheit von Sein aufschließendes Eröffnen ist ganz anderer Art als die ‚Anschauung': in bezug auf sie läßt sich weder die Wahrheit als ‚Selbstgegebenheit' noch die Offenheit als ‚Vernunft' noch das Sein in der Differenz von Idealität und Realität bestimmen. In der Befindlichkeit ist das Sein phänomenal eröffnet: aber diese phänomenale Eröffnung west nicht als ‚Selbstgegebenheit' von Sein in der vernünftigen Erfassung qua Anschauung. Das Sein selbst west darin nicht als reine Anwesung (parousia) ununterscheidbaren Einsseins mit sich selbst, sowenig es überhaupt in der Unterscheidung von ‚nous' und ‚physis' west. Mit Blick auf das vor-ontologische Seinsverständnis schreibt Heidegger deshalb: "Das alles Verhalten zu Seiendem vorrangig erhellende und führende Verstehen des Seins ... ist weder ein Erfassen des Seins als solchen, noch gar ein Begreifen des so Erfaßten ..." (WM, 29). Die phänomenale Offenheit von Sein als Faktizität (in der Befindlichkeit) und Möglichsein (im Verstehen) west als Spielraum im Zueinander des Sich-zeigens und Erscheinens für ... das in die Offenheit von Welt aufgeschlossene Dasein; die Phänomenalität ist die erste und grundlegende Bestimmung des Begriffs von ‚Welt' als der Offenheit von Sein überhaupt, in die das Dasein als geworfen-entwerfendes je schon von sich her aufgeht.

Nur vor dem Hintergrund dieser fundamentalontologischen Bedeutung der ‚existenzialen Konstitution des Da' läßt sich verstehen, warum Heidegger ganz gezielt die Bestimmung der Wahrheit durch den Begriff der ‚Gegebenheit' und ‚Selbstgegebenheit', den er auch leicht von Husserl her hätte einführen können, penetrant vermeidet und umgeht. ‚Penetrant' ist diese Vermeidung und Umgehung deshalb, weil Heidegger, in der Absicht aufzuzeigen, wie sich die ‚Wahrheit' eines Urteils ausweist und bewährt, ein Beispiel einführt, das geradezu auf den Begriff der ‚Selbstgegebenheit' vorprogrammiert zu sein scheint. Ausgangspunkt seiner Analyse ist der folgende, beispielhafte Sachverhalt: "Es vollziehe Jemand mit dem Rücken gegen die Wand gekehrt die wahre Aussage: »Das Bild an der Wand hängt schief«. Diese Aussage weist sich dadurch aus, daß der Aussagende sich umwendend das schiefhängende Bild an der Wand wahrnimmt" (SZ, 217). Die Frage lautet nun, wie sich die Wahrheit dieser Aussage ausweist: und jeder ,vernünftige Mensch' ist versucht, Heidegger bei jedem Satz der folgenden Analyse über die Schulter hinweg zuzurufen: ,Selbstgegebenheit!', ,Selbstgegebenheit!': Die Wahrnehmung gibt die vermeinte Sache an ihr selbst und als solche; an ihr und durch sie wird die Aussage, der vermeinte Urteilsgehalt ausgewiesen. Indem die Wahrnehmung zur Gegebenheit (Anwesenheit) bringt, worauf sich die prädikative Vermeinung als Nicht-selbst-gegebenem (Abwesenheit) bezieht, kommt diese zur ,Erfüllung': sie bewährt sich an der Selbstgegebenheit der Sache, wie sie durch die Wahrnehmung als Weise der Anschauung gewährt wird. Aber von all dem nichts: Heidegger scheint partout nicht auf die Lösung der Frage zu kommen oder kommen zu wollen, obgleich sie doch auf der Hand liegt; die penetrante Vermeidung des Begriffs der Gegebenheit kanalisiert sich in einem umständlichen Hin- und Herfragen, das schließlich in die merkwürdige Bestimmung der Wahrheit als ,Entdeckung' und ,Entdecktheit' mündet. Das Ganze ist geradezu ärgerlich, zumal Heidegger es ja so einfach haben könnte. Warum er es sich aber so schwer macht und machen muß, haben wir aber schon gesehen: Die Bestimmung der Wahrheit durch den Begriff der Gegebenheit würde alle Einsichten in die existenziale Konstution des Da - und damit der entscheidenden Bestimmung der vor-intentionalen Offenheit von Sein - zunichte machen. Was gerade nicht zum Zuge kommen darf, ist die Bestimmung der Wahrnehmung hinsichtlich ihres ,Anschauungscharakters', die Sache selbst zu geben, um diese Selbstgegebenheit der Sache dann als ihre Anwesenheit mit ihrem bloßen Vermeintsein als ihrem Abwesen zur ,Deckung' und zur ,Erfüllung': zur vernünftigen Einheit und Identität im Sinne der ,adaequatio' zu bringen. All dies gehört in Husserls Bestimmung der Wahrheit, die sich ganz im Umkreis der platonisch-aristotelischen Tradition ontologischer Erkenntnis bewegt. Heidegger versucht demgegenüber gerade, die Wahrheit, wie sie an der Selbstausweisung des Erkennens als wahres analysierbar ist, aus dem Bezug zur vorintentionalen Offenheit von Sein zu denken, um genau dadurch die maßgebliche Bestimmung der Wahrheit aus der intentionalen Erfassung des ,Logos' zu unterlaufen. Diese Funktion übernimmt der Begriff der ,Entdeckung'. Was wird ausgewiesen, wenn an der Wahrnehmung die Wahrheit des Urteils ausgewiesen wird?- Eben dies, daß das Urteil das Seiende *so* sehen läßt, *wie* es sich von sich her zeigt: Das Entdeckend-sein des Urteils; dafür ist es ganz gleichgültig, ob dieses als ein solches, das sich in und durch die Wahrnehmung ausweist, im Wahrnehmungsvollzug selbst oder ohne diesen: ,mit dem Rücken zur Wand' vollzogen und eigens ausgesprochen wird. Ich kann die Wand, das an ihr schiefhängende Bild wahrnehmen, auch ohne ein ausdrückliche ,Urteil' zu vollziehen: das im Wahrnehmen Wahrgenommene (und dann eventuell Geurteilte) bleibt das schiefhängende Bild. Das Irreführende an Heideggers Beispiel bleibt das ,Umdrehen', als wäre dieses, also die ,selbstgebende Wahrnehmung', das ,Entdecken', das Urteil aber ein davon unterschiedenes Anderes. Entdeckend aber ist das Wissen in seinen unterschiedlichen Modi, wie z.B. die Wahrnehmung bezogen auf alles Physische, das Denken z.B. auf das Mathematische. Daß dieses Entdecken sich je - in der Umwandlung des hermeneutischen ,Als' zum prädikativen ,Als' - in der Weise eines ,Urteilens' vollzieht, das nun auch außerhalb der aktuellen Wahrnehmung: in der Abwesenheit ihres Vollzugs und damit der Gegebenheit ihres Wahrgenommenen (mit dem Rücken zur Wand) gesagt werden kann, ist dafür unerheblich. Die Frage bleibt auch dann, worin die Wahrheit der Wahrnehmung gründet, d.h. ihr ,Entdeckendsein'. Antwort: Im Sich-zeigen des Seienden. Das Seiende ist je schon von sich her offenbar geworden, und darauf bezieht sich alles Wissen, sei es auch in der abgeleiteten Weise prädikativ-bestimmenden Aufzeigens. Die Offenbarkeit des Seienden in seinem Sein gründet in der vor-intentionalen Offenheit von Sein, die das Dasein als In-der-Welt-sein je schon ist. Diese bezeichnet Heidegger nun als ,Erschlossenheit' und hat daran dann - als Grund des Entdeckendseins des Daseins - den Begriff der ,ursprünglichen' Wahrheit. Die Erschlossenheit von Sein/Welt ist mit dem Begriff des ,Sich-zeigens des Seienden' als die reine Phänomenalität des Sich-zeigens und Erscheinens von Seiendem in seinem Sein gefaßt. Diese bestimmt die Faktizität des In-der-Welt-seins. Dasein ist: und indem es ist, ist Seiendes in seinem Sein auch je schon welthaft vor-intentional eröffnet. Zu dieser vor-intentionalen Offenheit von Sein verhält sich das Dasein je schon entdeckend-verdeckend, d.h. Wahrheit als Entdeckendsein und Unwahrheit als Verdeckendsein bezeichnen Verhältnisse des Daseins zur Erschlossenheit von Sein überhaupt (Welt); diese aber ist nichts vom Dasein selbst äußerlich unterschiedenes Anderes, sondern sein Sein als In-der-Welt-sein. Das Dasein ist sich als dieses Verhältnis des Entdeckens und Verdeckens faktisch überantwortet, und zwar ebensosehr hinsichtlich seiner selbst wie auch hinsichtlich alles anderen. Die alternativen Grundweisen von Wahrheit und Unwahrheit sind als existenziale Bestimmungen des Daseins nichts als die Überantwortung seines Seins - der Erschlossenheit - an es selbst. Insofern es in dieser Überantwortung je schon als faktisch Geworfenes steht, *ist* es zugleich und in einem von sich her schon in das Verhältnis des Entbergens und Verbergens: nicht zuletzt seines eigenen Seins - freigesetzt. Es existiert ebensosehr als wahres (Eigentlichkeit) wie als unwahres (Uneigentlichkeit): aber dies hat in ,Sein und Zeit' im Grunde nichts mit dem Wahrheitsbegriff zu tun, sondern mit der Faktizität des Daseins. ,Wahrheit' gibt es existenziell nur im Gegenzug zur faktischen Verbergung als Ent-bergung, die der Verborgenheit raubt, was diese in sich verschließt - die Erschlossenheit des Seins des Daseins an diesem und für dieses selbst. Diese ist das Dasein je schon kraft seiner existenzialen Konstitution in Befindlichkeit und Verstehen, so daß es auf sie je zurückkommen kann. Diese im befindlichen Mitwissen erschlossene Wahrheit der Existenz ist ganz anderer Art als die intentional vermeinte Wahrheit von Sachverhalten. Sie hat zwar zur Grundlage die Offenheit von Sein überhaupt, wie sie vorintentional im Dasein und mit diesem geschieht, ist aber doch ihr gegenüber ein ganz eigenes und anderes, das nicht von woandersher als aus sich selbst geklärt werden kann. In ‚Sein und Zeit' ist Wahrheit lediglich im Hinblick auf die Wahrheit der Existenz als ‚a-letheia', Un-verborgenheit als Beraubung der Verborgenheit gedacht. Die faktische Erschlossenheit von Sein wird ebensowenig in den Wahrheitsbegriff eingebracht wie der Begriff der Verborgenheit: die ‚aletheia' also noch nicht, wie später, auf das Sein, sondern ausschließlich auf das Dasein in seinen Existenzmodi bezogen. Die ‚Aletheia' bleibt fundamentalontologisch unterbestimmt. An diesem Punkte müssen wir für heute die Wahrheitsproblematik stehen lassen, um nun noch abschließend auf die Bestimmung des Seins des Daseins als Sorge zu kommen, mit der wir die ‚existenziale Analytik des Daseins' in ihrem ersten Schritt dann verlassen.

2.8. Die Sorge

Die Grundverfassung des Daseins ist das In-der-Welt-sein. Die Struktur des In-der-Welt-seins wird an den Existenzialien aufgezeigt. Diese konstituieren in ihrer Strukturganzheit das Sein des Daseins. Im Blick auf dieses Strukturganze zeigt sich das Dasein als geworfen-entwerfendes Sein-zum-Tode, das im Besorgen des Innerweltlichen und der Fürsorge für das Mitdasein aufgeht. Diese strukturelle Verfassung des Seins des Daseins (Existenz) wird nun von Heidegger extrem formalisiert und mit dem Ausdruck ‚Sorge' bezeichnet:

1. Entwerfend zum Tode ist das Dasein je schon sich vorweg im Aufschließen der Möglichkeiten seines In-der-Welt-sein-könnens. Das Sein des Daseins konstituiert sich als ‚Sich-vorweg-sein', wofür, weil dies die "letzte positive ontologische Bestimmtheit des Daseins" (SZ, 144) wiedergibt, Heidegger auch die Bezeichnung ‚Existenz' (im engeren Sinne) gebraucht.

2. Geworfen ist das Dasein je und immer schon in der Welt; es ist, indem es ist, schon gewesen; sein Sein konstituiert sich als ‚Schon-sein-in'. Dieses Moment nennt Heidegger nun auch die ‚Faktizität'.

3. Besorgend ist das Dasein je schon bei dem Innerweltlichen, dem Zuhandenen und dem Mitdasein anderer: es ist sein Sein als ‚Sein-bei ...'. Dieses ist das Dasein aber primär als Aufgehen in der Welt und dem Mitsein mit anderen als Man-selbst, so daß Heidegger dafür auch kurz den Ausdruck ‚Verfallen' gebraucht.

Die formalisierte Struktur des Sein des Daseins als die Einheit von Faktizität, Existenz und Verfallen läßt sich fassen als das ‚Sich-vorweg-schon-sein-in-bei'. Diese Struktur meint nun nichts anderes als das Sein des Daseins als In-der-Welt-sein: sie ist die Bestimmung des ‚Seins-in-der-Offenheit-von-Sein-überhaupt' - der Existenz als dem Worumwillen ihrer. Deshalb, und nicht etwa im Sinne einer Befindlichkeit (Bekümmernis usw.) nennt Heidegger sie ‚Sorge'. ‚Das Sein des Daseins ist die Sorge' heißt nicht, daß das Sein des Menschen in der beständigen Gedrücktheit des bekümmerten Sich-sorgen-machens aufgeht; ebensowenig heißt es, daß der Mensch seiner Selbsterhaltung nachläuft und nichts als seine physische Reproduktion betreibt. Gerade in solchen Bestimmungen ist das Entscheidende - die ontische Differenz des Menschseins - übersprungen. Der Mensch ist das Worumwillen seiner als die Offenheit von Sein. Diese ist er unvermittelt in der Weise des Verfallens, die von sich selbst her aufgeschlossen bleibt für das eigentliche Seinkönnen: die Entschlossenheit. Als ‚Sorge' ist er gerade auch umwillen seines eigentlichen Seinkönnens - der Wahrheit der Existenz, dem, wie sich sagen ließe, ‚Besorgen' seiner Unverborgenheit (aletheia) als Mensch. Dem Mensch geht es um sein Menschsein selbst: und dieses ist etwas ganz anderes als etwa ein Begriff ‚ontologisierter Selbsterhaltung', wie Adorno meint: nämlich der Begriff der Offenheit und Unverborgenheit seines Seins, um die es ihm auch und gerade hinsichtlich seines eigenen Menschseinkönnens geht. Die ‚Sorge' ist so auch keine Bestimmung des Seins des Menschen, die ihm von außen irgendwie und irgenwoher zugesprochen würde, sondern, entsprechend der existenzialen Verfassung seines Seins, die vor-intentionale Erschlossenheit des Menschseins in diesem und durch dieses selbst. Insofern der Mensch ist, weiß er sich auch schon in seinem Sein als Sorge; er ist sich in der Einheit von Faktizität, Existenz und Verfallen offenbar geworden.

Damit ist nun die Ausgangsbasis für den zweiten Schritt der ‚existenzialen Analytik des Daseins' gewonnen. Der erste Schritt führt zum Sein des Daseins als Sorge: der Bestimmung des Seins der vor-intentionalen Offenheit von Sein durch die Struktur des ‚Sich-vorweg-schon-seins-in-bei'. Diese Struktur aber wird in ihrer Einheit nur verständlich aus dem Hinblick auf die Zeit; denn sie selbst zeigt sich ja schon von sich her als Struktur von Zeitlichkeit. Damit aber rückt die fundamentalontologische Dimension der existenzialen Analytik des Daseins ins Zentrum der Fragestellung: Worum es nun geht, ist, zu zeigen, inwiefern die Sorge als Struktureinheit des ‚Sich-vorweg-schon-seins-in-bei' als die Zeitlichkeit des Daseins verständlich wird. Die Zeitlichkeit des Daseins aber ist dann der Grund seines Seins als der vor-intentionalen Offenheit von Sein. Eröffnet die Zeitlichkeit das Sein des Da als die vor-intentionale Offenheit von Sein, ist dann nicht die Zeit die Offenheit von Sein selbst?- Dazu werden wir in der nächsten Woche dann den zweiten Schritt der existenzialontologischen Analytik aufnehmen.

Anmerkung

1. Texte

HEIDEGGER, Sein und Zeit § 35 - 38, § 45, § 61 - 62 (zu 1.5.). § 30 (Furcht), § 40 (Angst). Sein und Zeit § 32 - 34, § 44. Ergänzend: GA 21, § 11 - 14 (zu 1.6.). Sein und Zeit § 39, § 41 - 42, § 63 - 64 (zu 1.7.). KIERKEGAARD, Der Begriff Angst.

2. Literatur

Zur Problematik der Sorgestruktur vgl. zusammenfassend M. HEINZ, Zeitlichkeit und Temporalität, 34 ff. (1982). Den antiken Hintergrund der Wahrheitsproblematik vermittelt gut Klaus OEHLER, Die Lehre vom noetischen und dianoetischen Denken (1962). Für die eingehende Auseinandersetzung von HEIDEGGERS Wahrheitsfrage sei vor allem auf die gründliche Arbeit von Erich SCHÖNLEBEN, Wahrheit und Existenz (1987) verwiesen, und, in der transzendentalphilosophischen Perspektive, auf die von C. F. GETHMANN, Verstehen und Auslegung, (1974). Obwohl GETHMANN wiederholt die Frage nach der ‚Seinsweise der transzendentalen Subjektivität' als Kern der existenzialontologischen Fragestellung herausarbeitet (127 ff., 156 ff. usw.), scheint ihm doch die überhaupt prä-logische phänomenale Erschlossenheit von Sein in der gestimmten Befindlichkeit hinsichtlich ihrer grundsätzlichen Bedeutung für die ‚Überwindung der Metaphysik der Subjektivität' (und damit der Transzendentalphilosophie) entgangen zu sein. Näheres vgl. Vorlesung 11/12.

10. Die Zeitlichkeit des Daseins und die Zeit als der ‚Sinn' von Sein

Die bisherige Analyse galt der Frage nach dem Sein des Daseins. Dieses ist der erste Schritt der existenzialontologischen Analyse, den Heidegger in ‚Sein und Zeit' unternimmt. Dabei zeigt sich: Das Sein des Daseins (Existenz) ist die Sorge. Dies heißt: Das Dasein existiert umwillen seines In-der-Welt-seins in der Struktureinheit des Sich-vorweg-seins (Entwurf, Existenzialität), des Schon-seins (Geworfenheit, Faktizität) und des Seins-bei (Verfallenheit). Heidegger fragt nun weiter nach dem ‚Sinn' dieses Seins des Daseins. Unter ‚Sinn' ist aber dasjenige zu verstehen, im Hinblick worauf und wovonher etwas in seinem Sein verständlich wird, indem es dieses in seiner Einheit ermöglicht. Die Frage nach dem ontologischen Sinn der Sorge lautet demnach: Im Hinblick worauf und wovonher wird die Struktureinheit des ‚Sich-vorweg-schon-seins-in-bei' überhaupt nur verständlich?- Was ermöglicht die Ganzheit ihrer in sich gegliederten Struktur?- Dieser Frage gilt nun der zweite Schritt der existenzialontologischen Analyse, die uns auf die fundamentalontologische Problemstellung, der Frage nach dem Sinn von Sein überhaupt, zurückführen wird.

3. Zeit und Zeitlichkeit

Im Sich-vorweg-sein ist das Dasein zukünftig, im Schon-sein gewesen, im Seinbei gegenwärtig: Das Sein des Daseins als Sorge ist zeitlich verfaßt; die Zeitlichkeit des Daseins erschließt die Einheit seines Seins, die Existenz, im Hinblick auf die Zeit. Die Zeit zeigt sich als der ermöglichende Grund und Horizont des Seins des Daseins. Was ist hier mit ‚Zeit' gemeint?- Wie und inwiefern ist das Sein des Daseins ‚zeitlich' verfaßt?- Worin besteht die existenziale Zeitlichkeit?- Einen von irgendwoher vorgefaßten und herbeigezogenen Begriff von Zeit und Zeitlichkeit können und dürfen wir hier nicht veranschlagen, wenn es uns um einen am Phänomen der Zeit selbst ausgewiesenen Begriff ihrer gehen soll. Dennoch haben wir schon ein bestimmtes Verständnis von Zeit in Anschlag gebracht, wenn wir das ‚Sich-vorweg-schon-sein-in-bei' als die Struktur von Zeit: Zukunft, Gewesensein und Gegenwart, verstehen. Aber gerade das, was wir darin als die Zeit verstanden haben, müssen wir eigens vor uns bringen und infrage stellen, um uns von daher in die Möglichkeit zu versetzen, den Begriff der Zeit methodisch, d.h. am Phänomen der Zeit selbst aufzuweisen. Diesem methodischen Problem des Begriffes von ‚Zeit' müssen wir uns zuerst zuwenden, weil Heidegger einen ganz neuen Begriff von Zeit denkt, den er als das ‚ursprüngliche' vom ‚vulgären' Zeitverständnis absetzt. Das vulgäre Zeitverständnis wird aber ausgearbeitet und auf den Begriff gebracht durch die von Platon und dann insbesondere Aristoteles enwickelte philosophische Konzeption der Zeit, die über Kant und Hegel hinaus bis zu Bergson und Husserl die leitende Grundlage der begrifflichen Fassung von Zeit bleibt. Das methodische Problem der Gewinnung eines ‚ursprünglichen' Verständnisses von Zeit läßt sich deshalb an der Explikation des geschichtlich-überlieferten Zeitbegriffes angehen, zumal diese uns zugleich einen ersten Einstieg in die Zeitproblematik vermittelt. Ich beginne darum mit einem groben Abriß der Geschichte des philosophischen Zeitbegriffes, den ich thematisch strikt auf die dann bei Heidegger akute Sachproblematik ausrichte.

Die erste philosophische Thematisierung der Zeit finden wir bei Platon (Timaios, 37 c). Sie steht im Rahmen seiner ontologischen Konzeption der Natur als dem Weltganzen (kosmos) und gibt damit für die weitere begriffliche Fassung der Zeit innerhalb der abendländischen Geschichte ihre grundsätzliche Beziehung zum Sein der Natur als ‚Bewegung' vor: Die Zeit gehört zum physischen Sein alles Seienden, insofern dieses durch die Bewegung, vorrangig in der Art und Weise des Werdens und Vergehens, also durch die ‚Unständigkeit' des Noch-nicht- und Nicht-mehr-seins, ausgezeichnet ist. Die Zeit als Zeit gehört ontologisch zum (physischen) Sein, insofern dieses durch das Nichtsein affiziert ist. Platon bestimmt die Zeit entsprechend als "ein gewisses bewegliches Bild der Ewigkeit" (Tim., 37 d). Für ‚Ewigkeit' steht im griechischen ‚aion', was soviel heißt wie ‚Lebenszeit'; gemeint ist hier die ‚Lebenszeit' des Alls, die, wie Platon sagt, "in einem Einem verweilt", also nicht herkommt aus einem Anderen und nicht weggeht in ein Anderes; "aion" meint demnach die vom Nichtsein nicht tangierte, unverbrüchliche Lebendigkeit des Ganzen als des Einen, aber durchaus als Spanne, d.h. nicht als grenzenloses Fortdauern, sondern begrenztes In-sich-stehen, Fülle und Vollkommenheit des Lebens an sich selbst. Inwiefern ist die Zeit ein ‚Bild' dieses ‚aion', und dazu noch ein ‚bewegtes'?- Insofern die Zeit ‚Jetztzeit' ist, im Jetzt ihr Sein hat; was war, ist nicht mehr ‚jetzt' und als solches ein Vergangenes, Gewesenes, Nichtseiendes; und was sein wird, ist noch nicht ‚jetzt', als Nicht-jetzt aber zugleich ein Nichtseiendes. Das Jetzt ist das eigentlich Seiende an der Zeit; von ihm sagt Platon deshalb: "Das Jetzt wohnt dem Einen bei sein ganzes Sein hindurch" (Parm., 152 d). Gäbe es kein ‚Nicht-mehr' und ‚Noch-nicht', sondern nur das Jetzt, wäre es das ‚aion', die ‚nicht-lose' Lebenszeit des Alls. ‚Bild' des ‚aion' ist die Zeit, insofern sie im Jetzt auf es verweist, aber in Noch-nicht-jetzt und Nicht-mehr-jetzt eben doch nicht das ‚Inne-weilen-in-Einem', sondern Übergang von Anderem in Anderes ist; deshalb aber in der Weise der Bewegtheit gerade Bezug nimmt auf das Eine, das als Jetzt beständig mit im Blick steht. Die Zeit wird damit bestimmt durch den Begriff des Jetzt als dem eigentlich Seienden an der Zeit, die aber als ‚Bild der Ewigkeit' das Nichtsein in zwiefacher Weise an sich hat: als das Nichtsein von Nicht-mehr-sein und Noch-nicht-sein. Würde dieses zwiefältige Nicht fehlen, gäbe es keine Zeit: sie fiele zusammen mit der Ewigkeit, die dann auch in der Nachfolge Platons als das ‚stehende Jetzt' (nunc stans) verstanden wird. Die ‚Bewegtheit', als die eigentliche ‚Bildverfassung' der im Jetzt verankerten Zeit, meint seine zwiefältige Übergangsspannung zum Nicht als dem Anderen des ‚Einen'. Die Zeit ist damit begriffen als die Grundverfassung physischen Seins, das in der Gegenwendigkeit von Werden und Vergehen bezogen bleibt auf das Inneweilen des Seins in Einem. Konstitutiv für den Zeitbegriff wird damit die Physis als - im Verhältnis zum Sein als ‚Inneweilen-in-Einem' - gedachten Anderssein und damit in gewisser Weise ‚Nichtseienden' (me on).

Dies wird von Aristoteles aufgenommen und in einer bestimmten Richtung weiter ausgeführt. Seine Zeitabhandlung steht entsprechend im Rahmen der ‚Physik' (IV, 10 - 14) als einer Ontologie der Natur. Die Zeit selbst bestimmt Aristoteles nun als "Zahl der Bewegung nach dem Vorher und Nachher". Die Bestimmung der Zeit erfolgt also wie bei Platon mit Blick auf die Bewegung als der Grundverfassung der Physis; ihre genauere Auseinandersetzung übergehe ich hier, und hebe nur das entscheidende Moment hervor, das sich so bei Platon noch nicht findet: Die Zeit ist ‚Zahl', und das Wodurch gezählt wird, das Jetzt. Das Zählen aber bezieht sich auf das physische Sein als Bewegung, d.h. Übergang aus dem Nichtsein ins Sein (Werden) und dem Sein ins Nichtsein (Vergehen). Soweit war auch Platon. Nun aber zum ‚Zählen' selbst: Wer oder was ‚zählt' denn überhaupt?- Wie und wo gibt es überhaupt nur so etwas wie ein ‚Zählen'?- Aristoteles sagt: Nur in der Seele, und das, was in der Seele zählt, ist einzig und allein die Vernunft (nous). Denn die Vernunft ist die Tätigkeit des Vereinigens und Unterscheidens im Hinblick auf Eines. Gäbe es nichts, was zählt, dann gäbe es keine Zeit: ohne Vernunft keine Zeit, und die Zeit selbst hat ihr Sein wesentlich im vernünftigen Wissen als einem ‚Zählen', d.h. einem Unterscheiden und Vereinigen. Die Zeit gibt es nicht wie irgendein Naturhaftes, Reales, sondern sie gehört ihrem Sein nach zur Grundstruktur vernünftigen Wissens, *insofern* dieses sich auf das physische Sein als Werden und Vergehen bezieht. Die Zeit ist eine Funktion des Naturverhältnisses vernünftigen Wissens, insofern ‚Natur' nicht nur einen Bereich des Seienden, sondern das physische Sein von Seiendem überhaupt (Welt) bezeichnet.

Die Zeit gerät damit in einen ausgezeichneten Zusammenhang mit dem Sein der vernünftigen Seele: und umspannt doch zugleich das Ganze allen Seins, auf das diese sich in ihrer naturhaften Seinsweise bezieht. Dieser Bezug der Zeit zur vernünftigen Seele wird dann von Augustin noch verschärft. Schon zu Beginn seiner Zeitabhandlung im XI. Buch seiner ‚Confessiones', verwandelt er die Frage nach dem, was die Zeit ist, in die Frage, wo die Zeit ist. Die Antwort lautet: in der Seele. Die Zeit ist das Sein der Seele selbst, insofern diese sich in Gedächtnis, Gegenwärtigung und Erwartung ‚ausdehnt': auf das physisch Seiende hin ausgreift und es als Gewesenes, Gegenwärtiges und Zukünftiges sichtbar macht. Die Zeit ist Zeit als Zeitbewußtsein. Dieses selbst gibt uns nichts anderes wieder als die grundlegende Struktur des ‚Bewußtseins', d.h. der vernünftigen Seele überhaupt, insofern sie sich innerphysisch, innerkosmisch vorfindet. Damit ist auch eigentlich schon alles über die abendländische ‚Philosophie der Zeit' bis hin zu Husserl gesagt. Die Zeit wird verstanden als Sukzessivität (Aufeinanderfolge) von Jetztpunkten, die in der intentionalen Beziehung des Bewußtseins auf das physische Sein als Bewegtheit gegeben ist. Wenn Kant die Zeit als die apriorische ‚Form der Anschauung' faßt, dann bestimmt er damit den ontologischen Status der Zeit als konstitutives Moment der endlichen, auf das physische Sein von Seiendem insgesamt bezogenen, Subjektivität; und zwar ohne daß das, was ‚Zeit' denn an sich selbst ist, noch weiter befragt werden müßte. Sie ist, ihrem nunmehr unmittelbar gewordenen ‚vulgären' Zeitverständnis nach, Jetztzeit als Sukzessivität: dies erweist sich unmittelbar an der intentionalen Gegebenheit von Zeit, ohne daß dieses intentionale Gegebensein von Zeit im Zeitbewußtsein noch einer Rückfrage bedürfte, welche methodischen und ontologischen Voraussetzungen darin schon eingegangen sind. Das Jetzt, so Heidegger, wird als das eigentlich Seiende an der Zeit ausgemacht, insofern das Sein schon vorgängig als ‚Inneweilen-in-Einem', ‚ständige Anwesenheit' (aion, aei on) - also aus dem Horizont der Zeit - verstanden ist. Der ‚a-physische', im Gegensatz zum physischen Sein als Werden und Vergehen, konzipierte Seinsbegriff bleibt in allem (vulgären) Verständnis von Zeit aus dem Jetzt leitend; und daß dieser sich an der intentionalen Gegebenheit des Bewußtseins auch methodisch ausweisen läßt, sagt nichts über die Zeit selbst, alles aber über die konstitutive Funktion von Zeit für das überlieferte Verständnis von Sein aus: wenn ‚ständige Anwesenheit' als maßgeblicher Begriff von Sein nämlich selbst ein Zeitbegriff ist. Das läßt sich, nebenbei bemerkt, anzweifeln. Wenn Husserls Zeitanalysen, niedergelegt in seinen ‚Vorlesungen zur Phänomenologie des inneren Zeitbewußtseins', sich schon vom Titel her als phänomenologische Deskription der Gegebenheit von Zeit im intentional vermeinenden Bewußtsein präsentieren, dann stellt sich die Frage, ob hier nicht ein schon vorhandenes Verständnis von Zeit lediglich in eine Vorstellung objektiviert und dann beschrieben wird. Wird die Frage nach der Zeit aber zur Deskription eines anschaulich vorgestellten Vorverständnisses von Zeit, dann wird sie überhaupt nicht mehr gestellt: sie expliziert nur eine Voraussetzung.

Methodisch entscheidend ist deshalb für Heidegger, woran und wie ‚Zeit' so gegeben ist, daß sie als Bezugspunkt einer phänomenologischen Analyse eben nicht schon durch einen vorausgesetzten Begriff der Zeit so vorbestimmt ist, daß sich die Analyse lediglich im methodischen Kreislauf der Explikation eines impliziten Bestimmung bewegt. Die intentionale Vermeinung von Zeit kann aber nun auch aufgrund der ganzen existenzialontologischen Analyse nicht mehr Bezugspunkt eines philosophisch zu klärenden Zeitbegriffes sein, weil diese sich ja auf die vor-intentionale Offenheit von Sein bezieht, die das Dasein existierend je schon ist. Das Woran der Gegebenheit von Zeit für die methodische Analyse ist deshalb nicht mehr das intentionale Bewußtsein von Zeit oder auch das intentionale Verhältnis des Daseins zur Zeit: sondern die Zeitlichkeit des Daseins selbst, ganz gleich, ob es diese in und für sich auch schon ‚intentional' ausdrücklich oder unausdrücklich erfaßt hat. ‚Zeitlichkeit' meint hier natürlich nicht ‚Vergänglichkeit'. Im Blick steht die zeithafte Verfassung, das Zeit*sein* des Daseins selbst, ganz unabhängig davon, wie das Dasein selbst ‚Zeit' verstanden haben mag. Wie aber erschließe ich mir diese zeithafte Verfassung des Daseins?- Doch in der Weise, daß ich das formalisierte Sein des Daseins: das ‚Sich-vorweg-sein', ‚Schon-sein' und ‚Sein-bei' im Hinblick auf ‚Zeit' verstehe: diese Struktur als ‚Zeitliche' erkenne und damit ein bestimmtes Verständnis von Zeit einbringe, das seinerseits nur aus dem intentionalen Bewußtsein als Vor-verständnis von Zeit herstammen kann. Also ist dieses doch wiederum vorausgesetzt, sonst könnte ich überhaupt nicht auf die ‚Zeitlichkeit des Daseins' als dem methodischen Bezugsworauf eines ontologischen Zeitbegriffes kommen. Wie löst nun Heidegger diese Schwierigkeit?- Durch den Begriff der Fundierung, d.h. des Gründungsverhältnisses von ‚ursprünglicher Zeit', die sich an der Zeitlichkeit des Daseins erschließt, und der vulgär verstandenen Zeit, die sich am Zeitbewußtsein erschließt. Dieses ist nicht falsch, sondern unzulänglich, sekundär: es entspringt einem anderen, in dem es fundiert, gegründet ist. Etwas, was überhaupt keine Wahrheit hat, kann eine solche auch nicht methodisch erschließen. Vom Irrsinn und Widersinn her gibt es keinen Weg zur vernünftigen Wahrheit; von der Falschheit, dem Schein, der Unzulänglichkeit des Gewußten her schon. Das intentionale, unmittelbare Verständnis von Zeit kann deshalb die Zeitlichkeit des Daseins erschließen, ohne daß sie dadurch schon an sich selbst den ersten und maßgeblichen Begriff des Zeitseins selbst enthalten müßte. Dieser muß an der Zeitlichkeit des Daseins gewonnen werden, so daß das vulgäre Zeitverständnis als Katalysator eines methodischen Rückschrittes aus dem Gegründeten in seinen Grund fungiert. Umgekehrt muß Heidegger dann aus der Analyse der ursprünglichen Zeit an der Zeitlichkeit des Daseins aufzeigen, wie und warum das intentionale Verständnis der Zeit als Sukzessivität von Jetztpunkten davon differiert. Die Zeitlichkeit des Daseins wird damit zum maßgeblichen Bezugspunkt für die Gewinnung eines Begriffs der ‚ursprünglichen Zeit'.

Fassen wir diese methodische Vorbetrachtung vom Standpunkt der existenzialontologischen Analyse aus: Diese weist das Sein des Daseins auf als die Struktureinheit des Sich-vorweg-seins, Schon-seins und Seins-bei. Sich-vorweg ist das Dasein zukünftig; als geworfenes Schon-sein-in-der-Welt gewesen, und als Sein-bei-dem-innerweltlich-Begegnenden gegenwärtig. Am Sein des Daseins zeigt sich Zeit, mehr noch: das Sein des Daseins als die Einheit dieser Strukturmomente erweist sich als Zeit. Denn die Zeit ist die Einheit von Zukunft, Vergangenheit und Gegenwart: sie ist als solche die Einheit ihrer drei Dimensionen. Gäbe es nur die Zukunft, gäbe es ebensowenig ‚Zeit' wie dann, wenn es nur die Vergangenheit oder nur die Gegenwart gäbe. Zeit ist als solchedie Einheit ihrer dreifältigen Differenz; und als solche ist sie das, im Hinblick worauf das Sein des Daseins in seiner Einheit verständlich wird. Aber läßt sich nun diese Zeitlichkeit des Daseins: Sich-vorweg-sein (Entwurf), Schon-sein (Geworfenheit) und Sein-bei (Verfallen) am Leitfaden unseres geläufigen Verständnisses von Zeit als ‚Sukzessivität von Jetzten' fassen?- Offensichtlich nicht: Denn die zeithafte Verfassung des Daseins als ‚Sorge' meint etwas ganz anderes als die Innerzeitigkeit eines Naturhaften, an der sich Zeit als Sukzessivität von Jetzten erschließt. Nehmen wir das Dasein wie irgendein anderes Seiendes auch als Innerzeitliches, dann können wir im Hinblick auf die Struktur seines physischen Anwesens, Werden und Vergehen, seine Übergängigkeit aus dem Noch-nicht-jetzt ins Nicht-mehr-jetzt objektiv gegenständlich festhalten. Um diese Innerzeitlichkeit von Seiendem physischer Seinsart geht es aber überhaupt nicht, sondern die Frage zielt auf das Zeitsein des Daseins selbst: Das Dasein ist die Erschlossenheit seines Seins und des Seins von Seiendem überhaupt als Sich-vorweg-sein, Gewesensein und Sein-bei; was nicht heißt, daß es ein in der Zeit vorhandenes Ding ist, das aus dem Noch-nicht-sein ins Nicht-mehr-sein übergeht, sondern, daß das Dasein in der Gleichzeitigkeit der dreifältigen Zeitdifferenz Zukunft, Vergangenheit und Gegenwart sein Sein als die vor-intentionale Offenheit von Sein überhaupt ist: sein ‚Da' als in sich gelichtetes Sein, das sich existierend offenhält für das Begegnen von Seiendem in seinem Sein. Die Zeit zeigt sich als die strukturelle Verfassung existierenden Daseins. Mit dem Begriff des Jetzt als dem maßgeblich ‚seienden' an der Zeit und seinen Differenzen Noch-nicht und Nicht-mehr als Bestimmungen des Nichtseins können wir da herzlich wenig anfangen. Wenn wir also auf die Zeitlichkeit des Daseins im Horizont eines bestimmten Verständnisses von Zeit als Jetztzeit stoßen, dann zugleich in der Weise, daß das gesichtete Zeitlichsein des Daseins uns im Rahmen dieses leitenden Zeitverständnisses nicht mehr verständlich wird: was uns die Zeitlichkeit des Daseins anzeigt, das vulgäre Zeitverständnis, verschließt uns zugleich die Möglichkeit, sie zu begreifen. Es stößt uns sozusagen von sich selbst her darauf, daß mit ihm etwas nicht ‚stimmt': es stößt uns auf die Zeitlichkeit des Daseins und diese stößt es selbst von sich her zurück, indem sie unserem Zeitverständnis gleichsam zuruft: "Halt! So nicht." Was nun?- An der Zeitlichkeit des Daseins muß der Begriff von Zeit gewonnen werden, aufgrund dessen sie verständlich wird; es geht nicht um einen Begriff von Zeit überhaupt, sondern um den

Begriff von Zeit, der die Zeitlichkeit des Daseins begreift, nichts weiter; und was wir sonst als einen Begriff von Zeit überhaupt noch mit uns herumtragen mögen, das muß gerade beiseite gesetzt und ausgeklammert werden. Seine Unzulänglichkeit zeigt sich am *Sein* des ‚zeitverstehenden Bewußtseins' selbst: der Einheit des Sich-vorweg - Schon-sein - Sein-bei. Die Zeitlichkeit des ‚intentionalen Bewußtseins von Zeit' als das Sein des Daseins selbst wird damit gegen die ganze bisherige Tradition des philosophischen Zeitbegriffes gekehrt: Darin besteht der entscheidende Bruch Heideggers mit der insgesamt platonisch-aristotelischen Zeitauffassung. Kommen wir nun, unter strikter Ausblendung unserer geläufigen Zeitverständnisse, zur phänomenologischen Analyse der Zeitlichkeit des Daseins, die sich ausschließlich darauf konzentriert, wie sich die Zeithaftigkeit des Daseins an diesem selbst von ihm selbst her zeigt: und sich eben dies auf den Begriff ‚ursprünglicher Zeit' bringen läßt.

3.1. Die Zeitlichkeit des Daseins

Greifen wir zuerst den inneren Zusammenhang der einzelnen Momente der Zeitlichkeit des Daseins heraus: Als Sich-vorweg-sein erschließt sich das Dasein auf die Möglichkeiten seines Sein-könnens-in-der-Welt; als solches ist das Dasein ‚zukünftig', d.h. es kommt beständig aus seinem Sich-vorweg-sein und von diesem her auf sich zu. Das Phänomen der ‚Zukünftigkeit' des Daseins besteht nicht im Noch-nicht-wirklich-sein eines Möglichen, sondern im Aufschliessen von Möglichkeiten, aus denen heraus es - sich in seinem Sein erschließend - auf sich zukommt. Dieses Auf-sich-zukommen aber ist ein Zurückkommen auf das faktisch-geworfene Schon-sein-in-einer-Welt; es erschließt das Schon-sein-in und holt es von daher ein in das besorgende Sein-bei-dem-innerweltlich-Begegnenden. Die Gegenwärtigkeit als Erschlossenheit des Seins-bei-Begegnendem, resultiert aus dem Einholen des faktischen Gewesenseins im Auf-sich-zukommen aus dem Sich-vorweg-sein heraus; das Dasein entläßt sich in die Gegenwärtigkeit als dem Begegnenlassen von Gegenwärtigen, insofern es sich schon aus seiner Künftigkeit heraus in seinem Gewesensein eingeholt hat. Die Strukturmomente der Zeitlichkeit des Daseins (Zukunft, Gewesensein, Gegenwart) zeigen sich in einer auffälligen inneren Verknüpfung, die von der Zukunft als dem ersten und grundlegenden Moment der Zeit ausgeht und über die Gewesenheit vermittelt Gegenwart entspringen läßt. Die Zeitlichkeit des Daseins entspringt der Zukunft als dem Auf-sich-zukommen aus dem Sich-vorweg-sein: sie zeitigt sich aus der Zukunft und hat deshalb wesentlich den Sinn der Künftigkeit. Alles Gewesensein und alle Gegenwart ist ‚zukunftsgerichtet' das Sich-offenhalten für das Auf-sich-zukommen aus dem Sich-vorweg-sein; weder steht das Dasein indifferent drei vorgegebenen Dimensionen Zukunft, Vergangenheit, Gegenwart gegenüber, noch ist es an sich selbst ihre undifferenzierte Dreiheit, sondern es ist zeitlich nur als Auf-sich-zukommen aus dem Sich-vorweg-sein. Seine Zeitlichkeit ist in der Zukunft zentriert. Die Zukunft ist nicht in der Richtung auf das Gewesensein hin, sondern das Gewesensein auf die Zukunft hin offen. Dasein trägt sich der Künftigkeit zu, indem es durch sie und aus ihr heraus in seinem je faktischen Schon-sein eröffnet ist. Die Zeit steht unter dem Primat der Zukunft: sie ist wesentlich gewesen-gegenwärtige Zukunft: Gewesenheit und Gegenwart sind aus der Zukunft heraus, was sie sind und wie sie sind - sich *zeitigen*. Denn die Zeit gibt es nicht wie irgendein Vorhandens, das vorkommt und zu dem ich sagen kann, es ‚ist', sondern als strukturelles Sich-entspringen-lassen: ‚Zeitigung'. Die Zeit west als Zeitigung ihrer selbst, insofern sie weder ein irgendwie Vorhandenes, Seiendes ist noch auf ein Anderes als Grund, wodurch es sie gäbe, zurückverweist. Die Zeit, wie sie an der Zeitlichkeit des Daseins gegeben ist, verweist nicht auf eine zählende Vernunft oder ein transzendentales Ich; wie sie sich an sich selbst und von sich her zeigt, enthält sie keinen Verweis auf ein Anderes, dessen Funktion sie wäre, sondern entspringt im Auf-sich-zukommen des Daseins aus dem Sich-vorweg-sein rein als die Zeitigung ihrer selbst. Die Zeitigung ist keine Verhaltensweise eines zugrundeliegenden Substrates ‚Dasein', sondern dieses selbst ist allererst sein Da, seine Erschlossenheit und Offenheit, aus der Zeitigung von Zeit in der gleichursprünglichen Einheit der Zukünftigkeit, Gewesenheit und Gegenwärtigkeit.

Wenn Heidegger von der ‚Zeitigung' der Zeit spricht, dann meint er dieses Von-sich-her-sein der Zeit, ihre Seinsweise als Sich-zeitigen. Die (sich-zeitigende) Zeit ist sie selbst kein Seiendes, sondern das Sein des Daseins selbst: seine Eröffnung ins Da, die Konstitution der Erschlossenheit und Lichtung, die das Dasein als Da ausmacht. Insofern das Von-sich-her-entspringen den wesentlichen Sinn der Zukünftigkeit hat, ist das Sein der Zeit im ganzen dem Primat der Zukunft unterstellt. Dieses Primat der Zukunft erweist sich nun als der Grund der existenzialontologischen Bestimmung des Daseins als reines Möglichsein, die, wie wir sahen, Heidegger als die ‚letzte positive ontologische Bestimmtheit des Daseins' begreift. Die modale Bestimmung des Seins als Möglichsein muß ebensosehr aus dem Zeitbegriff der Zukunft begriffen werden wie die Bestimmung des Seins als Wirklichkeit im Zeitbegriff der Gewesenheit fundiert ist. Sein als Möglichsein erschließt sich aus der Zukünftigkeit, Sein als Wirklichkeit aus dem Zurückkommen auf Gewesenes. Nicht zuletzt auch an dieser zeitlichen Konstitution ontologischer Grundbegriffe erweist sich die Zeit als der erfragte ‚Sinn' von Sein. Obwohl Heidegger in ‚Sein und Zeit' eine solche temporale Analyse der Grundbestimmungen von Sein nicht gibt, ist sie doch intendiert.

Die Zeitlichkeit des Daseins ist damit aber nur in der ‚modalen Indifferenz' der Seinsweisen des Daseins gefaßt. Konkret ist uns die Zeitlichkeit des Daseins am Sein des Daseins nur gegeben, insofern dieses sich in der Weise ,eigentlichen' oder ,uneigentlichen' Existierens vollzieht. Die Zeitlichkeit des Daseins ist immer *entweder* die Zeitlichkeit des eigentlichen *oder* die Zeitlichkeit des uneigentlichen Existierens. Eigentlichkeit und Uneigentlichkeit erwiesen sich uns aber mittlerweile als Differenzen der Erschlossenheit des Seins des Daseins selbst: der Wahrheit und Unwahrheit der Existenz. Die Differenz der Zeitlichkeit eigentlichen und uneigentlichen Existierens besagt dann aber, daß sich das Sein des Daseins unterschiedlich zeitigt: und in der unterschiedlichen Zeitigung seiner Zeitlichkeit sich unterschiedlich in seinem Sein erschließt, eröffnet, entbirgt bzw. verschließt und verbirgt. Die Erschlossenheit des Seins des Daseins in diesem und durch dieses selbst ist eine Funktion der Zeitigung der Zeit; Wahrheit und Unwahrheit der Existenz, also Eigentlichkeit und Uneigentlichkeit, nichts anderes als Zeitigungsdifferenzen des Daseins in sich selbst. Wie sich das Dasein von sich her in seinem Sein erschließt, offenhält, und aus diesem Offenhalten heraus existiert: eigentlich oder uneigentlich, eben dies ist abhängig von der Art und Weise, in der es sich sein Sein zeitigt, weil die Zeitigung der Zeit, die das Dasein in eine je andere Zeitlichkeit freisetzt, die Erschlossenheit des Daseins in seinem Sein selbst konstituiert. Betrachten wir dies nun etwas genauer an der Analyse der ,eigentlichen' und ,uneigentlichen' Zeitlichkeit des Daseins.

1. Zukünftig ist das Dasein als Auf-sich-zukommen aus dem Sich-vorweg-sein. Wie ist das Dasein sich vorweg; und wie kommt es auf sich zu, insofern es ,eigentlich', d.h. aus der Erschlossenheit seines Seins heraus, existiert?- In der Weise, daß es sich sein Seinkönnen aus dem ausgezeichneten Bevorstand der unüberholbaren Möglichkeit des eigenen Nicht-sein-könnens, des Todes, offenhält und erschließt. Aus diesem Offenhalten der äußersten Möglichkeit des Nicht seines Da kommt es auf sich zu und zurück. Das ,Auf-' und ,Offenhalten' des beständigen Bevorstehens des eigenen Nicht-sein-könnens ist der Zeitlichkeitsmodus der eigentlichen Zukünftigkeit des Daseins; ihn bestimmt Heidegger als Vorlaufen. Die Erschlossenheit und Unverborgenheit des je eigenen Seins-zum-Tode zeitigt sich im Vorlaufen in die äußerste Möglichkeit des Nicht des eigenen In-der-Welt-seins. Vorlaufend in den Tod hält sich das Dasein in der Erschlossenheit seines Seins als solcher - gegen seine Verdeckung und Verhüllung. Wie steht in Abhebung dazu mit dem ,uneigentlichen' Sich-vorweg-sein, das verfallen an das Man im Besorgen aufgeht und sich darin sein Sein-zum-Tode als unüberholbarer Bevorstand verdeckt?- Es ist sich vorweg bei den Bewandtniszusammenhängen seiner Mitwelt und kommt aus dieser in der Erschließung seines Seinkönnens auf sich zu; was es als sein Seinkönnen erschließt, ist das, was ihm die Bewandtniszusammenhänge seiner Mitwelt gewähren oder versagen: es erschließt sich sein In-der-Welt-sein aus dem Horizont von Erfolg und Mißerfolg. Den Zeitlichkeitsmodus dieses Erschließens und Eröffnens des eigenen Seinkönnens nennt

Heidegger das Gewärtigen. Im Gewärtigen erschließt sich das Seinkönnen nicht aus dem Hinblick auf das eigene Sein-zum-Tode; dieses bleibt gerade verdeckt in der Erschlossenheit möglichen Erfolgs und Mißerfolgs, der sich dem Dasein in und aus dem besorgenden Mitsein in der Welt darbietet. Das Gewärtigen verdeckt die Erschlossenheit des je eigenen Seins-zum-Tode in und durch die Erschlossenheit der gewährten und versagten Möglichkeiten des Man-selbstseins in den Bewandtniszusammenhängen einer vergemeinschafteten Welt.

Wir sehen schon hier, an den grundlegenden Zeitigungsweisen der Zukünftigkeit des Daseins, Vorlaufen und Gewärtigen, daß sich die zeitliche Erschließung und Eröffnung des Daseins nach ihrem Bezugsworauf unterscheidet: Das Vorlaufen erschließt das ‚eigene' Sein des Dasein bezogen auf dieses selbst: den Tod als äußersten Bevorstand; während das Gewärtigen das ‚eigene' Sein erschließt bezogen auf anderes: den aus der vergemeinschafteten Welt sich darbietenden Möglichkeiten ‚eigenen' Sein. Gerade darin ‚verschließt', verbirgt und verhüllt sich das Dasein die Wahrheit seines Seins, wird zu einem Unwahren, das aus einem anderen heraus ‚uneigentlich' existiert. Im Gewärtigen kommt das Dasein je aus seiner Welt auf sich zu, hält sich offen und erschließt sich in seinem Seinkönnen aus den gewährten oder versagten Möglichkeiten; wogegen im Vorlaufen das Dasein aus der äußersten Möglichkeit seines Nicht-da-sein-könnens auf sich zukommt, sich also in seinem Seinkönnen indifferent zu vorgegebenen Möglichkeiten offenhält und erschließt. Aber was erschließt es dann überhaupt, was hält es dann überhaupt als sein In-der-Welt-sein-können offen?- Dies, die Möglichkeiten seines In-der-Welt-seins, können ihm doch von nirgendwoher anders kommen als aus der Welt, müssen also ‚gewärtigt' werden; das Vorlaufen aber enthüllt nichts als mein Nicht-sein-können, und damit hat es sich. Das ist aber unzulänglich; denn allein daraus kann ich mein In-der-Welt-sein nicht sein, wenn anders es im Entwerfen von Möglichkeiten meines Seinkönnens in der gemeinsamen Welt besteht. Der inhaltslosen Wahrheit des Todes steht die inhaltliche Fülle der gesellschaftlichen Verblendung durch Erfolg und Mißerfolg entgegen. Ist das so gemeint?- Sicher nicht: Denn das Vorlaufen erschließt ebensosehr die Möglichkeiten des In-der-Welt-seins wie das Gewärtigen das Sein-zum-Tode offenhält: aber eben anders. Das Seinkönnen in der Welt erschließt sich dem Vorlaufen aus dem Horizont des Nichtseinkönnens; die Möglichkeiten eigensten Seinkönnens werden nicht entworfen aus dem Hinblick auf ihre intersubjektive Bestimmung durch das Man, Erfolg und Mißerfolg, sondern im Hinblick auf das übereignete faktische In-der-Welt-sein als solches. Das Verhältnis zum überantworteten In-der-Welt-sein, das sich im Entwurf des eigenen Seinkönnens bestimmt, ist ein anderes. Die Erschlossenheit von Welt selbst als Möglichkeit des eigenen Seinkönnens ist eine andere: Das Maß und Kriterium im Aufschließen inhaltlich bestimmter Möglichkeiten des Seinkönnens ist ein anderes.

2. Gewesen ist das Dasein, d.h. es erschließt sich in seinem faktischen Gewesensein, insofern es auf sich zurückkommt und als Schon-sein-in-der-Welt einholt. Das einholende Zurückkommen auf -, das sich aus der vorlaufenden Erschlossenheit des Seins-zum-Tode bestimmt, erschließt das Dasein in seinem faktischen Geworfensein, der Schuld seines Seins, als nichtiger Grund das ihm überantwortete Sein unvertretbar übernehmen zu müssen. Den Zeitlichkeitsmodus der Gewesenheit, der das Dasein in der Faktizität seines Schuldigseins zum eigenen Seinmüssen erschließt, nennt Heidegger die Wiederholung. Die Wiederholung bezeichnet die aus dem Vorlaufen resultierende zeitliche Erschlossenheit und Offenheit des Gewesenseins als grundloser Grund eigensten Seinmüssens; sie erschließt sich aus dem Vorlaufen in den vereinzelnden Tod die Jemeinigkeit des überantworteten Grundseins, als welches sich das Dasein in seinem Sein übernehmen muß. Die Wiederholung holt eigens und ausdrücklich ein, was das Dasein als überantwortetes Grundsein faktisch je schon ist; gerade dieses ist im Verfallen verborgen und verhüllt: vergessen, das innerweltlich Begegnende dagegen offengehalten im Behalten. Der Zeitlichkeitsmodus der uneigentlichen Gewesenheit ist deshalb, bezogen auf das eigene, faktische Geworfensein, das Vergessen; bezogen auf das woran des Verfallens (Welt) das Behalten. Das Zurückkommen auf -, das sich aus dem Gewärtigen bestimmt, ist das vergessene Behalten; dieses zeitigt die Erschlossenheit des Gewesenseins, darin sich das Dasein als Verfallenes in der Unwahrheit seines Seins, hält. Die Bezugsdifferenz der zeitlichen Erschlossenheit: auf das eigene Sein des Daseins einerseits (Vergessen), das Sein des Innerweltlichen andererseits (Behalten), tritt hier besonders deutlich zutage als eine Differenz in der Gewichtung zusammenghöriger, aber doch unterschiedener Moment der Erschlossenheit des Da. Entsprechend ist auch hier die Wiederholung nicht im ausschließlichen Gegensatz zur Erschlossenheit von Welt, sondern als Primat der Selbsterschlossenheit des eigenen Seins des Daseins zu sehen, in deren Horizont sich Welt anders erschließt als im Behalten, das sich in der Selbstverschlossenheit des eigenen Seins qua Vergessen hält.

3. Das Sein-bei eröffnet sich aus der Gegenwärtigkeit des Daseins. Diese resultiert aus der zeitlichen Erschließung von Künftigkeit und Gewesenheit des Daseins als der Horizont der Erschlossenheit des eigenen In-der-Welt-seins, aus der heraus sich das Dasein in seinem Weltverhältnis bestimmt: seinem Verhältnis zu sich und anderen, den Dingen und der Welt im ganzen. Die Gegenwart konstituiert sich immer als der Begegnisraum, der von sich her aufgeschlossen ist ins Gewesene und Zukünftige, diese als Momente an sich hält. Die Gegenwart ist nicht das abstrakte Jetzt, sondern der ins Gewesene und Zukünftige hin offengehaltene Begegnisraum, in dem sich das Dasein als das Begegnenlassen von dem, was ist, aufhält: wohnt. Diesen konkreten Charakter der Gegenwart als Begegnisraum hat Heidegger im Blick, wenn er die Gegenwart als das dritte, aus Zukünftigkeit und Gewesenheit vermittelte

und resultierende Moment der Zeitlichkeit des Daseins faßt. Die Gegenwart ist immer das Ganze der Zeit, ihre konkrete Einheit, und als solche das, worinnen das Dasein ist: Welt als die Offenheit von Sein. Die Frage ist nur, wie sich das Dasein das, was ist begegnen läßt, insofern es sich aus dem Vorlaufen und Wiederholen in der Erschlossenheit von Sein hält: Wie hält es den Begegnisraum des Begegnenden aus der zeitlichen Erschlossenheit oder Verschlossenheit seines Seins offen?- Beginnen wir dieses Mal mit der Zeitlichkeit des Verfallens: Es konstituiert sein Sein-bei aus dem Gewärtigen von Möglichkeiten und dem Behalten von Faktischem in und durch das Gegenwärtigen. Das Gegenwärtigen läßt das Begegnende auf sich zukommen, hält es sich im vorgreifenden Gewärtigen und rückgreifenden Behalten vor in seinem Begegnischarakter, daran sich das Dasein selbst verborgen ist. Das Gegenwärtigen geht auf im Begegnenden, insofern es daran zugleich die Verborgenheit seines Seins hat; nicht dieses, das Sein des Daseins selbst, ist die Offenheit und Erschlossenheit, die begegnen läßt, sondern, was das Gegenwärtigen als den Raum des Begegnens offenhält, ist immer das Man-selbst. Im Gegenwärtigen denkt Heidegger also wieder den Zug weg vom Dasein selbst, seiner Erschlossenheit, hin zu dem, was ihm aus der Welt entgegenkommt: es ‚überwältig', ‚gefangen nimmt', ‚benommen macht', also in die Ununterschiedenheit und Einerleiheit aufgehen läßt. Das Gegenwärtigen ist, als die resultative Einheit aus Gewärtigen und Behalten, die Zeitigung der Verfallenheit als Verschlossenheit, Unwahrheit des überantworteten In-der-Welt-seins. Umgekehrt ist dann die Zeitigung der Entschlossenheit aus ihren Zeitigungsmomenten Vorlaufen und Wiederholen die Erschlossenheit des Begegnisraumes, die aus dem ausdrücklich zugeeigneten, geworfen-entwerfenden Sein-zum-Tode das, was ist, begegnen läßt. Heidegger faßt diese eigentliche Gegenwart als ‚Augenblick'. Der ‚Augenblick' darf hier nicht am Leitfaden des Jetzt verstanden werden, sondern als der (extensionale) Raum des Begegnens von Seiendem im Horizont der Selbsterschlossenheit des Seins des Daseins. Vorlaufend-wiederholend erschließt sich das Dasein in seinem Sein und greift sich damit in die Erschlossenheit seines geworfenen Seins-zum-Tode zusammen, aus der heraus und in die hinein es das, was ist, begegnen läßt. Diese Erschlossenheit der Entschlossenheit, die das Dasein aus dem Vorlaufen und Wiederholen in die Augenblicklichkeit als Begegnisraum des Anwesenden bringt, bestimmt Heidegger als Situation: "Die Situation ist das je in der Entschlossenheit erschlossene Da, als welches das existierende Seiende da ist" (SZ, 299). Die ‚Situation' bezeichnet demnach das aus den zeitlichen Erschliessungsmodi Vorlaufen, Wiederholen, Augenblick gezeitigte Ganze des offengehaltenen Begegnisraumes von Dasein und Welt in ihrer wechselseitigen Bezogenheit: die Erschlossenheit von Welt angesichts ihres möglichen Verlustes (Tod). Der Begegnisraum eigentlicher Gegenwart konstituiert sich als die Offenheit von Welt, die gegenwendig zu ihrer Verborgenheit im Tod aufgeht. Der Augenblick konstituiert als die konkrete Einheit aus Vorlaufen und Wiederholen die Situation als die Wahrheit des Menschseins (Entschlossenheit). Diese läßt das, was ist, anders begegnen als das Gegenwärtigen, indem sie einen anderen Begegnisraum von Mensch und Welt konstituiert. Die Gegenwart - als Augenblick oder Gegenwärtigen -, ist also immer zugleich das Ganze, ‚die Fülle', der Zeit: das Ganze der Erschlossenheit von Sein, in der sich der Mensch hält, seines In-der-Welt-seins. Und je nach der Art und Weise, in der er seine Gegenwart offenhält, darin zugleich aber in bestimmter Weise auch schon das Gewesene und Künftige erschlossen hat, läßt er das, was ist, auf sich zukommen. Sein Verhältnis zu dem, was ist, ist ein je anderes.

Lassen wir diese einzelnen Momente nun beiseite und konzentrieren uns auf das Wesentliche, worauf es Heidegger ankommt. Dies ist der Zusammenhang der Zeitlichkeit mit der Erschlossenheit des Daseins, seiner Wahrheit (Eigentlichkeit) und Unwahrheit (Uneigentlichkeit). Denn diese sind Funktionen der Zeitlichkeit des Daseins, d.h. Weisen seiner Zeitigung: Das Dasein, das als die Zeitlichkeit des Vorlaufens - Wiederholens - Augenblickes existiert, existiert als die Erschlossenheit seines Seins: es hält sich in seinem Sein offen als geworfen-entwerfendes Sein-zum-Tode (Entschlossenheit). Existiert das Dasein dagegen als die Zeitlichkeit des Gewärtigens - Behaltens - Gegenwärtigens, dann existiert es als die verhüllende und verbergende Abkehr von der Erschlossenheit seines Seins: als Verfallenheit. Die Art und Weise, wie ich mir als Mensch in meinem Menschsein offenbar bin und aus dieser Offenbarkeit heraus existiere, d.h. mein In-der-Welt-sein als Verhältnis zu dem, was ist, vollziehe, hängt ab von der Art und Weise, in der ich mein Existieren zeitige: der Zeitlichkeit der Existenz. Insofern die Existenz als solche die Grundverfassung der Sorge: des Sich-vorweg, Schon-in, Seins-bei, umwillen seiner hat, ist sie gewissermaßen das Zeitsein selbst, das sich in ihrer Zeitlichkeit je anders vollzieht, in diesem Vollzug aber das, was das Dasein als solches ist: Eksistenz, Herausstehen in die Offenheit von Sein (Welt), anders und als anderes anwesen läßt. Mit der Zeitigungsweise des Existierens verändert sich die Weise des In-der-Welt-seins, verändert sich die Erschlossenheit des Seins des Daseins für dieses selbst. Es ist anders und als anderes in der Welt, läßt das, was ist, anders und als anderes begegnen, wenn es sein entwerfendes Sich-vorweg-sein im Vorlaufen, sein geworfenes Schon-sein-in im Wiederholen, und sein besorgendes Sein-bei im Augenblick offen und erschlossen hält, als wenn es all dieses im Gewärtigen, Behalten und Gegenwärtigen erschlossen hält. ‚Offen-', ‚Erschlossen'-halten ist aber hier nicht als ausdrücklicher intentionaler Akt, wie wir es an den verschiedenen Weisen der Vegegenwärtigung haben, gemeint, sondern als Seinsvollzug des Daseins selbst: das ‚Ek-sistieren' als Herausstehen in die Offenheit von Sein ist selbst das Offen- und Erschlossenhalten dessen, worin es ist (Welt). Dieses eksistierende Sich-offenhalten vollzieht das Dasein in den verschiedenen Weisen seiner Zeitlichkeit, die es je anders und als andere aus dem Verhältnis zu seinem Tod zeitigt. Die Zeitigungsweise, in der das Dasein unmittelbar von sich her existiert, modifiziert sich im Übergang zum Vorlaufen in den Tod zur Zeitigungsweise unverborgenen In-der-Welt-seins. In dieser enthüllt sich nun - gegenwendig zu ihrer Verbergung in der Verfallenheit - die *ursprüngliche* Erschlossenheit des Daseins, von der es sich abgekehrt hat. Wie aber steht es mit dieser?- Konstituiert sie auch diese in einer - und welcher - Zeitigungsweise?- Nehmen wir einmal an, die verschiedenen Modi des Existierens, Eigentlichkeit und Uneigentlichkeit, sind als Weisen der Erschlossenheit der Existenz an sich selber Funktionen ihrer Zeitigung. Dann bleibt aber immer noch übrig, daß die zugrundeliegende *ursprüngliche* Erschlossenheit des Daseins, von der es sich in der Verfallenheit abkehrt und der Entschlossenheit zukehrt, davon nicht tangiert ist. Darum geht es aber, wenn das Dasein aus der Zeitigung der Zeit und als diese begriffen werden soll.

Die Zukehr zu der zugrundeliegenden Erschlossenheit des Daseins an ihm selbst erfolgt aus der Abkehr heraus als ein Zurückkommen, das sie nun gegen den Schein und ihre Verhüllung in der Unwahrheit ausdrücklich und als solche hervorkehrt. Sie wird aus dem Vorlaufen in die Möglichkeit des Nicht des Da wiederholt, eingeholt in das Sein des Daseins zur Welt. Am Tod modifiziert sich die Zeitigung der Zeit zur Zeitlichkeit der Wahrheit der Existenz. Was diese aber in die Ausdrücklichkeit hebt, das, was das Dasein als sein Sein je schon wußte, seine ursprüngliche Erschlossenheit, eben diese *ist* es dann, so daß die Zeitigung der ‚ursprünglichen' und der ‚eigentlichen' Erschlossenheit nur eine und dieselbe ist: was sie hier als die Modifikation der Zeitlichkeit des Verfallens ist, ist sie dort als das Grundgeschehen des Daseins selbst, das, indem es ist, auch schon von sich abfällt und sich in seinem Sein verbirgt. Weil die Zeitigung der Zeit das Sein des Daseins ursprünglich erschließt, kann sie dieses auch verschließen. Wir haben es also mit zwei Modifikationen zu tun: Die ursprüngliche Erschlossenheit des Daseins modifiziert sich zum Schein (Verfallenheit); die scheinhafte Erschlossenheit des Daseins modifiziert sich zur Wahrheit (Entschlossenheit). Entsprechend für die Zeitlichkeit des Daseins: Die Zeitigungsweise der wahren Erschlossenheit ist die Zeitigungsweise der ursprünglichen Erschlossenheit. Die Bestimmungen ihrer Zeitlichkeit geben deshalb den Begriff der ‚ursprünglichen Zeit'. Die Zeitigung der ursprünglichen Zeit läßt sich aber nicht mehr wie die Zeitlichkeit des eigentlichen Existierens in den Bestimmungen Vorlaufen, Wiederholung und Augenblick fassen. Diese machen im Hinblick auf das Grundgeschehen des Seins des Daseins keinen Sinn, d.h. sie haben einen solchen nur bezogen auf die Seinsweise des Existierens selbst. Was sich an der Zeitigung der wahren Erschlossenheit des Seins des Daseins in Vorlaufen, Wiederholung und Augenblick allerdings fassen läßt, ist der Begriff der ursprünglichen Zeitigung der Zeit als dem Grundgeschehen des Seins des Daseins, der Existenz. Stichpunktartig umrissen müssen wir uns an folgende Struktur des Gedankenganges halten:

1. Das Dasein ist die vor-intentionale Offenheit von Sein. Diese ist zu unterscheiden von der Art und Weise, in der das Dasein diese Erschlossenheit von Sein ist: in der Weise der Verbergung (Uneigentlichkeit) oder Entbergung (Eigentlichkeit), Wahrheit und Unwahrheit.

2. Die Analyse der Zeitlichkeit des Daseins bezieht sich auf diese Weisen, in denen das Dasein die Erschlossenheit seines Seins ist, und unterscheidet entsprechend die uneigentliche Zeitlichkeit, in der sich das Dasein sein Sein in der Unwahrheit verbirgt (Gewärtigen, Behalten, Gegenwärtigen), von der eigentlichen Zeitlichkeit, in der sich das Dasein sein Sein in seiner Wahrheit erschließt (Vorlaufen, Wiederholung, Augenblick).

3. Insofern die eigentliche Zeitlichkeit das Sein des Daseins in seiner Wahrheit gegen den Schein erschließt und damit die ursprüngliche, vor-intentionale Erschlossenheit und Offenheit von Sein im Dasein selbst *als solche* ins Existieren einholt, zu ihr wird und damit selbst ist, wird sie - in Abstraktion von den spezifischen Zeitigungsweisen Vorlaufen, Wiederholung, Augenblick - als der Begriff der ursprünglichen Zeit gedacht: Die Zeitigung der ursprünglichen Zeit aber als das ontologische Grundgeschehen des Seins des Daseins, kraft dessen dieses überhaupt ist: als die vor-intentionale Offenheit von Sein anwest.

Mit diesem letzten Punkt ist Heidegger dort, worauf er in der Zeitlichkeitsanalyse hinaus will: Die Zeitigung der Zeit als die Konstitution der Offenheit und Erschlossenheit von Sein überhaupt. Anders gesagt: Der Ursprung des Menschseins ist die Zeitigung der (ursprünglichen) Zeit, diese der ontologische Grund seines Seins, der Existenz, als Sich-vorweg-schon-sein-in-bei-umwillen seiner. Bevor wir dies näher betrachten, müssen wir uns noch eingehender mit der uneigentlichen Zeitlichkeit des Verfallens beschäftigen, weil sich von ihr her das uns geläufige (‚vulgäre') Zeitverständnis einholen läßt.

Die Zeitlichkeit des Daseins ist nichts, was diesem an sich verborgen bliebe und es sozusagen anonym und eshaft bestimmen würde. Indem sie das Dasein in sein In-der-Welt-sein aufschließt, freisetzt in sein Verhältnis zu dem, was ist, ist sie an sich selbst erschlossen. Das Dasein, das sich im Gewärtigen, Behalten und Gegenwärtigen sein In-der-Welt-sein offenhält, hat sich auch schon auf die Zeitlichkeit seines Seins hin verstanden und spricht diese in seinem besorgenden Umgang mit der Welt aus. Daran haben wir das vortheoretische, ‚natürliche' Zeitverständnis des Daseins in seinem unmittelbaren Sein-zur-Welt. Wie sieht dieses aus?- Das Dasein spricht seine Zeitlichkeit im Besorgen seiner Bewandtniszusammenhänge aus und macht die Zeit damit zum maßgeblichen Horizont seines besorgenden In-der-Welt-seins. Das Gegenwärtigen spricht sich im ‚Jetzt', das Gewärtigen im ‚Dann' und das Behalten im ‚Damals' aus. Im ‚Jetzt', ‚Dann', ‚Damals' bringt das Dasein seine Zeitlichkeit vor sich: ‚Jetzt', ‚Dann' und ‚Damals' sind, so Heidegger, *Selbstauslegungen* der zeitlichen Verhaltungen des Daseins, des Gegenwärtigens, Gewärtigens und Behaltens. Im ‚Jetzt' gegenwärtigt es das Anwesende, erschließt es als das Begegnende; im ‚Dann' gewärtigt es das Zukünftige und erschließt es als Auf-sich-zukommen; und im ‚Damals' behält es das Gewesene, erschließt es als solches, worauf es zurückkommen kann. In diesen Bestimmungen hält es sich das Gegenwärtige, Gewesene und Zukünftige als die Einheit seines besorgenden In-der-Welt-seins vor. Die Zeitlichkeit des Daseins artikuliert sich im besorgenden Umgang mit der Zeit als ‚natürliche Weltzeit', an der sich das Dasein ausrichtet. Die Erschlossenheit der Zeit im besorgenden Umgang des verfallenen In-der-Welt-seins weist deshalb mehrere Strukturmomente auf, die ihr als solcher angehören: Sie ist zum einen immer ‚Weltzeit', d.h. sie ist Zeit ‚um ...zu', Zeit, die sich das Dasein nimmt oder gibt, hat oder versagt - umwillen seiner. Die Zeit ist ‚Weltzeit', insofern sie je schon in den Verweisungszusammenhängen einer Bewandtnisganzheit als ihr maßgebliches Erschließungsmoment fungiert und als solche zugleich öffentliche, allgemein zugängliche Zeit ist. Diese ist die in der vergemeinschafteten Welt für jedermann selbige, allgemeine und eine Zeit. Die Zeit als öffentliche, allgemeine Weltzeit ist zum anderen immer auch schon datierbare und meßbare Zeit: Das Jetzt ist im besorgenden Umgang genau genommen immer ein ‚jetzt, da ...' dieses oder jenes zu tun oder zu lassen ist; das Damals ein ‚damals, als ...' und das Dann ein ‚dann, wann ...'. Diesen Verweisungszug des Gegenwärtigens, Gewärtigens und Behaltens in den Strukturen des ‚Jetzt, da -', ‚Damals, als -', ‚Dann, wann - , nennt Heidegger ihre ‚Datierbarkeit'. Die Zeit ist darin als solche nie punktuell jetzthaft, sondern gespannt und erstreckt als bestimmte Zeit und Weile, die sich am Begegnenden sozusagen ‚festmacht' und von daher in ihrem Zeitsein qua Datierbarkeit erschlossen ist. Wir haben es in unserem praktischen Verhalten zur Welt nie mit einem neutralisierten Ganzen ausdehnungsloser Jetztpunkte zu tun, sondern immer mit der sich erstreckenden, gespannten Verweisungszeit des Besorgens, das sich im Gewärtigen, Behalten und Gegenwärtigen sein In-der-Welt-sein offenhält. Deshalb ist gerade auch die Zeit selbst Gegenstand des Besorgens in der Zeitmessung, d.h. sie ist je ein ‚Soviel' an Zeit, mit dem das Dasein ‚rechnet'; sie abmißt und vermißt, um sie im Gebrauch der Uhr - dem Zeug der Zeitmessung - zum ausdrücklichen Bezugsworauf seines Besorgens zu erheben. Die Zeitmessung ist nichts der Zeit selbst äußerliches und zufälliges, das ihr etwa erst im theoretisch-wissenschaftlichen Akt ihrer abstrakten Vergegenständlichung zukäme. Sie resultiert vielmehr aus der Erschlossenheit von Zeit im besorgenden In-der-Welt-sein, insofern dieses sich aus der Zeit und im Hinblick auf Zeit versteht und auslegt. Damit muß es die Zeit selbst zum Bezugsworauf eines eigens und ausdrücklich Besorgten erheben. Dabei ist es ganz gleichgültig, ob es sich um eine mechanische Uhr handelt oder die Zeit an den Abläufen von Tag und Nacht, Mond und Sonne abgemessen und vermessen wird; entscheidend ist allein, daß die Zeit als Weltzeit öffentlich-datierbar und vermessbar besorgt wird und als solche das besorgende In-der-Welt-sein ausrichtet. Die zeitlichen

Verhaltungen des Daseins, als welche es sein In-der-Welt-sein ist, d.h. eröffnet und offenhält, werden im Aussprechen nicht, wie es den Anschein haben könnte, ‚objektiviert' und vergegenständlicht auf die Welt übertragen, sondern: Weil sich in ihnen das In-der-Welt-sein erschließt und damit Welt selbst zeitlich erschlossen ist, begegnet das, was ist, im Horizont von Zeit, ist zeitlich erschlossen im verstehenden Umgang mit der Zeit - dem ‚natürlichen' Zeitverständnis des besorgenden Daseins. Erinnern wir uns an den Übergang vom praktischen zum theoretischen Weltverhältnis, wie Heidegger ihn als einen Umschlag im Verständnis von Sein (Zuhandenheit -> Vorhandenheit) denkt, dann wird nun auch die Genese des philosophisch-wissenschaftlichen Zeitbegriffs als Sukzessivität von Jetzten deutlich. Denn was nun wegfällt, sind sämtliche, dem besorgenden In-der-Welt-sein eigentümliche Verweisungsbezüge. Die Zeit selbst wird formalisiert zum Jetzt, das als Zeit das Noch-nicht und Nicht-mehr an sich hat und sich im Blick auf das physische Sein als Bewegung bestimmt. Die Uhr selbst, an der sich das alltäglich besorgende Dasein seine Zeitlichkeit ins Besorgen vorgibt, wird zum Maß des theoretischen Verständnisses von Zeit: als müßte man nur die Zeit, wie sie in der Messung zum Gegenstand des Rechnens und Besorgens geworden ist, beschreiben, um sie auch ihrem Sein nach begriffen zu haben. Gegenwärtigen, Behalten und Gewärtigen gelten dann als lediglich ‚subjektive' Erfassungsweisen von Zeit durch das Zeitbewußtsein, das sich intentional auf das physische Anwesen im Wechsel seiner Zuständlichkeiten bezieht. Die Zeit wird zur universellen ‚Form' allen Seins, die als Bedingung der Möglichkeit des intentionalen Wissens von Vorhandenem fungiert. Sie wird damit aus der Formalisierung ihrer gegenständlichen Gegebenheit im alltäglich-rechnenden Umgang verstanden, ohne daß ihre Erschliessungsfunktion für das Sein des Daseins selbst in der Weise seiner Alltäglichkeit noch eigens thematisiert würde. Heideggers Versuch besteht demgegenüber darin, die Zeitlichkeit des Daseins selbst hinsichtlich ihrer existenzialen Erschließungsfunktion zum Angelpunkt des Zeitbegriffes zu machen, der das Wesen der Offenheit von Sein selbst begreift.

3.2. Zeit und Offenheit

Maßgabe für den Begriff der ursprünglichen Zeit ist die Zeitlichkeit des Daseins, insofern sie die Erschlossenheit von Sein, des Seins des Daseins und des Seins alles anderen Seienden, zeitigt. Dieser Zusammenhang von Zeit und Offenheit (Erschlossenheit) ist der entscheidende Punkt, auf den Heidegger in allen Analysen der Zeitlichkeit des Daseins abzielt. An ihm kommt die existenzialontologischen Analyse in ihre entscheidende fundamentalontologische Dimension. Hat man dies begriffen, dann hat man auch das Ganze der existenzialontologischen Frage nach dem Sein begriffen. Die ‚Ek-sistenz', das Herausstehen (ek-sistere) in die Offenheit von Sein, hat die Struktur des ‚Sich-vorweg-schon-sein-in-bei' in der Weise der eigentlichen Zeitlichkeit (Vorlaufen - Wiederholung - Augenblick) und der uneigentlichen Zeitlichkeit (Gewärtigen - Behalten - Gegenwärtigen); eigentliche und uneigentliche Zeitlichkeit unterscheiden sich aber hinsichtlich ihrer ontologischen Erschließungsfunktion; ihrer Art und Weise, das Dasein in seinem Sein zu ‚lichten', zu erschließen und offenzuhalten. Daraus ergibt sich für Heidegger: die Erschlossenheit von Sein ist eine Funktion der Zeitigung der Zeit, diese die Zeitigung des Da, der Offenheit und Erschlossenheit, als welche das Dasein ‚ek-sistiert'. Gehen wir von daher nun den Begriff der ursprünglichen Zeit selbst an: Wie muß das Sein und Wesen der Zeit aus der Zeitlichkeit des Daseins gedacht werden?-

Als die Konstitution des Da, d.h. als die Erschließung und Eröffnung von Sein in die Erschlossenheit, Offenheit und Unverborgenheit. Das Zeitsein ist als die Zeitigung von Offenheit das Grundgeschehen der ‚Eksistenz' selbst, des Herausstehens qua Eröffnens in die Offenheit. Der Begriff der Zeit läßt sich ursprünglich nur an der Seinsverfasssung des Daseins und als diese selbst denken: Die Zeit ist ‚ek-sistent', heraussstehend eröffnend, und für diesen aus dem Lateinischen abgeleiteten Terminus der ‚Ek-sistenz' verwendet Heidegger nun das griechische Synonym ‚ek-stasis': Die Zeitlichkeit ist, so Heidegger, "das ekstatikon schlechthin" (SZ, 329); ‚ek-stasis' heißt dasselbe, was ‚ek-sistens' heißt, ‚heraussstehen aus - ‚; und wenn Heidegger das Sein des Menschen als ‚Ek-sistenz' und das Sein der Zeit als ‚Ek-stasis' faßt, dann deshalb, weil beide gewissermaßen das Eine und Selbige sind: die Eröffnung von Sein in die Offenheit und Unverborgenheit. Weshalb Heidegger diese als ‚Herausstehen' und ‚Außer-sich-sein' begreift, wird sich zeigen, wenn wir das ‚Ek-statische' der Zeitlichkeit des Daseins näher betrachten.

Das Dasein ist in seinem Sein ‚gelichtet': die Offenheit von Sein als In-der-Welt-sein. Dieses in sich gelichtete Sein des Daseins ist sein Aus-sich-herausstehen in die Offenheit von Sein (Ek-sistenz) in der dreifältigen Weise des Sich-vorweg-seins, Schon-seins, Seins-bei. Denn ‚sich vorweg' ist das Dasein aufgeschlossen in die und zu den Möglichkeiten seines In-der-Welt-seins, aus denen heraus es auf sich zukommt; als Schon-sein kommt es auf sich zurück und hält in diesem Zurückkommen auf sein Gewesensein die Faktizität seines In-der-Welt-seins offen; und ist daraus in das Verhältnis zu dem Begegnenden entlassen, so daß es gerade nicht als in sich Verschlossenes, sondern als Sein-bei-dem-Begegnenden aus sich heraussteht. Das eksistente Herausstehen des Daseins ist sein Aufgeschlossensein zur Welt: ‚außer' sich ist es bei dem Erschlossenen, Eröffneten, also nicht der ‚ichhafte' Pol, der das Eröffnete sich gegenüber findet als anderes, sondern die relationale Offenheit selbst, in der es allererst die Differenz von Erschließendem und Erschlossenem, Wissen und Gewußtem: also die Differenz des (epistemischen) ‚Von' gibt. Das ‚Von' ist selbst die reine Differenz des Außer-sich-seins, zu dem das Dasein nie das eine Relat als Verhältnispol ist, wenn es nicht dem zuvor und zuallererst die Eröffnung ins Verhältnis selbst ist. Daß etwas ‚für‘ das Dasein ist, dies ist sein Aus-sich-heraus-versetzt-sein, sein Außer-sich; es ist herausversetzt aus sich bei dem, worauf es sich bezieht - es ist ‚entrückt‘ in das Eröffnete und Erschlossene. Indem ich sehe, bin ich entrückt in die Erschlossenheit des Gesehenen; indem ich höre, bin ich entrückt in die Erschlossenheit des Gehörten; indem ich rede, bin ich entrückt in die Erschlossenheit des Worüber der Rede; alles Vorstellen, Denken, Träumen, Vermuten, Wahrnehmen, Imaginieren usw. entrückt das Dasein in die Offenheit seines Wovon und Worüber; es ist in dieser Offenheit *bei* dem Eröffneten, dem Gesehenen, Gehörten, Beredeten, nie in sich verschlossen ‚bei sich‘ als für sich seiendem ‚Pol‘, dem es dann noch zusätzlich zukommt, auf anderes bezogen zu sein. Dies, daß alles Wissen Wissen wovon ist, ist seiner Entäußertheit als die Differentialität der Offenheit selbst, die das Dasein als Da ist. Diese aber konstituiert sich in der Einheit der zeitlichen ‚Entrückungen‘ qua ‚Herausstände‘ (Ekstasen) in das Sich-vorweg, Schon-sein-in und dem begegnenlassenden Sein-bei dem Seienden. Intentionalität gründet in der ek-statischen Verfassung des Daseins, diese aber ist konstituiert durch die Zeitlichkeit als den differentialen Weisen seine Entrückungen in Zukünftiges, Gewesenes und Gegenwärtiges. Das Dasein entrückt sich entsprechend seiner Zeitigungsweise je anders in sein Außersichsein und hält darin Welt je anders offen. Dieses Offenhalten ist immer die ek-statische Entrückung in Zukünftigkeit, Gewesenheit, Gegenwart. Sie macht das Daseins selbst aus: das, was es als die vor-intentionale Offenheit von Sein ist.

Die Zeit ist das reine Außer-sich. Das ‚reine‘ Außer-sich ist das Außer-sich als solches. Dies heißt: Die Zeit ist nicht das Außersichsein als Relation zu einem Innesein, nicht das Außersichsein als die Negation eines Anderen. Das Außersich muß als solches gedacht werden, ‚rein‘, bezugslos auf anderes, jedes nur mögliche ‚In-sich‘. Das reine Außer-sich ist das reine Auseinander, nicht von Verschiedenen und Unterschiedenen, sondern das Dazwischen als solches, die reine Differenz als Klaffen, Auseinanderklaffen: nicht von ..., und schon gar nicht als Korrelat zur Identität und Selbigkeit eines In-sich. Das Außer-sich, reines Außereinander (von nichts), Auseinanderklaffen, Auseinandertragen (di-ferre) nennt nichts als das ‚Offene‘, ‚Freie‘, das bloße ‚Auf-‘ und ‚Offen-sein‘ als solches: das Nichts (nicht etwas) allen Seins und Anwesens. Im ‚Außer-sich‘ denkt Heidegger die Offenheit, Erschlossenheit, Unverborgenheit, Lichtung: das Wissen als das Nichts von Sein und Anwesen. Das Außer-sich, das ‚ek-‘ der ‚Ek-sistenz‘ und der ‚Ek-stase‘, nennt die tiefste und grundlegendste Bestimmung des Da des Daseins, zu der Heidegger in ‚Sein und Zeit‘ kommt. Es bezeichnet die Freigabe von Sein in die Offenheit des Da als die reine Differenz der Lichtung, das Nichts von Sein. Das ‚Ek-statische‘ der Zeit als reines Außer-sich nennt die Zeit als die *Lichtung* des Seins. Die

Zeitigung der Zeit ist die *Nichtung* des Seins als sein Aufgehen in die Unverborgenheit und Offenheit, ‚in' der es ‚außer sich' ist. Das In-sein in der Offenheit und Unverborgenheit ist das Außer-sich-sein des Seins selbst. Das Außersich nennt das Nichts als die reine Differenz, die das Dasein als die Offenheit von Sein selbst *ist;* und insofern diese Nichtung des Seins in seine Offenheit (Dasein) als die Zeitigung von Zeit geschieht, ist die Zeit selbst das ‚ekstatikon' schlechthin. Zukunft, Gewesenheit und Gegenwart sind die ‚Offenstände', in denen sich das Dasein hält; ‚Offenstände' aber als das freie Auseinanderklaffen der ‚Spielräume', darin ihm das, was ist, zugänglich wird, es sich zum Seienden verhalten kann, weil es in seinem Sein das eröffnete Nichts von Sein *ist, darin* dieses *aus sich heraus*treten kann. Wohinein?- In seine Unverborgenheit.

Zum Begriff des ‚Außer-sich' kommt aber nun noch ein weiterer hinzu, der Begriff des ‚Stehens' (‚stasis'). Die Zeit ist das reine Außer-sich als die gleichursprüngliche Zeitigung ihrer dreifältigen ‚Heraus-' und ‚Offenstände' (ek-staseis), in die das Dasein je schon ‚entrückt' ist. Was soll dieses ‚Stehen'?- Ist die Zeit denn nicht gerade ‚im Fluß'?- Vergeht sie nicht beständig?- Aber wohin geht sie, wenn sie ‚vergeht'?- Ins Nichtsein?- Ist die Zeit nicht mehr, wenn sie vergeht?- Dann wäre, indem Zeit ist, zugleich ihre Vergängnis ins Nichtsein: das Nichtsein von Zeit - also Zeitlosigkeit. Die Zeit vergeht: sie vergeht beständig, insofern sie beständig neu entsteht, ankommt: sich aus der Zukunft je neu zeitigt. Was entsteht und vergeht, ist ‚in' der Zeit: Innerzeitliches, nicht aber die Zeit selbst. Die Zeit als Zeit steht, und nur das vielfältig Begegnende, zu dem das Dasein sich verhält, indem es dieses im Horizont seiner zeitlichen Verhaltungen Gewärtigen, Behalten und Gegenwärtigen begegnen läßt, wechselt die Weise seines Anwesens aus dem Noch-nicht in das Nicht-mehr-sein. Die Zeit als Zeit ist der ständig offengehaltene Horizont seines Begegnens, Ankommens in und Heraustretens aus der Anwesenheit, der Spielraum seines gelichteten An- und Abwesens. Dieser aber wird *ständig* offengehalten im Sein des Daseins selbst und durch es: der Ek-sistenz. Dies läßt sich auch schon am unmittelbaren Verständnis von Zeit als Jetztzeit zeigen. Das Jetzt fungiert dabei meist als Bild eines Innerzeitlichen, dessen Zeitigungshorizonte Noch-nicht, Jetzt, Nicht-mehr ‚stabil', also ‚ständig' bleiben. Die ‚Ständigkeit' der Zeit zeigt sich darin als das Andere zum Innerzeitlichen als dem Unständigen, d.h. als das Stehen der Zeithorizonte Zukünftigkeit, Gewesenheit und Gegenwärtigkeit in ihrer gleichursprünglichen Differenz. Von der Zeitlichkeit des Daseins, also den zeitlichen ‚Verhaltungen' des Gewärtigens, Behaltens und Gegenwärtigens, aus gesehen, meint die Ständigkeit den ontologischen Herausstand des Daseins in die Offenheit des Künftigen, Gewesenen und Begegnenden als das reine Offenhalten von Sein. Solange das Dasein ist, steht es, d.h. es hält im Gewärtigen, Behalten und Gegenwärtigen den Spielraum für das Begegnen dessen, was ist, offen. Das Stehen ist als Begriff der Offenheit des Seins im Gegenzug zur Unständigkeit des Seienden gedacht. Metaphysisch rückübersetzt bezeichnet es die ideelle Seinsweise der Vernunft im Unterschied zur metabolischen Verfassung der Natur. Das Herausstehen nennt die reine Distanz des Von-woher und Wohin als reines Außer-sich, Entrücken im Sinne reiner Differenz, d.h. des Auseinandertragens und -klaffens als eines solchen. Die Zeit als die gleichursprüngliche Einheit ihrer ‚Ekstasen' ist das dreifache Herausstehen in das Künftige, Gewesene und Gegenwärtige als die auseinandergetragene, ‚geräumte' Offenheit, die das Dasein zeithaft aufschließt als Worinnen seines Seins, wohinein es ‚entrückt' ist.

Dieses Herausstehen erfolgt nicht ins Leere hinein, als ginge es ins endlose Nichts hinaus, sondern es ist immer ein solches, das sich an einem Wohinaus ab- und ausgrenzt, d.h. auf eine Grenze bezogen ist, die es umgrenzt und von woher es als Herausstehen einen bestimmten Offenraum erschließt. Dies heißt, die Ekstasen der Zeit sind auf einen ‚Horizont' bezogen, eine umgrenzende Grenze, woraufhin das Herausstehen und wovonher das Innestehen in dem eröffneten Außer-sich erfolgt. Die Zeit ist ‚ekstatisch-horizontal' verfaßt, insofern zum Herausstehen das Woraufhin und Wovonher - der umgrenzende Horizont - gehört. Jede Zeitekstase hat ein anderes Woraufhin des Herausstandes bzw. Wohin der Entrückung, von woher sie sich ausgrenzt. Eine solche ekstatische Horizontbestimmung nennt Heidegger ein "horizontales Schema" (SZ, 365). Entsprechend den drei Zeitekstasen gibt es drei solcher Schemata:

1. Wohinein entrückt das Gewärtigen bzw. Vorlaufen?- In das Umwillenseiner. Das Herausstehen in die Künftigkeit erschließt das In-der-Welt-seinkönnen des Daseins als Worumwillen. Dieses ist sein horizontales Schema, d.h. dasjenige, woraufhin und wovonher das Außer-sich-sein des Daseins im Sich-vorweg umgrenzt, ausgegrenzt, bestimmt ist.

2. Das horizontale Schema der Gewesenheit: das Woraufhin des Außer-sich im Schon-sein-in, faßt Heidegger als das Wovor. Das Wovor ist das im Zurückkommen auf das faktische Geworfensein umgrenzende Woraufhin des Außer-sich-seins, das sich in das Herausstehen ins Gewesene entrückt.

So wie alles Erschließen von Künftigen immer auf das Worumwillen trifft, so trifft alles Erschließen von Gewesenem auf ein Wovor, d.h. ein Faktisches, vor dem sein Zurückkommen-auf halt macht: grenzt. Künftigkeit erschließt sich im Horizont des Worumwillen, ist selbst Entrückung ins Worumwillen; Gewesenheit erschließt sich im Horizont des Wovor, auf das es als Faktisches stößt. Das Gewesene erschließt sich als Gewesenes nie im Hinblick auf das Worumwillen, sowenig sich das Künftige im Hinblick auf das Wovor eines Zurückkommens erschließt; ihre Differenz, das, was Zukunft und Gewesenheit unterscheidet und sie als je eigentümliche Herausstände ausgrenzt, sind die horizontalen Schemata des Worumwillen und Wovor: jenes eröffnet Möglichkeit, Seinkönnen, dieses Faktizität, Geworfenheit, Tatsächlichkeit.

3. Das horizontale Schema der Gegenwart bestimmt seinerseits das, woraufhin das Dasein in sein besorgendes Sein-bei entrückt ist. Dieses ist das ‚Um -

zu' als die Verweisungsstruktur der Bewandtnisganzheit, an die sich das Dasein selbst je schon verwiesen hat. Das ,Um - zu' umgrenzt das Begegnenlassen des Gegenwärtigen als den Schnittpunkt von Faktizität, vor die sich das Dasein bringt, und Möglichkeit, die es horizontal aus dem Worumwillen aufschließt. Gegenwart als Begegnisraum ist Konkreszion (Zusammenwachsen) modal-temporaler Differenzen im Horizont des Um - zu, das als die je erschlossene Bewandtnis das Seiende in die intentionalen Verhaltungen des Daseins freigibt.

Jede Zeitekstase ist durch ihr horizontales Schema in sich bestimmt und von den anderen unterschieden; aber diese Bestimmtheit ist die ihrer horizontalen Eröffnung von Sein. Diese ist in erster Linie die modale Eröffnung von Sein als Wirklichkeit, Möglichkeit und Notwendigkeit. Sie ist gleichsam das (auszuarbeitende) Herzstück einer temporalen Ontologie.

Die horizontale Verfassung der Zeitekstasen besagt aber nun: Die Zeit selbst ist Horizont, woraufhin und wovonher der Erschlossenheit von Sein. Als Horizont ist die Zeit wesenhaft endlich. Die Endlichkeit der Zeit als ihre Horizontalität meint nun nicht die Begrenztheit eines sukzessiven Jetzfolge, sondern das Aus- und Umgrenzen der Erschlossenheit von Sein in den drei Ekstasen der Zeitlichkeit. Die Endlichkeit der horizontalen Zeit ist nichts anderes als die Endlichkeit der Offenheit von Sein (Aletheia). Horizontalität ist aber immer eine Bestimmung von Transzendenz: sie bezeichnet das, im Hinblick worauf und wovonher Seiendes offenbar ist - den Überstieg über das Seiende insgesamt auf das Sein. "*Sein ist das transcendens schlechthin*" (SZ, 38). Die Horizontalität der Zeit konstituiert die Transzendenz von Sein, d.h. der Erschlossenheit von Sein in der Unterscheidung zum Seienden (ontologische Differenz). Die Zeit ist transzendenzbildend die Eröffnung von Sein als Welt, als solche aber das Grundgeschehen des Daseins qua In-der-Welt-seins. Deshalb ist die Zeit ekstatisch-horizontal immer schon Weltzeit; sie eröffnet Welt selbst als horizontale Transzendenz. Dieses ist das Geschehen des Daseins. Dasein findet sich immer schon verwiesen an das Seiende, das aus dem Horizont der zeitlich-ekstatischen Eröffnung von Sein überhaupt heraus das Wozu seines intentionalen Verhältens ist. Der Begriff der ursprünglichen, horizontal-ekstatischen Zeit enthält damit alle Bestimmungen, die den Begriff der ,Aletheia' ausmachen und das phänomenale Sein des Wissens bestimmen. An ihm vollzieht Heidegger nichts anderes als die ontologische Bestimmung von Wissen (Erschlossenheit, Offenheit), die sich schon in der terminologischen Gleichschaltung von Zeit als ,ek-stasis' und Mensch als ,Eksistenz' anzeigt. Dies zeigt sich noch besser, wenn wir nach der Einheit der Zeit in ihrer dreifältigen horizontalen Ek-statik fragen.

Diese Einheit ist das Dasein, insofern es in einem und zugleich das Sein und Anwesen in der Gleichursprünglichkeit von Zukunft, Gewesenheit und Gegenwart offenhält. Die Einheit selbst besteht darin, Zukunft, Gewesenheit und Gegenwart in ihrer differentialen Zusammengehörigkeit auseinander- und zusammenzuhalten. Erst dieses unterscheidende Auseinander- und vereinende Zusammenhalten der Zeitekstasen gibt die Zeit als das Ganze ihrer Zeitigung. Es selbst ist ihnen gegenüber aber ein Anderes und deshalb nicht in ihrem Sinne Zeit oder eine Ekstase der Zeitlichkeit. Die Zukunft eröffnet das Sein und Anwesen als Künftiges, die Gewesenheit als Gewesenes, und die Gegenwart als Gegenwärtiges; darin, in der Eröffnung von Sein als zukünftiges, gewesenes und gegenwärtiges *Anwesen* zeigt sich ein einheitlicher Bezug der Zeitekstasen auf eine zugrundeliegende vierte Zeitdimension, die als Anwesenheit zwar den Sinn von ‚Gegenwärtigkeit' hat, aber gerade nicht auf Gegenwart in der Differenz zur Zukünftigkeit und Gewesenheit reduzierbar ist. Vielmehr werden von ihr her und im Bezug auf sie die Zeitekstasen der Zukunft, Gewesenheit und Gegenwart allererst in ihrem Unterschiedensein auseinander- und ihrer Einheit zusammengehalten: Das Zukünftige unterscheidet sich vom Gewesenen und beide vom Gegenwärtigen als unterschiedene Weisen der Anwesenheit. Das Anwesen ist dreifaltig bestimmt als zukünftiges, gewesenes oder gegenwärtiges *Anwesen*. Die Zeit ist als solche vierdimensional. Die Vierdimensionalität der Zeit erschließt das Sein in seinen Modi des An- und Abwesens: was noch nicht oder nicht mehr ist, west ab - und ist doch nicht nichts, sondern west an als Abwesendes, das noch nicht oder nicht mehr ist. Was noch nicht jetzt ist, ist *jetzt - noch nicht* (jetzt); und was nicht mehr jetzt ist, ist *jetzt - nicht mehr* (jetzt); ebensosehr wie das, was jetzt ist, eben *jetzt* ‚jetzt' ist. In dieser Verdoppelung des Jetzt liegt der Bezug der unterschiedenen Zeitbestimmungen auf ein von ihnen unterschiedenes anderes ‚Jetzt', das im Jetztsagen das Sein des Sagenden als sein Anwesen indiziert. Indem ich aber ‚Jetzt' sage, habe ich auch schon - sozusagen als Saum des Jetzt - das Noch-nicht- und Nicht-mehr-jetzt ausgegrenzt, so daß Zukunft, Vergangenheit und Gegenwart in einem und zugleich eröffnet sind: in bezug auf ein zugrundeliegendes Zeitbewußtsein, das die Zeitdifferenzen in einem auseinanderhält und in ihrem Auseinanderhalten eint, zusammenhält als unterschiedene Weisen des Anwesens, das wahrgenommen oder vergegenwärtigt wird. Unversehens haben wir damit an die Stelle dessen, was Heidegger die vierte Zeitdimension nennt, das Zeitbewußtsein als das Anwesen des Jetztsagenden selbst gesetzt. Das Zeitbewußtsein, ob als vereinend-unterscheidende Vernunft (nous) oder als transzendentales Ich, verhält sich, indem es ins Abwesende auslangt und dieses in seine Selbstpräsenz einholt, vergegenwärtigend, ohne daß diese ‚Präsenz' sich auf eine zeitliche Bestimmung reduzieren ließe. Sie läßt sich zwar in ihrer Vergegenständlichung zu einer solchen machen, aber nur um den Preis, daß das vergegenständlichende Bewußtsein selbst temporal different gegenüber der strukturierten Zeit bleibt, in der es sich das, was ist, horizontal zuwendet. Das Zeitbewußtsein bleibt gegenüber seinen temporal differenten Erschließungsweisen selbst *temporal* different, d.h. es hat an ihm selbst einen temporalen Seinssinn, der sich seiner Bestimmung durch seine temporalen Erschließungsweisen entzieht, in diesen aber immer mit dabei ist als die Bedingung ihrer Möglichkeit. Die Zeit ist nur in der *Einheit* ihrer Differenzen (Zukunft, Vergangenheit, Gegenwart) Zeit; diese Einheit hat darin aber selbst einen notwendig von ihnen unterschiedenen ,Gegenwartssinn'. Denke ich diese Einheit nun als das Bewußtsein von Zeit, die Vernunft als Prinzip der Zeit und diese als eine Funktion des Physisverhältnisses vernünftigen Wissens, dann meint sie nichts anderes als ihr unzeitliches, ideelles Wesen. Die Einheit der Zeit ist die Vernunft als Prinzip des als solchen unzeitlichen Zeitbewußtseins.

Dies macht deutlicher, wie und warum Heidegger auf die vierte Zeitdimension stoßen muß: Denn wenn ich die Zeit nicht mehr von der Vernunft her denke, sondern umgekehrt, sie aus sich selbst und als das Sein der Offenheit, dann kann ich auch ihre Einheit im Zugleich ihrer Differenzen Zukunft, Vergangenheit und Gegenwart nicht mehr aus dem an und für sich entzeitlichten Anwesen eines zeitintentionalen Wissens denken. Heideggers These von der Vierdimensionalität der Zeit entspringt seiner Umkehrung des überlieferten Zusammenhanges von Zeit und Wissen. Wird aus der aristotelischen Tradition heraus die Zeit aus der Vernunft gedacht, so denkt Heidegger demgegenüber nun die Zeit aus sich selbst als die Konstitution von Vernunft und Wissen überhaupt: Es ist die Zeitigung der Zeit, als welche sich die Offenheit von Sein konstituiert, und nicht die Tätigkeit vernünftigen Unterscheidens und Vereinigens von Übergängigem, die in sich Zeit als das Bewußtsein dieser Übergängigkeit entspringen läßt. Dann aber muß auch das Einende der Zeit als diese selbst gedacht werden - und wir erhalten eine vierte Zeitdimension, die eben keine angereihte vierte Zeitekstase ist, sondern das differentiale Zusammen- und Auseinanderhalten der Zeitekstasen als ,Anwesenheit'. Es ist dieser Begriff der ,Anwesenheit', keinenfalls aber der zeitekstatische der Gegenwärtigkeit, der konstitutiv ist für den überlieferten Begriff von Sein als ,ständiges Anwesen' (aei on). Er bezeichnet nach der überlieferten Zeitauffassung aber gerade nicht die Zeit, sonden die Idealität der Vernunft, d.h. ihre vom metabolischen Sein der Natur unterschiedene Seinsweise. ,Ständige Anwesenheit' ist der Begriff der Idealität des Wesens. Zeitlich ist nur, was physisch west. Was sich vom metabolischen Sein der Physis unterscheidet, wie z.B. das Mathematische, ist unzeitlich, zeitlos, auch wenn es innerhalb der physischen Grundstruktur von Sein nur ,zeitweilig' zum Vorschein kommt und sich diesem wieder entzieht. ,Zeitlosigkeit' bezeichnet die Negation physischen Seins, also gerade nicht seine ewige Dauer. Erst Heidegger sichtet die ,ständige Anwesenheit' als Zeitbestimmung, indem er das Verhältnis von Zeit und Wissen umdenkt. Sein Hinweis auf einen vermeintlich zeitlichen Sinn von Sein als ,ständige Anwesenheit' ist deshalb mit Vorsicht zu genießen; er entspringt schon einer gänzlich gewandelten Auffassung von der Zeit und ihrer Funktion innerhalb der Konstellation von Sein und Wissen. Die vierte Zeitdimension als die auseinander- und zusammenhaltende Dimensionalität präsentischer Anwesenheit wäre dem

Aristoteles nichts als die vereinend-unterscheidende Vernunfttätigkeit (noesis) oder für Kant die ursprünglich-synthetische Einheit der Apperzeption (Ich). In der Vierdimensionalität der ekstatisch-horizontalen Zeitigung der Zeit denkt Heidegger demgegenüber nun der Begriff des vor-intentionalen und als solchen prä-logischen Geschehens der Unverborgenheit von Sein zuende: Die Eröffnung von Sein in die Unverborgenheit ist als zeitzeitigendes Geschehen rein von sich her und als solches, damit auch anonym und subjektlos, zu denken: Das ‚Subjekt' gibt es erst innerhalb ihrer; und dieses ist nichts anderes als das Seiende, als dessen Sein sich dieses Geschehen vollzieht. Er nennt sich ‚Mensch' und erschleißt sich aus der geschehenen Unverborgenheit von Sein überhaupt *als* ‚er selbst'.

Die Umkehrung des Verhältnisses von Zeit und Wissen (Erschlossenheit) läßt sich noch an einem anderen wesentlichen Punkte verdeutlichen. Wenn wir ganz allgemein fragen, wie und wo es die Zeit gibt, dann entdecken wir, daß ‚alles', was ist, irgendwie in der Zeit ist: Was ist, ist, insofern es ist, zeitlich. Die Zeit, so bemerkt Aristoteles, ist ‚überall', weil wir ‚überall', sei es im Wechsel der Gedanken und Stimmungen oder sei es an den Bewegungen der Gestirne, auf Zeit stoßen. In dieser Hinsicht faßt auch Kant die Zeit als Form des äußeren *und* des inneren Sinnes. Denn dies heißt: Das Zeitlichsein ist eine Bestimmung des Seins von Seiendem *überhaupt*. Diese Universalität der Zeit weist sie aber in ihrem Sein der Vernunft, dem Bewußtsein (Ich) zu: weil die Vernunft als Prinzip allen Wissens es ist, die das Ganze alles Seienden, auf das sie sich bezieht, offenhält. Die vernünftige Seele ist ‚alle Seienden', insofern sie sich auf alles, was ist, bezieht: es eröffnet und damit in der Weise seines Gewußtseins ‚ist'. Die Universalität von Zeit erweist sich von daher als ihre ‚Idealität'. ‚Idealität' heißt, daß etwas von derselben Seinsart ist wie das Wissen (Vernunft, Bewußtsein) im Unterschied zum physischen Sein, das als ‚Materialität' verstanden wird. Die ‚Idealität' der Zeit besagt: das Sein der Zeit ist im Sein der Vernunft gegründet, nichts ‚Materielles', Physisches, sondern seiend in der Weise des vernünftigen Wissens. ‚Idealität' besagt nicht, daß etwas ‚imaginär', ein bloß Vorgstelltes ist. Grundtyp von ‚Idealität' ist gerade das Mathematische, das es auch nicht physisch gibt, aber alles andere als eingebildet ist: es hat sein Sein im vernünftigen Gedachtwerden und gilt deshalb ‚universell', bezogen auf das Sein von Seiendem überhaupt. Diese Universalität wird traditionell als in der Idealität gegründet gedacht; sie ist ein Abzeichen der Vernunft, das darauf hinweist, daß das Betreffende ontologisch ihr zuzurechnen ist. Dies gilt ebensosehr für alles Mathematische wie für das Logische insgesamt. Entsprechend auch für die Zeit. Aristoteles bestimmt denn auch die Zeit als ‚Zahl', d.h. als Funktion der zählenden Vernunft, die auch den mathematischen Bestimmungen zugrundeliegt. Die Zeit findet sich überall, weil das Wissen, was immer es aufsucht, sie gewissermaßen mit sich herumträgt und in alles, worauf es sich bezieht, hineinträgt. Entsprechend denkt Kant die Zeit als die Bedingung der Möglichkeit all dessen, was überhaupt einem endlichen Ich gegeben und begrifflich bestimmt werden kann. Die, wie Kant sagt, ‚transzendentale Idealität' der Zeit, ist zugleich ihre ‚empirische Realität'; die Zeit gehört als ‚Form' der Anschauung zwar zum Sein der Subjektivität, ist aber als Bedingung der Möglichkeit von Sein überhaupt für die Subjektivität eine Bestimmung der Gegenständlichkeit der Gegenstände: Was ist, ist zeitlich, weil es außerhalb dieser Anschauungsform überhaupt nicht Gegenstand meines endlich-rezeptiven Bewußtseins werden könnte. Heidegger kehrt dies nun in gewisser Weise um: Wenn die Zeitigung der Zeit die Zeitigung der Erschlossenheit von Sein qua Wissen, Bewußtsein ist, dann ist nicht die Zeit eine Bestimmung des Verhältnisses von Wissen und Sein, Vernunft und Physis, sondern umgekehrt: dieses das Gezeitigte der Zeit. Die Zeit ist nicht ‚Form' des endlichen Wissens, sondern das Wissen ‚Form' der an sich endlichen Zeit. Die Zeitigung der Zeit eröffnet das Sein überhaupt in die Offenheit seines Gewußtwerdens und ist als solche Weltzeit. Ihre Universalität verdankt sie aber dann nicht ihrer Idealität, sondern diese gründet selbst in der Temporalität. Die Zeit ist ‚universal', nicht weil sie ‚ideell', sondern weil das Ideelle (Wissen) ‚temporal' ist. Die Bestimmung der Zeit als Idealität kehrt sich um in die Bestimmung des Wissens als Temporalität. Auf ihr beruht die Universalität der Zeithaftigkeit des Seins von Seiendem überhaupt.

Der innere Zusammenhang von Zeit und Wissen läßt sich aber auch noch nach einer anderen Seite hin sichtbar machen, ihrem ‚me ontischen' Zug. Die Zeit, so bemerkt gerade das antike Denken, hat einen auffälligen Zug zum Nichtsein hin: denn das Zukünftige ist noch nicht, das Gewesene nicht mehr, und das Gegenwärtige ist, indem es ist, auch schon aus dem Noch-nicht in das Nicht-mehr übergegangen. Die Zeit ist ein ‚me on', ein irgendwie Nichtseiendes. Als solches aber ist sie konstitutiv für alles Erkennen: Es erkennt nur, insofern es ins Abwesen auslangt, also nicht an die unmittelbare leibliche Gegenwart seines Bezugsworaufs gebunden ist. Nur in den verschiedenen Weisen der Vergegenwärtigung, in denen es ins zeitliche konstituierte Abwesen auslangt, eröffnet es das Sein und Anwesen von Seiendem. Es ist gerade dieser ‚me ontische' Zug der Zeit, der ihre konstitutive Funktion für das Wissen begründet. Das ‚Nicht-seiende' an ihr: das Auslangen in Künftiges, Gewesenes und entfernt, nicht in leiblicher Unmittelbarkeit Gegenwärtiges, ermöglicht das Wissen als Wissen. Das Wissen selbst aber ist im Unterschied zum Sein und Anwesen das Andere zu ihm, sein Nicht als Verhältnis: das, wie schon angeführt, relationale Nicht von Sein. Nur als die Nichtung von Sein ist es sein Gewußtwerden - das Aufgehen von Sein in die Offenheit und Unverborgenheit. Das Wissen west als Wissen ‚me ontisch'. Deshalb hat alles Denken, Vorstellen, Erkennen, Begreifen, Sprechen den Schein des Nichtseins an sich: es ist im Verhältnis zu seinem Bezugsworauf, dem Sein, ein gewissermaßen ‚Nichtiges'. Dieser ‚me ontische' Zug des Wissens gehört aber mit dem ‚me ontischen' Zug der Zeit schon darin zusammen, daß dieser selbst konstitutiv ist für den Bezug des Wissens zum Sein. Er vollzieht sich in den Weisen der Vergegenwärtigung, die traditionell der ‚Einbildungskraft' (phantasia, imaginatio) zugewiesen werden. Das Wissen, seinem Begriff nach immer die relationale Negation (Nichtung) von Sein, eröffnet das Sein und Anwesen selbst nur aus dem zeitlichen Abwesen heraus. Der Zusammenhang von Zeit und Wissen wird damit von Aristoteles und Augustinus bis hinein in die neuzeitliche Transzendentalphilosophie durch Kant zum Leitmotiv in der Thematisierung des Verhältnisses von Sein und Wissen. Wenn Hegel das Sein des Geistes als das Sein der Zeit, als Negation der Negation faßt, beide also in einem und demselben Begriffe denkt, dann ist dies formal gesehen eben das, was auch Heidegger macht, wenn er das Sein des Menschen als ‚Eksistenz' und das Sein der Zeit als ‚Ekstasis', also mit einem und demselben Begriffe, bestimmt. Dieser Begriff ist für Hegel ebensosehr wie für Heidegger das, was das Wissen als Wissen ontologisch konstituiert: jenem die ‚Negation der Negation' als interne Struktur der transzendentalen Apperzeption (Ichheit), diesem das ‚Außer-sich' als Grundbestimmung der Offenheit und Unverborgenheit von Sein, seiner Nichtung als Aufgang in seine Offenheit, Unverborgenheit, Lichtung. Heidegger stößt also nicht ganz zufällig auf die Frage nach dem ‚Sinn' von Sein als Zeit; er invertiert die überlieferte Auffassung von der zeitlichen Konstitution ontologischen Wissens - der Offenheit von Sein, indem er nun umgekehrt die Zeitigung der Zeit als ihre Vor-intentionalität gegen den prinzipienlogischen Begriff der Vernunft denkt.

Bei diesem Umriß der heideggerschen Zeitproblematik müssen wir es hier bewenden lassen. Entscheidend bleibt, daß sich Heideggers Einsicht in die vor-intentionale Offenheit des Seins in einem Zeitbegriff auskristallisieren muß, der die Zeit 1. nicht aus dem Prinzip des Wissens (Vernunft, Ich), sondern aus sich selbst denkt (Vor-intentionalität) und sie darin 2. als eben die differentiale Struktur faßt, die das Wissen als die Offenheit und Unverborgenheit von Sein ist (horizontale Ekstatik). Damit haben wir aber die existenziale Analytik des Daseins schon in der fundamentalontologischen Richtung auf den Begriff von Sein verlassen. Sie gilt es nun, im Hinblick auf die Bestimmung des Verhältnisses von Sein und Wissen weiterzuverfolgen.

Anmerkung

1. Texte

HEIDEGGERS, Sein und Zeit § 65 - 71; § 78 - 83. Ergänzend: GA 24 § 19 - 21. GA 21 § 15 - 37. Zeit und Sein. (SD, 1 - 60). PLATON, Timaios 37 c - 39 e. ARISTOTELES, Physik IV, Kp. 10 -

14. AUGUSTINUS, Confessiones XI. Buch. KANT, Kritik der reinen Vernunft, Transzendentale Ästhetik, § 4 - 7. HEGEL, Enzyklopädie § 257 - 259. BERGSON, Essais sur les données immédiates de la conscience. HUSSERL, Zur Phänomenologie des inneren Zeitbewußtseins (HU X).

2. Literatur

Grundlinien der hier gegebenen Auseinandersetzung des Zeitproblems gehen zurück auf eine Vorlesung von Henri BIRAULT über Zeit und Tod bei HEGEL und HEIDEGGER (1977). Diese sind zusammengefaßt in H. BIRAULT, L'expérience de la pensée (1978), Prologue 9 - 43. Einen allgemeinen Einstieg in die Zeitproblematik bieten die beiden Bände 13 und 14 der ‚Phän. Forschungen', hrsg. von E. W. ORTH (1982/1983) und, in geraffter Kurzfassung, W. DUPRÉ in HphG 6, 1799 - 1817; einen guten Einstieg in HEIDEGGER vermittelt O. PÖGGELER, Hermeneutische Philosophie 218 ff. (1983); Neue Wege, 115 ff. (1992). Besonders reichhaltig sind die - an FINKS kosmologischer Fragestellung orientierten - phänomenologischen Zeitanalysen von F.W. VON HERRMANN, Bewußtsein, Zeit und Weltverständnis (1971); VON HERRMANN gibt - auch mit beständiger Rücksicht auf das methodische Problem der philosophischen Thematisierung von Zeit - äußerst detaillierte phänomenologische Interpretationen überlieferter Zeitauffassungen, insbesondere von AUGUSTIN, aber auch von ARISTOTELES, KANT, BERGSON und HUSSERL, die einer geschichtlichen Aufarbeitung der Zeitproblematik sehr entgegenkommen. Wenig hilfreich die mehr erläuternde und zu wenig zugreifende Behandlung des Zeitproblems HEIDEGGERS bei M. HEINZ, Zeitlichkeit und Temporalität (1982); dasselbe gilt für F.-K. BLUST, Selbstheit und Zeitlichkeit (1987), der sich den Weg zu HEIDEGGERS Zeitbegriff über HUSSERL (§ 18) bahnt und auch ausdrücklich nach der phänomenologischen Ausweisbarkeit der ursprünglichen Zeit fragt (195 ff.), aber den methodischen Zugriff HEIDEGGERS auf das Zeit*sein* des Daseins gerade nicht erkennt. Wie die ganze Behandlung des Problems schon im Ansatz verfehlt wird, zeigt sich dann daran, daß HEIDEGGER im Unterschied zur Tradition die "Zeit in elementarer Weise mit dem Ganzen der Seins*erkenntnis*" zusammengedacht haben soll (191, Hervorheb. von mir), was nun gerade *das Gegenteil davon* - nicht den Unterschied, sondern die Identität mit der Tradition - anzeigt. Das Überspringen des Methodenproblems der philosophischen Zeitanalyse führt dann notgedrungen dazu, HEIDEGGERS Zeitbegriff einem ‚subjektiven' im Gegensatz zu einem Begriff der ‚objektiven' Zeit zuzuschlagen, vgl. z.B. K. DÜSING, (1980). Aber die Differenz von ‚subjektiver' und ‚objektiver' Zeit ist keine andere als die der Grundstruktur von Wissen überhaupt in der Gegewendigkeit von sich-wissender und intentional-sachbezogener Erschlossenheit. Zeit kann deshalb sowenig von dem einem wie von dem anderen her begriffen werden, weil es sie überhaupt nur zugleich und ineins als ‚subjektive' wie als ‚objektive' Zeit gibt; ihre Unterscheidung also auch kein Problem des Zeitbegriffes ist, sondern in die intentionale Gegenwendigkeit sachbezogenen Sichwissens gehört. Trotz solcher prinzipieller Bedenken ist die (auf ‚Sein und Zeit' beschränkte) Untersuchung des Zeitbegriffes von Margot FLEISCHER, Die Zeitanalysen (1991), sachlich hervorragend und für die Auseinandersetzung außerordentlich ergiebig. Ihr Ausgangspunkt ist die Bestimmung der heideggerschen Thematisierung der Zeit als der ‚ontologischen Metaebene zur Sorge' (17). Im Grunde versteht M. FLEISCHER nicht, warum nach der Bestimmung des Seins des Daseins als Sorge nun noch eine eigene ontologische Frage nach dem ‚Sinn' dieses Seins gestellt werden muß, d.h. nach dem, wovonher und im Hinblick worauf die Sorgestruktur selbst in ihrer Einheit verständlich wird: Zeit. Diese Verkennung der sachlichen Notwendigkeit, die Sorgestruktur an ihr selbst auf den sie ermöglichenden Einheitsgrund hin zu thematisieren, führt sie dann in der Durchführung der ganzen Zeitinterpretation unvermeidlich zu dem Resultat, daß die ontologische Thematisierung der Zeit gerade der eigentliche Fehlgriff HEIDEGGERS ist. Die Analyse der Zeitlichkeitsstrukturen des Daseins hingegen möchte sie, zusammen mit einer (existenzialontologisch überhaupt nicht kompatiblen) Rehabilitation des ‚Bewußtseins der Vergänglichkeit' (!) und damit dem ‚vulgären Zeitverständnis', für die philosophische Zeittheorie bewahren. Damit ist so in etwa der Problemhorizont umrissen, innerhalb dessen sich ihre Auseinandersetzung mit HEIDEGGERS Zeitbegriff bewegt. M. FLEISCHER stößt sich nun, und gewissermaßen völlig zurecht, an einem zweiten Punkt, der für ihre ganze weitergehende Auseinandersetzung mit HEIDEGGERS Zeitkonzeption bestimmend wird: der ontisch-ontologischen Zweideutigkeit der existenzialen Begriffe. Denn die *eigentliche* Zeitlichkeit, von der aus HEIDEGGER die *ursprüngliche* Zeitlichkeit begreift, hat ganz sicher den Status der formalen Struktur des Existenzvollzuges selbst, während diese das Geschehen des Daseins als eines solchen, damit aber die formale Struktur des Geschehens der vor-intentionalen Offenheit von Sein bezeichnet, die ebensosehr der eigentlichen wie die uneigentlichen Zeitlichkeit (ontologisch) zugrundeliegt. Diese - so M. FLEISCHER - ‚Verwischung von Seinsebene und Existenzvollzug' führt auf die - von HEIDEGGER, wie sie bemerkt, offensichtlich nicht so empfundene ‚Paradoxie' (22), daß die Erschlossenheit und Unverborgenheit, die das Dasein als solches je schon ist, zugleich und in einem damit, daß sie ist, auch schon verschlossen ist: die Ursprungsdimension einer ‚Degeneration' unterliegt, so daß sie immer nur in einem gegenwendigen Zurückkommen ihrer Verborgenheit entrissen wird (a-letheuein). Abgesehen davon, daß M. FLEISCHER dem nicht weiter nachfragt, was seinem phänomenologischen Begriff nach die Rede von ‚Ursprünglichkeit' überhaupt meint, ließe sich auch darauf hinweisen, daß die gesamte philosophische Überlieferung den Wahrheits- und Erkenntnisbezug des Menschen in dieser ‚paradoxen' Verfassung situiert hat. Der Begriff methodischer Wahrheit ist selbst dieses ‚Paradox', weil er - wie PLATON schon im ‚Menon' zeigt - nur Sinn hat, wenn der Mensch weder in der reinen Offenbarkeit noch in der gänzlichen Verborgenheit von Sein steht, sondern aus einem ‚ursprünglich degenerierten' Verhältnis zur Unverborgenheit heraus sich diese ‚methodisch' vermitteln kann und auch muß. Diese Situiertheit des Menschen spiegelt sich nun existenzialontologisch an der ontologisch-ontischen Zweideutigkeit existenzialer Bestimmungen, indem - da dem Menschen sein Sein überantwortet, darin aber ins intentionale Verhalten gegeben und vor ihn gebracht ist - das, was als ‚Geschehen des Daseins' gefaßt wird, immer auch einen ‚Existenzvollzug' bezeichnet; jeder Existenzvollzug seinerseits in das ontologische Geschehen des Daseins verweist. Dieses aber ist je das, was im Existenzvollzug als seine Wahrheit gegen seine Unwahrheit erscheint: weil die Wahrheit selbst nichts anderes als die Unverborgenheit (Lichtung, Erschlossenheit) als solche bezeichnet; wogegen, was im Existenzvollzug als Modus der Verbergung erscheint, im Geschehen des Dasein als der in der Eröffnung von Sein als solcher unmittelbar liegende Zug der Verbergung gefaßt wird. Die ‚ursprüngliche Zeitlichkeit' ist keine andere als die ‚eigentliche Zeitlichkeit', noch ein irgendwo ‚hinter' den Phänomenen liegendes ontisch-metaphysisches hypostasiertes ‚Urgeschehen': sondern diese selbst - aber ontologisch und nicht mehr ontisch gefaßt. Das Sein des Daseins und seine Konstitution (‚Geschehen') ist gerade nichts, was hinter oder jenseits des Existenzvollzuges läge, sondern was sich an diesem selbst als Moment seiner ekstatischen Aufgeschlossenheit in das Sein von Seiendem überhaupt zeigt; die ‚Ursprünglichkeit', phänomenologisch begriffen, also auch nichts, was jenseits der phänomenal gegebenen und ausweisbaren intentionalenVerhaltungen des Daseins läge. Überhaupt scheint es M. FLEISCHER, wie sich dann an ihrer Behandlung der Primaritätsfrage der einzelnen Zeitekstasen zeigt (30 ff.), schwer zu fallen, die für die Existenzialontologie leitenden Prinzipienbegriffe ‚Gleichursprünglichkeit' und ‚Fundierung' zusammenzudenken. Vor allem in der Behandlung des Problems der ‚Weltzeit' (57 ff.) wird dann allzudeutlich, daß sie HEIDEGGERS Zeitbegriff ‚subjektivistisch' mißversteht, als ginge es darum, aus einer ‚subjektiven Zeit' des Daseins die ‚objektive Zeit' alles anderen Seienden zu ‚deduzieren'. Dies wäre selbst dann falsch, wenn die Existenzialontologie transzendental-philosophisch zu verstehen wäre. Ähnlich kurzschlüßig ist auch die These, die Gegenwart sei keine gezeitigte Ekastase der ursprünglichen Zeitlichkeit, somit gäbe es diese überhaupt nicht, da HEIDEGGER (für M. FLEISCHER wohl unsinnigerweise) meint, Zeitlichkeit sei per se durch die Dreiheit von Ekstasen konstituiert (25 ff.). Auch hier stellt man sich unweigerlich die Frage, wie M. FLEISCHER HEIDEGGERS Rede von drei Zeitekstasen verstanden hat, und ob sie im ernst meint, es ließe sich von Zeit ohne Bezugnahme auf die dreifache Differenz von Vergangenheit - Gegenwart - Zukunft sprechen. M. FLEISCHER hat aber ganz unzweifelhaft Kernprobleme des heideggerschen Zeitbegriffs getroffen, die für eine Aufarbeitung der - zumindest in ‚SZ' - wenig zugänglichen und oft genug unklaren Gedankenführung HEIDEGGERS unentbehrlich sind. Der entscheidende und, soviel ich sehe, bisher völlig vernachläßigte Punkt in der Behandlung des Zeitproblems ist die methodische Frage nach dem Wie des Gegebenseins von Zeit in der *hermeneutischen* Hinsicht ihres Vor-verständnisses. Zu der auch bei M. FLEISCHER behandelten Frage nach dem Zusammenhang von Zeitlichkeit und Geschichtlichkeit vgl. R. BRANDNER, Heidegger, BG, II. Teil, 1. Kapitel.

III. Sein und Wissen

11. Die Offenheit von Sein I

4. Das fundamentalontologische Resultat der Existenzialontologie

Das Resultat der existenzialontologischen Analyse lautet: Das Sein des Daseins gründet in der Zeit. Die Zeit aber, aus der Zeitigungsstruktur existierenden Daseins verstanden, ist die ekstatisch-horizontale Zeitigung ihrer in der Einheit ihrer drei Ekstasen Zukunft, Gewesenheit, Gegenwart. Als diese ist der Mensch, was er ist: die Offenheit von Sein. Er ist sein Sein (Existenz) in der Einheit von Sich-vorweg, Schon-sein-in und Sein-bei als das Offenhalten von Welt. Darin west das Sein von Seiendem überhaupt als in die Unverborgenheit seines An- und Abwesens Eröffnetes. Sein weltet, indem Dasein ist, aus der Zeit: ihrer ekstatisch-horizontalen Zeitigung. Diese selbst ist nichts als das Geschehen und die Struktur der Offenheit von Sein - damit aber das ‚Wesen' (verbal) des Seins selbst. Anders herum gesagt: Sein gibt es nur im Horizont des Wissens. Das Wissen aber west als die Offenheit und Unverborgenheit von Sein. Von solchem, das ist, läßt sich nur sprechen, insofern ‚Sein' in die Unverborgenheit eröffnet ist. Dieses aber geschieht mit dem Menschsein als sein In-der-Welt-sein. Es geschieht ‚vor-intentional', insofern der Mensch immer nur aufgrund seines Seins selbst in das intentionale Verhältnis zu dem, was ist, versetzt ist. Dieses ist er gleichsam spontan und von sich her, indem er ist - ‚es geschieht'. Es ist dieses ‚Geschehen', das die Existenzialontologie als die Zeitigung der ekstatisch-horizontalen Zeit aufzuzeigen versucht, um an ihr die Struktur der Offenheit von Sein selbst zufassen, als welche es ‚Sein' nur ‚gibt'. Fundamentalontologisch auf den Begriff des Seins selbst gewendet, heißt dies: Sein west als Zeit. Damit ist die Eröffnung von Sein in die Offenheit, als welche es Sein nur gibt, näher bestimmt: Die Offenheit von Sein west temporal. Die Differentialität, die sie als das Nicht von Sein ist, ist die zeitekstatische Differenz der temporalen Horizonte Zukunft, Gewesenheit, Gegenwart. *Weil* das eigene ‚Wesen' der Offenheit in der Zeitigung der Zeit besteht, *deshalb* muß sich auch jedes Verständnis von Sein, sei es nun vor-ontologisch oder ontologisch, implizit oder explizit aus dem Hinblick auf ‚Zeit' bestimmen. Die kritische Frage ist, welches Zeitverständnis dabei zum Zuge kommt; und in welchem Ausmaße sich jede explizite begriffliche Verständigung über das, was ist (Philosophie), von dieser Grundlage her versteht. Darin besteht die philosophiegeschichtlich kritische Wendung der Existenzialontologie. Fundamentalontologisch zielt sie auf die Grundlegung einer temporalen Ontologie, die Heidegger nie zur Ausführung gekommen ist, sondern in den Übergang zur ‚seinsgeschichtlichen‘ Frage nach dem Sein zurückgenommen wird.

Dieses fundamentalontologische Resultat der existenzialontologischen Analyse müssen wir im folgenden eigens aufarbeiten und weiter durchklären. Überschauen wir im Rückblick das Ganze der existenzialontologischen Frage nach dem Sein, dann wird uns auch deutlich, warum als Titel über dieser Fragestellung steht: ‚Sein und Zeit‘. Als Orientierungsvorgabe für das Verständnis der Existenzialontologie ist dieser Titel auf jeden Fall mißverständlich. Worum es Heidegger geht, ist gerade nicht das Verhältnis oder der Zusammenhang von Sein und Zeit, sondern das Verhältnis von Sein und Wissen, ‚Wissen‘ seinem phänomenologischen Begriff nach genommen als die Erschlossenheit, Offenheit, Unverborgenheit, Lichtung des Seins (‚Aletheia‘). Die Zeit wird für Heidegger nur thematisch hinsichtlich ihrer Erschließungsfunktion, also im Hinblick auf das Sein des Da (‚Aletheia‘). Darin ist Heideggers ganze Fragestellung nach dem Sein zentriert. Deshalb kann Heidegger nach ‚Sein und Zeit‘ auch eigentlich nicht mehr viel mit der Zeit anfangen; sie verschwindet nahezu vollends aus ihrer Thematisierung, um nur noch einmal kurz, in dem Vortrag ‚Zeit und Sein‘ (1962), aufzutauchen. Was bleibt, ist lediglich der ab und zu vorgebrachte Hinweis auf die zeitliche Konstitution der ‚Lichtung des Seins‘ (‚Aletheia‘). Heidegger fragt denn auch rückblickend und nicht zufällig aus dem Zusammenhang, darin er die Kehre von ‚Sein und Zeit‘ zu ‚Zeit und Sein‘ nachträglich aus einer Distanz von über dreißig Jahren aufnimmt: "Lautet dann der Titel der Aufgabe des Denkens statt "Sein und Zeit": Lichtung und Anwesenheit?" (SD, 80); so daß es eigentlich nie um die ‚Zeit‘, sondern immer nur um ihre ontologische Erschließungsfunktion gegangen war. Der thematische Grundzug seines Denkens ist die „Aletheia“ als die Lichtung, Unverborgenheit, Offenheit von Sein. Die Zeit bleibt, wie Heidegger später vermerkt, der bloße "Vorname für die Wahrheit des Seins" (WM, 203), der sich aus einem Hinweis auf Zeit im griechischen Seinsbegriff ergibt: "Jenes einai aber sagt: anwesen. Das Wesen dieses Anwesens ist tief geborgen in den anfänglichen Namen des Seins. Für uns aber sagt einai und ousia als par- und apousia" - d.h. Anwesenheit und Abwesenheit - "zuvor dies: im Anwesen waltet ungedacht und verborgen Gegenwart und Andauern, west Zeit. Sein als solches ist demnach unverborgen aus Zeit. So verweist Zeit auf die Unverborgenheit, d.h. die Wahrheit von Sein. ... So wird die Zeit der erst zu bedenkende Vorname für die allererst zu erfahrende Wahrheit des Seins" (WM, 203/4). Auch daran zeigt sich, daß Heidegger das Resultat von ‚Sein und Zeit‘, die Zeit als Zeitigung der Offenheit von Sein, keineswegs zurückgenommen und ‚ad acta‘ gelegt hat. Aber die Zeit spielt für die Frage nach der ‚Lichtung des Seins‘ nicht mehr die Rolle, in der sich das Fragen noch länger aufhalten könnte. Das Verschwinden der Zeitthematik als solcher ist nicht ihr unvermitteltes Wegsein, sondern ihr

Aufgehen in die Frage nach dem ‚Geschehen‘ von Sein - der Seinsgeschichte. An der Frage nach der ‚Geschichtlichkeit‘ des Seins hebt sich die Frage nach der Zeitlichkeit des Seins auf: die ‚existenzialontologische‘ wird zur ‚seinsgeschichtlichen‘ Frage nach dem Sein. Sie liegt außerhalb unserer gegenwärtigen Betrachtung. Indem wir aber nun das eigentliche Grundthema von Heideggers Denken eigens herausgestellt haben (Aletheia), bleibt uns die weitere Aufgabe, dieses an ihm selbst durchzuklären und in die fundamentalontologische Thematisierung von Sein in den Grundbegriffen Welt, Nichts und ontologische Differenz einzuholen. Erst auf dieser Grundlage läßt sich eine angemessene Thematisierung von Heideggers seinsgeschichtlichem Denken unternehmen, die wir hier nur vorbereiten können.

4.1. ‚Aletheia‘

‚A-letheia‘ nennt den Grundgedanken Heideggers. Wenn es richtig ist, daß jeder Denker wesentlich nur einen Grundgedanken denkt und ihm und nur ihm verpflichtet ist, dann darf es uns nicht verwundern, daß wir nach allen Richtungen, in denen wir Heideggers Denken verfolgen, immer wieder auf dasselbe zurückkommen: die ‚A-letheia‘ als die Unverborgenheit, Offenheit, Lichtung des Seins. ‚Prinzipien’ und ‚Anfangsgründe‘, d.h. solches, was als erstes Wovonher und letztes Woraufhin thematischer Erkenntnis fungiert, erschließen sich notgedrungen immer nur in einem beständig wiederholenden Zurückkommen auf; Denken, das ‚prinzipiell‘ ist, verhält sich als ‚Bohren‘, das immer wieder an demselben und auf dasselbe hin ansetzt, indem es seinen Anlauf aus dem Gegründeten her beständig neu gewinnen muß. Das Hineindenken in den Grundgedanken eines Denkers und von daher ein zulängliches Verständnis seines Denkens gelingt nur, wenn wir dieses wiederholende Zurückkommen-auf nicht als die bloß langweilige Wiederholung eines identischen ‚Grundsatzes‘ betreiben, sondern uns selbst in eine beständig sich vertiefende und präzisierende Gewahrung des gemeinten Sachverhaltes bringen, ihn also je neu und aus einem veränderten Blickpunkt heraus anbohren und damit immer mehr von sich her in das Verständnis einholen. ‚Wiederholungen‘, auch in der Form von Zusammenfassungen, fungieren methodisch als Konzentrationen des Denkens hinein in die Anlaufspannung auf einen zu denkenden Grundgedanken. Wir kommen deshalb nicht umhin, immer wieder von neuem den Anlauf auf Heideggers Grundgedanken zu nehmen, um ihn in seiner inneren Komplexität weiter zu bestimmen. Machen wir uns als Ausgangspunkt des weiteren noch einmal stichtpunktartig deutlich, was wir im Blick haben müssen:

1. ‚A-letheia‘ heißt wörtlich übersetzt ‚Un-verborgenheit‘. Die Un-verborgenheit ist als Beraubung (steresis, privatio) privativ bezogen auf die Verbor-

genheit: Was sie als solche ist, ist sie als privative Negation der Verborgenheit. Dies gehört zu ihrem Begriff und muß deshalb eigens in ihr Verständnis eingebracht werden. Nun haben wir damit bislang gleichbedeutend eine Reihe von anderen Termini behandelt, so vor allem ,Erschlossenheit' im Sinne der ,Aufgeschlossenheit', ,Offenbarkeit' und ,Sichtbarkeit', ,Lichtung' und ,Offenheit'. Diese terminologische Varianz ist aber keine gleichgültige, sondern entspricht einer sachlichen Bestimmungsdifferenz: Die Unverborgenheit selbst wird von Heidegger als ,Lichtung', die Lichtung aber als ,Offenheit' bestimmt. Offenheit ist die Grundbestimmung der ,Aletheia' als Un-verborgenheit. Dieser begrifflichen Bestimmung der ,Aletheia' müssen wir noch eigens nachgehen.

2. Der Begriff der ,Aletheia' läßt sich erst einmal einführen als Bestimmung des Wissens im Unterschied und Gegensatz zum Sein. Insofern das intentionale Verhältnis des Wissens zum Seienden aber immer schon vor-intentional fundiert ist in der Unverborgenheit von Sein, bezeichnet die ,Aletheia' das ermöglichende Worinnen eines Zueinanderseins intentional Auseinandergehaltener (Bewußtsein und Gegenstand, Subjekt und Objekt). Das Sein selbst west als seine Eröffnung in die Unverborgenheit (,Aletheia'): dieses ist der Mensch als Dasein und In-der-Welt-sein. Die ,Aletheia' bezeichnet als solche das, worinnen das Dasein sich je schon als befindlich-verstehendes faktisch vorfindet: die Welt als die Offenheit von Sein. Diese ist als solche die Bedingung der Möglichkeit jedweden intentionalen Sich-verhaltens-zu-etwas, d.h. die Freigabe des Menschen in sein Verhältnis zu sich und zu Anderen, Innerweltlichem und nicht zuletzt Welt selbst. ,Welt' bezeichnet selbst nicht anderes als diese Offenheit von Sein und damit die ,Aletheia'. Nachträglich bemerkt Heidegger deshalb zum existenzialontologischen Begriff des In-der-Welt-seins: "»Welt« bedeutet in jener Bestimmung überhaupt nicht ein Seiendes und keinen Bereich von Seiendem, sondern die Offenheit von Sein. Der Mensch ist und ist Mensch, insofern er der ,Ek-sistierende ist. Er steht in die Offenheit von Sein hinaus .... »Welt« ist die Lichtung des Seins, in die der Mensch aus seinem geworfenen Wesen her heraussteht" (WM, 180). ,Welt' und ,Aletheia' nennen nur eines und dasselbe: die Lichtung und Offenheit von Sein. Den Begriff der ,Aletheia' müssen wir aus dieser grundlegenderen Perspektive der Eröffnung von Sein in die Unverborgenheit als Welt im Geschehen des Daseins erneut aufrollen.

Nun stößt uns aber gerade dieser letzte Punkt auf die mittlerweile immer stärker sich anmeldende Fragwürdigkeit unseres ,Katalysators', der Rede vom Verhältnis Sein - Wissen. Je mehr wir in Heideggers ,Aletheia'-Gedanken eindringen, desto fragwürdiger wird, ob die ,Aletheia' in der Tat, wie eingeführt, als die phänomenale Bestimmung des Seins des Wissens im Unterschied zum Sein von Seiendem überhaupt gehandhabt werden kann. Wenn die ,Aletheia' als ,Welt' bestimmt wird, so scheint gerade dies doch in keiner Weise mehr in der überlieferten Formel vom Verhältnis von Sein und Wissen einzuholen zu sein. Denn hieße dies nicht, die ,Welt' als das Sein des Wissens und dieses als Welt zu bestimmen?- Müssen wir dann nicht an dieser Stelle unseren ‚Katalysator' verabschieden: zum Sprung in den Begriff der,Aletheia'?- Aber was soll diese dann überhaupt bezeichnen?- Aber ‚Welt', existenzial bestimmt, meint doch die Offenheit von Sein, die es nur gibt, indem und insofern es den Menschen gibt. Müssen wir uns vielleicht umgekehrt von einem allzu oberflächlichen und schematischen Verständnis der Formel vom ‚Verhältnis von Sein und Wissen' verabschieden?- Meinen wir darin letzten Endes nicht doch immer wieder das Wissen als Intentionalitätsverhältnis, während die ‚Aletheia' gerade das bezeichnet, was diesem vor-intentional zugrundeliegt?- Und verstehen wir die Rede vom ‚Verhältnis' von Sein und Wissen nicht insgeheim doch immer wieder als die Gegenüberstellung von Subjekt und Objekt, Vernunft und Natur, Mensch und Welt?-

Achten wir darauf, was an der Formel vom Verhältnis Sein - Wissen dem bisher angezeigten Begriff der ‚Aletheia' zuwiderzuläuft. Für den Begriff des Verhältnisses ist es kennzeichnend, daß er ein Zueinandersein von Zweien bezeichnet, die als solche, die sich zueinander verhalten, *außereinander* sind. Das Eine ist nicht das Andere: beide sind als Andere zueinander außereinander. Das verhältnishafte Zueinandersein impliziert ihr gegenwendiges Auseinandersein. Die ‚Aletheia' bezeichnet aber gerade die Offenheit, aufgrund derer allererst ein solches gegenwendiges Zueinandersein möglich ist. Die Offenheit *von* Sein ist vor-intentional das, worinnen wir sind - und uns intentional auf Seiendes beziehen. Dieses ‚In-sein', das alles intentionale Wissen ermöglicht, widerspricht in gewisser Weise seinem ‚Zu-sein' - beides sind ganz unterschiedliche Relationen, die im Begriff der ‚Aletheia' offenbar zusammengedacht werden müssen. Vor-intentional ist das Wissen in das hinein eröffnet, wozu es sich intentional verhält. Diese Verhältnishaftigkeit bewegt sich innerhalb der Dimension, die als ‚Aletheia' angesprochen wird. Läßt sich diese aber dann noch in einer äußeren Relation zu einem anderen, genannt ‚Sein' denken?- Oder nennt sie dieses nicht schon an und in sich selbst, insofern sie nämlich als ‚A-letheia' selbst das ‚Verhältnis' von Unverborgenheit und Verborgenheit ist?- Und läßt sich in der Rede vom Sein des Wissen, also davon, daß die Unverborgenheit von Sein selbst *ist*, überhaupt von einem ‚Verhältnis' sprechen?- Der Satz: ‚X ist', zeigt als solcher überhaupt kein ‚Verhältnis' (von ‚X' und ‚ist') an. Vom ‚Verhältnis von Sein und Wissen' mag zwar im Hinblick auf die intentionale Verfassung des Wissens (als ‚Wissen *von* Sein') die Rede sein, die in sich dann auch einbegreifen kann, daß das Sein für das Wissen offen ist, also gegenwendig zu ihm den Zug der Wißbarkeit an sich hat: sich zu ihm hin offenhält; aber es läßt sich in dieser Weise ganz offensichtlich nicht von Verhältnis sprechen, wenn wir das eigene Sein *des* Wissens im Blick haben: dies, daß es Unverborgenheit ‚gibt'. Den Begriff des ‚Verhältnisses', der uns die meisten Schwierigkeiten bereitet und dem Verständnis der ‚Aletheia' nun eher entgegensteht, streichen wir deshalb durch und klammern ihn aus. Bei dem geläufigen Verständnis der Redeweise vom ‚Verhältnis von Sein und Wissen‘ können wir es offenbar nicht belassen; wenn wir sie überhaupt in den Begriff der ‚Aletheia‘ hinüberretten wollen, dann nur so, daß wir sie von ihm her umdenken. Die Redeweise, die wir in der Weise einer geschichtlich überlieferten und anscheinend ohne weiteres verständlichen Vorstellung katalysatorisch einführen, muß sich auf dem Weg in Heideggers Grundgedanken der ‚Aletheia‘ notwendig mitverändern. Das Mithineindenken des hermeneutisch vermittelnden Begriffs: des Verhältnisses von Sein und Wissen - in seinen vermittelten Grundgedanken - der ‚Aletheia‘ - wird zu seiner semantischen Transformation an dem und von dem her, was hermeneutisch durch ihn dem Verständnis erschlossen wurde. Dies aber ist die ‚Aletheia‘ als der Grund, das ‚erste Wovonher‘ des ‚Verhältnisses‘ von Sein und Wissen überhaupt.

Im Zentrum unseres weiteren Eindringens in Heideggers Grundgedanken der ‚Aletheia‘ stehen die beiden Aufsätze ‚Vom Wesen der Wahrheit‘ (WM, 73 - 97) und ‚Vom Wesen des Grundes‘ (WM, 21 - 71), die in vorherrschend fundamentalontologischer Ausrichtung an ‚Sein und Zeit‘ anschließen. Der Zugang zu den genannten Aufsätzen erleichtern uns einige Erläuterungen aus einem späten Text Heideggers, ‚Das Ende der Philosophie und die Aufgabe des Denkens‘ (SD, 61 - 80). Zum ‚Aletheia‘-Begriff gelangt Heidegger hier - nach nun schon altbekannter Weise - durch den Rückgang aus der intentionalen Sachbeziehung des Denkens auf die Bedingung seiner Möglichkeit: Das Denken bezieht sich auf etwas: das, was ihm seine zu denkende Sache ist. Die Sache ist vom Denken her als ‚zu denkende‘ gekennzeichnet. Damit sich das Denken überhaupt auf seine Sache beziehen kann, muß diese für es sein: sie muß sich dem Denken zeigen, erscheinen. Ansonsten gibt es für das Denken nichts, auf das es sich beziehen könnte, es geht hinaus ins Leere, ins Nichts. Das Sein der Sache für das Denken ist aber noch nicht ihr wie immer begriffenes Wassein und Wesen; an ihm gibt es für das Denken nichts mehr zu denken, insofern der Begriff eben das ist, worin sich das Zu-denkende aufhebt. Es ist im Begriff und durch ihn erkannt. Das Zu-denkende nennt so notwendig das Vor-begriffliche, Noch-nicht-begriffene, umwillen dessen Erkanntwerden sich das Denken zu seiner Sachbeziehung bestimmt. Dieses vor- und außerbegriffliche Sein der Sache für das Denken ist ihre ‚Phänomenalität‘, ihr Sich-von-sich-her-zeigen und -erscheinen: ihr Sein als ‚Phänomen‘. Die Bedingung der Möglichkeit der Sachbeziehung des Denkens muß von dem vor-begrifflich-phänomenalen Sein *von* etwas *für* das Denken her aufgewiesen werden, da ohne den phänomenalen Zug des Seins als Erscheinen und Sich-zeigen überhaupt nichts wäre *für* das Denken, weder Gedachtes noch Zu-denkendes. Nun fährt Heidegger fort: "Solches Scheinen geschieht notwendig in einer Helle. Die Helle aber beruht ihrerseits in einem Offenen, Freien, das sie hier und dort, dann und wann erhellen mag. Die Helle spielt im Offenen und streitet da mit dem Dunkel. Überall wo ein Anwesendes anderem Anwesenden entgegen kommt oder auch nur entgegen verweilt, aber auch dort, wo wie bei Hegel spekulativ eines im anderen sich spiegelt, das waltet schon Offenheit, ist freie Gegend im Spiel ... Wir nennen diese Offenheit, die ein mögliches Scheinenlassen und Zeigen gewährt, die Lichtung" (SD, 71). Das phänomenale Sein der Sache hat einerseits den Zug der gegenwendigen Ent- und Verbergung, insofern sie in ihrer gegenwendigen Zusammengehörigkeit das Erscheinen selbst als sich entbergendes Hervortreten aus dem Verborgenen konstituieren. Das Erscheinende ist ein ,Un-verborgenes' als ein solches, das aus der Verborgenheit heraustritt, als solches aber den gegenwendigen Zug von Verborgenheit und Unverborgenheit an sich hat. Dafür verwendet Heidegger hier die Bestimmungen des ,Hellen' und ,Dunklen'. Aber die in diesem Sinne verstandene Un-verborgenheit ist als die Bestimmung der ,Phänomenalität' selbst noch unzureichend: denn die gegenwendige Verschränkung von Entbergung und Verbergung im Erscheinenden als solchem spielt innerhalb eines Offenen, einer ,freien Gegend', d.h. eines reinen Außereinander. Dieses ins Auseinander und Außereinander *geräumte* und als solches *freie* ,Offene' ermöglicht die Phänomenalität des Seins in der Gegenwendigkeit von Verbergung und Entbergung und gibt damit die Grundbestimmung dessen ab, was Heidegger die ,Lichtung' nennt. Heidegger möchte deshalb den Begriff der ,Lichtung' nicht vom ,Licht' her, sondern von ,lichten' als "frei und offen machen" (SD, 72) her verstanden wissen, so wie wir von der ,Lichtung' im Wald sprechen: das Offene und Freie von Bäumen, in das deshalb, weil es frei von Bäumen ist, auch das Licht einfallen kann. Wäre aber kein freies Offenes, dann wäre auch weder Licht noch Dunkelheit noch überhaupt etwas, das in der Weise des Phänomenalen unverborgen wäre. Die Phänomenalität des Entbergens und Verbergens nennt aber immer schon das zu ihm gegenwendige Wissen mit als das, wofür sie überhaupt ist. Das Erscheinen ist "Erscheinen für jemanden" (Aristoteles, Met. IV, 1011 a 19); es ist selbst nichts ohne etwas, *für* das es ist. Deshalb dürfen wir ,Phänomenalität' hier nicht einseitig als Zug des Seins unter Abstraktion von dem gegenwendig intentional gerichteten Wissen nehmen, für das solches Erscheinen ist. Diese phänomenale Grundkonstellation ist ihrerseits das Hereinstehen in das freie Offene der Lichtung; allein diese gewährt den Spielraum des Sichzeigens und Erscheinens, in dem sich alles intentionale Wissen bewegt: "Die Lichtung ist das Offene für alles An- und Abwesende" (ebd.). Weil die Lichtung als das freie Offene das An- und Abwesende allererst in seine phänomenale Unverborgenheit als Erscheinendes und Sich-zeigendes freigibt, bezeichnet Heidegger sie im Anklang an ein Goethewort als ,Urphänomen' (ebd.); d.h. sie ist genauer gefaßt *das* ,Urphänomen', das aller Phänomenalität von Sein und damit der grundlegendsten Bestimmung der Unverborgenheit des Seins von Seiendem überhaupt ermöglichend zugrundeliegt. Der Begriff der ,Aletheia' als ,Lichtung' enthält nun gleichsam zwei Momente 1. die Unverborgenheit als gegenwendiges Verhältnis von Ent- und Verbergung und 2. die Offenheit als

Freiheit, Außereinander, Leere. ‚Freiheit' versteht Heidegger hier als die Privation des In-sich-verschlossenen, Dichten. Die Freiheit ist als Freisein von ... Leere, Leerheit, reines Differential des Außereinander, des Nicht. Offenheit ist Leerheit, Freiheit von ... als Nicht dessen, was durch das freie Offene der Lichtung in sein Erscheinen freigegeben wird. Durch diese Freigabe gelangt es allererst in sein verwandeltes Anwesen im Offenen und Unverborgenen möglichen Gewußtwerdens. Die Bestimmung der ‚Aletheia' als Offenheit weist uns somit in mehrere Richtungen, die es weiter zu verfolgen geht:

1. Die Offenheit enthält die Bestimmung der Freiheit. Die Freiheit selbst wiederum zeigt sich als Begriff der Privation, der Beraubung, insofern er wesentlich negativ, als Freisein von ... gefaßt ist. Das Freisein ist als Freisein von Sein dessen Privation als Ermöglichung seiner Freigabe in die Unverborgenheit phänomenalen Anwesens, auf das sich alles intentionale Verhalten bezieht. Die Offenheit ist Freiheit als Leerheit, als das Nicht von ... und verweist damit auf den Begriff des Nichts.

2. Die Offenheit gibt sich als reines Differential des Außereinander, das reine Außer-sich, das an den Begriffen der Ek-sistenz und des Ek-statischenschon zum Zuge kommt. Darin drängt sich ein thematisch nicht eigens bedachter *raumhafter* Sinn reinen, dimensionalen Auseinanderseins vor, das nun auch ausdrücklich mit dem Raumbegriff der ‚freien Gegend' gefaßt wird. Die Raumhaftigkeit wird zu einer eigenständigen Bestimmung der ‚Aletheia'. Rückblickend bemerkt Heidegger: "Der Versuch in »Sein und Zeit« § 70, die Räumlichkeit des Daseins auf die Zeitlichkeit zurückzuführen, läßt sich nicht halten" (SD, 24). Heidegger nimmt den prinzipiellen Vorrang der Zeit gegenüber dem Raum zurück und spricht von nun an die Offenheit von Sein gleichursprünglich als ‚Raum-Zeit' an. Als solche aber ist sie der Begriff von ‚Welt'.

Wir erhalten zwei Denklinien, in denen sich die ‚Aletheia' weiter erschließt: die Linie Offenheit - Freiheit - Leerheit - Nichts und die Linie Außereinander - Zeit - Raum - Welt. Steigen wir nun von diesem Vorblick aus in den Problemkreis der ‚Wahrheitsabhandlung' ein.

In ‚Vom Wesen der Wahrheit' geht Heidegger aus von der Charakteristik des überlieferten Wahrheitsbegriffes als ‚adaequatio', um an seiner Fundierung in der intentionalen Grundverfassung des Wissens die ‚Aletheia' als Begriff der ‚ursprünglichen Wahrheit', d.h. dessen, was Grund der Möglichkeit der ‚adaequatio' ist, herauszustellen. Daß es sich bei diesem Rückgang in den Grund von ‚Wahrheit' eigentlich nicht mehr um die Fassung eines Wahrheitsbegriffes, sondern um die Bestimmung des Seins des Wissens als vor-intentionale Offenheit von Sein geht, versteht sich hier schon von selbst. Dieser Rückgang in den Grund der Wahrheit resultiert in die Feststellung, daß jede ‚adaequatio', Angleichung und Übereinstimmung von Denken und Sache (intellectus und res), sich ‚innerhalb eines Offenen, bewegt und nur durch das ‚Durchmessen eines Offenen' (WM, 79) möglich ist. Diese vorausgesetzte

Offenheit ist die Ermöglichung der im überlieferten Wahrheitsbegriff der ,adaequatio' anvisierten Einheit und Identität von Denken und Sache. Dies ist sie für die intentionale Beziehung auf Etwas selbst. Nun wird aber zugleich mit dem Begriff der ,adaequatio' noch etwas thematisch, was für den Fortgang der Frage nach dem ,Wesen der Wahrheit, von grundsätzlicher Bedeutung ist: nämlich der Wesensbegriff selbst. Warum?- Weil, wie wir schon gesehen haben, die überlieferte Bestimmung der Wahrheit als Angleichung (Übereinstimmung) von Denken und Sache in der Bestimmung des Seins als Wesen - und damit letztlich des Seins als ,Vernunft' (nous) fundiert ist. Deshalb weist Heidegger auf die Gegenwendigkeit im überlieferten Wahrheitsbegriff hin: Die ,adaequatio' ist einerseits die Angleichung des (menschlich-endlichen) Erkennens an die Sache: ,adaequatio intellectus *ad rem*'. Sie ist andererseits die Gleichheit der Sache mit ihrem vernünftigen Begriff, wie er durch den ,intellectus divinus', das göttlich-unendliche Erkennen, konzipiert ist: ,adaequatio rei ad intellectum'. Der Begriff der ,res' (Sache) meint dabei die ,Sachheit' als das vernünftige Wesen von Etwas, nicht ihr physisches Vorkommen und Anwesen, das demgegenüber mit einer gewissen ,Unvollkommenheit' behaftet ist oder sein kann. Ein zerfallenes Haus ist ,eigentlich' kein Haus mehr, es west physisch als die Defiziens des Hausseins, d.h. dessen, was das Wesen des Hauses seinem vernünftigen Begriff nach ausmacht: das Schutz- und Unterkunft gewähren. Die ,Sachwahrheit' eines bestimmten, physisch anwesenden Seienden besteht in seiner ,Wesensgemäßheit', d.h. darin, ob und inwiefern es seinem vernünftigen Begriff, der angibt, was es ,in Wahrheit' sein *sollte,* entspricht. Im Blick des Wahrheitsbegriffes der ,adaequatio' steht mithin zweierlei: Die Übereinstimmung eines faktisch Vorliegenden und physisch Anwesenden mit seinem Wesen und Wassein, das im vernünftigen Begriff gewußt wird; und die Übereinstimmung des physisch-endlichen Erkennens - nicht mit dem physisch vorkommenden und anwesenden Seienden, sondern - mit dem Wesen als dem vernünftigen Sein der Sache. Die Frage nach der Wahrheit menschlichen Erkennens ist, ob und inwiefern dieses das, was ist, auch seinem vernünftigen Wesensbegriff nach gewußt wird. Alles Erkennen, das sich auf Seiendes in seinem physischen Anwesen bezieht, muß sich letztlich durch seinen Bezug auf den vernünftigen Wesensbegriff in seiner Wahrheit ausweisen. Das begriffliche Wissen vom Wesen und Wassein dessen, was ist, erzeugt die Vernunft aber in sich, indem sie sich vereinigend-unterscheidend auf das Erscheinende, das ,phainomenon', bezieht. Diese Phänomenalität ist selbst die Grundbestimmung des in sich *physischen* Bezugs von Sein und Wissen, insofern sie einerseits besagt, daß das Seiende *als* physisch Wesendes eben nicht sein Wesen und Wassein selbst, sondern als stofflich-materiell bestimmungslos Vervielfältigtes davon unterschieden ist. Das physische Anwesen von Seiendem bringt in der Gegenwendigkeit von Werden und Vergehen immer zum Vorschein, was etwas ist. Andererseits ist die Vernunft selbst als menschlich-endliche in ihrem physischen Anwesen an ihre psycho-somatische Fundierung in der Leiblichkeit eingebunden, über die vermittelt sie das, was sich physisch zeigt und erscheint, auf seinen vernünftigen Begriff bringen muß. Indem das Wesen aber nun an ihm selbst von der gleichen Seinsart ist wie die Vernunft, eint sich die Vernunft *in sich* mit dem Wasseins von Seiendem (*nicht* mit dem Seienden!). In dieser *Negation* der Phänomenalität als der *physischen* Bezugshaftigkeit von Sein und Wissen besteht nun die Identität von Sein und Denken, die als das Maß aller Wahrheit die Grundlage des überlieferten Wahrheitsbegriffes ausmacht. Das haben wir schon wiederholt angesprochen. Entscheidend ist nun folgendes: Der Wahrheitsbegriff der ,adaequatio' impliziert die Bestimmung des Seins als Wesen und Vernunft. Wenn Heidegger nun einerseits nach dem Grund der Möglichkeit der intentionalen ,adaequatio'-Beziehung fragt, andererseits aber, wie wir schon gesehen haben, ohnehin schon die intentionale Beziehung des ,logos' als maßgebliche Art und Weise, in der das Seiende zugänglich wird, auf die phänomenale Unverborgenheit des Seins als ,Erscheinen' (phainesthai) hin überdenkt: dann muß er notgedrungen auch die überlieferte Bestimmung des Seins als Wesen fragwürdig werden lassen. In der Frage nach dem ,Wesen' der Wahrheit wird der Begriff des ,Wesens' selbst unvermittelt thematisch als eine Bestimmung des Seins von Seiendem überhaupt, die sich im Hineinfragen in den ,Grund' der Wahrheit als unzulänglich erweist. Die phänomenale Offenheit von Sein ist nicht nur vor-intentional, sondern ebenso ,vor-eidetisch' zu denken: weder gründet sie im Wesen noch in der Intentionalität der vereinend-unterscheidenden Vernunft. Das ,Wesen' ist der Seinsbegriff intentionaler Vernunft, die sich vereinend-unterscheidend auf das Phänomenale bezieht. An ihm denkt sie die Wahrheitscharakter des Phänomenalen, der es davor bewahrt, reiner Schein zu sein: Das Phänomenale ist bestimmt als das Hervorkommen in die Unverborgenheit - wovon?- Des Wesens als der Einheit des Mannigfaltigen. Die Einheit des Mannigfaltigen ist dies aber nur für die vereinend-unterscheidende Vernunft. Wird die phänomenale Offenheit von Sein vor-intentional und prä-logisch gedacht, dann muß sie auch ,vor-eidetisch' gedacht werden. Die Phänomenalität als das physische Wesen (verbal) von Sein ist sein ,wesenloses' Anwesen im Offenen. Es ist, was es ist, als solches und nicht im Horizont der wesenslogischen Begriffsintentionalität der Vernunft. Der Begriff des Wesens als der abendländisch maßgebliche Begriff von Sein überhaupt muß deshalb grundsätzlich überdacht und umgedacht werden: aus dem heraus, was sich als der Grund der Möglichkeit jedweder ,adaequatio' erweist. Dies aber ist die vor-intentionale Offenheit von Sein in der Gegenwendigkeit von Entbergung und Verbergung. Sie konstituiert das phänomenale Sein von Seiendem überhaupt. Deshalb kehrt sich, wie Heidegger wiederholt bemerkt, die Frage nach dem ,Wesen der Wahrheit' um in die Frage nach der ,Wahrheit des Wesens' (WM, 96). Diese ist die Frage nach der Offenheit des Seins als Wesen und gehört erst dem seinsgeschichtlichen Denken Heideggers an. Der verbale Gebrauch von ,Wesen' meint demgegenüber nichts als das phänomenale Anwesen im Unverborgenen selbst.

Kehren wir von daher zurück zur Wahrheitsfrage. Im Begriff der Wahrheit als ,adaequatio' ist die Wesensstruktur des Wissens als Intentionalität gedacht. Diese ist nur möglich aufgrund der Offenheit. ,Offenheit' ist also nicht ein ursprünglicher Begriff von *Wahrheit*, sondern der maßgebliche Begriff von *Wissen überhaupt*, auf dessen Grundlage sich allererst etwas über die intentionale Wahrheit und Unwahrheit gegenstandsbezogenen Wissens ausmachen läßt. Überhaupt geht es im weiteren Verlauf der Abhandlung weniger um den Begriff der Wahrheit als den Begriff des Wissens. Dieser ist im Begriff der Intentionalität nicht ,falsch' oder ,verkehrt', sondern unzulänglich gedacht: Die Intentionalität muß auf die sie ermöglichende Grundlage hin gedacht und von dieser her begriffen werden. Heidegger hält am Begriff der Intentionalität als Wesensbestimmung des Wissens ebenso wie an der überlieferten Bestimmung der Wahrheit als ,adaequatio' gerade fest, indem er sie aus der sie ermöglichenden Grundlage heraus in ihrer Rechtmäßigkeit aufzeigt. Allein deshalb fungieren die Begriffe der Intentionalität und ,adaequatio' auch immer wieder als Katalysatoren, aus denen Heidegger seinen Begriff der ,Aletheia' gewinnt und aufzeigt. Es geht ihm in erster Linie darum, den prinzipienlogischen Anspruch des Begriffs der Intentionalität zu negieren, die Intentionalität - und entsprechend die ,adaequatio' - aber aus dem heraus, was ihre ermöglichende Grundlage ist, umzudenken und neu zu fassen. Deshalb muß die Intentionalität zuerst einmal an ihr selbst phänomenologisch auf den Begriff gebracht werden. Wie zeigt sich von sich her das, was dann im Begriff der Intentionalität als Wesensbestimmung des Wissens gedacht ist?- Als das ,Durchmessen eines Offenen'. Die intentionale Beziehung des Wissens auf seine Sache ist sein Hingehen zu einem Entgegen. Dabei durchmißt es ein Offenes - und bleibt gleichwohl aber in sich stehen. Es verschwindet nicht in seiner Sache, sondern läßt als dieses In-sich-stehen sich die Sache entgegenstehen. Heidegger analysiert: "Das Entgegenstehende muß als das so Gestellte ein offenes Entgegen durchmessen und dabei doch in sich als das Ding stehen bleiben und als ein Ständiges sich zeigen. Dieses Erscheinen des Dinges im Durchmessen eines Entgegen vollzieht sich innerhalb eines Offenen, dessen Offenheit vom Vorstellen nicht erst geschaffen, sondern je nur als ein Bezugsbereich bezogen und übernommen wird" (WM, 79 f.). Das Erscheinen liegt als Vorgabe des intentionalen Bezugs noch vor jeder begrifflichen und prädikativ ausdeutenden Bestimmung und hat die Bedingung seiner Möglichkeit am Offenen. Was ist, west vor aller thematischen Ausdeutung seines Seins phänomenal, und es ist diese Phänomenalität selbst, die das dann begrifflich und prädikativ Verstandene und Ausgelegte ist. In diesem ursprünglichen phänomenalen Bezug liegt, wie in aller Intentionalitätsbeziehung, daß die

Beziehungsglieder nicht ineinander verschwinden. Das Wissen wird nicht zum Erscheinenden und dieses nicht zum Wissen: beide bleiben gesondert als ‚In-sich-stehende'. Das Wissen selbst ist als Hingehen zu dem, worauf es sich als dem sich ihm Zeigenden bezieht, das Durchmessen eines Offenen, ohne daß dieses ‚Hingehen zu ...' als der Bezugssinn des Wissens ein Aufheben der differentialen Distanz wäre, die beide voneinander unterscheidet und sie auseinanderhält. Das Wissen ist ‚bei' seinem Bezugsworauf: es ist in sein Außer-sich-sein entrückt Herausstehen-aus-sich (ek-stasis), ohne daß dieses sein In-sich-stehen als Wissen, seine Differenz zum Gegenstand, aufheben, es in diesem verschwinden würde. Das Entrücktsein in das Bezugsworauf ist, was das Wissen als Innestehen in der Offenheit selbst ist: die Offenheit selbst ist entrückend in das Herausstehen aus sich, dieses nichts, was zu einem an sich bestehenden In-sich-sein des Wissens - etwa im Sinne monadologisch in sich verschlossener Egoität - äußerlich zuweilen auch noch hinzukäme. Die Intentionalität ist nicht - wie nach gängiger Vorstellung - die Linie, die zwischen Ichpol und Gegenstandspol als zwei Fixpunkten aufgespannt wird, sondern das ekstatische Aus-sich-herausversetztsein zu dem Anderen, das als Erscheinendes und Sichzeigendes zugleich in seinem Bezogensein auf das Wissen überhaupt gesichtet wird: seinem gegenwendigen Zug zur Un-verborgenheit, als welches es sich im Zugleich von Ver- und Entbergung als Erscheinendes, Zum-Vorschein-kommendes konstituiert. Die Offenheit ist als reines Außereinander die Leerheit der reinen Durchsichtigkeit und Transparenz, das Hindurchscheinen von ... für ... ; und die Gesondertheit, das wechselseitige Sich-auseinanderhalten von Wissen und Sache in ihre Distanziertheit, das In-sich-stehen ihres Außer-sich-seins. Denn auch die Sache ist in ihrem phänomenalen Zug des Erscheinens in gewisser Weise ‚außer sich', insofern sie nicht in sich verschlossen als reine Verborgenheit west, sondern sich aufschließend in das Erscheinen den Zug zu ihrem Anderen hin hat, dem Wissen als der Unverborgenheit, *bei* dem sie als Erscheinende ‚außer sich' ist. Intentional ist das Wissen, insofern es in die Offenheit von Sein versetzt und darin als Außer-sich-sein west, das sich innerhalb der durch das Offene gewährten Durchsichtigkeit und Transparenz an das Erscheinende als Offenbares verweist. In dieser Verweisung an das phänomenal Begegnende, Offenbare' ist das Wissen außer sich bei dem Erscheinenden, an das es, wie Heidegger sagt, "sich hält" (ebd.). Der Bezugssinn intentionaler "Offenständigkeit des Verhaltens" ist das Sich-verweisen an das phänomenal Offenbare, die ‚Sache'; das Sich-verweisen an die Sache selbst nichts anderes als der Zug des Außer-sich, die Sachwendung und Zugewandtheit allen Wissens in seiner Beziehung auf etwas überhaupt. Insofern wir überhaupt wissen, sind wir je schon in die Sachzugewandtheit entrückt: bei den Sachen, irgendwelchen, an die wir uns ‚halten'; das Wissen geht nicht hinaus ins Leere und verschwindet im Nichts, sondern ist unvermittelt in sein Sein-bei-etwas versetzt, daran es seinen Halt und Gegenhalt findet. Das

‚intentum' ist der Gegenhalt des Wissens, von dem her es allein sein In-sich-stehen vermag. Heidegger umreißt die phänomenologische Wesensbestimmung der Intentionalität kurz nach diesen zwei konstitutiven Momenten: der Inständigkeit im Offenen, auch als Offenständigkeit des Verhaltens bezeichnet, und dem Sich-halten an das Offenbare als solches, der Sachverwiesenheit: "Alles Verhalten aber hat seine Auszeichnung darin, daß es, im Offenen stehend, je an ein Offenbares *als ein solches* sich hält" (WM, 80). Dieses Sich-halten an das Offenbare *als solches* wird nun im folgenden Gedankengang zum eigentlichen Dreh- und Angelpunkt, an dem sich die Bestimmung der Offenheit als Freiheit vollzieht. Denn mit ihm ist das Grundmoment allen Wissens bezeichnet als die Perspektivität, unter der das Erscheinende an ihm selbst und im Horizont seines eigenen Seins erschlossen ist: Es begegnet und widerfährt nicht nur als Angängiges, um in diesem Widerfahren die eigene Zuständlichkeit des Lebendigen zu erschließen, sondern *als es selbst*, d.h. als Anderes zum Wissen und der psycho-somatischen Befindlichkeit des Wissenden als Lebendigem überhaupt. Das Lebendige ist gewissermaßen in sich verschlossen: was ihm widerfährt, wird nicht an ihm selbst und als solches, sondern nur im Horizont seiner eigenen Befindlichkeit ‚erschlossen', ‚offenbar'. Es ist für es nur, was es als Widerfahrnis einer Veränderung seiner zuständlichen Befindlichkeit ist; eben darin verschwindet das, was es ‚an ihm selbst', losgelöst und unabhängig von der psycho-somatischen Verfassung des Lebendigen sein mag. Für das Tier gibt es keine ‚Sachen', ‚Dinge', ‚Seiendes', nur Widerfahrnisse, Begegnungen als Erfahrungen der Veränderung der jeweiligen Befindlichkeit. Dem Tier ist nichts Sache, sondern alles widerfahrende Befindlichkeitsveränderung. Dagegen gehört zum Wissen als solchem das Herausgedrehtsein in die Andersheit des Begegnenden, darin dieses ‚als es selbst' und ‚an ihm selbst' erschlossen ist: wissensintentional eben nicht die jeweilige eigene psycho-somatische Befindlichkeit des Wissenden, sondern die ‚Sache selbst' gewußt wird. Ansonsten würde ich nie diesen Tisch hier, das Gewandhaus etc. wahrnehmen, sondern immer nur die Befindlichkeitsveränderung verspüren, die Tisch, Gewandhaus usw. als in ihrer Anwesenheit psycho-somatisch Erfahrene auslösen. Das Tier hat deshalb auch keine sach- und gegenstandsbezogene Sprache; was es als seine Befindlichkeit verlautbaren läßt und damit kundgibt, ist immer die eigene Zuständlichkeit, nie die Sache, Ab- oder Anwesendes, das diese auslöst. Die tierische ‚Sprache' ist rein *exklamativ* das Herausrufen der eigenen Befindlichkeit, nie *apophantisch* die Namhaftmachung des Anwesenden selbst: Sie bezeichnet nie Sachen, Gegenstände, Dinge, sondern immer nur die jeweilig eigene Zuständlichkeit. Wenn ich ‚Au!' sage, stöhne oder seufze, ‚juchhe!' schreie usw., dann ist das exklamative Sprachlichkeit und etwas ganz anderes als die apophantische Sprachlichkeit, die wie Tisch, Gewandhaus, Mensch usw. das Anwesende selbst benennt, es im Benennen und durch es ‚an ihm selbst' offenbart. Das tierische Verhalten ist darum auch nicht ‚intentional' in dem Sinne, daß es sich an das ‚Offenbare *als solches*' halten würde, sondern lediglich in der Weise ausgelöster Gerichtetheit, in der sich die Befindlichkeitsveränderungen zu einer bestimmten Tätigkeit auskristallisieren. Die intentionale Wesensverfassung des Wissens, die Heidegger an den beiden Momenten: Inständigkeit im Offenen und Sich-halten an das Offenbare als solches - zur Sprache bringt, meint nichts anderes als die Eröffnung des Wovon-seins, dadurch alles Wissen erst Wissen ist. Alles Wissen ist als Wissen Wissen *von* etwas: es selbst ist als solches die Eröffnung des Wovon-seins, das es nur als das Innestehen in der Offenheit überhaupt gibt. Das Innestehen im Offenen ist aber schon das Sich-halten *an* das Offenbare als solches: das *Innestehen* in der Offenheit nur durch das gegenwendige *Halten-an*: den Gegenhalt der Sache möglich, so wie das Sich-halten an das *Offenbare als solches* nur aufgrund des Innestehens in der *Offenheit* möglich ist. Beide Momente gehören deshalb im wechselseitigen Kreuzverweis gleichurprünglich zusammen: Ohne Offenheit kein Offenbares als solches, und ohne Gegenhalt kein Innestehen. Das Sich-halten an das Offenbare als solches gibt uns den phänomenologischen Begriff dessen, was wir bisher den intentionalen Sachbezug des Wissens genannt haben; und entsprechend gibt uns das Innestehen in der Offenheit die phänomenologische Klärung des anderen Moment allen Wissens: des Sich-wissens, der Selbsterschlossenheit des Wissens in aller intentionalen Gegenstandsbeziehung.

Diese Wesensverfassung des Wissens ist bestimmend für alles Verhalten des Daseins zum Seienden, sei dies nun herstellend oder handelnd, praktisch oder theoretisch. Wenn es dem Menschen aber im herstellenden und handelnden Verhältnis zu dem, was ist, nicht um das Wissen als solches geht, dann bedeutet dies nicht, daß hier die Verweisung an das Offenbare als solches fehlt, sondern daß sie gleichsam beständig in den Um-zu Bezügen des eigenen In-der-Weltseins und Miteinanderseins verschwindet, sich hinter diese zurücknimmt und damit immer nur als das transitorische Moment im Vollzug gemeinschaftlichen In-der-Welt-seins erscheint. Das Offenbare als solches wird nicht selbst zum ausdrücklichen Bezugsworauf einer eigenen Haltung zur Welt: die Verweisung selbst nicht vollzogen als die Grundlage des In-der-Welt-seins. Dies geschieht erst und allein im theoretischen Erkenntnisverhältnis, dem es um eben nichts als um die Offenbarkeit des Seienden an ihm selbst geht: darum aber auch die Wesensverfassung des Wissens selbst *als solche* zum Austrag bringt und in ihrer Vollendung anwesen läßt. In der ‚Wahrheitsintention' theoretischer Erkenntnis erhält die Sachverweisung - das ‚Sich-halten an das Offenbare als solches' - ihren reinsten und höchsten Ausdruck ebensosehr wie in ihrem methodischen Selbstbewußtsein das ‚Innestehen in der Offenheit' zum eigenen Vollzug erhoben wird. Die Heraussetzung des Wissens an seine Sache: das Offenbare als solches - wird zum Maß theoretischen Erkenntnisverhältnisses. Obwohl das Sich-halten an das Offenbare als solches dem Wissen als solchem und überhaupt zukommt, wird es doch erst im Verhältnis theoretischen Erkennens ausdrücklich zum Maß erhoben und thematisch intendiert *als* die Wahrheit des Erkennens. Die Wahrheit als Angleichung des Erkennens an seine Sache enthält die ausdrückliche Weisung, sich nach dem Gegenstand zu richten: Das Erkennen weist sich ausdrücklich an, sein Maß zu nehmen am Offenbaren, dieses als Maß zu setzen für sein sich angleichendes und übereinstimmendes Verhalten. In diese ‚Selbstverständlichkeit', die uns ohne weiteres Bedenken vertraut ist, gilt es nun, hineinzufragen. Mit Heideggers Worten: "Woher hat das vorstellende Aussagen die Weisung, sich nach dem Gegenstande zu richten und gemäß der Richtigkeit zu stimmen? ... Wie allein kann dergleichen wie die Leistung der Vorgabe einer Richte und die Einweisung ins Stimmen geschehen?"(WM, 81). Anders gefragt: Wie komme ich überhaupt dazu, im Erkennen die Sache selbst als das Maß einer erkenntnismäßigen Angleichung zu setzen und in dieser die Wahrheit, das wahre Sein der Sache - zu erblicken?- Worauf beruht es, daß ich mir in der Wahrheitsintention vernünftigen Erkennens die Sache selbst als Maß vorgebe?- Heidegger antwortet mit dem Hinweis auf die Wesensstruktur des Wissens überhaupt: Die Vorgabe der Sache selbst als Maß, die alles theoretische, auf Wahrheit als solche, bezogene Wissen bestimmt, beruht darauf, daß sich das Wissen in sich und als solches je schon ‚freigegeben' hat "in ein Offenes für ein aus diesem waltendes Offenbares, das jegliches Vorstellen bindet" (ebd.). Damit ist Heidegger aber bei der Bestimmung der Offenheit als Freiheit: "Das Sich-freigeben für eine bindende Richte ist nur möglich als *Freisein* zum Offenbaren eines Offenen ... Die Offenständigkeit des Verhaltens als innere Ermöglichung der Richtigkeit gründet in der Freiheit. Das Wesen der Wahrheit ist die Freiheit" (ebd.).

Wir zögern: wovon ist nun eigentlich die Rede?- Von der Wesensverfassung des Wissens überhaupt - dem Sein des Daseins als eines solchen - oder der theoretischen Wahrheitsintention?- Beidem: denn diese ist - gemäß der konstitutiven ontisch-ontologischen Zweideutigkeit existenzialer Grundbestimmungen - die Art und Weise, in der dem Dasein sein Sein überantwortet ist. Durch diese Überantwortung wird ein Wesenskonstituens des Wissens (vor-intentional) zu einer ausdrücklichen Möglichkeit intentionalen Verhaltens, sein Begriff also vor-intentional/intentional äquivok. Der Ursprung dieser Äquivokation aber ist das Dasein selbst, insofern es ihm als solchem angehört, daß ihm sein Sein ‚übereignet' ist. Die ‚Übereignung' des faktisch je schon unverfügbaren Seins des Daseins an dieses selbst modifiziert dieses zu einer Möglichkeit intentionalen Verhaltens, in der das Dasein sein Sein vor sich bringt. Eben darin liegt auch der Grund für die Äquivokation in Heideggers Wahrheitsbegriff, der beständig seine Differenz zum Begriff des Wissens überspringt. Die Differenz der Wesensstruktur von Wissen überhaupt und der Wahrheitsintention, wie sie ausdrücklich und intentional in der theoretischen Erkenntnishaltung eingenommen wird, wird verwischt. Diese Verwischung geht uns sogleich daran auf, daß das ‚Freisein zum Offenbaren eines Offenen' einerseits in das *Geschehen* der Offenheit gehört, als welche das Wissen die Einheit seiner Momente: Inständigkeit im Offenen und Sich-halten an das Offenbare - ist. Entsprechend fragt Heidegger auch dannach, wie die Maßgabe am Offenbaren ‚geschehen' kann. Das ‚Geschehen' aber meint die Eröffnung von Sein, als welche das Dasein west: in die es je schon versetzt ist. Die Freiheit ist also solche dann die *ontologische* Bestimmung der Offenheit: die Eröffnung von Sein west als Freigabe. Das Seiende ist in seinem Sein ‚freigegeben' in seine Offenheit; damit sieht sich das Dasein unmittelbar verwiesen an die an die Sache. Die Sachverwiesenheit des Daseins geschieht unmittelbar mit diesem selbst. Andererseits wird aber das ‚Freisein zum Offenbaren eines Offenen' als die eigens und intentional-ausdrücklich eingenommene Haltung theoretischen Erkennens verhandelt. Das Freisein ist hier eine Bestimmung des intentionalen Verhaltens des Daseins, das dieses einnehmen kann - oder auch nicht. Zwar zielt alles Wissen immer irgendwie notgedrungen auf ‚Wahrheit', insofern es sich an die phänomenale Unverborgenheit von Seiendem an ihm selbst verwiesen sieht und sich deshalb notwendig aus dem Hinblick auf das ‚Offenbare als solches' bestimmt. Aber dieses ist an ihm selbst nicht das thematisch-ausdrückliche Bezugsworauf des besorgenden und fürsorgenden In-der-Welt-seins, sondern verschwindet gleichsam in diesem als transitorisches Moment, das durch die intersubjektive Ausgelegtheit von Welt (dem ‚Man') weitgehend substituiert wird. Das Dasein achtet dann nicht mehr auf das ‚Offenbare als solches', sondern hält sich an die intersubjektiv geltende Auslegung dessen, was ist. Die Vormeinungen über die Sache erhalten den Vorrang gegenüber dem, wie sie sich von sich her zeigt. Das Dasein geschieht also *nicht* als die Versetzung in die phänomenale Unverborgenheit von Sein, ohne daß diese nicht zugleich auch schon durch eine intersubjektiv geltende Auslegung dessen, was ist, verborgen wäre. Dasein findet sich unmittelbar vor in der Faktizität eines bestimmten geschichtlich geltenden Seins- und Weltverständnisses, das die maßgebliche Führung des Weltverhaltens übernimmt. An die Stelle der *phänomenalen* Erschlossenheit des Seienden in seinem Sich-von-sich-her-zeigen ist damit je schon die *thematische* Erschlossenheit eines bestimmten Seinsverständnisses getreten, das diese phänomenale Erschlossenheit thematisch auslegt und in einem verstehenden Entwurf der gemeinschaftlichen In-der-Welt-seins vor sich bringt. Das phänomenale Wesen von Sein/Welt ist im ‚natürlichen Wissen' unmittelbar verborgen. Mit dieser Verborgenheit aber bricht die theoretische Erkenntnishaltung als die eigens entdeckte und übernommene Wiedererinnerung phänomenaler Erschlossenheit, auf die das Dasein aus seiner schon vollzogenen Ausgedeutetheit von Welt zurückkommt: Was die theoretische Erkenntnis, der es um nichts als um die Erkenntnis selbst: die Unverborgenheit dessen, was ist, an ihr selbst geht, geltend macht, ist die Sache selbst, wie sie sich von sich her zeigt - gegen ihre kollektive Vermeintheit und Ausgelegtheit. Theoretische Erkenntnis vollzieht gegenüber dem alltäglichen, besorgenden Umgang des In-der-Welt-sein, eine grundsätzliche vertiefte Wende zum ‚Objekt'; sie erinnert die Sachlichkeit dessen, was ist, als solche, um sie gegen ihre mögliche Verkehrung im Horizont kollektiv geltender Ausdeutungen geltend zu machen. Zum Maß allen theoretischen Erkennens wird die Sache selbst: das phänomenal Offenbare in seinem Von-sich-her sein. Dieses, als die bewußt eingenommene intentionale Haltung eines gegenüber dem besorgenden In-der-Welt-seins grundsätzlich verwandelten ‚Standes zur Welt', gibt allererst die Objekte ‚frei' in ihr Von-sich-her-sein und nimmt darin sein Maß am ‚Offenbaren als solchen'. Das ‚Freisein zum Offenbaren eines Offenen' ist als theoretische Haltung und Einstellung aber kein ‚Geschehen', durch das der Mensch allererst wäre, was er ist, sondern die eigens bezogene, frei gewollte und entschiedene Haltung des Daseins als existenzielle Modifikation seines Weltverhaltens. Diese Wahrheitsintention theoretischen Wissens beruht als solche 1. auf der Freiheit als existenzieller Entscheidung zu einem bestimmten Weltverhältnis, und 2. auf der Freiheit, das Seiende in das Eigene seines phänomenalen Anwesens freizugeben und als solches zu wissen: sich auf es einzulassen und auf es abzustimmen, um an der phänomenalen Offenheit des Anwesenden das Maß seines Gewußtwerdens zu setzen. Theoretisches Erkennen gründet in der Freiheit als dem Weltverhältnis, das vor dem phänomenal Offenbaren als solchem zurücktritt, sich als dessen Ausgedeutetheit zurücknimmt, es dadurch aber in sein Eigenes, als was es sich von sich her zeigt, *freigibt*. Die Freiheit bezeichnet hier nun die Freigabe des Anderen in sein Anderssein als existenzielle Haltung des Weltverhältnisses. Von ihr und allein von ihr läßt sich sagen, daß sie die Wesensstruktur des Wissens: seine Sachverwiesenheit als Inständigkeit im Offenen - als solche zu ihrem höchsten und reinsten Vollendung bringt; aber dies nicht mehr, insofern sie ‚geschieht', sondern als Bezugsworauf einer ‚existenziellen Entscheidung', die sie zur ausdrücklichen und thematischen Grundlage des Weltverhältnisses erhebt. Wenn der Begriff der Freiheit aber als Bestimmung der Offenheit gedacht wird, dann bezeichnet er demgegenüber ihr subjektlos-anonymes Geschehen, in die, wie Heidegger ausdrücklich anmerkt, das Dasein je schon als "Bezugsbereich" (WM, 80) versetzt ist: Vom Dasein her gesehen also seine ‚Unfreiheit', die unverfügbare Faktizität seines je schon geworfenen Seins, das es eigens zu übernehmen hat. Als Begriff der existenziellen Entscheidung meint er die Freiheit des Entwerfens auf Möglichkeiten des In-der-Welt-sein-könnens; dies ist in gewisser Weise der phänomenologische Nachfolgebegriff des überlieferten Freiheitsbegriffes ‚autonomer Selbstbestimmung'. Drittens bezeichnet er als das in diesem existenziellen Entwurf übernommene Weltverhältnis der Sachverwiesenheit den Bezug, den das Dasein als Freigeben des Anderen in sein Anderssein zum Seienden überhaupt einnimmt. Dieser dritte Freiheitsbegriff ist zwar in dem ersten - der Bestimmung von Offenheit überhaupt - fundiert und hat an ihm den ‚Grund seiner inneren Möglichkeit' (WM, 81);

aber mit der ganz entscheidenden Wendung, daß hier im Übergang vom Grund zum Gegründeten: der Offenheit als Wesensstruktur des Wissens überhaupt zur Offenheit als Grundlage des ausdrücklich-intentionalen Weltverhältnisses theoretischen Erkennens - nichts anderes und geringeres einbricht als - die Freiheit selbst nach ihrem zweiten, mittleren Begriff. Denn diese ist als der freie Entwurf des In-der-Welt-seins *Grund* dafür, daß die Wesensstruktur des Wissens zum ausdrücklichen Weltverhältnis erhoben und als Grundhaltung der Existenz eingenommen wird. Sie bleibt in der folgenden Auseinandersetzung des ‚Wesens der Freiheit' ungedacht: ungedacht zugunsten der Freiheit als Sacheröffnung, dem Seinlassen des Seienden in seinem Sein. Diese bleibt selbst wiederum unbestimmt hinsichtlich der Differenz, nach der sie als Bestimmung der Offenheit überhaupt oder als Bestimmung des theoretischen Weltverhältnisses gedacht wird. Diese letztere Verwischung zwischen dem ‚Seinlassen' als Geschehen der Offenheit und dem ‚Seinlassen' als intentionaler Sachbeziehung, der im theoretischen Erkennen selbst ausdrücklich eingenommen wird, ist eine Folge des Überspringens und Ungedachtbleibens der Freiheit als Grund des Überganges von dem einen zum anderen; so daß wir zu dem paradox anmutenden Resultat kommen müssen, daß Heidegger gerade in der Thematisierung der Freiheit die Freiheit selbst ungedacht bleiben läßt. Das, was ‚zwischen' der Wesensstruktur des Wissens, die das Dasein als solches je schon unverfügbar von sich her faktisch ist, und seiner Übernahme in die Ausdrücklichkeit eines Weltverhältnisses liegt: der ‚freie Entwurf' als Verfügung über Möglichkeiten des Weltverhältnisses - bleibt im Dunkel.

Daß Heidegger unvermittelt verschiedene Denklinien zusammenfließen läßt, hat seinen Grund aber auch an den formalenontologischen Fragegerüst selbst. Die Frage nach dem ‚Wesen' der Wahrheit ist nicht die Frage nach dem Allgemeinen, dem Einen über den Vielen, sondern Frage nach dem ‚Grund der inneren Möglichkeit'. Damit ist eine Veränderung im überlieferten Wesensbegriff angezeigt, die sich in der Durchführung der Fragestellung gewissermaßen als Prinzip ihrer Äquivokationen geltend macht. Wir können nach keinem der angeführten Begriffe von Freiheit sagen: Die Wahrheit ist Freiheit, so wie wir sagen: ‚Der Mensch ist ein vernünftiges Lebewesen'. Der überlieferte Wesensbegriff bezeichnet immer die Identität und Einheit von Etwas mit seinem allgemeinen Begriff, so daß wir das Wesensurteil in die Form einer einfachen kategorischen Affirmation bringen können: ‚S ist P'. Dies heißt: Das S-sein ist das P-sein, jenes dieses und dieses jenes in differenzloser Einheit und Identität. Es ergibt aber keinen Sinn, zu sagen: ‚Die Wahrheit ist die Freiheit', weil die Wahrheit als Wahrheit eben etwas anderes ist als die Freiheit, die Freiheit als die Wahrheit. Diese Andersheit und Differenz wird durch den Begriff des Grundes bezeichnet: Die Freiheit ist der *Grund* der Möglichkeit von Wahrheit - als solches aber ein ihr gegenüber Anderes, Verschiedenes und Unterschiedenes. Die Freiheit ist nicht Wahrheit und die Wahrheit nicht

Freiheit: aber das, was ‚Wahrheit' meint - nämlich ‚adaequatio', eben dies ist nur möglich aufgrund eines Anderen, das ‚Freiheit' genannt wird und eine Bestimmung der ‚Offenheit' überhaupt ist. Ontologisches Gründen ist Freigabe eines Anderen in *sein* Eigenes. Eben deshalb ist es semantisch fatal, wenn Heidegger angesichts eines differentialontologisch gewandelten Wesensbegriffes den Grund vom Gegründeten her bezeichnet und als seine ‚ursprüngliche' Bestimmung ausgibt. Das ‚ursprüngliche Wesen der Wahrheit' meint nicht das, was die Wahrheit als Wahrheit ist: sondern das, wovonher Wahrheit erstlich überhaupt nur ‚west': freigegeben ist in ihr eigenes Sein als Wahrheit. Dies kann dann eventuell mit Fug und Recht auch als ‚Offenheit' bezeichnet und als ‚Freiheit' näher bestimmt werden; es aber noch mit dem Terminus ‚Wahrheit' zu bezeichnen, ist mit Sicherheit irreführend.

In dem Text, von dem wir ausgingen (‚Das Ende der Philosophie und die Aufgabe des Denkens') hat Heidegger denn auch ausdrücklich alle diesbezüglichen Thesen zurückgenommen und entweder als terminologisch mißverständlich oder sachlich falsch und unzureichend deklariert (SD, 76 ff.). Dort heißt es: "Sofern man Wahrheit im überlieferten »natürlichen« Sinn als die am Seienden ausgewiesene Übereinstimmung der Erkenntnis mit dem Seienden versteht, aber auch, sofern die Wahrheit als die Gewißheit des Wissens vom Sein ausgelegt wird, darf die ‚Aletheia', die Unverborgenheit im Sinne der Lichtung, nicht mit der Wahrheit gleichgesetzt werden. Vielmehr gewährt die ‚Aletheia', die Unverborgenheit als Lichtung gedacht, erst die Möglichkeit von Wahrheit. Denn die Wahrheit kann selbst ebenso wie Sein und Denken nur im Element der Lichtung das sein, was sie ist" (SD, 76). Und weiter: "‚Aletheia', Unverborgenheit als Lichtung von Anwesenheit gedacht, ist noch nicht Wahrheit. Ist die ‚Aletheia' dann weniger als Wahrheit?- Oder ist sie mehr, weil sie Wahrheit als adaequatio und certitudo erst gewährt, weil es Anwesenheit und Gegenwärtigung außerhalb des Bereiches der Lichtung nicht geben kann?" (ebd.). Dies heißt, wie schon ausgeführt: Die ‚Aletheia' ist der Grund der inneren Möglichkeit des Verhältnisses von Sein und Denken (Wissen) und damit auch jenes Verhältnisses ihrer, das im Begriff der Wahrheit als ihre Einheit gedacht wird. Damit wird aber auch die These von einem geschichtlichen Wesenswandel des Wahrheitsbegriffes bei Platon - von der Unverborgenheit zur Richtigkeit - hinfällig, die Heidegger in ‚Platons Lehre von der Wahrheit' (WM, 109 - 144) aufgestellt hatte. Heidegger korrigiert sich nun: "Im Gesichtskreis dieser Frage muß anerkannt werden, daß die ‚Aletheia', die Unverborgenheit im Sinne der Lichtung von Anwesenheit sogleich und nur als ‚orthotes', als die Richtigkeit des Vorstellens und Aussagens erfahren wurde. Dann ist aber auch die Behauptung von einem Wesenswandel der Wahrheit, d.h. von der Unverborgenheit zur Richtigkeit, nicht haltbar. Statt dessen ist zu sagen: Die ‚Aletheia', als Lichtung von Anwesenheit und Gegenwärtigung im Denken und Sagen, gelangt sogleich in den Hinblick auf ‚homoiosis' und ‚adaequatio', d.h. im Hinblick auf Angleichung im Sinne der Übereinstimmung von Vorstellen und Anwesendem" (SD, 78). Sowenig Heidegger die Intentionalität als die grundlegende Wesensstruktur allen Wissens verneint, sowenig hebt er den Begriff der Wahrheit als ‚adaequatio' einfach auf. Das Gegenteil ist der Fall: Intentionalität und ‚adaequatio' werden als Wesensbegriffe von Wissen und Wahrheit gerade ausdrücklich bestätigt, indem sie als Katalysatoren der Frage nach dem Grunde ihrer inneren Möglichkeit - der ‚Aletheia' - fungieren und von ihr her in ihr Recht *als* Wesensbestimmungen von Wissen und Wahrheit eigens - allerdings umgedacht - eingesetzt werden. Das Überdenken der Wissensintentionalität auf den sie ermöglichenden Grund hin generiert die Einsicht in die ‚Aletheia' als dem ‚Element' von Sein und Denken, das sie in ihr Zueinandersein Eröffnende; und erzeugt in und durch diesen Rückgang die Äquivokationen, an denen sich diese Einsicht zugleich auch wieder selbst verstellt. Die in der Sache des Daseins selbst gegründete ontologisch-ontische Zweideutigkeit der existenzialen Bestimmungen - als vor-intentionales Geschehen und intentionales Verhalten - hat daran einen nicht geringen Anteil. Wenn Heidegger in diesen späteren Überlegungen die ‚Aletheia' nach wie vor als Freiheit denkt, dann lediglich als das ‚freie Offene', das vom Sein her geschieht: also unter Ausblendung der in ‚Vom Wesen der Wahrheit' zusammenfließenden Freiheitsbestimmungen. Maßgeblich für das Verständnis der ‚Aletheia' bleibt allein der erste, ontologische Begriff der Freiheit als Bestimmung der Offenheit als solcher: der unverfügbaren Faktizität der ‚Lichtung des Seins'.

Nehmen wir von daher den weiteren Gedankengang in ‚Vom Wesen der Wahrheit' wieder auf. Heidegger bestimmt nun das ‚Wesen der Freiheit, näher als das "Seinlassen von Seiendem" (WM, 83). Dieses bleibt notwendig in der angesprochenen Mehrdeutigkeit, insofern es ebensosehr als die intentional entschiedene und eigens eingenommene Geste des auf Wahrheit abzielenden Erkennens - im Unterschied zum technisch-praktischen Weltverhältnis - bezeichnen kann wie das ek-sistente, in die Offenheit von Sein herausgesetzte, Sein des Menschen qua Dasein. Wenn Heidegger die Freiheit als "Freiheit *zum* Offenbaren eines Offenen" (WM, 83) faßt und diese als die Haltung bestimmt, die - in der Zuwendung zum Seienden an ihm selbst - das Seiende "das Seiende sein" läßt, "das es ist" (ebd.), dann verstehen wir dies notgedrungen als intentionales Verhalten theoretischen Erkennens, dem es um nichts als um die ‚Sache selbst' geht. Das Seinlassen, das Heidegger als ‚aktives' "Sich-einlassen auf das Seiende" (ebd.): die phänomenale Faktizität seines Anwesens: daß es ist und nicht nicht ist - nimmt, ist so näher besehen das Sich-einlassen "auf das Offene und dessen Offenheit, in die jegliches Seiende hereinsteht, das jene gleichsam mit sich bringt" (WM, 84). Das Sich-einlassen setzt hier also ganz offensichtlich die Offenheit schon voraus und ist deshalb die Bestimmung eines intentionalen Verhaltens, das sich schon innerhalb der faktisch mit dem Sein des Daseins geschehenen Offenheit bewegt und artikuliert: Es ist nicht und keinenfalls ein konstitutives Moment der Offenheit selbst, sondern die innerhalb ihrer mögliche intentionale Geste, sie als solche ausdrücklich zu machen und thematisch zu beachten. Das Sich-einlassen auf das Offene als solches, das Seinlassen des Seiendem an ihm selbst und das darin liegende Zurücktreten vor - der Faktizität seines Von-sich-her-anwesens: also seiner schon geschehenen phänomenalen Offenheit - sind Momente einer phänomenologischen Deskription theoretischer - vielleicht auch ästhetischer - Intentionalität in ihrer charakteristischen Unterscheidung von allem technisch-praktischen Verhältnis zum Seienden, das in dieses eingreift, es verändert, sich aneignet: also gerade das Seiende nicht das sein läßt, das es ist. Heidegger faßt diese Momente nun im Hinblick auf das Sein des Dasein - die Existenz - zusammen als das ‚Sich-aussetzen an das Offene', so daß die Freiheit nun an ihr selbst als ‚Aussetzung' (Ek-sistenz, Heraussetzung und Entrückung) in das Offene: die Offenheit von Sein überhaupt - begriffen wird und als solche mit dem Begriff des Dasein zusammenfällt. "Als dieses Sein-lassen setzt es (= das Sich-einlassen auf die Entborgenheit des Seienden) sich dem Seienden als einem solchen aus und versetzt alles Verhalten ins Offene. Das Seinlassen, d.h. die Freiheit ist in sich aus-setzend, ek-sistent. Das ... Wesen der Freiheit zeigt sich als die Aussetzung in die Entborgenheit des Seienden" (ebd.). Die ‚Aussetzung in die Entborgenheit des Seienden' nennt aber nicht mehr nur die Haltung einer dem Seienden selbst zugewandten Intentionalität, sondern das Sein des Daseins selbst als ‚präteritales' Geschehen der Eröffnung von Sein, als welche es das Dasein als in die Offenheit von Sein je schon ausgesetztes überhaupt nur ‚gibt'. In dieser ‚präteritalen Wendung', die das ‚Je-schon-geschehene-Sein' des Dasein bezeichnet, spricht Heidegger die Freiheit (das Sich-einlassen) denn auch nicht mehr ‚aktivisch' an, sondern ‚passivisch' als "die *Eingelassenheit* in die Entbergung des Seienden als eines solchen" (ebd.). Was sich als phänomenologische Deskription praxis-enthobenen Verhältnisses zu Seiendem anließ, wird nun zum Begriff des Daseins selbst erhoben und bezeichnet als solches nichts anderes als die vor-intentionale Offenheit von Sein. "Die Entborgenheit selbst wird verwahrt in dem ek-sistenten Sich-einlassen, durch das die Offenheit des Offenen, d.h. das »Da« ist, was es ist" (ebd.). Von da aus kehrt sich nun die ganze Charakteristik der Freiheit um: War sie zuerst als das Sich-einlassen auf das je schon von ihm selbst her Offenbare die intentionale Geste des Daseins, sich auf diese Offenheit selbst einzulassen, dann heißt es nun umgekehrt, daß die Freiheit als "das ek-sistente, entbergende Da-sein ... den Menschen" besitzt (WM, 85): die Freiheit als Bestimmung der Offenheit von Sein selbst - und nicht als intentionales Verhältnis zu ihr - ist nicht mehr eine Sache des Daseins, des Menschen, sondern eine solche des Seins selbst, das eröffnend sich freigibt in seine Offenheit. Als diese west das Dasein je schon eingelassen *in* die Entborgenheit des Seienden und *zu* seiner Entbergung, indem es aus der Freiheit des Seins - seiner Freigabe in die Offenheit - entspringt.

Diese Entborgenheit des Seienden wird durch das Dasein ,verwahrt': es läßt sie als solche anwesen, indem es sich in seiner theoretisch-intentionalen Wendung zum ,Objekt' der Offenheit selbst aussetzt, sich auf sie einläßt, sie als solche bedenkt, kurz: ,philosophiert'. Die ontisch/ontologische Zweideutigkeit des Dasein wird gewissermaßen durch die präterital-passivische Modifikation der Terminologie eingefangen: Das Sich-aussetzen wird zur (je schon) Ausgesetztheit, das Sich-einlassen zur (je schon) Ausgesetztheit, die Entbergung zur (je schon) Entborgenheit; die Freiheit, die zuerst als die (intentionale) Freigabe des Begegnenden in sein eigenes Von-sich-her-sein gemeint und phänomenal analysiert wird, wird auf den sie ermöglichenden Wesensgrund hin gesichtet: das Sein des Daseins selbst, das nun ebenfalls als ,Freiheit' bezeichnet wird, aber die Freigabe des Seins in seine Offenheit und Lichtung bezeichnet, als welche das Dasein sein Da ist. Als methodischer Grundsatz gilt: Die phänomenologische Auslegung der ontisch-intentionalen Wesensstrukturen des Daseins erschließt das ontologisch/vor-intentionale Sein des Daseins. Dieses wird im Unterschied zu jenem durch die präterital/passivische Modifikation der Terminologie angezeigt. Diese methodische Haltung begründet sich aus nicht nur aus dem allgemein-ontologischen Grundsatz, daß jedes Seiende sein Sein selbst ist und als solches anwesen läßt (d.h. ins Unverborgene bringt), sondern seiner existenzialen Verstärkung: Das Dasein ist sich in seinem Sein überantwortet und bringt in dieser Überantwortung das, was es ist, in intentionalen Verhaltungen vor sich. Es existiert als ontisch/ontologische Zweideutigkeit. Daß wir (WM, 85) plötzlich und nahezu unvermittelt vor den Ursprung der Philosophie als den Ursprung der Geschichtlichkeit des abendländischen Menschentums gestellt werden, hat seinen Grund in der den ganzen Gedankengang durchziehenden unterschwelligen Oszillation zwischen theoretischem Intentionalitätsverhältnis und ontologischer Konstitution des Da des Daseins. Die Philosophie, indem sie als ,theoria' die Unverborgenheit von Sein zur Sache ihres intentionalen Erkenntnisverhältnisses macht, ist die intentionale Wiederholung und Einholung in die Ausdrücklichkeit des Menschseins, was als das vor-intentionale Geschehen der Offenheit von Sein das Menschsein selbst je schon ausmacht und konstituiert. Erst mit ihr wird die ,Wahrheit' zur Grundlage des geschichtlichen In-der-Welt-seins des Menschen, so daß Heidegger nun von hier aus die Freiheit als die verwahrende Übernahme der mit dem Menschsein je schon geschehenen Offenheit von Sein zugleich als Grund der Geschichte bezeichnen kann. Der entscheidende Ursprung der Philosophie als ontologischer Prinzipienerkenntnis liegt - nebenbei gesagt - also nicht, wie man gemeinhin behauptet, darin, daß es das Verb ,sein' als sprachliche Vorgegebenheit (im Griechischen und den indoeuropäischen Sprachen überhaupt) gibt. Die Seinsfrage ist nicht am sprachlichen ,ist' orientiert, sondern an der ,Aletheia': daran, daß das was ist, *als solches* in seine Unverborgenheit aufgeht und damit das theoretische Erkennen als solches aus sich freisetzt. Dies aber heißt auch schon, daß intentionale Verhaltungen des Daseins, wie hier das theoretische Erkennen, ihren alleinigen und sui suffizienten Grund *nicht* an der frei entschiedenen Haltung des Daseins haben, über die dieses rein von sich her verfügen würde; sondern gewissermaßen Antwortsmomente auf ein gegenwendiges ‚Geschehen' sind, das den Menschen zu bestimmten intentionalen Verhaltungen herausfordert und anreizt.

Von ‚Sein und Zeit' her muß uns dabei auffallen, daß Heidegger hier die ‚theoria' erstmalig an ihr selbst als ursprünglich im Menschsein verwurzeltes ontologisches Phänomen anerkennt, das sich in keiner Weise als nur ‚defizienter Modus' des Weltverhaltens charakterisieren läßt. Sie ist gerade nicht mehr der im Umschlag aus dem Seinsverständnis der Zuhandenheit zu dem der Vorhandenheit geschehende ‚Weltverlust' des Daseins, sondern nahezu das Gegenteil davon: ‚Weltgewinn' als der Gewinn eines eigenständigen thematischen Verhältnisses zur Offenheit als solcher, in der das Dasein sein Da vor sich bringt. An dieser veränderten Stellung zur ‚theoria' vollzieht Heidegger die Selbstthematisierung der Philosophie, die seinen Übergang zur seinsgeschichtlichen Frage nach dem Sein wesentlich mitausmacht. Die Freiheit bezeichnet im Begriff der Genese der Philosophie aber wiederum den Sprung, der in dem Übergang aus dem, was der Mensch je schon ist, zu dem, was er in die Ausdrücklichkeit intentionalen Verhaltens übernimmt, liegt: das unverfügbar Plötzliche, *daß* sich der geschichtliche Mensch - der griechische - auf die Offenheit als solche einläßt und diese in der theoretischen Erkenntnis zur Grundlage seines In-der-Welt-seins erhebt. Dies hätte ja auch unterbleiben können; und es ist in keiner Weise einsichtig zu machen, warum dieser ‚Übergang' überhaupt stattfand - eben aus ‚Freiheit'. Hier haben wir wieder den zweiten, vermittelnden Freiheitsbegriff. Dieser wird nun im Begriff der Geschichtlichkeit als dem vor-intentionalen Sachgeschehen unterschlagen: es ist wesentlich dieses, das den Übergang zur ‚theoria' klärt, nicht aber der Aufbruch der Freiheit selbst im Menschsein. Die Maßgeblichkeit, die die Unverborgenheit und Offenheit als solche in der theoretischen Erkenntniswendung erhält, beruht auf jener rätselhaften Freiheit, der Heidegger den Sprung in die intentionale Thematisierung zuweist, ohne daß einsichtig würde, wie die überhaupt noch mit der Offenheit, die das Dasein selbst ist, zusammenhängt. Wenn Heidegger diesen Übergang nun als die ‚Befreiung zur Freiheit' (WM, 85) bezeichnet, dann ist damit zwar - in durchaus spekulativer Dichte - angezeigt, daß die Freiheit als Sprung in die thematische Ausdrücklichkeit der je schon geschehenen Offenheit von Sein überhaupt aus sich selbst heraus erfolgt - grundlos frei ist. Der Mensch ist in seine Freiheit versetzt - aus Freiheit. Aber sowenig wie zuvor ist diese Freiheit begrifflich reduzibel auf das vor-intentional unverfügbare Geschehen des Daseins oder das eigens intentional übernommene Verhältnis zur Offenheit, das im Begriff der ek-sistenten Freiheit als aussetzendes Sicheinlassen gedacht war. Woher erfolgt die ‚Befreiung zur Freiheit'?- Aus dem

Geschehen der Offenheit von Sein; wie aber enthält diese ‚Offenheit' das spontane, von sich her sich zeitigende Moment ‚freier Selbstbestimmung'?- Doch nur in der Weise, daß sie als die Negation, das Nicht von Sein, zum Eigensten der Offenheit dieser selbst überantwortet ist. Im Nicht-sagen-können offenbart sich das Tiefste menschlicher Freiheit, d.h. darin, daß der Mensch zu allem, was ist, ‚nicht' sagen, es verneinen und aufheben kann. Dieser Gedanke liegt, wie wir noch sehen werden, in Heideggers Begriff des ‚Nichts', bleibt aber unausgeführt. Soviel nur als Vorblick.

Aus dem Begriff der Freiheit als sich aussetzendes Seinlassen gewinnt Heidegger nun die folgende vorgreifende Wesensbestimmung der Wahrheit: Sie ist "die Entbergung des Seienden, durch die eine Offenheit west. In ihr Offenes ist alles menschliche Verhalten ausgesetzt. Deshalb *ist* der Mensch in der Weise der Ek-sistenz" (WM, 86). Dies heißt: Der Mensch - das Dasein - ist seiend als die Heraussetzung in die Offenheit. Ausgesetzt in die Offenheit ist der Mensch freigesetzt in sein Verhältnis zu dem an ihm selbst Offenbaren. Und nun ist Vorsicht geboten: Denn ist das, ‚wodurch' (die oder eine?) Offenheit west, die ‚Entbergung des Seienden', und zwar so und in der Weise, daß diese etwas anderes als jene ist?- Aber warum schreibt Heidegger nicht ‚die', sondern, in ganz merkwürdiger Redeweise, ‚eine' Offenheit?- ‚Eine' Offenheit heißt doch: irgendeine von mehreren, unbestimmt welche. Wie sollen wir den Satz lesen, X (= Wahrheit) sei ‚die Entbergung des Seienden, durch die eine Offenheit west'?- Durch die Entbergung des Seienden west ineins und zugleich Offenheit als das Da des Daseins: die Heraussetzung eines Seienden in die Unverborgenheit von Sein überhaupt. Die Entbergung des Seienden ist nichts anderes als das Geschehen der Offenheit und Unverborgenheit von Sein, als welche das Dasein sein Sein ist: das Herausgesetztsein in die intentionale Offenständigkeit seines Verhaltens zu Seiendem überhaupt. Ist diese Offenheit, als welche sich die Entbergung des Seienden (phänomenal) im Sein des Daseins vollzieht, eine je und je andere, jeweils bestimmte?- Ist dann aber nicht auch das intentionale Verhalten zu Seiendem je und je anders durchstimmt, je nachdem, wie es in der Entbergung des Seienden der Offenheit von Sein überhaupt ausgesetzt ist?- Wie geschieht die ‚Entbergung des Seienden' im Dasein, so daß durch sie das Dasein in eine je ‚andersstimmige' Offenheit ausgesetzt, in sein Verhalten zum Seienden je anders durchstimmt freigesetzt ist?- Und noch eine weitere Hilfsfrage: Wie geschieht die phänomenale Entbergung des Seienden überhaupt je und immer schon im Sein des Daseins?- Vor-intentional, vor-logisch, vor-begrifflich und vor-prädikativ: weil und insofern alles intentionale, logische, begreifende und prädizierende Verhalten zum Seienden sich je schon innerhalb der phänomenalen Unverborgenheit von Sein und Entbergung des Seienden als ‚phainomenon' bewegt: inständig im Offenen sich an das Erscheinende als solches hält. Wie eröffnet sich das Sein als Phänomenalität im Sein des Daseins als solchen?- In der Weise der Gestimmtheit, die das Dasein als je befindliches in sein intentionales Verhältnis zum Seienden freisetzt. Freigesetzt in sein Verhältnis zum phänomenal Offenbaren ist es je anders durchstimmt. Die Offenheit, als welche die Entbergung des Seienden als phänomenal Begegnendem in der Gestimmtheit geschieht, ist ein je anders gestimmtes In-der-Welt-sein des Daseins. Deshalb kann Heidegger dann auch im folgenden sagen, daß der Mensch "*je* in eine das Seiende im Ganzen entbergende Gestimmtheit eingelassen ist" (WM, 87). Das ‚je' korreliert mit dem: ‚*eine* Offenheit' und weist auf dieses zurück. Erst indem Heidegger damit die Art und Weise bestimmt, in der sich die (phänomenale) Entbergung des Seienden als die Heraussetzung des Daseins in die (phänomenale) Offenheit von Sein überhaupt vollzieht (WM 87 f.): und zwar, wie schon in ‚Sein und Zeit', durch den Begriff der Gestimmtheit, läßt sich der vorgreifende Wesensumriß der ‚Wahrheit': d.h. des Seins der Offenheit überhaupt - näher bestimmen. Damit wird aber nun auch die Frage nach der ‚Unwahrheit' thematisch, und zwar so, daß sich diese nicht einfach aus der formalen Negation von ‚Wahrheit' beantworten läßt, sondern einen eigenen Gedankengang erfordert, der die Unverborgenheit auf den Grund ihrer inneren Möglichkeit hin auslotet wird - die Verborgenheit. Wie verhält sich das Dasein, das als je gestimmtes in die Offenheit von Sein überhaupt immer schon ausgesetzt ist, darin auch je und immer schon zur Verborgenheit?-

Wir stoßen damit gewissermaßen ins Zentrum der ‚Wahrheitsabhandlung' vor. Indem die Freiheit - nun als "Eingelassenheit (!) in die Entbergung des Seienden im Ganzen als einem solchen" (WM, 87) - von der Gestimmtheit her überdacht und d.h. zuende gedacht wird, erhält sie ihren Ort innerhalb der ‚existenzialen Konstitution des Da', die sich uns schon als Grundlage der heideggerschen ‚Wahrheitsfrage' gezeigt hat. Die Gestimmtheit tritt, wie hier auch Heideggers Verweise auf die psycho-somatische Verfassung des Daseins zeigen (ebd.), an die Stelle der überlieferten Bestimmung der Physis als Ort und Seinsweise des Verhältnisses von Sein und Wissen. ‚Phänomenalität' ist die grundlegende Bestimmung des Verhältnisses von Vernunft und Wesen, *insofern* dieses Verhältnis in der physischen Seinsweise sinnlich-leiblicher Erfahrung von Seienden west. Die Gestimmtheit, die in sich auf die Leiblichkeit des Daseins als ‚passivisch/de-intentionale' Erschlossenheit von Anwesendem verweist, wird damit zur Grundbestimmung der phänomenalen Offenheit von Sein, wie sie allem begrifflich-intentionalen Zugang des ‚logos' zum Seienden schon ermöglichend voraus- und zugrundeliegt. Sie gerät damit in eine - für ein traditionelles Begriffsempfinden - paradoxe Nähe zur Freiheit, insofern diese ihrem überlieferten Begriff nach immer im Gegenzug zum ‚passivisch-physischen' Sein der Leiblichkeit, der Affekte und Leidenschaften, bestimmt wurde: Natur, Leiblichkeit, Affekte und Leidenschaften sind die im überlieferten Freiheitsbegriff Bestimmungen dessen, *wovon* die Freiheit ihre Befreiung *zur* vernünftigen Selbstbestimmung ist. Wenn Heidegger nun die Gestimmtheit als Seinsweise der Freiheit und diese damit als eine Bestimmung der Gestimmtheit denkt, dann ist dies nicht lediglich als eine Sache begrifflicher Äquivokationen abzutun, sondern läuft in der Tat allem herkömmlichen Freiheitsverständnis entgegen. Sowenig das Sein überhaupt phänomenologisch in der Differenz von ‚nous' und ‚physis' thematisch wird, sowenig kann die Freiheit als eine Bestimmung der Vernunft gegen die Natur und die eigene Naturhaftigkeit des Menschen thematisch werden. Wenn die phänomenale Offenheit von Sein vorintentional und prälogisch aus der Gestimmtheit gedacht werden muß, dann ist es eben nichts anderes als diese ontologische Erschließungsfunktion, die ihre Bestimmung als ‚Freiheit' ermöglicht. Ohne sie wäre sie auch nicht im Kontext des Freiheitsbegriffes zu denken, der - gerade auch in seiner überlieferten Bestimmung aus der Vernunft - der Bestimmung des Wissens im Gegensatz zum Sein - angehört. Diese Zugehörigkeit zum ‚Wissen' (Offenheit) im Gegensatz zum ‚Sein' (Anwesenheit) wahrt auch Heidegger, indem die Freiheit nichts anderes an der Gestimmtheit bezeichnet als das, wodurch sie überhaupt erschließend und eröffnend ist. Die Gestimmtheit als, wie Heidegger hier ausführt: "ek-sistente Ausgesetztheit in das Seiende im Ganzen" (WM, 87), birgt die Freiheit, wenn auch als ‚vor-vernünftige' Bestimmung der Offenheit in sich. Wie sonst sollte es ein ‚Freiheitsgefühl' geben und Stimmungen selbst als ‚befreiend' empfunden werden?- Diese aus der Befindlichkeit umgedachte Freiheit faßt Heidegger als das "stimmende Seinlassen von Seiendem", das "durch alles in ihm schwingende offenständige Verhalten hindurch und ... ihm vor(-greift)" (WM, 88). Inwiefern ist das Seinlassen ‚stimmend'?- Insofern in der Gestimmtheit die Heraussetzung des Daseins in die Sachverwiesenheit erfolgt. Diese Sachverwiesenheit beruht auf dem Loslassen der Sache aus ihrer empfindungsmäßigen Verschlossenheit in ihr differentiales Anderssein; denn eben dies kennzeichnet die Gestimmtheit als Existenzial im Unterschied zur bloßen Empfindung. Das Seinlassen hat nun den starken Sinn des Loslassen der Sache aus ihrer unmittelbaren Einheit, wie sie einem Lebendigen überhaupt im bloßen Empfinden, Spüren, Widerfahren gegeben ist; in diesem - als der unmittelbaren Einheit von Empfundenem und Empfindendem - ist die Sache je schon verschwunden. Das Empfinden hat darin keinen Bezug auf eine gegenwendig eröffnete Sache. Das Seinlassen ist als Loslassen (des Empfundenen) in seinen gegenwendig unterschiedenes Sein als Verhältnisgegenüber die Eröffnung seines Seins in die phänomenale Offenbarkeit, aus der heraus es ein ‚Offenbares als solches, ist, zu dem sich das Dasein in der Gestimmtheit verhält. Die Gestimmtheit hat einen wie immer de-intentionalen Sachbezug; Stimmungen halten das, was ist, in einer bestimmten Erschlossenheit und erfahren sich selbst durch etwas, bestimmte Sachverhalte, gestimmt. Ansonsten würden wir ja auch nicht danach fragen, warum jemand so oder so gestimmt ist und in der Antwort erwarten, daß uns angegeben wird, *was* ihn stimmt. Die

Gestimmtheit ist kraft der in die differentiale Gegenwendigkeit eröffnenden Freiheit *nicht* das sachbezugslose Empfinden des Lebendigen überhaupt, darin angängig Empfundenes und angegangen Empfindendes in der unvermittelten Einheit einer verspürten Befindlichkeitsveränderung verschmelzen. Das Moment der Freiheit in der Gestimmtheit ist ihre phänomenale Sacheröffnung: also ihre ontologische Erschließungsfunktion, in der sie sich auf das Freigegebene, in seine Gegenwendigkeit Losgelassene, abstimmt. Das gestimmte Seinlassen ist selbst ‚stimmend', indem es durch sein sachverwiesenes Verhaltens hindurch- und vorgreift auf das phänomenale Begegnenlassen von Anwesendem. Der phänomenale Begegnisraum ist ein wesentlich ‚gestimmter', insofern er durch die Gestimmtheit konstituiert ist: diese selbst das ‚freie Offene' mitausmacht, das alles intentionale Verhalten zu dem, was ist, je schon trägt.

Die Freiheit ist als solche ein vor-intentionales Moment in der existenzialen Konstitution des Da, das sich im intentionalen Verhalten zum Seienden wiederholt, d.h. diesem als verfügbares Verhalten zum Seienden auch überantwortet ist. Was dem Dasein als intentional verfügbares Verhalten überantwortet ist, ist die Freiheit als das Erschließungs- und das Eröffnungsmoment an der Gestimmtheit: das Freigeben des Offenbaren in sein Eigenes, nicht aber die Gestimmtheit selbst. Als vor-intentionalem Moment in der existenzialen Konstitution des Da versetzt die Gestimmtheit das Dasein in die "Offenbarkeit des Seienden *im Ganzen*", die als solche allem Verhalten zu etwas gegenüber schlechtweg *vorgängig* ist. Die Einführung dieses neuen Begriffes (*im Ganzen*, WM, 87 f.; zuvor war davon nicht die Rede!) ergibt sich aus der Blickwendung auf die existenziale Konstitution des Da und trägt damit der Differenzierung der Freiheit als Moment des vor-intentionalen Geschehens der Offenheit von Sein (Dasein) und als Moment intentionalen Verhaltens zu Seiendem (theoria) Rechnung. Diese ‚Offenbarkeit des Seienden im Ganzen', die alles "Verhalten des Menschen ... (vorgängig) durchstimmt" (WM; 88), wird nun eigens abgesetzt und unterschieden von dem "*jeweils gerade* offenbaren Seienden" (ebd.), mit dem es das intentionale Verhältnis zu tun hat. In der Abhebung zur Freiheit als ontologischem Erschließungsmoment in der Gestimmtheit, die diese als den phänomenalen Begegnisraum von Seiendem *überhaupt* und *im Ganzen* eröffnet, wird die Freiheit nun als das "Seinlassen *im einzelnen* Verhalten", das "je das Seiende sein läßt, zu dem es sich verhält, und es damit entbirgt" (ebd.), ausdrücklich als die Bestimmung intentionalen Verhaltens selbst gefaßt. In diese Differenzierung bringt Heidegger nun den Begriff der Verbergung und Verborgenheit ein, an dem sich der Gedankengang in die eigene Thematisierung der Unwahrheit umkehrt. Im intentionalen Verhalten zum Seienden wird je dies oder das herausgegriffen, die Offenbarkeit des Seienden im Ganzen dagegen ins Unthematische abgedrängt: verborgen. Gleichwohl bleibt es darin von dieser (unthematisch) ‚durchstimmt'. Das Verbergen des Seienden *im Ganzen* ist die Bedingung der Möglichkeit des intentionalen Verhaltens, insofern dieses sich je aussondernd-vereinzelnd auf Etwas bezieht, darin aber die vor-intentionale Offenheit von Sein abblendet. Als ‚abgeblendete' durchstimmt die Offenbarkeit des Seienden im Ganzen das intentional-aussondernde Verhalten zu ...; sie ist das Stimmende als die "Verbergung des Seienden im Ganzen" (WM, 88). Das intentionale Seinlassen als Entbergen schließt die Verbergung in sich: "Das Seinlassen ist in sich zugleich ein Verbergen". Im Blick steht weniger die Differenz vonintentional ausgegrenztem Jeweiligen und unthematischem Ganzen, als vielmehr die prinzipielle Differenz von Sein und Seiendem (ontologische Differenz). Aus dieser Perspektive heraus heißt es in der Rückwendung auf das Dasein selbst: "In der ek-sistenten Freiheit des Daseins ereignet sich die Verbergung des Seienden im Ganzen, *ist* die Verborgenheit" (ebd.). Wie ‚ereignet' sich diese ‚Verbergung'?- Nicht gegen, sondern in der intentionalen Entborgenheit des Seienden. Was darin verborgen ist, ist ein Anderes - die Offenheit von Sein selbst (Welt). Die Verbergung der (vor-intentionalen) Offenheit von Sein ist selbst kein intentionaler Akt, der aus einem selbst intentionalen ‚Nicht-sein-lassen', wie es zuvor (WM, 86) als Verdeckungs- und Verstellungstendenz des Daseins angesprochen wird, resultierte; sie steht nicht alternativ zur intentionalen Entbergung, sondern liegt ihr ermöglichend voraus. Das Geschehen der Offenheit von Sein überhaupt west an ihm selbst als seine Zurücknahme in die Verborgenheit, indem es den Menschen in seine intentionale Sachverwiesenheit an das begegnende Seiende freiläßt. Was Grund der Möglichkeit intentionalen Verhaltens, entläßt dieses als anderes zu ihm: weist von sich weg und nimmt sich in der Ermöglichung seines Ermöglichten ‚hinter' dieses zurück: Die Offenheit von Sein verbirgt sich in der Offenbarkeit des Seienden, an die sich das Dasein intentional hält. Nicht das Sein, sondern das Seiende ist das, woran sich das Dasein intentional je schon als an seine Sache verwiesen sieht und erfährt. Weil diese Verwiesenheit in einem Anderen gegründet ist als es das ist, woran verwiesen wird, muß ihr Grund als Gegenwendigkeit an ihm selbst gedacht werden: Verbergung seiner in der Eröffnung eines Anderen. Intentionalität gibt es nur als die Verbergung der sie ermöglichenden Horizontalität - der Offenheit von Sein überhaupt. Die konstitutive Gegenwendigkeit im Geschehen der Un-verborgenheit ist die der differentialen Eröffnung von Sein und Seiendem. Dieser Grundgedanke trägt auch die weiteren Bestimmungen der Verborgenheit als ‚Geheimnis' und ‚Irre'.

Die anhebende Auseinandersetzung der Unwahrheit als ‚Verbergung' (6., WM, 89 ff.) enthält einige Schwierigkeiten, die wir uns durch sachliche Vorüberlegungen aufschlüsseln müssen. Wenn das Wissen, wofür Heidegger hier beständig ‚Wahrheit' sagt, die Offenheit und Unverborgenheit von Sein ist, heißt dies dann, daß, indem Offenheit (d.h. das Dasein) *ist*, das Sein nicht mehr ist (‚west')?- Also gleichsam darin verschwindet, sich aufhebt und auflöst zur Offenheit?- Mitnichten: die Offenheit *von* Sein ist relational bezogen auf das Sein, das als gegenüber der Offenheit Vorgängiges wesentlich *nicht* in dieser aufgeht. Das Wissen, das intentional in den phänomenalen Begegnisraum des ihm erscheinenden und sich zeigenden Seienden eröffnet ist, bleibt als die Dimension der Unverborgenheit das Zweite zum Sein als Erstem, das nun gegenwendig zu seiner Un-verborgenheit ihr Nicht: die ursprüngliche Verborgenheit ist, die Heidegger mit dem Begriff der "Un-entborgenheit" (WM; 89) bezeichnet. Fassen wir das Wissen strikt als ‚A-letheia' und dies als seinen gegenwendigen Bezug zum Sein, dann liegt darin: Das Wissen verhält sich als ‚steresis', Beraubung, zum Sein. Es beraubt das Sein seiner Verborgenheit - *ent*-birgt es. Diese ‚Ent-bergung' als Raub und damit die Wesenskonstitution des Daseins (Wissens) selbst als *Un*-verborgenheit verhält sich gegenwendig zu dem, was das Sein als sein eigens An-sich-halten ist: seine Weigerung, sich in die Offenheit und Unverborgenheit aufzuheben, in ihr relationslos aufzugehen. Das Sein bleibt als Sein ein gegenüber seiner Unverborgenheit anderes: "Die Verborgenheit versagt der ‚Aletheia' das Entbergen und läßt sie noch nicht als steresis (Beraubung) zu, sondern bewahrt ihr das Eigenste als Eigentum" (ebd.). Das ‚Versagen', ‚Nicht-zulassen' ist die konstitutive Gegenwendigkeit des Seins, das phänomenal eröffnet sich zeigt, erscheint: sich preisgibt und ins Offene wendet, darin sich zugleich aber in seinem Eigensten - als das Andere zur Offenheit - ‚bewahrt' und ‚verwahrt': sich als in sich Verschlossenes verbirgt. Denn ansonsten wäre die ‚phänomenale' Offenheit von Sein keine solche, das in die Offenheit aufgehende Sein nicht die Gegenwendigkeit des Sich-zeigens und Erscheinens, das immer als Gegenzug zum Wissen, seiner Entbergung hin, den entgegengesetzten Zug vom Wissen weg, d.h. die Verbergung, an sich hat. Das Wissen wäre nicht Offenheit von ..., sondern Offenheit: als solche das verschwundene Sein, Leerheit. Also kein Wissen, sondern überhaupt nichts. Für das Wissen ist nur, was sich ihm zugleich widersetzt, als anderes zu ihm in sich stehen bleibt. Die Offenheit hebt sich ab von der Un-entborgenheit, als welche das Sein gegenwendig zu seiner phänomenalen Preisgabe an sie west. Das Entbergen findet an dem gegenwendigen Zug vom Wissen weg, der Verbergung, seinen Gegenhalt; und ohne diese Gegenzug wäre es nicht intentional und relational verfaßt die Entbergung von etwas in seine Un-verborgenheit als Gewußtes. Die Un-entborgenheit meint das Sein selbst als an sich haltender Gegenhalt zur *Un*-verborgenheit, kraft dessen diese allein als ‚Raub' und ‚Beraubung': ‚privativ' die Gegenwendigkeit zum Sein als solchem ist. Die Versagung der *Ent*-bergung, in der sich das Sein als Sein bewahrt: "das Eigenste als Eigentum" (ebd.), ist zwar, indem Dasein ist, immer schon überwunden, aber nicht aufgehoben: Wie und als was das Seiende erscheint und sich zeigt, begrifflich bestimmt und thematisch erschlossen wird, ist immer nur die Gegenseite zu einem Anderen; die Seite seiner phänomenalen Preisgabe ins Gewußtwerden, seiner Zukehrung zum Dasein, die gegenseitig im an sich haltenden Zug weg vom Gewußtwerden die Abkehrung vom Dasein, Versagung seines rest- und nahtlosen Aufgehens in die

Offenheit, ist. Ohne diese Gegenseite der Abkehrung könnte das Sein sich nicht eröffnen, weil seine Eröffnung nicht die Offenheit *von* Sein, sondern seine Aufhebung *zur* Offenheit wäre. Das Wissen, das sich je schon im phänomenalen Begegnisraum des Seins von Seiendem zu seiner Offenbarkeit entbergend verhält, verhält sich darin beständig zur Verborgenheit als Un-entborgenheit: dem Sein, das sich abkehrend je den Saum allen Hineingreifens in die Verbergung und Auslangens nach Un-verborgenheit ist. Deshalb bezeichnet Heidegger die Un-entborgenheit als das "vorwesende Wesen" (ebd.) der Unverborgenheit: die Verborgenheit, die aller *Un*-verborgenheit und *Ent*bergung ermöglichend voraufgeht und deshalb auch "älter" ist (und bleibt) als ihre Eröffnung in die Offenheit. Indem das, als was und wie sich das Sein phänomenal eröffnet, je kehrseitig zu seiner Versagung, dem Bewahren seines Eigensten, bestimmt, "deutet das »Un-« des anfänglichen Un-wesens der Wahrheit ... in den noch nicht erfahrenen Bereich der Wahrheit des Seins ..." (WM, 90). Die phänomenale Zukehrung des Seins als die Preisgabe seiner in die Offenheit ereignet sich geschichtlich als je andere, ohne daß darin seine Abkehrung je aufgehoben wäre. Damit stoßen wir auf den Grundgedanken von Heideggers ‚seinsgeschichtlichem' Denken, ohne daß wir dies hier weiter verfolgen könnten. Festzuhalten bleibt, daß die Verbergung als Un-entborgenheit das Sein selbst in seiner gegenwendigen Abkehrung von der Offenheit, in die es sich phänomenal eröffnet, bezeichnet. Ohne diese könnte das Wissen überhaupt nie verständlich werden: seine Differenz zum Sein muß in seinem eigensten Begriffe gedacht werden. Der Begriff des Seins als Un-entborgenheit und der ganze darauf nun aufbauende Gedankengang hat nichts mit Wortmystik oder quasi-poetologischer ‚Dunkelmännerei' zu tun, sondern zielt auf das Phänomen des Wissens selbst in seiner relationalen Gegenwendigkeit zu seinem Anderen, von dem her es je als das Zweite zu ihm als Ersten west. Der Gedankengang ist strikt phänomenologisch bezogen auf dieses Phänomen, daß alles Wissen hineinschauend in das Sich-zeigen und Erscheinen des Seins von Seiendem einen Gegenhalt findet an einem Anderen: nicht durch seine eigene Transparenz hindurchsieht hinaus ins Nichts, also nichts sieht; sondern am Erscheinenden das Andere als den Vor-enthalt erfährt, in den beständig hineinlangend es allererst ist, was es je als das gegenwendig Andere zu ihm ist.

Erst von hier aus wird der leitende Gedanke des Abschnittes, den Heidegger im Begriff des ‚Geheimnisses' zusammenfaßt, nachvollziehbar. Die Frage ist nun, wie diese Un-entborgenheit, als welche das Sein gegenwendig zum Wissen west, je schon im Wissen, für es und durch es, ‚gesetzt' ist, verstanden und gewußt wird. Dazu aber muß sie vom Wissen her und seiner eigenen Verfassung - dem ‚Seinlassen' - anvisiert werden. Das Wissen hat als Seinlassen einen Bezug zur Verbergung als der Un-entborgenheit, der gegenläufig zum Seinlassen als sachverwiesenem Entbergen west. Diesen, zum sachverwiesenen Entbergen gegenläufigen Bezug des Seinlassen, bezeichnet Heidegger als ‚Verwahren'. Das Verwahren ist ein Bewahren als Aufbehalten von etwas in seinem Eigenen. Was verwahrt wird, wird nicht aufgebraucht, konsumiert, sondern aufgespart: an ihm selbst und als solches geborgen, dem Zugriff entzogen. Nun haben wir schon gesehen: Das Seinlassen im einzelnen Verhalten der intentional-entbergenden Zuwendung läßt die ‚Offenbarkeit des Seienden im Ganzen' sein, d.h. auf sich beruhen: verbirgt diese notwendig in und umwillen seiner intentionalen Beziehung. Das Seinlassen hält entbergend schon verborgen. Zugleich verhält es sich zur Verbergung. Dies meint nun den Bezug zum Sein als an sich haltender Un-entborgenheit. Beide für das intentionale Seinlassen konstitutive Bezüge (WM, 89) werden nun durch den Begriff der Verwahrung gefaßt. Das Verwahren verwahrt die Offenbarkeit des Seienden im Ganzen: birgt sie weg vor seinem entbergenden Zugriff und gegenläufig zu ihm. Das Verwahren ist darin aber ebensosehr wie in seinem entbergenden Bezug auf das je offenbare Seiende schon bezogen auf das gegenwendige Nicht der Offenbarkeit: dem Sein als Un-entborgenheit, das ‚vor-wesende Wesen' von Offenheit und Unverborgenheit überhaupt. Dieses wird im Seinlassen als solches gewahrt, insofern das Sein als der gegenwendig sich abkehrende Entzug seiner Entbergung und Eröffnung erblickt und als erblickter respektiert, geachtet wird: Das Entbergen selbst zurücktritt vor ... und sich als gegenwendiges Verhalten zu dem Sein als dem Anderen seiner erfährt. Ineins mit der Offenbarkeit des Seienden im Ganzen wird ihr Nicht: die Un-entborgenheit - das Sein als solches - verwahrt, gegenläufig zum Verhältnis intentionalen Entbergens geborgen. Diese Bergung aber ist, als gegenläufige zum intentionalen Ent-bergen, eine Verbergung, die für alles Entbergung konstitutiv, d.h. der Grund ihrer inneren Möglichkeit ist. Die Verwahrung ist die für die intentionale Entbergung wesenskonstitutive Verbergung 1. der Offenbarkeit des Seienden im Ganzen und 2. der Un-entborgenheit, die darin aber gerade nicht nichts ist, sondern *für* und *innerhalb* des intentionalen Verhaltens *als* der vor-intentional stimmende Raum erschlossen ist, von dem dieses sich *als* entbergendes Verhältnis zum jeweils phänomenal Begegnenden abhebt, unterschieden und ermöglicht weiß. Das intentionale Verhalten als Entbergen weiß sich unthematisch/vor-intentional abgehoben von dem in ihm Verborgenen: 1. der Offenheit von Sein überhaupt (Offenbarkeit des Seienden im Ganzen) *und* 2. der für diese wesenkonstitutive Beziehung zur sich abkehrenden Un-entborgenheit und Verbergung, die sich im intentional gegenwendigen Verhältnis zum Seienden wiederholt. Diese ‚Verbergung des Verborgenen' als die vor-intentionale Abkehrung, die das Wissen in sich als intentionales Verhältnis zum phänomenal Offenbaren freisetzt, bezeichnet Heidegger als ‚Geheimnis'. Die Intentionalität als die Offenständigkeit des Verhaltens zu jeweils Offenbaren an ihm selbst zeitigt sich aus der gegenwendigen Abkehrung vor-intentionaler Offenheit in ihrer Unterschiedenheit von Sein qua Un-entborgenheit. In dieser Abkehrung ist das vor-intentional Gewußte verborgen, gewahrt und verwahrt als Grund der inneren

Möglichkeit der intentionalen Sachverwiesenheit, darin eben gerade nicht es (das vor-intentional Gewußte), sondern ein Anderes - das Offenbare als solches, der intentionale Gegenhalt des Wissens (intentum), seines Entbergens ist. Gleichwohl bleibt die intentionale Beziehung als dadurch Ermöglichte durchstimmt und getragen von dem ‚Geheimnis', dem Weggeborgenen vor-intentionaler Erschlossenheit von Sein, das unthematisch und de-intentional in aller intentionalen Sachbeziehung mit dabei ist, also eine - gegenüber intentional-thematischer Erschlossenheit - ganz eigene und andersartige Weise des Gewußtwerdens hat. Mit ‚Geheimnis' meinen wir nie solches, was überhaupt nicht gewußt wird, sondern etwas, was eine ganz bestimmte, gleichsam de-intentional abgebogene Art und Weise seines Gewußtwerdens hat, der als solcher die Funktion des Bergens, Verwahrens zukommt. Dem Begriff des Geheimnisses widerspricht nicht das Gewußtwerden, sondern das Konsumiert- und Aufgebrauchtwerden im direkten Zugriff intentionaler Öffentlichkeit. Das Geheimnis bezeichnet als die Verbergung des Verborgenen eine eigene Weise des Wissens, der Erschlossenheit, die untergründig in aller intentionaler Beziehung mit da, durchstimmend anwesend ist als ihr sie durchherrschender Raum, von dem sie sich als solche abhebt. Das, was in dieser Weise des vor-intentional Weggeborgenen intentional mit da ist, ist die Erschlossenheit des Daseins selbst als die Offenheit von Sein überhaupt, ihr gegenwendiger Bezug zur Un-entborgenheit als dem ‚vorwesenden Wesen' des Seins. In diesem Sinne sagt Heidegger, daß "das Geheimnis (die Verbergung des Verborgenen) als ein solches das Da-sein des Menschen durchwaltet" (WM, 89).

Diesem Durchwalten entspricht aber nun ein zwiefaches Verhältnis, das der Mensch in seinen intentionalen Verhaltungen zum ‚Geheimnis' als seinem gründenden Bezugsraum einnehmen kann. Die vor-intentional abgekehrte Seite, die in allem Verhalten mit da ist, wird in dem intentionalen Verhalten selbst als solche offengehalten oder verschlossen, abgedrängt. Im ersten Fall weiß sich das intentionale Verhalten zum Offenbaren selbst mitthematisch in seiner Abgehobenheit vom Geheimnis, der Verbergung des Verborgenen: indem es dieses als solches achtet und gewahrt, sichtet es sein intentionales Verhältnis von ihm her, d.h. dieses ist wesentlich das von einem Anderen, gegenläufigen Moment zum ihm Gegründete. Das intentionale Verhalten west selbst als die ‚Offenheit für das Geheimnis' und gibt darin seine Maßgeblichkeit an die ihm vorausliegende, vor-intentional abgekehrte Seite seines Weltverhältnisses ab. Anders, wo das ‚Geheimnis' als solches in die ‚Vergessenheit' abgedrängt, verdrängt und damit nicht als solches gewahrt wird. Das intentionale Verhalten zum Offenbaren setzt sich dann in sich als das allein Maßgebliche fest und versteift sich zur, wie Heidegger sagt, "Ansässigkeit im Gängigen" (WM, 90). Diese ist das "Nicht-waltenlassen der Verbergung des Verborgenen" (ebd.) und damit jenes ‚Nicht-sein-lassen', das zuvor (WM, 87) als die intentionale Verkehrung der Un-verborgenheit im Sinne der Unwahrheit angesprochen war.

Das Seinlassen des Geheimnisses hält dieses als Geheimnis offen. Seinlassen und Nicht-seinlassen des Geheimnisses sind nun die wesentlichen Bezüge, in denen sich das Dasein sein Verhältnis zum Offenbaren gibt und damit die Art und Weise seines Innestehens im Offenen und Sich-haltens an das Offenbare als solches vollzieht. Im Grunde haben wir es dabei mit Nachfolgebestimmungen von ‚Eigentlichkeit' und ‚Uneigentlichkeit' zu tun, die nun aber nicht mehr aus selbsthaften Erschlossenheit des je eigenen Seins am Tod, dem Nicht des Da, heraus, sondern aus dem Bezug des Dasein zum Sein als Verborgenheit gedacht sind. Die Wahrung des Seins selbst als dem Anderen zum Wissen: als Verborgenheit, wird in der ‚Offenheit für das Geheimnis' als die Wahrheit des Menschseins gegen seine Unwahrheit gedacht. Daraus ergibt sich nun die weitere Bestimmung der Verbergung - die Irre.

Den Begriff der Irre können wir hier von der Vergessenheit des Geheimnisses her als ‚aletheiologische' Neubestimmung der Verfallenheit fassen. Wie für diese die Abkehr von der Erschlossenheit des eigenen Seins des Daseins und das Aufgehen im Besorgen des Innerweltlichen konstitutiv war, so ist nun die Irre die Abkehr vom Geheimnis zur Ansässigkeit im Gängigen. "Jene insistente (d.h. sich versteifende) Zuwendung zum Gangbaren und diese eksistente Wegwendung vom Geheimnis gehören zusammen. Sie sind eines und dasselbe. ... Die Umgetriebenheit des Menschen weg vom Geheimnis hin zum Gangbaren, fort von einem Gängigen, fort zum nächsten und vorbei am Geheimnis, ist das Irren" (WM, 91). Die Freisetzung des Dasein in seine intentionale Sachverwiesenheit verselbstständigt und versteift sich in sich selbst zum alleinigen Maß allen Seins; das Dasein, das sich in seine Sachverwiesenheit und zu seinem Verhältnis zum ‚Offenbaren als solchen' freigesetzt auch schon an diese als dem allein Maßgeblichen allen Seins verliert, west je schon von sich her als die Vergessenheit des Geheimnisses: als Irre. Diese "gehört zur inneren Verfassung des Daseins" (WM, 92) als der "Spielraum jener Wende, in der die in-sistente Ek-sistenz wendig sich stets neu vergißt und vermißt" (ebd.). Die "Entbergung des jeweiligen Seienden" wird als die "Vergessenheit der Verbergung" - "des verborgenen Seienden im Ganzen" - "zur Irre" (ebd.). Die Irre erscheint - paradoxerweise - als eine Bestimmung der Offenheit, des Entbergens: eben die, die sich in der Vergessenheit der Verbergung, des Geheimnisses bewegt. Deshalb heißt es weiter: "Die Irre öffnet sich als das Offene für jegliches Widerspiel zur wesentlichen Wahrheit" (ebd.) Die Offenheit als solche, losgelöst von ihrem Bezug auf die gegenwendige Verborgenheit und in sich zur intentionalen Sachverwiesenheit als Maß allen Weltverhältnisses verselbstständigt, ist selbst die Irre als das vom ‚Wesen der Wahrheit' abgefallene ‚Unwesen' ihrer. Damit rückt nun - im Unterschied zu ‚Sein und Zeit' - die Verborgenheit ins Zentrum des ‚Aletheia'-begriffes. Wenn Heidegger nun die Intentionalität selbst und ihr Sich-halten an das Offenbare als solches als ‚Irre' faßt, dann nicht, weil diese an sich sozusagen nur gegenständliche Falschheiten produzieren und damit insgesamt dem Verdikt des Scheins, der Unwahrheit anheimfallen würde; sondern weil sie aus der Verbergung des Seins freigegeben in sich die Tendenz hat, die Verbergung selbst als ihren Horizont, dem sie entstammt, zu ,vergessen, und sich darin als die Maßgabe dessen, was ist, zu setzen. Denn sie ist maßgeblich nur, insofern sie den Bezug zur Verbergung als ihrem vor-wesenden Wesen nicht sein und walten läßt: d.h. nicht offen hält. Entscheidend wird das Offenhalten des Bezugs zum Verborgenen als solchem in allem entbergenden Verhältnis zum Seienden: die ,Offenheit für das Geheimnis'. Was verändert das aber nun am intentionalen Verhältnis selbst?- Vollzieht es sich dann etwa anders, erkennt, entbirgt es anders und anderes?- Meint Heidegger, wir sollten beständig an das Geheimnis denken, um intentional nicht irre zu gehen?- Sicher nicht; wenn Heidegger hier in der Bestimmung der Irre ganz betont den Begriff des Maßes einführt, dann heißt dies, daß es um den Horizont geht, im Hinblick worauf und wovonher sich das intentionalen Verhalten in seine Bezüge freigibt und bestimmt. Alles intentionale Verhalten verhält sich zu einem ausgesonderten, unterschiedenen und bestimmten Etwas, indem es sich an dieses hält. Dieses Sich-halten an das jeweilige Wozu des Sich-verhaltens ist konstitutiv für alle Intentionalität, die damit von sich selbst her dazu tendiert, dieses, worauf sie sich bezieht, zum Maß ihres Verhaltens zu nehmen. Das Wozu des Verhaltens wird tendenziell zum *ausschließlichen* Maß, wonach sich das Verhalten richtet. Der Blick fixiert sich auf seine Sache, das Verhalten verliert sich in ihr: die horizontale Eröffnung, von woher sie begegnet, entschwindet - wird ,vergessen'. ,Vergessen' wird dies und jenes, was auch zur Sache gehört; ,vergessen' wird der Bezugskontext und seine Momente, aus dem heraus die Sache die ist, die sie ist. Die intentionale Fixierung auf das ausgesonderte Eine läßt das Verhalten zu ihm ,unwahr' werden: man ,irrt' sich oder ,vertut' sich, ,greift daneben' oder ,verfehlt' das Indendierte. Warum?- Letztendlich immer, weil der Begegnishorizont der Sache nicht offengehalten wird, zu der man sich verhält; etwas, was ihm zugehört, nicht ,bedacht' war und ,vergessen' wurde. Im Begriff der Irre denkt Heidegger diese ,horizontale Unwahrheit' der Intentionalität als ihre wesensgemäße Tendenz, sich im Halten an ... und Sich-richten nach ... zu ,dehorizontalisieren': die (de-intentional) weggeborgene Bewandtnisganzheit, aus der heraus die Sache in ihr intentionale Begegnen freigegeben ist, nicht eigens offen zu halten, sondern gänzlich aus dem Blick zu verlieren.

Als der eigentliche Kern der ,A-letheia' erweist sich damit die ,Lethe' - die Verborgenheit. Diese ist gewissermaßen das Sein selbst. Das Sein von Seiendem überhaupt bleibt auch in seiner Eröffnung durchzogen von der tiefsten Gleichgültigkeit und Eiseskälte gegenüber dem Menschen, und nicht zuletzt daran spürt und erfährt er die Andersheit von Sein als seine reine Bezugslosigkeit - ,Lethe'. Wenn es bei Heidegger einen ,numinosen' Begriff gibt, der auf letztes, absolutes (relationslose) Anderssein weist, dann ist es dieser Begriff der Verborgenheit. Mit diesem Hinweis auf die ‚Lethe‘ müssen wir die ‚Wahrheitsabhandlung‘ auf sich beruhen lassen, um dann in der nächsten Woche den ‚Aletheia‘-gedanken noch ergänzend aus ‚Vom Wesen des Grundes‘ aufzurollen und weiter in die Frage nach dem Nichts, der ontologischen Differenz und den Begriff von Welt zu verfolgen.

Anmerkung

1. Texte

HEIDEGGER, Das Ende der Philosophie und die Aufgabe des Denkens (SD, 61 - 80). Vom Wesen der Wahrheit (WM, 73 - 97). Platons Lehre von der Wahrheit (WM, 109 - 144). Ergänzend: Vom Wesen der Wahrheit (GA 34).

2. Literatur

Schon RICHARDSON (1963) hat in seiner ‚Conclusion‘, 621 ff., darauf hingewiesen, daß der Wendepunkt HEIDEGGERS in ‚Vom Wesen der Wahrheit‘ darin liegt, daß hier erstmals die Negativität der Wahrheit als solche gedacht wird (624). TUGENDHAT (1970) bemerkt ganz zurecht (§ 15), daß der Wahrheitsbegriff nicht ohne den Begriff des ‚es selbst‘ gedacht werden kann, macht aber daraus ganz zu Unrecht eine Kritik an HEIDEGGER, als hätte dieser einen solch trivialen Sachverhalt übersehen. Auch in seiner kurzen, eher paraphrasierenden Aufnahme des Wahrheitsbegriffes nach ‚SZ‘ (363 ff.) geht er am Kern der ontologischen Frage nach der ‚Sachbeziehung‘ des Wissens (dem ‚es selbst‘) vollkommen vorbei und verfängt sich in nur noch moralisierenden Argumentationen, in denen er die "gefährliche Tendenz" (359) beschwört, die damit verbunden sein soll, daß, wie er meint, HEIDEGGER den Wahrheitsbegriff nicht mehr auf ‚kritische‘ und ‚verantwortliche‘ Ausweisung bezieht: als hätte er noch nie etwas davon gehört, daß die ‚Wahrheit‘ darin implizierter Prinzipienbegriffe nicht nach dem Begriff aus ihnen ‚abgeleiteter Wahrheit‘ denkbar ist. Indem TUGENDHAT das sachlich philosophische Problem der Prinzipienerkenntnis verkennt, bleibt er auch in der hermeneutischen Aufarbeitung von HEIDEGGERS Frage nach der eigenen Wahrheit des ‚Maßes‘ des Wahren hinter dem schon in ‚SZ‘ gedachten zurück. Zu Geheimnis und Rätsel vgl. auch die Erläuterungen von Ute GUZZONI (1990), 163 - 200.

12. Die Offenheit von Sein II

Der Gedankengang der letzten Woche hat uns zunehmend ins Zentrum von Heideggers Grundgedanken der ‚Aletheia' geführt. Dabei zeigte sich eine eigentlich überraschende Wendung von der ‚A-letheia' hin zur ‚Lethe': Diese, die Verborgenheit, erweist sich als der eigentliche Kern im Begriff der Unverborgenheit. Die Un-verborgenheit ist je die Beraubung (privatio, steresis) eines zu ihr gegenläufigen Zuges der Verbergung, die das Sein als das ganz Andere zu allem Wissen und Gewußtwerden faßt. Dieses vor-intentionale Wissen um das Sein als das ganz Andere zu allem Wissen, das in allem intentional ausgrenzenden Verhaltungen als je weggeborgenes doch mit da ist, faßt Heidegger als das Geheimnis. Im Geheimnis ist das Sein als das ‚vorwesende Wesen' seiner Lichtung und Offenheit gewußt: als ‚Un-entborgenheit', d.h. das ganz Andere zu jeder Entbergung, das vor-intentional in allen intentionalen Verhaltungen, aber eben nicht intentional, miterschlossen ist Das ‚Geheimnis' stellt gleichsam den ‚Intentionalitätssaum' dar, das in allem intentionalen Erkenntnisverhalten unterschwellige Bewußtsein, sich intentional immer nur an das halten zu können, was das Sein von sich preisgibt: als was sich das Sein und Anwesen von Seiendem dem Wissen phänomenal zukehrt. Das Wissen, das in die phänomenale Zukehrung des Seins und Anwesens von Seiendem hineinblickt, erblickt diese immer vor dem Hintergrund einer gegenwendigen Abkehrung des Sich-verbergens, darin sich das Sein seiner Offenheit entzieht und allein in diesem gegenwendigen Zug phänomenal west. Ansonsten wäre das, was ist, als pure Transparenz gegeben: es wäre weder als Relationalität des Wissens auf etwas gegeben noch wäre diese selbst als Phänomenalität bestimmt. Da nun in allen intentionalen Verhaltungen die Unentborgenheit von Sein als Geheimnis miterschlossen ist, verhält sich das Wissen selbst auf unterschiedliche Weise zum Geheimnis. Heidegger kennzeichnet diese alternativen Verhaltensweisen als die Vergessenheit und die Offenheit für das Geheimnis. Vereinfacht zurechtgelegt können wir sagen, daß das Dasein dann offen für das Geheimnis ist, wenn es sich in allem intentionalen Verhalten zu Seiendem getragen weiß von dem sich verbergenden Zug des Seins; es ist sich selbst als von der Verbergung her in sein intentionales Entbergungsverhältnis freigesetztes nicht das Erste und Maßgebliche, sondern versteht sich als das im Kern endliche und von der Un-entborgenheit als solcher abgehobene Zweite zu dieser als dem Ersten. In der Vergessenheit des Geheimnisses koppelt sich das Wissen von diesem Bezug auf das ‚vorwesende Wesen' seiner ab und verselbstständigt sich zum Ersten und Maßgeblichen allen Seins. Das Weltverhältnis ist ein je anderes danach, ob und inwiefern es das, was es als intentionale Offenheit von Sein *ist*, aus dem Bezug auf ein ganz Anderes ortet, von dem her es sich vorgängig in sein eigenes, ihm gegenüber unterschiedenes Wesen freigesetzt erfährt - oder nicht. Es geht um das, im Hinblick worauf als Erstem und von woher als Letztem sich das Dasein in seinem In-der-Welt-sein ortet und als Maßgabe seines Seins nimmt. Dieses Sich-orten von einem Maß und Maßgeblichen her ist konstitutiv für das Dasein, insofern es horizontal auf Welt bezogen in die Offenheit seiner intentionalen Verhaltensweisen zum Seienden freigesetzt ist. Es existiert deshalb notwendig bezogen auf eine horizontale Maßgabe, von woher und woraufhin es sich in seinem Weltverhältnis ortet. Aus der Vergessenheit qua Verbergung des Geheimnisses verweist sich das Dasein an die Offenbarkeit des Seienden, dem es nun alle ‚Maße' seines Weltverhältnisses entnimmt. Es resultiert aus der Vergessenheit des Geheimnisses, dem Offenhalten des gegenwendigen Bezuges zum Nicht der Un-verborgenheit, als die Irre. Die Irre meint ebensowenig wie die Verfallenheit ein moralisch defizientes, verwerfliches und vermeidbares Verhalten; sie bestimmt sich vielmehr aus der intentionalen Erschlossenheit von Welt als dem Maß allen Menschseins. Als die Grundverfassung des Daseins bezeugt sie gewissermaßen die für den Menschen konstitutive Antinomie, die Offenheit von Sein, die er selbst als unverfügbar geworfenes In-der-Welt-sein ist, notwendig zum maßgeblichen Horizont seines Seins nehmen *zu müssen*: und zwar letztlich im Bewußtsein, es überhaupt nicht und nie *zu können*. Das in die Offenheit von Welt Eröffnete ist alles, woran der Mensch sich halten kann. Aber die Welt kann keinen Halt bieten. Sie enthält kein Maß. Die Offenheit ist maß-los. Welt west als der spekulative Schein des Maßgeblichen, der alles überhaupt, das aus ihr heraus begegnet, umgreift. Es gibt Sein nur als in die Offenheit von Welt eröffnetes; dieses ist Alles und als Alles-überhaupt auch einzig und allein das, woran der Mensch sich halten kann und muß, indem er ekstatisch in die Sachverwiesenheit seines Existierens herausversetzt ist. An den ‚Sachen' findet er seinen Gegenhalt. Die Tragik des Daseins ist, sein Sein wesenhaft nie zu vermögen; an dem, was es ist und notwendig sein muß, ebenso notwendig und unvermeidlich zu scheitern. Die Offenheit für das Geheimnis ist keine Lösung dieser Tragik, sondern die Einsicht in ihre Konstitution: Innestehend im Offenen am Offenbaren als solchem das Maß menschlichen Weltverhaltens nehmen zu müssen - und eigentlich nicht zu können, weil es immer schon von einem anderen her als Unmaßgebliches, zur Maßgabe Untaugliches erfahren ist. Maß intentionalen Weltverhaltens kann nur sein, was in diesem und für es offenbar geworden, eröffnet ist; maßgebend ist damit notwendig die Offenheit von Sein, die als solche jedoch nie die Maßgabe sein kann, weil sie in sich auf den gegenwendigen Zug des Seins als Verbergung und das ‚vorwesende Wesen' der Offenheit als Unentborgenheit verweist. "Gibt es auf Erden ein Maß?- Es gibt keines" (Hölderlin). Die horizontale Aussetzung des Menschseins an Welt weist es von sich her an ein Maß seines Seins, das letztlich keines sein kann. So hat einerseits das ,Maß' eine konstitutive Bedeutung für das Menschsein: es sieht sich notwendig an etwas verwiesen, was es als Maß seines Seins nehmen muß. Aber diese Angewiesenheit auf ein Maßgebliches ist je schon sein Scheitern am Entzug des Maßes, das als in die Offenheit Eröffnetes nie in dieser aufgeht. Im Begriff der Irre (WM, 91) denkt Heidegger dieses ,Sich-vermessen' als Wesenskonstitutivum des Menschseins und damit einen ursprünglichen ontologisch-aletheiologischen Begriff der Tragik seines In-der-Welt-seins, der durchaus an die Erfahrungen der griechischen Tragödie anklingt.

Verfolgen wir nun die ,Aletheia'-Problematik noch ergänzend in ,Vom Wesen des Grundes'. Es handelt sich dabei um eine der schwierigsten Frühschriften Heideggers, nicht zuletzt deshalb, weil Heidegger hier recht ausgiebig seine ,Technik verblüffender Wendungen' handhabt, die - immer aus dem Horizont traditionellen Begriffsempfindens gesprochen - begriffliche Zusammenhänge stiftet, die auf den ersten Blick völlig beliebig erscheinen. Daraus resultiert eine gewisse thematische Schwebe der Abhandlung, die unklar werden läßt, worum es nun eigentlich geht. Dem Titel nach geht es um den Begriff des ,Grundes'; dieser wird zugleich mit dem Begriff der ,Wahrheit' zusammengebracht, die ihrerseits im Hinblick auf die ontologische Differenz Sein - Seiendes hinsichtlich ihres "ontisch-ontologisch gegabelte(n) Wesen(s)" (WM, 30) im Blick steht. Wie das ,Vorwort zu dritten Auflage' ansinnt, wäre damit die ontologische Differenz das eigentliche Thema der Abhandlung. Die ontologische Differenz wird aber als die Grundverfassung des Daseins, d.h. der vor-intentionalen Offenheit von Sein, thematisch und am Begriff der Transzendenz gefaßt. Mit der Transzendenz wird zugleich die Konstitution des Selbstseins des Daseins verknüpft. Dabei geht es immer leitend um die ontologisch differentiale Eröffnung des Seienden in seinem Sein als dem Grundgeschehen des Daseins, seiner Verfassung als In-der-Welt-sein, zu der notwendig die Erschlossenheit von Sein als Grund gehört. Heidegger stellt die leitende Frage nach dem ,Wesen des Grundes' ganz anders, als wir es aus traditionellen Begriffsuntersuchungen, z. B. bei Aristoteles, gewohnt sind, als die Frage nach dem *Bezirk*, "innerhalb dessen *vom* Wesen des Grundes gehandelt werden soll" (WM, 23). Als dieser ,Bezirk' erschließt sich aber (WM, 24 ff.) eben das, von woher auch "das Wesen der Wahrheit seine innere Möglichkeit schöpft" (WM, 31), d.h. die Unverborgenheit und Offenheit des Seienden in seinem Sein, als welche das Dasein sein Da *ist*. Die Frage nach dem Wesen des Grundes zielt nun auf die (vor-intentionale) Eröffnung von Sein als Grund, wie sie im Dasein und mit ihm je schon geschehen ist. Der ,Bezirk' der Frage nach dem Wesen des Grundes erweist sich damit als das Dasein selbst, insofern es je schon durch das vor-ontologische Seinsverständnis ,gelichtet' sein intentionales Verhältnis zum Seienden ist. Insofern die vor-intentionale Offenheit von Sein den Menschen in sein intentionales Verhältnis zum Seienden freisetzt, beinhaltet sie den vorgängigen Überstieg über alles Seiende auf das Sein hin, von dem her zurückkommend allererst das Seiende *als* Seiendes offenbar und d.h. Verhältnisgegenüber (intentum) eines Verhaltens ist.

In dieser Hinsicht des vorgängigen Überstiegs über alles Seiende überhaupt faßt Heidegger die vor-intentionale Offenheit von Sein am Begriff der ,Transzendenz' als der "*vor aller Verhaltung geschehenden Grundverfassung*" (WM, 33) des Daseins. ,Transzendenz' bezeichnet die vom Seienden her und auf dieses hin gesichtete Offenheit von Sein als ,Grundgeschehen' des Daseins selbst. Als Mensch und insofern ich Mensch bin, bin ich faktisch je schon in mein intentionales Verhältnis zum Seienden freigesetzt: finde mich vor in einer beständigen Sachverwiesenheit, aus der heraus ich existiere. Ich stehe im Offenen: daß überhaupt etwas ist und nicht nichts - und halte mich an das, was mir begegnet, das ,Offenbare als solches', indem ich mich zu ihm verhalte, was und wie es auch immer sein mag. Wie ist dies möglich?- Nur so, daß ich das, was ist, insgesamt und überhaupt je schon ,überstiegen' habe auf ein anderes hin: nicht es, das ,Seiende', das jeweils als Offenbares begegnet, sondern das Sein und Anwesen (von Seiendem überhaupt) ineins mit meinem Sein eröffnet ist und ich es existierend offenhalte: also gewissermaßen ,im Überstieg, verweile und aus der Offenheit des Seins überhaupt beständig ,zurückkommend' allererst auf Seiendes stoße. Etwas begegnet mir *als* etwas nur, insofern es auf die als- und daßhafte Erschlossenheit seines Seins hin offengehalten wird. Aber nicht diese, sondern das begegnende Etwas ist das, wozu ich mich in intentionaler Sachverwiesenheit verhalte. Die Offenheit von Sein ist zugleich und in einem weggeborgen in der Offenbarkeit des Seienden als dem Woran intentionaler Verwiesenheit. Es gibt Seiendes *als solches* überhaupt nur aufgrund der vorgängigen Offenheit von Sein. Dies heißt: was immer mir begegnet, ob Baum oder Vogel oder Mensch oder Blau, begegnet nicht in einer Befindlichkeitsveränderung als an ihm selbst Verschlossenes, sondern als etwas, das ,ist': an ihm selbst und als solches - Baum, Vogel, Mensch - etwas ist und als etwas eröffnet das Wozu eines Sich-verhaltens abgibt. Die Offenheit von Sein ist die Offenbarkeit von Seiendem *überhaupt* und beinhaltet damit den vorgängigen Bezug zur ,Totalität' alles Seienden, insofern sie Grund der inneren Möglichkeit dafür ist, daß überhaupt etwas *als* etwas, das *ist*, und *als* das, *was* es *an ihm selbst* ist, begegnet. Deshalb kann aber im strengen Sinne auch nicht davon die Rede sein, daß ich vorgängig das Seiende überhaupt und im Ganzen überstiegen haben muß, um es als Seiendes offenbar zu halten: denn es gibt ja ,vor' diesem Überstieg überhaupt kein Seiendes (als solches), sondern eben nur ,nach' ihm: rückkünftig aus der Erschlossenheit des Seins als des Anderen erst begegnet das angängig Begegnende *als* etwas, das ist und das ist, *was* es an ihm selbst ist. Der Begriff der Transzendenz hat das Mißliche an sich, daß er in der Differenz von ‚Hinausgehen über - ‘ und ‚Rückkunft auf - ‘ das ‚Seiende‘ zwiefältig benennt: im ‚Hinausgehen über - ‘ als das Wovonher des Überstiegs ‚ist‘ es noch gar nicht und ist damit in gewisser Weise auch nichts, wovonher ein ‚Überstieg‘ geschehen oder sich vollziehen könnte; in der ‚Rückkunft auf - ‘, die etwas *als* Seiendes begegnen läßt, findet deshalb aber auch eigentlich keine ‚Rückkunft‘ statt, die wiederfände, was zuvor überschritten war, weil es dazu ja schon gewissermaßen offenbar gewesen sein müßte, also vor dem Überstieg *als Seiendes* erschlossen gewesen wäre. Das, was vor dem Überstieg liegt, wovonher und worüberhinaus er erfolgt, läßt sich an sich gar nicht anders bezeichnen denn als etwas vorgängig angängig Wesendes, daß allein dadurch, daß schlechthin über es hinausgegangen wird, in seine Offenbarkeit *als etwas*, das ist und das ist, was es an ihm selbst ist, aufbricht: gegenwendig in das Wozu eines Sich-verhaltens eröffnet wird. Das Hinausgehen, der Überstieg, bezeichnet im Grunde nichts anderes als die ontologisch differentiale ‚Wendung zum Objekt‘ (Seiendes in seinem Sein) als die Gegenwendigkeit, die das Wissen in sich je schon als die horizontale Eröffnung jeglichen Begegnenlassens von etwas an ihm *selbst* vollzogen hat. Das ‚es selbst‘ gehört konstitutiv zum Aufbruch der Befindlichkeit in ihr gegenwendiges Begegnenlassen von ... ; und insofern die Transzendenz als Welteröffnung die Offenbarkeit von Seiendem *als solchem an ihm selbst* - den ‚Welteingang‘ des Seienden - gewährt, ist darin das Seiende *insgesamt*: also auch das Dasein ‚selbst‘ als Seiendes - in sein Begegnen an ihm *selbst* und von ihm *selbst* her gewendet: Das Dasein ist sich ‚selbsthaft, ebenso erschlossen, wie ihm alles, was ist, als etwas an ihm selbst erschlossen ist. Das ‚es selbst‘ des Daseins ist kein anderes als das von Seiendem überhaupt, sondern lediglich als Grundzug der Erschlossenheit, ihrer Selbsthaftigkeit qua Verwurzelung *in* einem Seienden unter anderen, existenzial bestimmt. Dadurch vollzieht sich im Geschehen des Daseins seine Unterscheidung von allem anderen Seienden, das nicht es, sondern ein anderes ist, also nicht selbsthaft aufgeschlossen in die Offenheit von Sein heraussteht (ek-sistiert). Dennoch ist es etwas ‚an ihm selbst‘. Die Selbstheit des Daseins, auf die wir in ‚Sein und Zeit‘ mehrfach als offenes Problem stießen, wird von Heidegger aus dem Es-selbst-sein von Seiendem *überhaupt* gedacht. Die Eröffnung von Sein/Welt offenbart Seiendes als solches an ihm selbst und läßt es, das Seiende insgesamt, damit in der Gegenwendigkeit des Seienden, darin sie ihr ‚ontisches Fundament‘ hat (Dasein) und alles anderes Seienden, das in seinem Sein für dieses Seiende offenbar wird, hervorkommen. Das ‚Es-selbst-sein‘ scheidet sich unmittelbar in die Gegenwendigkeit existenzialen und kategorialen Es-selbst-seins, das das ‚Ansichsein‘ des Seienden, sein ‚Ansichhalten‘, in die Offenbarkeit ausdrücklichen Gewußtwerdens wendet. Das Ansichsein ist und bleibt ein konstitutives Moment des Es-selbst-seins.

Die existenziale Bestimmung des Es-selbst-seins als ‚Selbst‘ darf also in keiner Weise mit Begriffen einer substanziellen oder individuellen Identität angegangen werden. Das Geschehen der Offenheit (des Da) ist ontisch verwurzelt in einem Seienden, das sein Es-selbst-sein in diesem Geschehen ganz anders konstituiert als es dasjenige ist, was für es als Seiendes an ihm selbst begegnet. Wie?- So und in der Weise, daß es aus der Eröffnung von Welt auf sich ‚selbst' - als darin miteröffnetes allererst zurückkommt und damit das eröffnete Ganze von Welt *vor* sich ‚selbst' bringt. In der Rückkunft auf ‚sich selbst' erschließt es sich als ‚selbst' so, daß es aus seinem Außer-sich, der Eröffnung von Welt, diese auf sich hin mitbringt: Es bringt an ihr selbst eröffnete Welt *vor* sich - das ist der entscheidende Punkt. Der begriffliche Inhalt der Selbstheit ist darin vollkommen ‚neutral' vor jeder Bestimmung von Personalität, Individualität, jedem Ich - Du Verhältnis gedacht (WM, 54). Heidegger denkt die Selbstheit als die temporale Reperkussion der Transzendenz. Das Dasein zeitigt sich *als Selbst* aus der ekstatisch-horizontalen Eröffnung von Sein durch die Zeit. Die ‚Selbstheit' ist eine Funktion der ekstatisch-horizontalen Zeit. Die selbsthafte Erschlossenheit des Daseins ist die Erschlossenheit seiner Faktizität. Indem ich ‚ich selbst' bin, komme ich schon zurück auf mich als denjenigen, der auch schon faktisch gewesen ist. Selbstheit erschließt sich faktisch-präterital in der Rückkunft auf ..., die das, wovonher sie rückkünftig ist, mit sich und damit vor das ‚selbst' bringt: Welt.

Achten wir zuerst darauf, wie der Begriff der ‚Transzendenz' mit dem der ‚Aletheia' zusammenhängt. Wenn Heidegger die ursprüngliche Erschlossenheit von Sein als Grund mit dem Begriff der Transzendenz auszuloten versucht, dann hat er die horizontale Verfassung des Wissens im Blick, dergemäß es sein intentionales Bezugsworauf immer nur in einem horizontal-perspektivischen Woraufhin - Wovonher *als* etwas *an ihm selbst* begegnen läßt. Der Begriff der Transzendenz sucht die (horizontale) Erschlossenheit von Sein als Grund aufzuweisen. Formal gesehen nennt ‚Transzendenz' immer die Verhältnisstiftung von Verschiedenen, die als Wovonher und Woraufhin des Überstieges fungieren. Die für das Dasein konstitutive ontologische Differenz wird durch den Begriff der Transzendenz relational bestimmt, wobei diese relationale Bestimmung im Sinne des Gründungsverhältnisses (Grund - Gegründetes) vom Gegründeten her erfolgt. Die ‚Transzendenz' bezeichnet den ‚Überstieg' über das Seiende überhaupt als Grund der inneren Möglichkeit eines intentionalen Verhaltens zu Seiendem. Dieser Überstieg über das Seiende überhaupt erfolgt auf das ganz Andere zu allem Seienden hin - das Sein. Das Sein von Seiendem überhaupt, insofern es je schon vorgängig in und mit dem Sein des Daseins selbst eröffnet ist, bezeichnet Heidegger aber als ‚Welt'. Diese ist das Woraufhin des Überstiegs, der Überstieg selbst als die Grundverfassung des Daseins das In-der-Welt-sein, das sich je schon in seiner intentionalen Sachverwiesenheit vorfindet. Allein von dieser und damit der Offenbarkeit des Seienden her läßt sich der Begriff der Transzendenz als die Grundverfassung des Daseins einbringen, der nun die Unverborgenheit von Sein - im Unterschied zur Offenbarkeit des Seienden - als den Grund ihrer inneren Möglichkeit nennt. Im Begriff der Transzendenz denkt Heidegger die differentiale Verfassung der ‚Aletheia', wie sie sich vom intentionalen Verhältnis zum Seienden her zeigt. Damit es ‚in' der Offenbarkeit des Seienden stehen und an dieses verwiesen sich zu ihm verhalten kann, muß es

1. dieses im Ganzen überstiegen haben. Die Erschlossenheit von Sein als Sein überhaupt und im Unterschied zu jedwedem Seienden liegt dem Begegnenlassen von solchem, das ist, je schon ermöglichend zugrunde. Was ist, begegnet horizontal aus der vorgängigen Offenheit von Sein überhaupt. Diese meint natürlich nicht die Bekanntschaft und Kenntnis des Seienden im Ganzen, so, als wüßte das Dasein je schon das, was überhaupt ist: das Ganze des Seienden in inhaltlicher Konkretion. Was das Seiende ist, läßt sich immer nur aus seinem jeweiligen Begegnen heraus wissen. Daß und damit es aber als etwas, das ist und als das, was es ist, überhaupt begegnen kann, setzt als Grund seiner inneren Möglichkeit voraus, daß es an ihm selbst gegenwendig zu seinem Gewußtwerden offengehalten wird: es, indem ihm das ‚ist' entgegengehalten wird, vom ‚ist' her *als* etwas an ihm selbst begegnen kann. Das Sein bzw. die Offenheit von Sein umgreift und übergreift das Seiende insgesamt in der formalen Hinsicht gegenwendigen Sich-von-sich-her-zeigens und -erscheinens, d.h. als der phänomenale Eröffnungshorizont all dessen, was dem Dasein und für es überhaupt *als* etwas, das ist, begegnen kann.

2. Diese Offenheit von Sein überhaupt muß aber zugleich weggeborgen sein: d.h. sie muß, als Bedingung der Möglichkeit intentionalen Verhaltens zu dem begegnenden Seienden, sich im Verweisen an das Begegnende *als solche* verbergen: von sich wegverweisen an das, was durch sie in die intentionale Sachverwiesenheit des Wissens freigegeben ist. Denn dieses, das Woran intentionaler Sachverwiesenheit des Wissens, sein intentional thematischer Gegenstand, ist ja nicht das Sein als solches, sondern das Seiende, das sich vor dem horizontalen Hintergrund einer unthematischen Erschlossenheit von Sein in den Blick des Daseins drängt.

Aus dieser Perspektive der intentionalen Sachverwiesenheit des faktisch existierenden Daseins faßt Heidegger die Offenheit von Sein als den phänomenalen Begegnishorizont: d.h. als ‚Welt', auf den hin übersteigend das Dasein das jeweils Begegnende hin offenhält und von dem her rückkünftig es das Begegnende als gegenwendig Offenbares an ihm selbst erschließt. Die differentiale Verfassung der ‚Aletheia' besteht also darin, daß sich die Offenheit von Sein an ihr selbst und von sich her in der durch sie freigegebenen Offenbarkeit des Seienden verbirgt: Diese Verbergung selbst ihr innerstes Wesen ist, weil sie ohne diese nicht wäre, was sie ist: Offenheit des Seienden *in* seinem Sein, die Unverborgenheit des Seins *von* Seiendem. Beides aber, Sein und Seiendes, sind in einem und zugleich offen, erschlossen, offenbar; aber nicht in derselben Art und Weise, sondern in der intentionalen Differenz thematischer

Sachverwiesenheit und unthematischem Woraufhin und Wovonher des phänomenal Begegnenden. Dieses Woraufhin und Wovonher als der vorgängige Begegnishorizont alles Seienden ist nichts anderes als die *horizontale* Erschlossenheit von Sein *als Grund*, d.h. das eröffnete Sein west unmittelbar verborgen in der Offenbarkeit seines Anderen - des Seienden - als *Horizont*, Woraufhin und Wovonher des Begegnenlassens von Seiendem. Als Horizont ist es *Grund*, das in der Offenbarkeit des Gegründeten je schon vorgängig Erschlossene und zugleich Weggeborgene. Zum Begriff des ontologischen Grundes als Wovonher des Erkennbarseins von Seiendem in seinem Sein gehört - und so maßgeblich schon bei Platon und Aristoteles, daß er immer schon gewußt wird: und deshalb ‚an sich‘ und ‚gemäß seiner selbst‘ (kath' auto) das Erkennbarste (gnorimotaton) und Offenbarste (phanerotaton) von Allem ist; zugleich aber in seinem Gewußtsein verhüllt, verborgen ist, so daß ‚für uns‘, die wir in der intentionalen Sachverwiesenheit an das in seiner phänomenalen Unverborgenheit Begegnende aufgehen, ein eigener ‚Weg‘ (hodos), d.h. eine ‚Methode‘ notwendig ist, der vom Gegründeten her das in und an diesem Verhüllte seiner Verhüllung, seiner intentionalen Weggeborgenheit, entreißt und beraubt. Die ‚A-letheia‘ ontologischer Erkenntnis besteht dann darin, einer im Menschsein und mit ihm je schon geschehenen Verbergung der Unverborgenheit von Sein/Welt Gegenhalt zu bieten: diese ihrer Verbergung zu ‚berauben‘ und sich in dieser ‚Beraubung‘ transzendierend zu verhalten. Aber nicht als Weggehen von, sondern als Hineingehen-in und Hindurchgehen-durch die Verbergung, in der sich das Menschsein aufhält. Philosophie generiert sich als die Wiederholung der Transzendenz, die in und mit dem Menschsein als seine konstitutive Verfassung je schon geschehen ist.

Steigen wir von hier aus nun in die Zusammengehörigkeit von Welt und Selbst ein. Heidegger faßt denWeltbegriff in diesem Zusammenhang mehr vom Dasein her als fundamentalontologisch aus dem Hinblick auf das Sein. Daraus resultiert der Anschein eines extrem ‚subjektivistischen‘ Zuges der Abhandlung, den wir aus der ‚Aletheia‘-Problematik gegenbalancieren müssen. ‚Welt‘ meint die ‚Aletheia‘ als die vor-intentionale Offenheit von Sein, die sich in der intentionalen Sachverwiesenheit an die Offenbarkeit des Seienden verbirgt. In der existenzialontologischen Ausrichtung wird sie nun bezogen auf das Sein des Daseins als faktisch entwerfendes In-der-Welt-sein-können und damit thematisch als ‚Worumwillen,. Das ‚Worumwillen‘ war aber in ‚Sein und Zeit‘ (§ 69 c) das horizontale Schema der zeitlichen Ekstase der Zukünftigkeit des Daseins, d.h. das, wovonher sich das Dasein sein Seinkönnen (Sein als Möglichsein) zu verstehen gibt. Entsprechend faßt Heidegger nun das In-der-Welt-sein als "Überstieg zur Welt" und diesen als das "vorgreifend-umgreifende Verstehen" der vorgängigen Offenbarkeit des Seienden im Ganzen, "aus dem her das Dasein *sich zu bedeuten gibt,* zu welchem Seienden und wie es sich dazu verhalten *kann*" (WM, 53). Die Welt wird thematisch als der in allem Verhalten zu Seiendem leitend-offengehaltene Entwurfshorizont des Daseins. Alles Verhalten zu etwas hält sich in der Erschlossenheit seines Worumwillen: ich verhalte mich nicht nur einfach zu etwas, sondern zu etwas umwillen von etwas: und dies bin ich letztlich selbst, mein eigenes In-der-Welt-sein. Das intentionale Wozu-sein ist horizontal eröffnet aus dem Worumwillen und nie ohne dieses, so daß ich darin mir immer in meinem eigenen Sein als ‚selbst' erschlossen bin. Ansonsten wäre das intentionale Verhalten zu etwas nicht meines bzw. ein je übereignetes Verhalten *von* einem Seienden, das sich inmitten alles anderen Seienden zu Seiendem verhält. Im Worumwillen wird ‚vorgreifend-umgreifend' die Ganzheit des Seienden - oder wie es dann heißt, eine "jeweilige Ganzheit" (WM, 54), d.h. Bewandtnisganzheit, offengehalten, aus der heraus sich das Dasein die Möglichkeiten seines intentionalen Seins zu sich selbst, Anderen und Innerweltlichem zu verstehen gibt. Aus dem ‚vorgreifend-umgreifenden Verstehen' der Ganzheit heraus verweist sich das Dasein in sein intentionales Verhalten und damit zurück auf ‚sich selbst'. Es trifft rückkünftig aus der Offenheit von Welt als Worumwillen auf die Selbsthaftigkeit seines Seins; diese, die ‚Selbstheit', ist als die Faktizität des ‚eigenen' Seins erschlossen als das Wovor - das horizontale Schema der Gewesenheit. Die Selbstheit ist das, *wovor* sich das Dasein rückkünftig aus der vorgängig offengehaltenen Ganzheit, der Welt als Entrückung ins Worumwillen, bringt: in sein intentionales Verhalten zu Seiendem, darin es je in das horizontale Schema der Um - zu Bezüge entrückt ist. Heidegger führt hier fort, was im § 69 c von ‚Sein und Zeit' unausgeführt blieb; die ganzen Ausführungen zum Weltbegriff müssen wir vor diesem Hintergrund der horizontalen Schemata der Zeitlichkeitsekstasen lesen. Die Welt ist das horizontale Schema des Worumwillen, das Selbst das horizontale Schema des Wovor des Daseins. Sich-vorweg ist das Dasein entrückt in die Offenbarkeit des Seienden im Ganzen (Welt) als Worumwillen, aus dem rückkünftig es auf sich *als Selbst* zurückkommt: es sich *vor* sich selbst als Selbst bringt (selbsthaft erschließt) und von daher allererst freigesetzt ist in das intentionale Sein-bei-Seiendem, das sich je schon in die Bewandtniszusammenhänge des Um - zu verwiesen hat. Welt und Selbst sind in allem intentionalen Verhalten zu dem jeweils Offenbaren, das in seinen Um - zu Bezügen besorgt wird, unthematisch miterschlossen als die horizontalen Bezugspunkte, von denen her es als solches in seine thematisch-intentionale Sachverwiesenheit ermöglicht und freigegeben ist. Das ‚selbst' ist also weder ‚Substanz' noch ‚Funktion', sondern ebensosehr Horizont wie die ‚Welt'. Die Erschlossenheit von Sein überhaupt ist keine anonym bodenlos Umherschweifende, sondern je ‚selbsthaft' verankert in einem Seienden, das inmitten des Seienden das Sein überhaupt offen und erschlossen hält (ontisches Fundament). Sie ist als je selbsthafte die Sache *von* einem unter anderen Seienden - dem Dasein, das sich kraft ihrer als unterschieden von allem anderen Seienden weiß (ontische Differenz). Der Selbsthorizont, den das Dasein in aller Erschlossenheit von

Sein mitträgt, ist aber im Unterschied zum Welthorizont nichts, was das Dasein vor sich als Woraufhin und Wovonher des Begegnenlassens von Seiendem hätte; sondern er ist Horizont als das, was es als Woraufzu des Begegnenlassen je schon ‚hinter' sich hat und in alles Begegnenlassen mithineinnimmt: das, *wovor* das Begegnende gebracht wird. Der Selbsthorizont ist Horizont als das je mitgenommene Woraufzu des Begegnenlassens, *wovor* das Begegnende gebracht wird. Dagegen ist die Welt Horizont als Worumwillen aus dem Sichvorweg, der Zukünftigkeit, die das Begegnende sich aus dem Horizont von Möglichkeiten erschließt. Im Sich-vorhalten des Welthorizontes bringt sich das Dasein selbst dem Begegnenden als Selbsthorizont entgegen, so daß die ekstatisch-horizontale Öffnung zur Welt je schon selbsthaft widerhallt als die je selbsthafte eines Seienden unter anderen und inmitten von diesen. Erst von daher ist das Dasein freigesetzt in die zweckrationalen Um - zu Bezüge innerweltlichen Besorgens als dem Horizont seiner intentionalen Verhaltungen. Das Dasein ist je schon dieses horizontale Begegnenlassen von Seiendem in der Einheit seiner Momente. Auf dieser Grundlage läßt sich als ihre ‚existenzialpathologische' Modifikation auch denken, daß sich dieses horizontale Begegnenlassen aus der Einheit seiner Momente auflöst und in gewisser Weise zu ausschließlichen Begegnishorizonten verselbstständigt; das Dasein sich z.B. alles, was ihm begegnet, aus dem ‚selbsthaften' Horizont faktischen Gewesenseins, also in der ausschließlichen Vergangenheitszentrierung seines eigenen Seins begegnen läßt (psychoanalytische Depression); sich alles Begegnende ‚phantasmagorisch' aus dem welthaften Horizont zukünftiger Möglichkeiten zuwendet und sich als ‚schöne Seele' an den Entwürfen eigenen In-der-Welt-sein-könnens verzehrt; oder in ‚zweckrationaler Fixierung' das Um - zu zum ausschließlichen Begegnishorizont seines Umganges mit dem, was ist, erhebt, und in der zwangsneurotischen Getriebenheit beständigen Besorgens zerrieben wird. Die Desaggregation der für das intentionale Verhalten konstitutiven Begegnishorizonte zeitigt ein je anderes In-der-Welt-sein, das unter der Maßgabe ihres Zusammenhaltens als defizient (‚existenzialpathologisch') erscheint. Die Welt, dies gilt es zu beachten, ist darin aber nicht etwa nur einer unter anderen Begegnishorizonten, sondern - entsprechend dem Primat der Zukunft in der Zeitigungsstruktur der Zeit - gewissermaßen das Prinzip der Horizontalität selbst, aus dem die horizonthafte Verfassung des Daseins in den Schemata des Worumwillen, Wovor und Um - zu entspringt. Einerseits wird deshalb die Welt thematisch als "der ursprüngliche Entwurf der Möglichkeiten des Daseins, insofern es inmitten von Seiendem zu diesem sich soll verhalten können" (WM, 54); andererseits aber ist dieser Entwurf selbst als das "vorgreifend-umgreifende Verstehen" des Seienden im Ganzen "die Urhandlung menschlicher Existenz" als "enthüllendes Entwerfen von Sein" (WM, 56), d.h. der Ursprung des vor-ontologischen Seinsverständnisses, als welches der Mensch die vorintentionale Offenheit von Sein ist. Das (vor-ontologische) Verstehen von Sein wird selbst als ‚Entwerfen', die Welt als Entwurfshorizont von Möglichkeiten des Daseins gefaßt. Die starke Betonung der Bezugshaftigkeit von Welt auf das seinsverstehende Dasein und den Entwurfscharakter allen Verstehens führt zu dem subjektivistischen Anschein, Welt sei hier lediglich als beliebiger Entwurfshorizont von Möglichkeiten des Daseins gedacht, über den das ‚Subjekt' von sich her frei verfügen könnte. Die zunehmend unerträgliche Inkompatibilität der leitenden Begriffe ‚Entwurf' und ‚Geschehen' läßt die ontisch/ontologische Zweideutigkeit der Gedankenführung nur noch stärker hervortreten.

Die fundamentalontologische Bedeutung des Entwurfsbegriffes erhellt sich erst daran, wie er als "*Überwurf* der entworfenen Welt über das Seiende" es ermöglicht, "daß Seiendes als solches sich offenbart" (WM, 55). Denn mit diesem ‚Überwurf' bezeichnet Heidegger nun die horizontale Eröffnung der Intentionalität: den, wie es dann heißt, "*Welteingang* des Seienden" (ebd.). Würde die Welt als Welt nicht den Blick freigeben auf solches, das im Hinblick auf sie und von ihr her als ganz Anderes zu ihr begegnet, dann wäre sie auch nicht ‚Horizont' und als solche das Andere zum Seienden überhaupt. Der ‚*Über*-wurf' ist wie der ‚*Über*-stieg' ein mißlicher Terminus, weil er von dem her spricht, was durch ihn allererst ansprechbar ist: dem Seienden, insofern es *horizontal* eröffnet das *intentional* Begegnende: das phänomenal Offenbare als solches - ist. Die horizontale Eröffnung von Sein als Welt läßt Seiendes als Offenbares an ihm selbst anwesen: gibt horizontal sich zurücknehmend Seiendes in seine intentionale Zugewandtheit, darin es immer aus dem Hinblick auf Welt und von Welt her begegnet. Die Offenbarkeit des Seienden ist seine Welthaftigkeit, diese nichts anderes als jene: beide nennen einen und denselben phänomenalen Grundzug des Seins allen Seienden - seine Welthaftigkeit. Ein ‚weltloses' Seiendes kann im strengen Sinne nur ein solches sein, das es überhaupt nicht und nie als intentionales Bezugsworauf des Wissens gibt; das also auch *als* Seiendes, Etwas, überhaupt nicht ansprechbar, erfahrbar oder denkbar ist. Anders und als Wesenssachverhalt des Wissens gesagt: Intentionalität ist ihrem inneren Wesen nach nur möglich aufgrund der welthaften Horizontalität, die je *über* das intentional Offenbare hinausgreifend dieses auf sich selbst hin zurückgreift und vor sich hält. Dieses ‚*Über*-greifen' (‚*Über*-steigen', ‚*Über*-werfen') ist aber ein solches, das mit dem Sein des Daseins je schon geschehen ist als sein In-der-Welt-sein. Das In-der-Welt-sein als Transzendenzgeschehen ist in einem Aufgang von Welt und Welteingang von Seiendem: eben auch und gerade des Seienden, das das Dasein je *selbst* ist: "*inmitten* von Seiendem befindlich, *zu* Seiendem sich verhaltend" (WM, 52). Das In-sein ist intentionales Sein-zu ... und resultiert als solches aus dem Über-hinaus-sein über Alles-überhaupt: der Eröffnung von Sein als Welt. ‚Welt' nennt die Offenheit von Sein als solche. Eben an dieser Stelle stoßen wir wieder auf die Freiheit, die Heidegger nun als Bestimmung der Transzendenz einführt: "Der Überstieg zur Welt ist die Freiheit selbst" (WM, 59). Behalten wir im Blick, daß der

‚Überstieg‘ das Grundgeschehen des Daseins als In-der-Welt-sein nennt, als dieses Grundgeschehen aber die Eröffnung von Sein selbst als die Konstitution des Sein des Daseins bezeichnet, dann heißt dies: Die Freiheit wird als Bestimmung der Offenheit gedacht und bezeichnet als solche eben nicht - wie Heidegger auch ausdrücklich zu verstehen gibt - die ‚Spontaneität‘, das ursprüngliche ‚Von-selbst-anfangen‘ einer Kausalreihe (WM, 60), sondern das reine Differential der Offenheit. Von der aus der Offenheit ‚differential‘ verstandenen ‚Freiheit‘ kann Heidegger nun sagen: "Freiheit allein kann dem Dasein eine Welt walten und welten lassen" (ebd.). Ohne daß der Begriff der Freiheit hier schon - wie in ‚Vom Wesen der Wahrheit‘ - als ‚Seinlassen‘ eigens ausgeführt wäre, zielt er doch schon auf das differentiale Außereinander, das die Offenheit als das ‚Freie‘ (‚Gelichtete‘) von Sein konstituiert. Die Freiheit nennt die Offenheit selbst als Freigabe der Leere, differentiales Nicht von Sein (Außereinander), das in sich das, wovon es die Offenheit ist, von sich abstößt: freigibt in das, was es an ihm selbst ist und als solches eröffnet-unverborgen hält. Das ‚Weltenlassen von Welt‘ nennt - wie das ‚Seinlassen‘ in der ‚Wahrheitsabhandlung‘ - die horizontale Freigabe des Seins und Anwesens von Seiendem überhaupt als das ganz Andere zu allem Wissen in sein Von-sich-her-zeigen und -erscheinen, darin es an ihm selbst und als solches offenbar wird.

Wenn Heidegger die Freiheit als den "*Ursprung von Grund überhaupt*" bezeichnet und sie als "*Freiheit zum Grunde*" (WM, 60) bestimmt, dann ist darin die Freiheit als das relationale Auseinandertreten von Sein und Wissen in den Freiraum der Offenheit *von* ... gemeint, der horizontal begrenzend und umgrenzend alles intentionale Verhalten in seine Bezüge zum Seienden freigibt. Horizontalität aber besagt zugleich: Endlichkeit. Die Offenheit von Sein west als gegenwendig zur ‚Lethe‘ des Seins ausgegrenzter Welthorizont. Sie ist selbsthaft verankert in einem Seienden, das auf den Tod, das Nicht seines Seins als Verborgenheit, bezogen ist. Die ‚Freiheit zum Grunde‘ ist deshalb nicht nur assoziativ zu beziehen auf die ‚Freiheit zum Tode‘, sondern bezeichnet wie sie die horizontale Endlichkeit des Daseins, d.h. der Offenheit von Sein überhaupt. Die ‚Freiheit zum Grunde‘ ist horizontale Eröffnung (vor-intentional) und Offenheit für die endliche Horizontalität des eigenen Seins (intentional): die Horizontalität allen Wissens. In dieser besteht die konstitutive Beziehung allen Wissens auf ‚Anfangsgründe und Prinzipen‘: die Erschlossenheit *von* Sein *als* Grund. Intentionalität und Horizontalität sind die wesenskonstitutiven Bestimmungen des Wissens übehaupt als die differentiale Eröffnung von Seiendem (intentional) in seinem Sein (horizontal).

Diese Eröffnung geschieht aber als das Sein des Daseins *inmitten* des Seienden und gewissermaßen von ihm her, obwohl es als solches erst rückkünftig aus seinem Überstiegensein offenbar ist als das Wozu eines intentionalen Verhaltens. Wovonher und Worüberhinaus des Überstiegs ‚gibt‘ es aber erst durch diesen, und daran war uns nicht nur das Mißliche am Begriff der Transzendenz aufgefallen, sondern überhaupt die Schwierigkeit, das Dasein als das Zugleich von In-sein und Zu-sein (Wovon-sein) zu denken. Dieses Problem, In-sein und Zu-sein zusammenzudenken, durchzieht wie ein roter Faden die gesamte Abhandlung (zu vergleichen etwa schon an den Hervorhebungen im Text S. 52: ‚inmitten‘ - ‚zu‘), und wird nun (WM, 61) eigens von Heidegger thematisiert. Legen wir uns diese Bezüge vorgreifend noch einmal zurecht: Das In-sein (inmitten des Seienden) ist konstitutiv für das Über-hinaus-sein - die Transzendenz als horizontale Eröffnung von Sein. Dieses Über-hinaus-sein ist gegenwendig zum In-sein das Aus-heraus-sein, Außerhalbsein (zum Seienden im Ganzen) und nennt damit in gewisser Hinsicht wieder das, was das ‚Außer-sich‘ am ‚*Ek*-statischen‘ der ‚*Ek*-sistenz‘ war. Aus dieser Gegenwendigkeit von In-sein und Über-hinaus-sein, Aus-heraus-sein resultiert das Dasein als intentionales Verhältnis des Zu-seins zu Seiendem: ist es freigegeben in die Sachzuwendung seines Wovonseins (Intentionalität). Die eigentliche Spannung liegt also zwischen In-sein und Über-hinaus-sein: dem Grundgeschehen des Daseins als Transzendenz. Im Blick auf den Überstieg zur Welt - den ‚Weltentwurf‘ - bemerkt Heidegger nun ganz ausdrücklich: "Aber im Weltentwurf ist doch dieses Seiende an ihm selbst noch nicht offenbar", sondern, wie wir ergänzen, dies wird es erst durch ihn. Wovonher (Dasein) und Worüber (Seiendes) sind im Überstieg ‚noch‘ un-offenbar, un-entborgen. Der Überstieg selbst ist horizontaleröffnend, so daß das ‚Übersteigende‘ ebensosehr wie das ‚Überstiegene‘ erst von dem her ‚sind‘, was gleichwohl als durch sie vermittelt gedacht wird. Nun fährt Heidegger fort: "Ja es" - gemeint ist das Seiende, wozu auch das Dasein selbst gehört - "müßte verborgen bleiben, wenn nicht das Dasein *als entwerfendes* auch schon *inmitten* von jenem Seienden wäre. Dieses »Inmitten von ...« besagt aber weder Vorkommen unter anderem Seienden noch aber auch: sich eigens *auf* dieses Seiende, *zu* ihm sich *verhaltend*, richten. Dieses Inmittensein von ... gehört vielmehr zur Transzendenz. Das *Über*steigende und so sich Erhöhende muß als solches im Seienden *sich befinden*. Das Dasein wird als befindliches vom Seienden *eingenommen* so, daß es dem Seienden zugehörig von ihm *durchstimmt* ist" (ebd.). Das In-sein ist das befindliche Durchstimmtsein vom Anwesenden insgesamt; als solches aber nichts, was ein getrenntes, losgelöst Abstraktes und Erstes gegenüber einem ‚Überstieg‘ als Zweitem wäre, von dem her es sich dann in einer ‚Rückkunft‘ als Drittem gegenwendig an ihm selbst offenbaren würde. Sondern: Das In-sein selbst ist in sich gegenwendig eröffnet über sich hinaus außer sich, darin aber rückkünftig bei sich der einende Zusammenhalt seiner mit dem Über-sich-hinaus und Außer-sich-sein. Daß die Einheit dieser drei Momente in der Einheit der ekstatisch-horizontalen Zeit gegründet ist, wie Heidegger andeutet, versteht sich von selbst. Der entscheidende Punkt ist, wie der Ausgangspunkt der ‚Transzendierens‘ inmitten des Seienden festgemacht wird, so daß dieses selbst es ist, was durch das Transzendieren offenbar wird. Diesen Ausgangspunkt denkt Heidegger im befindlichen

Gestimmtsein eines Seienden inmitten des Seienden. Als ‚befindlich gestimmtes' ist es noch nicht ‚Dasein', oder anders gesagt: es ist Dasein, insofern sein befindliches Gestimmtsein in sich selbst transzendierend ist. Ohne die ‚Transzendenz' befindlichen Gestimmtseins an ihm selbst keine Erschließungsfunktion. Der entscheidende Gedanke Heideggers ist, daß das befindliche Gestimmtsein in sich selbst transzendierend ist und nur als solches das befindlich gestimmte Seiende horizontal-welthaft in die intentionale Gegenwendigkeit phänomenaler Sachverwiesenheit eröffnet. Dieses - und nicht jedes - befindlich gestimmte Seiende (Dasein) ist damit ‚seiend' als die ‚Inständigkeit im Offenen' und das ‚Sich-halten an das Offenbare als solches'. Es selbst *ist* dieser Bezugsraum als das Transzendenzgeschehen, das nicht irgendwie äußerlich zu der Befindlichkeit als psycho-somatischem Zustand hinzukommt, sondern diese selbst als die Offenheit des Da existenzial konstituiert. Heidegger schreibt: "Das Dasein könnte nicht als Seiendes von Seiendem durchstimmt und demzufolge z.B. von ihm umfangen, durch es benommen und von ihm durchschwungen sein, es entbehrte hierfür überhaupt des Spielraums, wenn nicht mit der Eingenommenheit vom Seienden ein Aufbruch von Welt, und sei es auch nur ein Weltdämmer, mitginge" (WM, 62). Die Eröffnung dieses ‚Spielraumes' ist der Aufbruch von Welt aus der Freiheit, die an der Befindlichkeit das Moment ihrer ontologischen Erschließungsfunktion - der Transzendenz - bezeichnet. Die Befindlichkeit als Durchstimmtsein vom Seienden im Ganzen ist schon ek-statisch offen außer sich und über sich hinaus: horizontal-welthaft eröffnet das phänomenale Begegnenlassen von gegenwendig Anwesendem an ihm selbst, zu dem sich das Dasein als gestimmtes je verhält. Die, wie Heidegger sagt, "transzendentale Ermöglichung der Intentionalität" (WM, 64), liegt ebensosehr in der Eröffnung von Welt (dem ‚Weltentwurf') wie in der Eingenommenheit, "die das Dasein inmitten von Seiendem (und zwar nie ohne Weltenthüllung), von ihm durchstimmt, sich befinden läßt" (ebd.). Diese Eingenommenheit ist "kein *Verhalten* zu Seiendem" (ebd.), sowenig der Weltentwurf ein "Daseinsbezug zu *Seiendem*", sondern das Offenhalten von Sein selbst als Welt ist. Der ‚Daseinsbezug' zur Welt ist nicht intentional, sondern horizontal-ekstatisch; und die Eingenommenheit vom durchstimmenden Seienden das, was sich in die ‚Weltenthüllung' hineintragend mitnimmt in den Überstieg als das, was aus diesem heraus offenbar wird: das Seiende als solches. Anders gesagt: Etwas, das außerhalb einer bestimmten Welt und ihres Seienden vorkommt, kann nie diese Welt und ihr Seiendes erkennen. Denn alles Erkennen ist horizontal (welthaft) in seine Intentionalität freigegeben. Es ist in das herausversetzt, wovon es die intentionale Erkenntnis besorgt. Diese ist als solche immer ‚innerweltlich'. Es muß der Welt angehören, deren Innerweltliches es erkennt. Die erkenntnismäßige Eröffnung von Welt und ihres Seienden erfolgt immer nur aus einer Position innerhalb ihrer heraus: Nur *in* einer Welt gibt es ein intentional erkennendes Verhältnis *zu* dieser Welt. Das ist der entscheidende spekulative Gesichtspunkt. Dieses In-sein aber ist die Befindlichkeit. Die Befindlichkeit erschließt, insofern sie transzendiert: gegenwendig öffnet, damit aber dem Verstehen ein intentionales Wovon vorgibt. Dieses Transzendieren ist der Aufbruch der Freiheit als der Nichtung des Seins, darin Sein als solches offenbar wird. Wie wird darin das (Seiende) in die Unverborgenheit gebracht?- Die Befindlichkeit ist an ihr selbst transzendierend das Sich-hinein- und -hinaustragen in die horizontal-ekstatische Offenheit von Welt, von der her das einnehmende und durchstimmende Seiende horizontal in die Offenbarkeit seines phänomenalen Begegnens *an ihm selbst* freigegeben wird. Das Verstehen von Sein (der Entwurf von Welt) öffnet, was die Befindlichkeit als Eingenommenheit vom Seienden in es hineinstehen läßt; die Befindlichkeit gibt, was die horizontale Eröffnung von Welt als das intentionale Bezugsworauf an ihm selbst begegnen läßt. Die Befindlichkeit als Eingenommenheit von ... ist gleichsam der ‚lethische' Materiallieferant des Verstehens: was nicht verborgen in ihr auf seine Eröffnung hin anwest, das kann auch nicht in das intentionale Verstehen hinein eröffnet werden. Sie bringt das Stimmende - und dieses ist das ‚Seiende im Ganzen' - in seine intentional gegenwendige Offenheit und Unverborgenheit hinein: und dieser Zusammenhang von Befindlichkeit und Verstehen ist das eigentlich Geheimnisvolle und Rätselhafte an allem Menschsein: daran, daß innerhalb des Seienden ein Seiendes die Offenheit des Seienden im Ganzen welthaft aufgehen läßt. Die Freigabe des Daseins in sein intentionales Weltverhältnis ist immer durch diese Gegenwendigkeit befindlicher Eingenommenheit von Seiendem und verstehender Eröffnung von Welt getragen; bezogen auf diese ist das Dasein ‚überschwingend' im Entwurf von Möglichkeiten, der "seinem Wesen nach jeweils reicher ist als der im Entwerfenden schon ruhende Besitz" (WM, 63). Dieser "eignet aber dem Dasein, weil es als entwerfendes sich inmitten von Seiendem befindet" (ebd.) und damit, bezogen auf die ‚Eingenommenheit von Seiendem', als Entzug von Möglichkeiten west (Faktizität). Das in Möglichkeiten ‚überschwingende' Sein-zur-Welt ist gerade nicht ‚bodenlos', sondern das ‚Bodennehmen' in der Faktizität des Seins inmitten von Seiendem, die je den Entzug an Möglichkeiten schon mit sich bringt.

In dieser Gegenwendigkeit differenziert Heidegger nun das Gründen, das die Freiheit in der horizontalen Eröffnung von Welt geschehen läßt, in 1. das Stiften als dem Entwurf des Worumwillen, d.h. des Welthorizontes, von dem her sich das Dasein in die Möglichkeiten seines intentionalen Verhaltens zu Seiendem einweist und 2. das Bodennehmen als Sich-gründen, d.h. das Zurückbringen alles Erschlossenen auf den Selbsthorizont des Daseins als Wovor von Welt. Das von daher in sein intentionales Verhältnis zum Seienden freigesetzte Dasein steht damit aber auch schon in einer dritten Weise des Gründens, dem 3. Begründen, das Heidegger als die "Ermöglichung der Warumfrage überhaupt" faßt, d.h. als die Freigabe des Daseins in den intentionalen Fragehorizont nach dem Warum. Das Seiende steht in der Warumfrage für das

Dasein, weil und insofern das Sein selbst horizontal in der Gegenwendigkeit von Möglichkeit und Faktizität eröffnet ist und das Dasein sich aus dieser Offenheit heraus alles, was ist, begegnen läßt. Die verschiedenen Weisen, nach dem Warum - dem Grund von Etwas - zu fragen, verweisen alle auf ein vorgängiges Verständnis von Sein, das von sich her allererst das Warumfragen ermöglicht, d.h. das Dasein in das Aussein auf Gründe freigibt. Wenn ich frage: Warum ist das so und nicht eher anders?-, dann liegt darin, daß ich mir Etwas im Horizont seines möglichen Andersseins zuwende und begegnen lasse. Ich habe also in der Warumfrage das Sein vorverstanden als Möglichsein und Faktizität. Das Möglichsein aber erschließt sich im Entwurf, der Eröffnung des Welthorizontes (Stiften); die Faktizität in der Geworfenheit, dem Selbst-sein-inmitten-des-Seienden als Bodennehmen. Das darin beschlossene Vorverständnis von Sein führt alles intentionale Verhältnis in das horizontale Auslangen nach Gründen, im Hinblick worauf und wovonher das Begegnende das ist, was es ist; so ist, wie es ist und überhaupt ist - eher als nicht. Heidegger schreibt: "Dieses Seinsverständnis ermöglicht erst das Warum. Das besagt aber: es enthält schon die erst-letzte Urantwort für alles Fragen. Das Seinsverständnis gibt als vorgängigste *Antwort* schlechthin die erst-letzte *Begründung* ... Weil darin Sein und Seinsverfassung enthüllt werden, heißt das transzendentale Begründen die ontologische Wahrheit" (WM, 65). Die ‚ontologische Wahrheit' bezeichnet das Seinsverständnis selbst als die horizontale Eröffnung von Sein/ Welt inmitten des Seienden, die alles intentionale Begegnenlassen von Seiendem je schon in das Warumfragen freigegeben hat. Das Wesen des Grundes läßt sich von daher zusammenfassen als die "dreifache Streuung des Gründens in Weltentwurf, Eingenommenheit im Seienden und ontologische Begründung des Seienden" (WM, 67). Die ‚ontologische Begründung des Seienden' meint die Faktizität des Daseins selbst als der horizontalen Eröffnung von Welt inmitten des Seienden, die sich in das intentionale Verhältnis zum Seienden freigibt.

Insofern diese Eröffnung aber von der (transzendierenden) Freiheit her erfolgt, ist diese selbst "der Grund des Grundes" (WM, 69). Dies heißt, wie Heidegger ausführt, daß die Freiheit "die gründende Einheit der transzendentalen Streuung des Gründens" ist. "Als *dieser* Grund aber ist die Freiheit der *Ab-grund* des Daseins" (ebd.). Die Freiheit ist als das ganz Andere zum Grund das dreifache Nicht von Grund: Ab-grund als das, was horizontal *ohne jegliches Worumwillen* inmitten des Seienden *bodenlos* und *ohne jegliche Verwiesenheit an ein maßgebliches Wozu* des Sich-haltens west. Die Freiheit als Abgrund des Daseins ist ziellos, bodenlos, maßlos: das ‚Loch' im Sein, Leerheit, Nichtung. Als Abgrund und in ihrer Abgründigkeit kann die Freiheit innerhalb des In-der-Welt-sein des Daseins je aufbrechen, um sich als die Negation zu allem Seienden und Sein in ihrer Andersheit zur Geltung zu bringen, die sie je schon als die Nichtung des Seins in seiner Eröffnung zur Offenheit des Daseins ‚ist'. Das Sein wäre nicht ‚offen' in die Unverborgenheit entborgen, würde es nicht

‚nichten‘, sich als Sein zurücknehmen in den offenen Spielraum seines Erscheinens und Sich-zeigens, der, wie es schon hieß, ‚freien Gegend‘, die allem, was ist, sein Anwesen im Unverborgenen gewährt. West die Offenheit von Sein aus Freiheit und als Freiheit, dann west diese in der differentialen Eröffnung des Seins als das ganz Andere zu ihm: als das Nicht von Sein überhaupt, Leere, Offenheit, ‚Seinslosigeit‘ als Befreiung von Sein und Anwesen. Die Freiheit als das abgründige Geschehen der Offenheit von Sein, die das Dasein je als solches ist, wird damit zum entscheidenden Gegenbegriff zum Sein als Anwesenheit. Sie bezeichnet das, was diese in die ‚Lichtung‘ aufgehen läßt. Von ihr her west der Mensch in der selbst ziellosen, bodenlosen und maßlosen Faktizität der Freiheit.Als Faktische kann sie nie hinter sich zurück sich selbst zum Bezugsworauf erheben: es gibt keine ‚Entscheidung‘ zur Freiheit, sowenig wie es ein Worumwillen ihrer oder überhaupt ein Anderes zu ihr als Grund, Wovonher geben könnte. Freiheit west unverfügbar aus Freiheit grundlos in sich als Freigabe möglicher Horizonte, Gründe und Maße des In-der-Welt-seins und ist als solche nur ihr faktisches Geschehen als das Sein des Daseins, wohinein dieses je schon unverfügbar versetzt und geworfen ist. Aber hat sie als solche dann den Zug der ‚Lethe‘ - der Verbergung und Verborgenheit - nicht an sich selbst?- West die Freiheit als Abgrund gar selbst als die ‚Lethe‘, aus der heraus alles in sein welthaftes Anwesen freigegeben und eröffnet ist?-

Halten wir diese Fragen offen. Wenn Heidegger in ‚Vom Wesen des Grundes‘ die ‚Aletheia‘ schon als den Begriff von Welt vordenkt, dann noch ohne den ausdrücklichen Bezug, wohl aber den Verweis, auf die nicht welthaft aufgehende ‚Lethe‘. Verfolgen wir nun, bevor wir die ‚Aletheia‘ als Weltbegriff eigens einholen, noch die zweite Linie, in die uns ihr Begriff als Offenheit und Freiheit wies: das Nichts und die ontologische Differenz.

4.2. Das Nichts und die ontologische Differenz

Auf das Problem des ‚Nichts‘ sind wir aus dem Blickwinkel der Unterscheidung von Sein und Wissen geführt worden: Wenn das Wissen als das Andere zum Sein, diese Andersheit aber aus der Negation zu verstehen ist, dann ‚ist‘ das Wissen selbst das Verneinung von Sein - *seine* Aufhebung qua ‚Nichtung‘. Das Wissen als das Nicht von Sein - seine Nichtung als Sein - bezeichnet darin aber nicht das ‚Nichts‘ als ‚nihil absolutum‘, sondern das Aufgehen von Sein in seine Offenheit. Das Wissen ist das relationale Nicht von Sein und dieses sein Begriff, der es von seinem Anderen - dem Sein - unterscheidet. Die ‚Nichtung‘ des Seins wird damit zum Begriff der ‚Lichtung‘ des Seins (‚Aletheia‘), die als Bloßheit und Leere, Freiheit von Sein die ‚freie Gegend‘ allen An- und Abwesens von Seiendem ist: das Offene. Dann ergibt sich: Das Nicht ist der innerste Kern der ‚Aletheia‘ und damit ebensosehr des Seins wie des Menschseins. Was als der Begriff des ‚Nichts‘ zu denken wäre, wäre die Offenheit von Sein selbst - und nichts anderes als dies. Als Bestimmung der Offenheit ließe er sich am ‚me ontischen‘ Zug des Wissens und seiner ihm zugehörigen Bestimmungen (Freiheit, Möglichkeit, Idealität u.a.) ausweisen. Heidegger führt aber den Begriff des ‚Nichts‘ in ‚Was ist Metaphysik?‘ und der Vorbemerkung zu: ‚Vom Wesen des Grundes‘ ganz anders ein: Das ‚Nichts‘ meint das Nicht-etwas als die Negation des Seienden - das Sein. Das Sein als die Negation des Seienden aber west als ihr Unterschied - die ontologische Differenz. Das ‚Nichts‘ als Grundbestimmung der ‚Aletheia‘ wird explizit aus dem Blickwinkel der ontologischen Differenz gefaßt.

Die phänomenologische Grundfrage in dieser Thematisierung des Nichts lautet: Wie ist ‚das Nichts‘ gegeben, so daß sich an dieser Gegebenheit ein Begriff des ‚Nichts‘ gewinnen und ausweisen ließe?- Die Antwort ist: In der Angst, die als gestimmte Befindlichkeit vor-intentional erschließt, was als Nichts sich offenbart. Ich greife stichpunktartig die wesentlichen Momente heraus, die zu dieser Beantwortung führen:

1. Im Verweis auf die gestimmte Befindlichkeit der Angst liegt die entscheidende Absage, daß die Negation als Bestimmung intentional verfaßten Denkens das Prinzip des Begriffs des ‚Nichts‘ sein könnte. Nach diesem wäre das Nichts die vollständige (intentional-gegenstandsgerichtete) Negation "der Allheit des Seienden" (WM, 6). Der über die intentionale Negation generierte Begriff des Nichts erweist sich als Bezugsworauf einer ‚Nullintention‘, die ihr ‚intentum‘: eben das ‚Nichts‘, in einem intentionalen Ist-sagen, das selbst ‚ist‘, vor sich hält. Daraus resultieren die in der philosophischen Tradition vielfach behandelten Widersprüche und Aporien im Begriff des Nichts: Denn als intentionales Bezugsworauf bezeichnet es selbst ein ausgegrenztes Bestimmtes, das sich von anderem unterscheidet: also Etwas, mithin ‚ein Seiendes‘ ist, das im intentionalen Ist-sagen gehalten *als* anwesend und seiend angesprochen wird (‚das Nichts ist und ist nicht nicht‘); dabei zugleich aber auch noch das Sein des intentionalen Wissens selbst zur Grundlage und Voraussetzung hat: all dies aber widerspricht unmittelbar seinem vorgestellten Inhalt, der doch die Negation alles Seienden als solchen: das Nichtsein - anzeigen soll. Daher dann das Resultat, daß sich das Nichts weder denken noch sagen läßt, als in sich widersprüchlicher Begriff ‚Nichts‘ meint und es das Nichts eben ‚nicht gibt‘. Gäbe es das Nichts, wäre es nicht Nichts. Das Resultat dieser Überlegungen kann aber nur sein, daß ihr vorausgesetztes Prinzip: *der logische Akt der Negation* als intentionales Verhältnis des Bewußtseins zu seinem gedachten und vorgestellten Inhalt - hinfällig ist, um die Rede vom Nichts ausweisbar zu machen.

2. Die Negation ist die logische Formalisierung des Verneinens und Nichtsagens, wie es konstitutiv für alles Wissen und überhaupt alles menschliche Verhalten ist. Die Wahrheit eines Formalisierten bleibt aber immer in den

Phänomenen und Sachverhalten gegründet, von dennen her die formalisierende Abstraktion ihren Ausgang nimmt. Schon Aristoteles unterscheidet eine Mannigfaltigkeit verschiedener Weisen der Verneinung als konstitutiven Momenten der intentionalen Beziehung vernünftigen Erkennens, die sich keineswegs auf einen einfachen Sachverhalt reduzieren lassen. Das Grundphänomen der Negation, das er dabei im Blick hat, ist, daß jedes Nicht-sagen ein ‚Gegenüberliegen-lassen von Zweien' (antikeisthai) vollzieht, so daß die Negationsformen im Grunde verschiedene Weisen der ‚Entzweiung' sind. Wenn ich ‚nicht' sage, dann ist damit unmittelbar das, worauf sich die Negation bezieht, in ein Gegenüberliegen zu dem ‚Negat' gebracht. Dieses konstituiert eine Zweiheit, die aber selbst in verschiedenen Weisen vorliegen kann, so als die Kontradiktion (antiphasis) von Bejahung und Verneinung, als Privation (steresis) oder als Kontrarietät entgegengesetzter Bestimmungen (enantiosis), und nicht zuletzt als das Verhältnis gegenwendig Anderer zueinander, von denen keines ohne das andere ist. Andersheit, Verschiedenheit und Unterschied sind selbst verschiedene Bestimmungen von Zweiheit, die konstitutiv für jedes Erfassen von etwas als etwas sind. Denn dieses schließt die Abgrenzung von dem, was es nicht ist, mit ein. Das Nicht fungiert in all diesen verschiedenen Weisen als konstitutives Moment vernünftiger Erkenntnis, insofern diese ein Jegliches an ihm selbst und als es selbst nur fassen kann, insofern es von anderem unterschieden, ihm entgegengesetzt und in seiner Bestimmtheit als das Nicht des Anderen begriffen wird. Das Nicht ist ein konstitutives Moment des Begriffs eines Jeglichen - seines Wesens. Es gehört damit zur Struktur der vereinend-unterscheidenden Vernunft. Als konstitutives Wesensmoment der Vernunft ist das Nicht von grundlegender Bedeutung für die ontologische Wahrheit des Wesens. Weder ist das Sein der Vernunft noch ist die vernünftige Offenheit von Sein ohne das Nicht überhaupt denkbar. Deshalb muß das Nicht - eben zumeist in der Frage nach dem ‚Nichts' - auch immer wieder zum ontologischen Grundproblem werden: und zwar dann, wenn das Sein der Vernunft im Wahrsein des Seienden (verum esse) thematisch wird. Wenn aber nun dieses die vor-intentionale Offenheit von Sein schon voraussetzt, dann wird vermutlich auch das ‚Nicht', wenn es denn eine ontologische Erschließungsfunktion hat, ursprünglicher als im logischen Akt der Negation anwesen und erschlossen sein: und zwar im Sein der Vernunft selbst, ihrer vor-intentionalen gestimmten Befindlichkeit inmitten des Seienden: dem Sein des Daseins.

3. Das Dasein steht je schon von sich her in einer Vielzahl von intentionalen Verhaltungen, die ein Nichten-lassen vollziehen und *nicht* auf den logischen Akt der Negation reduzibel sind. Heidegger bemerkt: "Denn die Verneinung kann weder als die einzige, noch gar als das führende nichtende Verhalten angesprochen werden, darin das Dasein vom Nichten des Nichts durchschüttert bleibt. Abgründiger als die bloße Angemessenheit der denkenden Verneinung ist die Härte des Entgegenhandelns und die Schärfe des Verabscheuens. Verant-

wortlicher ist der Schmerz des Versagens und die Schonungslosigkeit des Verbietens. Lastender ist die Herbe des Entbehrens" (WM, 14). Heidegger nimmt den Ausdruck ‚Nichten' im Hinblick auf die phänomenalen Seinsweise des Nicht als Vollzug der Vernein*ung*, des Nicht-sein-lassens von etwas als etwas. Die Phänomenalität des Nichten-lassens als Verhaltung des Daseins reicht nicht nur weit über den logischen Akt der Verneinung hinaus, sondern langt auch ontologisch tiefer als diese. Denn während der logische Akt der Verneinung das ‚Nicht' gleichsam instrumentell gebraucht und über es verfügt: das Sein des Daseins ihm gegenüber ein Anderes, von ihm nicht Tangiertes und in das Nichten-lassen selbst Involviertes ist, impliziert sich das existierende Dasein in seinen ‚nichtenden Verhaltungen' selbst und als solches: es *ist* sie selbst - in Entgegenhandeln und Verweigerung, Verachtung und Versagung, Entbehrung und Haß, Ressentiment und Gewalt, Mord und Selbsttötung. Das Nichten-lassen von ... ist hier nie ein solches, das in bloßer intentionaler Zuwendung zu - über das Nicht verfügt, sondern ein solches, das sich selbst in die Haltung des Nicht verfügt, also gewissermaßen vom Nicht übergriffen, von ihm und durch es in ein bestimmtes Verhältnis zu etwas verfügt und versetzt ist. In der Verachtung, sei es die meiner selbst oder eines anderen, einer bestimmten Verhaltensweise oder einer ganzen Existenzform, lasse ich mir nicht ein gegenständliches ‚intentum' in die Zweiheit, welcher Art auch immer, auseinanderliegen (A und nicht-A), um daran die Erschlossenheit eines Jeglichen an ihm selbst: seiner gegenwendigen Einheit zum Anderen, zu erzeugen; sondern bin über das Verachtete hinaus als etwas, das an ihm selbst als ein Nichtiges unter mich - mein Sein als Verachtender - versinkt. Die Negativität der Verachtung ist der Art nach eine ganz andere als es die der logischen Negation überhaupt sein kann. Zur Negativität des Daseins gehört aber nicht nur, daß es das Nicht als Verhaltung übernimmt, sondern ebensosehr, daß es ihm als solchem ausgesetzt ist und sich je schon als in seinem Sein Nichtiges erschlossen ist: Schein und Verblendung, Krankheit und Leiden, Scheitern und Versagen, Schuld und nicht zuletzt der Tod gehören zu den konstitutiven Negationsphänomenen des Dasein, in denen es sich in seinem Sein vom ‚Nicht' durchgriffen erfährt. Zur existenzialen Negativität des Menschseins gehört ebensosehr die Erfahrung der Ausgesetztheit des je eigenen Seins an das Nicht wie die Übernahme des Nicht als Grundhaltung des Existierens selbst, die sich dann auch - aber erst dann - im logischen Akt der Verneinung artikuliert. Nur weil das ‚Nicht' ins Sein des Daseins selbst als der vor-intentionalen Offenheit von Sein gehört, kann sich das Dasein in seine ‚nichtende Verhaltungen' hineinbegeben und darin das Nicht seines Seins eigens als Grundbestimmung seines intentionalen Verhaltens übernehmen und vor sich bringen. Dazu gehört dann auch der logische Akt der Verneinung.

Wenn wir nun diese existenziale Negativität des Menschseins auf den ontologischen Grund ihrer Möglichkeit hin sichten, dann kommen wir dem ‚aletheiologischen' Begriff des Nichts schon ein gutes Stück näher. Das Sein menschlicher Negativität gehört konstitutiv zum Daseins als der vor-intentionalen Offenheit von Sein. Denn diese west als das Nicht von Sein. Das Nichten ist darin ein Grundzug des Seins selbst, der im Sein des Da 1. als Grundbestimmung der Erschlossenheit des Seins von Seiendem überhaupt und 2. als intentionale Übereignung an das faktische Dasein selbst west. Das Nicht langt tiefer in das Menschsein als alles ‚Positive' und ‚Affirmative', weil es sein Sein als Mensch selbst ist: sein ‚Da', aus dem es sich generiert. Wie steht es um dieses Nicht, das vor-intentional das Sein des Daseins konstituiert?- Es erschließt sich in der Angst. An ihr läßt sich der Begriff des Nichts fassen.

Was enthüllt sich in der Angst?- Das Seiende im Ganzen entgleitet aus der intentionalen Zuwendung, darin es dem Dasein Anhalt gibt. Indem der intentionale Anhalt entgleitet, entgleitet das Dasein sich selbst. ‚Entgleiten' bezeichnet eine Negationsbewegung, ein ‚Nichten', Sich-entziehen und Entschwinden. In der Angst ‚nichtet' das, woran überhaupt als einem bestimmten Etwas Halt zu finden wäre. Dieses Nichten von Seiendem enthüllt das ‚Nichts', wörtlich verstanden als ‚nicht etwas', d.h. nichts von dem, was ein bestimmtes Seiendes ist, an das sich das Dasein halten könnte. Das Nicht des Seienden aber *ist* als das Andere zu ihm das Sein, oder, wie es in ‚SZ' (§ 40, 187) hieß: Welt. In der Angst bringt sich das Dasein selbst vor das Nicht alles Seienden - das ‚Nichts' - als die Erschlossenheit und Offenheit von Sein (Welt). Diese aber ist es selbst als Dasein. Die Angst bringt das Dasein vor sein In-der-Welt-sein, indem sich darin zugleich die Möglichkeit des Nicht des Da erschließt: den Tod. Das Sichängstigen ist deshalb zugleich die konstitutive Befindlichkeit des Vorlaufens in den Tod. Die in der Angst erschlossene Offenheit von Sein als Welt, damit des In-der-Welt-seins selbst, ist immer zugleich die Erschlossenheit des Nicht des Da - des Todes, die im Nichten des Seienden im Ganzen aufgeht. Anders gesagt: Das Seiende verstellt die Erschlossenheit von Welt und damit das In-der-Welt-sein selbst, das sich vorlaufend am Tod aufgeht. Ohne diese Erschlossenheit des Nicht des Daseins bleibt die Bestimmung des Nichts unvollständig: sie wird formal gefaßt nur in der Negation des Seienden und damit der ontologischen Differenz: "Das Nichts ist das Nicht des Seienden und so das vom Seienden her erfahrene Sein" (WM, 21). Später heißt es: "Das schlechthin Andere zu allem Seienden ist das Nicht-Seiende. Aber dieses Nichts west als das Sein" (WM, 101). Das Nicht von Seiendem überhaupt erschließt das Sein als solches. Das Sein *als solches* aber meint die horizontale Offenheit von Sein (Welt), die das Dasein selbst ist. Diese ist als solche endlich, begrenzt. Sie erschließt sich in ihrer horizontalen Endlichkeit aus dem Gegenzug zur ‚Lethe', der Unentborgenheit von Sein als Geheimnis. Diese aber ist die existenziale Bestimmung des Daseins als geworfenes Sein-zum-Tode. Indem sich das Dasein als geworfenes Sein-zum-Tode aufgeht, geht ihm die horizontale Endlichkeit der Offenheit von Sein (Welt) auf: beides ist nur eines und dasselbe. In der Angst vollzieht sich die Erschließung dieser horizontalen Offenheit von

Sein *als solche* in der Weise der Negation, phänomenal verstanden als ,Nichtung' aller intentionalen Bezüge. In der Angst ist der intentionale Halt des Daseins am Seienden ausgesetzt. Die Aussetzung der Intentionalität erschließt gegenwendig die Horizontalität als die Bedingung ihrer Möglichkeit: ihre Welthaftigkeit. Diese Aussetzung wird von Heidegger als das "Wesen des Nichts: die Nichtung" verstanden. (WM, 11). Der (vor-intentionale) Negationsvollzug (Nichtung), der die Grundbefindlichkeit der Angst auszeichnet, bezieht sich auf die intentionale Sachverwiesenheit des Daseins an das Seiende, insofern diese die sie ermöglichende Offenheit von Sein (Welt) als solche verborgen hält. Die Angst ist ihrem Wesen nach deshalb vollkommen und gänzlich ,abstrahierend' von jeder inhaltlichen Bestimmtheit und Gegenständlichkeit; also in gewisser Weise wesensgleich mit der ontologischen Abstraktion, die das Seiende als das Seiende thematisiert, indem sie von seiner inhaltlichen Bestimmtheit absieht und allein darauf achtet: daß es ist und nicht nicht. Aber dies wird in der Angst selbst nicht mehr ,intentional' gewußt, sondern ist als Grundbefindlichkeit des In-der-Welt-seins einfach da. Was in der Angst von dem entgleitenden Seienden übrig bleibt, ist, wie Heidegger ausführt, dies: "daß es Seiendes ist - und nicht nichts" (WM, 11). Das ,ist' selbst wird durch das abstrahierende Wesen der Angst herausgestellt; diese ,Herausstellung' des Seins im Unterschied zu allem Etwas (Seienden) ist die ,Nichtung' - das vom Seienden her als sein Nicht erfahrene Sein.

Im Begriff des Nichts geht es Heidegger um die für die ,Aletheia' konstitutive ontologische Differenz. Das ,Nichts' wird von der ontologischen Differenz her als die Offenheit von Sein (im Unterschied zur Offenbarkeit des Seienden) expliziert. Entscheidend ist, wie sie an ihr selbst erschlossen wird, indem sie das Dasein vor sein Sein als Da (Offenheit) bringt. Die Angst bringt das Dasein vor seine Nichtung, den Tod und damit die Faktizität seines Seins. "Die Angst offenbart das Nichts" (WM, 9) heißt: Die Angst offenbart die Faktizität des Daseins als In-der-Welt-sein - als die in sich horizontal-begrenzte (endliche) Offenheit von Sein. In dieser erschließt sich das Dasein zugleich als das Andere zum Sein: als die Offenheit von Sein (Da), die als das Andere zum Sein das Nicht von Sein ist. Dann aber muß der Begriff des Nichts nicht mehr aus der ontologischen Differenz Sein - Seiendes heraus gefaßt werden, sondern als die grundlegende Bestimmung der Offenheit (,Aletheia') selbst - im Gegenzug zum in sich verschlossenen ,vorwesenden Wesen' des Seins.

Dies ist der entscheidende Punkt, auf den alles ankommt. Halten wir uns an folgenden Ausgangssatz: ,Die Angst offenbart das Nichts,. Das ,Nichts' nennt darin das Sein als das Andere zu allem Seienden. Was aber ist erschlossen, wenn das Sein erschlossen ist?- Die horizontale Offenheit von Sein, die das Dasein selbst ist. Die Angst bringt es vor sein In-der-Welt-sein als solches. Das Dasein eröffnet sich in seiner Faktizität als die Offenheit von Sein (Welt) überhaupt. Diese schließt, wenn auch abgeblendet, die Offenbarkeit des Seienden ein. Entscheidend für den Begriff des ‚Nichts' ist der interne Negationscharakter der Offenheit von Sein selbst als Offenheit - ihre horizontale Endlichkeit, die am Tod als gegenwendig zur ‚Lethe' ausgegrenzte aufgeht. Die Aussetzung intentionaler Vollzüge ist lediglich eine Vorbedingung dafür, daß sich dem Dasein in Angst das In-der-Welt-sein selbst und als solches erschließt; nicht aber ist sie selbst die Negationsbewegung (das Nichten), die als das Nichts auf den Begriff gebracht wird. Dies darf man sich nun nicht falsch vorstellen. In der Angst ist das Seiende insgesamt weg. Damit ist aber auch das Dasein für sich kein Seiendes mehr. Wir hätten es in der Aufhebung der Intentionalität mit einer ‚ersten Negation' zu tun, die das Seiende insgesamt betrifft. Was bleibt, ist die horizontale Erschlossenheit von Sein *als solche*. Nun ließe sich weiter denken: Das Dasein ‚unterscheidet' nun in einer ‚zweiten Negation' Sein und Nichtsein, hält also sozusagen die Negation noch einmal an das heran, was übrig geblieben ist. Dies ist nun das Sein, nicht das Seiende; und wir erhielten den Begriff des Nichts als Negation von Sein (nicht: Seiendem). Mit diesem ‚Nichts' nun würde sich das Dasein ‚identifizieren', insofern es als die Offenheit und Unverborgenheit von Sein das Andere zu ihm ist. Diese Andersheit von Sein und Offenheit (Wissen) ginge ihm auf am Tod. In dieser intentional-logischen Übersetzung dessen, was sich in der Angst als Grundbefindlichkeit vor-intentional erschließt, erhalten wir dann zwei voneinander gesonderte Begriffe des ‚Nichts': das Nichts als die Negation des Seienden (Sein) und als die Negation des Seins (Offenheit). Die Funktion der Verneinung wäre je die Erschließung von etwas *als* etwas. Im Grunde könnten wir uns dann die Rede vom ‚Nichts' auch sparen.

Aber die Erschlossenheit der Faktizität von Sein, wie sie sich in der Angst herstellt, ist anderer Art. Sie ist nicht mehr gesondert in die Differenz von intentionalem Gegenstand und Selbsterschlossenheit des Daseins (Für-sich-sein). Die Offenheit von Sein, die sich im ‚Entgleiten des Seienden im Ganzen' als solche herausstellt, ist als solche auch schon die Herausstellung der horizontalen Endlichkeit, die das Dasein als Sein-zum-Tode selbst ist. Ansonsten wäre die Angst nicht Angst; sie ist dies nur, insofern sie das Dasein vor sein Nicht bringt. Dieses Nicht ist kein intentionaler Akt der Verneinung, sondern ein Zug der Erschlossenheit seines Sein als Da. Das Dasein verhält sich nicht negierend, sondern blickt gleichsam in die Negation selbst als Zug dessen, was es als solches ist. Das Verführerische an der Übersetzung der befindlichen Erschlossenheit der Angst in die Form logisch-intentionalen Verneinens ist, daß das ‚Nichts' durch das Nicht und damit die Entgegensetzung aufgeht. Irgendwie sind ‚Sein' und ‚Nichtsein' ineins und zugleich erschlossen. Aber diese Entgegensetzung zum Sein ist das Dasein selbst. *Wie* ist die Entgegensetzung und *als was* ist das Nicht von Sein eröffnet?- Als das Sein des Daseins selbst: die *Offenheit* (von Sein) als dem Anderen zum Sein - dem Nicht von Sein. Das Dasein, das in der Angst die Offenheit von Sein als solche und im Gegenzug zum inhaltlich bestimmten Etwas eigens eröffnet, eröffnet diese selbst als das Nicht von Sein: darin erblickt es ‚sich selbst' als das Nicht von Sein, das es als die Offenheit von Sein je schon faktisch *ist*. Es, das Dasein, weiß sich als die Offenheit von Sein und darin als das Andere zum Sein: das Nicht von Sein, das ‚es selbst' faktisch ist. Wir können dies als die ‚me ontische' Selbsterschlossenheit des Wissens bezeichnen, die alles Menschsein, alles Wissen und alles Erkennen, die Freiheit und jeglichen Vollzug der Existenz im Grunde als das tiefe Bewußtsein eines ‚unendlichen Mangels an Sein' begleitet; einer im Grunde des Menschseins selbst waltenden ‚Seinslosigkeit', die ihn, den Menschen, gewissermaßen aus allem Anwesenden heraussetzt in die Leerheit des Nicht und selbst noch vor einem Stein in die Kniee fallen und ihn als das gediegene Anwesen reinen In-sich-seins anbeten läßt, das ihm selbst versagt ist. Zum Menschsein gehört es, die Nichtung seines Seins als Dasein, herausgestellt in die Offenheit von Sein, sein zu müssen. Die ‚me ontische' Selbsterschlossenheit des Dasein, als das Nicht von Sein inmitten alles Seienden zu eksistieren, ist mit der im Grunde des Daseins je schon waltenden aber zumeist niedergehaltenen Angst gegeben als "die Hineingehaltenheit in das Nichts" (WM, 12), die den Menschen zum "Platzhalter des Nichts" (WM, 15) qualifiziert. Der Mensch ist der ‚Platzhalter des Nichts' *als* die Offenheit von Sein. Diese ist die Faktizität des Seienden ‚Mensch', und deshalb kann Heidegger sagen: "Im Sein des Seienden geschieht das Nichten des Nichts" (WM, 12). Es geschieht als das Sein des Daseins und in diesem: als die Eröffnung von Sein. Diese selbst ist nichts anderes als die ‚Nichtung des Seins', die alle ‚me ontische' Selbsterschlossenheit des Menschsein und jegliche Weise ‚nichtenden Verhaltens' trägt. Wenn deshalb ‚Sein' und ‚Nichts' zusammengehören, dann deshalb, weil es das Sein nur ‚gibt', insofern es eröffnet ist, die Offenheit das Nicht von Sein selbst ist, oder mit Heideggers Worten: "weil das Sein im Wesen endlich ist und sich nur in der Transzendenz des in das Nichts hinausgehaltenen Daseins offenbart" (WM, 17). Die ‚Offenbarkeit von Sein' ist seine Nichtung, die als solche sein endliches Wesen als das Sein des Daseins ausmacht.

Von daher läßt sich nun auch besser die ‚Prinzipienfunktion' des Nicht verstehen: Das Nicht ist erstlicher und prinzipieller als alles ‚Positive' und ‚Affirmative'. Dies zeigt sich schon in gewisser Weise daran, daß dieses durch jenes vermittelt ist und *als* ‚Positives' immer nur durch die Negation der Negation offenbar wird. Die Einsicht in die Negativität des Seins als Struktur seiner Unverborgenheit, auf die sich das vernünftige Erkennen von etwas als etwas einzulassen hat, liegt schon in der alten platonischen Einsicht, daß ohne das ‚Nicht' kein Wissen von etwas möglich wäre. Etwas west als die Negation der Negation: Es ist als Etwas nur erschlossen, insofern es von dem, was es nicht ist, unterschieden wird. Das Eröffnen von etwas als etwas konstituiert sich in der Negation des Anderen als der Negation des Etwas. Etwas ist als das Nicht des Anderen ‚es selbst'. Obgleich diese Einsicht die philosophiegeschichtliche

Thematisierung von Sein in wechselndem Ausmaße durchzieht, bleibt sie doch mehr ein Randphänomen des Denkens, dem das ‚Negative' immer nur das Vermittelnde des ‚Positiven' und als solches ein letztlich verschwindendes Moment seiner vernünftigen Erfassung bleibt. Einzig Hegel denkt die Negativität als ‚absolute Negativität', die als solche das Sein selbst ist. Das Sein west als ‚absolute Negativität', insofern es die Bewegung seines Sich-wissens als absolute Idee und Geist ist. Im Begriff absoluter Negativität ist die Negation als selbstbezügliche das Sich-nichten-lassen von Sein, darin es sich in die Unverborgenheit seines Für-sich-seins (Wissen) vermittelt. Damit kommt Hegel unter den Bedingungen der Metaphysik der Subjektivität der phänomenologischen Fassung der Negativität des Seins bei Heidegger am nächsten. Wenn wir das Nicht nicht als ein vorhandenes Instrumentarium intentionaler Gegenstandsbeziehung nehmen, sondern die Bedingungen der Möglichkeit dieser selbst denken, dann wird das Nicht notwendig zum formal bestimmenden ‚Prädikat' des Wissens. Dieses, als das Nicht von Sein, bezieht sich gegenwendig auf das Sein; gegenwendig aber ist es in sich als Rückkehr zum Sein. Das Nicht geht nicht weg vom Sein, sondern kehrt sich in sich um zum Sein; nur als solches ist es der Begriff des Wissens als relationale Nichtung des Seins in und zu seiner Unverborgenheit, die selbst *ist*. Das Sich-nichten-lassen von Sein (selbstbezügliche Negation) west als die ‚Lichtung des Seins' (‚Aletheia'), die als in sich endliche inmitten des Seienden aufgeht und das Sein dieses Seienden - des Menschen - konstituiert. Der Mensch weiß nicht nur um die Negativität des Seins von Seiendem überhaupt, seiner selbst eingeschlossen; er übernimmt nicht nur die Negativität in die intentionale Grundhaltung seines erkennenden und handelnden Verhaltens zur Welt; sondern mehr noch und darüber hinaus: entspringt selbst in seinem Sein der Nichtung von Sein überhaupt als der Brennpunkt, an dem sich die Negativität des Seins auskristallisiert in das Anwesenlassen eines Seienden, das als ‚Platzhalter des Nichts' der Ort inmitten des Ganzen des Seienden ist, an dem es in seine Unverborgenheit aufbricht. Der Mensch ist als Dasein die Exzentrik des Seins, das Zu-sich-selbst-kommen des Wesens des Seins als ‚absolute Negativität': das macht seinen Geist, seine Freiheit, seine Maßlosigkeit aus. Indem es allein das Nicht ist, darin sich Sein in die Unverborgenheit gibt, gibt das Nicht das Da des Daseins; die Nichtung ist das Wesen der Lichtung und als solche das Wesen des Seins selbst. "Das Sein - nicht Seiendes »gibt« es nur, sofern Wahrheit ist. Und sie *ist* nur, sofern und solange Dasein ist. Sein und Wahrheit sind »gleichursprünglich«" (SZ, 230). Das Sein gibt es nicht außerhalb der Offenheit von Sein, die der Mensch als Mensch ist: es west je nur als Eröffnetes, als solches aber notwendig in der Weise, daß es als das Sein eines Seienden unter anderen an ihm selbst die Offenheit seiner ist. Dieses ist seine Nichtung: allein sie gibt Sein in sein Anwesen als Unverborgenes. Erst in ihm kommt das, was ist - ‚Seiendes' - in seine Unverborgenheit hervor: am Nicht generiert sich das etwas *als* etwas -

die daßhafte und alshafte Erschlossenheit all dessen, was ohne sie in der Verborgenheit (Lethe) bliebe. Das Nichten als Grundzug des Seins konstituiert das Sein des Daseins als Offenheit von Sein, die eben, weil sie dem Sein selbst entstammt, auch ‚ist' - *als* seine ‚Nichtung': Offenheit. Das ist gewissermaßen der letzte Kern von Heideggers ‚Aletheia'-Gedanken und damit seiner Bestimmung des Verhältnisses von Sein und Wissen.

Die ‚aletheiologische' Bestimmung des Nichts hat sich damit unversehens in die negativitätstheoretische Bestimmung der ‚Aletheia' gekehrt. Diese bleibt jener gegenüber fundamentaler. Von daher bekommen wir nun auch den Blick frei auf die ‚ontologische Differenz', die Heidegger - als Differenz notgedrungen - aus dem ‚Nicht' faßt und ineins mit dem ‚Nichts' als der Offenheit von Sein thematisieren muß, weil diese selbst und als solche die Differenz von Sein und Seiendem in sich birgt (WM, 21). Das Dasein selbst ist als die Offenheit von Sein das Auseinanderhalten, ‚di-ferre', von Sein und Seiendem, ihr Differential. Diese Differentialität ist die strukturelle Verfassung der Offenheit von Sein, die als Freigabe des jeweils bestimmten Etwas in sein Begegnen *als Seiendes* weggeborgen ist: sich also in der Sachverweisung intentionalen Wozu des Verhaltens - der Offenbarkeit von Seiendem überhaupt - verbirgt. Die ontologische Differenz beinhaltet als solche eine konstitutive aletheiologische Differenz der Unverborgenheit ihrer Differenten. Sie muß deshalb aus dem Nicht (Nichts) als der Bestimmung der Offenheit von Sein angegangen werden, und zwar im Hinblick auf die für diese Offenheit von Sein konstitutive Verbergung in der Offenbarkeit des Seienden. Heidegger schreibt: "Jenes nichtende Nicht des Nichts und dieses nichtende Nicht der Differenz sind zwar nicht einerlei, aber das Selbe im Sinne dessen, was im Wesenden des Seins des Seienden zusammengehört" (WM, 21). Das ‚Wesende' des Seins des Seienden meint seine Freigabe in die Offenheit. Als diese Offenheit ‚nichtet' das Sein: die Offenheit ist als das Andere zum Sein sein Nicht. In diesem Nichthaften der Offenheit als solcher liegt ihre Verbergung, die zugleich und in einem mit ihr als ihr Wegweisen von sich in der Freigabe von Begegnendem *als Seiendem* geschieht, so daß sie in der Offenbarkeit eines Anderen verschwunden ist. Aber wie und als was ist das Sein in der Freigabe der Offenbarkeit des Begegnenden als solches, das ‚ist' (Seiendes), verborgen?- Als Nichts: ‚nicht Etwas' - Leerheit. Denn die Andersheit von Sein gegenüber allem sachlich bestimmten Etwas - der inhaltlichen Fülle des Begegnenden - wird von diesem her als seine Leerheit, die inhaltliche Bestimmungslosigkeit von ‚Nichts' (nicht Etwas) offenbar. Das Sein als das alles Begegnende übergreifende und umfassende ‚ist' west an ihm selbst als das Nichts der Leerheit und ist gerade als solches und in seiner Eröffnung die Verbergung seiner. Andersherum und von der Offenheit her gesagt: Die Offenheit west als das Nicht von Sein. Sie ist aber nicht ‚Offenheit' und Schluß, sondern ‚Offenheit *von Sein*'. Das, wovon sie die Offenheit ist - das Sein - ‚gibt, es nur als innerhalb ihrer Eröffnetes: und deshalb hat dieses, das Sein, die Offenheit an sich als seine Leerheit (‚Nichts‘). Das Sein, wovon die Offenheit die Offenheit ist, muß dieselbe Nichthaftigkeit an sich haben, wie die Offenheit, weil beide ja nicht auseinanderfallen, sondern eben dies Eine: die Offenheit von Sein - sind. Das Wissen hat, worauf ich eingangs verwiesen habe, dieselbe inhaltliche Leere, Bestimmungslosigkeit und Transzendentalität wie das Sein: und unterscheidet sich damit ineins mit diesem von allem Begegnenden, das in der inhaltlichen Fülle seines Etwasseins offenbar wird. Diese Komplizität von Sein und Wissen als gemeinsames Sich-unterscheiden von allem Seienden ist zugleich ihre Leerheit, darin eben nicht sie - weder das Wissen noch das Sein -, sondern allein das Seiende das thematisch Offenbare ist. Das Wissen verbirgt sich im Begegnenlassen des Seienden nicht weniger als das Sein: beide sind gemeinsam und als solche in der intentionalen Offenbarkeit weggeborgen als der vorgängige Begegnisraum dessen, was sich dem Dasein zeigt und wozu es sich verhält. Die Offenheit von Sein eröffnet die zueinander Gegenwendigen: Sein - Wissen in der gleichen bestimmungslosen Leerheit, die sich gegenüber der sachlich-inhaltlichen Fülle des begegnenden Etwas in das unthematische Mitgewußtwerden zurücknimmt. Erst diese Verbergung ist die Freigabe dessen, was ist, in sein Begegnen, so daß die Offenheit darin gleichwohl als das Andere zu ihm - dem Seienden im Ganzen - offengehalten wird, genauer: das Offenhalten selbst ist. Das Dasein ist deshalb als das Nicht von Sein zugleich das Differential von Sein und Seiendem, ihr Auseinander, darin die Andersheit von Sein überhaupt als seine Leerheit gegenüber der Fülle des Begegnenden verborgen ist. Dies scheint mir der Grundgedanke Heideggers zu sein, der Nichts und ontologische Differenz als im ‚Wesen des Seins‘ zusammengehörig denkt.

4.3. ‚Aletheia‘ als Welt

Wir können uns von daher abschließend noch kurz dem Begriff der ‚Aletheia‘ als Welt zuwenden. ‚Offenheit von Sein‘ und ‚Welt‘ meinen dasselbe; das Sein, insofern es nicht in seiner Offenheit aufgeht, west als das Nicht von Welt: ‚Lethe‘. Heidegger schreibt: "»Welt« ist die Lichtung des Seins, in die der Mensch in seinem geworfenen Wesen heraussteht. Das »In-der-Welt-sein« nennt das Wesen der Ek-sistenz im Hinblick auf die gelichtete Dimension, aus der das »Ek-« der Ek-sistenz west. Von der Ek-sistenz her gedacht, ist »Welt« in gewisser Weise gerade das Jenseitige innerhalb der und für die Eksistenz" (WM, 180), d.h., wie wir ergänzen können, die horzontale Freigabe intentionaler Sachverwiesenheit, die von dieser her als das ‚Übersteigende‘ (‚Jenseitige‘) erfahren wird. Die Welt ist als die ‚gelichtete Dimension‘ nicht etwas ganz Anderes als der Mensch, sondern sein Menschsein selbst: das ekstatische

Aus-sich-heraus-stehen und Außer-sich-sein in der Offenbarkeit des Seienden im Ganzen, sein In-sein als Außer-sich. Die Lichtung und Offenheit von Sein als Welt ist die ekstatische Dimensionalität, in die das Sein weltend aufgeht, ohne sich in diese aufzuheben. Das Sein ‚weltet' heißt: es geht auf in seine Unverborgenheit, die Offenbarkeit des Seienden im Ganzen; und dieser Aufgang von Sein in seine Unverborgenheit: das Welten von Sein, ist selbst nichts anderes als der ‚Einbruch' des einen Seienden, genannt ‚Mensch', inmitten des Ganzen des Seienden. Mit dem Geschehen dieses einen Seienden ‚Mensch' geschieht der Aufbruch des Ganzen des Seienden in seine Offenheit und Unverborgenheit - das (horizontale) Welten von Welt als dem Zeit-Spiel-Raum für alles Anwesen und Abwesen von Seiendem. Das "Wesentliche" darin ist aber, wie Heidegger zu denken gibt, "nicht der Mensch, ... sondern das Sein als die Dimension des Ekstatischen der Ek-sistenz. Die Dimension jedoch ist nicht das bekannte Räumliche. Vielmehr west alles Räumliche und aller Zeit-Raum im Dimensionalen, als welche das Sein selbst ist" (WM, 164). Die Dimensionalität wird zu dem - gegenüber Zeit und Raum - vorgängigen Grundbegriff der ‚Aletheia' als Welt und bezeichnet damit das, was durch die Freiheit als das Offene freigegeben wird. Sein west als ‚Dimensionalität' heißt: Sein weltet, Sein geht auf in Welt als der Offenheit und Unverborgenheit seiner, die als solche durch die Zeit/Raum Dimensionalität offen, freigeräumt (leer) ist. Zeit und Raum werden damit in gewisser Weise zu gleichursprünglichen und gleichrangigen Bestimmungen der aus der reinen Dimensionalität verstandenen Offenheit von Sein, die als Welt je schon das dimensionale Außereinander: das ‚Freie', ‚Gelichtete', ‚Geräumte' für jegliches Sich-zeigen und Erscheinen von Seiendem, sein An- und Abwesen aus dem Verborgenen ins Unverborgene, ist. ‚Das Sein weltet' heißt aber zugleich, daß es gegenüber seinem Aufgang in die Offenheit ein unterschiedenes Anderes bleibt, das gegenwendig zu seiner horizontalen Welteröffnung als Unentborgenheit und Verbergung west, und deshalb in seinem Aufgehen selbst als Phänomenalität, d.h. als die gegenwendige Einheit von Entbergung und Verbergung, Sich-zeigen und Sich-entziehen, das Bezugsworauf allen intentionalen Verhaltens abgibt. Die Welt als Lichtung des Seins birgt in sich nicht nur den Bezug zum Sein als weltlos wesender Unentborgenheit und Verbergung, so, als wäre sie dazu die reine Offenheit; sondern diese ist sie selbst als die phänomenale Gegenwendigkeit von Entbergung und Verbergung, die als das Sich-zeigen und Erscheinen von Seiendem in seinem Sein das relational Andere zu allem Wissen ist, das inmitten des Seienden sich zu diesem entbergend/verbergend verhält. ‚Das Sein weltet' besagt: das Sein von Seiendem erscheint, zeigt sich für ein inmitten des Seienden anwesendes Seiendes - das Dasein, dessen Sein (Ek-sistenz) als In-der-Welt-sein das phänomenale Begegnenlassen von Seiendem an ihm selbst aus dem Horizont eröffneten Seins und Anwesens ist. Sein als Welt und Sein als Phänomenalität besagen dasselbe: Sein west phänomenal als Welt und weltend als Phänomen.

Damit stehen wir plötzlich und eigentlich ganz unvermutet mitten im Zentrum der Grundlegung der Philosophie als Phänomenologie. Das phänomenologische Denken Heideggers legt sich Grund (,nimmt Boden') im phänomenalen Begriff von Sein als dem Maßgeblichen seiner, im Hinblick worauf und wovonher es die *Wahrheit des Seins denkt* und die *Wahrheit seines Denkens ist.* Erst hier kommen wir dazu, die ,Selbstbegründung' der Phänomenologie aus ihrem maßgeblichen Begriff von Sein einzusehen. Das Denken, das sich aus seinem Gedachten in das veranlaßt sieht, was es als das Denken seines Zu-denkenden je schon war, erfährt sich aus dem Denken der Wahrheit des Seins in seinem Wahrsein als Denken. Das Wahrsein phänomenologischen Denkens als Prinzip und Maß jeder ontologischen Erkenntnis dessen, was ist, weist sich aus am Begriff der Phänomenalität des Seins, der selbst als die maßgebliche Bestimmung des Verhältnisses von Sein und Wissen im Grundgedanken der ,A-letheia' zuende gedacht wird. Es ist deshalb letztlich wenig erstaunlich, wenn uns am Begriff der ,A-letheia' das Denken begegnet, das ihn denkt: es in der methodischen Konstitution seiner Denkpraxis von seinem Grundgedanken her selbst durchsichtig wird. Denn es hätte *sich* als das Denken der Wahrheit des Seins nicht in seinem eigenen Wahrsein als Denken auf den Begriff gebracht, würde nicht das, was es als die Wahrheit des Seins denkt, zugleich auch das Wahrsein des Denkens, das diese Wahrheit des Seins denkt, begründen. Die Faktizität der Offenheit von Sein übernimmt die Funktion eines letzten ,prinzipienlogischen' Begriffs, an dem sich Heideggers Denken maßgeblich ausrichtet. Mit dieser Aufarbeitung der fundamentologischen Seite der Existenzialontologie sind wir nun auch ausreichend darauf vorbereitet, die Grundlegung und Bestimmung aletheiologischen Denkens hervorzukehren.

Anmerkung

1. Texte

HEIDEGGER, Vom Wesen des Grundes (WM, 21 - 71). Was ist Metaphysik? (WM, 1 - 19) mit Nachwort (WM, 99 - 108) und Einleitung (WM, 195 - 211). Ergänzend: Brief über den Humanismus (WM, 145 - 194). PLATON, Sophistes. ARISTOTELES, Kategorien, Kp. 7 und 10. Metaphysik V, Kp. 9, 10, 15, 22. Metaphysik X. Henri BERGSON, L'évolution créatrice (1912), 279 - 302 (Oeuvres, Édition du Centenaire, Paris 1959, 730 - 747).

2. Literatur

Die in ,SZ' ständig in Anspruch genommene, aber nicht thematisch behandelte und aufgewiesene Unterscheidung des Daseins von dem nicht daseinsmäßigen Seienden, ist gewissermaßen auch der Kern aller Verführungen zu einer transzendentalphilosophischen Interpretation der Existenzialontologie. Erst in ,Vom Wesen der Wahrheit' und ,Vom Wesen des Grundes' holt HEIDEGGER diese

Selbstunterscheidung des Daseins von allem anderen Seienden in den Begriff des Daseins selbst ein. Dieses ist die systematische Funktion des Freiheitsbegriffes, der nunmehr konstitutiv wird für den Begriff der ,Aletheia'. Dagegen ist die ,Freiheit' in ,SZ' noch ganz existenzialontologisch (nicht: fundamentalontologisch) gedacht aus der die Jemeinigkeit als solche erschließenden Erschlossenheit des Todes, des Nicht des Da, als solche aber in dem grundsätzlichen Möglichkeitscharakter des Daseins verankert. Daher auch die Befreiungsfunktion der Angst. Da der Freiheitsbegriff von ,SZ' erst im Kontext der existenzialontologischen Analyse der Geschichtlichkeit bestimmbar wird (SZ, § 72 - 77), mußte auf seine Thematisierung hier verzichtet werden (Vgl. dazu Rudolf BRANDNER, Heidegger BG, II. Teil). Erst an der fundamentalontologischen Wendung des Freiheitsbegriffes als konstitutivem Moment der ,Aletheia' läßt sich die Differenz von ,selbst' - ,anderes' in ihrer nicht-transzendentalphilosophischen Bestimmung einsehen und für das Verständnis der Existenzialontologie selbst veranschlagen. Das ,Selbstsein', wie es existenzialontologisch in ,SZ' und in ,Vom Wesen des Grundes' gedacht wird, muß aletheiologisch aus dem ,Seinlassen' als dem ontologischen Geschehen des Daseins gedacht werden und nicht, wie I. GÖRLAND, Transzendenz und Selbst (1981), und nach ihr K.-F. BLUST, Selbstheit und Zeitlichkeit (1987) vertreten haben, aus dem quasi-transzendentalphilosophischen Entwurf einer ,Theorie der Subjektivität'. Dieser beruft sich immer auf eine - in ,SZ' überhaupt nicht begrifflich eingeholte, in ,Vom Wesen des Grundes' und ,Vom Wesen der Wahrheit' aber ganz anders als transzendentalphilosophisch gedachte - Unterscheidung von ,Selbst' - ,Anderes', dem Dasein und dem Sein alles anderen Seienden, um daran den Begriff einer ,geltungslogischen' transzendentalen Konstitutionstheorie festzumachen. I. GÖRLAND kommt unter Nichtberücksichtigung der konstitutiven ontisch-ontologischen Zweideutigkeit existenzialontologischer Bestimmungen zu der merkwürdigen Auffassung, daß HEIDEGGER in ,Vom Wesen des Grundes' ein ,Transsubjektives' ansetzt, während K. F. BLUST sich an der mangelnden Unterscheidung von ,Ichheit' (Für-sich-sein) und ,Selbstheit' (als Grundzug des Seins von Seiendem überhaupt, aber existenzial-kategorial diffenziert) verfängt. Eine Gesamtinterpretation von HEIDEGGERS Existenzialontologie im Hinblick auf die Bestimmung der Freiheit als Offenheit gibt G. FIGAL, Heideggers Phänomenologie der Freiheit (1988). Für G. FIGAL bleibt allerdings die Orientierung an dem ,natürlichen' Freiheitsbegriff als Autonomie und Selbstbestimmung leitend, hinter der die fundamentalontologische Bestimmung der Freiheit als Offenheit zurücktritt. Einleitend in die Problematik der Negationsbestimmungen und des Nichts vgl. in HWPH VI und HphG 4 die Art. ,Negation', ,Negativität', ,Nichts'. Zu den Negationsbestimmungen im aristotelischen Denken Rudolf BRANDNER (1988), § 7 - 9. Zur erkenntnistheoretisch-spekulativen Problematik der Negation W. FLACH, Negation und Andersheit. München/Basel 1959. Wie HEIDEGGER das ,Nichts' aus dem ,Nicht' denkt, zeigt in sprachanalytischer Perspektive auch E. TUGENDHAT in: Durchblicke (1970), 132 - 161. Sachlich aufschlußreich auch in der Gegenüberstellung zu HEGEL ist J. VAN DER MEULEN, Widerstreit und Widerspruch (1953), 61 ff. (Das gegenwenige Nichten) und 178 ff. (zur Negation). Zur weiteren Diskussion vgl. Poetik und Hermeneutik VI, Positionen der Negativität, hg. von H. WEINRICH, München 1975. Die ontologische Differenz behandelt ausführlich die Studie von A. ROSALES, Transzendenz und Differenz (1970), allerdings in einer oft wenig überzeugenden und von ihrem Sachverständnis her durchaus fraglichen Perspektive, die HEIDEGGERS Seinsfrage von vorneherein als Frage nach dem Grund (!) der ontologischen Differenz und dem Grund (!) der Transzendenz nimmt (10) und meint, das Verhältnis Sein - Seiendes entspränge der Einteilung des Seins des Seienden in Arten und Rangunterschiede (8). Entscheidende Einsichten in den aus der ,Aletheia' gedachten Weltbegriff und das phänomenale Wesen des Seins verdanke ich den Arbeiten von Giorgio GUZZONI, insbesondere: Pindar. Der vor-metaphysische Weltbezug (1981).

13. Die Grundlegung aletheiologischen Denkens

Denken bewegt sich in Begriffen. Begriffe geben dem Denken seine ‚Realität', das sachliche Was und Wie seiner intentionalen Gegenstände vor und umreissen damit in der Weise sprachlicher Bedeutungsschemata seine Beziehung auf das, was ist. Die sprachlichen Bedeutungsstrukturen, in denen sich je ein Denken bewegt, sind in gewisser Weise begriffsökonomische Ersparnisse ihrer Sache, die als lediglich angezeigte nicht auch schon im Was und Wie ihres begrifflichen Vemeintseins mitgegeben wird. Das Denken, das wir als wissendes Verhältnis zur Welt je schon und vor aller Philosophie und theoretischen Erkenntnis sind, lebt in solchen sprachlich-begrifflichen Bedeutungsstrukturen - es wohnt und haust in ihnen; in ihnen ist es ‚daheim', ‚bei sich', in seinem ‚Element' - es ist in seiner wohlgedeuteten Welt. Philosophie ist als prinzipielles Auslangen nach Erkenntnis immer darauf angewiesen, aus dem Haus in die Hauslosigkeit zu ziehen: sie entspringt dem absoluten Bedürfnis, hinauszuziehen ins Hauslose, Offene. Das Offene selbst zieht. Philosophie ist von jeher darauf aus, das gewohnte Element zu verlassen, um aus der Wiederholung der begrifflich maßgeblichen Verständnishorizonte jene hermeneutische Transformation von Welt in Verstehen in den Blick zu bekommen, die das ‚êthos' des Denkens, den Aufenthalt und Ort seines Wohnens konstituiert. Das Denken, das in seinen Begriffen wohnt, wird philosophisch, indem es aus sich heraus ans Bauen geht; das Bauen aber heißt, daß die hermeneutische Transformation von Sein in Wissen im Hinblick auf seine Wahrheit eingeholt wird, die in ihrer eigenen Begriffskonstitution dem Denken ein in wechselndem Ausmaße anderes Wohnen anweist. Was sie in der Ausprägung ihrer Terminologie und Begrifflichkeit als hermeneutische Anverwandlung von Sein in und zu einem wie auch immer veränderten ‚êthos' des Denkens und damit der wissenden Beziehung des Menschen zur Welt hervorbringt, reflektiert deshalb je auch, wie es sich zu dem, was in die Anverwandlung eingeht, verhält. Dies aber ist das, was ist, insofern es aus einer bestehenden Ausgelegtheit zurückgenommen gleichwohl *für* das Denken ist: die phänomenale Offenheit von Sein. Philosophie ist deshalb, wie alles Denken, in seinem Kern ‚phänomenologisch'; ‚Phänomenalität' die Grundbestimmung des Seins von Seiendem überhaupt (Welt), die jede verständnismäßige Anverwandlung dessen, was ist, vorgängig ermöglicht. Damit ist noch nicht viel, sondern eher wenig gesagt: Denn die Frage ist, welches Verhältnis sich das Denken zur Phänomenalität des Seins aufgrund wovon gibt: welches der maßgebliche Horizont ist, aus dem sich die hermeneutische Anverwandlung selbst bestimmt. Die sprachlich-begriffliche Formation des Denkens hat ihr Maß nicht am Phänomenalen, sondern an der Art und Weise seiner Thematisierung, die seine hermeneutische Anverwandlung in eine bestimmte Ausgelegtheit und Gedeutetheit leitet; aus ihr bestimmt sich, welcher phänomenale Gehalt die terminologische Begriffssprache der Philosophie widerspiegelt und damit die Art und Weise, wie in ihr das phänomenale Wesen des Seins selbst zum Zuge kommt - als solches anwesend wird oder grundsätzlich verlassen ist. Dies aber ist Sache des ‚Prinzips‘ der Begriffsbildung - der maßgeblichen Bestimmung des Verhältnisses von Sein und Wissen.

Der Durchgang durch die Existenzialontologie muß uns mittlerweile gezeigt haben, daß Heideggers Denken seine entscheidende Bedeutung nicht daran hat, daß es innerhalb eines überlieferten Begriffszusammenhanges neue Einsichten zeitigt, sondern Struktur und Verfassung des Denkens selbst wandelt. Was uns im hermeneutischen Nachvollzug seiner thematischen Begriffe nahezu unmittelbar aufgeht, ist, daß sich hier das Denken ein ganz anderes Verhältnis zu seinem Gedachten gibt, als wir es aus überlieferten Begriffszusammenhängen gewohnt sind. Nicht nur ist der Umgang des Denkens mit seiner Sache ein ganz anderer; anders ist auch die Geltungsanspruch seiner Begriffe, ihr theoretischer Status, die Art und Weise ihrer Bestimmung und Begründung. Was wir zuerst nur als Vorbegriff ‚phänomenologischen‘ Denkens kennengelernt haben, reicht längst nicht mehr aus, um zu fassen, was wir tun, wenn wir uns die Begriffsgehalte heideggerschen Denkens hermeneutisch erschliessen. Was fehlt, ist der ausdrücklich thematisch reflektierte Begriff phänomenologischen Denkens. Dieser bezeichnet dann aber näher das Verhältnis, daß sich Heideggers Denken zur Phänomenalität des Seins *aufgrund* seiner maßgeblichen Bestimmung des Verhältnisses von Sein und Wissen als ‚Aletheia‘ gibt. An ihr formiert es sich als ‚aletheiologisches‘ Denken. Dieses reflektiert zugleich den von Heidegger selbst geforderten ‚radikalen Neuanfang‘ der Philosophie als Bruch mit der geschichtlichen Überlieferung, der sich in dem gewandelten Verhältnis zur Phänomenalität des Seins auskristallisiert. Nicht zuletzt im Hinblick auf Heideggers Angriff auf die ‚Metaphysik der Subjektivität‘ und die metaphysische Konstitution des Denkens überhaupt stellt sich uns die Aufgabe, diese Andersheit eigens zu thematisieren.

5. Metaphysisches und aletheiologisches Denken

Dazu bedürfen wir der Abgrenzung ‚metaphysischen‘ und ‚aletheiologischen‘ Denkens im Hinblick auf das je maßgebliche Verhältnis zur Phänomenalität des Seins: Was dem einen und was dem anderen die Phänomenalität des Seins von Seiendem überhaupt ist, ist ein je anderes. Diese Differenz ist uns im Verlauf der Vorlesungen aber schon wiederholt an der Frage nach der Wahrheit des Wesens begegnet, so daß wir von ihr her den Begriff metaphysischen Denkens entfalten und auf seine Verwandlung ins aletheiologische Denken hin angehen können. Dabei nehmen wir als formale Orientierungsvorgabe das Verhältnis von Erscheinung (phainomenon) und Seiendem (on): Während dem metaphysischen Denken die Phänomenalität des Seins nicht die Wahrheit des Seins, sondern diese eine wesentlich davon unterschiedene ist, sind dem aletheiologischen Denken Erscheinung und Wesen, das Seiende in seiner Wahrheit und sein phänomenalen Wesen, eines. In dieser Gegenüberstellung geht es aber nicht um eine bloß formale Relation der Identität oder Differenz an sich gleichbleibender Begriffe, sondern diese sind je selbst anders bestimmt und als verschiedene Andere in ihr Verhältnis zueinander gesetzt. Was Erscheinung und was Wesen meint, ist metaphysisch anders gedacht als aletheiologisch, ohne daß in ihnen je etwas anderes als die Phänomenalität des Seins gedacht wäre. Ihre Andersheit entspringt allein aus dem Hinblick darauf, was sich als ihre maßgebliche Thematisierungshinsicht geltend macht.

Gehen wir noch einmal aus von der - innerhalb des platonisch-aristotelischen Denkens - vollzogenen Bestimmung des Seins als Wesen. Das Wesen ist als Grund des Seiendseins und Erkennbarsein von Seiendem überhaupt zugleich das, was den phänomenalen Grundzug des Seins konstituiert: Es ist das, was an einem zugrundeliegenden Stoff (hyle) als das je einende Etwassein eines Seienden zum Vorschein kommt: in die Unverborgenheit seines möglichen Gewußtwerden hervortritt. Die Gegenwendigkeit des Erscheinens (phainesthai) selbst als Ent- und Verbergung ist in der Gegenwendigkeit von ‚eidos' (Wassein) und ‚hyle' (Stoff) das Wesen (verbal) der ‚Physis', die nun aber nicht einen Bereich des Seienden (unter anderen), sondern die Seinsweise von Seiendem überhaupt: sein ‚Welten' - bezeichnet. Alles Denken bezieht sich auf dieses für es seiende Sich-zeigende und Erscheinende als der vorgängigen Offenbarkeit des Seins von Seiendem überhaupt. Die ‚Phänomenalität, ist als solche die Grundbestimmung *faktischer*, nicht aber auch schon *wahrer* Wirklichkeit. Die Bewältigung dieser Differenz ist Sache der Vernunft, die, indem sie sich vereinigend-unterscheidend auf das vielfältig phänomenal Anwesende bezieht, die Einheit seines Was und Wie in den vernünftigen Begriff (logos) versammelt und daran das hat, was seine Wahrheit ausmacht: Das Wesen (eidos). Das im Begriff der Sache gewußte allgemeine Wesen ist als aus der physischen Phänomenalität Herausgelöstes ‚in' der Vernunft (noesis) als seinem eigentlichen Ort (topos eidôn), der allein es in seiner Wahrheit an ihm selbst gibt. Es ist gleichsam die Beute des Denkens, mit der es sich auf und davon macht, um sie nun rein für sich zu genießen. Das ‚Wesen' des Wesens ist gerade nicht seine physische, sondern allein seine ‚noetische' Seinsweise: es ist als vernünftiges Allgemeines mit dem Sein vernünftigen Erkennens ontologisch gleichartig und in dieser vernünftigen Selbstgegebenheit nicht durch den Zug phänomenal-physischer Übergängigkeit und Mannigfaltigkeit des Sich-zeigens gekennzeichnet. An ihm selbst west es in seiner vernünftigen Erfassung als ‚ständiges Anwesen' (aei on), das - wie alle mathematischen Sachverhalte - in seinem Sein als ‚Idealität' bestimmt ist. Deshalb ist im begrifflichen Wissen des Wasseins die Phänomenalität transzendiert, aufgehoben und negiert: der Zug des Seienden ins Unverborgene wird gegen seinen Entzug in die Verborgenheit, die Einheit gegen die Vielheit, die Idealität noetischen Anwesens gegen die physische Faktizität seines Vorkommens gekehrt. Die durch die vereinend-unterscheidende Vernunft in der ontologischen Erkenntnis hergestellte Unverborgenheit des Seins von Seiendem überhaupt ist (west als) das Andere zur Phänomenalität physischen Seins, die - als phänomenale Anzeige der Idealität des Seins - lediglich das transitorisch vermittelnde Element der Erkenntnis wahrer Wirklichkeit ist. Die Differenz von ‚Wesen' und ‚Erscheinung' ist die Differenz noetischen und physischen Anwesens, von Vernunft und Natur.

In dieser Hinsicht bestimmen wir nun dasjenige Denken als ‚metaphysisch', das mit dem phänomenal-physischen Zug des Seienden in seinem Sein bricht und dadurch einen eigenständigen Zusammenhang (symploke) ‚reiner Bedeutungen' konstituiert, der das Bewandtnisganze des Wahren - die ‚wahre Welt' - in der Seinsweise vernünftigen Begreifens, Bestimmens und Begründens wiedergibt. Dieses formiert sich in der ‚Logik' als dem ‚Organon des Wahren', das als solches zur maßgeblichen Unterscheidungsinstanz von Sein und Nicht-sein wird. Das Sein wird zum Gegenstand logischer Bestimmung, in der das Denken rein von sich her entscheidet, was in Wahrheit ist und was nur zum Schein. In der ‚Logik' genießt sich das Anderssein des Denkens, indem es seine ‚Beute' der prädikativen Bestimmung und Begründung unterwirft, ohne noch weiter auf das phänomenale Wesen des Seins zurückkommen zu müssen. Das Sich-zeigen und Erscheinen gibt und entzieht zugleich die Wahrheit, dessen, was ist: es ist wesentlich wahrheitsambivalent die Alteration des Wahren, das noch undifferenzierte Ineinander von Wahrheit und Schein, das nur durch das vernünftige Begreifen des Allgemeinen als spezifische Grundform des Transzendenzbezuges des Denkens überwunden werden kann. Im Bezug auf das Phänomenale kristallisiert die Vernunft ihr Anderssein zu dem physisch phänomenalen Wesen von Welt überhaupt, aus. Das Phänomenale *ist* seine wesenslogische Transzendenz: es hat seine Wahrheit an einem anderen - der begrifflich bestimmenden und begründenden Vernunft. Die Ontologie ist nicht Phänomenologie, sondern ‚metaphysisch' das reine Denken in begrifflichen Bedeutungen, in denen das, was im Grunde ist, als ontologisch anderes zu seinem phänomenalen Anwesen gewußt wird.

Den Begriff metaphysischen Denkens fassen wir damit also nicht im Hinblick auf einen gegenständlich gedachten ontologischen Gehalt, sondern im Hinblick auf die Konstitution und Praxis eines Denkens, das aufgrund der ontologischen Seinsweise seines Gedachten (Idealität) sich als in sich autonome, vom physisch phänomenalen Wesen des Seienden abgekoppelte Sphäre sui suffizienter Erkenntnis der Wahrheit des Seins von Seiendem überhaupt herausbildet. Sowenig wir irgendeinem Denker von Rang im Ernste die vulgärmetaphysische Vorstellung einer ontisch ‚anderen Welt, unterstellen können, sowenig läßt sich ‚Metaphysik' über jeweilige thematisch-gegenständliche Erkenntnisse definieren, die ihr explizites ontologisches Bewußtsein von Sein darstellen. Entscheidend ist demgegenüber die ontologische Andersheit, die das Denken selbst gegenüber dem physischen Wesen von Sein *ist*: also die Konstitution des Denkens selbst als von der Physis unterschiedener ‚Idealität' des Seins, ganz gleich, ob diese Differenz, die das vernünftige Denken zum Sein der Physis selbst *ist* und praktiziert, auch in ihren thematischen Begriffen eigens reflektiert wird. Nicht aufgrund des thematisch Gedachten, sondern im Hinblick auf die Struktur und Verfassung des Denkens selbst im Umgang mit dem, was ist, erweist sich ein Denken als ‚metaphysisch': es selbst *ist* im begrifflichen Vorstellen des Allgemeinen, dem prädikativen Bestimmen und Begründen von Sachverhalten, seinen analytischen und synthetischen Einsichten in die Wahrheit das ontologisch, in seinem Sein selbst - vom naturhaften Anwesen unterschiedene Andere als seine ‚metaphysis'. Weil und insofern sich das Denken in sich selbst als ‚metaphysis' konstituiert, kann es dann auch sich selbst in einen objektiven, thematischen Begriff des Seins überhaupt (als Vernunft, Geist) bringen und daran sein Anderssein zur Natur reflektieren - also im gegenständlichen Sinne ‚metaphysisch' sein. Was ‚metaphysisch' über die Natur hinaus und gleichsam ‚hinter' ihrem phänomenalen Wesen liegt, ist nichts anderes als das, was vor ihr liegt, genauer: was das phänomenale Wesen der Natur in einer ganz bestimmten Art und Weise vor sich bringt und thematisch erschließt: das Denken selbst. Das Denken aber ‚ist' nicht ‚metaphysisch', als wäre dies oder überhaupt eine bestimmte Umgangsweise mit Welt sein ewig sich gleichbleibendes ‚substanzielles Wesen', sondern es konstituiert sich ‚metaphysisch', indem es Welt in einer bestimmten Art und Weise thematisch vor sich bringt - und erst dann in mitunter gänzlich divergierenden ontologischen Einsichten faßt. ‚Metaphysik' bezeichnet in erster Linie die Praxis eines Weltverhältnisses, die in der Konstitution vernünftigen Denkens Prinzip und Maß des Menschseins ortet und dieses selbst - das vernünftige Denken - innerhalb des Ganzen des physisch phänomenalen Seins (Welt) als anderes zu ihr anwesen läßt. Den ‚Kanon' dieser metaphysischen Umgangsform mit Welt gibt schon die traditionelle (aristotelische) Logik in ihrer Theorie der Begriffsbildung, des prädikativen Bestimmens und syllogistischen Begründens, der dialektischen Prinzipienerkenntnis und des sprachlich-sophistischen Scheins als Grundbegriff wissenschaftlicher Rationalität. Die Konstitution metaphysischen Denkens nennt also in geschichtlicher Hinsicht nichts anderes als den geschichtlichen Prozess der Herausbildung von ‚Rationalität' zur Grundbestimmung menschlichen In-der-Welt-seins. Das metaphysische Denken ist *unser* geschichtliches ‚êthos'; in ihm als einer überlieferungsgeschichtlich herausgebildeten Umgangsform mit dem, was ist, sind wir ‚daheim', ganz gleich, ob wir überhaupt noch dieses unser metaphysisches Anwesen innerhalb der Welt auf einen thematischen Begriff unserer expliziten ontologischen Verständnisse bringen. Das ‚Denken', das wir überlieferungsgeschichtlich als unsere Erkenntnishaltung zu den Dingen übernehmen, ist in erster Linie die logische Tätigkeit des Vereinigens und Unterscheidens, ob in der sprachlichen Bedeutungsanalyse oder der Reflexion logischer Begriffsgehalte, dem prädikativen Bestimmen und Begründen von Sachverhalten, darin das Denken ganz bei sich selbst und in sich die Unterscheidung des Wahren und des Falschen leistet. Das, worinnen und wodurch die - im Denken lediglich nur noch als Randwahrnehmung gesichtete - angängige Phänomenalität von Welt verständnismäßig angeeignet und ausgelegt wird, ist ihr gegenüber das ganz Andere bestimmter Begrifflichkeiten und ihrer logisch-semantischen Verflechtungen, in denen kaum mehr das widerscheint, von wo sie abgezogen (abstrahiert) sind. Man muß nur darauf achten, daß wir, wenn wir philosophisch denken, in einer ganz grundsätzlichen Art und Weise *nicht* bei den Dingen, der Welt im Wie ihres Sich-zeigens und Erscheinens sind; aber nicht zufällig und nebenher, weil wir es nun gerade intentional mit der logischen Form des Gewußtwerdens von Welt zu tun hätten, sondern als die wesentliche Art und Weise, in der das begrifflich bestimmende und begründende Denken *als solches* bei seiner Sache ist: bei ihr in sich verbleibt, und sich, wenn überhaupt, nur peripher auf seine Sache im Wie ihres Gegebenseins einläßt, um ihr noch den ein oder anderen phänomenalen Zug in das bestehende begriffliche Wissen wegzurauben. Das Phänomenale verschwindet im vernünftigen Wesensbegriff: er ist ein vom Wie des phänomenalen Gegebenseins seiner Sache abgelöstes eigenständiges Anderes; und es ist wesentlich diese Eigenständigkeit, die das in sich autonome Sein des Denkens reflektiert, das sich in seinem begrifflichen Wissen nicht mehr an seine phänomenalen Bezugshorizonte verweist noch sie erinnert. Die ideelle Sphäre reinen Denkens west als anderes zu dem physisch-phänomenalen Wesen von Welt - sie ist seiend als ‚metaphysis', das ‚aphysische' Sein logischer Idealität: diese *sind* wir denkend je selbst, durch und durch metaphysisch in jeder noch so ‚un-metaphysischen' Tätigkeit vernünftig-logischen Denkens.

Die Konstitution metaphysischen Denkens als der geschichtliche Prozess der Herausbildung von Rationalität, die wir selbst als ‚metaphysis' sind, macht damit unsere eigentliche geschichtliche ‚Substanz' aus; ihr verdanken wir ‚unser Bestes', nicht zuletzt die Freiheit und Autonomie als Grundbestimmung unseren gesamten In-der-Welt-seins, nicht nur theoretischen Denkens. Es ist deshalb nichts Geringes, wenn Heidegger das Denken gegenläufig zu Struktur und Verfassung metaphysischen Denkens ‚aletheiologisch' wandelt und umdenkt; was damit aufs Spiel gesetzt wird, ist nichts weniger als das gesamte überlieferungsgeschichtlich konstituierte abendländische In-der-Welt-sein, das nicht nur in Wissenschaft und Technik, sondern auch in der bürgerlichen Rechtsverfassung und der Freiheit jedes Einzelnen jene Selbst- und Eigenständigkeit des Menschen gegenüber der Natur und seinen gesellschaftlichen Herrschaftsverhältnissen hervorgebracht hat, ohne die wir uns das geschichtliche In-der-Weltseins nicht mehr vorstellen mögen. Gerade als Preisgabe seiner vormaligen metaphysischen Konstitution muß das aletheiologische Denken Heideggers erst einmal den Zug von Heteronomie und Unfreiheit an sich haben; einer Auflösung der theoretischen Autonomie des Denkens in der Zuwendung an die phänomenale Sacherschlossenheit, die sich nicht zuletzt an dem Überwältigungscharakter der heideggerschen Begriffssprache niederschägt. Fast unversehens droht sie, jeden hermeneutischen Nachvollzug aus seiner metaphysischen Konstitution herauszuziehen und um seine logische Eigenständigkeit zu bringen. Entsprechend ist die hermeneutische Gegenreaktion. Es ist, wie mit Wagnerscher Musik - sie nimmt einen ganz oder überhaupt nicht; was sie nicht toleriert, ist die kritische Distanz, als könne man noch etwas für sich behalten, was sich ihrem Sog nicht ausliefert. Die Verwandlung, die das aletheiologische Denken dem metaphysischen abfordert, ist total, bedingungslos; der Widerstand, der ihr entgegengebracht wird, weniger auf die hermeneutische Zumutung bezogen, die jedes Denken zu seiner Anverwandlung einfordern muß, als darauf, daß sich das Denken selbst seiner inneren Bestimmtheit nach *als anderes* auf die Sache einlassen soll. Es ist das Unfreie, Gebundene und Unselbstständige aletheiologischen Denkens selbst, als welches es von uns metaphysisch abhorresziert wird und die Auseinandersetzung um Heidegger geschichtlich unvermeidlich in den Gegensatz von Polemik und Apologie, allergischer Abwehrreaktion und zwangsneurotischer Paraphrase treibt. Daß die Auseinandersetzung um Heidegger letztlich keine theoretische ist, beweist, daß man ihn verstanden hat; sie ist, insofern sie durch die geschichtliche Befindlichkeit ihrer Subjekte prädisponiert ist, selbst ein positives geschichtliches Phänomen, an dem sich das Verhältnis zum geschichtlichen Sein der Moderne reflektiert und austrägt. Jedes äußerlich wertende, letztlich diffamierende und denunzierende Verhältnis, sei es zur Metaphysik oder sei es zum Denken Heideggers, bleibt hinter seiner geschichtlichen Herausforderung zurück; worauf es demgegenüber ankommt, ist ebensosehr, daß das Denken seine metaphysische Konstitution nicht überspringt und wie ein Erledigtes beiseite schiebt, wie, daß es die aletheiologische Frage nicht ungestellt läßt: was das Denken in der hermeneutischen Transformation von Sein in Wissen mit der Welt eigentlich macht und wozu es - und mit ihm das geschichtliche Menschsein - dadurch selbst wird.

Wenn sich das Denken in seiner Struktur und Verfassung grundsätzlich seiner vormaligen Konstitution gegenüber wandelt, dann offensichtlich deshalb, weil das, was Grund seiner vormaligen Konstitution war, nicht mehr trägt. Was ist der Grund metaphysischen Denkens, aus dem sich sein Verhältnis zur

Phänomenalität des Seins bestimmt?- Im Hinblick worauf erfolgt ihre Thematisierung?- Im Hinblick auf die Differenz von Natur und Vernunft: Das phänomenal-physische Anwesen von Seiendem west als solches, das in sich ein anderes erschließt, das mit dem Wissen gleichartig ist: das Wesen. Ihm verdankt sich, daß alles Seiende als je ausgegrenztes und bestimmtes Etwas west, das als solches für seine vernünftige Erkenntnis aufgeschlossen ist. Der phänomenale Zug ausgegrenzten und bestimmten Etwassseins indiziert die Konformität des physischen Seins von Seiendem mit dem vernünftigen Wissen. Das vernünftige Wissen bringt das physisch-phänomenale Sein von Seiendem im Hinblick auf diese Konformität vor sich und erkennt daran die vorgängige Vernunftbestimmtheit naturhaften Seins. Die Phänomenalität des Seins wird thematisch aus der Selbstunterscheidung vernünftigen Wissens vom naturhaften Anwesen und im Hinblick auf dieses sein eigenes Anderssein - seine ‚Idealität', deren Seinssinn nicht das physische Umschlagen, Werden und Vergehen, sondern das ständig sich gleichbleibende Anwesen ist. Worin gründet diese Thematisierung selbst?- Wenn sich das Denken als Wahres im Unterschied zum Schein grundlegt, dann besteht die Grundlegung selbst in der gegenwendig zum Schein vollzogenen Bewegung des Denkens, durch die es sich den ‚Ort seines Wohnens' (êthos) als das Vermögen des Wahren anbaut. Das Denken formiert sich gegenwendig zu dem, was es als Schein und Unwahrheit, als den Entzug und die Gefährdung des Menschseins im Blick hat: es formiert sich ‚soteriologisch' im Hinblick auf die Wahrung (soteria) des Menschseins angesichts seiner drohenden Nichtung in Schein und Unwahrheit. Welche Erfahrung des Scheins und der Unwahrheit, der Bedrohung und Wesensgefährdung des Menschseins konstituiert die metaphysische Wendung des Denkens?- Die Erfahrung der Natur (Physis) als Grundbestimmung der Negativität des Seins; sie ist dasjenige, im Gegenzug wozu die Grundlegung metaphysischen Denkens erfolgt. Die Phänomenalität des Seins wird auf den Gegensatz ihrer physischen und ihrer vernünftigen Bestimmtheit hin auseinandergesetzt und ist damit ebensosehr die ‚Gefahr' wie das ‚Rettende'. Der wesenslogische Bau des Denkens als ‚metaphysis' generiert sich an der Idealität des Seins als dem phänomenal gegen-physisch ausgesonderten Grundzug von Welt. Das Verhältnis zur Phänomenalität des Seins, aus dem sich das metaphysische Denken generiert, bestimmt sich angesichts der Natur - und mit ihr der eigenen Naturhaftigkeit des Menschen - als der Wurzel des Negativen. Solange diese Erfahrung für das geschichtliche Menschsein bestimmend bleibt, solange trägt der Grund metaphysischen Denkens: solange gibt es das metaphysische Denken. Es verliert seine ‚raison d'être' mit einer sich wandelnden Erfahrung der Bedrohung des Menschseins durch Schein und Unwahrheit. Das aletheiologisch gewandelte Verhältnis zur Phänomenalität des Seins entspringt einem grundsätzlichen Wandel in der Erfahrung der Negativität des Menschseins: es ist nicht mehr und in keinerlei Hinsicht die Natur, sondern der geschichtliche Überlieferungszusammenhang selbst als Ausbildung des metaphysischen Denkens und damit der modernen Rationalität, die Heideggers Grundlegung aletheiologischen Denkens als die gegenwendig erfahrene Nichtung des Menschseins bestimmt. Diese führt nun aber gerade *nicht* zu einer sich verändernden Thematisierung der Natur, sondern zur Frage nach dem Sein. Über die Natur legt das existenzialontologische Denken ein sehr eigentümliches Schweigen, das nur hier und da von eher absonderlichen Bemerkungen durchbrochen wird. Dem können wir hier erst im Kontext seines seinsgeschichtlichen Denkens weiter nachgehen. Entscheidend ist: Die Phänomenalität tritt nun selbst anders in den Blick. Heideggers phänomenologische Thematisierung von Sein denkt dieses an ihm selbst als das phänomenale Sich-geben in seine Offenheit als Welt. Die Phänomenalität ist das aletheiologische Wesen des Seins selbst. Sie ist wesentlich nicht im Hinblick auf die Differenz von Natur und Vernunft zu bestimmen, sondern das selbst vor-intentionale Geschehen der Unverborgenheit von Sein als In-der-Welt-sein, das in und durch dieses je schon verständnismäßig anverwandelt ist. Daraus resultiert die grundsätzliche ‚Revolution der Denkungsart', die Heidegger in Gang bringt. Versuchen wir nun zuerst, den Grund dieser Verwandlung des Denkens ans Licht zu heben.

Als die bestimmende Grunderfahrung seines Denkens artikuliert Heidegger die ‚Seinsvergessenheit', die Verborgenheit von Sein: an ihr als dem gegenwendig Anderen sichtet er die ‚Not-wendigkeit' seines Denkens, d.h. seine soteriologische Bestimmung als ‚Wendung der Not'. Der Begriff der Seinsverborgenheit enthält aber mindestens zwei wesentlich unterschiedene Momente, die wir eigens auseinanderhalten müssen:

1. Die Verbergung des Seins meint einerseits seine Verbergung in der Offenbarkeit des Seienden als die Struktur des Eröffnungsgeschehens selbst, seine ‚Logik', das Wissen horizontal in seine intentionale Beziehung auf Seiendes freizugeben. Sie meint als solche die für alles ‚natürliche Wissen' konstitutive ontische Zentrierung im Seienden, von der her sich allererst die theoretische Thematisierung von Sein durch die Philosophie abhebt und unterscheidet.

2. Das Sein von Seiendem ist aber vor-ontologisch je schon verstanden, hermeneutisch anverwandelt in thematischen Begriffen, deren ausdrückliche Thematisierung auf die Differenz von Wahrheit und Schein hin die Philosophie übernimmt. Die Seinsverborgenheit bezeichnet nun andererseits diese im überlieferungsgeschichtlichen Gang vollzogene thematische Ausdeutung von Sein, die ebensosehr die Geschichte menschlichen In-der-Welt-seins wie die ihr zugehörige ‚Geschichte der Ontologie' betrifft, kurz: die geschichtliche Herausbildung metaphysischen Denkens als Prozess der Rationalität.

Es ist wesentlich dieses zweite Moment im Begriff der ‚Seinsverborgenheit', das für die Grundlegung aletheiologischen Denkens maßgeblich wird und den methodischen Begriff der ‚Destruktion der Geschichte der Ontologie' (SZ, § 6) aus sich freisetzt. Durch ihn aber ist Heideggers Verständnis der Phänomenalität des Seins vermittelt. Heidegger fragt: "Was ist seinem Wesen nach *notwendig* Thema einer *ausdrücklichen* Aufweisung?-" und antwortet umgehend: "Offenbar solches, was sich zunächst und zumeist gerade *nicht* zeigt, was gegenüber dem, was sich zunächst und zumeist zeigt, *verborgen* ist, aber zugleich etwas ist, was wesenhaft zu dem, was sich zunächst und zumeist zeigt, gehört, so zwar, daß es seinen Sinn und Grund ausmacht. Was aber in einem ausnehmenden Sinne *verborgen* bleibt oder wieder in die *Verdeckung* zurückfällt oder nur »*verstellt*« sich zeigt, ist nicht dieses oder jenes Seiende, sondern ... das *Sein* des Seienden" (SZ, 35). Die Phänomenalität des Seins ist gerade nicht das unmittelbar Gegebene, sondern das, was allererst *durch* das phänomenologische Denken gegenwendig zu seiner Verbergung, Verdeckung und Verstellung zur Gegebenheit gebracht - entborgen - werden muß. So heißt es dann weiter: "Und gerade deshalb, weil die Phänomene zunächst und zumeist *nicht* gegeben sind, bedarf es der Phänomenologie. Verdecktheit ist der Gegenbegriff zu »Phänomen«" (a.a.O., 36). Diese Verdeckung und Verbergung geschieht aber je schon in und mit dem Dasein selbst nach den beiden unterschiedenen Momenten der ‚Seinsverborgenheit': Sie geschieht einerseits als die ontische Zentrierung des Daseins im Seienden, die durch die Philosophie je gegenwendig überwunden wird. Sie vollzieht sich aber andererseits wesentlich dadurch, daß die phänomenale Offenheit von Sein durch thematische Begriffe ausgedeutet und hermeneutisch anverwandelt der Geschichtlichkeit des In-der-Welt-sein ausgesetzt ist: "Das Dasein ist in seiner jeweiligen Weise zu sein und sonach auch mit dem ihm zugehörigen Seinsverständnis in eine überkommene Daseinsauslegung hinein- und in ihr aufgewachsen" (a.a.O., 20). Es ‚wächst auf', ‚wohnt' in einer faktisch gedeuteten Welt, die aus der hermeneutischen Anverwandlung der phänomenalen Offenheit von Sein resultiert, sie also schon geleistet hat - aber nicht sie, sondern ihre thematische Ausdeutung faktisch fortüberliefert. In dieser Hinsicht haben wir andeutungsweise schon die wichtige Unterscheidung von ‚phänomenaler' und ‚thematischer' Erschlossenheit gestreift. Die ‚thematische' Erschlossenheit von Sein ist die je faktisch geltende und geschichtlich sich fortüberlieferende sprachlich-begriffliche Ausdeutung der phänomenalen Offenheit von Sein: ein bestimmtes - vorontologisches oder ontologisches - Seinsverständnis als hermeneutische Anverwandlung von Sein in Gewußtwerden. Das geschichtliche Dasein bewegt sich je schon in einer solchen Ausgelegtheit, die sich aber immer auslegend auf das vorgängige, phänomenale Wesen des Seins bezieht: diese, die phänomenale Erschlossenheit von Sein, thematisch in die Ausgelegtheit eines gemeinschaftlichen Verständnishorizontes wendet. Diese thematische Ausgelegtheit, in der das Dasein je schon in seiner faktisch-geschichtlichen Welt steht, verselbständigt sich im geschichtlichen Prozess der Überlieferung, indem sie abgelöst von der phänomenalen Offenheit, deren thematische Ausdeutung sie ist, weitergegeben wird. Das geschichtliche Dasein bestimmt sich primär gerade nicht aus der phänomenalen Offenheit von Sein/Welt, sondern aus der Weise ihrer thematischen Anverwandlung, die seine faktische Geworfenheit als Verfallen je mitausmacht: "Das Dasein hat nicht nur die Geneigtheit, an seine Welt, in der es ist, zu verfallen und reluzent aus ihr her sich auszulegen, Dasein verfällt in eins damit auch seiner mehr oder minder ausdrücklich ergriffenen Tradition. Diese nimmt ihm die eigene Führung, das Fragen und das Wählen ab. Das gilt nicht zuletzt von *dem* Verständnis und seiner Ausbildbarkeit, das im eigensten Sein des Daseins verwurzelt ist, dem ontologischen" (a.a.O., 21). Die phänomenale Offenheit von Sein verbirgt sich in einem bestimmten, faktisch geltenden Seinsverständnis, das sich geschichtlich in der Weise seiner sprachlich-begrifflichen Bedeutungsschemata fortüberliefert. Dies gilt auch und gerade für den philosophiegeschichtlichen Zusammenhang, der sein eigenes ‚ontologisches Gerede' konstituiert und das Denken davon entlastet, die phänomenale Offenheit von Sein als solche ursprünglich vor sich - ‚es selbst' - zu bringen. Daher Heideggers Rede von der "radikalsten *Individuation*" (a.a.O., 38) als Grundweise philosophischen Erkennens. Sie gründet in der *Selbsthaftigkeit* der Erschlossenheit von Sein - ihrer Verankerung in einem ontischen Fundament, das als ‚es selbst' die Offenheit von Sein denkend vor sich bringen muß. Geschichtliche Intersubjektivität erscheint vorrangig als Bedrohung und Verlust der Wahrheitsmöglichkeit des Wissens, indem sie tendenziell die Ablösung und Verselbstständigung sprachlich-begrifflicher Ausgelegtheit von Welt gegenüber seinen phänomenalen Bezugshorizonten betreibt. Sie wiederholt in ihrer Weise, was das ‚Gerede' im Verlust und Entzug seines Worüber, seines Sachbezuges, ausmacht (SZ, § 35), und konstituiert damit die Verdeckung des Phänomenalen in den Bedeutungsschemata geschichtlichen Vermeintseins. Allein deshalb muß die ‚Verdeckung' zum ausdrücklichen Bezugsworauf einer eigens unternommenen ‚Destruktion' werden, während die ontische Zentrierung des Daseins in einem ganz anderen methodischen Moment - der "phänomenologischen Reduktion" als der "Rückführung des untersuchenden Blicks vom naiv erfaßten Seienden zum Sein" (GA 24, § 5, 29) - bewältigt wird. Die ‚Destruktion' erfolgt im Hinblick "auf die ursprünglichen Erfahrungen, in denen die ersten und fortan leitenden Bestimmungen des Seins gewonnen wurden" (SZ, 22): also die Art und Weise, wie die phänomenale Offenheit von Sein im überlieferten Denken zur Sache ihrer ausdrücklichen hermeneutischen Anverwandlung wurde. Die ‚Destruktion' ist die Rekonstruktion der hermeneutischen Transformation phänomenaler Erschlossenheit in ihre thematische Ausdeutung durch das überlieferte metaphysische Denken. Sie formuliert damit erstmals das Programm, das Heidegger später als den ‚Rückgang in den Grund der Metaphysik' faßt. Die ihr konstitutive ‚Negation' thematischer Seinsbegriffe ist als solche deshalb auch die ‚Position' phänomenaler Erschlossenheit von Sein: an ihr vollzieht das Denken gegenwendig zur geschichtlich konstituierten Verdecktheit von Sein die ‚Wiedergewinnung des phänomenalen Bodens des Denkens'. Die ‚Verdecktheit', gegen die phänomenologisch in erster Linie anzudenken ist, ist der in und durch den geschichtlichen Überlieferungsprozess konstituierte Schein des Wissens als Verlust seiner Wirklichkeit und Realität, seine ‚me ontische' Verselbstständigung im eingewohnten Schematismus sprachlich-begrifflich vorgezeichneten Meinens.

Heidegger hat damit aber nicht nur einen formalen Zug der Geschichtlichkeit überhaupt, sondern schon bestimmter die spezifisch abendländische Geschichte in der philosophiegeschichtlichen Ausprägung ihrer Seinsverständnisse im Blick, aus der sich die ‚hermeneutische Situation' des Denkens bestimmt. Die durch den intersubjektiven Überlieferungszusammenhang gegebene und in wechselndem Ausmaße wirksam werdende ‚Ablösungstendenz' der Verständnishorizonte von ihrem Bezugsworauf erhält erst dadurch ihre spezifisch abendländische Ausprägung, daß diese Verständnishorizonte selbst sich aus dem Bruch mit der phänomenalen Offenheit von Sein ‚metaphysisch' konstituieren, damit aber schon an ihnen selbst eine los- und abgelöste Eigenständigkeit vernünftigen Wissens hervorbringen, die den geschichtlichen Prozess der Rationalität zunehmend gegen die phänomenale Rückerinnerung abschließt und in sich verselbstständigt. Dies ist nicht zuletzt das Resultat der Wende, die das metaphysische Denken durch seine neuzeitliche Rückgründung in der Selbstgewißheit des Denkens selbst erfährt. Die Selbstgewißheit schließt alles Gegenständliche als potentiell Scheinhaftes von sich aus, um erst aus der Reflexion auf sich die Wahrheit der in die Vergegenständlichung abgeschiedenen Sachverhalte zu vergewissern. Die Grundhaltung des Denkens wird zur Vergewisserung vergegenständlichter Gehalte in und bei sich selbst, indem jede Gegenständlichkeit des Denkens als Residuum potentiellen Scheins erfahren ist. Der anti-phänomenalen Wendung neuzeitlichen Denkens ist das phänomenale Wesen des Seins fast schon synonym mit Schein und Unwahrheit; die ontologische Dignität von gegenständlichen Begriffen kann so allein darin bestehen, daß sie ‚a priori' aus dem Wesen der Subjektivität selbst entspringen, als solche aber eines transzendentalen Nachweises ihrer ‚objektiven Gültigkeit' bedürfen. Die Erscheinung wird zu einer Leistung autonomer Subjektivität, die als ungegenständliches Prinzip jeder Gegenstandsbeziehung ihre ontologische Wahrheit ist. Indem sich das Wissen aus der phänomenalen Offenheit von Sein ablöst, in sich verselbstständigt und verschließt, entzieht sich ihm jede Realität und Wirklichkeit: Es resultiert in seine semantische Überdetermination als Entzug von Wirklichkeit (‚Seinsverlassenheit'). Die ‚me ontische Verselbstständigung' des Wissens zeitigt es selbst als den Schein, die das geschichtliche Menschsein mit einem grundsätzlichen Wirklichkeitsschwund bedroht. Es bleibt als in sich fungierende begriffliche Subjektivität der wesenlose Schein von Sein, der sich in den Grundformen der Metaphysik der Subjektivität, nicht zuletzt dem Historismus, vollendet. Das metaphysische Denken erweist sich in seiner geschichtlichen Konstitution selbst als der Schein, gegen den die Wahrheit des Menschseins geltend zu machen ist. Es ist diese hermeneutische Situation, aus der heraus sich die Grundlegung aletheiologischen Denkens ortet und als Angriff auf die Metaphysik der Subjektivität formiert.

Die wesentliche Anstrengung aletheiologischen Denkens zielt darauf, die Faktizität der phänomenalen Offenheit von Sein gegen den Weltverlust theoretischen Denkens und die geschichtlich konstituierten Wirklichkeitsschwund im ‚metaphysischen Denken' moderner Rationalität wiederzugewinnen. Heideggers Denken artikuliert damit nichts anderes als den positivistischen Grundimpuls allen nachhegelschen Denkens, die ‚faktische Wirklichkeit', das ‚Tatsächliche' im Gegensatz zu ‚wahren Wirklichkeit', deren Idealität sich ‚me ontisch' entzieht, zu fassen; ein Grundimpuls, der dort unvermeidlich fehlgehen muß, wo das Denken seine eigene metaphysische Konstitution überspringt und es mit sich bei dem beläßt, was es überlieferungsgeschichtlich als Grundstruktur seiner logischen Rationalität übernimmt. Was immer es thematisch denken mag: es wird dieses in sich zu der wahren Wirklichkeit reiner Bedeutungsformen transformieren, die als anderes zu der ‚tatsächlichen Wirklichkeit' anwesen und ihr gegenüber die ‚wahre Wirklichkeit' als ‚metaphysis' ausmachen. Denken, das seine metaphysische Konstitution überspringt, bleibt notwendig hinter dem Denken der Metaphysik zurück: was es für sich hat, ist nur der Affekt des ‚Anti-metaphysischen', der sich als ideologische Selbstdefinition affirmiert. In der Frage, wie das ‚faktisch Wirkliche', das ‚positum' der Positivisten, zu bestimmen ist, entscheidet das Denken auch schon darüber, ob es metaphysisch bleibt. Es entscheidet über sein Verhältnis zur Phänomenalität des Seins: und in dieser Entscheidung übernimmt es, was Grund metaphysischen Denkens war - oder nicht. Es ist die entscheidende denkerische Leistung Heideggers, die metaphysische Konstitution des Denkens an ihr selbst zu verwandeln und aus dieser Verwandlung des Denkens heraus die Thematiserung faktischen Menschseins zu übernehmen. Schon das existenzialontologische Denken bewegt sich weder in der Bildung allgemeiner Begriffe, ihrer pradikativen Bestimmung und Begründung noch in der vergegenständlichenden Selbstvergewisserung und Reflexion; es konstituiert keinen von seiner thematischen Sache unterschiedenen Zusammenhang wahrer Bestimmungen, die als solche eine andere Art und Weise ihres Anwesens hätten als diese; keine vom Phänomenalen abgezogene Welt reiner an sich geltender Bestimmungen oder gar reiner Bedeutungen, die allererst eines Nachweises ihrer ‚objektiven Gültigkeit' bedürften. Das Verhältnis zu seiner Sache, dem Wie ihres Gegebenseins ist ein anderes; anders seine Begriffe und ihre Thematisierung.

Wenn ‚Wesen' und ‚Erscheinung' in der Einsicht zusammenfallen, daß das Sein als seine faktische Eröffnung im Dasein vor-intentional west, dann ist das ‚Wesen' des Seins als die Art und Weise, wie es ‚Sein' überhaupt nur ‚gibt' - es selbst ‚west' - nichts anderes als seine phänomenale Offenheit, die je gegenwendig hermeneutisch anverwandelt als das In-der-Welt-sein des Menschen selbst ‚seiend' ist. Das Erscheinen ist nicht das Erscheinen von etwas, das seiner ihm eigenen Seinsart nach ein davon unterschiedenes Anderes wäre, sondern das Sich-geben von Sein in seine Offenheit und Unverborgenheit. Sein west als seine Offenheit und Unverborgenheit - diese ‚ist' sein ‚Wesen', das als solches immer schon die gegenwendige hermeneutische Anverwandlung in und durch das Menschsein in sich schließt. Jedes Denken, auch das ‚metaphysische', verhält sich hermeneutisch anverwandelnd zur Welt: ist selbst eine Weise ihrer hermeneutischen Anverwandlung und hat allein daran seinen Wahrheitsgehalt. Aber nur das Denken, das sich auch *als solches* ‚hermeneutisch anverwandelnd' zur phänomenalen Offenheit von Sein verhält, bestimmt sich ‚aletheiologisch'. Im Hinblick auf diesen, vom prädikativ bestimmenden Denken unterschiedenen, hermeneutischen Kern phänomenal-bezogenen Denkens schreibt Heidegger: "der methodische Sinn der phänomenologischen Deskription ist *Auslegung*" (SZ, 37). Die ‚Phänomenologie' - der aufweisende und eröffnende ‚Logos' phänomenalen Erscheinens und Sich-zeigens - ist ‚Hermeneutik': die Hermeneutik der Begriff der verständnismäßigen Anverwandlung phänomenaler Offenheit, darin diese gewissermaßen erst zu sich selbst kommt. Deshalb entwickelt Heidegger schon den Vorbegriff der Phänomenologie aus der wesentlichen Gleichartigkeit seiner gegenwendigen Momente - ‚logos' und ‚phainomenon' (SZ, § 7): Der ‚Logos' ist als das aufweisende Sehen-lassen (apophainesthai, deloun) gegenwendig das, was das ‚phainomenon' ist - das Sich-zeigen und Erscheinen; beide sind als unselbstständige Momente der ‚Aletheia' die Anzeige ihrer in sich gegenwendigen Struktur, die in den Begriff der Phänomenologie selbst eingeht: "Phänomenologie besagt dann: ... Das, was sich zeigt, so wie es sich von ihm selbst her zeigt, von ihm selbst her sehen lassen" (SZ, 34). Der ‚Logos' bestimmt sich phänomenal aus dem, wie es das Sein ‚gibt': er bezieht aus dem phänomenalen Wesen des Seins sein aletheiologisches ‚Wesen' als Eröffnen und Entbergen (aletheuein), das wesentlich negativ bezogen auf die ‚Verdecktheit' des Phänomenalen im Denken selbst und durch es - seiner ontischen Zentrierung ebensosehr wie seiner thematischen Bestimmung - seine verständnismäßige Anverwandlung unternimmt und in dieser das ‚Phänomenale' *als solches* offen hält, *als es selbst* anwesen läßt. Anders gesagt: Das Denken beraubt sich in dem Maße seines aletheiologischen Wesens, das, was ist, an ihm selbst offenbar zu machen, als es sich metaphysisch gegen die Phänomenalität von Sein kehrt. Mit der Negation des phänomenalen Wesens von Sein geht einher die Negation des Wissens als Aufweisen und Sichtbarmachen - es ‚dunkelt' metaphysisch in sich selbst. Das metaphysische Denken denkt für sich; wenn es die Augen aufmacht, sieht es etwas ganz anderes als es das ist, was es in seinen herausgelösten Begriffszusammenhängen als die Wahrheit des Seins konstituiert hat. Die Welt selbst bleibt ihm angesichts der Frage, ob es nun auch in Wahrheit so ist, wie es sich dies in der begrifflichen Herauslösung aus dem Phänomenalen zurechtgelegt hat, stumm:

‚Forse si, forse no‘ (Vielleicht ja, vielleicht nein) - sie bleibt eine intellektuelle Ansicht der Dinge, die sich ihrer Konkretion entzieht. So nichtssagend deshalb auf den ersten Blick die ständig wiederholten aletheiologischen Bestimmungen auch erscheinen mögen, so methodisch elementar sind sie doch, wenn auf das Verhältnis des Denkens zu seiner Sache geachtet wird. Wenn in der aletheiologischen Selbigkeit von Phänomenalem und Logischem der Anschein liegt, Denken müsse sich nur passivisch vom Offenen bestimmen lassen, es ‚unkritisch‘ hinnehmen und versprachlichen, dann nur deshalb, weil darin die innere Negativität des Wahren übersprungen scheint, die das Denken gegenwendig zur Verbergung in sich austrägt. Sowenig der ‚Logos‘ unmittelbar ein Sehenlassen und Aufzeigen ist, sowenig ist das Sich-zeigen und Erscheinen ein unmittelbar Gegebenes. Es ist methodisch wesentlich negativ über die Negation von Verbergung vermittelt - der Verbergung, die ebensosehr das Denken wie das Sein an sich selbst je schon ist. Die phänomenal-hermeneutische Anverwandlung der Offenheit von Sein bestimmt sich wesentlich aus der Negation von Verbergung, durch die sie jede bestehende Ausgelegtheit des Seienden überhaupt auf die Offenheit von Sein selbst hin transzendiert und im wesentlichen Gegenzug zu der vor sich gebrachten Phänomenalität, seinem ‚bloßen Erscheinen‘, die Anstrengung seiner angemessenen begrifflichen Versprachlichung vollzieht, die es auch an ihm selbst und von ihm selbst her sichtbar macht. Das aletheiologische Denken ist nicht weniger durch die Negativität der Methode bestimmt als das metaphysische Denken, sondern anders; woraufhin es transzendiert, ist das Phänomenale selbst - nicht ein davon unterschiedenes Anderes. Die Transzendenz des Phänomenalen ist die seiner hermeneutischen Anverwandlung; und nur einem metaphysischen Denken, das sich das Sein und Anwesen von Seiendem schon aus der Immanenz eines bestimmten Verständnishorizontes begegnen läßt, kann dieses Begegnen selbst für das Phänomenale halten, das als ‚unmittelbar Gegebenes‘ vor ihm liegt.

Ontologische Erkenntnis, die sich aletheiologisch als die hermeneutische Anverwandlung der phänomenalen Offenheit von Sein versteht, ist deshalb auch strukturell anders verfaßt, als es jenes Denken ist, das diese Anverwandlung nur als Übergang zu einem Anderen betreibt, das es als seine Wahrheit herausdestilliert. Das metaphysische Denken erzeugt den Begriff als die Offenbarkeit des Wesens, das als das Eine über den Vielen das allgemeine Was eines Jeglichen der Vielen ist, als solches aber etwas für sich ist, das abgesondert von seiner phänomenalen Seinsweise einer eigenen Bestimmung unterliegt. Der Begriff bleibt als phänomenal Herausgelöstes komplementär bezogen auf seine erfüllende Anschauung, die, ob sinnlich oder unsinnlich, seine Realität, seinen Sachgehalt ausweist. Das aletheiologische Denken erzeugt dagegen seine Begrifflichkeit als die gegenwendige Versprachlichung des Seins im Wie seines phänomenalen Sich-zeigens und Erscheinens, ohne daß diese etwas für sich wäre, das einer eigenen Bestimmung unterworfen werden könnte oder zu der

Erfüllung seines Gehaltes noch einer ihm korrespondierenden Anschauung bedürfte. Es ist wesentlich der phänomenale Gehalt der Versprachlichung, der zugleich ihre ‚Anschaulichkeit' ausmacht, aber selbst nichts ist, was für sich und außerhalb des phänomenalen Zuges, der versprachlicht wird, irgendeine Bedeutung oder Gültigkeit hätte. Sie sind wesentlich ‚unselbstständig' bezogen auf das phänomenale Wesen der Sache, deren phänomenalen Gehalt sie versprachlicht geben. Deshalb lassen sie sich auch nicht losgelöst von der Sache für sich einer eigenen Thematisierung unterwerfen, sei es zu ihrer weiteren internen Bestimmung oder ihren logischen Verflechtung mit anderen Begriffen. Das aletheiologische Denken konstituiert keine Anzahl voneinander unterschiedener Begriffe isolierter Sachgehalte, die dann allererst in ihrer internen Bestimmtheit und ihrer wechselseitigen Verflechtung (symploke) thematisiert einen für sich bestehenden Sachzusammenhang - als die vom Phänomenalen selbst unterschiedene ontologische Wahrheit - erschließen würde: sondern es versprachlicht das phänomenale Wesen seiner Sache in der strukturellen Zusammengehörigkeit gleichursprünglicher Momente. Die Begriffe selbst geben die strukturelle Komplexität ihrer Sache, die lediglich rückkünftig in der Abhebung ihrer voneinander unterschiedenen Momente auseinandergelegt wird; ihre Versprachlichung ist deshalb anders als die im metaphysischen Denken nicht an den Zuordnungsrelationen von Wort - Begriff - Wesen - Sache orientiert, sondern ‚Bindestrich-Versprachlichung'. Diese benennt nicht ein isoliertes Allgemeines mit einem Substantiv, sondern bringt seine alshafte Erschlossenheit als in sich gegliederte sprachliche Struktur zu Wort. Die Begriffsbildung ist selbst im wesentlichen nichts anderes als diese Versprachlichung: das ‚Zu-Wort-kommen' der alshaften Erschlossenheit als der hermeneutischen Anverwandlung des phänomenalen Seins der Sache, in die sich das Denken durch die ‚epoche' seiner vorgängigen Verständnishorizonte freigegeben hat (Reduktion, Destruktion). Was versprachlicht ist, weist unmittelbar anschaulich an den phänomenalen Zug der Sache selbst: es bezeichnet keine andere ‚Wirklichkeit, als es die ist, die sich phänomenal gibt, nichts, was ‚hinter' ihr wäre. Sie ‚bezeichnet' eigentlich überhaupt nichts, sondern bringt sie in der Weise ihrer hermeneutischen Anverwandlung zu Wort. Ihre ‚Wahrheit' hat sie allein daran, inwiefern sie sich dem phänomenalen Zug als solchem anmißt; deshalb ist das aletheiologische Denken in seiner Begrifflichkeit ‚bei den Dingen', läßt diese selbst versprachlicht in ihrem phänomenalen Sein anwesen.

Dennoch ist die Begrifflichkeit aletheiologischen Denkens ‚allgemein': aber diese Allgemeinheit ist keine generische, die selbst einen von seinem Bezugsworauf unterschiedenen Wasgehalt geben würde, sondern rein formal. Die ‚Formalität' ist der wesentliche Zug des Seins selbst, insofern es als solches und im Unterschied zum Seiendsein des Seienden selbst kein sachhaltiges Etwas ist. Die ontologische Erkenntnis, die das Sein als solches in den Blick faßt, hat immer den Charakter formal-allgemeiner Erkenntnis; aber diese formale Allgemeinheit ist der formal-*anzeigende* Charakter ihrer Begrifflichkeit. ‚Formal-anzeigend' heißt, daß die Versprachlichung des phänomenalen Sich-gebens der Sache auf dieses selbst hinweist, sie anzeigt und in diesem verweisenden Zug auf seine Sache hin ein ihr gegenüber unselbstständiges Anderes bleibt. Phänomenologische Begriffe sind in einer ganz anderen Art und Weise ‚leer' als wesenslogische: sie sind dies gerade nicht im Hinblick auf eine ‚erfüllende Anschauung', sondern hinsichtlich ihrer eigenen ‚Wesens-' und ‚Substanzlosigkeit', während ihr anschaulicher Zeigecharakter gerade dem Sog des Phänomenalen folgt und ihn in sich wiedergibt. Die ‚ontologische Abstraktion' (Reduktion) garantiert also gleichwohl den ‚Allgemeinheitscharakter' des Denkens und seiner Begriffe, ohne daß dieser eine eigenständige (wesenslogische) Sphäre ideeller Bestimmungen konstituieren würde, die das Sein des Denkens selbst als ontologisch abgesondert von der Phänomenalität des Seins anwesen ließe.

Das metaphysische Denken organisiert seine Begriffe zu einem an sich geltenden Bedeutungszusammenhang durch die prädikative Bestimmung und Begründung, die je im ‚ist' und ‚ist nicht' die Vereinigung und Unterscheidung verschiedener Bestimmungen im Hinblick auf ein Zugrundeliegendes vollzieht. Die phänomenologische Analyse der Prädikation versucht nun zu zeigen, daß das prädikative ‚ist' (S ist P) einem Weltverlust, d.h. dem Abblenden eines Verweisungszusammenhanges entspringt, der im hermeneutisch auslegenden Verstehen gerade offen gehalten wird. Die Prädikation muß deshalb ursprünglicher aus dem hermeneutischen ‚Als' verstanden werden und ist darin nicht mehr gegen das ‚ist' des Existenzurteils (S ist) unterscheidbar. ‚S ist P' heißt aletheiologisch: S erschließt sich als P, S west als P; das ‚ist' gibt das Prädikat als die Erschlossenheit des Subjekts, oder anders gesagt: Im Prädikat wird das Subjekt in seine Erschlossenheit hineingehalten. Das ‚ist' vollzieht dieses Hineinhalten in die Erschlossenheit als ..., die immer schon die des ‚daß' mit in sich einbegreift. Sage ich: ‚Der Himmel ist blau', dann heißt dies: Der Himmel ist als blauer erschlossen - er west als blauer, kurz: Der Himmel blaut. ‚Der Himmel ist' heißt: Er ist als Himmel erschlossen, west als Himmel: Der Himmel himmelt. Er west als er selbst an und steht als dieses Anwesen im thematischen Blick des Wissens. Das ‚ist' bedeutet immer: ‚ist als' (‚west'), hat also hermeneutisch keine Bestimmungs- qua Einheits-, sondern eine Erschließungsfunktion: Es hebt explikativ etwas heraus *als* ... es selbst oder anderes, darin es in seinem Sein erschlossen ist. Im ‚ist' gibt sich das Sein in seine Erschlossenheit - es meint selbst nichts anderes als dieses Sich-geben von Sein in eine bestimmte Offenheit und Unverborgenheit, die das Verstehen artikuliert. Der Sinn der Copula bzw. des ‚ist' des Existenzenzurteils ergibt sich aus dem ‚Als' - dem Differential der Erschlossenheit, das jeweils das, wovon es ausgesagt wird, in die Unverborgenheit hebt, als welche es ‚anwest'. Dieses sein Anwesen im Unverborgenen ist sein Anwesen im Verstehen, das seine Sache alshaft offenhält. Von daher kommt Heidegger dann zu seinen späteren tautologischen

Redewendungen (‚Das Ding dingt‘), in denen das ‚ist‘ ganz verschwindet, um nur noch das phänomenale Wesen des Seins rein als solches und jenseits möglicher Mißverständnisse durch das metaphysische Denken zu versprachlichen. Das urteilend-prädizierende ‚Ist-sagen‘ hat aber auch schon innerhalb des existenzialontologischen Denkens nie die Funktion eines vereinend-unterscheidenden Bestimmens, das sich an reinen für sich genommenen Bedeutungsgehalten vollzieht und als solches ‚an sich‘ gilt, sondern fungiert als das hermeneutische Herauslegen der in den Begriffen selbst versprachlichten phänomenalen Gehalte in ihre ausdrückliche - alshafte - Erschlossenheit. Weil das begriffliche Wissen schon alshaft strukturiert ist, deshalb artikuliert es sich notwendig auch in ‚prädikativen Sätzen‘, in denen es sich sein Verständnis ausdrücklich macht. Jedes ‚prädikative Denken‘ bleibt darin aber phänomenal gegenwendig geöffnet auf die sprachliche Anverwandlung seiner Sache; an ihren phänomenalen Zügen verfolgt es die Komplexität wechselseitiger Fundierungsverhältnisse unterschiedener Momente im Hinblick auf ihre ‚Gleichursprünglichkeit‘. Was immer das Denken aufweist, ‚gilt‘ nur bezogen auf die phänomenale Begegnisweise seiner Sache, an die es sich anmißt (adaequatio); bestimmt also nichts, was außerhalb ihres Gegebenseins, ihres phänomenalen Sich-gebens vorkäme. Nichts ‚gilt‘ überhaupt und an sich: Jedes ‚Gelten‘ von Begriffen und ‚Sätzen‘ ist bezogen auf das phänomenale Sich-geben von Sein: wandelt sich dieses, dann wird auch ihre ‚Geltung‘ nichtig. Die profunde Leere phänomenologischer Begriffe ist zugleich ihre ‚Geltungslosigkeit‘ an ihnen selbst; ihre ‚Geltung‘ ist nichts als die Art und Weise, in der sich das phänomenale Wesen des Seins versprachlicht gibt. Dieses ist immer negativ, d.h. - Heidegger zum trotz - ‚dialektisch‘ vermittelt; und diese dialektische Vermittlung wird nicht zuletzt im Denken der Gegenwendigkeit von Sein und Mensch, phänomenaler Offenheit und hermeneutischer Anverwandlung, zur Grundstruktur des aletheiologischen Denkens. Dialektik bezeichnet dann aber nicht das Vermitteln von Unterschiedenen in die Einheit, sondern der Aufweis ihrer gegenwendigen Zusammengehörigkeit in ‚das Selbe‘. Nicht zuletzt in der ‚negationstheoretischen‘ Bestimmung der ‚Aletheia‘ muß Heidegger einem Zug der Sache folgen, der seinem expliziten Verständnis von ‚Dialektik‘ zuwiderläuft.

Das aletheiologische Denken bleibt bei all dem ‚theoretisch‘ bestimmt umwillen der Unverborgenheit als solcher, darin aber gerade unterschieden von dem ‚Weltverlust‘, den Heidegger in ‚Sein und Zeit‘ allem theoretischen Erkennen als solchem nachzuweisen suchte. Dieser Versuch bleibt nicht nur deshalb unzulänglich, weil er das theoretische Erkennen im Besorgen zu fundieren unternimmt, sondern auch, weil er das, was er im Blick hat - die metaphysische Bestimmung des Denkens - nicht eigens und als solches thematisiert. Wenn die theoretische Bestimmung des Denkens darin besteht, daß es sich umwillen der Unverborgenheit (‚Aletheia‘) als solcher bestimmt, dann müßte dies nun genauer unterschieden werden in seine metaphysische und seine aletheiologische Art und Weise, die Unverborgenheit zum maßgeblichen Horizont des Denkens zu erheben: als der von der Physis unterschiedene Bereich des Denkens, der Idealität des Seins ist sie das Worumwillen metaphysischen Denkens; als die phänomenale Wirklichkeit von Welt (,Aletheia') dasjenige aletheiologischen Denkens. Die aletheiologische Verwandlung des Denkens vollzieht sich ,anti-metaphysisch' als die grundsätzliche Einkehr in die faktische Welthaftigkeit allen Denkens: seine Öffnung in die horizontale Offenheit von Welt. Dennoch formiert es sich nicht kosmologisch, sondern ontologisch. Das, woraus Welt gedacht wird, ist das Sein: Welt als die Offenheit von Sein ist je rückgeborgen in seiner Verbergung (Lethe). ,Welt' ist als die Faktizität der Offenheit von Sein das Wesen des Seins selbst, sein ,es gibt'. Dieses ist der Mensch als die hermeneutische Anverwandlung der Phänomenalität des Seins - das In-der-Welt-sein. ,Hinter' dem phänomenalen Wesen (verbal) des Seins ist ,nichts', es selbst die Maske des Seins, die es sich - sich der Verborgenheit entnehmend - gibt. Es ist diese Maske, die hermeneutisch anverwandelt aufgeht in das faktische In-der-Welt-sein.

Dies ist Heideggers ,Positivismus', alles andere ,Metaphysik'. ,Metaphysik' resultiert aus dem Überspringen der Faktizität von Welt als Fehlgriff an dem, was als das faktisch Gegebene den Sachbezug des Denkens und Erkennens von Sein überhaupt konstituiert. Indem sie die theoretische Erkenntnisintentionalität als das Maß nimmt, nach dem sie die mit dem Menschsein vor-intentional je schon mitgegebene Offenheit von Sein denkt, denkt sie diese als eine Bestimmung intentionalen Wissens, das, sei es als ,objektive Vernunft' in den Dingen oder als ,subjektive Vernunft' im Menschen, ontologisch ebenso ungeklärt bleibt wie die Unterscheidung von Idealität und Materialität, noetischem und physischem Anwesen. Das Überspringen der Faktizität der vor-intentionalen Offenheit von Sein mündet in einen prinzipientheoretischen Fehlgriff erster Ordnung, der die Vernunft als ontologisches Prinzip des Seins von Seiendem überhaupt: seines Erkennbarseins - festsetzt. Die intentionale Erkenntnishaltung der ontologisch erkennenden Vernunft muß *sich* grundsätzlich (,prinzipiell') von der sie ermöglichenden vor-intentionalen Offenheit her verstehen, die sie als Dasein je schon ist: sie versteht dann aber auch *das Sein* von Seiendem überhaupt, auf das sie sich erkennend bezieht, anders als in ihren überlieferten prinzipientheoretischen Bestimmungen. Was die überlieferte Metaphysik in ihrer Bestimmung des Seins als Geist und Vernunft denkt, hebt sich auf in den aletheiologischen Begriff des Seins. Er besagt zugleich, daß kein Zug der Phänomenalität des Seins zum maßgeblichen Begriff von Sein überhaupt erhoben und damit zum Prinzip einer ontologischen Erkenntnis stilisiert werden kann. Was immer er zum Maß nimmt, begegnet innerhalb des phänomenal Unverborgenen des Seins und versieht sich deshalb an der Maß-gabe selbst: dem ,Es gibt' als dem Eröffnungsgeschehen von Sein, das gegenwendig in die ,Lethe' weggeborgen bleibt. Deshalb ist jede ontologische Prinzipienwissenschaft in ihrem Grunde verfehlt: was sie als Metaphysik war, hebt sich auf in die ‚Hermeneutik der Faktizität'. Sie bleibt als die hermeneutische Anverwandlung der faktischen Offenheit von Sein immer gegenwendig bezogen auf die ‚Lethe' des Seins, die jede Maßgabe im Nicht weggeborgen hält. Ontologische Prinzipienerkenntnis, die angewiesen ist auf das, was ‚es' - das Sein - ‚gibt' (entbirgt), verliert mit ihrem Anspruch auf Erstlichkeit ihren Sinn. Die Faktizität menschlichen In-der-Welt-seins ist der maßgebliche Horizont aller Ontologie und damit selbst das Erste und Maßgebliche, das als Bedingung der Möglichkeit jeden ontologischen Verstehens von Sein schon vom Sein selbst vorgegeben ist. Darin bleibt alles Erkennen endlich, d.h. eingebunden in die horizontale Eröffnung von Sein. Es gibt kein Prinzip - wenn nicht das ‚Es gibt' selbst. Es aber als ‚Prinzip' vorzustellen, bleibt eine metaphysische Vorstellung.

Kehren wir von daher noch einmal zurück zu Heideggers Auseinandersetzung mit der Metaphysik der Subjektivität, insbesondere ihrer transzendentalphilosophischen Grundlegung. Sie hat ihr *methodisches* Prinzip daran, daß die Wahrheit allen gegenständlichen Wissens von Sein allein in der transzendentalen Reflexion auf die Bedingungen der Möglichkeit der gegenständlichen Beziehung eines in sich endlichen Selbsbewußtseins ausgewiesen, d.h. durch dieses selbst vergewißert werden kann. Die Subjektivität wird zur universellen Erklärungs- und Ausweisungsinstanz allen gegenstandsbezogenen Wissen von Sein und Seiendem - für sich selbst, ohne daß wir den Begriff der ‚Subjektivität' ausschließlich transzendentalphilosophisch verstehen dürften. Er schließt im Umkreis der Metaphysik der Subjektivität all das ein, was den Menschen als geschichtliches und naturhaftes Sprachwesen ausmacht. ‚Metaphysik der Subjektivität' besagt allgemein, daß der Mensch (in welcher näheren Bestimmung auch immer) Grund und Prinzip - nicht des Seins, sondern - seiner Verständnisse von Sein ist. Jedes gegenständliche Wissen ist letztlich immer nur als eine Funktion endlicher Subjektivität methodisch ausweisbar. In der engeren transzendentalphilosophischen Wendung heißt dies: Die einzig mögliche Art und Weise, wie der Mensch zu einem auch methodisch und d.h. wissenschaftlichen Wahrheits- qua Gewißheitsansprüchen genügenden ausweisbaren Wissen von dem, was ist, kommen kann, ist, daß er die endliche Selbstgewißheit des Denkens (Ich) als das methodische Prinzip jeglichen intentionalen Wissens von ... nimmt und von daher den theoretischen Status ontologisch gegenständlicher Bestimmungen überhaupt vergewißert. Dies führt bekanntlich zu Kants erkenntniskritischer Unterscheidung von Erscheinung und Ansichsein, insofern sich das in sich endliche Wissen prinzipiell nicht der ‚absoluten Geltung' seiner gegenstandsbestimmenden Kategorien vergewissern kann. Warum?- Weil das Sein von Seiendem, wie es dem physisch-endlichen Erkennen immer nur in der Weise der sinnlichen Rezeptivität und ihren Formen, Raum und Zeit, gegeben ist, nicht mit dem Begriff von Sein überhaupt gleichzusetzen ist. Das Sein in der Weise seines Seins-für-das-endliche, innerphysische Erkennen des Menschen, läßt sich nicht ineinssetzen mit dem Sein als solchem. Kant meint damit nicht, daß man von ‚Sein' auch außerhalb jeder Relation auf ein Wissen sprechen kann: das ist in sich selbst widersprüchlich und absurd, sondern: daß wir - im Bewußtsein unserer Endlichkeit und Kontingenz - nicht die spezifische Struktur unseres endlichen Erkennens als die maßgebliche Bestimmung von Wissen überhaupt und damit zum Maß des Begriffes von Sein erheben können. Es ist durchaus denkbar, daß es ein ‚unendliches Erkennen' gibt, das als ‚ursprüngliches Anschauen' (intuitus originarius) nicht auf das sinnlich rezeptive Gegebensein von Sein angewiesen ist, sondern dieses in der untrennbaren Einheit von Begriff und Anschauung selbst ins Anwesen hervorbringt. Das Wissen ist dann in der Spontaneität seines Erkennens das Sein der Sache selbst: sein Anwesen konstituiert sich als sein Gewußtsein. Eben dies, daß das Sein von Seiendem mit seiner begrifflich spontanen Erfassung zusammenfällt, können wir, die wir als endlich-physische Wesen auf das vorgängige Gegebensein von Seiendem angewiesen sind, nicht, nie und nimmer sagen. Deshalb müssen wir das Sein, wie es für uns ist, von dem unterscheiden, wie es möglicherweise für ein absolutes Erkennen ist. Ersteres ist das Sein als Erscheinung, letzteres das Ansichsein. Das Ansichsein bezeichnet also weder die Verborgenheit von Sein als das Nicht allen Wissens überhaupt noch das Sein als das gegenwendig Andere zum Wissen, das für dieses immer etwas an sich selbst ist. Denn alles Wissen bezieht sich auf etwas an ihm selbst und hat es darin in seinem Ansichsein erschlossen. Dies gehört zum phänomenalen Seinsssinn alles Gewußten und ist keineswegs dem Für-es-sein entgegengesetzt, sondern beide, Für-es-sein und Ansichsein, gehören in der Struktureinheit des Wissens als sichwissendes Beziehen auf etwas zusammen. Kants Begriff des Ansichsein meint demgegenüber das Sein für ein absolutes Wissen, das im Erfassen seines Bezugsworaufs zugleich sein Sein und Anwesen selbst konstituiert - also die absolute Offenheit, gerade das Gegenteil der Negation von Wissen. Ob es ein solches absolutes Wissen (intuitus originarius) gibt, wissen wir nicht; allein - es läßt sich denken, um von daher die spezifisch endliche Verfassung unseres Wissens in den Blick zu bekommen. Gegenüber dem ‚dogmatischen' Philosophieren, das die gegenständliche Bedeutung seiner Kategorien unreflektiert läßt, besteht deshalb das kritisch-transzendentalphilosophische Denken darin, die gegenständliche Wahrheit seiner Begriffe allererst in transzendentaler Reflexion auszuweisen. Darin hebt es jede mögliche Rede vom Ansichsein auf: Was ist, entzieht sich letztlich jeder Erkennbarkeit durch das menschliche Wissen; was ihm im Umkreis seiner als das Sein begegnet, ist immer schon als Sein für die endliche Selbstgewißheit durch diese konstituiert - es untersteht ihren spezifisch endlichen Bedingungen, ohne darin aufzugehen.

Das Verständnis von Heideggers Denken formiert sich vor diesem Hintergrund transzendentalphilosophischen Denkens; und zwar nicht nur, weil dieser die geschichtlich-hermeneutische Situation des Denkens innerhalb der Metaphysik der Subjektivität umreißt, sondern wesentlich deshalb, weil es diesen selbst als seinen Formationshorizont setzt. Danach erscheint die Existenzialontologie als eine Reformulierung der transzendentalphilosophischen Metaphysik der Subjektivität, die aus der konstitutiven Seinsverfassung der Subjektivität (Existenzialien) die Bedingungen der Möglichkeit des Verstehens von Sein aufwiese; während das spätere seinsgeschichtliche Denken nur noch als reiner Rückfall in ein ‚dogmatisches' Philosophieren gewertet werden könne, das - in der Kehre vom Dasein aufs Sein selbst - ohne kritische Reflexion auf die Bedingungen der Möglichkeit ontologisch-gegenständlicher Erkenntnis Begriffe und Prädikationen vom Sein selbst erzeuge, die methodisch unausweisbar nur noch als - schlechte - Poesie zu nehmen wären.

Aber die Kehre, die Heideggers Denken aufgrund der in sich gegenwendigen Struktur von Mensch und Sein vollzieht, müssen wir unterscheiden von der Kehre, die Heideggers Denken von Anfang an gegenüber der neuzeitlichen Metaphysik der Subjektivität vollzieht, ohne den Menschen als den Ort der Seinsfrage preiszugeben. Die Existenzialontologie erwies sich deshalb als ‚Modellontologie' - ohne subjektivitätstheoretischem Kerngehalt. Was sie als ‚ent-subjektivierte Modellontologie' umkehrt, ist die anti-phänomenale Wendung neuzeitlichen Denkens in der Transzendentalphilosophie, die vorgibt, von Sein ließe sich nur sprechen aufgrund einer in transzendentaler Reflexion ausgewiesenen ‚objektiven Gültigkeit' der Begriffe, in denen von Sein die Rede ist. Indem sie darunter lediglich Begriffe naturhaften Seins versteht und überhaupt nur verstehen kann, überspringt sie das phänomenale Wesen des Seins in der metaphysisch-ontologisch vorausgesetzten Unterscheidung von Vernunft und Natur. Das Wissen erhält damit das methodische Primat über das Sein und generiert die neuzeitliche Philosophie als methodischen Idealismus. Gegen ein methodisches Prinzip kann aber nie ein ontologisches, sondern allein ein anderes methodisches Prinzip gekehrt werden: und dieses kann überhaupt nicht ‚das Sein', sondern allein ein ‚Prinzip' des *Wissens* von Sein abgeben. Es ist das ‚Prinzip' des Phänomenalen. Die ent-subjektivierte Modellontologie kehrt den methodischen Idealismus in die Phänomenologie: und zwar von Anfang an. Eben darin besteht seine Grundlegung als ‚aletheiologisches Denken'. Die ontologische Thematisierung des Daseins ist methodisch mit der des Seins ‚gleichartig' - sie gehören ein und demselben (aletheiologischen) Denken an.

Es ist deshalb für das Verständnis von Heideggers aletheiologischem Denken elementar, zu sehen, inwiefern und aufgrund wovon es, und zwar schon auf seiner existenzialontologischen Stufe, das Prinzip der Subjektivität sowohl ontologisch wie methodisch hinter sich zu lassen können glaubt. Dies kann aber nur die Negation des erkenntniskritischen Prinzips der Transzendentalphilosophie sein: der Begriff eines ‚intuitus originarius' und damit die Bestimmung der Endlichkeit des Erkennens. Nur von ihr her macht die Unterscheidung von Erscheinung und Ansichsein einen Sinn. So könnten wir Heidegger einen ersten Schritt entgegenkommen und sagen, daß alle von ihm angeführten Begriffe des Seins innerhalb eines endlichen Bewußtseins und für es gelten, d.h. als die Art und Weise, wie es das Sein als Erscheinung an ihm selbst konsequent zuende denken muß. Als solche verblieben sie innerhalb der Sphäre der durch die Subjektivität konstituierten ontologischen Bestimmung des Seins als Erscheinung und unterschieden von dem Ansichsein. Ihr theoretischer Status wäre der einer ontologischen Verständigungsmöglichkeit endlichen Bewußtseins über seine naturhafte Binnensphäre, ihre Verbindlichkeit eine höchstens ‚subjektive Denknotwendigkeit'. Nehmen wir dann die erkenntniskritische Unterscheidung von Erscheinung und Ansichsein zurück, dann erhielten wir sie umgehend als ‚objektive' ontologische Bestimmungen des Seins von Seiendem überhaupt. Ihre ‚restriktive Geltung' macht keinen Sinn mehr, wenn das, worauf sie restringiert werden, sich nicht mehr von einem anderen unterscheiden läßt - also ‚alles' ist.

Dies führt uns zumindest darauf, daß der Gedanke eines ‚intuitus originarius', wenn auch nur als reine Denkmöglichkeit, konstitutiv ist für die erkenntniskritische Bestimmung von Sein in der Differenz von Erscheinung und Ansichsein. Seine Negation impliziert aber keineswegs, daß die Endlichkeit des Erkennens negiert wird: sie kann anders als in dieser Abgrenzung gedacht werden - und muß dies vielleicht auch: nämlich dann, wenn die mit der Faktizität des Menschseins je schon mitgegebene Erschlossenheit dessen, was ist, auch selbst *methodisch zulänglich* an ihr selbst thematisiert wird. Dies heißt: Die Transzendentalphilosophie überspringt die ‚Hermeneutik der Faktizität' und damit eine methodisch zulängliche - an der Sache selbst ausgewiesene - Bestimmung ihres maßgeblichen thematischen Sachbereiches - des Wissens und Bewußtseins. Die Frage nach der ‚gegenständlichen Geltung' ontologischer Begriffe ist schon in ihrem Ansatz verfehlt. Aus dieser methodischen Unzulänglichkeit resultiert die Fehlbestimmung der Endlichkeit des Wissens aus der Abgrenzung zu einem unendlichen Erkennen und eine nicht haltbare Unterscheidung von Ansichsein und Erscheinung. Ohne hier noch einmals zu wiederholen, was wir in der Frage nach der transzendentalen Seinsweise der Subjektivität schon ausgeführt haben, müssen wir uns diese - für das aletheiologische Denken konstitutive - Absage an das transzendentalphilosophische Denken und damit die Metaphysik der Subjektivität überhaupt doch noch einmal deutlich machen. Sie besagt, daß das transzendentalphilosophische nicht anders als alles Denken überhaupt ausgeht von der Faktizität des Menschseins und daran die Grundlage der angemessenen methodischen Erschließung seiner Sachverhalte hat. Es bezieht sich auf bestimmte Sachverhalte - z.B. das Bewußtsein - im Wie ihres Gegebenseins, die sie gegen unsachgemäße thematische Ausdeutungen methodisch in den Blick bekommen muß. Nicht nur, daß solche phänomenologischen Analysen bei Kant fehlen: was fehlt, ist in erster Linie das methodische Problembewußtsein, daß Begriffe, in denen das endliche Bewußtsein thematisch wird, selbst eines Ausweises ihrer ‚Gültigkeit‘ bedürfen, der nur über die phänomenologische Analyse - also nicht selbst innerhalb einer transzendentalen Reflexion - gewonnen werden kann. Die phänomenale Sacherschlossenheit, auf deren Grundlage sich das Denken schon bewegt, indem es z.B. das endliche Bewußtsein thematisiert, läßt sich prinzipiell nie in einer transzendentalen Reflexion auflösen, die allererst die ‚objektive Gültigkeit‘ der Begriffe zu erweisen hätte, in denen jene hermeneutisch anverwandelt wird: Sie - und damit auch schon die begriffliche Ausdeutung phänomenal erschlossener Sachverhalte - ist schlechthin vorgängig gegenüber jeder transzendentalen Reflexion, die damit immer schon die ‚objektive Gültigkeit‘ von Begriffen voraussetzt, die selbst in keiner transzendentalen Reflexion ausgewiesen werden kann. Die Bestimmungen des Menschseins, des Seins des Bewußtseins und der Erkennens usw., werden so bei Kant lediglich aus dem überlieferten Begriffsreservoir der Philosophie aufgenommen, ohne daß noch gefragt würde, wie es Bewußtsein überhaupt gibt. Eine solche Frage scheint allein schon deshalb als überflüßig, weil die Vernunft als in sich bekannter als das Naturhafte und in ihrer Selbsterschlossenheit unmittelbar gegeben gilt. Es ist diese Hinsicht, in der Heidegger immer wieder kritisch bemerkt, daß das ‚ontisch Nächste‘ das ‚ontologisch Fernste‘ sei: die eigene unmittelbare Bekanntschaft des Menschen (des Bewußtseins und Denkens, der Vernunft) mit sich ist nicht auch schon die Erkenntnis seines Seins, im Gegenteil: sie stellt sich dieser geradezu in den Weg und verhindert damit ihre ausdrückliche methodische Thematisierung. Die Transzendentalphilosophie setzt in ihrer Grundlegung nicht nur die ontologischen Unterscheidung von Vernunft und Natur überhaupt und ohne weitere phänomenologische Thematisierung voraus; sie identifiziert diese zugleich mit der Differenz von Sein und Wissen, die es selbst wiederum in der ganz bestimmten thematischen Ausdeutung durch die ontologische Tradition übernimmt. Damit wird die Hermeneutik der faktischen Existenz übersprungen - der thematische Sachbereich des Bewußtseins rückläufig vom Leitfaden theoretischen Erkennens her intentional bestimmt. Es fehlt die Einsicht in die Faktizität des Menschseins als vor-intentionaler Offenheit von Sein, auf deren Grundlage sich alles intentionale Wissen je schon als die Bedingung seiner Möglichkeit und damit transzendental unhintergänglich bewegt. Die Einsicht in die vor-intentionale Offenheit von Sein zeigt aber nun nicht nur, daß die Endlichkeit des Wissens begrifflich ganz anders zu fassen ist als dies in der Transzendentalphilosophie geschieht, sondern darüberhinaus, daß alles Wissen überhaupt endlich: der Begriff eines nicht-endlichen Erkennens ein ‚hölzernes Eisen‘ und mit ihr die Unterscheidung von Erscheinung und Ansichsein nichtig - ist. Wie?-

Die Transzendentalphilosophie denkt die Endlichkeit des Wissens in seiner physischen Bestimmtheit (Rezeptivität), seine Unendlichkeit als Bestimmung seiner aphysischen Seinsweise (intuitus originarius); ihre Bestimmung der Endlichkeit des Wissens ist metaphysisch - sie erfolgt aus dem Hinblick auf die Differenz noetischen und physischen Anwesens, von Idealität und Materialität, Vernunft und Natur. In dieser Unterscheidung bezeichnet das ‚Ansichsein' die absolute Offenheit als schlechthinniges Einssein von Sein und Wissen, ihr unterschiedsloses Zusammenfallen als Begriff reiner Idealität; die Erscheinung die Einheit von Vernunft und Natur als die spezifische Weise der Offenheit, die innerphysisch vorkommt: die wir sind. Dem Begriff einer ‚absoluten Offenheit' läßt sich also nur durch die Annahme einer nicht-physischen Existenz des Erkennens (Gott) einen realen Gehalt geben, d.h. die Endlichkeit des Wissens ist metaphysisch-theologisch bestimmt und hat daran das ganze Erbe überlieferten christlich-metaphysischen Denkens an sich, auch wenn der Begriff eines ‚intuitus originarius' ein ‚problematischer' und nur ‚hypothetischer' ist. Die Frage ist, ob er als solcher zu einer erkenntniskritischen Begrenzung menschlichen Erkennens und d.h. als Bestimmung seiner Endlichkeit taugt. Die Antwort ist: Nein. Aristoteles wußte dies. Ein Denken, das aphysisch west und außerhalb jeder Physis, kann nichts von der Physis wissen: Es ist lediglich ein Sichdenken des Denkens (noesis noeseos), das als solches aber auch die höchste Gleichgültigkeit gegenüber allem Sein und Wissen - und darum rein in sich die höchste Glückseligkeit (eudaimonia) ist. Als solches ist es überhaupt nicht ‚erkenntniskritisch' auf ein innerphysisches Wissen zu beziehen: sie sind inkommensurabel. Der Begriff des ‚intuitus originarius' enthält einen Selbstwiderspruch: Er unterstellt einem aphysisch wesenden Denken ein Wissen von dem, was es nur erkennen könnte, wenn es nicht aphysisch, sondern innerphysisch wäre. Dann aber hätte es notgedrungen dieselbe interne Verfassung wie ‚unseres'. Die Erkenntnisleistung innerphysischen Wissens kann ich nicht nach dem Begriff eines außerphysischen Wissens bemessen, ohne einen in sich selbst widersprüchlichen Begriff zu bilden, der ihre Kommensurabilität garantieren muß. Grundsätzlich gilt, daß das Wissen nur von dem Wissen kann, ‚in' dessen Seinsweise selbst irgendwie ist und damit seinen Bedingungen untersteht - sich also, kantisch ausgedrückt, ‚rezeptiv' verhält. Auch ein Gott, ein unendliches Erkennen, würde von dem, was naturhaft west, nichts anderes erkennen als wir, weil es dies nur unter denselben physischen Bedingungen erkennen könnte. Deshalb hat die ‚noesis noeseos' für Aristoteles auch keine die innerphysische Vernunft des Menschen erkenntniskritisch begrenzende Funktion.

Nehmen wir dies nun von Heidegger her auf: Kann die Offenheit von Sein überhaupt anders verfaßt sein, als sie es faktisch im Sein des Dasein je schon vor-intentional ist?- Nein: Das Erkennen ist *als Erkennen*, das Wissen *als Wissen*, die Offenheit von Sein *als Offenheit*: endlich - die Endlichkeit nichts, was als eine ihrer alternativen Bestimmungen zu ihrer Unendlichkeit gedacht werden könnte, sondern ihr eigenes Wesen als Offenheit. Sie grenzt sich immer gegenwendig horizontal aus an der Unentborgenheit (Lethe), als welche das Sein west. Die Endlichkeit ist nicht metaphysisch-theologisch als besondernde Bestimmung des intentional verfaßten Erkennens, sondern ontologisch als das

Wesen der Offenheit von Sein zu denken. Eine unendliche Offenheit ist Offenheit von nichts, weder Sein noch Seiendem: sie ist, wenn sie nicht relational begrenzt ist durch das, wovon sie die Offenheit ist, überhaupt nicht. Auch für ein göttliches und unendliches Wissen gilt, das es *als Wissen* 1. ‚ist', d.h. als die Seinsbestimmtheit eines Seienden west und 2. in derselben Seinsweise wie dasjenige, wovon es weiß, anwesen muß, 3. sich als Wissen von dem gewußten Sein unterscheidet und 4. immer Seiendes in seinem Sein und das Sein von Seiendem weiß. Kurz: Nichts, selbst ‚Gott' nicht, kann sich der Differenz von Sein und Wissen und der von Sein und Seiendem entziehen. Eine reine Offenheit die nicht ‚ist' und *von* nichts die Offenheit ist, kann, selbst wenn wir dies als begriffliche Vorstellung einmal gelten lassen wollten, nie und nimmer den maßgeblichen Begriff von Sein als Ansichsein abgeben, von dem her sich der theoretische Status *unseren* Erkennens bestimmen ließe.

Der entscheidende Punkt, den schon Aristoteles gesehen hat, ist, heideggerisch formuliert, das ontische Fundament des Wissens. Es gibt das Wissen nur als Seinsbestimmtheit eines Seienden, das ausschließlich *von* dem die Offenheit ist, mit dem es *in* einer Welt vorkommt. Das Wissen kann nicht gleichsam von Außen eine andere Welt eröffnen, der es selbst nicht angehört: die nicht *sein* In-der-Welt-sein ausmacht, sondern ein anderes. Die Offenheit *von* Sein ist in ihrer ontischen Verwurzelung in einem Seienden die Eröffnung dessen, worinnen es sich befindet und d.h. von dem, von dem es selbst in seiner Befindlichkeit durchstimmt ist. ‚Befindlichkeit' steht für die phänomenologische Wiederholung des Begriffs der ‚Rezeptivität'. Das, was eröffnet und in die Offenheit hineingetragen wird, ist nichts anderes als das, was angängig in der Befindlichkeit west. Die Welt als die Offenheit von Sein, in der sich das Seiende, das eröffnet, selbst als sein In-der-Welt-sein wiederfindet, west vorweltlich in seiner Befindlichkeit; und nur was angängig in dieser, kann *als* Welt (Spontaneität) eröffnet werden. Alles Wissen, alles Erkennen ist intramundan - in welcher Welt es sich auch immer befinden mag. Mit Heidegger gesagt: Die Offenheit ist als solche welthaft und als solche endlich: wogegen sie sich gegenwendig abgrenzt, west als die Lethe von Sein, die Verbergung als das ganz Andere zu aller Un-verborgenheit. Die Endlichkeit der Offenheit von Sein ist nicht nur die konstitutive Endlichkeit allen Wissens, sondern tiefer die des Menschseins selbst, seines Seins-zur-Verborgenheit des Todes. Sie ist als solche aber nicht eine ‚Eigenschaft' des Menschen, sondern des Seins selbst, das sich gegenwendig zu seiner Entbergung in der Verbergung verwahrt und diese, seine Offenheit, wesensmäßig nur als Endliche gegenüber seinem in sich verschlossenen Wesen (Lethe), das weder ‚endlich' noch ‚unendlich' west, freigibt. Nicht das Wissen, sondern das Sein selbst west in erster Linie als Endliches. Dieses endliche Wesen (verbal) des Seins ist das Dasein: was nicht in ihm aufgeht, west als ‚Lethe' des Seins. Diese nennt das, was den aletheiologisch umgedachten Begriff des kantisch verstandenen Ansichseins und weiter zurück der aristotelischen ,prote hyle', des bestimmungslosen, jedem möglichen Gewußtwerden sich entziehenden, stofflichen Anwesens wiedergibt.

Das aletheiologische Denken, das ohnehin keine an sich bestehende und vom Phänomenalen losgelöste ,Wirklichkeit' bestimmt, ist sowenig ein Rückfall des Denkens in eine ,dogmatische' Seinserkenntnis, daß es sich demgegenüber gerade als durch die Metaphysik der Subjektivität vermitteltes und vertieftes Methodenbewußtsein erweist. Auf dieser Grundlage leistet es denn auch schon die phänomenologische Wiederholung jener "ursprünglichen Erfahrungen, in denen die ersten und fortan leitenden Bestimmungen des Seins gewonnen wurden" (SZ, 22), als die aletheiologische ,Aufhebung' der Metaphysik. Die phänomenologische Re-interpretation von Grundbestimmungen metaphysischen Denkens vollzieht sich als die aletheiologische Anverwandlung der ihnen zugrundeliegenden Phänomenalität, so daß sie darin zwar als ,metaphysische' Bestimmungen negiert, aber in ihrem phänomenalen Gehalt ,aufbewahrt' werden. So ist im Begriff der ,Aletheia' der phänomenale Gehalt gewahrt, der in der überlieferten metaphysischen Bestimmung des Seins als Geist und Vernunft zum Tragen kam; die ,Lethe' bringt die ,ursprüngliche Erfahrung' auf ihren aletheiologischen Begriff, die Aristoteles im Begriff der ,prote hyle' und Kant im Ansichsein denkt. Entsprechend stoßen wir auch auf eine aletheiologische Wiederholung des metaphysischen Begriff der Subjektivität. Dieser hat seinen entscheidenden phänomenalen Gehalt gerade nicht an der selbsthaften Verfassung der Offenheit von Sein in der strukturellen Einheit ihrer Momente, Für-sich-sein und Intentionalität; sondern am Nicht, der negativen Gegenwendigkeit des Menschseins nicht nur zu allem Seienden, sondern zum Sein selbst, die seine Eigenheit, die Ausschließlichkeit seines Für-sich-seins und die Absolutheit seiner Freiheit ausmacht. Innerhalb des metaphysischen Denkens artikuliert er sich phänomenal noch am angemessensten am Begriff der Autonomie und der Freiheit zum Bösen. Die Gegenwendigkeit von (vor-reflexivem) Für-sich-sein und intentionaler Sachverwiesenheit ist demgegenüber die Struktur der Offenheit *von* Sein überhaupt. Sie wäre nicht, was sie ist (Offenheit), wenn sie nicht in sich rückläufig die unthematische ,Sich-offenheit' dessen wäre, worin sie ontisch verwurzelt ist. Dieses erschließt sich aus der Offenheit als ihr ,Selbsthorizont'. Dieser ist das, *wovor* die Offenheit *sich* je bringt. Indem der Mensch aber die phänomenale in die thematische Erschlossenheit von Sein wendet, ist und bleibt das Prinzip des (vor-ontologischen und ontologischen) Seinsverständnisses die ,Intentionalität': aber nun umgedacht zum hermeneutisch anverwandelnden ,Logos', der vor-intentional in der phänomenalen Offenheit von Sein gründet. Die hermeneutische Anverwandlung der Offenheit von Sein ist nicht ihr Prinzip als solche, sondern das Prinzip ihrer gegenwendigen thematischen Auslegung, ohne die der Mensch *sein* In-der-Welt-sein - sein Wohnen inmitten des Seienden - nicht sein könnte. Er ist sein In-der-Welt-sein nur, indem er die Offenheit von Sein hermeneutisch anverwandelnd *als* sein

In-der-Welt-sein gründet. Dieses ‚entspricht' damit auch schon immer dem phänomenalen Sich-geben von Sein (adaequatio): anders läßt sich von der ‚Wahrheit' geschichtlich-faktischen In-der-Welt-sein nicht reden.

In derselben Weise geben auch die existenzialontologischen Begriffe die grundsätzlichen phänomenalen Gehalte, die in den verschiedenen metaphysischen Selbstauslegungen des Daseins zu Wort kommen bzw. in der Metaphysik selbst als thematische Begriffe des Seins gefaßt werden. Sowenig das aletheiologische Denken die Methodenproblematik überlieferten Denkens überspringt, sowenig werden ihre thematischen Erkenntnisse als bloßer gegenstandsloser Schein negiert. Aletheiologisches Denken widerspräche seiner eigenen Einsicht, daß Denken als die hermeneutische Anverwandlung der Phänomenalität des Seins immer einen gegenstandsbezogenen phänomenalen Gehalt artikuliert, würde es metaphysisches Denken als bloße Unwahrheit beiseite schieben. Es liegt deshalb an seinem ‚Prinzip' selbst, daß es die im metaphysischen Denken artikulierte phänomenale Wahrheit des Seins eigens aletheiologisch anverwandeln muß, sich also nie als abstrakte Negation, sondern als ‚Rückgang in der Grund der Metaphysik' - ihre zugrundeliegenden ‚ursprünglichen Erfahrungen, - verhält. Der geschichtliche Sinn der ‚Destruktion' ist nicht Negation, sondern durchaus hegelisch die ‚Aufhebung'. Der phänomenale Gehalt des Begriffs der Aufhebung aber ist die Wiederholung aus dem Grunde.

Es ist nun auch ohne weiteres ersichtlich, warum das aletheiologische Denken ganz unvermeidlich, und zwar aufgrund seiner inneren Verfassung und Struktur, seiner methodischen Thematisierung des Phänomenalen und ihrer hermeneutischen Anverwandlung, in die Nähe zur Kunst in all ihren Bestimmungen, nicht nur der Dichtung, kommen muß. Denn gerade die Kunst ist jene - auch geschichtlich - vor-metaphysische Weise des Weltverhältnisses, die sich an das phänomenale Wesen des Seins hält und dieses - metaphysisch begriffslos - in verschiedenen Weisen seiner Sichtbarkeit und Offenbarkeit hermeneutisch anverwandelt, auch dort, wo es, wie in der bildenden Kunst und der Musik, nicht im engeren Sinne sprachlich zu Wort kommt. Sie bleibt deshalb auch innerhalb der Geschichte der Metaphysik die zu ihr gegenläufige Wahrung des phänomenalen Wesens von Welt, an dem das aletheiologische Denken seinen geschichtlichen Widerhalt findet. Was es als die Nähe und Nachbarschaft von Denken und Dichten ortet, ist seine eigene ‚anti-metaphysische' Bestimmung; sowenig es eine ‚Flucht' heideggerschen Denkens in die Dichtung gibt, sowenig fungiert diese als ‚irrationale' Abkehr vom begrifflichen Denken.

Heideggers Denken, unterwegs in die Hauslosigkeit, kommt aus dem Haus der Metaphysik. Wohin es uns bringt, muß vorerst noch unausgemacht bleiben. Denn wir sind notgedrungen noch unterwegs zu dem, von woher es kommt. Darin wohnen wir, wenn auch unzugeeignet. Es mag deshalb erst einmal alles darauf ankommen, im metaphysischen Denken zuhause zu sein. Dazu müssen wir es vor uns bringen. Dies können wir vermutlich nur so, daß wir es auf dem

Denkweg Heideggers verlassen. Im Verlassen bringen wir es nicht hinter, sondern vor uns. Hindurchgehen ist alles. Ob und wie es ins Offene bringt, bleibt selbst offen. Darin mag das Eigenartige unserer geschichtlichen Situation bestehen, das sich in Heideggers Denken tiefer als in irgendeinem anderen Denken dieses Jahrhunderts auskristallisiert hat. Sein Unwille, im Haus bestehenden Denkens und seiner Verständnisstrukturen noch zu wohnen, bringt es ins Offene. Im Offenen von Welt baut es, die sich mitteilende Offenheit von Sein hermeneutisch anverwandelnd, dem Menschen sein In-der-Welt-sein als ‚Ort seines Wohnens'. Nicht ein anderes Haus, sondern das Wohnen in Welt als ‚freier Gegend'. Bauen Wohnen Denken. Darin bleibt das Denken im Umfeld dessen, was es verlassen hat, ansässig. Wo es sich auf andere Wege begibt, entschwindet es seinen Blicken. Es wird ortlos. Zug ins Offene. Denken Nicht-bauen Trotzdem Wohnen.

Anmerkung

1. Texte

HEIDEGGER, Sein und Zeit § 5 - 7; § 43 - 44. Die Grundprobleme der Phänomenologie (GA 24). Ergänzend: Kant und das Problem der Metaphysik/ Phänomenologische Intrepretationen zu Kants Kritik der reinen Vernunft (GA 25). Aufschlußreich für die Bestimmungsgründe heideggerschen Denkens sind auch die frühen Vorlesungen, so insbesondere GA 61 (Philosophie als ‚gegenruinante Bewegtheit' und ‚Kampf ... gegen ihre eigene faktische Ruinanz' 153).

2. Literatur

Zur Auseinandersetzung eines metaphysischen und eines phänomenal bestimmten Denkens vgl. die schon erwähnten Arbeiten von Giorgio GUZZONI, v.a. Pindar. Der vor-metaphysische Weltbezug (1981). Zu dem Heidegger gegenüber anderen ‚Zug ins Offene' Wolfgang STRUVE Der andere Zug. Salzburg 1967/69.

Ausblick

14. Der Übergang vom existenzialontologischen zum seinsgeschichtlichen Denken

Die Grundlegung aletheiologischen Denkens liegt gewissermaßen im Zwischenfeld von existenzialontologischer und seinsgeschichtlicher Frage nach dem Sein. Die Existenzialontologie ist und ist doch noch nicht das aletheiologische Denken; das seinsgeschichtliche Denken ist dagegen wiederum ‚mehr' als das, was wir bisher unter diesem Begriff gefaßt haben - nämlich seine geschichtsontologische Modifikation. Das aletheiologische Denken kommt unmittelbar geschichtsontologisch zum Zuge. Auszuloten bleibt, warum. Uns bleibt hier vorerst nur die Aufgabe, die Heideggers geschichtsontologische Wendung am Übergang von existenzialontologischem zu seinsgeschichtlichem Denken eigens herauszustellen. Worum handelt es sich?-

Zu Beginn der dreißiger Jahre wandelt sich Heideggers Frage nach dem Sein von der existenzialontologischen zur seinsgeschichtlichen Fragestellung. Während jene nach dem ‚Sinn von Sein' fragt, geht es dieser nun um die ‚Wahrheit des Seins'. Ortet sich die Existenzialontologie noch aus der theoretischen Auseinandersetzung mit der Transzendentalphilosophie und dem Überlieferungszusammenhang abendländischer Ontologie, dann wird sich das ‚seinsgeschichtliche Denken' aus der Gegenwendung zur philosophischen Tradition insgesamt als ‚andersanfängliches Denken' entwerfen. Das Verhältnis zur philosophischen Überlieferung insgesamt wird ein anderes: war es dort noch ‚kritisch' bezogen auf überlieferte Grundlegungen der Philosophie, die durch die Bestimmung der Seinsweise der transzendentalen Subjektivität auf eine neue und prinzipiell vertiefte Grundlage gebracht werden sollten, so wird es nun ‚diagnostisch': es teilt nichts mehr mit dem, worauf es sich ‚diagnostizierend' bezieht. An die Stelle kritischer Anverwandlung des Überlieferten tritt der Bruch. Bis in die Mitte der dreißiger Jahre hinein verwendet Heidegger den Titel ‚Metaphysik' denn auch für sein eigenes Denken: von der Selbstbezeichnung seinsgeschichtlichen Denkens ist er dann radikal ausgeschlossen. Das Stichwort seinsgeschichtlichen Denkens lautet nun: Rückgang in den Grund der Metaphysik, in Ursprung und Herkunft metaphysischen Seinsverständnisses. Damit aber verschiebt sich die Besinnungsebene: War dies existenzialontologisch noch das ‚vor-ontologische Seinsverständnis', das den Menschen als solchen auszeichnet, so ist dies nun das ontologische Seinsverständnis der Philosophie. An ihm aber wird nun ausschließlich das abendländische Menschsein thematisch, gleichsam so, als hätte es an den ontologischen

Erkenntnissen der Philosophie die Grundlage seiner vor-ontologischen Seinsverständnisse. Mit der Verschiebung der Besinnungsebene einher geht die Eingrenzung des Sachbereiches: Dieses ist nicht mehr der Mensch als Mensch, sondern ein ganz bestimmtes - das abendländische - Menschsein. Mit ‚Metaphysik' bezeichnet Heidegger jetzt das Ganze der geschichtlichen Unverborgenheit von Sein, die im abendländischen Philosophieren ausgetragen wird: eben jene ‚Wahrheit des Seins', nach der das seinsgeschichtliche Denken zurückfragt. Und obgleich damit, wie in der Rede vom ‚Sinn von Sein', die ‚Offenheit von Sein' (Aletheia) gemeint ist, so ist sie darin nun doch anders gemeint: geschichtlich als das ‚Geschick' abendländisch-europäischen - und nicht mehr ‚existenzial' als das Wesen des Menschseins überhaupt. Das ontologische Seinsverständnis der ‚Metaphysik' zeigt sich Heidegger nun als die geschichtliche Ankunft des ‚Nihilismus', der in dem gegenwendigen Entwurf eines ‚andersanfänglichen Denkens' auf seine ‚Verwindung' hin angedacht wird. Was hat dies noch mit der existenzialontologischen Frage nach dem Sein zu tun?- Wie wandelt sich diese zur ‚seinsgeschichtlichen' Thematisierung der ‚Metaphysik' und ihrer Diagnostik als ‚Nihilismus'?-

Heidegger selbst hat diesen Wandel seiner Fragestellung nie als Bruch, sondern immer als kontinuierlichen Fortgang seines Denkweges verstanden. Danach wäre seine existenzialontologische Frage nach dem ‚Sinn von Sein' schon nichts anderes als seine seinsgeschichtliche Frage nach der ‚Wahrheit des Seins' (WM, 168, 206); entsprechend re-interpretiert er auch den Begriff der Fundamentalontologie (WM, 187). Bezeichnend für diese Re-interpretationen seines existenzialontologischen Denkens sind vor allem ‚Einleitung' und ‚Nachwort' zu seiner Antrittsvorlesung ‚Was ist Metaphysik?', die selbst noch dem existenzialontologischen Denken angehört, nun aber (1943 und 1949) aus der Perspektive seinsgeschichtlichen Denkens umgedeutet wird; ähnlich im ‚Brief über den »Humanismus«' (1946), wo er sich auf das Ganze seines Denkweges zurückbesinnt. Heidegger hat zugleich aber auch deutlich gemacht, daß wesentliche Kernstücke seines ‚existenzialontologischen' Gedankens im Fortgange des Fragens hinfällig wurden. Dazu gehört in erster Linie der fundamentalontologische Anspruch auf die Grundlegung der Philosophie überhaupt und der Wissenschaften insgesamt. Heidegger bemerkt dazu rückblickend: "Diese (gemeint ist die existenzialontologische Fragestellung von ‚Sein und Zeit') verfälscht sich noch selbst, insofern es ihr noch nicht glückt, zwar die wesentliche Hilfe des phänomenologischen Sehens festzuhalten und gleichwohl die ungemäße Absicht auf ‚Wissenschaft' und ‚Forschung' fallen zu lassen. Um jedoch diesen Versuch des Denkens innerhalb der bestehenden Philosophie kenntlich und zugleich verständlich zu machen, konnte zunächst nur aus dem Horizont des Bestehenden und aus dem Gebrauch seiner ihm geläufigen Titel gesprochen werden" (WM, 187). Das Sich-verfälschen des Denkens beruht demnach darauf, daß das Denken das, was sich ihm eröffnet, noch nicht in einen angemessenen Begriff seiner selbst einzuholen vermag. Es bleibt seinem Gedachten gegenüber noch rückständig. Diese Rückständigkeit besagt, daß das Denken, das sich in den überlieferten (ontologischen) Bestimmungen von Sein artikuliert, ein Gewordensein an sich hat, das angesichts eines anderen und sich verwandelnden Sich-zeigens von Sein unvermögend bleiben muß, diesem auch schon als solchem zu entsprechen: Was es als seine geschichtliche Konstitution an sich hat, vermag es erst aus der sich wandelnden Unverborgenheit seiner Sache hinter sich zu lassen. Es legt sich deshalb aus dem Horizont des Bestehenden aus - der Metaphysik der Subjektivität. Es verfälscht sich, indem es sich mißversteht: es für sich noch ein anderes ist, als es an sich ist: wozu es an ihm selber schon durch die Eröffnung seines Gedachten geworden ist. Erst aus dem Widerhall seines Sachvollzugs heraus kann sich das Denken in das angemessene Verhältnis zu seinem Gedachten bringen und den Begriff seiner selbst: dessen, was es als das Denken seines Gedachten ist, fassen. Kurz: Die Existenzialontologie betreibt Philosophie so, als gäbe es sie, die Existenzialontologie, überhaupt noch nicht: was sie als den Begriff des Menschseins aufweist: die vor-intentionale Offenheit von Sein -, bleibt noch ohne durchgreifende Konsequenzen für das eigene Verständnis des ontologischen Denkens. Dieses Verhältnis von Denken und Gedachtem faßt Heidegger nun als das Verhältnis von Anspruch und Entsprechung. ,Angemessen' ist das Denken, wenn es dem Anspruch der Sache auf ihr Gedachtwerden entspricht: sich dem anmißt, was sich ihm von der Sache her als das Zu-denkende zuspricht. Das Denken ist wesentlich Resultat: es resultiert (entspringt) der Offenheit seiner Sache, die es in sich nur herstellt, indem sich ihm diese schon vorgängig mitgeteilt hat: es sich unter dem Anspruch erfährt, etwas, das sich zeigt, in Unverborgenheit seines Gewußtwerdens zu heben und ihm dadurch zu ,entsprechen'. Die ,Entsprechung' setzt voraus, daß der ,Anspruch' vernommen wird; ein ,Anspruch', der nicht vernommen wird, ist keiner. Daher das ,Bedürfnis der Philosophie', das vor-intentional aufgeht - also auch wiederum nicht vom denkenden ,Subjekt' intentional verfügt wäre. Daß es ,philosophierend' einen Anspruch auf Gedachtwerden übernimmt und austrägt, sich zu ihm in ein Verhältnis setzt und darin dem zu entsprechen sucht, was sich ihm zeigt: all dies gehört zur ,Initiative' der Sache, die sich vor-intentional eröffnend dem Denken auf ihr Gedachtwerden hin zuspricht und mitteilt.

Damit stehen wir aber schon mitten in einem Begriff von Philosophie, der existenzialontologisch gerade noch nicht gedacht war: Die Philosophie ist nicht ein nur existenziell zu denkender Entwurf des Menschseins, sondern entspringt einer vor-intentionalen Eröffnung von Sein: und muß deshalb selbst als ein ontologisch relevanter Sachverhalt - der das Sein selbst betrifft, nicht nur subjektiv-partikuläre ,Gebilde in Köpfen' - gedacht werden. Die ontologische Thematisierung der Philosophie gehört nun zum Begriff der Philosophie selbst, wie er auf der Grundlage der existenzialontologischen Bestimmung des Verhältnisses von Sein und Wissen im Begriff der vor-intentionalen Offenheit von Sein (Dasein) gedacht werden muß. Die Frage nach dem Sein transformiert sich zur Frage nach der Philosophie. Die Philosophie wird selbst einer ontologischen Thematisierung unterworfen und damit maßgeblich für den Begriff des Seins. Diese ontologische Selbsthematisierung der Philosophie gehört zum entscheidenden Kern von Heideggers seinsgeschichtlichem Denken. Von ihm, dem ontologischen Begriff der Philosophie, her, erscheint nun die Einordnung in Begründungsintentionen neuzeitlicher Wissenschaftlichkeit als ‚ungemäß'. An ihre Stelle tritt zunehmend die gegenläufige Orientierung seinsgeschichtlichen Denkens an Kunst und Dichtung.

Worauf stößt uns Heidegger damit?- Wie sieht er die Genese seines seinsgeschichtlichen Denkens aus der existenzialontologischen Fragestellung?- Als die Zurücknahme einer ‚Selbstverfälschung' des Denkens im Begriff der Philosophie durch die Anverwandlung *der* thematischen Grundeinsicht der Existenzialontologie in das Menschsein - die Offenheit von Sein (Aletheia). Diese wird dem Denken ‚anverwandelt', insofern es nun - als ‚ontologisches Seinsverständnis' - seinen Begriff von sich nach dem bildet, was sich ihm als die grundlegend erste Bestimmung des Verhältnisses von Sein und Wissen gezeigt hat, als solche aber zugleich den maßgeblichen Begriff des Menschseins abgibt. Die ‚Anverwandlung' besteht in der ontologischen Selbstthematisierung der Philosophie aus dem existenzialontologischen Begriff des Menschseins. Von dorther resultiert dann der Übergang vom existenzialontologischen zum seinsgeschichtlichen Denken. So will es zumindest Heidegger. Der Stolz eines Philosophen besteht nicht zuletzt darin, daß er seine eigenen Irrtümer und Unzulänglichkeiten besser als andere erklärt. Sehen wir nach.

Die ‚Anverwandlung' der existenzialontologischen Grundeinsicht besagt in erster Linie: Der Begriff der Philosophie muß aus dem Begriff des Menschseins gedacht werden. Warum?- Weil im Begriff des Menschseins der Mensch als das Seiende gedacht wird, das nicht nur ‚ist', sondern auch ‚weiß' - daß er und Seiendes überhaupt ‚ist'. Im Begriff des Menschseins wird der Mensch als die Konstellation von Sein und Wissen (onto-logos) thematisch. Diese ist aber zugleich auch Maßgabe für den Begriff der Philosophie als der vom Menschen betriebenen Praxis einer ausdrücklichen Erkenntnis dessen, was überhaupt ist. Beide, Begriff des Menschseins und Begriff der Philosophie, sind in sich zusammengehörige Bestimmungen eines Selben - des ‚Onto-logischen' (onto-logos), verstanden als die Auszeichnung eines Seienden, das sich ‚wissend' und ‚erkennend' zum Sein verhält. Wie immer dieses Verhältnis bestimmt werden mag, so ist die Philosophie doch selbst der Ort, an dem das Menschsein sich hinsichtlich seiner ‚ontologischen' Auszeichnung inmitten des Seienden auf den Grund zu gehen unternimmt. Darin gehören beide, der Begriff des Menschen und der Philosophie, zusammen. In den überlieferten Bestimmungen des Menschen als ‚vernünftiges' oder ‚selbstbewußtes Lebewesen' denkt die

Philosophie, so Heideggers These, das Menschsein nach sich selbst: dem, was sie als theoretische Erkenntnistätigkeit ist; es komme aber umgekehrt darauf an, die Philosophie aus dem faktischen Menschsein zu denken, weil dieses als ‚natürliches Wissen‘ je schon das Sein von Seiendem (Welt) verstanden hätte und allein von diesem her der Umkreis theoretisch-ontologischen Denkens bestimmt werden könne. Deshalb muß Heidegger nun auch den Begriff der Philosophie aus dem Begriff der vor-intentionalen Offenheit von Sein (Dasein) einholen. Der ‚aletheiologische‘ Begriff des Menschseins wird auf die Philosophie ‚angewendet‘: Der aus der Zeitigung der Zeit gedachte Geschehenscharakter der Offenheit von Sein, der existenzialontologisch das Menschsein im Blick auf das ‚vor-ontologische Seinsverständnis‘ bestimmte, wird nun zum Begriff des ontologischen Seinsverständnisses der Philosophie. Was heißt dies?- Das existenzialontologische Denken modifiziert sich ‚geschichtsontologisch‘, indem es in seinem Resultat - der Einsicht in die ‚onto-logische‘ Verfassung des Daseins als dem ‚Geschehen‘ der Offenheit von Sein - auf einen völlig neuen *ontologischen* Begriff der ‚Geschichte‘ als Begriff des Seins selbst führt, der existenzialontologisch gerade noch nicht zum Zuge kommt. ‚Geschichte‘ meint dort in erster Linie die bewegte Verfassung des Daseins - und nicht das Eröffnungsgeschehen von Sein selbst als ‚Aletheia‘. Dieses aber *ist* der Mensch: und insofern sich daran die Grundlegung seines je geschichtlichen In-der-Weltseins vollzieht, muß seine Geschichtlichkeit ontologisch neu gefaßt werden. In den Blick tritt damit die eigene ontologische Verständigungspraxis über das Sein (Philosophie) als eine solche, die in dem vor-intentionalen Geschehen seiner Unverborgenheit gegründet ist.

Daraus ergibt sich ein erster Vorbegriff seinsgeschichtlichen Denkens: Dieses thematisiert das Sein als das ‚Geschehen‘ seiner Unverborgenheit, Offenheit, Lichtung, Erschlossenheit im geschichtlich je anderen Verständnis von Sein. Das geschichtliche Geschehen der Offenheit von Sein ist uns am Überlieferungszusammenhang der Philosophie als dem ausdrücklichen, theoretischen Begreifen von Sein gegeben. Die Philosophie ist nun selbst eine bestimmte Weise, in der die Offenheit von Sein geschieht. Damit ist der ‚aletheiologische‘ Begriff des Menschseins auf den der Philosophie übergegangen, das Denken selbst ontologisch als das gesichtet, was das Menschsein als solches je schon von sich her austrägt.

Bezeichnend für diesen Übergang zu der ontologischen Thematisierung der Philosophie heißt es in ‚Vom Wesen der Wahrheit‘: "Noch unbegriffen, ja nicht einmal einer Wesensgründung bedürftig, fängt die Ek-sistenz des geschichtlichen Menschen in jenem Augenblick an, da der erste Denker fragend sich der Unverborgenheit des Seienden stellt mit der Frage, was das Seiende sei. In dieser Frage wird erstmals die Unverborgenheit erfahren. Das Seiende im Ganzen enthüllt sich als physis, die »Natur«, die hier noch nicht ein besonderes Gebiet des Seienden meint, sondern das Seiende als solches im Ganzen, und zwar in der Bedeutung des aufgehenden Anwesens. Erst wo das Seiende selbst eigens in seine Unverborgenheit gehoben und verwahrt wird, erst wo diese Verwahrung aus dem Fragen nach dem Seienden als solchem begriffen ist, beginnt Geschichte. Die anfängliche Entbergung des Seienden im Ganzen, die Frage nach dem Seienden als solchem und der Beginn der abendländischen Geschichte sind dasselbe und gleichzeitig in einer »Zeit«, die selbst unmeßbar erst das Offene für jegliches Maß eröffnet" (WM, 85). Denn diese Zeit eröffnet in ihrer Zeitigung die nun ausdrückliche und eigens als solche erfahrene Offenheit von Sein, daraus das geschichtliche Menschsein je sein Maß, durch das es sich in seinem In-der-Welt-sein ausgrenzt, empfängt. Die Zeitigung der Zeit eröffnet das Sein also gewissermaßen zwiefach: 1. vor-ontologisch als das Menschsein überhaupt und 2. ontologisch als die Geschichtlichkeit einer bestimmten Menschheit, der abendländisch-europäischen. Allein diese, so Heidegger, vollzieht das ausdrückliche Fragen nach dem Sein - die Philosophie: und, so paradox dies auf den ersten Blick auch scheinen mag, tritt sie eben dadurch in eine nicht nur existenzielle, sondern ontologische Geschehensstruktur ein, die sie und *nur sie* betrifft. Die Geschichte im ontologischen Sinn - ‚Seinsgeschichte' - gibt es nur im abendländischen Menschsein, während der existenzialontologische Begriff der Geschichtlichkeit bezogen auf das Menschsein überhaupt gilt. Die Existenzialontologie thematisiert das Menschsein *als solches* - nicht irgendeine bestimmte geschichtliche Menschheit, wie dann das seinsgeschichtliche Denken. Der Übergang erscheint in dieser Hinsicht als eine Konkretion der formalontologischen Auseinandersetzung des Menschseins. Ist er das und wenn ja, auf welche Art und Weise und aufgrund wovon?-

Die Existenzialontologie denkt das Menschsein in rein formalen Bestimmungen der Existenz, den ‚Existenzialien'. Diese geben die formale Struktur der Existenz unabhängig und losgelöst von der jeweiligen verständnismäßigen Aneignung und Auslegung, die sie durch das geschichtliche Dasein selbst je erhalten. Was die Existenzialontologie als die Grundverfassung des Menschseins aufzeigt, gilt deshalb auch nicht von irgendeinem geschichtlich besonderen Menschen, sondern vom Menschen qua Menschen, insofern er überhaupt Mensch ist; ganz gleichgültig, ob er mit Faustkeilen im Amazonasbecken Wurzeln ausgräbt, an einem Teilchenbeschleuniger irgendwelche Messungen vornimmt oder in Todtnauberg über das Sein nachdenkt. Die Art und Weise, wie Menschen als geschichtliche Gemeinschaften ihr In-der-Welt-sein sind: es sich verständnismäßig angeeignet haben und aus dieser Erschlossenheit ihres In-der-Welt-seins existieren, wird notwendig offen gelassen: Denn sie ist keine Sache der Spezifizierung (Besonderung) eines Allgemeinen, sondern die konkrete Erfüllung einer rein formalen Struktur. Der ‚Inhalt' des vor-ontologischen Seinsverständnis als die jeweilig geschichtlich-faktische Ausgelegtheit des Seins des Daseins *und* des Seins alles anderen Seienden: also das, *wie* und *als was* das geschichtlich-faktische Dasein Welt je versteht, ist und kann nicht

Thema der formalontologischen Strukturanalyse der Existenz sein. Wäre das vor-ontologische Verständnis von Sein überhaupt und im ganzen in seiner durchgeführten Konkretion eine Implikation der Existenz als der vor-intentionalen Offenheit von Sein, dann müßte es auch von der existenzialontologischen Analyse als solches aufgewiesen werden: diese müßte uns also angeben können, worin denn nun das vor-ontologische Verständnis von Sein überhaupt besteht, und zwar für alle Menschen als Menschen zugleich und in einem. Würde das Sein des Menschen auch schon implizieren, *wie* und *als was* Sein überhaupt und im Ganzen (Welt) eröffnet ist, dann wäre die vor-intentionale Offenheit von Sein an ihr selbst schon die inhaltliche Konkretion eines für alle Menschen maßgeblichen und verbindlichen vor-ontologischen Verständnisses von Sein: dieses selbst für alle das eine und selbe. Die Existenzialontologie wäre eine Art ,common sense'-Philosophie, die ein vermeintliches ,Seinsverständnis' des ,gesunden Menschenverstandes' zur maßgeblichen Wahrheit stipuliert. Faktisch gesehen hätten wir dann eigentlich nur eine geschichtliche Welt; die Differenz geschichtlicher Welten wäre keine wesentliche, in verschiedenen vor-ontologischen Verständnissen des Seienden im Ganzen gegründete, sondern lediglich durch äußerliche physische oder quasi-physische Bestimmungen wie Rasse, Klima, Umwelt, Anlage, Sprache, Phantasie usw. bedingte. Das Menschsein läßt sich aber sowenig wie das Sein selbst in einem generisch allgemeinen Begriff denken, dessen Besonderungen die geschichtlichen Menschheiten wären; sondern allein in formalen Strukturen, die den Blick auf die Mannigfaltigkeit des Faktischen als ihren konkreten Erfüllungsmöglichkeiten freigeben und darin diese Mannigfaltigkeit verständnismäßig strukturieren. Der konkrete Inhalt des vor-ontologischen Seinsverständnisses ist Sache der geschichtlichen Faktizität gemeinschaftlichen In-der-Welt-sein. Die existenzialontologische Analyse bietet gleichsam einen formalen Referenzrahmen zur Hermeneutik faktisch-menschheitsgeschichtlicher Seinsverständnisse überhaupt, die als Konkretisierung in ihrer formalontologischen Struktur selbst angelegt und von ihr her auch aufgegeben und gefordert ist.

Achten wir nun darauf, was die Existenzialontologie als formale Bestimmungen des vor-ontologischen Verständnisses von Sein erbringt, dann erscheint die Ausbeute - gemessen an Konkretisierungsansprüchen - recht mager. Neben den Existenzialien erhalten wir als formale Vorzeichnungen des Verständnisses des Seins alles anderen Seienden die kategorialen Bestimmungen von Vorhandenheit, Zuhandenheit und Ansichsein; und des Seins überhaupt, verstanden aus seiner Eröffnung in und durch die ekstatische Zeitlichkeit, die modalen Bestimmungen von Möglichkeit, Wirklichkeit und Notwendigkeit. Wenn wir nun fragen, *wie* und *als was* denn das Sein überhaupt vor-ontologisch je schon verstanden ist, dann erhalten wir darauf im Grunde überhaupt keine Antwort. Die Existenzialontologie sagt uns nur: Wie immer das vor-ontologische Verständnis von Sein überhaupt, des Seins des Daseins und des Seins alles nicht daseinsmäßigen Seienden, aussehen mag, so wird es sich immer aus dem Horizont der Zeit bestimmen; und wie es das Sein des Daseins und das Sein alles anderen Seienden versteht, dies wird sich immer im Rahmen der formalontologischen Bestimmungen halten, die die Existenzialontologie in den Existenzialien und Kategorien aufweist, d.h. eine konkrete, sachhaltige Erfüllung ihrer beinhalten. Die Frage nach der konkreten Eröffnung von Sein im je geschichtlichen vor-ontologischen Seinsverständnis ist für die existenzialontologische Frage nach dem Sein schlicht und ergreifend irrelevant: ihr geht es thematisch darum, das Menschsein als solches, und d.h. als seinsverstehendes Seiendes in seinem Sein - der Existenz - begrifflich zu fassen. Die Frage nach dem ‚Sinn' von Sein zielt auf die Offenheit von Sein als Begriff des Menschseins: mit der geschichtlichen Konkretion des Menschseins hat sie ebensowenig etwas zu schaffen wie damit, *wie* und *als was* sich das Sein nun vor-intentional eröffnet. Nicht aber so für die seinsgeschichtliche Frage nach der ‚Wahrheit' des Seins: denn ihr geht es nun gerade um die Frage, *wie* und *als was* sich das Sein überhaupt innerhalb des geschichtlich-abendländischen Menschseins eröffnet und entbirgt. Die seinsgeschichtliche Frage nach der ‚Wahrheit des Seins' thematisiert das Sein in einer Hinsicht, die für die existenzialontologische Frage nach dem ‚Sinn von Sein' irrelevant war, aber nur vermittelt durch sie überhaupt in den Blick treten konnte. Indem das Menschsein als Geschehen der Offenheit von Sein in den Blick tritt, zeigt sich, daß sich die vor-intentionale Offenheit, die das Dasein je schon als geschichtlich-faktisches In-der-Welt-sein ist, nicht losgelöst von seiner konkreten Inhaltlichkeit und Bestimmtheit verstehen läßt. Wenn das Menschsein als die vor-intentionale Offenheit von Sein überhaupt begriffen werden muß, dann müssen auch die faktisch-geschichtlich konkreten Weisen, in denen sich das menschliche In-der-Welt-sein vorfindet, vom Sein her als das Wie? und Als was?- seines Sich-eröffnens und Sich-lichtens begriffen werden. Das Sein aber ‚ist' nichts anderes als die Weise seiner faktischen Eröffnung im Menschsein: und insofern dieses ‚geschichtlich' ein je bestimmtes ist, muß die Frage nach der Offenheit von Sein (Aletheia) zusammenfallen mit der Frage nach der Faktizität geschichtlicher Seinsverständnisse. Die geschichtsontologische gewendete Frage nach dem Sein als dem geschichtlichen Geschehen seiner Eröffnung wird zum Kern der ontologischen Frage nach dem Sein selbst. Die hermeneutische Erforschung faktisch-geschichtlichen In-der-Welt-seins wäre dann aber kein beliebiger Zusatz der Existenzialontologie, sondern die konsequente Fortführung ihrer fundamentalontologischen Frage nach dem Sein. Diese würde zur Frage nach der faktisch-geschichtlichen Eröffnung von Sein (Welt) im menschlichen Verstehen, d.h. den vor-ontologischen Verständnishorizonten, die faktisch als die Grundbestimmungen geschichtlichen In-der-Welt-seins überlieferter Menschheiten angetroffen werden.

Davon aber ist im Umkreis des existenzialontologischen Denkens keine Spur. Warum?- Dies kann nur an dem liegen, wie und in welcher existenzialen

Bestimmung Heidegger den Begriff des ‚Seinsverständnisses' und damit seine jeweilige geschichtlich-faktische Konkretisierung denkt - dem Begriff des ‚Entwurfes'.

Der Begriff des Entwurfes bleibt innerhalb der Existenzialontologie in mehreren Hinsichten äquivok, weil überbestimmt. Von ihm her erhält sie allererst den Anschein einer ‚Metaphysik der Subjektivität', die im ‚Subjekt' den letzten Grund seiner Seinsverständnisse sichtet. Angesichts des Entwurfscharakter des Verstehens, das zuerst als existenziale Bestimmtheit des Daseins hinsichtlich seines Seinkönnens eingeführt wird, faßt Heidegger auch und gerade das (vor-ontologische und ontologische) Verstehen von Sein selbst als ‚Entwurf', ohne daß eigens bestimmt würde, wie und welcher Hinsicht darin der Mensch als Grund seiner maßgeblichen Verständnishorizonte angesprochen ist. Wie aber soll ein vor-ontologisches Seinsverständnis, das in seiner inhaltlichen Konkretion das gemeinschaftliche In-der-Welt-sein von Menschen trägt und ihr Verhältnis zu dem, was ist, bestimmt, als ein ‚existenzieller Entwurf' des In-der-Welt-seins verstanden werden können, wenn es doch als vor-ontologisches das kollektive In-der-Welt-sein je schon von sich her und vor-intentional bestimmt?- Wer entwirft im Hinblick auf was?- Woher die kollektive Verbindlichkeit und Maßgeblichkeit solcher ‚Entwürfe'?- All dies bleibt im Dunkeln und läßt sich auf keinen Fall durch den subjektivistisch mißverständlichen Begriff des ‚Entwurfes' fassen, zumal die Existenzialontologie das vor-ontologische Seinsverständnis selbst schon formal als die Erschlossenheit von Sein überhaupt (Welt) faßt, *wohinein* das Dasein je schon faktisch geworfen ist. Der Begriff des ‚Entwurfes' enthält eine grundsätzliche Inkompatibilität mit der existenzial-ontologischen Grundeinsicht in die vor-intentionale Offenheit von Sein: eine Inkompatibilität, die Heidegger im ‚Humanismusbrief' nachdrücklich zu beseitigen sucht: "Sein lichtet sich dem Menschen im ekstatischen Entwurf. Doch dieser Entwurf schafft nicht das Sein. Überdies aber ist der Entwurf wesenhaft ein geworfener. Das Werfende im Entwerfen ist nicht der Mensch, sondern das Sein selbst, das den Menschen in die Ek-sistenz des Da-seins als sein Wesen schickt" (WM, 168). Worum geht es?- Offensichtlich darum, was ‚Grund' des Verstehens und damit der Offenheit von Sein ist. Aber sowenig dies der Existenzialontologie das Dasein ist, sowenig ist es dem seinsgeschichtlichen Denken das Sein selbst. Es ist immer beides, Mensch und Sein, was in seiner Zusammengehörigkeit zu denken ist und das Denken im Abgehen ihrer Gegenwendigkeit in sich kehrt. Es ist das eigene Andere des Menschen, das nicht im Sein aufgeht und zu Heideggers Grundfrage wird, welchen Anteil der Mensch am Sein, seiner Offenheit hat, die sich schon im existenzialontologischen Denken, etwa den terminologischen Schwankungen zwischen ‚Entwerfen' und ‚Geschehen', geltend macht.

Diese nachträgliche Korrektur macht aber nur noch deutlicher, daß sich die geschichtliche Faktizität inhaltlich bestimmter und verschiedener vor-ontologischer Seinsverständnisse - ‚geschichtlicher Welten‘ - nicht mit dem existenzialontologisch gedachten Begriff des Entwurfes denken läßt, obgleich er sich nun - angesichts des Entwurfscharakters allen Verstehens - auch nicht einfach streichen läßt. Dies heißt: Er muß aus dem vor-intentionalen Geschehen der Offenheit von Sein umgedacht werden. Wie?- Indem eigens das hervorgekehrt wird, was gegenwendig zum verstehenden Menschsein der Grund seines Seinsverständnisses ist: die sich eröffnende Unverborgenheit von Sein. Der Begriff des Entwurfes wird dann zu einem antwortenden und erwidernden Vollzugsmoment eines Anderen - der sich mitteilenden Offenheit von Sein, die das Denken mit dem Anspruch auf Entsprechung angeht. Der Entwurfsbegriff löst sich auf in den seinsgeschichtlichen Begriff der Entsprechung, der, indem er das ‚Entwerfen‘ als phänomenales Moment an sich hat, das Denken in die wesentliche Nähe zum Dichten rückt. Das Entsprechen ist selbst aber nur eines der beiden gegenwendigen Momente, die das Geschehen der Offenheit von Sein ausmachen: Es gehört gegenwendig mit dem ‚Zuspruch‘, der sich mitteilenden Offenheit von Sein, in das ‚Ereignis‘ seiner Unverborgenheit. An die durch den Entwurfsbegriff lediglich fehlbesetzte Leerstelle der inhaltlichen Bestimmtheit der Unverborgenheit von Sein tritt der Begriff des ‚Ereignisses‘: Dieser meint nun die Eröffnung von Sein als konkretes, inhaltlich bestimmtes (vor-ontologisches oder ontologisches) Verständnis des Seins von Seiendem überhaupt und im Ganzen: aber nie als das Geschehen von Einem her, sondern als die wechselseitige Verfugung von Sein und Mensch in Anspruch und Entsprechung. Der Geschehens- und Ereignisbegriff Heideggers ist gegenüber seinem uns unmittelbar vertrauten Wortsinne nach ‚bipolar‘ zu denken.

Darin liegt denn auch schon die sogenannte ‚Kehre‘. Nach der geläufigen Vorstellung bestünde sie darin, daß Heidegger seinen frühen, ‚subjektivitätstheoretischen Ansatz‘, der das Dasein (Nachfolgebegriff von Subjekt) auf die Konstitution seines Seinsverständnisses hin thematisiert, umkehrt in ein dogmatisches Seinsdenken, das sich ins Sein selbst versetzt, um nun von ihm her dem Menschen seine Wahrheiten zuzusprechen. Wenn in der transzendentalphilosophischen Thematisierung des ‚Verstehens von Sein‘ das ‚Sein‘ als begriffliches Wovon des Verstehens aber nur eine ‚mentale Existenz‘ im Verstehen hat, dann verdankt sich das ‚Ansetzen im Sein selbst‘ einer grundsätzlichen ‚metabasis eis to allo genos‘, d.h. einem grundsätzlich verfehlten Überschritt von einer Gattung (Wissen) in die andere (Sein), ihrer logischen Verwechslung. Es ist aber nie das Sein, von dem her und auf das hin der Mensch gedacht wird, sondern die Offenheit von Sein (‚Aletheia‘), die in ihrer intern gegenwendigen Verfassung und Struktur ‚kehrig‘ abgegangen werden muß. Sie ist als solche aber selbst am faktischen Menschsein phänomenal gegeben und in dieser Hinsicht erschlossen als ein ‚objektiv‘ bestehender Sachverhalt des Seins selbst, so daß schon die Grundlegung der Existenzialontologie das Wissen (Verstehen von Sein) als ‚Seinsbestimmtheit‘ geltend macht. Es ist dieser phänomenale Vorrang des Seins vor dem Wissen, der die Thematisierung des Menschen als dem Ort, an dem Sein in die Unverborgenheit seines Wesens aufbricht, vom Sein her ernötigt; ebensosehr wie umgekehrt immer nur mit Bezug auf diesen Ort - den Menschen - das Wesen des Seins als ‚Aletheia' gefaßt werden kann. Die Thematisierung von Sein erfolgt nie, auch im seinsgeschichtlichen Denken nicht, ohne den Hinblick auf das Menschsein; was innerhalb ihrer im Blick steht, ist letztlich immer der Mensch selbst. Da die ‚Kehre' nun aber erst innerhalb des seinsgeschichtlichen Denkens ausdrücklich und durchgreifend zum Zuge kommt, liegt darin die Verführung, das seinsgeschichtliche Denken aus ihr zu erklären; denn in der Tat gibt sie das auffälligste Unterscheidungsmerkmal von existenzialontologischem und seinsgeschichtlichem Denken ab.

Die innere Struktur der Kehre müssen wir demnach als seine methodische Verfassung, das Aufweisen von etwas her auf etwas hin zu vollziehen, verstehen. Sie bezeichnet wesentlich einen Wechsel in dem, von woher das Denken sein Aufweisen und Aufzeigen dessen unternimmt, wozu es unterwegs ist: was durch es aufgewiesen wird. Diese konstitutive ‚Kehrstruktur' des Denkens begegnet uns deshalb auch schon innerhalb des metaphysischen Denkens, so in der platonischen Unterscheidung von ‚Weg-hinauf' (anhodos) und ‚Weg-hinab' (kathodos). Aristoteles unterscheidet in dieser Hinsicht das ‚für uns Frühere' - als das Gegründete, von dem her sich das Denken auf den Weg zu den Anfangsgründen und Prinzipien begibt, - von dem ‚an sich Früheren' - den Anfangsgründen und Prinzipien selbst, von dem her nun umgekehrt das Gegründete begriffen wird. ‚Ergründung' (von Prinzipien) und ‚Begründung' (aus Prinzipien) verhalten sich als umgekehrte Wege komplementär zueinander. Eine solche ‚Kehre' gehört schon zur ursprünglichen Konzeption der Existenzialontologie, die sich im dritten Abschnitt des I. Teils aus der Thematisierung von ‚Sein und Zeit' in die von ‚Zeit und Sein' kehren sollte (SZ, 39; vgl. WM, 159). Dabei heißt ‚Sein und Zeit': Das Sein wird (am Dasein) im Hinblick auf seine Eröffnung in der Zeitigung der Zeit thematisiert. Diese steht für das Eröffnungsgeschehen von Sein. Die Umkehrung in ‚Zeit und Sein' kann aber als Unterabschnitt von ‚Sein und Zeit' nur bedeuten, daß mit ihr das Eröffnungsgeschehen von Sein an ihm selbst thematisch und von ihm her das Dasein begriffen wird. Indem die Existenzialontologie die Existenz als die in der ek-statischen Zeitlichkeit gegründete vor-intentionale Offenheit von Sein aufweist, kann nun (umgekehrt) das Sein an ihm selbst das ‚erste Wovonher' bilden, von dem her das In-der-Welt-sein begriffen wird. Darin besteht ihre fundamentalontologische Seite. Daß der Mensch das ‚erste Wovonher' im Aufweisen des aletheiologischen Wesens des Seins ist, besagt also mitnichten, daß er subjekttheoretisch als ‚Grund' des Seinsverständnisses thematisch wird. Er ist als das ‚ontisch Nächste' und ‚ontologisch Fernste' das, womit der Anfang des Denkens gemacht werden muß. Der Mensch ist das methodische Prinzip des sachlichen Zugangs zu dem, als was das Sein im Menschsein je schon ‚gelichtet' ist, weil er selbst der ‚Ort' dieser Lichtung ist, ohne die es sie nicht gäbe: "Sein - nicht Seiendes - gibt es, nur, sofern Wahrheit ist" (SZ, 230), d.h.: sofern Sein sich eröffnet und gelichtet hat. Gibt es die Offenheit von Sein nur als das Sein des Daseins, dann ‚gibt es' Sein nur, sofern es das Dasein gibt. Vom ‚Seienden' läßt sich dies offensichtlich nicht sagen: ‚es gibt' das Seiende auch, insofern es den Menschen nicht gibt, allerdings weder *als* Seiendes noch als überhaupt irgendwie Sichtbares, Entborgenes, Eröffnetes, sondern nur als das an ihm selbst verborgene Anwesen seiner in sich. Das Sein west dagegen als seine Eröffnung in die Offenheit: es ‚gibt' Sein nicht außerhalb seiner Offenheit - ‚es', das Sein, ‚gibt sich', indem es sich eröffnet. Die Offenheit west als das Sich-geben von Sein in seine Unverborgenheit, und außerhalb ihrer ist ‚nichts' gegeben - weder Sein noch Seiendes. Transzendentalphilosophisch rückübersetzt: ‚Sein' gibt es überhaupt nur im Umkreis vernünftigen Wissen, Bewußtseins; es läßt sich außerhalb seiner überhaupt nicht ansprechen. Das In-sich-sein des Wissens ist sein Außer-sich; damit aber gerade nicht die Negation gegenständlicher Referenz als subjektive Selbstverschlossenheit, die alles Sein in das Für-es-sein gegen sein Ansichsein kehren würde. Das Wissen ‚ist', wie Aristoteles sagt, ‚alle Seienden', insofern es das Geschehen der Offenheit von Sein selbst ist. Außerhalb des Wissens, der Offenheit ‚ist' nichts. Die Offenheit, die das Wissen als ‚Alles-überhaupt' selbst *ist*, ist das Wesen (verbal) von Sein. Erst dieser horizontal-ekstatische Charakter der Offenheit von Sein (Wissen) klärt das Alles-sein der vernünftigen Seele und damit den ontologischen Grund der Möglichkeit einer ‚Metaphysik der Subjektivität', die deshalb auch in ihrer modellontologischen Grundbestimmung erhalten bleibt. Die Kehre gibt darin gewissermaßen die Erfüllung des fundamentalontologischen Anspruches der Existenzialontologie.

Die formalontologische Thematisierung des Menschseins führt von daher notwendig zu der ‚ereignisontologischen' Thematisierung von Sein: erst in diesem Übergang wandelt sich die Frage nach dem ‚*Sinn* von Sein' zur Frage nach der ‚*Wahrheit* des Seins'. Diese meint die vor-intentionale Offenheit von Sein nun als das konkret-inhaltliche und selbst geschichtliches Geschehen eines bestimmten Seinsverständnisses. Die Existenzialontologie verabschiedet sich in der geschichtsontologischen Modifikation, an den sie das Denken selbst von sich her führt: Sie öffnet - nicht etwa den historisch interessierten, sondern - den fundamentalontologischen Blick auf das, was durch sie - ihre ontologische Formalität - notwendig offen gelassen wurde: die Faktizität geschichtlicher Verständnisse von Sein überhaupt. Insofern diese aber das geschichtliche In-der-Welt-sein konstituieren, steht ereignisontologisch nichts anderes im Blick als die Faktizität geschichtlicher Welten.

Damit wieder zurück zum ‚Entwurf'. Wie bestimmt sich aus ihm der Begriff der Philosophie und damit auch das eigene Selbstverständnis der Existenzialontologie?- Kurz und ergreifend: aporetisch. Es kommt mit sich selbst nicht klar. Der Begriff theoretisch-logischer Wahrheit scheint ebensosehr negiert wie in Anspruch genommen. Die ,Wahrheit' der Philosophie erscheint als keine andere als die des existierenden Daseins, das sich umwillen seines In-der-Welt-seins ,entwirft', zumal das theoretische Erkennen ohnehin schon als ,defizienter Modus' des Weltverhältnisses aufgezeigt wird. Allem Anschein nach ist Philosophie nicht mehr oder weniger als eine existenzial-pragmatische Funktion der Selbstermöglichung existierenden In-der-Welt-seins, die jeder Auseinandersetzung ihrer theoretisch-gegenständlichen Wahrheit den Boden entzieht. Indem der Begriff theoretischer Vernunft existenzialontologisch unterlaufen wird, muß Heidegger die Philosophie ganz unvermeidbar und gegen die eigene Intention in die Nähe zum Begriff der ,Weltanschauung' bringen, der in der phänomenologischen Wissenschaftsintention das gleichsam ,Best-negierteste' war. Was dem theoretischen Erkennen seine gegenständliche Wahrheit verleiht - die Faktizität der Offenheit von Sein - kommt als Begriff ontologischen Seinsverständnisses (Philosophie) noch nicht zum Zuge. An die Stelle einer angemessenen Anverwandlung der eigenen Grundeinsicht in die vor-intentionale Offenheit von Sein schiebt sich der zweifelsohne moderne, desillusionistische und ideologiekritische Zug der Existenzialontologie. Es ist unübersehbar, wie sich der formalontologische Zug der Analyse tendenziell als die Einsicht in die Wahrheit des Menschseins *gegen* die inhaltliche Bestimmtheit faktischer Seins- und Weltverständnisse als Funktionen existenziellen Scheins stellt, darin sich der geschichtliche Mensch die Wahrheit seines Seins verbirgt. Die strukturontologische Formalität erhält unterschwellig den Anschein einer Reduktion der geschichtlichen Vielfalt von ,Weltanschauungen' auf ihre einfache Wahrheit, die jedes Bedürfnis einer weiteren inhaltlichen Bestimmung des Verständnisses dessen, was ist, als ideologisches Bedürfnis am Schein abschneidet. Sie ist über jeden Inhalt hinaus, dieser eine überkommene Form des Gewesenen, an der sich das moderne Bedürfnis nach illusionsloser Wahrheit nicht mehr befriedigen kann. Die im ,Entwurf' vorgedachte konkrete Inhaltlichkeit (vorontologischer wie ontologischer) Seinsverständnisse wäre nichts weiter als eine Funktion des Scheins: der Verhüllung und Verbergung der durch die Existenzialontologie in illusionsloser Reinheit aufgewiesenen formalen Strukturen. Was im Höchstfalle bliebe, wäre eine hermeneutisch-geschichtliche Erforschung konkreter geschichtlicher ,Seinsverständnisse' und ihrer inhaltlichen Bestimmungen, die, bezogen auf den existenzialontologischen Referenzrahmen, aufzeigen könnte, wie sich das geschichtlich-existierende In-der-Welt-sein in seiner Wahrheit verhüllt, dem Schein verfällt oder aus diesem wiedergewinnt. Die Existenzialontologie würde auf eine Hermeneutik faktisch-geschichtlicher Welten in der Art einer ideologiekritischen ,Typologie von Weltanschauungen' führen; sie wäre letztlich nichts anderes als die Erfüllung von Diltheys Programm einer lebensphilosophischen Grundlegung der hermeneutischen Wissenschaften. Eine solche Reduktion der ,theoretischen Wahrheit' auf die Existenz - analog derjenigen Nietzsches oder Diltheys auf das Leben - liegt, wenn auch nur unterschwellig, noch im Gesichtsfeld der existenzialontologischen Gedankenführung; muß sich aber im Verfolg ihrer eigenen Grundeinsicht als ihr ,Selbstmißverständnis': die mangelnde Anverwandlung ihrer selbst erweisen, der sie im Horizont der bestehenden ,Metaphysik der Subjektivität' anheimfällt: und zwar im Grunde wider Willen und besseres Wissen. Warum?- Weil Heidegger schon von Husserl her weiß, daß sich die sachbezogene, theoretisch-logische Wahrheit von ,Sätzen' nie als eine Funktion der ,Subjektivität', und sei es auch die seiner existenziellen Seinsweise, verstehen läßt. Der theoretisch-gegenständliche Gehalt philosophischer und wissenschaftlicher Erkenntnis insgesamt - damit aber auch der ,Existenzialontologie' selbst - bleibt ungedacht, solange er aus dem atheoretischen Selbstverhältnis des Subjekts, seiner lebendigen Subjektivität heraus gesichtet wird: und nicht aus dem Begriff gegenstandsbezogener ,logischer' Vernunft. Heideggers - in grundsätzlicher Übereinstimmung mit Husserl geteilte - ,anti-psychologistische' Haltung ist als solche auch schon seine ,anti-existenzialistische Haltung': gerade diese vertieft sich in der Grundlegung der Existenzialontologie zum Angriff auf die ,Metaphysik der Subjektivität', insofern diese die Bedingung der Möglichkeit einer wie immer gearteten ,subjektivitätstheoretischen' Reduktion der Sachbezogenheit allen Wissens darstellt. Die Existenzialontologie versucht gerade zu zeigen, daß die intentional erkennende Vernunft nicht der Grund der Offenbarkeit des Seins von Seiendem überhaupt und deshalb auch keine zulängliche Bestimmung des Menschseins ist. Die ,theoria' kann dann aber auch nicht mehr aus dem Begriff ,logischer Vernunft' gefaßt werden; sondern an ihre Stelle tritt der Begriff der Existenz als das Geschehen der vor-intentionalen Offenheit von Sein. Dieses aber wird nun allererst vom Dasein - und damit dem ,Verstehen' und seinem ,Entwurfscharakter' - her thematisch; und zusammen mit dem desillusionistischen Zug der Gedankenführung selbst läßt dies den Anschein entspringen, die theoretische Wahrheit würde zu einer Sache des ,Entwurfs' gemacht, über den die Existenz beliebig von sich her verfügen könnte. Der Begriff der Faktizität der vor-intentionalen Offenheit von Sein ist noch nicht in den Begriff der Philosophie und das eigene Selbstverständnis der Existenzialontologie eingeholt. Erst an der ,Wahrheitsabhandlung' zeigt sich, wie an die Stelle der desillusionistisch insinuierten ,existenziellen' die ,ontologische' Fundierung der ,theoria' tritt. Die Unzulänglichkeit des existenzialontologischen ,Theoria'-Begriffs verschwindet in der ontologischen Konzeption der Philosophie. Erst im Begriff der Faktizität vor-intentionaler Offenheit von Sein, die als Maß alles theoretische Erkennen von Sein und Seiendem je schon von sich her bindet und bestimmt, läßt sich der theoretische Sachbezug philosophisch-wissenschaftlicher Erkenntnis in seiner vor-vernünftigen, prä-logischen Formation verständlich machen, ohne ihn als solchen zu einer Funktion sich selbst vermittelnder Subjektivität aufzuheben. Der Begriff der theoretischen Vernunft muß aus der vor-intentionalen Offenheit von Sein umgedacht werden, wenn anders an der existenzialontologischen Einsicht in die Existenz als Geschehen der Offenheit von Sein (Aletheia) - nicht zuletzt um ihrer eigenen *sachbezogenen Wahrheit* willen - festgehalten werden soll. Das Worumwillen philosophisch-theoretischer Einsicht ist dann aber nicht das In-der-Welt-seinkönnen, sondern die Offenheit von Sein selbst, die der Mensch als Mensch zwar selbst ist, darin aber über sich hinausverweist auf das Andere des Seins, um dessen Offenheit und Unverborgenheit willen er überhaupt nur ‚ist': Das Sein ‚braucht' den Menschen; und er, der Mensch, gewährt ihm, dem Sein - seiner Offenheit und Unverborgenheit - eine ‚Unterkunft', ‚verwahrt' das sich eröffnende Sein. Er ist, wie es in der für Heidegger späteres Denken charakteristischen Wendung heißt, der "Hirt des Seins" (WM, 172). An die Stelle des modernen, kritisch-desillusionistischen Zuges der Existenzialontologie tritt der eher ‚archaisch' anmutende Zug seinsgeschichtlichen Denkens.

Damit sind wir aber auch wieder bei der ‚Selbstverfälschung' des existenzialontologischen Denkens durch seine "ungemäße Absicht auf »Wissenschaft« und »Forschung«" angelangt: Denn diese bedeutet nichts anderes, als daß das philosophische Selbstverständnis der Existenzialontologie noch implizit auf dem Begriff theoretischer Vernunft beruht: es ist noch nicht aus dem heraus umgedacht, was diesen zu unterlaufen sucht - dem Begriff der vor-intentionalen Offenheit von Sein. Deshalb bestimmt es sich auch in seinem geschichtlichen Selbstverständnis noch aus dem existenzialontologischen Begriff der Geschichtlichkeit, der sich auf die Geschichtlichkeit der Existenz als Überlieferungszusammenhang von Entwürfen des In-der-Welt-seins bezieht: und nicht auf die Geschichtlichkeit von Sein als dem Geschehen seiner Offenheit im menschlichen Verstehen (SZ, § 6). Von einer Geschichtlichkeit ontologischer Verständnisse von Sein (d.h. der überlieferten Ontologien) kann im Rahmen des existenzialontologischen Begriffs von Geschichtlichkeit überhaupt nicht anders die Rede sein als wie von existenziellen Entwürfen, die, man weiß nicht wie - wenn nicht durch die Erkenntnistätigkeit theoretischer Vernunft - im Überlieferungszusammenhang ausgesondert und kritisiert, reformuliert und neu gestiftet werden. Ihre theoretisch gegenständliche und logische Wahrheit läßt sich nur mit einem Begriff einholen, den das ganze existenzialontologische Denken zu unterlaufen und neu zu begründen unternimmt - dem Begriff theoretischer Vernunft. Dieser Widerspruch macht seine ‚Selbstverfälschung' aus.

Damit kommen wir der ‚Selbstverfälschung' existenzialontologischen Denkens allmählich auf den Grund. Der Begriff theoretisch-logischer Vernunft ist als Begriff wahren Denkens gegründet im Verständnis des Seins als Wesen. Indem sich die existenzialontologische Fragestellung methodisch von der Erkenntnishaltung der eidetischen Phänomenologie her in Gang bringt, bewegt sie noch innerhalb des überlieferten Seinsverständnisses, dem sich das Seiende in der Einheit seines Wasseins (essentia) und seiner Seinsweise (existentia) - seiner ‚Seinsverfassung' erschließt: und zwar gerade, indem sich der überlieferte Begriff des Seins als Wesen im Vollzug des Denkens unthematisch und sozusagen unter der Hand beständig mitverändert. Wenn Heidegger das ‚Wesen' dann als den ‚Grund der inneren Möglichkeit' und dann als das phänomenale Wesen des Seins selbst denkt, dann reflektiert dieser umgedachte Wesensbegriff weniger einen plötzlichen und abrupten Umbruch im Denken als eine Erfahrung, die es ‚unterwegs' mit seiner Sache gemacht hat. Erst aus diesem eigens herausgekehrten und thematisierten veränderten Begriff des Seins heraus: dem ‚Wesen' des Seins als dem Geschehen seiner Eröffnung - vermag das Denken, sich begreifend aus seinem Gedachten einzuholen und ihm auch als solchem zu entsprechen. Darin erst liegt die Aufkündigung seines Selbstverständnisses aus dem überlieferten Begriff theoretischer Vernunft, der in der existenzialontologischen ‚Absicht auf »Wissenschaft« und »Forschung«' noch zum Zuge kam. Dieser Prozess, den im Denken sich verwandelnden Begriff des Seins eigens einzuholen und in den Begriff des Denkens selbst zu wenden, nimmt Heidegger bis Mitte der dreißiger Jahre in Anspruch.

Aus dieser geschichtsontologischen Modifikation resultieren zwei wesentliche Veränderungen in Heideggers Denken: Es vollzieht einerseits die durchgängige Vergeschichtlichung seines ‚theoretischen Status' und all seiner Begriffe; andererseits verwandelt sich sein Verhältnis zur geschichtlichen Wirklichkeit von der ‚Kritik' zu ‚Diagnostik'. Dies können wir uns hier kurz im Rückgriff auf die Bestimmung metaphysischen Denkens deutlich machen: In ihrer begrifflichen Prinzipienerkenntnis ist die Vernunft vereinigend-unterscheidend bezogen auf das Wesen als das Allgemeine und als solche, kraft ihres aphysischen (von der physischen Seinsweise) unterschiedenen Seins, die an sich bestehende Identität ihrer rationalen Grundstrukturen, die als solche das sui suffiziente Organon wahrer Erkenntnis als solcher abgeben. Jegliche Variabilität gehört außer-rationalen (physischen) Faktoren an, die nicht die Vernunft als solche, sondern lediglich ihre Durchsetzungskraft innerhalb der physischen Bestimmtheit des Menschseins betreffen. Das als wahr Erkannte gilt deshalb als solches und überhaupt: es hat die Seinsweise ‚ständigen Anwesens' (aei on) als Weise seiner Geltung. In ihrer Erkenntnis ist die Vernunft über die Faktizität des Jeweiligen hinaus und von daher, ihrer ‚logischen Transzendenz', seit altersher - nämlich Platon - kritisch bezogen auf die naturhafte und geschichtliche Wirklichkeit des Seienden. Wie?- Als das Maß, das von sich her das Jeweilige nach Wahrheit und Schein ‚unterscheidet' (krinein), ausmißt und vermißt: Entspricht das Seiende seinem vernünftigen Begriff - oder nicht?- Vernünftige Erkenntnis ist von daher schon immer ‚kritisch', nach Wahrheit und Schein unterscheidend, bezogen auf die physische und geschichtliche Wirklichkeit des Seienden, das als die ‚Erscheinung' des Wesenhaften an die ontologische Wahrheit seines Begriffs gehalten wird. Woher begründet sich aber die Maßgeblichkeit der Vernunft?- Letztendlich aus dem Verständnis des Seins als Wesen, das den Begriff der Vernunft (nous) als den Begriff des Seins selbst denkt. Kurz: ‚Kritik‘ ist immer in einer ‚Metaphysik der Vernunft‘ gegründet und ohne diese nichts; sie bezeichnet selbst nichts anderes als das Verhältnis, das sich die Vernunft kraft ihrer metaphysischen Wesensbestimmung zum Seienden, dem Bestehenden, Wirklichen gibt. Keine ‚Kritische Theorie‘ ohne ‚Metaphysik‘; kein ‚nicht-metaphysisches Denken‘ ohne die Preisgabe der ‚Kritik‘. Die ‚Kritik‘ ist das metaphysische Selbstmißverständnis der Existenzialontologie, das diese im Begriff der ‚Destruktion‘ als die Negation des faktisch Bestehenden angesichts des als wahr Erkannten zum Zuge kommen läßt: "Negierend verhält sich die Destruktion nicht zur Vergangenheit, ihre Kritik trifft das ‚Heute‘ ..." (SZ, 22). Die existenzialontologische Einsicht in das Menschsein wird als Maß gegen das faktische bestehende und überlieferte Selbstverständnis des Menschen und seine entsprechende geschichtliche Wirklichkeit eingeklagt: sie wird als theoretische Erkenntnis der Wahrheit an sich und überhaupt geltend gemacht. Dies nimmt Heidegger später zurück. Er schreibt: "Aber diese Destruktion ist wie die »Phänomenologie« und alles hermeneutisch-transzendentale Fragen noch nicht seinsgeschichtlich gedacht" (N II, 415). ‚Seinsgeschichtlich denken‘ aber heißt: Etwas aus dem Geschehen der Offenheit von Sein heraus denken - und dieses, nicht aber eine an sich bestehende Vernunft, ist das allein und ausschließlich ‚Maß-gebende‘ menschlicher Seinsverständnisse und in ihnen gegründeter Weltverhältnisse. Der entscheidende Kern von Heideggers Fragestellung wird damit die Frage nach dem Maß, dem ‚Maßgeblichen‘ als dem Anfangsgrund und Prinzip, von dem her sich ‚Wahrheit‘ bestimmt: und dieses kann nicht vom Menschen als intentionalem ‚Subjekt‘, sondern lediglich vom Sein her als das vor-intentionale Geschehen der Unverborgenheit gedacht werden, die der Mensch je schon ist. In dieses Geschehnis gehört auch die Maßgeblichkeit vernünftiger Erkenntnis, wie sie sich innerhalb der abendländischen Geschichte herausprägt. Von ihm her erweist sich die Vernunft allererst als in ihre Maßgeblichkeit freigesetztes Prinzip des Wahren. Ihr seinsgeschichtliches Überdachtwerden ist nichts anderes als die ‚prinzipienlogische Konsequenz‘ der geschichtsontologischen Modifikation des Denkens. Deshalb schreibt Heidegger: "Das Denken beginnt erst dann, wenn wir erfahren haben, daß die seit Jahrhunderten verherrlichte Vernunft die hartnäckigste Widersacherin des Denkens ist" (HW, 247). Die Vernunft ist ‚wider die Sache *des* Denkens‘, das nach der Maßgeblichkeit von Wahrheit zurückfragt: sie stellt sich diesem - im Grunde in der Konsequenz des prinzipienlogischen Anspruchs der Vernunft selbst liegenden - Zurückfragen nach dem Wovonher des ‚Maßes‘ in den Weg, indem sie dieses schlechthin an sich selbst affirmiert. Es gibt bei Heidegger keine ‚irrationale‘ Absage an die Vernunft, sondern - paradox formuliert - den vernünftigen Anspruch des Denkens, der Frage nach dem Prinzip des Maß-geblichen auf den Grund zu kommen: das Maßsein des Maßes an ihm selbst zu denken und nicht immer schon als apodiktisch Unhinterfragbares vorauszusetzen. In dieser Hinsicht gilt es, das Denken selbst radikal zu überdenken: und auf diesem Weg liegt Heideggers Thematisierung von Denken *und* Dichten als die Frage nach der Gründung des geschichtlichen In-der-Welt-seins.

In der Konsequenz dieser geschichtsontologischen Veränderung des Denkens liegt die durchgängige Vergeschichtlichung seiner Begriffe als Anzeige seiner sich wandelnden ‚Geltung'. War existenzialontologisch noch das Menschsein *als solches* und *überhaupt* im Begriff des Daseins gedacht, so heißt es nun, der Mensch würde allererst, und zwar aufgrund der ereignishaften Verwandlung der Offenheit von Sein selbst, zum Dasein werden: Aber nicht als ‚Verwirklichung' seines allgemeinen, wenn auch formalen Wesens, sondern aus der geschichtlichen Konstellation von Sein und Mensch heraus, die sich im Denken gewissermaßen ‚vorwegschickt'. Die ‚Gültigkeit' der Begriffe beschränkt sich auf die geschichtliche Situation, in der sich das Sein dem Denken in einer bestimmten Art und Weise mitteilt; aber die ‚Beschränkung' bezieht sich nicht auf die bloße ‚Subjektivität' menschlichen Meinens, sondern auf die ‚Jeweiligkeit' der geschichtlichen Offenheit von Sein, in Bezug worauf Begriffe allererst ihre ‚objektive' Gültigkeit und Wahrheit haben. Es gibt nicht eine und nur eine maßgebliche hermeneutische Anverwandlung der Offenheit von Sein, sondern diese fordert ihre thematische Ausdeutung je anders ein. Beides, das Geschehen der Offenheit von Sein und ihre hermeneutische Anverwandlung durch den Menschen, sind unterschiedene Momente eines Selben, darin sich das geschichtliche In-der-Welt-sein faktisch konstituiert. Die Phänomenalität des Seins ist in dem Maße geschichtlich als sie das Denken je anders zu ihrer hermeneutischen Anverwandlung, die sich in den verschiedenen (vor-ontologischen wie ontologischen) Seinsverständnisses auskristallisiert, einfordert. Das im Denken und von ihm begriffene ‚Wesen' des Seins meint nun die Jeweiligkeit seiner geschickhaften Eröffnung: und nicht das ‚ständige Anwesen' eines mit sich Identischen, das sich der aphysischen Entbergungskraft vernünftigen Vereinigens und Unterscheidens in zeitloser Allgemeinheit mitteilt. Es bezeichnet jetzt das, *als was* sich das Sein in die Offenheit seines Anwesen eröffnet und darin ‚wißbar' und ‚erkennbar' wird. Daraus bestimmt sich nun der ‚theoretische Status' des Denkens und seiner eingesehenen Wahrheit, sein Verhältnis zur geschichtlichen Wirklichkeit und ihrer überlieferungsgeschichtlichen Herkunft. Was sich innerhalb einer geschichtlichen Situation als Maß mitteilt und in ihre Diagnostik eingeht, ist selbst nur das transitorisch-jeweilige Moment eines Sichgebens der Offenheit von Sein: sie spricht dem geschichtlichen Menschsein nicht seine an sich bestehende Wahrheit zu, sondern die seiner geschichtlichen Situation, wie sie sich an ihr selbst und von sich her mitteilt. Was fehlt, ist der maßgebliche Allgemeinheitsanspruch theoretischen Denkens, nicht aber seine‚Absolutheit' als ontologisches Begreifen von Sein. Es bestimmt sich nunmehr aus der ‚Einzigkeit‘ einer bestimmten Konstellation von Sein und Mensch, die es in seine Unverborgenheit zu wenden unternimmt. Das Verhältnis des Denkens zur geschichtlichen Wirklichkeit ist ein anderes geworden: es ist nicht mehr ‚kritisch‘ als der ungeschichtliche Bezug des Wesens auf Faktizität, sondern ‚diagnostisch‘ als die sich selbst wandelnde Wahrheit des Bestehenden. Sein leitender Gegensatz ist nicht mehr der von Vernunft und Natur, Wesen und Erscheinung; sondern der des ‚aletheiologischen‘ Wesens des Seins selbst, seiner ‚Un-verborgenheit‘ in der Offenbarkeit des Seienden, die das menschliche Weltverhältnis konstituiert.

Dies betrifft auch und gerade das Verhältnis zur geschichtlichen Überlieferung, insofern der Schein, der Irrtum, die Unwahrheit oder das bloße Ungedachtbleiben innerhalb des seinsgeschichtlichen Denkens nicht mehr aus dem Bezug auf das Menschsein, sondern das Geschehen der Unverborgenheit von Sein gedacht wird. Philosophie denkt ihr eigenes Denken prinzipienlogisch mit, indem sie im Grund von Wahrheit zugleich den Grund von Schein, Irrtum, Falschheit und Unwissenheit aufweist. Warum ist der Mensch nicht schon von sich her in der Wahrheit - unter Ausschluß von Unwahrheit, Schein und Unwissenheit?- Warum kommt es erst innerhalb eines geschichtlichen Prozesses des Erkennens zur Einsicht in das Wahre, als welches sich ein bestimmtes Philosophieren versteht?- Worin gründet die Negativität des Wahren?- Dies muß sie angeben: und es ist innerhalb der philosophischen Überlieferung weitgehend die physische Seinsweise der Vernunft, die das Ungedachtbleiben des Wahren als eines solchen zu verantworten hat. Erst Kant entdeckt die Wesensstruktur der Vernunft selbst als den Grund ihrer Unwahrheit, in den sie sich metaphysikgeschichtlich verlieren muß, um als die transzendentale Selbstreflexion möglich zu werden. Heideggers existenzialontologische Fixierung des Ursprungs des Scheins, der Unwahrheit und des Nichtwissens in der Struktur der menschlichen Existenz bleibt dieser transzendentalen Konzeption verwandt. Es ist die konstitutive Verfassung der Existenz, als ‚Herausstand‘ in die Offenheit von Sein sich ontisch das ‚Nächste‘, ontologisch aber das ‚Fernste‘ zu sein, das letztendlich als Grund dafür verantwortlich zeichnet, daß die existenzialontologische Einsicht in das Menschsein spät kommt (vgl. SZ, 43). Die existenzialontologische Bestimmung des Ungedachtseins und damit des Entzugs der Wahrheit vertieft sich in der ‚Wahrheitsabhandlung‘ zur Einsicht in die konstitutive Struktur der Offenheit von Sein selbst, die geschichtlich als ‚Irre‘ und ‚Geheimnis‘ west. Das ‚Ungedachtsein‘ des Wahren, seine Verbergung, wird ontologisch bestimmt als der zur Entbergung gegenwendige Zug des Seins, der aus der aletheiologischen Konstellation von Mensch und Sein heraus, und das heißt immer zugleich auch: einer bestimmten geschichtlichen Situation, aufgeht. Die metaphysikgeschichtliche Hermeneutik Heideggers bleibt deshalb auch hinsichtlich ihres eigenen ‚Geltungsanspruches‘ gegenständlicher Wahrheit eingebunden in eine bestimmte situative Erschlossenheit der Konstellation von Mensch und Sein. Sie gilt ihrem ureigensten Anspruch nach ‚jetzt' und nur ‚jetzt'.

Die geschichtsontologische Modifikation der Existenzialontologie führt uns auf den Begriff seinsgeschichtlichen Denkens als einer ‚Ereignisontologie', die aus der empirisch-hermeneutischen Untersuchung der menschheitsgeschichtlich dokumentiertern Seinsverständnisse das Geschehen der Unverborgenheit von Sein *als den Begriff des Seins selbst* zur Darstellung bringt. Heideggers seinsgeschichtliches Denken sieht aber anders aus; was wir als seinen Begriff aus der Existenzialontologie konsequent rekonstruieren können, führt nur irgendwie in die Nähe dessen, was Heidegger als dieses praktiziert, trifft es aber nicht auch schon als solches. Dennoch ist die Berechtigung seiner Selbstinterpretation offenkundig; in der Tat läßt sich die Genese des seinsgeschichtlichen Denkens zu einem guten Teil aus der Anverwandlung existenzialontologischer Grundeinsichten und der damit verbundenen Rücknahme seiner ‚ungemäßer Selbstverfälschungen', die zugleich seine sachliche Unzulänglichkeit ausmachen, aufzeigen. Und doch müßte die Praxis seinsgeschichtlichen Denkens aufgrund ihrer möglichen existenzialontologischen Rekonstruktion anders aussehen, als es der Fall ist. Das existenzialontologische Denken Heideggers birgt sowohl an ihm selbst als auch im Hinblick auf seine geschichtsontologische Fortentwicklung eine Vielfalt von philosophischen Möglichkeiten in sich, die im Übergang zum seinsgeschichtlichen Denken ausgeschieden oder doch zumindest in einer nur ganz bestimmten Wendung weiterverfolgt werden.

Was fehlt dem Versuch, die Genese des seinsgeschichtlichen Denkens zu rekonstruieren?- Ein genaueres Verständnis der spezifischen Wendung, die es in der Diagnostik des ‚Endes der Philosophie' als Entwurf eines ‚anderen Anfangs' nimmt. Die Anverwandlung der existenzialontologischen Einsicht in das Geschehen der Offenheit von Sein zum Begriff der Philosophie selbst klärt uns nicht über das eigenartige Verhältnis auf, das sich dieses zur geschichtlichen Wirklichkeit gibt. Das seinsgeschichtliche Denken artikuliert sich schlechthin gegenwendig zu dem, was ist. ‚Das, was ist', nennt die geschichtlich bestehende Konstellation von Sein und Wissen - der ‚Wahrheit des Seins' - als das geschichtliche Menschsein. Es nennt das, was *heute* ist: als was das Menschsein aus dem Bezug zur Unverborgenheit von Sein west. Dieses bestimmt Heidegger als ‚Nihilismus', von dem innerhalb des existenzialontologischen Denkens noch keine Rede war. Die Existenzialontologie erfährt dagegen die geschichtliche Situation des Menschseins als ‚Historismus': der durchgängigen Entwirklichung des Menschseins im Verlust gegenständlicher Wahrheit, die durch Prozess neuzeitlicher Rationalität selbst hervorgebracht wird. Der Verdacht regt sich, daß diese sich zum Nihilismus verdichtende Erfahrung des Historismus die ‚Ereignisontologie' abbiegt zu der metaphysikgeschichtlichen Diagnostik der ‚Seinsverborgenheit' und dem gegenwendigen Entwurf eines ‚anderen Anfangs'.

Nun könnten wir versucht sein, das geschichtliche Verhältnis, das sich Heideggers seinsgeschichtliches Denken zu dem, was heute ist, gibt, als das zentrale Resultat einer durchgeführten ‚Ereignisontologie' zu verstehen: gesetzt, daß man die Frage nicht von vorneherein im Verweis auf die subjektiven Befindlichkeiten eines Meßkircher Subjekts preisgegeben hat und als die Kontamination theoretischer Erkenntnis durch ‚kulturkritische Wertfragen' deklariert. Heideggers seinsgeschichtliches Denken ist aber etwas ganz anderes als ‚Kultur-' oder ‚Zivilisationskritik'. Schon in seiner geschichtsontologischen Modifikation liegt, daß das Sein immer nur als das faktische Geschehen seiner Eröffnung ‚west', die als ein bestimmtes geschichtliches In-der-Welt-sein aufgeht. Sie konstituiert damit auch die Weltzugehörigkeit des denkenden ‚Subjekts', das sich in seinem Denken und zu ihm aus der faktischen Offenheit von Sein bestimmt, die seine geschichtliche Welt ausmacht. Gilt es, das Sein zu denken, dann heißt dies: es gilt die geschichtliche Situation der Gegenwart zu denken, der das Denken selbst angehört; denn als diese west das Sein in seiner faktischen Unverborgenheit, und es läßt sich nirgends anderswo denken als in dem, was heute ist. Erst aus ihr heraus läßt sich eine ereignisontologische Thematisierung der Geschichte unternehmen, indem sie zugleich die maßgebliche hermeneutische Perspektive vorgibt, in der sich ‚Geschichte' erschließt. Damit zentriert sich die Ereignisontologie in der Einsicht in das, was heute ist. Wenn sich das Denken aber immer umwillen der ‚Wahrung' (soteria) des Menschseins aus dem bestimmt, was es als seine Bedrohung und Gefährdung durch Schein und Unwahrheit gesichtet hat, dann formiert sich die ereignisontologische Thematisierung von Sein notgedrungen aus der Erfahrung der geschichtlichen Negativität der Gegenwart als der ‚soteriologische' Gegenentwurf eines ‚anderen Anfangs'. Nicht das Denken, sondern allein der ereignisontologische Konstellationswandel von Sein und Wissen, der das faktische Menschsein der Gegenwart in ein gewandeltes Weltverhältnis freisetzt, kann und vermag das Menschsein noch gegen seinen Entzug zu ‚retten' und zu ‚bewahren'. Daher der Gang in die ‚Hauslosigkeit' in der durchgängigen geschichtsontologischen Bestimmung aletheiologischen Denkens.

Das seinsgeschichtliche Denken geht damit ganz in das hinein, was es als die geschichtliche Negativität des Menschseins gesichtet hat: diese bleibt ihm gegenüber nicht ein verschiedenes Anderes, das durch die theoretische Erkenntnis zu überwinden wäre, sondern wird gewissermaßen selbst zum ausschließlichen Bezugspunkt des Denkens, das sich im Nichthaften der geschichtlichen Situation zentriert: Das Nicht, das als ‚Bedürfnis der Philosophie' ins Denken veranlaßt, gilt es allem anderen zuvor, *als solches* zu denken. Darin besteht sein diagnostischer Zug, der nun zum Kerngehalt seiner geschichtlichen Bestimmung wird. Grund und Worumwillen des Denkens werden zu dessen eigenstem thematischen Zentrum, seiner ganzen Schwerkraft: es fixiert sich in dem, was ihm als geschichtliche Situation das Denken abnötigt, ohne es ins nur Mit-

oder bloß Unthematische abzudrängen. Das seinsgeschichtliche Denken unterscheidet sich nicht zuletzt dadurch von dem existenzialontologischen, daß es dezidiert in die erfahrene Nichthaftigkeit geschichtlicher Wirklichkeit hineingeht. Man muß sich ganz deutlich machen, daß diese Thematisierung der ‚geschichtlichen Wirklichkeit' kein konkretisierender Zusatz oder irgendeine beiläufige Ergänzung des Denkens ist, sondern aus der fundamentalontologischen Einsicht resultiert, daß das ‚Sein' je nur als seine faktisch-geschichtliche Unverborgenheit ‚west', d.h.: als geschichtliche Welt. Die geschichtliche Welt der Moderne erschließt nun das ‚Wesen des Seins' als ‚Nihilismus'. Ihn sucht Heidegger auf den Begriff zu bringen: und bringt dazu gerade jene ontologischen Begrifflichkeiten in Anschlag, die seine existenzialontologische Einsicht in die ‚Aletheia' war. Es ist fraglich, ob diese überhaupt artikulieren kann, was sich mittlerweile als veränderte Erfahrung der geschichtlichen Situation einstellt. Das seinsgeschichtliche Denken ist und ist nicht ein Neuanfang des heideggerschen Denkens; vielleicht besteht nicht zuletzt darin seine Fragwürdigkeit, die Erfahrung der geschichtlichen Wirklichkeit mit Mitteln zu bestimmen, die außerhalb ihrer gewonnen wurden.

Der Übergang vom existenzialontologischen zum seinsgeschichtlichen Denkens ist ‚mehr' als nur die Anverwandlung einer thematischen Grundeinsicht: er beinhaltet zugleich den Wandel in der hermeneutischen Erfahrung der geschichtlichen Wirklichkeit, an dem sie sich als maßgebliche Horizont des Denkens auskristallisiert. Die als ‚Nihilismus' auf den Begriff gebrachte hermeneutische Erfahrung dessen, was heute ist, liegt Heideggers existenzialontologischer Fragestellung noch fern und tritt gleichsam als ‚intermittierendes Moment' zwischen existenzialontologisches und seinsgeschichtliches Denken. Der Übergang von dem einen zum anderen vollzieht sich über einen Wandel im hermeneutischen Verstehen der geschichtlichen Gegenwart, die zwar im Horizont existenzialontologischer Einsichten begrifflich aufgefangen wird, diese aber selbst in einer ganz spezifischen Art und Weise zu ihrer geschichtsontologischen Konkretion weitertreibt. Das ‚Ungemäße' an der Absicht auf ‚Wissenschaft und Forschung' geht auf als das ‚Ungemäße' theoretischer Vernunft angesichts einer sich verwandelnden geschichtlichen Wirklichkeit, die mit dem Menschsein etwas geschehen läßt, was ihre in Anspruch genommene Maßgeblichkeit außer Kraft setzt. Was bleibt, ist das ‚Ende der Philosophie' und die geschichtsontologische Wende eines ‚anderen Anfangs', der das Denken in seine Hauslosigkeit herausruft.

Anmerkung

1. Texte

HEIDEGGER, Was ist Metaphysik?, Nachwort (WM, 99 - 108) und Einleitung (WM, 195 - 211). Brief über den Humanismus (WM, 145 - 194). Ein Brief an einen jungen Studenten. In: VA, 176 - 179.

2. Literatur

Die hier vollzogene grundsätzliche 'Zweiteilung' von HEIDEGGERS Denken - unangesehen seiner 'kontinuierlichen' Veränderung in Einzelfragen - hat sich vornehmlich seit W. J. RICHARDSON, (1963) durchgesetzt und ist in dieser Form auch sinnvoll. Vgl. hierzu auch HEIDEGGERS Brief an RICHARDSON in: RICHARDSON (1963), Vorwort I - XXIII. Zu HEIDEGGERS Selbstinterpretation als 'Umdeutung' vgl. F.W. VON HERRMANN (1964). Zur Gesamtdarstellung von Heideggers Denkweg vgl. insbesondere O. PÖGGELER, Denkweg (1990[3]). Hermeneutische Philosophie (1983), darin vor allem: Sein als Ereignis (71 - 138) und Neue Wege (1992). PÖGGELER hat auch wiederholt auf HEIDEGGERS eigene spätere Dreiteilung seines Denkweges (in VS, 82: existenzialontologische Frage nach dem Sinn von Sein - seinsgeschichtliche Frage nach der Wahrheit des Seins - Topologie des Seins) aufmerksam gemacht (so z.B. Hermeneutische Philosophie 61, 166 ff.) und im Übergang zur seinsgeschichtlichen Frage eine Krise im Denken HEIDEGGERS geortet, die vor allem in der Auseinandersetzung mit der geschichtlichen Situation und dem Denken NIETZSCHES zentriert ist. Mit dieser - von HEIDEGGERS expliziter Selbstinterpretation abweichender - Bestimmung seines Denkweges trifft sich auch der vorstehende Versuch der sachlichen Rekonstruktion seinsgeschichtlichen Denkens aus dem existenzialontologischen erreichten Erkenntnisstand. Das Problem der ‚Kehre' wird gründlich durchdacht von O. PUGLIESE, Vermittlung und Kehre (1965). PUGLIESE zeigt sehr gut (43 ff.), wie die Kehre in der ‚zirkulären' Struktur des Daseins selbst verankert ist, die im hermeneutischen Zirkel als der Vor-struktur des Verstehens zum Tragen kommt und damit Struktur der Offenheit von Sein selbst in der Differenz zum Seienden bestimmt. Von daher läßt sich denn auch die Differenz von Grund (Sein) und Gegründetem (Seiendem) als die zirkuläre Verfassung ontologischen Denkens verstehen. PUGLIESE hat an der Kehre-Struktur des Daseins/Seins deutlich gemacht, daß diese *nicht* eine Veränderung der existenzialontologischen Position bedeute, sondern deren konsequente Vollendung. Im Anschluß an B. ALLEMANN (1956), 72/211, sieht auch PUGLIESE in der Entfaltung des Geschichtsbegriffes den entscheidenden Übergang in HEIDEGGERS Denken (57/8), ohne allerdings die spezifische Wendung von HEIDEGGERS Geschichtsdenken weiter zu verfolgen. Schon J. VAN DER MEULEN (1953) hat sachlich durchaus berechtigt HEIDEGGERS Übergang vom existenzialontologischen zum seinsgeschichtlichen Denken (bzw. der in jener schon vorgesehenen 'Kehre' von 'Sein und Zeit' zu 'Zeit und Sein') mit dem Übergang von HEGELS 'Phänomenologie des Geistes' zur 'Wissenschaft der Logik' zusammengebracht (18, 65, 151) und kommt so zu dem keineswegs unsinnigen Resultat: "Heideggers Lehre von der Seinsgeschichte ist eine umgekehrte Phänomenologie" (= des Geistes) (166). Den rekonstruierten Begriff der 'Ereignisontologie' könnte wir auch fassen als eine - auf die Faktizität syn- und diachroner geschichtlicher Welten bezogene - 'Wissenschaft der Logik'. Die ereignisontologische Konstitution von Sein im menschlichen Verstehen wäre seine aletheiologische Selbstkonstitution als das überhaupt noch einen konsistenten Begriff von Transzendentalphilosophie ergibt. Diese existenzialontologisch intendierte ‚ciszendentale' Kehre habe HEIDEGGER aber nicht durchgeführt, sondern in eine ganze andere, die geschichtsontologische Kehre, umgemünzt: „Der Unterschied von der geplanten zur tatsächlich vollzogenen Kehre besteht also darin, daß die Ciszendenz des Sinnes von Sein nicht in einer transzendental-ontologischen Theorie aufgeklärt werden kann, sondern als uneinholbares Ereignis und transzendentales Wahrheitsgeschehen betrachtet werden muß" (284). Die geschichtsontologische Kehre ergibt sich demnach, so GETHMANN, aus der Unverfügbarkeit des hermeneutisch verstandenen Sinnes von Sein (287) und führt zur Negation transzendentalen Denkens (311); damit habe HEIDEGGER aber seine eigenen fundamentalontologischen Ergebnisse verkannt (328) und sei einer Historisierung des Denkens verfallen, die jede transzendental-reflexive Methodik aushöhlt (vgl. a.a.O., 4.2. zu dieser Kritk der geschichtsontologischen Kehre). De facto läuft also auch GETHMANNS ingeniös ausgearbeitete transzendentalphilosophische Interpretation der Existenzialontologie darauf hinaus, das seinsgeschichtliche Denken als methodischen Rückfall preiszugeben.

Bibliographie

Die Zitation der Werke Heideggers erfolgt nach den vermerkten Abkürzungen; aus der Gesamtausgabe (GA) mit der Angabe des jeweiligen Bandes. Ausgewählte Literatur zu Heidegger wird mit Kurztitel und Erscheinungsjahr zitiert. Alle andere Schriften sind in der jeweiligen Anmerkung bibliographisch aufgeführt. Die benutzten Auflagen sind durch Hochzahlen bezeichnet.

1. Schriften Heideggers

FS	Frühe Schriften. Frankfurt a. M. 1972.
SZ	Sein und Zeit. Tübingen 1972[12].
Kant	Kant und das Problem der Metaphysik. Frankfurt a. M. 1973[4].
HW	Holzwege. Frankfurt a. M. 1963[4].
WM	Wegmarken. Frankfurt a. M. 1967.
EiM	Einführung in die Metaphysik. Tübingen 1976[4].
VA	Vorträge und Aufsätze. Pfullingen 1978[4].
SD	Zur Sache des Denkens. Tübingen 1976[2].
N I, II	Nietzsche, Bd. I, II. Pfullingen 1961[3].
WD	Was heißt Denken? Tübingen 1971[3].
UzS	Unterwegs zur Sprache. Pfullingen 1965[3].
Schelling	Schellings Abhandlung über das Wesen der menschlichen Freiheit. Hg. von Hildegard FEICK. Tübingen 1971.
FnD	Die Frage nach dem Ding. Zu Kants Lehre von den transzendentalen Grundsätzen. Tübingen 1975[2].
SvG	Der Satz vom Grund. Pfullingen 1978[5].
ID	Identität und Differenz. Pfullingen 1957.
Ge	Gelassenheit. Pfullingen 1960[2].
ED	Aus der Erfahrung des Denkens. Pfullingen 1954.
TK	Die Technik und die Kehre. Pfullingen 1976[3].
Ph	Was ist das - die Philosophie? Pfullingen 1976[6].
KR	Die Kunst und der Raum. St. Gallen 1969.
Phä	Phänomenologie und Theologie. Frankfurt a. M. 1970.
VS	Vier Seminare. Frankfurt a. M. 1977.
ZS	Zollikoner Seminare. Hg. von Medard BOSS. Frankfurt a. M. 1987.
Hkl	M. Heidegger/E. Fink, Heraklit. Seminar WS 1966/67. Frankfurt a. M. 1970.
EzH	Erläuterungen zu Hölderlins Dichtung. Frankfurt a. M. 1971[4].
Uni	Die Selbstbehauptung der deutschen Universität. Das Rekorat 1933/34. Frankfurt a. M. 1983.
Rec	Vom Ursprung des Kunstwerkes. Mit einer Einführung von H. G. GADAMER. Stuttgart 1960.

Jas Martin Heidegger/Karl Jaspers. Briefwechsel. 1920 - 1963. Hg. von W. BIEMEL/ H. SANER. Frankfurt a. M. 1990.

GA 2 Sein und Zeit. Hg. F. W. VON HERRMANN. Frankfurt a. M. 1977.

GA 9 Wegmarken. Hg. von F. W. VON HERRMANN. Frankfurt a. M. 1976.

GA 13 Aus der Erfahrung des Denkens. 1910 - 1976. Hg. von H. HEIDEGGER. Frankfurt a. M. 1983.

GA 15 Seminare. Hg. C. OCHWADT. Frankfurt a. M. 1986.

GA 19 Platon. Sophistes. Hg. von I. SCHÜSSLER. Frankfurt a. M. 1991.

GA 20 Prolegomena zur Geschichte des Zeitbegriffes. Hg. von P. JAEGER. Franfurt a. M. 1979.

GA 21 Logik. Die Frage nach der Wahrheit. Hg. von W. BIEMEL. Frankfurt a. M. 1976.

GA 24 Die Grundprobleme der Phänomenologie. Hg. von F. -W. VON HERRMANN. Frankfurt a. M. 1975.

GA 25 Phänomenologische Interpretation von Kants Kritik der reinen Vernunft. Hg. von I. GÖRLAND. Frankfurt a. M. 1977.

GA 26 Metaphysische Anfangsgründe der Logik. Hg. von K. HELD. Frankfurt a. M.1978.

GA 29/30 Die Grundbegriffe der Metaphysik. Welt - Endlichkeit - Einsamkeit. Hg. von F.-W. VON HERRMANN. Frankfurt a. M. 1983.

GA 31 Vom Wesen der menschlichen Freiheit. Einleitung in die Philosophie. Hg. von H. TIETJEN. Frankfurt a. M. 1982.

GA 32 Hegels Phänomenologie des Geistes. Hg. von I. GÖRLAND. Frankfurt a. M. 1980.

GA 33 Aristoteles, Metaphysik Theta 1 - 3. Hg. von H. HÜNI. Frankfurt a. M. 1981.

GA 34 Vom Wesen der Wahrheit. Hg. von H. MÖRCHEN. Frankfurt a. M. 1988.

GA 39 Hölderlins Hymnen "Germanien" und "Der Rhein". Hg. von S. ZIEGLER. Frankfurt a. M. 1989[2].

GA 40 Einführung in die Metaphysik. Hg. P. JAEGER. Frankfurt a. M. 1983.

GA 41 Die Frage nach dem Ding. Zu Kants Lehre von den transzendentalen Grundsätzen. Hg. von P. JAEGER. Frankfurt a. M. 1984.

GA 42 Vom Wesen der menschlichen Freiheit (1809). Hg. von Ingeborg SCHÜSSLER. Frankfurt a. M. 1988.

GA 43 Nietzsche. Der Wille zur Macht als Kunst. Hg. von Bern HEIMBÜCHEL. Frankfurt a. M. 1985.

GA 44 Nietzsches metaphysische Grundstellung im abendländischen Denken: Die ewige Wiederkehr des Gleichen. Hg. von M. HEINZ. Frankfurt a. M. 1986.

GA 45 Grundfragen der Philosophie. Hg. von F.-W. VON HERRMANN. Frankfurt a. M. 1984.

GA 47 Nietzsches Lehre vom Willen zur Macht als Erkenntnis. Hg. von E. HANSER. Frankfurt a. M. 1989.

GA 48 Nietzsche: Der europäische Nihilismus. Hg. von P. JAEGER. Frankfurt a. M. 1986.

GA 49 Schelling: Zur erneuten Auslegung seiner Untersuchungen über das Wesen der menschlichen Freiheit. Hg. von G. SEUBOLD. Frankfurt a. M. 1991.

GA 50 1. Nietzsches Metaphysik 2. Einleitung in die Philosophie. Denken und Dichten. Hg. von P. JAEGER. Frankfurt a. M. 1990.

GA 51 Grundbegriffe. Hg. von P. JAEGER. Frankfurt a. M. 1981.

GA 52 Hölderlins Hymne "Andenken". Hg. von C. OCHWADT. Frankfurt a. M. 1982.

GA 53 Hölderlins Hymne "Der Ister". Hg. von Walter BIEMEL. Frankfurt a. M. 1984.

GA 54 Parmenides. Hg. von M. FRINGS. Frankfurt a. M. 1982.

GA 55 Heraklit. Hg. von M. FRINGS. Frankfurt a. M. 1979.

GA 56/57 Zur Bestimmung der Philosophie. Hg. von B. HEIMBÜCHEL. Frankfurt a. M. 1987

GA 61 Phänomenologische Interpretationen zu Aristoteles. Einführungin die phänomeno logische Forschung. Hg. von W. BRÖCKER/OLTMANNS. Frankfurt a. M. 1985.

GA 63 Ontologie. (Hermeneutik der Faktizität). Hg. von K. BRÖCKER-OLTMANNS. Frankfurt a. M. 1988.

GA 65 Beiträge zur Philosophie (Vom Ereignis). Hg. von F.-W. VON HERRMANN. Frankfurt a. M. 1989.

2. Sammelwerke

Anteile. Martin Heidegger zum 60. Geburtstag. Hg. von V. KLOSTERMANN. Frankfurt a. M. 1950.

Martin Heideggers Einfluß auf die Wissenschaften. Aus Anlaß seines 60. Geburtstages. Bern 1949.

Heidegger. Perspektiven zur Deutung seines Werkes. Hg. von O. PÖGGELER. Köln/Berlin 1969.

Die Frage Martin Heideggers. Beiträge zu einem Kolloquium mit Martin Heidegger zum Anlaß seines 80. Geburtstages. Vorgelegt von H.-G. GADAMER. Sitzungsberichte der Heidelberger Akademie der Wissenschaften, Phil.-hist. Klasse 1969.

Durchblicke. Martin Heidegger zum 80. Geburtstag. Hg. von V. KLOSTERMANN. Frankfurt a. M. 1970.

Heidegger. Freiburger Universitätsvorträge zu seinem Gedenken. Hg. von W. MARX. Freiburg/ München 1977.

Erinnerung an Martin Heidegger. Hg. von G. NESKE. Pfullingen 1977.

Nachdenken über Heidegger. Hg. von U. GUZZONI. Hildesheim 1980.

Martin Heidegger. Ein Philosoph und die Politik. Freiburger Universitätsblätter 92, Juni 1986.

Heideggeriana. Saggi e poesie nel diecenale della morte di Heidegger. Itinerari XXV, 1/2, 1986, a cura di Giampiero MORETTI. Milano 1986.

Martin Heidegger - Unterwegs im Denken. Symposium zum 10. Todesjahr. Hg. von R. WISSER. Freiburg/München 1987.

Heidegger und die praktische Philosophie. Hg. von A. GETHMANN-SIEFERT/O. PÖGGELER. Frankfurt 1988

Antwort. Martin Heidegger im Gespräch. Hg. von G. NESKE/E. KETTERING. Pfullingen 1988.

Kunst und Technik. Gedächtnisschrift zum 100. Geburtstag von Martin Heidegger. Hg. von W. BIEMEL und F.-W. VON HERRMANN. Frankfurt a. M. 1989.

Destruktion und Übersetzung. Zu den Aufgaben von Philosophiegeschichte nach Martin Heidegger. Hg. von Th. BUCHHEIM. Weinheim 1989.

Große Themen Martin Heideggers. Eine Einführung in sein Denken. Hg. von E. SPAUDE. Freiburg 1990.

Zur philosophischen Aktualität Heideggers. Symposium der Alexander von Humboldt Stiftung vom 24. - 28. April 1989 in Bonn-Bad Godesberg. Bd. I - III. Hg. von D. PAPENFUSS und O. PÖGGELER. Frankfurt a. M. 1991.

Von Heidegger her. Meßkircher Vorträge 1989. Hg. von H.-H. GANDER. Frankfurt a. M. 1991.

Heidegger. Technik - Ethik - Politik. Hg. von R. MARGREITER/K. LEIDLMAIR, Würzburg 1991.

Auf der Spur des Heiligen. Heideggers Beitrag zur Gottesfrage. Hg. von G. PÖLTNER. Wien/ Köln 1991.

Martin Heidegger. Kunst - Politik - Technik. Hg. von Chr. JAMME/K. HARRIES, eingel. von O. PÖGGELER. München 1992.

3. Hilfsmittel

Hildegard FEICK, Index zu Heideggers »Sein und Zeit«, 4. Aufl. von S ZIEGLER. Tübingen 1991.

H. M. SASS, Heidegger Bibliographie. Meisenheim am Glan 1968.

- , Materialien zur Heidegger Bibliographie 1917 - 72. Meisenheim am Glan 1975.
SCHNEEBERGER, Guido Nachlese zu Heidegger. Dokumente zu seinem Leben und Denken. Bern 1962.

HWPH Historisches Wörterbuch der Philosophie, Bd. I - VIII. Hg. von J. RITTER und K. GRÜNDER. Basel/Stuttgart 1971 f.

HphG Handbuch philosophischer Grundbegriffe, Bd. I - VI. Hg. von H. KRINGS, H.M. BAUMGARTNER und CHR. WILD. München 1974.

4. Ausgewählte Literatur zu Heidegger

ADORNO, Th. W., Gesammelte Schriften Bd. 6. Negative Dialektik. Jargon der Eigentlichkeit. Frankfurt a. M. 1969.
DE AMORIM ALMEIDA, R., Natur und Geschichte. Zur Frage nach der ursprünglichen Dimension abendländischen Denkens vor dem Hintergrund der Auseinandersetzung zwischen Martin Heidegger und Karl Löwith. Meisenheim a. Gl. 1976.
ALLEMANN, B., Heidegger und Hölderlin. 1956².

BAST, R. A., Der Wissenschaftsbegriff Martin Heideggers im Zusammenhang seiner Philosophie. Stuttgart-Bad Cannstatt 1986.
BECKER, O., Dasein und Dawesen. Gesammelte philosophische Aufsätze. Pfullingen 1963.
BIRAULT, H., Heidegger et l'experience de la pensée. Paris 1978.
BLUST, F. K., Selbstheit und Zeitlichkeit. Heideggers neuer Denkansatz zur Seinsbestimmung des Ich. Würzburg 1987.
BOLLNOW, O. F., Vom Wesen der Stimmungen. Frankfurt a. M. 1941.
BRANDNER R., Was ist und wozu überhaupt - Philosophie?- Vorübungen sich verändernden Denkens. Wien 1992.
- , Warum Heidegger keine Ethik geschrieben hat. Wien 1992.
- , Heideggers Begriff der Geschichte und das neuzeitliche Geschichtsdenken (in Vorbereitung).
BRENTANO, F., Von der mannigfachen Bedeutung des Seienden nach Aristoteles. Freiburg i. Brsg. 1865.
BRETSCHNEIDER, W., Sein und Wahrheit. Über die Zusammengehörigkeit von Sein und Wahrheit im Denken Martin Heideggers. Meisenheim am Glan 1965.
BULTMANN, R., Geschichte und Eschatologie. Tübingen 1958.

DEMSKE, I. M., Sein, Mensch und Tod. Das Todesproblem bei Martin Heidegger. Freiburg/ München 1963.
DÜSING, K., Objektive und subjektive Zeit. In: Kantstudien 71, (1- 34). 1980.

FIGAL, G., Martin Heideggers Phänomenologie der Freiheit. Frankfurt a. M. 1991.
FINK, E., Sein, Wahrheit, Welt. Vor-fragen zum Problem des Phänomen-Begriffs. Den Haag 1958.
- , Spiel als Weltsymbol. Stuttgart 1960.
- , Nähe und Distanz. Phänomenologische Vorträge und Aufsätze Freiburg/München 1976.
FLEISCHER, M., Die Zeitanalysen in Heideggers ‚Sein und Zeit'. Aporien, Probleme und ein Ausblick. Würzburg 1991.
FRÄNTZKI, E., Die Kehre. Heideggers Schrift ‚Vom Wesen der Wahrheit'. Pfaffenweiler 1987.

GADAMER, H. G., Wahrheit und Methode. Grundzüge einer philosophischen Hermeneutik. Tübingen 1975⁴.
- , Art. Hermeneutik. In: HWPH III, 1061 - 1073 (1974).

- , Heideggers Wege. Studien zu seinem Spätwerk. Tübingen 1983.
GETHMANN, C. F., Verstehen und Auslegung. Das Methodenproblem in der Philosophie von Martin Heidegger. Bonn 1974.
GÖRLAND, Ingtraud, Transzendenz und Selbst. Eine Phase in Heideggers Denken. Frankfurt a. M. 1981.
GUZZONI, G., Pindar. Der vor-metaphysische Weltbezug. Bonn 1981.
- , (unter dem Pseudonym: Konrad von Wara), Vom Wesen der Welt. Eine Auslegung der Dichtung Giacomo Leopardis. Bonn 1983.
- , Dichtung und Metaphysik. Am Beispiel Rilke. Bonn 1986.
GUZZONI, U., Selbsterhaltung und Anderssein. Ein Beitrag zur Kritischen Theorie. In: Subjektivität und Selbsterhaltung. Hg. von H. EBELING. Frankfurt 1976.
- , Anspruch und Entsprechung und die Frage der Intersubjektivität. In: Nachdenken, hg. von U. GUZZONI, 117 - 135.
- , Identität oder Nicht. Zur kritischen Theorie der Ontologie. Freiburg/München 1981.
- ,Wendungen. Versuche zu einem nicht identifizierenden Denken. Freiburg/München 1982.
- , Veränderndes Denken. Kritisch-ontologische Stücke zum Verhältnis von Denken und Wirklichkeit, Freiburg/München 1985.
-, Was wird aus dem Seienden? Ein Gespräch mit Heidegger über Einzelnes und Allgemeines, über Ort und Gegend, Ding und Welt. In: Itinerari 1/2, Milano 1986.
- , Wege im Denken. Versuche mit und ohne Heidegger. Freiburg/München 1990.

HEINZ, M., Zeitlichkeit und Temporalität. Die Konstitution der Existenz und Grundlegung einer temporalen Ontologie im Frühwerk Martin Heideggers. Würzburg/Amsterdam 1982.
HENRICH, D., Über die Einheit der Subjektivität. Phil. Rundschau 3, 1955.
VON HERRMANN, F.-W., Die Selbstinterpretation Martin Heideggers. Meisenheim am Glan 1964.
- , Bewußtsein, Zeit und Weltverständnis. Frankfurt a. M. 1971.
- , Husserl und die Meditationen des Descartes. Frankfurt a. M. 1971.
- , Subjekt und Dasein. Interpretationen zu »Sein und Zeit«. Zweite, stark erweiterte Auflage Frankfurt a. M. 1985.
- , Sein und Cogitationes. Zu Heidegger Descartes Kritik. (1970). In: Durchblicke (235 - 254).
- , Fichte und Heidegger. Phänomenologische Anmerkungen zu ihren Grundstellungen. In: Der Idealismus und seine Gegenwart. Hg. von U. GUZZONI et al., Hamburg 1976 (231 - 256).
- , Heideggers Philosophie der Kunst. Eine systematische Interpretation der Holzwege-Abhandlung »Der Ursprung des Kunstwerkes«. Frankfurt a. M. 1980.
- , Der Begriff der Phänomenologie bei Heidegger und Husserl. Frankfurt a. M. 1981.
- , Hermeneutische Phänomenologie des Daseins. Eine Erläuterung von »Sein und Zeit«. Bd. 1. »Einleitung. Die Exposition der Frage nach dem Sinn von Sein«. Frankfurt a. M. 1987.
- , Weg und Methode. Zur hermeneutischen Phänomenologie des seinsgeschichtlichen Denkens. Frankfurt a. M. 1990.
- , Heideggers »Grundprobleme der Phänomenologie«. Zur ‚Zweiten Hälfte' von »Sein und Zeit«. Frankfurt a. M. 1991.

JASPERS, K., Nachlese zu M. Heidegger. Hg. von H. SANER. München 1978.

LEVINAS, E., En découvrant l'existence avec Husserl et Heidegger. Réimpression conforme à la première édition suivie d'essais nouveaux. Paris 1974.
- , Sur Maurice Blanchot. Essais. Montpellier 1975.
LÖWITH, K., Heidegger. Denker in dürftiger Zeit. Göttingen 1960[2].
- , Weltgeschichte und Heilsgeschehen (1953). Auch: Sämtliche Schriften Bd. 2, Stuttgart 1983.

MAIHOFER, W., Recht und Sein. Prolegomena zu einer Rechtsontologie. Frankfurt a. M. 1954.
MARX, W., Heidegger und die Tradition. Stuttgart 1961.
- , Vernunft und Welt. Zwischen Tradition und anderem Anfang. Den Haag 1970.
- , Gibt es auf Erden ein Maß?- Hamburg 1986.
VAN DER MEULEN, J., Heidegger und Hegel oder Widerstreit und Widerspruch. Meisenheim a. Gl. 1953,
MÜLLER, M., Existenzphilosophie. Von der Metaphysik zur Metahistorik. Hg. von Alois HALDER. Vierte, erweit. Auflage, Freiburg/München 1986.
MÜLLER-LAUTER, W., Möglichkeit und Wirklichkeit bei Martin Heidegger. Berlin 1960.
MÖRCHEN, H., Adorno und Heidegger. Untersuchung einer philosophischen Kommunikationsverweigerung. Stuttgart 1981.

PÖGGELER, O., Der Denkweg Martin Heideggers. Pfullingen 1990[3].
- , Philosophie und Politik bei Heidegger. Freiburg/München 1974.
- , Heidegger und die hermeneutische Philosophie. Freiburg/München 1983.
- , Die Frage nach der Kunst. Von Hegel zu Heidegger. Freiburg/München 1984.
- , Neue Wege mit Heidegger. Frankfurt a. M. 1992.
PUGLIESE, O., Vermittlung und Kehre. Grundzüge des Geschichtsdenkens bei Martin Heidegger. Freiburg/München 1965.

RICHARDSON, W. J., Heidegger - Through Phenomenology to Thought. Den Haag 1963.
ROSALES, A., Transzendenz und Differenz. Ein Beitrag zum Problem der ontologischen Differenz beim frühen Heidegger. The Hague 1970.

SCHIRMACHER, W., Technik und Gelassenheit. Zeitkritik nach Heidegger. Freiburg/München 1983.
SCHÖNLEBEN, Erich, Zu Heideggers phänomenologischer Grundlegung des überlieferten Wahrheitsbegriffes als Übereinstimmung. Würzburg 1987.
SCHULZ, W., Über den philosophiegeschichtlichen Ort Martin Heideggers (Phil. Rundschau 1953/54), wieder abgedr. in: Perspektiven, 95 - 139, Hg. von O. PÖGGELER.
SPIEGELBERG, H., The phenomenological movement. Vol. I, II. 1982[3].

THEUNISSEN, M., Intentionaler Gegenstand und ontologische Differenz. Ansätze zur Fragestellung Heideggers in der Phänomenologie Husserls. Phil. Jahrb. 70 (344 - 362) 1963.
- , Der Andere. Studien zur Sozialontologie der Gegenwart. Berlin 1977[2].
TUGENDHAT, E., Der Wahrheitsbegriff bei Husserl und Heidegger. Berlin 1970[2].
- , Die Seinsfrage und ihre sprachliche Grundlegung. Phil. Rundsch. 24 (161 - 176) 1977.

WIEHL, R., Heideggers ontologische Frage und die Möglichkeit einer Ontologie. In: Neue Hefte für Philosophie 23 (23 - 45) 1984.
- , Die Verfehlung des Themas "Metaphysik und Erfahrung". In: Neue Hefte für Philosophie 30/31 (69 - 108) 1991.
WIPLINGER, F., Wahrheit und Geschichtlichkeit. Freiburg/München 1961.
WOHLFAHRT, G., Der Augenblick. Zeit und ästhetische Erfahrung bei Kant. Hegel, Nietzsche und Heidegger mit einem Exkurs zu Proust. Freiburg/München 1982.